孙培青
文　集

第七卷

中国教育的传统、历史与现时代

孙培青　著

上海教育出版社
SHANGHAI EDUCATIONAL
PUBLISHING HOUSE

目录

中国教育的传统 / 1

　中国教育传统研究与教育改革 / 3

　中华优秀教育传统探讨 / 17

　中华传统教育精神 / 39

　教育改革与优秀教育传统的继承 / 61

中国教育的历史 / 77

　中国教育史概要 / 79

　中国原始时期的教育 / 118

　夏、商、西周与春秋时期的教育 / 138

　学术自由的稷下学宫 / 176

　论"焚书坑儒" / 193

　隋唐时期的教育 / 206

　试论唐代《五经正义》编写的历史经验 / 277

　试论贞观时期官学发展的原因 / 294

　唐代考试初探 / 316

论唐代广文馆的兴废 / 341

宋代的教育管理 / 352

清代前期的教育管理 / 410

中国历代教育的主要特征 / 459

对中国教育管理发展的基本认识 / 476

对科举制度的再认识 / 485

南京国民政府时期的教育 / 503

教育史学 / 539

教育历史可以借鉴 / 541

教育史研究方法探讨 / 548

学位论文锻炼独立科研能力 / 564

中国教育史研究的发展趋势 / 571

展望 21 世纪的教育史研究 / 584

教育史学科未来的几个问题 / 596

感悟教育史 / 605

教育史评论 / 617

《中国教育史》第一版前言 / 619

《中国教育史》修订版前言 / 622

《中国教育史》第三版前言 / 625

《中国教育史》第四版前言 / 627

《中国教育管理史》第一版前言 / 632

《中国教育管理史》第二版前言 / 635

《中外教育比较史纲》第一卷引言 / 637

教育思想史所探究和回答的问题 / 642

从先秦到隋唐教育思想的基本阶段与线索 / 649

陈东原对中国教育史研究的贡献 / 657

《沈灌群教育论稿》编后记 / 675

《孟宪承讲录》整理后记 / 677

《孟宪承谈话录》整理后记 / 679

杜成宪著《早期儒家学习范畴研究》序 / 681

张建仁著《明代教育管理制度研究》序 / 685

李军著《玄儒佛道教育理论比较研究》序 / 688

刘桂林著《中国近代职业教育思想研究》序 / 693

李露著《中国近代教育立法研究》序 / 698

张伟平著《教育会社与中国教育近代化》序 / 702

张学强著《拒斥与吸收——教育视域中的理学与佛学关系

　　研究》序 / 707

王伦信著《清末民国时期中学教育研究》序 / 710

张平海著《现代化视野下的中国教育(1862—1922)》序 / 714

李剑萍著《20世纪中国教育问题研究》序 / 720

邓洪波主编《中国书院学规集成》序 / 724

《中华大典·教育典》序 / 729

展示书院文化的佳作 / 733

自述 / 735

求学之路多艰辛 / 737

认识学习教育史的意义 / 750

编后记 / 756

中国教育的传统

中国教育传统研究与教育改革 *

借中国教育学会教育史专业委员会 1999 年学术研讨会的机会，个人想对中国教育传统与教育改革问题谈一些极粗浅的看法，希望与大家共同切磋，以提高自己对有关问题的认识。

一、 中国教育传统研究面临新问题

中国有教育史学科，开始于 20 世纪初年。近代学校制度建立，规定师范学堂和经科大学堂设中国教育史课程。从那时起，中国教育史课程开设至今已有近百年历史。有了中国教育史学科，推动了中国教育史研究的开展，中国教育史研究的一些成果，充实了中国教育史学科的内容。20 世纪前半个世纪，为适应教育发展和时代变迁的社会需要，教育史研究不论是教育通史、教育断代史还是教育专题史等，都有一定的发展。欲知详情，可参阅杜成宪等著《中国教育史学九十年》一书。

中华人民共和国成立后，开始进入 20 世纪后半个世纪中国教育史研究的新时期，主要特点是在马克思主义理论指导下开展

---

* 本文为未刊稿，作于 1999 年。

中国教育史研究,但在探索开拓中也走过一段曲折的道路。1978年,中国走上改革开放之路,迎来科学的春天,中国教育史学科研究进入繁荣时期,其重要标志是全国教育史研究会(现称中国教育学会教育史分会)于1979年成立,这是教育史专业研究工作者群众性的学术团体,联系团结老中青研究者。这支队伍具有高度的历史责任感,在边教学边研究的条件下,奋发进取,或个别作专题研究,或合作进行全面系统研究,研究领域大为拓宽,研究工作全面开展,新成果不断涌现。在教育通史、教育断代史,教育专题史、教育家评传、地区教育史、民族教育史、教育史比较研究、教育史学、教育文献史料等方面都有非常丰富的收获,其中不乏传世之作。二十年的辉煌成就,超过先前的七十几年,为社会主义教育事业的发展、为教育改革的深入开展提供了可借鉴的历史经验,为创建具有中国特色的教育科学贡献了一份力量。

中国教育史是教育科学的重要分支学科,向来是高等师范院校教育专业的基础课程。它的任务是运用历史唯物主义的观点和方法,研究自古至今教育制度和教育思想发生、发展、演变的过程,总结不同历史阶段的教育特点、教育经验与教训。其主要目的是批判地总结教育传统,探索教育规律,为社会主义教育现代化服务。在高等师范院校教育专业开设中国教育史课程,对于培养未来教育工作者、教育科学研究者的重要意义在于:增进教育知识,丰富教育经验,培养教育智慧,认识教育规律,学习专业精神,提高为人素养,确立发展观点,获得历史借鉴。这是教育史学科受到多数学员欢迎的基本原因,不是自我夸张,而是经多数高师教学实践反复证明的事实。

现在教育界对教育史学科缺乏了解,对教育史学科的地位和作用认识不够,因而在教育改革进程中,有一些单位不同程度地削弱教育史学科,使教育史学科处于新的浮动摇摆状态。这是值得研究的问题,也是值得有关领导慎重考虑的问题。中国历史上形成的优秀教育传统是教育科学重要的资源。教育史上的创新改革精神、利人奉献精神,会成为实现教育现代化的精神动力。希望有关领导对教育史学科的作用加以认识和肯定。教育史学科要适应时代变化,对教材内容进行改革,但其地位不应因人为因素而任意动摇。

二、 中国教育传统研究可供现代教育改革借鉴

我国为适应时代发展,实现教育现代化,必须进行教育改革。教育改革的历史任务就是革除不适应社会主义现代化需要的传统教育思想、传统教育制度及其内容与方法,要总结社会主义教育实践中成功的经验,吸收历史上对今天有用的教育经验,学习外国先进的现代教育经验,创建适应于中国社会主义现代化建设需要的新教育制度及其内容与方法。因此,为中国教育现代化而进行的教育改革,不仅不排除对中国历史上优秀教育传统的继承,而且继承优秀教育传统是创建中国特色社会主义教育制度的重要条件。中国历史上在不同时期教育实践的基础上,提出一些教育思想,形成一些教育制度和方法,其中凡是符合教育发展规律,也符合人的认识规律,经反复实践检验有好效果的,世代相传,成为中华民族优秀的教育传统,这些是值得我们加以继承、发扬、改造、利用的。

每个时代的教育行政领导都是不能脱离教育传统的,都根据

本阶级的利益、教育实际的需要，有选择地继承和利用有关的教育传统。中国教育传统具有历史性，有古代教育传统、近代教育传统、民主革命教育传统，还有近现代学习日本、美国、苏联形成的多种教育传统，性质有很大差别。经教育实践检验，有用有效的优秀教育思想、教育制度与教育方法继续流传，无用无效不适应时代需要的教育思想、教育制度与教育方法则被自然淘汰而停止流传。教育行政领导掌握教育的决策权和指挥权，应该认识教育传统而区别优秀教育传统，负责任地选择利用优秀教育传统。这种选择至关重要，它对我国人才的培养有深远的影响。

以下试谈中国教育传统可供现代教育改革借鉴的三个问题。

（一）教育机构的设置与管理

古代中国在儒家学说影响下，政治上大一统的思想居主导地位，在皇帝统管下，中央集权，天下一家。教育作为统治手段之一，从属于政治，学校教育为政治服务受到强调。与中央集权制度相适应的是学校教育机构的设置与管理模式，这源于《学记》中记述的学制系统："古之教者，家有塾，党有庠，术（遂）有序，国有学。"这个学制体现了一些基本原则，即教育机构的设置与国家行政区逐层相应，并由各层次的行政区来实施管理。行政层次越高，所管的教育机构的文化程度也越高，上下有联系。由历代传说和教育家构想结合而成的古代学制，对后世封建国家兴办学校产生很大影响，这种学制成为理想的模式。适应各朝代的政治需要而出现的新的教育方案，本着学校机构与行政区相适应的精神，力图实施。汉代民间有书馆、经馆，国家行政有县学、郡学、太学,就接近这种理想模式。汉平帝时,王莽特别强调此计划,设置学官,为实施此学制创造条件。北魏是鲜卑族领导的封建国家,接受了儒家思想指导,也颁布中央学制与地方学制,其中地方学制是按行政区的层次与辖区的大小决定学校教育机构的规模。

隋唐建立中央集权国家,形成从中央到地方的学校系统,其中地方学校不同的规模与行政区的等级相应。唐代尤其从精神上接近理想的学制模式,在中央集权的条件下,行政区分层负责管理辖区内的教育机构,并运用考试手段来实行学业管理,学生入学、毕业都以考试来评定。隋唐的教育管理制度为以后的朝代所仿行。中央集权主要体现为决定全国文教方针政策,规定必读的课程内容。中央政府直接管理的仅是在京的最高学府。在人才选拔制度上,实行面向全国的科举考试制度,以制约学校培养人才的规格。对地方,责成按行政系统分层办学和管理,按制度办学。按方针政策实施管理是地方各级政府的职责。

到了近代,新学校制度建立,新任务是教育国民,但在学校管理上,中央与地方有所分工的传统还是延续下来。

中华人民共和国成立以后,作为一个社会主义大国,我国教育机构的设置和管理都强调中央统一领导,而地方情形却千差万别,各部委有专业的特殊性,于是出现了条块自成系统。要地方负一定责任,实行地方分权,但也没有真正放手,教育立法未完善,教育制度不配套,不时出来新政策、新指示、新指标,地方没有自主权。可以说,集权与分权的关系并未处理好。过于集权而不分权,会造成地方依赖中央,等待命令,缺乏主动精神,不能有所作为,不敢因时因地制宜。当然,如果过于分权而不集权,势必会造成地方各自为政,自行其是,不能适应国家现代化建设需要,又是另一种偏向。

如果借鉴古代教育管理经验，应该确定集权与分权的范围，着重抓住两大环节。一是集权，站在国家的立场，主要研究比较不同政策的利弊，依据国家长远利益来制定政策，为教育事业有序发展的需要而立法，审订教育工作的重要规范，依教育法和教育规范督察、检查、指导，以此把握发展方向，解决共性问题。二是分权，明确各层教育行政部门的职权，负责区域内教育事业的发展，提供教育发展所需的经费、物资、人力等条件，因时因地处理地区的特殊问题。分权有利于从地区的历史文化条件、经济条件出发，稳步发展地区教育，不至于脱离实际而盲目定指标，实现不了指标又搞虚伪统计而欺骗上级，检查过后又恢复旧状。集权与分权各有合理的范围，一定的集权与适当的分权相结合，经历史实践证明是可行的，这种历史经验值得借鉴。

（二）国家办学与民间办学

自从国家形成以后，各个历史时期的统治阶级都通过设置教育机构来培养统治人才。中国奴隶社会只有贵族接受学校教育，而学校与官府统一，故称"学在官府"。奴隶制崩溃，封建制开始发展，适应社会变革时期平民学习文化的需要，才有民间私学兴起。春秋战国时期，私学担负为社会培养人才的主要任务。中国历史上曾发生过禁私学的事件，最突出的是秦始皇禁私学，为的是加强皇权，实行文化专制主义，要以法家的法治学说和"皇权至上"的主张统一全国思想，结果推行"坑儒"的暴政，对文化教育造成历史性的破坏，成为秦亡的重要原因之一。另一次是北魏太武帝禁私学,诏令说:"不听私立学校,违者,师身死,主人门诛。"他是为了维护鲜卑贵族特权,也是为了实行汉化的民族政策,断然采取专政措施。其他封建统治者吸收禁私学的教训,在政策上放开,不禁私学。唐代还提倡民间自由办学,这种做法为后世朝代所沿袭。

私学在中国封建社会长期存在有多方面的原因:

第一,私学接受政府的管理控制,服从政府的政令,采用官学的目的和内容培养人才,以选举或科举为政治出路。国家容许私学存在,不用花教育经费而坐收人才选用之利。

第二,私学作为官学的重要补充。官学极少有基础教育,这使得基础教育问题主要依靠私学来解决。私学多层次、多类型灵活地培养人才,为社会做出大贡献。特别是在皇朝没落、社会长期动乱的年代,官学停顿,只有靠私学来传递文化和培养人才。

第三,私学能满足民众学习文化的多种需要。私学分布面广,依靠群众支持,"谁受教育谁出学费"的观点容易被接受,经济来源虽不一定充裕,但因陋就简,节约开支,还能维持。

进入近代,新旧教育交替,国家对旧的私立学校进行利用改造,使之转变为接受政府管理,经过登记备案,按资产阶级教育方针办学,以传授科学知识为主的私立学校。历史上的私学、私立学校,今日可称之为"民间办学"。

中华人民共和国成立以后进行社会主义改造。当时的新观念认为,无产阶级专政国家以公有制为经济基础,在文教方面要"兴无灭资",学校是无产阶级专政的工具,应该在党的领导下由国家直接管理;国家拨出教育经费进行义务教育;高等学校由国家接管,根据社会主义建设需要进行院系调整以培养建设人才。

国家对学校管理制度进行根本改革,普通教育经改革后有三种类型:公办学校、基层集体办学、工厂企业办学。

我国是有十多亿人口的大国,地区发展不平衡,一部分地区经济落后,处于贫困状态,专靠国家提供教育经费是颇为沉重的财政负担。国家虽有普及九年义务教育的计划,但教育经费不足,又不能全部到位,短期内存在一定困难。教育发展虽有很大成就,但还满足不了群众提高文化的要求,这是一个现实的问题。

总结历史上民间办学的经验,也是可供现代教育改革借鉴的。

第一,民间办学需要转变教育思想。教育事业是国家的事业,也是人民的事业,是为了全体人民的根本利益,培养现代合格国民而办的。人民的事业人民办、人民管,以满足人民提高文化的需要,这是名正言顺的事。因此,教育工作者要转变教育思想,重新认识民间办学的社会作用。

第二,民间办学需要有一定的社会经济条件。我国实行改革开放之后,以公有制为主体,多种经济成分并存。改革引起生活变化,部分人收入增加,生活有了改善。部分人从事个体经营,先富起来,还出现了一批民营股份制企业或公司的投资者。他们对子女的教育比较重视,有新的需求,也出得起学费,有的还发扬奉献精神,乐于捐助教育事业,这就为民间办学提供了客观条件。

第三,民间办学需要国家政策引导和实施监督。社会主义国家还是以国家办学为主,以民间办学为辅,民办学校作为公办学校的补充。民办学校要具备基本条件才能获准立案,教育工作须遵循国家教育方针,依照教育法规办事,保证教育质量,接受教育行政部门的管理检查。

（三）考试与人才的选拔

考试最早产生于中国，故中国在世界上被称为"考试的故乡"。追根溯源，考试起于奴隶社会的选士，此事在《礼记·王制》中有所记载。选士是在学校教育的基础上，逐级选优推荐，选择有两方面的标准，即德行之贤与道艺之能，领导认定而后任官，任官而后享有爵禄。选士的过程颇为复杂，每一环节都利用考试手段选出最优秀者，再升至高一级。依照标准择优，按程序逐级推选，在当时的社会条件下，选士被认为是公平合理的制度，后代的政治家、史学家对此多有称赞。

汉代继承了前代的选士制度，用于察举的检验，如汉文帝诏举贤良方正，对贤良方正进行集中策试。以后考试也被运用于学校教育中，作为管理学业的一种手段，毕业考试的等第成为任官的重要根据。

隋唐产生的科举制度使考试更充分地发挥其功能，并影响学校教育。在学校教育培养人才的过程中，考试成为学校教育管理的基本手段。学生入学、教学过程中的各个阶段、学年结束、毕业等都要考，形成学校考试系列。参加科举考试的乡贡自乡升于县，自县升于州，自州升于礼部，礼部及第后移送吏部，吏部铨选，每个环节都有考试，形成科举考试系列。参加科举考试以求政治出路，是学校生徒首要的选择，他们在学校时就准备适应科举考试。学校考试的方式方法模仿科举，学校所学也是科举考试的内容，科举考试完全制约学校考试。

考试是一种手段，本身谈不上绝对好或绝对坏，重要的在于考试的目的、内容和效果。科举考试的经验对中国封建社会后期的学校教育和人才选用产生直接影响,也对近现代教育和考试产生深远的影响。现代考试的一些基本方式,溯其渊源,大多出于隋唐。隋唐以来考试的历史经验,也有值得现代教育改革借鉴的地方。

第一,考试是社会需要,也是学校教育的需要,其存在有合理性,取消考试或否定考试的作用是不明智的。

第二,考试是要长期存在下去的,但考试制度与考试方式随时代发展而变化,因此考试改革是必然的。通过改革,创设适应时代需要的考试制度。

第三,考试方式取决于考试目的与内容。适应不同的考试目的与学科内容,需要选用不同的考试方式,因此有多种考试方式可供选择是合理的。

第四,革新考试制度,选择最合适的考试,是行政领导的责任。在教育机会不均等、就业机会不充分的条件下,运用考试手段来筛选,这是由现实状况决定的。社会问题归社会问题,教育问题归教育问题,不要把社会问题也归因于考试。

第五,就考试内容与考试方式的关系来说,考试内容对人才素养的导向性影响更大,应该更关注考试内容的适时调整。

第六,考试成绩评定的用意在于体现差别,能够区分差别,便可依考试目的来作处置。因此,传统的等级评定制仍可在一定范围内使用,不一定全部采用百分制。

第七,人才可来自学校教育,也可来自自学考试。自学考试是造就人才的另一途径,让不同的人都有机会发展。现在可以发挥自学考试的作用,以满足不同人的学习需要,减少不能升学造成的压力。

我国经济体制改革已由计划经济转为市场经济,市场经济的实质就是让人们在竞争中求发展。我国是人口众多的发展中国家,社会竞争激烈,年轻人要为参加社会竞争准备更充分的条件。力求提高学历,不断掌握新知识、新技术,增强生存本领,才能立于不败之地。在一段时期内,争升学、争入公办学校、争入重点学校、争获多科证书、争获资格证书、争提高学历层次、争应聘高薪岗位、争提升职称等现象仍然会存在,考试会越来越多,这是由现实条件决定的。学生要面对现实,要增强竞争意识,要锻炼竞争能力,需要准备考试就该准备考试。如果考前不用心准备,而入学考试被淘汰,后悔也无用,独生子女过早待业在家会产生重大的影响。

社会还没有发展到取消考试的时候,若取消考试,那么在各级学校中用什么手段来进行学业管理,在社会上用什么办法来公平地选拔人才? 如果还没有更好的手段和办法来代替考试就把考试取消,岂不是要制造新的不公平,增加行政腐败的因素? 这与求安定的意愿恰好相反。既然考试是否定不了的,那么就要重视它,正确运用它,把考试的事情组织得更加合理和科学。

三、 教育史研究者要面对教育改革

从事教育史研究的工作者过去对教育改革关心不够,部分同志采取尽我本责的态度,总结教育历史经验,将研究成果提供给教育界参考,但仅止于此,没有直接介入全国性的教育改革。只有少部分同志站到教育改革第一线,参与讨论或实践。存在这种现象,既有客观原因,也有主观原因。从客观方面来说,一些教育行政领导并不期待从中国历史上寻求教育改革的借鉴,看多部厚本的教育史类书籍,实在费事,一时抓不住要领,得不到现成教育方案。行政领导自有人帮助提供国外新信息新资料,介绍新的教育模式,借此形成改革教育的大主意,一旦决定之后,也会作理论说明,写文章宣传,供大家学习,以统一思想。现在的教育界,重应用重功利,轻理论轻历史,以外国为新鲜,以中国为陈旧,不认为从中国教育史上能为现实的教育改革提供什么有益的借鉴,甚至视教育史研究可有可无。从主观方面来看,教育史研究者历来以慎重的态度对待问题,有道理、有根据才敢说话,没有闻风即动、随声响应的习惯,行动上通常会慢一些。在贯彻新政策、新决定时,强大舆论如雷贯耳,该说的都有人说了,也就难有新的看法发表,那就将观察实践检验的结果作为历史来研究了。因为较少参与教改热点讨论,所以教育史学科的作用并未被社会充分了解,别人不知道教育史学科在研究些什么,教育史已有哪些历史经验总结、提供了哪些可供借鉴的东西,这是值得教育史研究者反省的。

今后,我们应采取积极的态度,发挥教育史学科的作用。

第一,教育改革关系重大,我们教育史研究者也有一份责任。教育是科技兴国的基础,是国家社会主义建设长远的依靠,教育的发展关系到现代化能否实现,关系到中华民族能否振兴。我们希望教育改革沿着正确的道路前进,尽量少走弯路。学科的作用各有不同,贡献的方式也有多种,我们尽己所能,发挥教育史学科的作用,参与教育改革,不要等教育改革成为历史才来研究它。

第二,以历史发展的眼光观察教育改革。教育是随着时代变化而发展的,社会的需要就是教育发展的动力。教育的发展要适应社会经济建设的需要,必然要进行改革。改革是为了发展前进,而发展前进的形式有多种,有的是创造新形式来体现新内容,有的却是用旧形式容纳新内容。过去曾分解多科性大学,发展专门学院,经过几十年的历史实践,认识到两者的特点和利弊。现在高校的改革则合并专门学院为多科性大学,从内容来看是新的,从形式来说则是旧的,曾被否定的东西现在恢复利用。这表明,有历史实践就有可能总结一定的经验,作为借鉴。

第三,着重总结近现代教育经验。中国教育的发展经历了古代、近代、现代、当代,教育史学科对各阶段都要研究。有的研究者根据自身条件选择分段研究,这是将学科研究推向深入所必需的。各个时代的教育经验与当代的教育改革都有关系,但密切程度不同,其中近现代距离近些,关系更为密切。所以,我们今后应当注重近现代研究,围绕中国教育近代化、现代化问题,多开展一些研究,多总结一些经验,以供当代教育改革借鉴。有些同志已经先行,做出了很可观的成绩,应该向他们学习。

第四,既要提高也要普及。教育史学科研究要与时代发展相适应,需要几方面兼顾,才能相互促进,共同提高。我们既要发挥各个研究者的积极性,有所分工,专题深入,也要发挥群体力量,加强合作,系统总结,把学科研究提高到现代先进水平。同时,为了扩大学科影响,发挥学科作用,让教育史资源为教育界所共享,教育史研究也要注意普及。研究者对人民群众关注的问题可先开展研究,研究成果应注意体现形式,最好能深入浅出,以较通俗的形式体现,使之能为更广泛的对象所接受。

第五,发扬主动精神,宣传中华优秀教育传统。要发挥教育史学科的作用,需要向教育界、向群众宣传介绍中华优秀教育传统是中华民族珍贵的教育遗产,使教育界与广大群众了解教育史研究些什么、提供些什么。同时,帮助决策者提高对中华优秀教育传统的认识,增进教育智慧,重视对教育规律的把握,也是至关重要的。我们不能坐着等待别人来咨询,要发扬墨子的主动说服精神,"有道劝者以教人"①,尽我们教育史研究者的责任,也就对得起人民,对得起历史。

① 《墨子·尚贤下》。

中华优秀教育传统探讨 *

我国教育现状中存在一些不能令人满意之处，有些人将其归因于传统教育制度和传统教育思想。关于这种做法对不对，我们可以回顾一下现代教育史。

从 1949 年新民主主义革命胜利至今已有五十六年，从 1978 年改革开放至今已有二十七年。不论是根本改变教育性质的教育革命，或是进一步完善教育体制的教育改革，在某种程度上都把传统教育作为革命的目标和清除的对象。

教育革命或教育改革都是自上而下发起的，舆论基本上也是统一的。第一次教育革命的结果是变革封建主义、资本主义教育传统，形成新民主主义教育传统。第二次教育革命的结果是变革新民主主义教育传统，形成社会主义教育传统。第三次教育革命是要更彻底地铲除"封资修"教育传统，形成无产阶级全面专政的教育传统，这次是在"文化大革命"的旗号下进行的教育革命，造成教育的大破坏、大倒退。痛定思痛，这才转变路线政策，由落后保守转为改革开放。改革再改革，深化再深化，仍然是要改革传统教育制度和思想。那么，应该让传统教育为我们现在教育制度

* 本文为未刊稿，作于 2005 年。

中存在的一切缺点和不足负责吗？

传统教育制度和思想与现在的教育改革和未来的教育发展有关，所以我们要加以关注和研究。这就是我们要探讨中华优秀教育传统的根本原因。

在探讨中华优秀教育传统时，有必要把几个有关的基本概念理清楚。

何谓"传统"？传统是历史沿传下来的思想、文化、道德、风俗、艺术、制度以及行为方式等，是历史发展继承性的表现，对人们的社会行为有无形的影响作用。在阶级社会里，传统具有阶级性和民族性。在历史实践过程中，积极性的传统对社会发展起促进作用，而消极性的传统则对社会发展起阻碍作用。

何谓"传统教育"？传统教育是在过去的社会历史实践中形成并流传下来的教育思想、制度和方法汇合而具有一定特性的教育体系。在一定历史时期，受一定社会政治、经济、文化的影响，根据需要对过去的传统教育进行有选择的继承和发展，形成新的传统教育。中国的学校教育发展经过了奴隶社会、封建社会、半封建半殖民地社会、新民主主义社会和社会主义社会几个阶段，后一个社会都继承了前一个社会传统教育中适合该社会的教育思想、制度和方法，扬弃了不适合该社会的教育思想、制度和方法，并根据需要有所创新和发展，形成新的教育体系。新的教育体系随着时间的推移，又转化为传统教育（相对于过去与未来）。

传统教育中有不同成分，有好的教育思想、制度和方法，也有不好的教育思想、制度和方法，所以不宜一概而论，简单化地说是好的或是坏的，而应该加以分析，有区别地加以对待。

何谓"优秀教育传统"？在传统教育中，有些教育思想、制度和方法是符合教育发展规律、人的认识发展规律、辩证法规律的，它们就不是仅适用于一个社会阶段，而是适用于一切社会阶段，自然适用于社会主义阶段。这些经过历史检验的传统流传下来，有很强的生命力，人们称之为"优秀教育传统"。中华民族历史悠久的传统教育中蕴藏着优秀教育传统，现阶段要改革，要发展社会主义现代化教育，需要继承、利用和发扬中华民族的优秀教育传统，既可以丰富社会主义教育科学，也有利于发展社会主义教育事业。

对中华优秀教育传统，存在不同的认识，这是由于不同人的理论素养、立足点、掌握的标准不同造成的。应该说，现在仍处于各自探讨的阶段，还没有进行充分的学术交流，不可能全面总结，当然也还没有公认的结论。为了共同探讨，我只好先抛砖引玉，先谈个人对中华优秀教育传统的几点认识。这是我近期想到的几个问题，既不全面，也不系统，但与当代的教育改革还是有些联系。

一、重视教育功用（重教）

教育的意义，就在于现实中的实际用处，表述的方式各有不同：教育功用、教育作用、教育效用、教育功能、教育效能、教育职能、教育功效、教育价值等。表述的方式虽不统一，但基本内容是互通的。

（一）教育与社会发展

在教育发展历史上，有组织的学校教育首先为统治阶级所利用，他们立足于国家管理的需要，把教育作为政治上管理民众的一种基本手段、方法、途径来看待，特别加以重视。这种古代的社会本位教育思想，体现在施政的方针政策上。《学记》载："古之王者，建国君民，教学为先。""君子如欲化民成俗，其必由学乎！"即要建设国家政权，管理民众，实施德教，感化民众，形成良好的风俗，首先必须开展教育工作。教育在政治领域占据突出地位，这就是"重教"的体现。这种政策性的教育思想流传下来，产生重大历史影响，为儒家教育家所继承和发扬。春秋时期，孔子与弟子论及立治国的三大要素庶富教，就主张紧随经济建设，应该进行教育建设。《论语·子路》记载了这次重要的对话。

战国时期，荀子也从社会本位出发认识教育的社会功用。《荀子·大略》："不富无以养民情，不教无以理民性。……立大学，设庠序，修六礼，明七教，所以道之也。《诗》曰：'饮之食之，教之诲之。'王事具矣。"六礼，即冠、婚、丧、祭、乡、相见六类礼仪制度。七教，即父子、兄弟、夫妇、君臣、长幼、朋友、宾客七对关系的伦理准则。富民是满足人民的物质需要。教民是满足人民的文化需要，设立学校，施行礼教，就是为了引导人民走正确道路。

宋代胡瑗强调教育是治国的根本，他在《松滋县学记》中提出："致天下之治者在人才，成天下之才者在教化，……教化之所本在学校。"由此可见，他对教育功用的认识也立足于社会本位。天下得到治理表现为政治稳定与经济繁荣，治理天下需要贤才，培养贤才依靠教育，教育的根本在于学校；而重视学校，实施教育，培养人才以治理国家，有促进社会发展的功效。这种相互联系是符合客观逻辑的。

明代朱元璋于洪武二年（1369 年）诏天下府、州、县立学，强调:"治国以教化为先,教化以学校为本。"正因为人才与教化的根本在学校,所以明末清初陆世仪在《桴亭先生文集》卷三《苏学景贤录序》中说,"天下之事莫重于教"。

(二)教育与人的发展

教育的对象是人,教育对人的发展有什么样的功用很早就受到关注。《尚书·太甲上》载,商代伊尹提出"习与性成"的说法。春秋时,孔子提出:"性相近也,习相远也。""性"与"习"成为一对概念。"性者,生也。""性"是指与生俱来的自然禀赋。"习"是指后天社会环境与教育等因素造成的习染。人生来的天赋相近,无大差别,而生长的社会环境与教育的不同使差别越来越大。孔子否定血统论,强调后天条件"习"影响人成长的重要性,认为人人都具有天赋条件而可能受教育,人人都应该受教育才能"成人",即由自然人发展转化为社会人,成为合格的社会成员。他认为,教育是人发展的重要条件,人生全过程的每个阶段都需要学习。他提倡人的早期教育,指出:"少成若天性,习惯如自然。"他还主张终身学习,直到生命停止才终结。

《墨子·所染》记下了墨子见染丝后的感叹:"染于苍则苍,染于黄则黄,所入者变,其色亦变,五入必(毕),而已则为五色矣。故染不可不慎也。非独染丝然也,……士亦有染。"墨子从人性平等出发,强调教育对人发展的作用,认为有什么样的社会环境和教育就能造就什么样的人,环境和教育对人的发展起决定作用。

先秦的教育思想家无一例外地都以人性论为其教育思想的理论基础,如告子的"性无善无不善""性可以为善,可以为不善",

孟子的"性善"，荀子的"性恶"，主张不同，争论不休。但是，他们也有共同点，就是都肯定教育对人发展的重要作用。

荀子对人性的论述较多，还有《性恶》一篇作专门论述。他将"性"与"伪"作为相对的范畴加以区分。他指出："生之所以然者，谓之性；……不事而自然，谓之性。"①"不可学、不可事而在人者，谓之性；可学而能、可事而成之在人者，谓之伪：是性、伪之分也。"②他认为，性与伪区别对立是一面，联系统一是另一面："无性则伪之无所加，无伪则性不能自美。性伪合，然后圣人之名一，天下之功于是就也。"③"性伪合"就是要"化性起伪"。"凡人之性者，尧、舜之与桀、跖，其性一也；君子之与小人，其性一也。……凡所贵尧、禹、君子者，能化性，能起伪，伪起而生礼义。……其善者伪也。"④师友的教育影响起了化性起伪的作用。"夫人虽有性质美而心辩知，必将求贤师而事之，择良友而友之。得贤师而事之，则所闻者尧、舜、禹、汤之道也；得良友而友之，则所见者忠、信、敬、让之行也。身日进于仁义而不自知也者，靡使然也。"⑤

《吕氏春秋·尊师》："故凡学，非能益也，达天性也。能全天之所生而勿败之，是谓善学。"

社会发展需要教育，这种认识已获得肯定；个人发展需要后天积极的教育，也有许多论证。不论从群体还是个体的角度来看，都必须重视教育。这种思想流传继承下来，为后世继续利用和发扬，"重教"成为中华优秀教育传统之一。

---

① 《荀子·正名》。
② 《荀子·性恶》。
③ 《荀子·礼论》。
④ 《荀子·性恶》。
⑤ 《荀子·性恶》。

现在从政策上讲"重教",提出"百年大计,教育为本",将教育置于国家发展的战略地位,需要的是继续提高认识和真实的行动,要用行动证实"重教"。

二、 有教无类

"有教无类"是孔子提出的办学方针,公开向社会宣示私学的教育对象。孔子是按照这一办学方针进行教育实践活动的,这一办学方针也成了孔子教育理论的重要组成部分。

"有教无类"四个字如何理解?这需要参考古注,关键在于对"类"字内容的理解。刘宝楠《论语正义》引东汉马融注云:"言人所在见教,无有种类。"南朝皇侃疏云:"人乃有贵贱,同宜资教,不可以其种类庶鄙而不教之也。教之则善,本无类也。""类"被解释为"种类",就是《左传》中所说的"族类"。不分族类,也就不分华夏族与非华夏族,不分贵贱与贫富,不分身份是贵族还是平民,都可以入学受教。

"有教无类"方针的提出有其具体的社会背景,并产生实际的社会影响。"有教无类"是与奴隶主贵族教育"有教有类"相对立的,此处不妨以西周、春秋为例,将与对立的方针联系的教育制度和实际社会影响作一对比。

西周	旧	官学	学在官府	有教有类	贵族垄断	学术官守	亲亲	停滞
春秋	新	私学	学在四方	有教无类	平民同享	文化下移	贤贤	变动

从教育发展的历史过程来看,"有教无类"办学方针的提出有重大的历史意义。它宣告贵族垄断教育的时代终结,私学发展的

新时代开始,把受教育的对象扩大到平民、手工业者、农民,让文化下移到民间,士阶层的队伍因此不断扩大,为统治阶级选拔官员创造了条件,使凝固的社会结构有了变动,由"贵者恒贵,贱者恒贱"转变为"官无恒贵,民无终贱",只要努力学习文化,就有可能改变自己的社会地位。

孔子在所办的私学中实行"有教无类"的办学方针,充分尊重学生的意愿,来者不拒,去者不止,来去自由。

《论语·述而》:"子曰:'自行束脩以上,吾未尝无诲焉。'"束脩是当时流行的见面礼,学生借此向老师表示诚心求学的意愿。

《论语·述而》:"互乡难与言,童子见,门人惑。子曰:'与其进也,不与其退也,唯何甚?人洁己以进,与其洁也,不保其往也。'"不管学生是什么地方的人,不问既往,只要要求上进,老师都要接纳。

《荀子·法行》:"南郭惠子问于子贡曰:'夫子之门,何其杂也?'子贡曰:'君子正身以俟,欲来者不距,欲去者不止。且夫良医之门多病人,檃栝之侧多枉木,是以杂也。'"

战国时期,百家争鸣,各家以私学为其园地,私学蓬勃发展。私学为了生存而竞争,也不得不实行"有教无类",以吸收学生。"有教无类"作为一种思想、一种教育精神流传。儒家继承并发扬了这种精神,把古代教育理想化,又将这种理想化的教育作为理论依据,要求扩大教育对象的范围。

孟子认为,凡是人都有必要受明人伦的教育。《孟子·滕文公上》:"人之有道也,饱食暖衣,逸居而无教,则近于禽兽。圣人有忧之,使契为司徒,教以人伦:父子有亲,君臣有义,夫妇有别,长幼有叙,朋友有信。"

朱熹认为，三代之时教育已扩大范围，包括庶人的子弟。《大学章句序》云："三代之隆，其法浸备，然后王宫、国都以及闾巷，莫不有学。人生八岁，则自王公以下，至于庶人之子弟，皆入小学，而教之以洒扫、应对、进退之节，礼乐、射御、书数之文。"

"有教无类"成为中华民族的教育理想。每个历史阶段扩大教育范围的要求都与"有教无类"挂起钩来。其基本精神就是要普及教育。

近代推行国民教育、普及教育、义务教育，在思想上都与"有教无类"联系在一起。

中华人民共和国成立后，代表人民利益的政府有条件发展文教事业，提出普及义务教育的任务，又自然地让人联想到"有教无类"。1958年，陆定一就公开说，我们就是要"有教无类"。普及义务教育应该是全民性的。

我们现在继承"有教无类"的优秀教育传统，首先应该做到的是普及义务教育，进一步的要求是教育平等。城市的学校不应排斥民工子女；民办学校不应收取高额学费而排斥工农子女，变成贵族式的学校。

三、 立志

古代儒家教育家对学生进行道德教育，强调学生要立志，将其作为实施德育的一项原则，并作为开始学习的第一课。立志就是确立志向，作为个人追求的理想、生活奋斗的目标。

《礼记·学记》："凡学，官先事，士先志。"学生要成为士、君子，首先要确立志向。好的开端会成为以后学习的思想动力。大学第一年的考核即"一年视离经辨志",要确立志向。

孔子对于立志问题有较多谈论,他的这些认识来源于接受别人成才的经验,也总结自身的经历、教育实践的经验。他谈自身的发展和成就,就开始于立志。《论语·为政》:"吾十有五而志于学,三十而立,四十而不惑,五十而知天命,六十而耳顺,七十而从心所欲,不逾矩。"所谓"志于学",是志在学文武的仁义之道。立志并能坚持不懈,这对孔子人生发展道路至关重要。清王夫之为此评论说:"孔子之圣,唯志学之异于人也。"①有了明确的志向,个人的道德修养和知识学问就不断长进。《论语·述而》:"志于道,据于德,依于仁,游于艺。"一个人的志向是否坚定,可通过观察其生活志趣加以识别。《论语·里仁》:"子曰:'士志于道,而耻恶衣恶食者,未足与议也。'"如果一个人过于注重个人物质生活,以美衣美食为荣,而以恶衣恶食为耻,那么这种立志不坚、言行不一的人就不值得与之商讨。志向坚定的人,他的品行表现会是高尚的。《论语·里仁》:"子曰:'苟志于仁矣,无恶也。'"有志于仁道的人不会有不良的品行。孔子在他的私学里让学生各言其志,他亦由此了解学生并有所评议。他知道学生之间存在个体差异,亦理解人各有志,不强求统一。他只要求学生在保持仁义之道大方向的前提下,各有其志。

孔子之后,强调立志重要性的代不乏人。

孟子不仅主张立志,而且强调"尚志"有道德标准。《孟子·尽心上》:"王子垫问曰:'士何事?'孟子曰:'尚志。'曰:'何谓尚志?'曰:'仁义而已矣。……'"具有高尚的志向就是实行仁义。

---

① 《张子正蒙注·至当篇》。

孟子还进一步阐述了志与气的关系，认为志是气的"主帅"，有志主导的气使人精力充沛。志指向某处，神气就随之体现出来，要坚持高尚志向，永葆神气饱满的状态。

荀子也主张立志，将立志与学习的目的统一起来。《荀子·礼论》："故学者，固学为圣人也，非特学为无方之民也。"《荀子·劝学》："学恶乎始？恶乎终？曰：……其义则始乎为士，终乎为圣人。"《荀子·儒效》："我欲贱而贵，愚而智，贫而富，可乎？曰：'其唯学乎！彼学者，行之，曰士也；敦慕焉，君子也；知之，圣人也。上为圣人，下为士君子，孰禁我哉！'"

东汉徐干强调学者必须立志。《中论·治学》："志者，学之师也；才者，学之徒也。学者不患才之不赡，而患志之不立。是以为之者亿兆，而成之者无几。故君子必立其志。"

北宋张载认为，人立志的大小与学习能否进步、成就大小直接相关。《经学理窟·学大原下》："学者大不宜志小气轻。志小则易足，易足则无由进。气轻则虚而为盈，约而为泰，亡而为有，以未知为已知，未学为已学。"《经学理窟·义理》："人若志趣不远，心不在焉，虽学无成。人惰于进道，无自得达。"《正蒙·至当篇》："志大则才大、事业大，故曰'可大'，又曰'富有'；志久则气久、德性久，故曰'可久'，又曰'日新'。"

南宋朱熹云："学者大要立志。所谓志者，不道将这些意气去盖他人，只是直截要学尧舜。……学者立志，须教勇猛，自当有进。志不足以有为，此学者之大病。""学者大要立志，才学，便要做圣人是也。"[1]

① 《朱子语类·学二》。

朱熹认为，立志是学者往什么方向发展的关键。《谕学者》指出："书不记，熟读可记；义不精，细思可精。唯有志不立，直是无着力处。只如而今，贪利禄而不贪道义，要作贵人而不要作好人，皆是志不立之病。"《朱子语类·学二》又曰："学者志不立，则一齐放倒了。"

南宋陆九渊重视教育学生立志。他说："学者须是有志。""人惟患无志，有志无有不成者。"[①]"无志则不能学，不学则不知道。故所以致道者在乎学，所以为学者在乎志。"[②]"学者须先立志。"[③]"人要有大志。……志小不可以语大人事。"[④]

明代王守仁是主观唯心主义者，主张"心即理"，心外无事无物，心是主宰，更加强调立志的重要作用。《教条示龙场诸生》："志不立，天下无可成之事，虽百工技艺，未有不本于志者。今学者旷废隳惰，玩岁愒时，而百无所成，皆由于志之未立耳。故立志而圣，则圣矣；立志而贤，则贤矣。志不立，如无舵之舟，无衔之马，漂荡奔逸，终亦何所底乎？"他对学生强调要立志。"已立志为君子，自当从事于学。凡学之不勤，必其志之尚未笃也。"《示弟立志说》："夫学莫先于立志。志之不立，犹不种其根而徒事培壅灌溉，劳苦无成矣。世之所以因循苟且，随俗习非，而卒归污下者，凡以志之弗立也。"《传习录》："汝辈学问不得长进，只是志未立。"

王夫之认为，立志的大小影响学者德业发展成就的高度。《张子正蒙注·至当篇》："志立则学思从之，故才日益而聪明盛，成乎富有；志之笃，则气从其志，以不倦而日新。盖言学者德业之

① 《陆九渊集·语录》。
② 《陆九渊集·杂著·论语说》。
③ 《陆九渊集·语录》。
④ 《陆九渊集·语录》。

始终，一以志为大小久暂之区量。"

清张履祥认为，立志问题要抓得早，少年时就要立志。《初学备忘上》："少年立志要远大，持身要紧严。立志不高，则溺于流俗；持身不严，则入于匪辟。"《答颜孝嘉》："为学之道，始于立志，……志大而大，志小而小，他日所成，无不由是。……此志一定，便须实做工夫，以必求其如我所志而后已。"

梁启超撰《湖南时务学堂学约十章》，特别重视学生的立志，将其列在第一章。"一曰立志。……今二三子，俨然服儒者之服，诵先王之言，当思国何以蹙，种何以弱，教何以微，谁之咎欤？四万万人，莫或自任，是以及此。我徒责人之不任，我则盍任之矣！己欲立而立人，己欲达而达人。……先立乎其大者，则其小者不能夺也。此为大人而已矣。立志之功课有数端：必须广其识见，所见日大，则所志亦日大。陆子所谓'今人如何便解有志，须先有智识始得'，此一端也。志既立，必养之使勿少衰，如吴王将复仇，使人日聒其侧，曰：'尔忘越人之杀尔父乎？'学者立志，亦当如此。其下手处，在时时提醒，念兹在兹，此又一端也。志既定之后，必求学问以敷之，否则皆成虚语，久之必堕落，此又一端也。"

梁启超强调学者立志不是为个人，而是为国家、为民族，要有时代的社会责任心。他还将立志的功课具体化，提出三项措施。

重视立志教育是优秀教育传统，在当代应该继承和发扬，扭转缺乏理想的状态。

四、 重视学习过程

为了提高物质生活与精神生活水平，中华民族自古以来就重视学习。有知识、有经验的人被推为首领，既为君也为师，教民认识自然事物，以利于劳动生产；教民认识社会规范，以确立一定的生活秩序，成为适应社会要求的社会成员。不论民众的学习还是人才的学习，都有如何学习、如何正确认识、如何行动等问题有待解决。古代的教育家、思想家面对这些问题，做出自己的回答，在不同学习路线的交流中相互补充，逐渐增加辩证唯物主义认识论的因素。学与思、知与行，是用以论述学习过程中不同阶段关系的两对范畴。古人为学而教，也由学论教，学的过程也是教的过程。

商代的思想家、政治家傅说在社会实践的基础上，提出知与行的关系问题。《尚书·说命中》："非知之艰，行之惟艰。"后人也有这种思想，将其概括为"知易行难"。

孔子是"学而知之"的主张者，他认为学是求知的途径，知识来源于学习，这是他的学习论、教学论的主导思想。他的认识论具有古代朴素唯物主义倾向。

孔子重视学习，《论语》的编者大概领会他的思想，把学习问题摆在卷一《学而》的第一条："子曰：'学而时习之，不亦说乎？'"学与习既有区别，又密切相关。学习要依靠多种感官。《论语·述而》："多闻择其善者而从之，多见而识之，知之次也。"学习只有与思考相结合，认识才会进一步提高。《论语·为政》："子曰：'学而不思则罔，思而不学则殆。'"《论语·卫灵公》："子曰：'吾尝终日不食，终夜不寝，以思，无益，不如学也。'"如果没有学习作为基础条件，日夜空想，也无益处，还不如学习实在。学与思是要解决认识的问题，认识要指导行动。《论语·里仁》："子曰：'君子欲讷于言而敏于行。'"孔子论述"学、思、行"三个环节，为学习过程奠定理论基础,这是他的重要贡献之一。

《中庸》的作者子思在孔子"学、思、行"理论的基础上,进一步将学与思的过程再细化分解,依序列出五个环节:"博学之,审问之,慎思之,明辨之,笃行之。"学、问、思、辨四者属于知的阶段,行是另一个阶段。子思对学习过程作了较全面的表述,使"道问学"的治学途径具体化。"学、问、思、辨、行"的学说对后世教育产生了持久的影响。

荀子对学习过程有自己的理解和论述。《荀子·劝学》:"君子之学也,入乎耳,箸乎心,布乎四体,形乎动静。端而言,蠕而动,一可以为法则。"《荀子·儒效》:"不闻,不若闻之;闻之,不若见之;见之,不若知之;知之,不若行之。学至于行之而止矣。行之,明也,明之为圣人。圣人也者,本仁义,当是非,齐言行,不失豪厘,无它道焉,已乎行之矣。故闻之而不见,虽博必谬;见之而不知,虽识必妄;知之而不行,虽敦必困。不闻不见,则虽当,非仁也,其道百举而百陷也。"《荀子·大略》:"口能言之,身能行之,国宝也;口不能言,身能行之,国器也。"荀子明确说"知之,不若行之。学至于行之而止矣",表明在知与行的关系中,行为重,是目的,有检验知的功效。学习性的过程,到了行才暂告一段落。他认为,从人的需要来说,学习是不能间断中止的。《劝学》作为《荀子》第一篇,开头第一句就是:"君子曰:'学不可以已。'"学习的安排可有阶段,但人不能离开学习,因为有或没有学习是人与禽兽的分界。人只有到了心没有跳动、肺没有呼吸时才会终止学习。根据荀子对学习过程的认识,学习有阶段,但不能中止,人的一生应该学习、学习、再学习,知行、知行、再知行,不断地丰富发展。这既符合个人的认识规律,也符合辩证法。

朱熹对学习过程理论的运用和宣传起了很大的作用。他在《白鹿洞书院揭示》中把学习内容限定为伦理，"而其所以学之之序"有五："博学之，审问之，慎思之，明辨之，笃行之。右为学之序。学、问、思、辨四者，所以穷理也。若夫笃行之事，则自修身以至于处事接物，亦各有要。"他提出的三方面要领都偏重于品德行为，并要求学生按要领的要求身体力行。

朱熹对学习过程中知与行的关系也有自己的论述。《朱子语类·论知行》："知行常相须，如目无足不行，足无目不见。论先后，知为先；论轻重，行为重。""方其知之而行未及之，则知尚浅。既亲历其域，则知之益明，非前日之意味。""致知、力行，用功不可偏。偏过一边，则一边受病。……但只要分先后轻重。论先后，当以致知为先，论轻重；当以力行为重。"

王夫之对宋明理学之主观唯心主义和客观唯心主义两派关于知行问题的争论，曾有比较冷静公正的评判。《尚书引义·说命中》："宋诸先儒欲折陆、杨'知行合一，知不先，行不后'之说，而曰'知先行后'，立一划然之次序，以困学者于知见之中，……若夫陆子静、杨慈湖、王伯安之为言也。……其所谓知者非知，而行者非行也。知者非知，然而犹有其知也，亦惝然若有所见也。行者非行，则确乎其非行，而以其所知为行也。以知为行，则以不行为行。……惮行之艰，利知之易，以托足焉，朱门后学之失，与陆、杨之徒异尚而同归。"他指出两派在理论上有不同主张，而在实践上同归即没有行动，结果没有差别。

王夫之对知与行的关系认识得更加深入，特别肯定行的重要作用。《尚书引义·说命中》："《说命》曰：'知之非艰，行之惟艰。'千圣复起，不易之言也。……知也者，固以行为功者也。行也者,不以知为功者也。行焉可以得知之效也,知焉未可得行之效也。……行可兼知,而知不可兼行。……君子之学,未尝离行以为知也必矣。'"他认为,知不能离开行,知要转为行才能显现其功用,实行之后可以获得知的效果;行可以兼容知,而仅有知则不可能兼容行。

近代陶行知受唯心主义者王守仁"知行合一"学说的影响,在金陵大学求学时就接受王守仁"知是行之始,行是知之成"的主张,把自己的名字改为"知行"。出国留学回来,他倡导改革教育方法,先是改教授法为教学法,主张教的法子根据学的法子,进一步认为学的法子应根据做的法子,提出了"教学做合一"的理论。他认为,"教学做合一"是一件事的三个方面,事怎样做就怎样学,怎样学就怎样教;教的法子根据学的法子,学的法子根据做的法子。一件事,对己说是学,对人说是教,对事说是做。教学做合一,中心是做,在"劳力上劳心"才是真做;在真做的基础上教与学,才能在实际行动中研究事物,获真知。陶知行在思考"教学做合一"理论时,对王守仁的"知是行之始,行是知之成"的主张产生怀疑,经研究之后,相信"行是知之始,知是行之成"。他的名字标志着所相信的理论,理论既已改变,名字也必须随着改变,所以也翻了筋斗,改名为"行知"。

五、 尊师

教师是传道的人,道尊,所以师尊。凡天下之人,不论贵贱、贫富、男女、老少,皆要学道,所以"天下之职莫大于师"。尊师由来,渊源甚远。古人认为师是礼的本源之一。

《荀子·礼论》:"礼有三本:天地者,生之本也;先祖者,类之本也;君师者,治之本也。无天地,恶生?无先祖,恶出?无君师,恶治?三者偏亡焉,无安人。故礼,上事天,下事地,尊先祖而隆君师,是礼之三本也。""故曰:天地合而万物生,阴阳接而变化起,性伪合而天下治。天能生物,不能辨物也;地能载人,不能治人也;宇中万物,生人之属,待圣人然后分也。"圣人制礼义法度以治人,是为治人的君师。《尚书·周书·泰誓上》:"天佑下民,作之君,作之师。"立君以治民,立师以教民。

古人敬天地、君亲师,必然要尊师。

尊师成为国家兴衰的基准标尺。《荀子·大略》:"国将兴,必贵师而重傅;贵师而重傅,则法度存。国将衰,必贱师而轻傅;贱师而轻傅,则人有快;人有快,则法度坏。"

尊师的实质是尊其所教之道,这也是王者根本利益之所在,所以王者也要尊师。《吕氏春秋·劝学》:"是故古之圣王未有不尊师者也。尊师则不论其贵贱贫富矣。……故师之教也,不争轻重尊卑贫富,而争于道。""故为师之务,在于胜理,在于行义,理胜义立则位尊矣。……故师必胜理行义然后尊。"教师精通道理,履行道义,然后才处于尊崇地位。

社会民众之所以尊师,是因为师之教利于人。《吕氏春秋·尊师》:"故教也者,义之大者也。……义之大者,莫大于利人,利人莫大于教。"正义行为的最伟大之处是利于人民,利于人民没有比教育意义更大的。义利不是对立的,而是统一的。教师不仅传授文化知识,而且教学生做有道德的人,这对文化的传承与社会的发展都有重要贡献,正是教师之所以伟大的原因所在。

教师不断积累教育实践经验,为总结教育工作经验、认识教师职业特点创造了条件。《礼记·学记》针对教师专论教育工作多方面的问题，其中有一段论述提出"教学相长"："虽有嘉肴，弗食，不知其旨也；虽有至道，弗学，不知其善也。是故学然后知不足，教然后知困。知不足，然后能自反也；知困，然后能自强也。故曰：教学相长也。"教师为完成教的任务而学习，在学习过程中深感知识海洋的宽广，自己掌握的知识很有限，必备的知识还有许多空白，有待补充。知不足而自我反思，针对不足而再学习，为教而做更好准备。教师在教的过程中，出现了未知的疑难问题，为了解决疑难问题，当自我振作精神，发愤图强，进一步努力学习以充实自己。教师的教推动学，学而后促进教，再教而推动学，再学而促进教，不断往复，相互促进。教师职业本身要求教师业务水平不断提高。教学相长是教师职业的特点，也是教师自我提高的规律。

教师受尊重是因为履行高尚的"学而不厌，诲人不倦"的职业道德。

教师工作是一种高尚的职业，做好这项工作，要求教师有高度的责任心，不断充实自己，进德修业以适应工作需要；同时，教师要忠于职守，尽心教诲学生。这样的教师在历史上不断出现，孔子是较早的一位教师典范。孔子曾谦虚地表示："默而识之，学而不厌，诲人不倦，何有于我哉？"他曾对公西华说："若圣与仁，则吾岂敢？抑为之不厌，诲人不倦，则可谓云尔已矣。"公西华曰："正唯弟子不能学也。"[①]"昔者子贡问于孔子曰：'夫子圣矣乎？'孔子曰：'圣则吾不能，我学不厌而教不倦也。'"[②]

① 《论语·述而》。
② 《孟子·公孙丑上》。

孔子弟子三千，贤人七十二，在历史上产生重要影响。他的教育成功事迹广为流传，成为后世学习的光辉典型。孟子就表示自己学习的志向是："乃所愿，则学孔子也。"

孔子"学而不厌，诲人不倦"的教学作风流传下来，成为教师职业道德的共同准则。教师"学而不厌"，才具有条件"诲人不倦"；又因"诲人不倦"的需要，更加"学而不厌"。这成为传统，并转为后世普遍接受的教师职业道德。

北宋胡瑗是一位杰出的教师，他的品行体现出教师的职业道德。《宋元学案》卷一《安定学案》："黄东发曰：'先生明体用之学。师道之立，自先生始。然其始读书泰山，十年不归；及既教授，夙夜勤瘁，二十余年，人始信服。立己立人之难如此。'"

《宋史·胡瑗传》："以保宁节度推官教授湖州。……视诸生如其子弟，诸生亦信爱如其父兄。从之游者常数百人。……瑗既居太学，其徒益众，太学至不能容，取旁官舍处之。礼部所得士，瑗弟子十常居四五，随材高下，喜自修饬，衣服容止，往往相类，人遇之虽不识，皆知其瑗弟子也。"

程颐也是一位"学而不厌，诲人不倦"的名师。《宋史·程颐传》："颐于书无所不读，其学本于诚，以《大学》《语》《孟》《中庸》为标指，而达于六经。动止语默，一以圣人为师，其不至乎圣人不止也。张载称其兄弟从十四五时，便脱然欲学圣人，故卒得孔、孟不传之学，以为诸儒倡。""平生诲人不倦，故学者出其门最多，渊源所渐，皆为名士。"

教师受尊重也是因为能以身作则。教师教育学生的方式通常是采用说服教育，对学生讲道理，以使学生转变思想，提高认识。因为是面对面用语言进行交流，所以可以称为"言教"。言教重在说理,以理服人。与"言教"方式相对的是"身教"方式。教师对学生要求的,教师自身也要做到,还能以身作则,为学生做出好榜样,让学生有榜样可效法。"身教"重在示范,以指导行为方法。

在中国历史上较明确提出以身作则思想的是孔子。《论语·子路》:"子曰:'其身正,不令而行;其身不正,虽令不从。'""子曰:'苟正其身矣,于从政乎何有? 不能正其身,如正人何?'"孔子主张教师要言行一致,以身作则,为学生示范。

《韩诗外传》曰:"智如泉源,行可以为表仪者,人师也。"表仪,意思是标准。

《荀子·修身》:"夫师以身为正仪,而贵自安者也。"

《法言·学行》:"师者,人之模范也。"

《宋史·胡瑗传》:"瑗教人有法,科条纤悉备具,以身先之。虽盛暑必公服坐堂上,严师弟子之礼。"以身先之,就是以身作则,遵守规矩。

身教的效果颇为显著,所以有人主张"身教重于言教"。

结语

中国教育历史发展的源头在先秦,既有三代官学的教育实践,又有春秋战国私学的教育实践,多元思想并存,百家争鸣,相互碰撞,激发出教育智慧的火花。

孔子是中国古代教育思想理论的奠基人,他正视变革时代提出的教育问题,阐发自己的看法与主张,有许多创新。追寻中华优秀教育传统,不少都与孔子有关。

传统教育中那些符合认识规律、教育发展规律的教育思想理论,是中华民族的宝贵财富,流传下来,成为优秀教育传统。这些部分是应该学习、继承并加以利用的。

上述五个"重视"(重视教育功用、重视普及教育、重视立志教育、重视学习过程、重视尊敬教师)是中华优秀教育传统。

现代教育改革要拒绝不适应社会主义现代化的传统教育,但也不要把传统教育拉出来作为"替罪羊"而推卸领导者、管理者的责任。应该学习现代教育理论、国外先进教育经验,认真总结教育实践的成败得失,也应该重视对优秀教育传统的开发、利用和改造,这样才能建设现代社会主义教育科学,才有利于形成现代化的教育新体系。

对优秀教育传统的探索,现在仅是尝试而已,不局限于今天所谈五点,还期待更多的有志之士加入探索研究。

中华传统教育精神 *

中国教育史如从传说的黄帝算起已有五千年,如从有确切历史记载的夏朝算起也有四千多年。经历数千年不断发展,教育源远流长,形成中华民族的传统教育。中华民族传统教育的源头在先秦,孔子是中国古代教育思想理论的奠基人,对传统教育思想追根探源,大都与孔子有密切联系。所以,我们应该对孔子有一个初步的了解。

一、 孔子的教育精神与传统教育

孔子是春秋末期鲁国曲阜陬邑(今山东曲阜东南)人。他生活在社会大变革时代,成为伟大的教育家、思想家,主要是由四个因素促成的:

(一)继承民族的历史文化遗产

孔子非常重视民族的历史文化,他积极学习和继承。他"信而好古","好古敏以求之",爱好古代圣贤的仁义之道。①《中庸》:

---

* 本文为未刊稿,约作于 2006 年至 2010 年间,为讲稿。
① 《论语·述而》。

"仲尼祖述尧舜,宪章文武。"他认识到夏、商、周三代的社会政治制度、文化教育制度前后相承,又有损益,后者除了继承前者能适用的部分制度外,还革除不适用的那些制度,创设适合自己需要的新制度。他特别赞赏西周的礼制,继承以"仁道"为核心的政治伦理思想和以"六艺"为代表的文化教育传统。

(二)学习当代人的知识与经验

孔子认为,学习很重要,能使自己不断成长。只要愿学,学习的机会很多,"三人行,必有吾师焉"①。他随时找人请教,曾学官于郯子,学乐于苌弘,学琴于师襄,问礼于老聃。他学无常师,不耻下问。凡不知者,每事必问。他好学、勤学、乐学,是终身学习的倡导者,最终成为一位博学多能的学者。

(三)在实践中积累丰富的教育经验

孔子站在士阶层的立场上,主张顺应文化下移的时代潮流,扩大教育范围,实行"有教无类"的办学方针。他所办的私学,在自由竞争中实行来者不拒,去者不止,扩大了私学规模,先后受教者达三千人。他从事教育四十余年,积累了丰富的教育经验。

(四)面对时代教育问题敢于进行思想理论创新

春秋是社会变革时代,官学衰废,私学兴起,教育上出现许多

① 《论语·述而》。

新问题,需要在思想理论上有新的突破。孔子对这些问题提出了自己的新主张。

欲打破贵族出身优越的血统论,为平等受教育提供理论依据,他提出"性相近也,习相远也"①的理论。

为打破贵族垄断教育权的局面,开辟、扩大受教育的范围,他与官学针锋相对,提出"有教无类"作为私学的办学方针。

欲为士人入仕从政扫平障碍,修正贵族"任人唯亲"形成的世官世禄制度,他提出"学而优则仕"②的主张,为推举贤才、实行"任人唯贤"路线准备条件。

为适应私学培养文士的需要,他对西周的旧"六艺"进行课程改革,建设诗、书、礼、乐、易、春秋等新"六艺"的教材,传之后世。

为适应私学教育的新变化,面对场地与器材缺乏的局限,入学的学生有较大的流动性,不同年龄、文化程度、家庭出身的学生有不同的要求,孔子在实施教学过程中采取多种方式方法。

孔子曾称自己"述而不作,信而好古"③,有人因此把他视为主张复古的保守主义者。其实,孔子既不赞成保守不变,也不赞成革命激变,而是提倡逐步改良,在"温故而知新"思想的指导下,表面形式是效法古代,事实上是"掩护"改良。他以述代作,既述又作,借述古而创新。

孔子承继三代的"六艺"文教传统,加以弘扬和丰富。他是儒家学派的创始人。他开办私学,从事教育实践的成就与他的思想观点构成较为完整的理论体系,产生重大的历史影响。儒家后学

---

① 《论语·阳货》。
② 《论语·子张》。
③ 《论语·述而》。

继承和传播孔子的教育学说。后世凡是读过"四书五经"等儒家经典的,都深受儒家思想的熏陶。

自先秦以来,法家、道家的学说主张都曾短期成为国家政权的指导思想,而儒家的学说主张长期作为国家政权的指导思想。先秦以来的传统教育虽然流派众多,但儒家教育思想是主流。所以,讲中华传统教育精神,实质上是讲儒家教育精神,而儒家教育精神源于孔子。

二、 中华传统教育精神及其价值

传统教育是在过去的社会历史实践中形成并流传下来的教育思想、制度和方法汇合而具有一定特性的教育体系。传统教育中有好的教育思想、制度和方法,也有不好的教育思想、制度和方法,应该加以分析,区别对待。凡是传统教育中符合教育发展规律的,符合人的认识规律的,符合辩证法规律的,就能适用于各个历史阶段,经过历史检验而流传下来,有很强的生命力,我们称之为"优秀教育传统"。它是属于民族的精神财富,所以又可称为"中华传统教育精神",或简称为"中华教育精神"。

根据我个人的学习体会,最重要且影响最大的中华传统教育精神有以下几个方面:重教、育才、好学、修德、尊师。

(一)重教

孔子立足于社会本位,考察教育与社会各方面的关系。他强调教育是政治的重要手段与途径,这与他的社会政治思想有密切的关系。他主张仁政德治,《论语·为政》记载:"为政以德";"道之以德,齐之以礼,有耻且格"。选择德政,必然要重视教化。德治路线为儒家所继承,立足于国家管理社会的需要,把教育作为感化民众以利于组织管理的基本手段和途径,对教育特别重视,并体现在施政方针政策上。《学记》说,"建国君民,教学为先";"君子如欲化民成俗,其必由学乎"。即从社会本位出发,强调教育在国家政治中的优先地位。

孔子在论立国治国三大要素时,主张"庶、富、教",富而后教,在发展生产,保证民众物质生活需要之后,就要重视教育。孟子也对重教思想加以强调,他说:"善政得民财,善教得民心。"[①]荀子对重教思想进一步加以发挥,他说:"不富无以养民情,不教无以理民性。……《诗》曰:'饮之食之,教之诲之。'王事具矣。"[②]把富与教两件大事做好,王道政治也就成功了。

汉代儒学大师董仲舒在《对贤良策》中说:"王者承天意以从事,故任德教而不任刑。""古之王者明于此,是故南面而治天下,莫不以教化为大务。立大学以教于国,设庠序以化于邑,渐民以仁,摩民以谊,节民以礼,故其刑罚甚轻而禁不犯者,教化行而习俗美也。"

儒学经历代传承,"重教"的思想也为封建统治者所接受。唐李渊在《兴学敕》中说:"自古为政,莫不以学为先。学则仁、义、礼、智、信五者俱备,故能为利深博。"明朱元璋于洪武二年(1369年)下令强调:"治国以教化为先,教化以学校为本。"[③]这是"重教"

---

① 《孟子·尽心上》。
② 《荀子·大略》。
③ 《明史·选举志》。

教育传统又一次的呼应。

虽经改朝换代，社会发生变革，但是"重教"的教育传统还在延续，直到现在还有重要现实意义。

"文革"之后，拨乱反正，实行改革开放，贯彻以经济建设为中心的政治路线，以振兴中华，实现现代化，建设现代化的社会主义强国。国家开始认为科技落后造成的差距是一大关键原因，因此强调发展科技，提出"科技兴国"的口号。科技落后的基本原因是缺人才，发展科技需要人才。此时国家进一步认识到科技的基础在教育，需要改变忽视教育的状况，提出"科教兴国""百年大计，教育为本""经济建设需要教育，教育要为经济建设服务"。从20世纪90年代开始，教育发展被提高到国家发展的战略地位。教育在认识上已被提到极高程度，其他言辞无以复加。现在我们再看在实际行动上如何贯彻。

我国的教育现在有三方面的发展不尽如人意，令国人较为关注：一、普及九年制义务教育；二、职业技术教育；三、高等教育大众化。这些都与当时行政体制改革和地方经济发展有关。要解决这些问题，有部分可以借鉴传统教育的历史经验。例如，教育机构的设置与管理，要与各级行政联系挂钩，从法律上规定中央政府与地方政府的职权。又如，除了政府办学，还可开放民间办学，两途并举。"重教"不限于发表演讲和公布统计数字，政府要更有作为，有行动，有措施。

（二）育才

孔子认为仁政德治是依靠人才来实施的，能否出现德治的社会局面之关键在于能否得人才，所以他说："为政在人。"这种人才是由士进一步培养成有道德有才能的"贤才"的，又称"君子"。社会中的这类贤才被推举出来担任国家官职，做行政管理工作，因为他们"知所以修身，则知所以治人"[①]，能"修己以安人""修己以安百姓"[②]，可以达到改良政治的目的。他把培育人才和使用人才的过程简称为"学而优则仕"，这为政治上实行"任人唯贤"的人事路线创造了条件，在社会变革时期对社会进步有重要意义。

孟子也因主张贤人当政而重视人才教育，他说："得天下英才而教育之，三乐也。"[③]得到天下优秀人才而对他们进行教育，是第三种乐趣。孟子宣传促进社会进步、提高生产效率需要社会分工的理论，公开主张英才教育，培养劳心治人的精英。

荀子在回答私学的培养过程这一问题时，直截了当地说："其义则始乎为士，终乎为圣人。"[④]成为圣人是最高的努力目标，现实的目标是成为贤能之士。对贤能之士的使用，不应该受资历的限制，而要因才使用。荀子主张"贤能不待次而举"[⑤]，即对贤能之士不能让其按资历排队候补，应立即随才使用，让他发挥聪明才智，以改良政治。

秦汉建立统一的中央集权国家，对于人才有新的需求。汉代适应"独尊儒术"的政策变化，推行德治教化，需要受过儒学教育的成批儒生充实官行队伍。董仲舒提出"素养士而求贤"的育才理论，他说："夫不素养士而欲求贤，譬犹不琢玉而求文采也。故

① 《中庸》。
② 《论语·宪问》。
③ 《孟子·尽心上》。
④ 《荀子·劝学》。
⑤ 《荀子·王制》。

养士之大者,莫大乎太学,太学者,贤士之所关也,教化之本原也。……兴太学,置明师,以养天下之士,数考问以尽其材,则英俊宜可得矣。"他认为平时不重视培育人才,到需要时就没有人才可使用,国家应当兴办太学,使之成为经常性的培育人才机构,并建立管理和考核制度,以促进太学出人才。对董仲舒建议的采纳实施,是官学发展的重要标志。

设学校以培养人才,成就人才而为国家所用,成为历来的教育传统。

唐李世民说:"为政之要,惟在得人,用非其才,必难致理。今所任用,必须以德行、学识为本。"[①]他是最高统治者,他的思想能转化为教育政策和人事政策,对国家产生影响。

宋代教育家胡瑗在《松滋儒学记》中说:"致天下之治者在人才,成天下之才者在教化,……教化之所本者在学校。"他概括论述了政治、人才、教育、学校的内在联系,深刻认识到学校教育在培育人才以治理国家政事方面的重要作用。他认为儒学所造就"通经致用"的人才必须适应时代需要,注重实学。

北宋王安石积极主张富国强兵的政治改革,令他着急的是因缺乏人才,政治改革的基本条件不具备。他在《上仁宗皇帝言事书》中说:"陛下虽欲改易更革天下之事,合于先王之意,其势必不能者,何也? 以方今天下之人才不足故也。……然则方今之急,在于人才而已。"所以,他在实行改革之时,着重抓太学的改革,以培育更多可用之才。

南宋朱熹利用书院讲学培养人才,也重视官学对人才的培

---

① 《贞观政要·崇儒学》。

养,他在《送李伯谏序》中说:"国家建立学校之官,遍于郡国,盖所以幸教天下之士,使之知所以修身、齐家、治国、平天下之道,而待朝廷之用也。"

近代维新派教育家梁启超也极强调人才的培养。他认为,中国是弱国,存在亡国的危机,根源是严重缺乏人才,无法抵御外侮。所以,他在《论科举》中主张"兴学校,养人才,以强中国"。他多方宣传自己主张的强国之策,在《论学会》中说:"今欲振中国,在广人才。"

从国家社会需要出发,重视培育时代所需人才,这种教育传统具有现实意义。在市场经济条件下,人才的供需由市场调配,出现了长线短线,既存在人才过剩浪费,又有人才缺乏问题,招聘不到专业合适的人;人才流动,加剧地区之间的不平衡。这表明人才培养规划有待完善,教育与社会主义经济建设有所脱节。

在魏晋时期,教育思想家傅玄就提出由国家进行全社会教育规划的创议。虽然古代简单的规划方案不能适用于解决今天复杂的教育问题,但有些思想和经验可供今天借鉴,今人可从中得到一些启迪。如人才的培养要有一定的条件,还要有较长的周期,因此一定要有预见性,要提前采取措施。"十年树木,百年树人",人才的培养需要较长的时间,甚至是几代人的持续努力才能成功。又如,有些人颂古非今,说现代培养人才的效能不如古代,古代造就人才多,因此有"借才异代"的想法,这是很不现实的。也有人主张"借才异地",说中国缺少高水平的科技人才,可以招聘外国人才。对招聘外国人才,中国已有一定的历史经验。但是,招聘外国人才,是权宜之计,从长远的国家利益来衡量,还是应该立足本国需要,培养本国人才,以供国家使用。我们应该有民族自信心和自尊心，独立自主地培养人才，足够本国使用。我们还要有一定的能力，以人才支援世界。

解决当代人才问题可借鉴历史经验：（1）领导者真正重视教育；（2）完善全国分层的教育规划；（3）民主推举或选举；（4）不受地区限制，公开招聘。

（三）好学

据历史文献记载，商代有人讨论知与行的关系（现代哲学称"认识与实践的关系"），当时提出的看法是"非知之艰，行之惟艰"①。孔子之时更多地讨论这一问题。孔子在私学教学中多次发表自己对学习的看法，他认为，社会现实中没有"生而知之者"，绝大多数人属于"学而知之者"。学习是人求得知识的途径，是人获得发展的重要条件，这是他的学习论、教学论的主导思想。他的认识论具有古代朴素唯物论的倾向。

孔子重视学习带来的收获，对学习产生越来越浓的兴趣，学习成为他生活中重要的爱好，"学而不厌"。久而久之，以学为乐，乐在其中，这是孔子对学习的态度。

《论语》中载有这方面的一些言论：

"学而时习之，不亦说乎？"（《学而》）

"十室之邑，必有忠信如丘者焉，不如丘之好学也。"（《公冶长》）

① 《尚书·商书·说命中》。

"君子食无求饱,居无求安,敏于事而慎于言,就有道而正焉,可谓好学也已。"(《学而》)

"敏而好学,不耻下问,是以谓之'文'也。"(《公冶长》)

"默而识之,学而不厌,诲人不倦,何有于我哉?"(《述而》)

"知之者不如好之者,好之者不如乐之者。"(《雍也》)

"其为人也,发愤忘食,乐以忘忧,不知老之将至云尔!"(《述而》)

"知之为知之,不知为不知,是知也。"(《为政》)

个人如何开展学习?孔子认为,学习文字记载的间接经验是必要的,学习历史文献是重要的,通过闻、见、问等途径进行学习也是不可少的。《论语》中有相关记载:

"君子博学于文……"(《雍也》)

"好古,敏以求之者也。"(《述而》)

"多闻择其善者而从之,多见而识之,知之次也。"(《述而》)

"敏而好学,不耻下问……"(《公冶长》)

孔子认为,学习如果仅限于读书、闻、见、问,对事物的认识还是表面的,要深入认识事物的实质,还要运用思维,把学习与思维结合起来。《论语》中有相关记载:

子曰:"学而不思则罔,思而不学则殆。"(《为政》)

子曰:"吾尝终日不食,终夜不寝,以思,无益,不如学也。"(《卫灵公》)

思维不是学习过程的终结,作为思维结果的认识还应付诸实际行动,要知行一致,不要言行脱节。《论语》中有相关记载:

　　子曰:"君子欲讷于言而敏于行。"(《里仁》)
　　子贡问君子。子曰:"先行其言,而后从之。"(《为政》)
　　子曰:"古者言之不出,耻躬之不逮也。"(《里仁》)

　　孔子论述学、思、行三个相关环节,为学习过程理论奠定了基础。儒家后学在此基础上继续加以发展,使之不断丰富。

　　《中庸》:"博学之,审问之,慎思之,明辨之,笃行之。"孔子进一步将学与思的过程细加分解,依序列出五个环节。

　　学、问、思、辨四个环节,是由学而知的逐步深入进展,还属于知的阶段,转入行动则是另一个阶段。孔子对学习过程的环节、阶段作了较系统的表述,使"道问学"的治学途径具体化、程序化。"学问思辨行"的学说,对后世学习理论、教学理论产生了持久的影响。

　　荀子对学习过程有自己的理解和论述。《荀子·儒效》:"不闻不若闻之,闻之不若见之,见之不若知之,知之不若行之。学至于行之而止矣。……故闻之而不见,虽博必谬;见之而不知,虽识必妄;知之而不行,虽敦必困。"《荀子·劝学》:"君子之学也,入乎耳,箸乎心,布乎四体,形乎动静。"

　　荀子认为,知与行的关系是:知为先,行为重;行是主要目的,行有检验知的功效。学习的过程,到了行可暂告一段落。但是,从人的需要来说,学习不应间断中止。《荀子·劝学》开头就说:"学不可以已。"人不能离开学习,学习只有到了没有呼吸、没有心跳才终止。所以，人的一生应该是学习、再学习，知行、再知行，不断地发展，这既符合个人的认识规律，也符合辩证法。

朱熹对学习过程理论的运用和宣传起了很大的作用。他在《白鹿洞书院揭示》中把学的内容规定为伦理，而为学之序有五："博学之，审问之，慎思之，明辨之，笃行之。右为学之序。学、问、思、辨四者，所以穷理也。若夫笃行之事，则自修身以至于处事接物，亦各有要。"他向书院学生提出三方面的行为要领，要求他们身体力行。朱熹对学习过程中知与行的关系，在继承早期儒学观点的基础上有自己的论述，他说："致知、力行，用功不可偏。偏过一边，则一边受病。……但只要分先后轻重。论先后，当以致知为先；论轻重，当以力行为重。"①

王夫之对知与行的关系，认识更加深入，特别肯定行的重要作用。他在《尚书引义》中说："且夫知也者，固以行为功者也。行也者，不以知为功者也。行焉可以得知之效也，知焉未可得行之效也。……行可兼知，而知不可兼行。……君子之学，未尝离行以为知也必矣。"他认为，知不能离开行，知要转为行之后才能显其功效；行可以兼知，而知不能兼行。

中华民族是一个爱好学习、善于学习的民族，这是中国成为几千年文明古国的重要原因。好学使中华民族不断与时俱进，不会因故步自封而停滞不前。好学是优良的教育传统，流传至今还能给人以启迪，还有现实意义。

学习是每个人生活的需要，不仅少儿要学习，青年要学习，壮年要学习，老年也要学习，直到死为止。孔子、荀子在两千多年前

---

① 《朱子语类·学三·论知行》。

就有终身学习的思想。荀子直接说"学不可以已","学至乎没而后止也"。[①] 在儒家思想影响下,民间流传着俗语:"活到老,学到老。"有这样的思想基础,接受现代终身教育就顺理成章了。

人要自幼养成对学习的良好态度,要认识到学习是生活需要,也是发展提高的需要;不仅要学而不厌,还要进一步使学习成为爱好,爱好进一步加深后,学习将成为快乐的事。

学习理论、教学理论都有哲学上的认识论基础。儒家起初具有朴素唯物主义的倾向,在学术交流和学术争辩中,向辩证唯物主义认识论发展。我们现在的学习理论、教学理论应该建立在辩证唯物主义认识论的基础上,方能保证其科学性。

(四)修德

孔子的政治主张是仁政德治,在上者以德治国,必先成为道德的模范,身正为范,才能以德教民。"道之以德,齐之以礼,有耻且格。"[②]"夫民,教之以德,齐之以德,则民有格心。"[③]

所教之德是三达德。"知、仁、勇者,天下之达德也。"[④]三达德是为实行五达道。"天下之达道五,所以行之者三。"[⑤]五达道就是《孟子·滕文公上》所说的"父子有亲,君臣有义,夫妇有别,长幼有序,朋友有信"。这是最基本的伦理关系与道德规范,是社会共有的,也通行于学校。

---

① 《荀子·劝学》。
② 《论语·为政》。
③ 《礼记·缁衣》。
④ 《中庸》。
⑤ 《中庸》。

孔子在其私学中向学生们提出为学的纲领："志于道,据于德,依于仁,游于艺。"①实施这个纲领要靠平日的修德和讲学,他经常对此加以强调。他说:"德之不修,学之不讲,闻义不能徙,不善不能改,是吾忧也!"②

修德的目的在于成为有道德的君子。孔子对学生子夏说:"女为君子儒,无为小人儒!"③孔子自谦还没有达到君子的道德标准。他说:"君子道者三,我无能焉:仁者不忧,知者不惑,勇者不惧。"④君子最重要的品德是仁,那么仁人应该有什么样的思想和行为表现? 他说:"夫仁者,己欲立而立人,己欲达而达人。能近取譬,可谓仁之方也已。"⑤又说:"出门如见大宾,使民如承大祭。己所不欲,勿施于人。在邦无怨,在家无怨。"⑥

儒家创始人孔子重视德育,并将其放在首要位置。儒家后学在所处时代条件下,从不同方面弘扬了这一教育传统。

孟子在政治上主张实行仁政,而在仁政的措施中,教育是一个重要方面。他说:"善政不如善教之得民也。善政民畏之,善教民爱之;善政得民财,善教得民心。"⑦发展学校教育是为了争取民心。他说:"设为庠序学校以教之。庠者,养也;校者,教也;序者,射也。夏曰校,殷曰序,周曰庠。学则三代共之,皆所以明人伦也。"⑧所有学校的中心任务都是进行人伦道德教育。孟子对人伦道德教育予以特别强调,说得很绝对、很明确,产生了一定的历史

---

① 《论语·述而》。
② 《论语·述而》。
③ 《论语·雍也》。
④ 《论语·宪问》。
⑤ 《论语·雍也》。
⑥ 《论语·颜渊》。
⑦ 《孟子·尽心上》。
⑧ 《孟子·滕文公上》。

影响。

孔子和孟子的道德教育思想都注重立志。孔子在他的教育纲领中，首先就强调"志于道"。对此，朱熹注："志者，心之所之之谓。道，则人伦日用之间所当行者是也。如此而心必之焉，则所适者正而无他岐之惑矣。"又注："盖学莫先于立志，志道则心存于正而不他。"①孔子谈自身的发展和成就，就始于立志，他说"吾十有五而志于学"②。所谓志于学，是学习文武的仁义之道。立了志并能坚持不懈，对孔子的人生发展道路至关重要。后人评论说："孔子之圣，唯志学之异于人也。"③真正立志坚定的人，他的品行表现就会高尚。"子曰：'苟志于仁矣，无恶也。'"④有志于仁义之道的人，就不会有不良的品行。孔子在他私学里让学生各言其志。他理解人各有志，不强求统一，只要求坚守仁义之道的大方向。

孔子之后，儒家后学强调立志的重要性，代不乏人。

孟子不仅主张立志，而且强调"尚志"有道德标准。《孟子·尽心上》："王子垫问曰：'士何事？'孟子曰：'尚志。'曰：'何谓尚志？'曰：'仁义而已矣。'"高尚的志向，就是仁义。孟子还进一步阐述了志与气的关系，认为志是气的主帅，志强气就盛，人的精力充沛，坚持高尚的志向，就能长期保持神气饱满的状态。

荀子也主张立志，将立志与学习的目的统一起来。《荀子·礼论》："故学者，固学者为圣人也，非特学为无方之民也。"《荀子·劝学》："学恶乎始？恶乎终？曰：……其义则始乎为士，终乎

---

① 《四书章句集注》之《论语·述而》。
② 《论语·为政》。
③ 《张子正蒙注》卷五上。
④ 《论语·里仁》。

为圣人。"《荀子·儒效》："我欲贱而贵，愚而智，贫而富，可乎？曰：其唯学乎！彼学者，行之，曰士也；敦慕焉，君子也；知之，圣人也。上为圣人，下为士君子，孰禁我哉!"荀子认为，立志和实行决定学业的成就程度。

宋张载认为，人立志的大小与学习的程度以及成就的大小直接相关。他说："学者大不宜志小气轻。志小则易足，易足则无由进。气轻则虚而为盈，约而为泰，亡而为有，以未知为已知，未学为已学。"[①]"人若志趣不远，心不在焉，虽学无成。人惰于进道，无自得达。"[②]"志大则才大、事业大，故曰'可大'，又曰'富有'；志久则气久、德性久，故曰'可久'，又曰'日新'。"[③]

朱熹认为，立志是学者能不能发展和往什么方向发展的关键。他说："学者不立，则一齐放倒了。"[④]他对学者指出："书不记，熟读可记；义不精，细思可精。唯有志不立，直是无着力处。只如而今贪利禄而不贪道义，要做贵人而不要做好人，皆是志不立之病。"[⑤]因此，他教人要立志，称"学者大要立志，才学便要做圣人是也"[⑥]。他对此多次加以强调：指出："学者大要立志。所谓志者，不道将这些意气去盖他人，只是直截要学尧舜。……学者立志，须教勇猛，自当有进。志不足以有为，此学者之大病。"[⑦]

要求学生立志，是宋代理学家的共同点。陆九渊也无例外，他为此发表了不少言论。他在《象山集》中说："学者须是有志。"

① 《经学理窟·学大原下》。
② 《经学理窟·义理》。
③ 《张载集·至当篇》。
④ 《朱子语类·学二》。
⑤ 《御纂朱子全书》卷一。
⑥ 《朱子语类·学二》。
⑦ 《朱子语类·学二》。

"人惟患无志,有志无有不成者。""然无志则不能学,不学则不知道。故所以致道者在乎学,所以为学者在乎志。"他向学生强调立志,指出:"学者须先立志。""人要有大志。""志小不可以语大人之事。"

王守仁是主观唯心主义者,更强调立志。他在《教条示龙场诸生》中说:"志不立,天下无可成之事,虽百工技艺,未有不本于志者。今学者旷废隳惰,玩岁愒时,而百无所成,皆由于志之未立。……志不立,如无舵之舟、无衔之马,漂荡奔逸,终亦何所底乎?"他对学生强调立志,对自己的亲子弟也是如此,在《示弟立志说》中说:"夫学莫先于立志。志之不立,犹不种其根而徒事培壅灌溉,劳苦无成矣。世之所以因循苟且,随俗习非,而卒归于污下者,凡以志之弗立也。"

清代张履祥认为立志问题要抓得早,他在《初学备忘上》中说:"少年立志要远大,持身要紧严。立志不高,则溺于流俗;持身不严,则入于匪辟。"他在《答颜孝嘉》中又说:"为学之道,始于立志,……志大而大,志小而小,他日所成,无不由是。……此志一定,便须实做工夫,以必求其如我所志而后已。"

梁启超特别重视学生的立志,撰《湖南时务学堂学约十章》,将"立志"列在第一章,强调立志要对国家、民族、本国的文化担负历史责任。他对学生提出三项"立志之功课":一、立志之前,必须广其识见,所见日大,则所志亦日大;二、志既立,必养之使勿少衰;三、志既定,必求学问以展其志。

修德尚志,是中华民族优秀教育传统。历史上的圣贤伟人,都有修德尚志的经历,才有事业的成就,是值得总结和借鉴的。修德和尚志都有时代性,顺应时代发展才是正确的。

现实的德育问题受上层重视，为下层所忽视，政治气息强，伦理道德弱，追求功利，而少谈修养高尚品格，缺乏远大理想。

建立和谐社会，伦理道德规范的形成是基本条件，要讲个人修养，树榜样，成新风。

现在的学生是未来的社会主义现代化建设者，应具有远大理想，并具有现代人文精神和科学技术素养，要有新道德和新的才能，才是合格的。

（五）尊师

历史上关于为什么要尊师，存在多种说法。最具代表性的说法有两种：

一是《荀子·礼论》（《大戴礼记·礼三本》所述与此相同）的"礼三本说"。"礼有三本：天地者，生之本也；先祖者，类之本也；君师者，治之本也。无天地，恶生？无先祖，恶出？无君师，恶治？三者偏亡焉，无安人。故礼，上事天，下事地，尊先祖而隆君师，是礼之三本也。"君师是治理人群的根本，所以要尊师。

二是《国语·晋语》的"民生于三说"。"民生于三，事之如一。父生之，师教之，君食之。非父不生，非食不长，非教不知生之族也，故一事之。"对待三者，要同等尊敬。师教使人知道，没有师教则人不知道。《吕氏春秋·劝学》："是故古之圣王未有不尊师者也。尊师则不论其贵贱贫富矣。……故师之教也，不争轻重尊卑贫富，而争于道。"《白虎通·封公侯》："人有三尊：君、父、师。"师是受尊者之一。

民间将"天地君亲师"合称，就渊源于上述思想。

尊师的思想不断流传，成为传统，对于社会文化的发展起了重要作用。荀况认为，尊师可以成为检视社会状况的重要尺度，借此可以预测国家将走向兴盛或是走向衰亡。他说："国将兴，必贵师而重傅；贵师而重傅，则法度存。国将衰，必贱师而轻傅；贱师而轻傅，则人有快；人有快，则法度坏。"人不重视学道，就不尊师；人图痛快而放任，就破坏法度，导致社会动乱。

教师受尊是有条件的，古人议论所及有以下几方面：

（1）教师因传道而受尊。道包括天道、地道、人道。教师所传主要是人道。《吕氏春秋·劝学》："故为师之务，在于胜理，在于行义，理胜义立则位尊矣。"

（2）教师的工作是利于人的事业。《吕氏春秋·尊师》："故教也者，义之大者也。……义之大者，莫大于利人，利人莫大于教。"义与利不是对立的，而是统一的。行义是最重大的利于人，而利人行为中最伟大的是教师的教育工作。

（3）教师有高尚的职业道德。孔子在办私学的教育实践中，完全做到"学而不厌，诲人不倦"[1]。他的行为表现成为教师的典范，这种教育精神长久流传，成为教师的职业道德。

（4）教师能不断自我提高。教师职业有其自身的特点——教学相长。教师要持续不断学习，充实知识，更新知识，才能适应持续不断的教育工作，这是教师工作自我提高的规律。

（5）教师的行为能成为学生的榜样。教师教学生如何做人，要求学生做到的，自己首先要做到，以身作则，身教重于言教。扬雄《法言·学行》："师者，人之模范也。"《宋史·胡瑗传》："瑗教人

---

[1] 《论语·述而》。

有法,科条纤悉备具,以身先之。虽盛暑必公服坐堂上,严师弟子之礼。"胡瑗亲身示范。

（6）教师能博古通今。教师既要积累知识,还要能结合现实灵活地运用知识,解决实际问题。孔子说:"温故而知新,可以为师矣。"①既知历史又晓现实,既博古又通今,复习旧知识,获得新知识,这类教师引导学生好学以求新知,受到学生尊敬。《学记》说,"记问之学,不足以为人师";"能博喻然后能为师"。

尊师的教育传统,经过历次革命的洗礼、社会变革的考验,内容与形式都有变化。现代社会尊师虽不能重复封建专制时代尊师的做法,但教师问题的历史经验还是可以借鉴的。

（1）教师职业的社会作用虽随时代变化而不同,但传递文化、培养人才的积极一面还是应该肯定的。尤其是在社会主义社会,教师为人民服务,培养社会主义建设者。因此,教师的工作应该受到社会的尊重。

（2）教师与学生的关系也因社会变革而不同。封建专制社会的等级制度制约着师生关系,为维护教师作为管教者的权威,以教师为中心,要求学生听从教训,忠心服务。在社会主义社会,随着社会性质的改变,相应地必须建立民主平等的新关系。

（3）教师职业道德在历史和现实中都发挥了积极的作用,应当加以弘扬,但要适时注入新的内容,树立新的典型。

（4）教育者先受教育,要做先生,须先做学生。教师需要继续充实知识和更新知识,其方式不能局限于自我努力学习提高,还应利用现代的条件,组织学习提高。

---

① 《论语·为政》。

通过上述探讨可知，传统教育中包含多种成分，那些符合认识规律和教育发展规律的思想、制度、方法，是中华民族宝贵的教育遗产，历代承继，成为优秀教育传统，是中华民族有特色的精神。对此，我们应该重视学习总结，加以继承、利用、改造，这样才有利于建设社会主义教育科学，形成现代化的教育新体系。

教育改革与优秀教育传统的继承 *

一、引言

我国正在继续进行教育改革,所以人们对教育改革都非常关心。但是,对教育现状,既有满意,又有不满意。不同的人对这个问题有不同的认识和看法。一些研究者在寻找教育落后、现代化进程缓慢的原因时,认为传统教育对我国的教育发展、教育改革是一个重大障碍,因此就把责任归因于传统教育。对这个问题该怎么看? 如果传统教育阻碍了教育现代化的发展,那么改革目标就应该指向传统教育。但是,回顾现代教育发展史并加以深入思考,这个问题好像不能完全归因于传统教育。

从中华人民共和国成立到现在,已经半个多世纪了。我国在这半个多世纪里已经进行多次教育改革,原来的传统教育经过屡次的教育改革,现在要寻找传统教育的踪影已不是那么容易了。关于是不是应该把教育的问题都归因于传统教育,我觉得这是一个值得深入研究的问题。过去都是把传统教育作为革命的目标或者是清除的对象。教育革命和教育改革都是自上而下发动的,

中国教育的传统

也就是由教育行政部门发动的。应该说，教育革命进行了多次。算起来，中华人民共和国成立应该是一次教育革命，结果是变革封建主义的、资本主义的教育传统，形成新民主主义的教育传统，就是将教育权拿回到人民手中，这是第一次教育革命。第二次是新民主主义的教育还应该进一步地发展，要变革新民主主义的教育传统，形成社会主义的教育传统，这就是 1958 年进行的"教育大革命"。那个时候强调教育与生产劳动相结合，强调加强党对教育的领导，教育要走群众路线，就是要建立社会主义的教育传统。第三次教育革命要求更彻底地铲除封建主义的、资本主义的以至修正主义的教育传统，形成无产阶级全面专政的教育传统，这是在"文化大革命"的旗号下进行的教育革命，这一次的教育革命比前两次更彻底，造成了教育的大破坏。在"文化大革命"之后，国家痛定思痛，进行反思，才感到路线有错误，所以才改变路线。路线一改变，政策也改变了。于是，国家提出改革开放政策，然后逐步贯彻于教育领域。

从 1978 年改革开放到现在的二十几年里，教育改革一直在进行。但是，现在仍然有一些人认为传统教育制度和思想是现代教育发展的一个障碍。所以，有的人还是把目标指向传统教育。也就是说，要传统教育为社会主义教育现代化进展不快、存在的问题和缺点来负责。传统教育制度和传统教育思想跟现在的教育有关系，跟未来的教育发展也有关系。所以，有必要共同探究传统教育与优秀教育传统的关系问题，探究现在应如何正确对待教育改革的有关问题。

二、 相关概念界定

在讨论中华优秀教育传统的时候，首先有必要把几个相关的基本概念弄清楚。第一,什么是传统? 第二,什么是传统教育? 第三,什么是教育传统? 关于这几个基本概念,目前学术界有比较一致的看法。现对学术界的这些看法作一简单介绍。

(一) 关于传统

什么是传统? 传统就是历史上延续、沿传下来的思想、文化、道德、风俗、艺术、制度以及行为方式,是历史发展继承性的一种表现,它对于人们的社会思想行为有无形的影响。在阶级社会中,传统是有阶级性的。也就是说,不同阶级所处的社会地位、生活条件不同,就形成了不同的传统,所以传统有阶级性。传统也有民族性。中华民族有 56 个民族,56 个民族都有各自的传统,所以传统有民族性。在历史的实践过程中,传统对社会发展所起的作用是有差别的。传统当中有一些是积极性的,也有一些是消极性的。积极性的传统对社会发展起促进作用,而消极性的传统则对社会发展起阻碍作用。

(二) 关于传统教育

什么是传统教育? 知道了什么是传统以后,对传统教育也就会有个基本的了解。所谓传统教育,就是在社会历史实践中形成并流传下来的教育思想、教育制度、教育方法融汇而成的,具有一定特性的教育体系。在一定的历史时期,受一定的社会政治、经济、文化的影响,根据当时统治阶级、统治集团的利益需要,对以前的传统教育进行有选择的继承,根据自己的利益需要又加以创新。这两方面的因素综合起来，就形成了当时的新教育体系。新教育体系持续一定时间之后，就成为新的传统教育。所以，每一个历史时期都一定有继承，有发展，形成一种新的传统教育。从历史发展来看，传统教育当中含有好的教育思想、适应社会发展的制度和方法，也含有不好的教育思想、不适应社会发展的制度和方法。所以，对于传统教育不能一概而论。过去把传统教育全部抛弃、全部否定就是简单化的处理。传统教育不是说好就好，说坏就坏，应该认真地加以分析，区别对待。

（三）关于教育传统

什么是教育传统？在传统教育中，好的教育思想、制度和方法是符合人的认识发展规律和教育发展规律的，不是局限于适应一个社会阶段，而是适应一切社会阶段。既然它符合人的认识发展规律和教育发展规律，能适应一切社会发展阶段，那么这些经过历史检验的教育思想、教育理论、教育制度、教育方法自然也就可以适用于社会主义发展阶段。因此，这些经过历史检验的传统能够流传下来，有很强的生命力，人们将其称为"优秀教育传统"。中华民族历史悠久，传统教育当中蕴含着优秀教育传统。所以，现阶段进行教育改革和发展社会主义教育，需要关注和继承这些优秀教育传统，这样才能够丰富社会主义教育科学，也有利于发展社会主义教育事业。

现在，对于优秀教育传统，教育界已经开始注意研究，但是由于个人的理论素养不同，所以在考虑问题时立足点就会不同，所掌握评价优秀教育传统的标准不同，对优秀教育传统就产生了一些不同的看法。应该说，现阶段还处于探讨阶段，还没有进行充分的学术交流，所以不可能进行全面的总结，当然也就没有公认的结论。

三、 对几个问题的认识

（一）关于"重教"

中华民族有重视教育的传统。我们强调教育、运用教育，就是因为教育有意义、有价值，在现实中有实际的用处。在各种教育文章和著作中，关于教育的意义，用不同的方式来表述。比如，教育的功用、教育的作用、教育的效用、教育的功能、教育的效能、教育的职能、教育的功效、教育的价值、教育的意义等。这些表述方式不同，内容却是相同的，所谈的问题就是教育的意义、教育的实际用处。我们对这个问题的讨论主要从两方面进行：一方面，看教育对社会发展的作用和意义；另一方面，看教育对人的发展的作用和意义。

先讨论教育促进社会发展的问题。统治阶级在考虑教育问题时，从注重国家管理社会、管理人民群众出发，把教育看成实施统治、管理民众的基本手段，把教育当成一种方法和途径，所以特别重视教育。这就是古代社会本位的教育思想。当然，社会是由国家来管理的，由统治集团掌权，这种社会本位的教育思想体现在实施统治的方针政策上。这在我国古代的经典文献中就有反映，特别是在《学记》中，对教育的强调非常明显。《学记》曰："古之王者，建国君民，教学为先。"古代的帝王要建立国家，要管理民众,怎么进行呢？首先要抓教育,以教学为先。所谓教学,是指学校教育,也包括民众教育。这成为优先的政治任务,统治者在政治工作中把教育教化任务放在首要位置。《学记》亦曰:"君子如欲化民成俗,其必由学乎!"君子就是指统治者,如果要教化民众,形成良好的风俗,就一定要走教育这条道路。这是我国古代统治者对教育的一个经典论述。即要重视教育工作,把教育工作看成开展政治工作的一项最重要的任务。所以,教育在政治领域占有重要地位。这就是"重教"的一个明显表现。这种政策性的教育思想被记载在经典当中,作为思想理论流传下来,产生重大历史影响,为儒家的教育家所继承和发扬。

春秋时期,孔子与其弟子在讨论如何建立国家、治理国家这一问题时,提及立国、治国有三大要素:第一个是人口问题,第二个是发展经济问题,第三个就是教育问题。用三个字来表达,就是"庶、富、教"。"庶"是指人口多,人口多就意味着劳动力多,劳动力多也就意味着可以当兵的人多。国家要富强,如果没有劳动力,没有男子去当兵,就很难在当时的社会条件下存在下去。有了人以后,就要有富足的东西,因此要解决发展经济问题,要富民,要让民众能够保证基本的生活需要。富了之后要怎么做呢？要进行教育。所以,"庶、富、教"是孔子提出的立国、治国的三大要素。孔子是跟他的弟子冉有谈的,这是一种认识,也就是要"重教"。到了战国时期,荀子也是从社会本位思想出发来认识教育的社会作用。《荀子·大略》:"不富无以养民情,不教无以理民性。""不富无以养民情",就是经济问题没有解决,很难满足民众的生活需要,实现民众的愿望;"不教无以理民性",就是如果没有进行教育工作,也没有很好地引导群众,整个社会就难以形成良好的习俗。这是从民众与社会本位思想角度看待教育问题。这个思想流传下来,成为传统,以后的很多教育家都继承发扬这个传统。宋代教育家胡瑗强调教育是治国的根本,他在《松滋儒学记》中说:"致天下之治者在人才,成天下之才者在教化。"天下要治理,靠的是什么？靠的就是人才。养成人才要靠教化,而教化的根本在于学校,学校是教化的场所。有了学校这个教化的场所,培养一批人才,这些人才为国家所用,这个国家才能够强盛。重视人才就是重视教育。由此可见,他对教育功用的认识也是注意社会方面的需要,即政治稳定、经济繁荣,这是治理天下很重要的两个方面。治理要靠人才,培养人才要靠学校,因为学校教育有促进社会发展的功效,所以他重视学校,重视学校教育。综上所述,人才、教育、学校是有联系的,也是有逻辑的,而这种逻辑又是有道理的。所以,这一思想为以后的教育家和大众所接受。我们在之后的一些文献中能够看到这个思想的影子。比如说,朱元璋在明初发布一个命令,强调"治国以教化为先,教化以学校为本"。这个思想和胡瑗所说是完全一致的,无非在文字表达上有点差别,可见这个思想是流传下来的。所以,我国古代是从社会发展的需要角度论证教育的必要性和重要性。

接着讨论教育促进人的发展的问题。教育的对象是人,教育对人的发展有什么作用、意义、价值、功能,很早就受到关注。《尚书·太甲上》中就已经提出"习与性成"这个说法。春秋时期,孔子在谈人的发展问题时提出"性相近也,习相远也",说的是人生来天赋、素质是差不多的,后天的学习、环境才使人产生了差别、差异。性和习是相对的,其中性是指先天的、与生俱来的天赋;习是后天的,包括家庭和教育的影响。这个思想对以后的教育思想理论的发展产生了重要的影响。正是因为人天生的差别不大,后天的发展才使人的差别越来越大。孔子主张人的发展主要靠学习、靠教育。孔子是反对、否定血统的,他强调后天学习对人的成长的重要性。"性相近也,习相远也"的思想内容很丰富,有人对此进行过深入的研究和探讨。一个人由自然的人转变为社会性的人主要靠学习、靠教育,这样才能够成为一个合格的人。所以,学习和教育是人的发展的重要条件,人生的每个阶段都需要学习。我们从文献中发现,孔子是最早提倡早期教育和终身教育的大家。他认为,"少成若天性,习惯成自然"[①]。人在少儿阶段如果在生活当中养成一些良好的习惯,这些习惯就根深蒂固,像天性一样;养成了习惯,就能毫不迟疑地按照习惯去做,所以习惯成自然,成了自动化的过程。早期教育很重要。若养成不好的习惯,再要去改正它,费的工夫要大好几倍,因此要抓好早期教育。孔子还主张终身学习、终身教育。他有个学生叫子贡,在弟子中算是比较聪明的。子贡学了一段时间,想要休学,不学习了。他向孔子提出请求:老师,我学得很辛苦、很疲劳了,让我休息休息吧。孔子就问他:你不学习,准备做什么? 子贡说:我要回家去孝敬父母。孔子说:你认为孝敬父母就那么容易吗? 如果你要尽孝道,做一个孝子,尽你做儿子的责任,也是不容易的。于是,子贡再找借口说:我要去种田。孔子说:无论你选择什么行业,从事什么职业,都要有一个正确的职业态度,要做好都是不容易的。也就是说,无论你做什么工作,都要学习,都少不了学习。子贡说:老师,按照您这样讲,那我就没有休息的时候了。孔子告诉

---

① 《大戴礼记·保傅》。

他：要休息就要等到你停止呼吸的时候,无论你在活着的时候做什么工作,都要学习。可见,孔子是主张终身学习的。这与现在的终身教育理论虽然有不同,但其中含有这种思想。也就是说,古代的教育家在讨论人的成长、发展问题时,认为学习、教育对人的成长、发展起着重要作用,人是不能缺少教育的。

先秦的教育家主张人需要受教育,他们为了论证这一点,都以人性论为其教育思想的理论基础。所以,先秦的教育家的教育理论都建立在人性论的基础上。孔子提出他的人性论,就是"性相近也,习相远也"。孟子提出性善论。荀子提出性恶论。告子是另外一个派别的,他指出人性无善无不善,可以为善,也可以为不善。人性论虽有不同的派别,但在不同之中有一个共同点,即无论是性恶还是性善,都讲人需要受教育,人是应该学习的。荀子主张性恶论,反对孟子的性善论。他提出人要"化性起伪",把恶性转化掉。对人进行教育,使人学懂礼义,行为道德有一定的规范,这就是"化性起伪"。伪是人为,性跟伪是相对的。如果从生理学的观点来看,性是"生之所以然者",即性是生来就有的、自然的禀赋。那么,凡是后天的、人为的、学习的、教育而成的都不属于性,而属于伪。所以,不可学、不可事叫性,可学而能、可事而成是人的伪。这是性与伪的区分。荀子把性与伪区分得很清楚,认为性和伪既是有区别的,又是有联系的,性是人为加工的基础。所以,他主张人要"化性起伪",成为一个合格的社会成员。今天对素质的理解和古代不同,过去认为素质是天生的,而个人后天的学习和教育培养的结果则称为素养,素质和素养是有所区别的。

古代对于教育在对人的发展方面所起的作用是比较重视的,

很多教育文献都强调这一点。比如说,《吕氏春秋·尊师》就讲:"凡学,非能益也,达天性也。"学习并不是在求学者原来的素质上加多少东西,而是让人的天性、素质得到一定程度的发展,这是有道理的。学生善学,教师善教,就是充分发展天性,发展天赋的东西,这就是教育。学习的成功就是教育的成功。

综上,社会的发展需要教育,个人的发展需要教育。所以,无论是从全体还是个体发展的需要来说,都应该重视教育。这种思想流传下来,以后得到发扬,"重教"就成为中华民族的优秀教育传统之一。

(二)关于"立志"

古代儒学教育家对学生进行道德教育特别强调让学生立志,把立志作为重要的一项,并作为学习的第一课。立志就是要确立志向,要有个人追求的理想和奋斗的目标。《学记》说:"凡学,官先事,士先志。"如果做官的人入学做学生,他应该先学会如何办事;如果不是做官的人,而是一般的知识分子,还没有一定的社会地位,那么学习开始要"先志",要先确立志向,使教育过程有一个好的开端,这是很必要的,将成为他以后学习的动力。因此,第一年就将此作为考核的一项指标,即"一年视离经辨志"。"离经"就是看经书能正确理解,句读不差,能顺利读下来,达到一定文化程度;"辨志"就是要辨明志向。所以,第一年既有学业的要求,又有道德的要求,这些属于官学的考核范畴。春秋时期有了私学,私学也强调立志。孔子对这个问题也是很重视的,他谈自己的发展和成就的时候,说自己少时就立志,"吾十有五而志于学",十五岁时就开始有志于学习。"三十而立,四十而不惑,五十而知天命,六十而耳顺,七十而从心所欲,不逾矩。"就是说,他到三十岁时就能够立足于礼制而不违背;四十岁时就能够辨明道义而不迷惑;五十岁时就能够知道天地自然的运行法则而有遵循;六十岁时听到人家谈论问题就能够分辨是非;七十岁时能够随心所欲,行为不违背常理。孔子的这段叙述代表了他的思想,即开始就要志于学,学习文武之道。孔子能够立志,能够坚持不懈,对他人生的发展是非常重要的。后人讨论:为什么孔子后来能够成为圣人?他跟一般的凡人有什么不同?有人就说:"孔子之圣,唯志学之异于人也。"①孔子之所以成为圣人,就是因为他能够立志,而且能够坚持不懈,他的起点就跟人家不同。立志就是要求人有前进的方向,这样道德修养和知识学问才能够有思想动力,才能够不断地长进。所以,立志是非常重要的。孔子要求每个学生都有志向,但不要求每个人的志向都一样,每个人根据自己的条件应该有不同的志向。

孔子之后,多位教育家强调立志教育的重要性。孟子不仅主张立志,而且主张"尚志"。有人问孟子:何谓尚志?孟子回答:就是为实现仁义之道而努力奋斗,就是要意志坚强,培养仁人志士。有了高尚的志向,人的精神状态是不一样的,就能够保持精神饱满的状态。荀子也主张人要立志,把立志与学习标准统一起来。荀子总是讲学生学习就是要学为圣人,且一再地强调这个思想。古代圣贤强调立志的重要性,流传下来而为后代思想家所继承。宋代教育家张载认为,立志有大志、小志,有人立大志,有人

---

① 《张子正蒙注》卷五上。

立小志,立志的大小程度不同和成就的大小有直接关系。要想有大的进步、大的成就,应该立大志。朱熹继承了这个思想,也强调学者最重要的事情就是立志。立志要有大目标,因为一个小目标一下子就达到了,再前进、再进步就没动力了。朱熹对他的学生强调:"学者大要立志,才学便要做圣人是也。"①陆九渊主张"学者须先立志","人要有大志"。②王守仁也说,"夫学莫先于立志"③;"志不立,天下无可成之事"④。可见,强调立志是古代教育家比较普遍的主张。

近代学者梁启超是湖南时务学堂的总教习,他也强调立志的重要性。梁启超为湖南时务学堂拟定了学堂章程,在第一章就讲立志。他说,我们这个国家现在被列强侵略,中华民族之所以衰弱,古圣先贤之学之所以衰微,这是谁的过错呢? 谁有重大的责任呢? 四万万人中没有一个人说对这件事负责。如果作为学生指责别人不负责任,不如先考虑自己应该怎样去做,人首先要考虑自己对整个国家和民族的文化了解了多少。这就要立志。只有立志了,人的思想才不会动摇。所以,立志是最重要的,是根本。立志有三方面的工作要做。第一个就是广其识见以立大志。要扩大眼界,了解现时代是一个怎样的状况,应该去面对当今的社会,这是梁启超所强调的。第二个就是立志以后要坚定志向,无论如何都不能松懈。第三个就是志定之后,必求学问。光立志而没有学问、本事,就不能对国家、对社会有所贡献。这里面包含着责任,所以要先读书学习,要有学问,要有本事。梁启超强调立

---

① 《朱子语类·学二》。
② 《象山集》。
③ 《示弟立志说》。
④ 《教条示龙场诸生》。

志的功课是很必要的。

现在有些年轻人缺乏理想，精神状态不是很振奋，所以教育人们树立远大理想是很必要的。我们应当继承并发扬这个传统。

（三）关于"尊师"

尊师也是中华民族的一个优秀教育传统，其渊源甚远。《尚书·周书·泰誓上》："天佑下民，作之君，作之师。"上天立君以治民，立师以教民，师负有重大的社会责任。古人敬天地君亲师，对传道之师是相当尊重的。尊师成为传统，自古以来就是有所强调的。荀子认为，尊师对社会来说是很重要的，甚至可以把尊师作为检视社会发展状况的一个基本标准。欲知一个社会的发展状态怎么样，可以看教师受尊重的程度是怎么样的。如果教师很受尊重，那么这个社会就会兴旺发达。如果社会秩序混乱，国家将要衰落，人们都不尊重教师，那么礼制就遭到破坏了。尊师实际上就是尊道、重道，因为教师是传道的。尊师也要看教师是不是掌握了一定的道，并能够传道，这是做教师的一个根本条件。后来做教师的人多了，教师便成为一种职业。

《吕氏春秋·尊师》认为，教师这个职业和其他职业是不同的。比较而言，社会职业中让人受益最大的是教师，对他人最有益的事情是施教。对于这个问题，要认真思考。教师最重要的职责不只是传授知识，最大的作用是通过教育培养合格的社会成员。所以，教师工作是利人的，教师对文化的传承、社会的发展都是有重要贡献的。教师之所以受到尊重，与其所做的工作本身是有关系的。教师从事这个职业首先要符合具体的条件，这个条件就是在学术上、道德上要不断地充实提高，才可能顺应社会和时代发展的需要。如果当了教师就满足于现状，自己不提高、不充实，就不能顺应时代的需要。所以，教师本身需要创造条件来提高自己。

因为教师在知识学问方面不断充实自己，在品德修养方面不断提高自己，是不断追求进步的人，所以教师受到尊重。教师在教育实践过程中不断地充实和提高自己，是通过"教学相长"的途径来实现的。教师自己先要学会，才能教人。在教的过程中发现有些难题回答不了，但为了教育学生，要把这些问题弄懂。所以，教师的教促使教师的学，教师学会了才能充实自己，才能继续教。在教的过程中，教师又必须继续学，所以教与学是相伴随的。别的职业则不具有类似的特点。教师这个行业不同，在做的过程中还必须不断有所进步。所以，"教学相长"是教师职业的一个显著特点。

教师受社会尊重还因为教师履行高尚的职业道德。一个好教师应该"学而不厌，诲人不倦"。学而不厌为诲人不倦创造条件，正因为诲人不倦才有资格做教师。孔子首先做到了这一点。别人都夸孔子博学多能、超贤入圣，但孔子说自己最多就是"学而不厌，诲人不倦"。这就是教师所要遵守的道德。"学而不厌，诲人不倦"是孔子个人的教学经验，集中体现了他的教育精神，也是教师这个职业必须具备的条件。孔子成为古代教师的典范，他的教学成就非常大，他的教育思想产生了极其深远的历史影响。所以，教师的职业道德流传下来了。现代教育工作者也要学习和弘扬这种教育精神。

优秀教育传统蕴含在传统教育之中，所以我们对于传统教育不能一概否定,而应区别对待。不同的历史时期都有其传统教育,后一个时期对前一个时期的传统教育是有所继承、有所批判的,批判属于扬弃。所以,我们不能对优秀教育传统简单化否定,而要区别对待,对不适应现代社会的传统教育要加以批判和扬弃,对有益的优秀教育传统要加以总结和继承。

中国教育的传统

中国教育的历史

中国教育史概要 *

教育史是教育科学的基本分支学科。研究中华民族自古至今教育实际、教育制度与教育思想理论发生、发展、演变的历史过程，总结教育历史经验，探索客观教育规律，是教育科学的重要源泉。中华民族教育历史的发展经历了古代、近代、现代三个阶段，作为一门学科，相应地也分为三大部分。

一、 中国古代教育史（远古—1840）

（一）原始社会教育

中华大地早在约 170 万年前就有人类生存，由最初的原始人群形成人类社会。原始人为了生存，必须学习生活知识和生产劳动经验，在参与社会生活和生产劳动实践过程中，个人的身心得到发展，成长为原始人群的成员。教育活动就起源于人类参与社会生活和生产劳动的需要与人类身心发展的需要。大约在四五万年前，原始人过渡到母系氏族公社。五千多年前，黄河、长江流

＊ 本文为未刊稿，作于 2001 年，为讲义。

域的一些氏族开始进入父系氏族公社。氏族社会中,人们共同劳动、共同消费,教育在生活和生产劳动实践中进行。这种自然形态的教育包含着多方面的内容,教育手段局限于言传身教,男女因体质差异而有劳动分工,由此也带来教育的差别。到父系氏族公社末期,即古史传说中的五帝时期,原始社会趋于解体而渐跨入阶级社会,教育也逐渐分化为培养劳心者的专门教育和养成劳力者的生活教育。人们交往日趋频繁,便逐渐创设文字来帮助记事,由刻画符号开始文字萌芽,进而出现图画文字,再发展为象形文字。显贵及其子弟要掌握文字,需要有文字教学。专为少数人教学需要而进行的组织活动,对学校机构产生起了推动作用。古史中所说的"成均"重在乐教,"庠"重在德教,这些教育活动场所是古代学校的萌芽。

(二)夏商周时期教育(约前 2070—前 771)

公元前 21 世纪,中国进入阶级对立的奴隶社会,夏、商、周三代历时约 1300 年。奴隶主贵族建立学校以培养自己的子弟,而平民和奴隶只接受生活教育。在夏代(约前 2070—前 1600),贵族于王都设学。《礼记·王制》:"夏后氏养国老于东序,养庶老于西序。""序"是多用途的公共活动场所,贵族子弟的教育活动也在其中进行。夏代还有名曰"校"的地方学校,进行教育活动。教育的主要目的是培养贵族武士,内容重在军事训练、宗教教育、人伦道德教育等。在商代(前 1600—前 1046),贵族于王都设大学、小学。《礼记·王制》:"殷人养国老于右学,养庶老于左学。"郑玄注:"上庠、右学,大学也,在西郊;下庠、左学,小学也,在国中王宫之东。"地方也设学校，或称"序"，或称"庠"。教育内容有道德政治教育、军事教育、礼乐教育、书数教育等。多方面教育成为以后"六艺教育"的历史基础。在西周（前1046—前771），奴隶制发展进入全盛时期。贵族要培养未来统治者，建立家庭教育与官学教育相连接的贵族教育体系。《礼记·内则》记载了贵族家庭教育的基本过程：六岁前培养生活习惯，六岁开始教一些基本知识和行为规范。十岁进入小学，学习七年，教育内容是德、行、艺、仪。在"艺"方面，小学阶段学书数与礼乐。能进入大学的只有两类人：上层贵族子弟与经选拔的少数平民优秀子弟。《礼记·王制》："大学在郊，天子曰辟雍，诸侯曰泮宫。"教育内容主要是礼、乐、射、御，为学好礼、乐，再辅以诗、书。大学的学程为九年，教学已具有计划性，分科教学，有专人负责，定时定地进行，并有定期考核。西周还在郊区六乡设地方学校，总称"乡学"。乡学设置与各级行政组织相配合，有家塾、党庠、乡序、乡校，教育内容以德、行、艺为纲。乡学定期考察，择优选送国学，与国学相联系。西周官学依附于官府，"学在官府"，形成典型的"政教合一"的教育体制。教师由有文化的职官兼任，他们的身份是"官师合一"。教育内容统称"六艺教育"，成为西周教育的特征。

（三）春秋战国时期教育（前770—前221）

这是奴隶制走向崩溃和封建制逐渐形成的社会大变革阶段。贵族没落使官学衰废，职官流落民间使文化下移，社会上开始出现以传授文化知识为职业的人。士阶层兴起，队伍扩大，他们需要学习文化知识，只有向民间寻求，于是自由传授文化知识的私学应运而生。春秋时,诸侯国为维护其政权,先后实行"尊贤"政策,采用"养士"的办法来吸引人才。士的政治地位得到提高,调动了人们从师求学的积极性,私学有了初步发展。战国时,关系存亡的斗争更加激烈,各诸侯国争相养士,对有才能者提拔重用。士受社会重视,愿学为士的人更多,促进了私学的大发展。私学创办者因所代表的阶级阶层利益不同,形成众多学派,其著者如儒、墨、道、法、阴阳、名、纵横、农、杂等家,各提主张,各立学说,展开论辩,形成百家争鸣的局面。对当时教育发展影响最大的是儒、墨、道、法四个学派的私学。

1. 儒家私学

孔丘(前551—前479)活动于春秋末期,是儒家学派的创始人。他招生授徒,提倡仁道学说,主张施行德政。他重视教育对社会改造和发展的作用,主张"有教无类""学而优则仕",传授诗书礼乐,实施因材施教等,是中国古代教育理论的奠基者。所办私学规模较大,弟子累计三千,造就一批人才。孔丘之后,儒家分化为八派,其中影响最大的是以孟轲为代表的"孟氏之儒"与以荀况为代表的"孙氏之儒"。孟轲(约前372—前289)是孔丘学说的继承者,活动于战国中期,提出救治社会的方案是实施仁政。首倡性善说,认为"人皆可以为尧舜",教育对人的发展起重要作用,应从性善出发引导人们自内发展,扩充仁义礼智四端,使人明人伦,养成品德高尚、意志坚强、正气凛然的"大丈夫"理想人格。强调"存心养性"、理性思维。乐于从事教育工作,所办私学规模不小,从者数百人。荀况(约前313—前238)活动于战国后期,传授儒家六艺,讲学著书,以儒家为主,综合百家学说。提出性恶说,批判孟轲性善说错在不知"性伪之分",认为教育的作用就是"化性而起伪"，即教育靠自外陶冶，通过礼义教育转化恶性，使人成为贤能之士。在学习方法上强调解蔽，避免片面；在品德修养上要求积渐全尽，养成善德。认为尊师是学业成功的重要条件，要树立教师的绝对权威。儒家私学在百家争鸣中创造了丰富的教育理论，《大学》《中庸》《学记》《乐记》等著作的出现，就是对先秦教育理论进行总结的结果，其中论述中国古代教育的基本问题，具有很高的理论价值，对此后中国封建教育的发展产生深远的影响。

2. 墨家私学

墨翟（约前 468—前 376）是墨家学派的创始人，提倡兼爱主义是其思想学说的特点。其私学的教育目标是培养兼士，内容上注重墨家思想政治纲领、生产知识和科技知识，教学活动与生产劳动和社会实践保持密切联系，教学中强调主动说服、重在创造、量力所至。墨翟之后，墨家分化为三派，在战国中期后期还相当活跃，以后其影响趋于萎缩。

3. 道家私学

老子是道家学派的创始人，也是最早的私人讲学者之一。他观察事物运动有辩证法思想，主张自然本位，凡是社会历史中政治制度的建立、道德规范的形成、文化知识的成果，都持否定的态度。老子之后，道家发生分化，影响最大的有两派：庄周学派，仰慕大自然，追求人格独立和精神自由，突出表现了自然主义、遁世主义、相对主义；黄老学派，将老子的辩证方法转移到社会治乱、成败得失的研究之中，表现了入世精神。道家的影响长期延续。

4. 法家私学

法家后来居上，在战国中后期占据优势，重视发挥教育的作用。法家中旗帜鲜明的是李悝的学生商鞅(约前390—前338)，他发动秦国变法，以农战为政策，文教方针是"壹教"，教民喜农乐战，在农战的实践中训练官吏和将士，措施是"燔诗书而明法令"①，用通晓法令的官吏对人民进行法治教育。韩非(约前280—前233)是战国末期法家思想的集大成者，提出以法为本，法、术、势三者合一的统治术。他以绝对的性恶论作为法治教育的理论基础，认为严厉的刑罚才是教育的有效手段，要"以法为教""以吏为师"②。

各家私学的主持者被社会尊为贤人，各诸侯国首先招聘这些贤人，其弟子也追随而来。战国时齐桓公田午创立的稷下学宫，就是一所由官家举办，官学容纳百家私学的特殊形式的学校，是集讲学、育才、著述、咨议于一体的高等学府。其办学方针、养士的政策、多职能的学宫模式、自由讲学的方式，都具有创新性，可供后世高等教育借鉴。

(四)秦汉时期教育(前221—220)

1. 秦代的教育

秦国于公元前221年完成兼并，统一中国，建立中央集权统治制度，在文教方面继续贯彻"以法为教""以吏为师"的方针，采取一些重要措施。(1)统一文字：消除文字异形，小篆成为规范字体，可供学童识字之用。(2)规范道德：规定为臣则忠，为子则孝，为妇则贞，以形成社会新风俗、新秩序。(3)设博士官：征召

---

① 《韩非子·和氏》。
② 《韩非子·五蠹》。

六国博士,集中控制使用,掌知古今之事,以备朝廷顾问;公务之余,亦可授徒。(4) 严禁私学:秦始皇以私学妨碍政令,于公元前 213 年下令严禁,除《秦纪》及博士官所掌之外,凡史书、《诗》、《书》、百家著作,一律送交官府焚毁,谈论《诗》《书》者处死,以古非今者灭族,这是"焚书"事件。次年,秦始皇又以惩办犯禁者为由,下令活埋士人四百六十多人,这是"坑儒"事件。秦将专制主义推行于文教领域,使得文教事业遭受一场空前的灾难。

2. 汉代的教育

汉继秦而起,以黄老学说为治国的指导思想,废除禁私学的法令,百家私学先后恢复,儒家也开展传授活动。汉武帝当政时,采纳董仲舒提出的文化教育政策,"推明孔氏,抑黜百家,立学校之官,州郡举茂材孝廉"[①],并加以实施。汉武帝于公元前 136 年下令置儒家五经博士而罢诸子传记博士,定儒术为一尊;公元前 124 年为五经博士置弟子员,奠定太学的基础;公元前 134 年令郡国举孝廉;公元前 106 年令州郡举茂材。尊儒学、设学校、行选举作为一套政策开始贯彻实施。由于以经术取士,因此士人重视学习儒经,直接推动了学校教育的发展,出现了官学与私学并举的局面。官学有两层,上层为中央官学,即太学。最初太学生只有五十人,后逐步增加,东汉顺帝时增至三万多人。学官皆为今文经博士,以五经为教授内容,强调通经致用。经籍难得,皆靠口授,博士传授必依师法家法。教学方式有个别传授、集中讲授、高足弟子转相传授。汉代太学注重考试,根据成绩区分甲、乙、丙,授不同官职。下层为地方官学,即郡国学,景帝时蜀郡太守文

---

① 《汉书·董仲舒传》。

翁最先创设,招下县子弟入学。武帝时,令郡国皆立学校官,由此渐次推广。私学也有两层,高层为经馆,是经师讲学的场所,学生分别为及门弟子与著录弟子,人数达数百、数千乃至上万。经馆有讲学自由,不受今文经的局限,这对于文化科学的发展起促进作用。低层为书馆,是书师教儿童识字、习字的场所,以秦汉所作字书为教材,流传较广者为《仓颉篇》《急就篇》。学生学完字书后,进而学《孝经》《论语》,为学经书做好准备。

(五)魏晋南北朝时期教育(220—589)

公元 3 至 6 世纪,中国处于王朝更替频繁、战争时有发生的变动阶段,士族地主把持政权,实行九品中正制,对学校教育产生消极影响,官学时兴时衰,私学在人才培养上发挥重要作用。玄学思潮兴起,崇尚自然,反对礼教,否定传统文化,主张个性解放,对儒学造成冲击。南方儒学吸收玄学、佛学思想,趋向探求义理,而北方儒学维持汉学传统,注重章句训诂,造成南北学风不同。

1. 三国两晋的官学教育(220—420)

三国之中,魏较强大,占有中原地区,教育制度较有代表性。魏于 224 年兴修洛阳太学,制定"五经课试法",将学校考试与朝廷选士统一起来。正始年间(240—249),又立古、篆、隶《三体石经》于太学门外,作为教材的标准。太学设博士十九位,古文经学占绝对优势,生员最多达三千人。后因博士选拔不精,生员学习缺乏动力,考选制度有弊,太学在短期繁荣后转趋衰败。魏在教育制度上的创新,是在 227 年于廷尉属下设律博士,教授法律诉讼之学,此为律学设置的开端。

西晋继续举办太学,生员名额限在三千人。276年,增设专门培养贵族子弟的国子学,使中央官学呈多样化,也使中央官学的等级性更加突显。西晋于秘书监设书博士,教弟子习书法,以钟繇、胡昭书体为标准,此为书学设置的开端。

东晋政权于317年在建康成立,先设太学,后增设国子学。博士减为九人,所授全是古文经学。学生人数缩减,只保留两百人。东晋官学缺乏严格管理,难有育才成就。

两晋地方官学没有制度的切实保障,只取决于地方长官的态度,重视则办学,忽视则废学,兴衰不定。

2. 南北朝的官学教育(420—589)

南朝由宋、齐、梁、陈四朝政权相继。宋文帝时,于438年征召雷次宗开儒学馆,后又令何尚之立玄学馆,何承天立史学馆,谢元立文学馆,招收生员,进行教学。四馆并立,反映了当时文化领域的实际变化,分科讲授也是教育上的一大变革。宋明帝于470年立总明观,置祭酒总领其事,设儒、道、文、史四科,每科置学士十人。这是藏书、研究、教学三位一体的文教机构,已初步形成多科性大学实行分科教授的体制。齐在教育制度上没有新发展。梁武帝重视经术,于505年规定选官的新条件,即不通一经者不得为官,有力促进了学校教育发展。梁先后在京开办五馆、集雅馆、国子学、士林馆、律学等,其中仅国子学有门第限制,其他则不限门第与名额,只问文化程度。影响较大的是五馆,置五经博士各一人,以名儒明山宾、陆琏、沈峻、严植之、贺场为博士,各主一馆。每馆学生数百人。五馆讲学公开化,允许学生自由听讲。有的博士讲学极有吸引力,每次讲学听众达千余人。陈朝因袭梁朝,官学受玄学影响较深,处于衰颓状态。

中国北部经十六国政权的变动,后统一于北魏,再分为东魏、西魏,不久代两者为北齐、北周,都是少数民族建立的政权。这些民族自迁入黄河流域后,都注意学习先进农业文化,重视儒学教育,对促进民族大融合起了积极作用。北魏于 398 年建都平城(今山西大同),开始建太学、国子学,设五经博士,生员千余,渐增至三千。444 年,太武帝拓跋焘下诏,令贵族及官僚子弟入太学,禁止民间设私学,教育的等级性特别鲜明。北魏于 493 年迁都洛阳。496 年,孝文帝元宏下令建国子学、太学、四门小学。学校虽先后建造,但因政局累次变动,官学未能正常发展。北齐在教育方面值得一提的是设置国子寺,成为统理学官与生员的教育行政机构。北周的中央官学有太学、麟趾学、露门学。麟趾学是专门进行文学教育的学校,在朝有文艺者皆可预听,求学者甚众。露门学又称"虎门学",其程度属小学性质。此外,北朝还设书学,教授书生;设算学,教授算生;设律博士,教律生当朝律法。北朝学制成为隋代学制的先导。

北朝地方官学制度有新发展。北魏曾制定并推行州郡学制,规定:"大郡立博士二人,助教四人,学生一百人;次郡立博士二人,助教二人,学生八十人;中郡立博士一人,助教二人,学生六十人;下郡立博士一人,助教一人,学生四十人。"[1]北朝按郡一级行政区等级设立相应规模的学校,对传播儒学起了重要作用。

3. 私学教育

魏晋南北朝时期,官学繁荣时短而衰颓时长,人们学习文化多求之于民间私学,私学的存在使文化传递和人才培养得以延

① 《魏书·列传儒林第七十二》。

续。私学有高层和低层之分,闻名的以高层为多,其中儒学占多数。南朝刘瓛,博通五经,冠于当时,聚徒讲学,门下常有数十人。南朝名人多出其门。北朝徐遵明,是儒家北学的宗师,弟子著录超万人,讲学时经疏皆备,引据详明,并诱导学生自由论辩。北朝名儒多出其门。其时,学术自由,儒学、玄学、佛学、道教并存,博学者常兼通异学,讲学时也能兼讲。徐孝克就曾早讲佛经,晚讲儒经。不专一家而能融通,成为当时的讲学特色。这一时期许多专门人才的培养,都依靠私学或家学的传授。祖冲之的天文学和算学、徐文伯的医学、王融的文学、颜之推的文学等,都是优良家庭教育的结果。颜之推著《颜氏家训》二十篇,便是总结当时家庭教育思想的代表作。

(六)隋唐五代时期教育(581—960)

隋代统一南北,创立新的官学制度,为唐代所继承和发展。唐持续二百九十年,在中央集权的统治下,曾出现教育事业繁荣的局面。隋唐先后推行"崇儒兴学"的教育政策,还实施科举考试选士的制度,促进了学校教育的发展。尤其是唐太宗当政的贞观年间,采取多种措施:确立指导思想,规定选官标准,兴办多类学校,扩大官学规模,教授儒家经典,编撰统一教材,为学校教育发展创造了有利条件。唐玄宗当政的开元年代,继续贯彻"崇儒兴学"的教育政策,并加强官学管理法制化的建设,把教育法令制度载入《唐六典》,成为长期有效的教育法典。

1. 中央官学

中央官学是隋初学校教育发展的重点,管理机构是太常寺下设的国子寺,所属有国子学、太学、四门学、书学、算学。随着学校事业发展规模扩大,有独立管理的必要,国子寺从太常寺分出,改称"国子学",607年改称"国子监",成为中央官学的管理机构。另外,有些培养专门人才的学校附设于行政或业务机构,如大理寺设律博士,太常寺太医署设医博士、按摩博士、药园师,秘书省太史曹设天文历法漏刻博士等,都专门负责教授学生。唐继承隋的中央官学制度,又有新发展。贞观年代,国子监所属有国子学、太学、四门学、律学、书学、算学。同时,新设弘文馆、崇文馆以教育皇族与高级贵族子弟。另有附设于行政或业务机构的一些专门学校,如医药学、天文学、兽医学、音乐学校、工艺学校,以培养各类实用人才。可见,儒学教育和专门教育的设置已趋向多样化。算学和医药学的设置,表明当时中国已有实科性学校。唐国子监形成系列教育管理制度。(1)入学制度:有身份等级、年龄、名额等限制。(2)教学制度:有公共必修、专业必修与选修的课目以及教材、教学方式的规定。(3)礼仪制度:定期举行束脩礼和释奠礼。(4)考试制度:定期举行旬考、月考、季考、岁考。(5)假期制度:有十天休假一天的旬假与季节性假期较长的田假和授衣假。(6)升进和罢退制度:学习已通经,考试合格,可以出监参加科举考试。愿留监者,提升其地位与待遇。凡成绩太差、品德不良、旷课超限者,则罢退。这些足以表明当时已形成较完备的教育管理制度。

2. 地方官学

隋初曾令州县设学,其发展过程两起两伏。唐初按州县行政区的层次等级设学,学校逐渐恢复。贞观时,有较安定的社会环境,地方学校也有较大的发展,实施的是儒学教育。李世民于629年令州设医学以培养医生,在中国历史上是创举。到了开元年代,府州县学的设置已有法定的系统和规模。《唐六典》规定,府依上、中、下等级设置名额不等的经学、医学,州依上、中、下等级设置名额不等的经学、医学,县依上、中、中下、下等级设置名额不等的经学。据 740 年的户部记录,有府、州 328 个,县 1 573 个。配合地方行政区,建立全国官学网,在当时世界是独一无二的。

唐代官府对乡里学校也加以提倡,但不施加强制。民间有启蒙识字、传授基础知识的私塾,也有程度较高的传授专门知识的私学,自由发展,分布于城乡,为官学输送学生,为科举考试输送考生。唐后期,私学的条件渐有改善,具有藏书、教学、研究等功能的书院开始出现,数量不多。

唐代的文教发展处于领先地位,士人往来或居留于周边少数民族地区,传输经籍、史书、文学著作、儿童教本等。当时的渤海、高昌、吐蕃都派遣子弟到长安,附国子学读书,业成则返;南诏派送子弟到成都,人数次数较多,学成而归。这些交流活动,促进了该地区教育事业的发展。

隋、唐都接受邻国留学生。贞观年代,留学生渐增,日本、新罗、百济、高丽等国留学生到长安,学习中国的经史、法律、礼制、文学、科技等。唐对留学生在学习和衣食住行方面给予优待。留学生成为文化教育交流的桥梁,他们学成归国后,促进本国文化教育发展和社会改革。

唐衰亡后转入五代,中国再次处于分裂和战乱时期,官学衰落,而民间的书院和私塾则适应需要继续发展。

(七) 宋、元、明、清时期教育(960—1840)

宋、元、明、清时期,中国进入封建社会后期。到明中叶,江南地区出现资本主义萌芽。在阶级矛盾、民族矛盾交错的社会变革中,各民族进一步融合。统治阶级继续以儒学为治国的指导思想,儒学分化成不同派别,各派提出不同的教育政策和主张。程朱理学教育思想被认定更符合统治阶级需要,在南宋末年居于统治地位。元代及明前期,程朱理学支配着教育事业。至明中叶,以王守仁为代表的心学教育思想崛起,对理学造成冲击,流行了两百余年。明清之际,启蒙教育思潮兴起,对程朱理学和陆王心学的教育思想都作了深刻批判。但启蒙教育思想不符合统治阶级利益,清代仍以程朱理学教育思想为主导。

1. 官学的发展

(1)中央官学

宋代在国子监之下设国子学、太学以教授经学,学生以参加科举考试而做官为目的。另设立武学、律学、医学、算学、书学、画学,以传授各种专门知识技艺,养成专门人才。元代在国子监之下设国子学、蒙古国子学,后者专为蒙古贵族子弟而设,目的在于保持本民族语言文字和习武的传统。明代都城先在南京,后在北京,南京国子监与北京国子监并存。清代除设国子监外,特为满洲贵族、八旗子弟设立宗学、觉罗学、八旗官学,此类学校特重满文的读写和骑射技能的训练。中央官学的入学有身份等级的限制,在宋代、明代放宽限制,多数人凭考试选拔入学。但等级并没有消除,元代蒙古族子弟与清代满族子弟享有一定特权,贵族身份决定入学待遇和入仕的品级。官学加强理学思想灌输,强化封建专制统治,朱熹的《四书集注》被规定为必读教材。明清还颁发了多种理学教材。颁发"监规"与禁令,是明清采用的措施,对生员的思想、言论、结社严加限制。国子监的教学管理制度在各代都有发展变化。北宋皇祐、嘉祐年间,太学推行胡瑗主张的"分斋教学",使经义与实学并重。熙宁、元丰年间,太学推行王安石主张的"三舍法",即根据考试成绩由外舍、内舍至上舍依次升舍制度和选拔制度,将培养人才和选拔人才统一于学校。元延祐年间,建太学六斋,实行上、中、下三等升进之法。明清因之。明国子监又创监生历事制度,期限一至三年不等。

(2) 地方官学

按地方行政系统设学是基本原则。宋代地方分路、州(府、军、监)、县三级,在州、县两级设儒学,教授五经。元代地方分路、府、州、县四级,皆设儒学,教授"四书五经",还在路一级设立医学、蒙古字学、阴阳学等。明代地方分省、府、州、县四级,在府、州、县设学,在边远地区也按相应等级设学,除教授经史之外,兼授法令及实学。清代地方分省、道、府、县四级,在府、县两级设学,在卫、所、土司也相应设学,主要教授儒学。地方官学还形成较完备的教育管理制度,设有专管学校的机构和长官,按行政区层次设学法制化,规定学官的俸禄和学生的廪膳,还有教学制度、考试制度、惩罚制度、选贡制度等。统治阶级重科举轻学校,使得地方学校变为科举考试的预备场所,科举考试需要的便学,否则不学。学校沦为科举的附庸。

2. 书院的发展

为满足士人学习文化的需要,北宋的书院进一步发展,著名的书院有石鼓书院、白鹿洞书院、岳麓书院、嵩阳书院、应天府书院、茅山书院等。南宋的书院更加发达,著名的书院有白鹿洞书院、岳麓书院、丽泽书院、象山书院等,都是理学家、心学家讲学的场所。书院的特点在于,教师自由讲学,学生自由择师,注重思想品德培养，不以追求科举及第为目标，方式是自学、讲学、讨论、指导相结合。南宋以后，书院的兴衰与政治变化有关。元代采取利用的方针，将书院官学化，置于政府管理下。明中叶，书院再次兴起，心学家湛若水、王阳明主办的书院之社会影响甚大。明末，无锡东林书院讲会成为在野士大夫清议的中心。自由讲学为封建专制所不容，明代于嘉靖、万历、天启年间四次禁毁书院。禁而不能灭，后来朝廷加强行政控制，将书院纳入科举轨道。清初采取禁书院政策，至雍正年间才开禁，各地相继建书院。乾隆年间，官立书院迅速增加，既传授程朱理学，又教课八股文。乾隆、嘉庆之间，考据学兴起，名家主讲的书院传授经学、史学、天算、地理等学问，不课八股。阮元在杭州孤山建诂经精舍，在广州粤秀山（今越秀山）建学海堂，就是考据类型书院的代表。这类书院在教学上重自学指导，在研究方法上重实证，强调严谨的治学态度，养成实事求是的学风，其弱点是脱离社会实际。

3. 蒙学的发展

民间以儿童为教育对象进行启蒙教育的组织，其种类和名称有多种，如家塾、私塾、义塾等，概称为"蒙学"。在蒙学持续发展过程中，教学不断变革创新，逐渐形成相对稳定的教学内容和教学程序。读书、写字、作文是所有蒙学的主要教学内容。读书，首先集中识字，学生熟记千余字后，依次读《三字经》、《百家姓》、《千字文》及四书，要求熟读成诵，然后相应地进行讲书，让学生了解其意思和道理。习字，先由教师把着学生的手写，然后让学生描红，再进行临帖，多加练习。作文，先练作对，由简而繁，进而造句，连句成篇。适应蒙学发展需要，蒙学课本既用优秀传统课本，也用应时新编课本，呈现多样化状态。识字课本如《千字文》《性理字训》《百家姓》《三字经》,德育课本如《童蒙须知》《小学》,文学课本如《千家诗》《神童诗》,史学课本如《蒙求》及其同类,经学课本如《四书集注》,习对课本如《声律启蒙》,等等。历代积累了编写童蒙教材的丰富经验。在蒙学教学实践的基础上,总结蒙学经验的教学法著作也渐次出现,如元代程端礼的《程氏家塾读书分年日程》,清代崔学古的《蒙学录》、王筠的《教童子法》,等等。

二、 中国近代教育史（1840—1949）

（一）清后期教育

鸦片战争是中国由封建社会向半殖民地半封建社会转化的开端。士大夫阶层中分化出开明的改革派。他们批判理学的空疏、八股的无用、考据的脱离实际,提倡以"经世致用"为方针进行教育改革,学习西方新技术,以求达到强国御侮的目的,从此开始近代教育的不断改革。

1. 洋务运动时期教育

借洋枪洋炮洋兵镇压太平天国农民革命运动的一帮清代官僚,主张学习西方新知识、新技术以求富强,形成洋务派。他们提倡办洋务,教育培养各类洋务人才,成为洋务运动的重要内容,陆续举办三类学堂：同文馆与广方言馆、陆军与水师学堂、机器与电报学堂。教学内容有"旧学"的"四书五经"与"新学"的"西文""西艺"。外国传教士、军官、技师被聘为学堂教习。洋务派也重视派学生到美、英、德、法等国留学,学习军事和实用技术。洋务教育虽带来一些资本主义教育因素,但坚持的是"中学为体,西学为用”的办学方针。

2. 维新运动与新政时期教育

甲午战争失败后,资产阶级维新派领导了一次变法运动,他们反对科举制度,提倡兴办学校,要求废八股而学西学,建立资本主义的学校教育制度。1898 年"百日维新"变法诏令关于教育的内容有:废八股,变科举;立京师大学堂,统辖全国学堂;书院改学堂,兼习中学、西学;筹设各类专门学堂;选派聪颖学生出国游学;等等。变法虽失败,但为以后的改革做了舆论上的准备。清代被迫从 1901 年开始实行所谓"新政",改革教育成为先行的要务,下令省城书院改设大学堂,府书院改设中学堂,州县书院改设小学堂。1904 年颁布的《奏定学堂章程》(又称《癸卯学制》),是近代第一个在全国推行的学校教育制度。1905—1906 年,清代成立从中央到地方的教育行政机关,中央设学部,长官为学部尚书;省设提学使司,长官为提学使;州、县设劝学所,由总董负责,管理若干学区,学区又有劝学员,负责本区学务。

(二)民国初期与北洋军阀统治时期的教育

1. 民初教育宗旨与教育改革

1912 年 1 月,中华民国临时政府成立,随即任命教育总长,成立教育部。同年 7—8 月,中央临时教育会议召开,确定新教育宗旨:"注重道德教育,以实利教育、军国民教育辅之,更以美感教育完成其道德。"在共和制和自由平等的条件下,德、智、体、美四育均衡发展是合乎资产阶级利益的教育宗旨。接着,制定学校系统,1912—1913 年先后公布《学校系统令》及各种学校令,合称"壬子·癸丑学制"；又明令改革课程,公布《小学校教则及课程表》和《中学校课程标准》,对普通教育课程变革作了具体规定。

2. 袁世凯统治下的教育措施

袁世凯不满足于总统权位,企图恢复帝制,在教育方面也采取反动措施:重新恢复尊孔读经;否定教育宗旨,代之以《教育要旨》,着重提倡封建旧道德;改变学校制度,将小学分为国民学校和预备学校两轨,对中学校实行文实分科。

3. 新教育思潮与学制改革

为反对复古的旧文化、旧道德,1915年开始兴起新文化运动,提出"民主与科学"的口号,促进了新教育思潮的发展,推动了教育改革。在文学革命影响下,中小学的国文改为国语,小学国语改用白话文。在妇女解放运动中,人们要求男女教育平等,大学开始招收女生,实现男女同校同班学习。在民主的旗帜下,兴起平民教育思潮,平民教育会社先后成立,实际推动普及教育,取得一定成效。职业教育与科学教育思潮的兴起,推动中小学教育与社会生活实际相联系,重视劳作课和理科,中学酌情设置职业科。高等教育改革由北京大学领先发动,校长蔡元培提出"囊括大典,网罗众家;思想自由,兼容并包"的办学方针,着手改革大学学制、教学制度和管理体制。各级各类学校改革,最终汇集到要求对学制进行一次全面改革。全国教育联合会从1919年起召开的三次年会都以学制为讨论中心,最终形成新学制草案,经教育部召开学制会议修改通过,于1922年11月公布施行。小学修业年限缩短为六年,分初小和高小两段,以利普及;中学变化最大,延长修业年限至六年,采取综合中学制和选科制,职业教育占有显著地位;大学按北京大学的办法改制,取消预科。

4. 教育团体的教育改革与实验活动

新文化运动中,反对封建旧教育的教育家先后组织一些全国性教育团体,如全国教育联合会、中华教育改进社、中华职业教育社等,从事教育改革活动。他们多数是"教育救国论"的主张者,接受西方教育理论,特别是受美国教育家杜威主张的实用主义教育思想的影响。1919 年,中华教育改进社邀请杜威来中国讲学,历时两年多,遍及十一省,实用主义教育思想广泛传播。当时的一些教育流派,如平民教育、职业教育、生活教育、活教育等都以实用主义为理论依据。1921 年,中华教育改进社为推动学制改革,请美国教育家孟禄来华讲演,到过十七个大城市。受其影响,政府在制订学制改革方案时,不提教育宗旨,代之以七条标准,学制也采用美国学制的一种。教育家们还引进智力测验和教育测验,并在部分学校试验西方国家的教学方法和教学制度,如设计教学法、道尔顿制、温内特卡制等。这些方法和制度主要在经济较发达的江浙地区试验,成效并不显著,也难推广。

(三)国民党政府时期的教育

1927 年"四一二"反革命政变后,国民党在南京组成国民政府,实行一党专政,加强专制统治,在教育上采取一些措施。

1. 颁行"三民主义"教育宗旨

1929 年 3 月,国民党第三次全国代表大会议决教育宗旨和实施原则。4 月,国民政府以《中华民国教育宗旨及其实施方针》通令颁行。其宗旨为:"中华民国之教育,根据三民主义,以充实人民生活,扶植社会生存,发展国民生计,延续民族生命为目的,务期民族独立,民权普遍,民生发展,以促进世界大同。"其实施方针对各级各类教育落实"三民主义"教育宗旨作了具体规定,1931年11月进行了修订。国民党此时的"三民主义"完全抛弃"联俄、联共、扶助农工"的三大政策,与孙中山的新三民主义背道而驰。

2. 建立教育行政制度

1927年,国民政府决定采用大学院制,设中华民国大学院,主管全国学术和教育行政事务。大学院有大学委员会,为最高评议机构。地方实行大学区,每区设大学一所,校长一人负责区内一切学术和教育行政事务,评议会为最高审议机构。实行新的教育行政制度,使教育与学术结合,目的是改官僚化为学术化,以求"一事权,而利教育事"。由于政局的变化、条件的限制,大学院制试行一年多,遭到各方的反对,难以推行。1928年11月,国民政府决定将大学院改为教育部,大学院的一切事务由教育部办理,随后停止大学区。各省恢复教育厅,县设教育局。

3. 调整学校系统

1928年全国教育会议对1922年学制略加修订,后继续实行。鉴于综合中学制的实施难以达到设计的目的,国民政府于1932年废综合中学制,中等教育分设中学、师范、职业三种学校。

4. 推行国民教育制度

国民政府于1928年提出普及国民教育,历行全国义务教育。但是,由于义务教育实施计划不断变更,小学学制屡有改变。1937年,全面抗战开始,国民政府实施国民教育制度,将小学义务教育与民众补习教育合并进行,在乡镇设国民中心学校,在保设国民学校,两者均分设小学部和民教部,其中小学部施以义务教育,民教部施以补习教育。

5. 修订中学课程

1932 年,国民政府公布《中学法》,明确中学教育目标:发展青年身心,培养健全国民,并为研究高深学术及从事各种职业之预备。中学课程进行了多次修订,1940 年规定,初中课程为:公民、体育、童子军、国文、算术、博物、生理及卫生、化学、物理、历史、地理、劳作、图画、音乐、选修;高中课程为:公民、体育、军训(女生习军事看护)、国文、外国语、算学、生物、矿物、化学、物理、历史、地理、劳作、图画、音乐。第三学年可酌设简易职业科目。中学毕业生要参加会考。

6. 大学实行新法规

1929 年,国民政府公布《大学组织法》,教育部公布《大学规程》,规定大学的办学目标是"研究高深学术,养成专门人才"。大学分文、理、法、教育、农、工、商、医八院,具备三院(必须有理、农、工、医之一)以上者,可称大学,否则称为学院。大学修业年限:医学院为五年,其他学院为四年。各科学生从第二年起,应选定主系与辅系。大学得设研究院或研究所,亦可附设专修科。

7. 抗日战争时的应变措施

1937 年卢沟桥事变后,日军的炮火破坏了中国大批学校。仅 1937—1938 年,108 所高等学校被破坏 91 所,40%以上的中学陷入被占领区或战区。国民政府下令大学内迁,如北京大学、清华大学、南开大学迁云南昆明,组成西南联合大学;北平大学、北平师范大学、北洋工学院等迁至陕西城固,组成西北联合大学。至 1938 年底,迁动大学 55 所,使高等教育的基本力量得以保存。在战时,大学先实行统一招生,后改为联合招生。为扩大招生,设先修班,学生补习一年后,进入大学本科。为救济战区流亡的中等学校师生,从 1937 年起,国民政府先后在中西部 10 省市设国立中学 34 所、国立师范学校 14 所、国立职业学校若干所。这些都是公费住宿制学校,管理比较严格。

8. 战后复员办法

战后,内迁的国立大专院校大部分迁回原址,一部分留在原地;恢复由于战事而停顿的学校;对敌伪所设学校,分别情况,或停闭,或改组;对敌伪学校的大学生、中学生,实行必要的教育训练,加以甄审。专科以上学校学生在临时大学补习班学习期满,成绩及格者,发给正式学校肄业证书。

(四) 共产党领导的新民主主义教育

新文化运动中,早期共产主义者走知识分子与工农相结合道路,开办工人补习学校、工人子弟学校,这些教育活动是中国新民主主义教育的开端。1921 年,中国共产党成立,由中国共产党领导的,以共产主义思想为指导的,民族的、科学的、大众的教育,是人民大众反对帝国主义、封建主义和官僚资本主义的教育,是新民主主义教育,是中华民族的新教育,其发展经历了以下几个阶段。

1. 大革命时期的教育

领导新民主主义革命需要干部进行宣传和组织。共产党人 1921 年 8 月在长沙创立湖南自修大学;1922 年 10 月在上海创立上海大学;1923 年 12 月在长沙办起湘江学校;1924—1926 年在广州办广州农民运动讲习所;1927 年在武昌办中央农民运动讲习所。这些学校为革命培养了成批干部。民主革命必须提高革命主力即工农的政治觉悟。在共产党领导下,工人运动所及的厂矿办起工人俱乐部、工人补习学校、工人子弟小学,农民运动所及的地方办起农民学校,在提高工农文化水平的同时,更重要的是提高了他们的政治觉悟。

2. 土地革命时期的教育

毛泽东带领工农红军首先开创井冈山革命根据地,其他地区也相继建立了十几个农村革命根据地。在共产党领导下,纠正"左"倾错误,发展人民教育事业。革命根据地的教育包括红军教育、干部教育、农民业余教育和小学教育,基本上形成了新型教育体系。

3. 抗日战争时期的教育

抗日根据地以陕北地区的延安为中心,实行抗战教育政策,使教育为长期战争服务。中共中央决定将干部教育放在第一位,将国民教育放在第二位。对干部教育的重视表现为,建立在职干部教育制度,要求在职干部按不同程度进入不同层次学校和班级学习,以提高文化和政治理论水平;同时,大力发展各种干部学校和干部训练班,以思想政治教育为中心,培养训练大批新的革命干部。在国民教育中,成人教育被放在第一位,儿童教育被放在第二位,广泛开展扫盲运动和群众业余教育;同时,努力举办小学教育,办学形式呈多样化,以民族精神教育新后代。新民主主义的教育体系包括在职干部教育、干部学校教育、中等教育(中学、师范学校、卫校及其他职业学校)、军队教育、群众业余教育、小学教育等,在战时困难条件下,通过教育实践,积累了丰富的教育经验,也形成了革命的教育传统。

4. 解放战争时期的教育

在新的历史阶段,要适应解放战争、土地改革和解放区建设的需要,对教育工作提出了新要求:在老解放区,继续发扬新民主主义教育的革命传统,坚持在职干部教育,兴办干部学校教育,举办中等教育,发展小学教育和群众教育,政治教育要以解放战争和土地改革为中心内容。在新解放区,对旧有学校进行改造,中学以上学校以政治教育为主,改造师生思想,然后动员他们参加革命工作;对小学进行改造,主要是改造教师思想,废除旧教材,采用新编教材。由于解放战争发展迅速,因此教育要适应革命形势变化,既要为支援解放战争又要为投入生产建设做好准备,需要从长远考虑。教育事业要向新型正规化方向发展。中学教育的方针和任务不能限于短期性政治训练,要改为以文化教育为主并重视政治教育的新型正规学校;同时,根据实际需要举办各种短期学习班。东北、华北和其他解放区都先后开始这一转变,为中华人民共和国成立后的人民教育奠定了基础。

三、 中国现代教育史（中华人民共和国教育史）（1949—2001）

1949年10月1日,中华人民共和国成立,标志着中国教育发生历史性转折。将旧中国半殖民地半封建社会的教育转变为社会主义社会的教育,并适应社会主义建设需要进一步发展,必然要经过一个改革与发展的过程。

（一）社会主义改造与建设时期对旧教育的改造与新教育的发展（1949—1965）

1. 对旧教育制度的改造

1949年9月,中国人民政治协商会议第一届全体会议通过

《中国人民政治协商会议共同纲领》(简称《共同纲领》),其中关于文化教育政策规定:"中华人民共和国的文化教育为新民主主义的,即民族的、科学的、大众的文化教育。人民政府的文化教育工作,应以提高人民文化水平、培养国家建设人才、肃清封建的、买办的、法西斯主义的思想、发展为人民服务的思想为主要任务。"这就确定了教育工作的总方针和总任务,指明了对旧教育实行改造的方向。中华人民共和国成立前存在两种教育,一是共产党领导的解放区的新民主主义教育,一是国民党统治区的半殖民地半封建教育,前者是人民教育事业发展的基础,后者须经改造纳入人民教育的轨道。为此,中央人民政府采取了一系列措施:(1)逐步接管国民党统治区的学校并进行改造。首先,对各级公立学校实行接管,使学校工作照常进行,按政策对学校管理制度和课程进行初步改革。其次,对接受外国津贴的学校进行接收,区分不同情况,改为公办、民办而由政府补助,从高等学校到中等学校、初等学校、幼儿园、孤儿院、慈幼院、育婴堂,全部收回教育权。再次,对原有私立学校实行接办,私立高等学院先接办,私立中小学随后也接办,都改为公立。(2)对学校教师实行团结、教育、改造的政策。通过多种形式组织教师学习,使他们逐步树立爱国主义、为人民服务的思想,同时改善工作条件,提高待遇和社会地位。(3)改革旧的教育制度。《共同纲领》规定:"人民政府应有计划有步骤地改革旧的教育制度、教育内容和教学法。"第一次全国教育工作会议提出,建设新教育要以老解放区新教育经验为基础,吸收旧教育中某些有用的经验,借助苏联教育建设的先进经验。由于中国缺乏社会主义建设经验,又受帝国主义封锁,处在这种历史条件和国际环境下,需要学习苏联教育经验才有利于改革旧教育制度,建设新教育制度。学习苏联教育经验全面进行:第一是学制改革,学校向工农开门,各种形式的工农教育学校居于重要地位,小学改为"五年一贯制"(推行两年后,因条件不具备,又恢复"四二制"),中学学制保留"三三制"不变,高等学校学制呈多样化。第二是制定学校规程,从 1950 年开始,针对高等学校、专科学校、中学、小学、幼儿园、师范学校、中等技术学校先后颁布规定或规程,使各级各类学校都有规章可循。第三是高等学校的院系调整,方针是以培养工业建设人才和师资为重点,发展专门学院,整顿和加强综合大学,同地区、同系科加以调整合并。第四是制定教学计划,参照苏联教学计划,制定高等学校和中等专业学校教学计划。第五是大量翻译苏联高等学校和中等专业学校教材,参考苏联教科书改编中学数理化教材。对老解放区教育经验,主要继承重视工农教育、干部教育的优良传统,建立成人教育体系,成人教育(包括干部教育、农民教育、职工教育)被摆在重要地位。这些教育改革有不少成绩,但也发生一些偏差,主要是:否定旧教育某些合理的部分,对解放区教育经验没有作系统的总结而加以继承,学习苏联教育经验未能与中国实际国情很好地结合。从 1953 年开始,我国实行发展国民经济的第一个五年计划,走上计划经济的道路。对于教育有计划地发展,当时简单理解为高度集中管理,实行指令性计划,要求统一学制、统一教学计划、统一教学大纲、统一教材,这就不能适应中国地域辽阔、各地经济文化发展不平衡的基本国情,也限制了各地因地制宜地处理问题。1956 年对生产资料私有制的社会主义改造基本完成后,9 月召开的中共八大提出国内主要矛盾是先进的社会主义制度同落后的社会生产力之间的矛盾,确定今后的任务是建设社会主义中国。教育为社会主义建设服务,教育工作者开始探索适合中国国情的社会主义教育发展道路。

2. 社会主义教育曲折地发展

(1) 反右斗争。1957 年 4 月开始的整风运动不久即转变为反右斗争。反右斗争从教育领域发起,结果严重地扩大化,伤害了一大批教育工作者,使教育事业蒙受巨大损失。

(2) "教育革命"。1958 年 4 月召开的中共中央教育工作会议,批判教育工作中的教条主义、右倾保守思想、脱离生产脱离实际、忽视政治等错误倾向,随即发动"教育革命"。9 月,《中共中央、国务院关于教育工作的指示》发布,试图建立中国的社会主义教育体制,探索多形式、多规格、多层次办学,把教育与生产劳动结合起来。但由于对教育发展规律和中国基本国情认识不足,在"大跃进"和人民公社化运动的背景下,"左"倾错误思想占据上风,夸大主观意志的作用,规定不切实际的高指标,各级各类学校大发展之后,教育经费的需要大大超过国民经济的承受能力;学校内部的教学改革强调不破不立,先破后立,结果破了课程体系,也破了教学秩序,降低了教育质量;在对待教育工作者方面,仍将大部分教师视为资产阶级知识分子,否定教师在教学中的主导作用,把思想问题、学术问题当作政治问题,进行过火的批判。

(3) 教育调整。从 1961 年到 1963 年,国家对教育事业进行大规模调整,主要有四个方面:第一,贯彻"调整、巩固、充实、提高"的方针。决定学校办少一些、办好一些,进一步裁并高等学校、专科学校和中等专业学校,压缩全日制中小学的规模,调整学校布局,办好一批重点学校,坚决贯彻国家办学与人民群众办学并行的方针。第二,总结经验,制定教育工作条例。1961 年,总结教育工作经验,特别是吸取 1958—1960 年"左"的错误的教训,为使学校教育工作走上合乎国情的发展道路,制定颁布《教育部直属高校暂行工作条例(草案)》《全日制中学暂行工作条例(草案)》《全日制小学暂行工作条例(草案)》。三个条例颁发实行,使学校教育工作走向规范化,对于稳定当时学校秩序,提高教学质量,起了积极作用。第三,加强教材建设。为了给正常的教学工作创造条件,以利于提高教学质量,1961 年,国家加强教材建设工作。高等学校分两步走,先解决有教材可用问题,采取"选、编、借"的办法;然后解决提高教材水平问题,组织专家领头编撰。中小学编写十二年制教材,到 1965 年全部编成。以上成果初步满足了教学需要。第四,贯彻知识分子政策。为纠正在知识分子问题上"左"的倾向,调动知识分子的积极性,1962 年 3 月举行广州会议,肯定知识分子是人民的劳动者,是为无产阶级服务的脑力劳动者,应脱"资产阶级知识分子"之帽。会议之后,各级学校依政策为在过去的政治运动中受伤害的教师甄别昭雪,为被错划为"右派分子"的知识分子摘帽。但由于"左"倾的思想没有清除,"千万不要忘记阶级斗争"的呼声又起,影响了知识分子政策的落实。

(4)教育改革。1964 年 2 月,毛泽东主持召开教育工作座谈会,批评现行教育制度摧残青年,要求改革教育制度,此后又多次重申强调阶级斗争是学校的一门主课。教育部强调"从精神上去理解",实际的改革行动是精简课程门类和教材内容,改进教学方法,改革考试制度。刘少奇认为中国在教育上忽视职业技术教育以及教育与生产劳动相结合,为了减轻国家和学生家长的负担,较好地普及教育,他主张实行半工半读,把教育与生产劳动结合起来,培养既能从事脑力劳动又能从事体力劳动的劳动者。1964

年,半工半读学校试办,并迅速得到发展。1965 年,教育部还提出:半工半读的时间安排可以采取多种方式;半工半读试验的重点是中等专业学校和高等学校;坚持"五年试验,十年推广",不能发展太快。这些改革试验取得较快进展,积累了一些有益经验,但在"文化大革命"开始后被迫中断。1965 年底的统计显示:全日制高等学校 434 所,学生 67.4 万人,其中:117 所试办半工半读专业班,学生 4.4 万人;半工(农)半读高等学校 109 所,学生 2.9万人。中等学校 8 万多所,学生 1 430.87 万人,其中:普通中学 1.8 万多所,学生 933.8 万人;中等专业学校 1 265 所,学生 54.7万人;半工半读中学 6.1 万多所,学生 44.3 万人。小学 168 万多所,学生超过 1.1 亿人。函授的高等学校 123 所,学生 13.2 万人。夜大学的高等学校 83 所,学生 1.8 万人。此外,还有电视大学等。

十七年的成绩主要有以下几方面:第一,把半殖民地半封建的教育制度改变为社会主义的教育制度,教育性质发生了根本变革;第二,教育事业有较大发展,各级各类教育都具有相当规模,形成比较完整的教育体系;第三,摆脱"全盘西化""全盘苏化"的束缚,开始走上有中国特色的教育道路,在总结经验教训的基础上,有了比较适合中国国情的教育方针、政策、制度、规章和管理办法;第四,培养了大量具有一定思想道德和文化科学素养的劳动后备员和大批优秀人才,为中国社会主义建设事业服务。十七年的问题主要是:第一,由于全国工作重心未能转到建设上,也就未能将教育摆在战略地位;第二,对教师缺乏正确的估计,长期把教师列为资产阶级知识分子,视为异己力量,办教育而不信任不依靠教师;第三,指导思想有"左"的倾向,以阶级斗争为纲,政治运动频繁,劳动安排过多,干扰了正常教学秩序;第四,教育结构存在不合理状况，过于侧重全日制，侧重普通中学，侧重本科，侧重工科。这些问题在"文化大革命"中进一步严重化。

（二）"文化大革命"时期的教育（1966—1976）

"文化大革命"是由毛泽东错误发动和领导，被林彪、江青两个反革命集团利用，使中国的政治、经济、文化、教育遭受严重破坏的一场内乱。

1. 指导运动的理论

毛泽东对当时中国社会阶级关系、党政干部对社会主义的忠诚程度、教育领域中教师的思想状态做出了错误的分析判断。毛泽东的有关言论被作为这次运动的最高指示公布。1966 年的"五七指示"说："学制要缩短，教育要革命，资产阶级知识分子统治我们学校的现象，再也不能继续下去了。""五一六通知"提出："彻底揭露那批反党反社会主义的所谓'学术权威'的资产阶级反动立场，彻底批判学术界、教育界、新闻界、文艺界、出版界的资产阶级反动思想，夺取在这些文化领域中的领导权。"8 月 8 日的决定指出，这次运动的目的"是斗垮走资本主义道路的当权派，批判资产阶级的反动学术'权威'，批判资产阶级和一切剥削阶级的意识形态"。这些代表性的观点被概括为"以阶级斗争为纲的无产阶级专政下继续革命的理论"，这一理论被用来指导持续十年之久的全国政治运动。

2. 教育机关成为斗争的场所

1966 年 5 月，"文化大革命"由鼓动学校红卫兵造反而点火。6 月，批判斗争的烽火燃遍全国教育机关，任意批斗学校领导和教师，继而用游街、关押、迫供、抄家等方式进行迫害,学校陷入"停课闹革命"的混乱局面。到8月,形形色色的红卫兵组织已普遍建立,以后分化成势不两立的两大派,由文斗转为武斗。1967年"一月夺权"席卷全国,红卫兵和造反派联合夺所谓"走资派"的权而产生"革委会",领导学校的斗批运动。因无法结束混乱局面,实现不了"复课闹革命",就派军队进校实行军管和军训,后又添派工宣队进校以增援管理力量。

3. 所谓"教育革命"的实践

在"以阶级斗争为纲的无产阶级专政下继续革命的理论"指导下,1971年《全国教育工作会议纪要》提出所谓"两个估计",即新中国成立后十七年教育工作执行修正主义路线,知识分子的"世界观基本上是资产阶级的"。"教育革命"就针对解决这两个基本问题而采取措施。为了实现"五七指示"中"学制要缩短"的要求,小学、中学、大学学制都缩短,结果普遍降低了教育质量。为实现"彻底改变资产阶级知识分子统治我们学校的现象",对招生制度实行改革,规定大专院校以具有两三年实践经验的优秀工农兵为招生对象,废除高考,入学全凭推荐,造成"开后门"成风,各级官员的子女和亲戚朋友优先上大学。学员的任务是"上大学,管大学,用毛泽东思想改造大学"。学员程度参差不齐,一些人难以摆正自己的位置。"文化大革命"中进行的所谓"教育革命",如理工科大学走"七二一"道路,文科大学以社会为工厂;推广朝阳农学院的经验,各类大学办成政治大学;中小学办成政治学校;农村小学下放到公社的大队来办;城市小学由工厂办、街道办。这些错误的主张,不仅违背教育规律,也是对教育事业的摧残。

4. "文化大革命"对教育事业的破坏

(1)摧残教师队伍。教师被定性为资产阶级知识分子,绝大多数被下放劳动,接受"再教育"。教育界一些干部、教师遭到诬陷、迫害致残、致死。农村中小学教师受害更为严重,一部分公办学校被改为民办,教师下放回原籍,在生产队接受监督改造,不拿工资,只凭劳动记工分、分口粮。教师没有精力来做教学工作,大大降低了农村中小学的教育质量。

(2)破坏教育事业。"文化大革命"期间,各级各类学校长期"停课闹革命",大打派仗,甚至发生武斗,学校财产受到严重破坏。

(3)教育质量下降。"文化大革命"期间,学生受鼓动造反,"停课闹革命",开门办学,下厂下乡劳动,上"阶级斗争主课",批"智育第一""师道尊严",没有学到多少知识,反而造成"读书无用"的风气。在学生思想中,法纪观念荡然无存,是非没有标准,道德水平大大下降,青少年犯罪比例增加。中小学、大学毕业生文化程度普遍降低,造成国家建设人才缺乏,民族素质下降。

(4)教育结构失衡。由于批判刘少奇的"两种教育制度",在"教育革命"中,职业学校和农业中学被完全改成单一的普通中学,中等教育单一化乃至畸形,使青年的升学和就业成为尖锐的社会问题。"文革"中,大专院校四年停止招生,1971年开始试点招生,只有本科每年招约4.2万人,专科及研究生没有恢复招生,未能为国家提供各层次人才。

(三)改革开放时期走上中国特色社会主义教育发展道路 (1977—2001)

1978年12月召开的中共十一届三中全会抛弃"以阶级斗争为纲",确定以经济建设为中心的新路线,实行改革开放的方针,从此中国教育发生历史性转折。

1. 教育工作的拨乱反正

1976年12月,公布"四人帮"的罪行材料,全国揭批"四人帮"破坏教育、摧残教育工作者的罪行,清除其散布的思想流毒。1977—1978年,破除"左"倾错误的"两个估计""两个凡是"的思想禁锢,为受迫害者平反昭雪,并决定为1957年被错划的"右派分子"落实政策,为1959年"反右倾"运动中被批判的人平反,为1976年清明节"天安门事件"中受迫害的人平反。1977年,教育事业开始恢复和调整。1978年4月召开全国教育工作会议,强调要提高教学质量,要把坚定正确的政治方向放在第一位,要提高人民教师的社会地位,全社会都要尊师。教育部重新颁发《高教六十条》《中学五十条》《小学四十条》,作为教育工作实施的章程。1979年贯彻"调整、改革、整顿、提高"的方针,首先把过去行之有效的制度恢复起来,把被不合理裁并、停办的学校恢复起来,然后确定重点,办好一批大中小学。1980年,教育部召开教育工作会议,总结教育工作经验,主要有:(1) 教育工作必须与经济协调发展;(2) 学校要有明确的培养目标;(3) 正确贯彻知识分子政策;(4) 改善共产党对学校的领导。同时,会议清理了"左"倾错误的主要表现:教育在国民经济和社会发展中没有被摆到应有的位置;强调"以阶级斗争为纲",冲击了正常教学秩序,影响了教育质量;把知识分子列入资产阶级范畴,使之成为批判对象;教师的社会地位、生活待遇低;"外行领导内行"助长了瞎指挥;盲目追求高指标,造成教育事业的大起大落;对人类文化遗产采取虚无主义态度,只讲批判,不讲继承。会议在思想认识上分清了是非,使教育工作走上正轨。

2. 教育战略地位的确立

在以经济建设为中心的新时期,要处理好教育与经济发展的关系。1982年,中共十二大确立了教育在社会主义建设中的战略重点地位。1983年,邓小平给北京景山学校题词:"教育要面向现代化,面向世界,面向未来。"这成为教育改革和优先发展的指导方针。1985年发布的《中共中央关于教育体制改革的决定》提出:"教育必须为社会主义建设服务,社会主义建设必须依靠教育。"1987年,中共十三大指出:"百年大计,教育为本。必须坚持把发展教育事业放在突出的战略位置,加强智力开发。"1992年,中共十四大强调:"我们必须把教育摆在优先发展的战略地位,努力提高全民族的思想道德和科学文化水平,这是实现我国现代化的根本大计。"1997年,中共十五大再次强调,要切实把科技和教育摆在优先发展的战略地位。应该说,经过中共历次代表大会的强调,教育优先发展的战略地位已经确立,进一步的问题是切实加以落实。

3. 教育立法的进展

过去的教育工作所依据的往往是领导指示,教育行政规定多,忽视教育立法。为了加强依法治教,我国从20世纪80年代开始重视教育立法。全国人大审议通过了几个教育立法:1986年4月通过《中华人民共和国义务教育法》(以下称《义务教育法》),规定国家实行九年制义务教育;义务教育事业实行地方负责,分级管理。1993年10月通过《中华人民共和国教师法》。1995年3月通过《中华人民共和国教育法》(以下称《教育法》)。《教育法》以《宪法》为依据,规定我国教育的基本性质、地位、任务,基本法律原则,基本制度。1996年5月通过《中华人民共和国职业教育法》。1998 年 8 月通过《中华人民共和国高等教育法》。有了这些基本的教育法律，教育事业的发展就得到一定的法律保障，今后会继续补充和完善。

4. 教育改革的展开

（1）义务教育的普及。中国是一个发展中大国，经济不够发达，制约着普及教育的程度。1980 年 12 月，中共中央、国务院发布《关于普及小学教育若干问题的决定》，要求"在八十年代，全国应基本实现普及小学教育的历史任务"。随着社会主义经济的迅速发展，相应地对普及义务教育的程度提出了新要求。1985 年，《中共中央关于教育体制改革的决定》发布，提出"实行九年制义务教育，实行基础教育由地方负责、分级管理的原则"。1986 年《义务教育法》的实施，推动普及义务教育加快速度，国家采取政府财政拨款为主、多种渠道筹措经费为辅的教育投资体制，调动地方各级政府和人民群众办学积极性，实施九年制义务教育的历史任务在逐步实现。

（2）中等教育结构改革。中等教育应避免单一化普通中学，使各级各类学校发展有合理的比例。1979 年教育部与国家劳动总局提出中等教育结构改革方案，开始试点。1980 年国务院批准中等教育结构改革报告，要求各地从实际出发，调整整顿普通中学，积极发展各业职业技术教育。这促使职业技术教育获得大发展，中等教育结构不合理的状况得到改善。1985 年《中共中央关于教育体制改革的决定》发布后，中等教育结构进一步改革，高中阶段职业技术学校招生的比例超过 50%，形成普教与职教双轨并行的格局。

（3）高等教育全面改革。1983 年 4 月，国务院批转教育部和国家计委《关于加速发展高等教育的报告》，要求促使整个高等教育事业在近期有较大发展，调整改革高等教育内部结构，增加专科和短线专业的比重，抓紧重点学校和重点专业的建设。1986年3月，国务院发布《高等教育管理职责暂行规定》，明确划分国家部委和各省、自治区、直辖市对高等教育的权限，扩大高校办学自主权，增强办学活力。高校采取国家计划、委托培养、自费生三种形式招生。高等教育结构经过调整，增加应用文科、财经、政法和工科中轻纺、食品、电子、土建等短线专业的招生人数，硕士生、博士生也增加一定数量。高等教育的结构层次趋于合理化，缓解了国家对紧缺人才的需求。

（4）成人教育的改革。1978年11月，国务院发布《关于扫除文盲的指示》，大大促进了农村扫盲工作的开展。在达到基本扫除文盲的目标后，农村发展继续教育，形式有农民业余学校、农民文化技术学校、农民中专和各级短期培训学校。城市职工教育也迅速发展。1978年9月，教育部召开全国职工教育工作会议，提出在青年工人中普及初中文化和初级技术教育。1981年2月中共中央、国务院发布《关于加强职工教育工作的决定》后，职工的文化补课和技术补课的"双补"教育全面展开；同时，开展多种形式、多个层次的工人技术培训工作。为使成人教育适应社会主义现代化建设需要，1987年，国家开始把成人教育工作重点转移到岗位培训，以提高从业人员的工作能力和生产技能。培训形式为培训班、进修班、文化技术学校等，以按需施教为原则，坚持业余为主、自学为主、短学制为主，解决工作与学习的矛盾。为适应现代化建设，国家对干部提出革命化、知识化、年轻化和专业化的要求，从1980年开始，由高等学校举办干部专修班和培训班；1983

年 5 月,批准开办管理干部学院,目标是把各类干部逐渐提高到大专水平。成人高等教育发展较快,以适应继续提高文化和科技层次的要求,有广播电视大学、职工大学、管理干部学院、农民大学、教育学院、函授学院、夜大学等各种形式,可供有不同需要的人选择。

（5）农村教育的改革。1983 年 5 月,中共中央、国务院发布《关于加强和改革农村学校教育若干问题的通知》,要求改革农村中等教育结构,发展职业技术教育,使适合本地区需要的各类职业学校比重超过普通高中。根据 1985 年《中共中央关于教育体制改革的决定》,农村教育实行综合改革,在基础教育由地方负责、分级管理体制取得成效的条件下,积极推动教育同当地经济、科技的密切结合,使县、乡两级政府把教育纳入当地经济、社会发展的整体规划,分级统筹基础教育、职业技术教育、成人教育,统筹经济、科技、教育的发展,落实科教兴国战略。90 年代,全国 116 个县建立了农村教育综合改革实验区,有力地推动了农村教育综合改革的深入发展。

5. 教育事业的发展

随着教育全方位的改革,各级各类教育加快发展。据教育部《2001 年全国教育事业发展统计公报》,到 2001 年底,实现基本普及九年义务教育和基本扫除青壮年文盲(简称"两基")验收的县(市、区)总数达到 2 573 个,11 个省(直辖市)已按要求实现"两基"。2001 年,全国小学 49.13 万所,招生 1 944.21 万人,在校生 12 543.47 万人;初中学校 6.66 万所,招生 2 287.85 万人,在校生 6 514.38 万人;高中阶段教育(包括普通高中、职业高中、中专学校、技工学校、成人高中、成人中专等)共有学校 3.43 万所,招生 987.99 万人,在校生 2 600.93 万人,其中普通高中 14 907 所,招生 557.98 万人,在校生 1 404.97 万人;高等教育学校 1 911 所,招生 464.21 万人,在校学生 1 175.05 万人;培养研究生的单位 728 个,招生 16.52 万人,在学研究生 39.33 万人(博士生 8.59 万人,硕士生 30.74 万人)。此外,全国成人技术培训学校 50.79 万所,共培训结业 9 270.44 万人次,在校学习 6 757.79 万人。全国各级各类学校多层次、多形式形成社会主义教育体系,为现代化经济建设服务。

6. 教育进一步发展需要解决的问题

主要有以下一些问题:(1)继续把教育摆在优先发展的战略地位,加大教育投入,逐步实现国家财政性教育经费支出占国民生产总值 4% 的目标;(2)全面实现普及九年义务教育和扫除青壮年文盲的目标;(3)加快高中阶段教育和高等教育特别是高等职业教育的发展步伐;(4)改革办学体制,鼓励社会力量办学,形成公办学校与民办学校共同发展的新格局;(5)完善中央和省级政府分级管理的体制,明确各级政府的责任;(6)加快学校内部管理体制改革,建立课程与内容更新的体系,实行后勤服务社会化;(7)提高教育技术手段现代化水平和教育信息化程度,发展现代远程教育,形成开放式网络;(8)加强教师的培养和培训工作,建立不断优化教师队伍的机制。

中国原始时期的教育 *

　　教育的起源既是社会发展史问题,也是世界性的教育理论问题。它需要借助考古发现提供的实际材料,利用现代科技测定的结果,通过实证研究,实事求是地获得合理的结论。现在已有多种关于教育起源的学说,但还没有公认的最终结论。社会生活的需要是推动教育活动的力量,这是客观的事实。原始社会的教育内容和活动方式是由当时的生活条件决定的,并随着社会生活条件的发展而演变。教育的这种原始自然状态,只是教育发展的初级阶段。我们可以根据历史发展过程中前后不同阶段的比较,多方面认识原始时期教育的特点。

　　中华大地很早就有人类生存和活动。人类在自然界里,面临着十分严酷的生存竞争。个体无法孤立地生活,只有依靠群体的力量,才能克服险恶的自然环境而继续生存,这就必然要在人与人之间结成一定的联系,由此形成了人类社会。随着人类的出现与社会的形成,教育便产生了。它以培养人为目的,是人类社会所必需的、基本的社会实践活动之一。人类最初的社会是野蛮蒙

　* 本文原为孙培青主编《中国教育史》(第四版)(华东师范大学出版社 2019 年版)第一章。

昧的原始人群,需要教育为物质生产和人的再生产服务,以推动社会的发展。因此,教育活动在原始人群的生活中普遍存在。

大量的考古研究表明,中国原始社会的发展经过两个阶段:第一阶段,原始人群时期,大约从 200 万年前至 5 万年前;第二阶段,氏族公社时期,大约从 5 万年前至公元前 21 世纪。第一阶段极其漫长,教育的发展也极为缓慢。教育在第二阶段的发展速度有所加快,进行了内容多样的教育活动,具有一定的特点。到了氏族公社末期,才出现教育机构的萌芽。

一、 中国教育的起源

(一)中国最早的人类

中国是一个历史非常悠久的国家。从大约 200 万年前开始,远古的人类就已经劳动、生息、繁衍在中国大地上。中国早期马克思主义教育理论家杨贤江曾指出:"自有人生,便有教育。"一有人类存在,就有教育活动,这也就是中国教育史的开端。

20 世纪以来,我国科学工作者愈来愈多地发现原始人群活动的遗迹,它们分布在陕西、北京、山西、河南、云南、重庆等地区。他们将现代新技术手段运用于考古研究,获得了不少新的发现,把人类在中国出现的时间逐步推前。1927 年发现的北京西南周口店猿人遗骸化石,称为"北京人",经科学测定距今大约 70 万～23 万年;1963—1964 年发现的陕西蓝田猿人头骨化石,称为"蓝田人",经科学测定距今大约 115 万～65 万年;1965 年发现的云南元谋猿人牙齿化石,称为"元谋人",经科学测定距今 170 万年左右；1985 年在巫山县（现属重庆市）发现人类的附有两颗牙齿的下颌骨的化石，称为"巫山人"，经科学测定距今大约 200 万年，这一发现有极重要的意义。

从依据科学测定的巫山人所处的年代算起，中国的教育已有大约 200 万年的历史。如果考古科学发现新的史实，有比巫山人更早的猿人存在，那么中国教育史的开端还要随着新的发现往前推移，这种可能性是存在的。

（二）教育的起源

教育的起源是教育发展史的基本问题，也是原始社会发展史范围的问题。它已成为世界性的研究问题，需要探索两三百万年前由猿到人发展转变的史实，才有条件加以说明。各国的研究者依据各自不同的认识，提出多种观点，并展开争论。法国社会学家、哲学家利托尔诺（Charles Letourneau）在其所著《动物界的教育》一书中，从生物学的角度认为动物生存竞争的本能是教育产生的基础，提出了教育的"生物学起源说"；美国教育家孟禄（Paul Monroe）在其所著《原始部落及其最简单形式的教育》一书中，对"生物学起源说"进行批判，从心理学的角度认为儿童对成人的模仿是教育产生的基础，提出了教育的"心理学起源说"。苏联的教育研究者对这两种学说进行批判，他们依据恩格斯的《家庭、私有制和国家的起源》《劳动在从猿到人转变过程中的作用》等著作，从历史唯物主义观点出发，认为教育起源于劳动，提出了教育的"劳动起源说"。这些学说曾先后传入我国，并产生了一定的影响。我国的教育研究者经过再研究、再认识，认为教育的"劳动起源说"在逻辑上并不完善,并提出不同说法,各种意见一时难以达成共识。在这里,我们不妨对基本史实,特别是我国的考古情况作一个初步了解。

原始人群时期,社会发展极缓慢,原始人的生活极其艰苦,需要依靠群体的力量,利用简陋的工具同自然界进行不懈的斗争,才能求得生存和发展。

科学工作者在对巫山人故乡持续进行的发掘和研究中找到了大量的石器,它们虽然比较简单粗糙,但都进行过第二步加工,这是我国发现的最早的石制工具。巫山人遗址出土的动物化石有一百多个种类,植物的种类也很多,说明该地比较有利于人类的生存需要。

巫山人的遗迹说明,原始人为了生活而进行群体生产劳动;为了使劳动更有成效,必须制造劳动工具。原始人的劳动工具虽然极简单粗糙,经验虽然极有限,但把制造工具和使用工具的经验和方法传授给年轻的成员,使他们知道群体生活和生产活动的要求是非常必要的。原始的教育活动,就起源于使社会成员适应群体社会生活和群体生产活动的需要。这种教育活动是在原始人群的生活实践过程中进行的。原始人通过这种活动向年青一代传授社会生活和生产劳动的知识经验,使他们身心获得发展,成长为社会生活所需要的社会成员。这种原始的教育活动是人类有意识的社会活动,具有一定的目的性,但还谈不上有严密的计划性。原始人过什么样的社会生活便受什么样的教育,这是一种名副其实的"生活教育"。

教育内容与原始社会生活需要是相应的。社会生活需要成员学习的知识经验,都是教育的内容,如木器、石器工具的制造和使用,火的控制和使用,狩猎的技术和经验,采集食物的技术和经验,共同生活规范的遵守,语言的使用,等等。教育的方式为身教与言传:身教是做出示范动作,以供模仿;言传是说明是非要领,以传经验。这两方面通常是相辅而行的。

教育不仅是社会一切实践活动的需要,而且是人类自身生产的需要。历史表明,生产包括物质资料的生产和人类自身的生产两个方面。人类自身的生产一方面以物质资料的生产为基础,另一方面又必须以教育为条件。人类参与社会生活所需要的经验、知识技能、生活规范等并不是先天的,而是通过后天的学习实践获得的。人类的生存发展不仅有物质的需要,而且有精神的需要。年轻人如果不经历人类社会有意识、有目的的教育过程,如果没有年长者对自己的影响、传授、教育,就难以适应人类社会群体的正常生活,社会也将停滞不前。

根据原始人群时期教育产生的史实,我们认为,人类社会特有的教育活动起源于人类适应社会生活的需要和人类身心发展的需要,是人类社会存在和发展的必要条件。

二、 氏族公社时期的教育

中国的氏族公社时期分为母系氏族公社(约5万年前—约5000年前)和父系氏族公社(约5000年前—公元前21世纪)两个历史阶段。母系氏族是以母系血缘为纽带组成的社会生产和生活单位,在生产资料公有的制度下,人们共同劳动、共同消费,过着平等的生活。母系氏族公社处于原始社会的发展阶段,具有比较典型的形态,这一时期的教育活动比较明显地体现了原始社会教育的基本特点。

（一）生产劳动的教育

原始人为了生活,需要吃、穿、住等方面的生活资料。为满足这种需要,就必须参加生产劳动。在氏族公社的教育中,生产劳动教育占有突出的地位,内容也比较广泛。

氏族公社时期,人们的劳动经验已较为丰富,使用的工具已有显著的改进。当时制造石器采用了磨制技术,种类较多,功能明显,形状对称,刃部锋利,更加实用。在制造石器技术的基础上,人们又发明了制造骨器的技术。北京周口店发现的山顶洞人制造并使用的一根骨针,残长 8.2 厘米,直径 3.1～3.3 毫米,针身圆滑,针尖圆锐,是刮削和磨制成的;针眼窄小,是刮挖成的。制成骨针要经过选料、切割、刮削、挖眼、磨制的过程,是一套复杂的技术。骨针的使用可以证明,当时人们已能用兽皮等缝制衣服,不再赤身裸体了。生产工具的进步,使人们的劳动技能大为提高,生活资料的来源更为丰富。生产劳动中获得的经验,不仅需要推广,更需要传授给年青一代。

氏族公社时期,人工取火的技术已发明。人们在磨制工具的过程中,发现物体摩擦可以生热甚至燃烧,经过长期试验,终于掌握了摩擦生火的技术。古代有燧人氏"钻燧取火"的传说,这反映了人工取火的发明。人们逐步掌握取火的方法,知道火的用途:火可用于熟食,扩大食物来源,改善人类的健康状况;也可用于狩猎,借助火的威力,驱赶、围攻野兽;还可用于垦殖、加工工具、烧制陶器,提高人类的生产力。取火的技术和用火的经验,就是依靠教育活动推广和传授给下一代的。

渔猎是氏族公社的重要生产门类。《尸子》说："伏羲氏之世，天下多兽，故教民以猎。"这个传说反映当时已有狩猎经验丰富的能人，并由他们传授积累的狩猎经验。最初的狩猎仅用木棍、石块，此时已改用木矛、标枪、石球，后来还发明了弓箭，这些都表明了狩猎技术的提高。狩猎中偶尔捕获活的动物，将其驯养繁殖，后来饲养家畜逐步普遍化。这些经验也成为传授内容。

《周易·系辞下》记载："神农氏作，斫木为耜，揉木为耒，耒耨之利，以教天下。"这种传说反映农耕种植已成为生产事业。从采集野生植物，经过无数次试种，发展为人工栽培的农作物，这是女性的贡献。农业种植技术的发展需要农具和粮食加工工具的制造，于是农业种植技术和农具的制造使用成为重要的教育内容。

随着农业的发展，原始手工业也相应地发展起来。人们已掌握纺织技术，能将麻类纤维捻成麻线，再织成麻布，以缝制衣服。制造陶器成为一种专门技术，有着复杂的过程，包括选土、调土、制坯修饰、彩绘、烧制等。这些长期积累的技术经验，使生产劳动教育的内容更为丰富。

男女的生理、体质不一样，承担的生产劳动任务不同，因而所受的教育训练也有差别。

（二）生活习俗的教育

随着农业和其他生产事业的发展，氏族公社开始选择有利的环境过定居生活，建立了氏族村落。西安半坡遗址就是一个典型的氏族村落。该村落总面积约 5 万平方米，居住区内有四五十座房屋密集地排列着,布局颇有条理。中间有一座约160平方米的大房子,显然是公共活动的场所,氏族会议、吉庆节日、宗教活动等都在这里举行。这些活动也是对氏族成员进行思想教育。

在氏族公社里,财产属集体所有。人们共同劳动、共同消费,只有公有观念,没有私有观念。谁若损人利己,侵犯公共利益,必将受到公众谴责。

氏族公共事务由氏族长管理和指挥。氏族会议民主推举勤劳勇敢、经验丰富、能力卓越、受氏族成员爱戴的人担任氏族长。氏族长主持氏族的民主集会,成年男女都有权参与会议,议决一切重大事项,如决定生产计划、吸收养子、进行氏族复仇等。未成年人可以旁听这种集会,接受民主精神的教育。

在氏族内部,尊敬长辈,听从指导,照顾孤老,爱护幼小,发扬团结互助精神,成为风气。

氏族内对两性交往有所限制,人们认识到直系血缘近亲通婚会对后代的体质和智力造成严重危害。原始的血缘群婚制被抛弃,逐渐实行氏族外对偶婚制,任何成员都要严格遵守。

在氏族公社内,没有压迫和奴役,没有强加于氏族成员的法律、刑罚、监狱、军队和其他暴力统治,也没有凌驾于群众之上的统治者,一切依照传统习惯行事。这种传统习惯对氏族存在和发展是必需的,对全体氏族成员都具有约束力。

成年礼是氏族公社时期一种重要的传统习惯。男女进入成人阶段(各氏族对成人年龄的规定不同,早则13岁,迟至20岁),必须举行庄重的仪式,对其体力、智力、毅力等方面进行考验和教育,这给青年男女留下深刻的印象。符合条件者取得氏族正式成员的资格,从此享有成年人的社会权利和履行成年人的义务,如可以参加社会活动、过婚姻生活、承担繁重的劳动等。

（三）原始宗教的教育

原始宗教活动在氏族公社时期极为普遍，有自然崇拜、图腾崇拜、鬼魂崇拜、祖先崇拜、巫术占卜等多种形式[①]，都含有不同程度的教育因素。

1. 自然崇拜

人类在未征服自然的时候，产生了对自然的崇拜。崇拜物上有日月星辰、风雨雷电，下有山河土地、禽兽草木。原始人认为太阳与人的生活关系最密切，很早就产生祭日的活动，通过祭日活动，把依靠太阳定方向、定时间，太阳带来温暖而有助于庄稼生长等知识传授给年轻人。在以农业为主的地区，产生了对龙神、土地神的崇拜，对农作物的崇拜；在以渔猎为主的地区，产生了对山神、动物的崇拜。这反映各地自然环境和生物种类存在差异，人们崇拜的自然对象也有不同。在这些崇拜活动中，也有一些植物、动物、生态方面的知识传授。

2. 图腾崇拜

每个氏族都相信某一种自然物为本氏族的祖先、保护神，是神圣不可侵犯的，祈求这种超自然的神灵保护自己，把它作为氏族图腾来崇拜。图腾成为重要徽记和氏族的象征。每个氏族都有一种图腾，如龙、凤、熊、罴、貔、貅、貙、虎、蛇、狗等，并有一套崇拜仪式和禁忌。这种思想意识产生了深远的社会影响，无论生产

① 宋兆麟，黎家芳，杜耀西.中国原始社会史[M].北京：文物出版社，1983：460-499.

劳动还是生活习俗，以至雕刻、绘画、舞蹈、建筑之中都有图腾的标志出现。让年轻人学会绘制图腾，向他们讲解有关图腾的神话故事和禁忌，是重要的氏族传统教育。

3. 鬼魂崇拜

人们对生死尚缺乏科学的认识，认为死亡只是灵魂离开肉体，肉体虽死，灵魂永在。在灵魂不死的观念支配下，氏族制定了丧葬、祭祀等一系列宗教仪式，其中包括将死者生前的用具、装饰品作为随葬品，为死者供奉祭品等。这些既表达了对死者的怀念和崇敬，又被认为是为死者安排了阴间生活。这些活动也向氏族成员灌输了尊敬长辈、加强氏族团结的思想。

4. 祖先崇拜

人们神化了自己的祖先，产生了祖先崇拜，举行祭祖仪式，祈求祖先保佑。这种祖先崇拜活动有两个特点：一是重视血缘关系，明确上下辈分，追念共同的祖先；二是宣扬祖先的功德，视祖先为创业传世、品德高尚、垂范后人的存在。祭祀活动能加强亲缘关系，唤起氏族团结的感情，激励建功立业的精神，对氏族成员有深刻的教育作用。

5. 巫术占卜

巫术是原始宗教信仰的技术及表现形式，相信神灵能改变自然状态。原始巫术形式较多，有祈求式、比拟式、接触式、诅咒式、灵符式、禁忌式、占卜式等。按性质，巫术可以区分为两大类：一类是对于善神的，利用尊敬、屈服、供献、讨好等手段，希望免灾降福，保护康宁；另一类是对于恶鬼的，通过斥责、咒骂、威胁、驱赶等手段辟邪驱魔，保持太平。具有实行巫术技能的人，就成为氏族的巫师。他们是人与神的中间人，具有半人半神的特点，能预知吉凶祸福,为人治病,替死者送魂,是原始宗教的解释者、宣传者和执行者,在氏族中具有特殊地位。巫师采取师徒传授的形式,受过专门训练,除了掌握一定的宗教知识和巫术外,还掌握一定的医药知识和文化历史知识,以配合宗教活动。巫师能背诵氏族谱系,讲述重大的历史事件,知道大量的历史传说,能结合各种宗教仪式活动,讲述氏族的历史和迁徙路线。巫师是原始文化知识的保存者和传播者。

(四) 原始艺术的教育

氏族公社成员调节精神、增强体质、欢庆丰收、祝贺胜利、欢度节日、表示友好,均用歌舞表达;遇有哀伤,抒发感情,也体现于歌舞之中。这是一种原始的民俗。歌唱、舞蹈反映氏族社会生活的各个方面,内容极其广泛,既是娱乐形式,又能发挥传授知识、宣传习俗的教育作用。歌唱出现时间较早,它的最初形式是为协调劳动时的动作、减轻疲劳而创作的劳动号子,后来伴随着生产发展,人们的生活内容日益丰富,逐渐发展成歌唱。歌唱是群众性的,歌词、曲调比较简单,内容因情景而异,丰富多样,与氏族的生活、生产关系颇为密切。原始舞蹈是用经过组织加工的优美形象,带有节奏的人体动作,反映人的生活、生产活动的艺术形式,用以表达人的思想感情。不论是反映狩猎还是反映农业的舞蹈,都是人们生活的再现。舞蹈最初只是一种模拟形式的艺术,如模拟飞禽走兽的不同姿态、男女不同的劳动动作。云南独龙族、拉祜族的喜鹊舞、孔雀舞、割小麦舞、薅秧舞等,就体现了这种遗风。在模拟舞蹈的基础上,后来发展成体操式舞蹈,它是集体性质的,以环舞为主,具有强烈的节奏感。

艺术教育并不局限于歌舞,还有绘饰与雕刻,体现了人们在生活中已开始多方面地追求美的享受,也接受多方面的艺术教育。

(五) 体格和军事训练

氏族公社要求所有成员都是生产劳动者,都有健康的体格。因为只有这样,才能参与对自然的斗争,经受艰苦环境的磨炼。

由于狩猎和游牧经济的发展,以及各部落之间的战争,氏族成员要懂得使用武器,接受一定的军事训练。古史记载,黄帝"教熊罴貔貅貙虎,以与炎帝战于阪泉之野"。"熊罴貔貅貙虎"这六者都是以图腾标志的氏族部落的名称,黄帝对这些部落进行军事训练,然后指挥其进行部落间的战争。这就证明,军事训练在当时已成为教育内容的一部分。

三、 氏族公社末期学校的萌芽

大约在五千年前,人类进入父系氏族公社时期。在生产发展的基础上,经济发生了重要变革,农业成为主要的经济部门,手工业从农业中分离出来,得到较快发展。私有制的进一步发展,使阶级分化日益加深,氏族公社制度转变为部落联盟与军事民主制度,这是中国古代传说中的五帝时期。原始社会在解体,历史即将跨入阶级社会。

社会经济、政治的变革,推动着教育不断地发生变化。存在于社会生活中的教育逐渐分化出来，出现了学校的萌芽。

（一）部落显贵世袭引起教育的变化

氏族首领的民主推选转变为世袭，形成最初的部落显贵。这些显贵把权力和财富集中在手里，不断增强其特权，逐渐垄断了文化教育。部落首领需要具有管理生产、指挥战争、协调内部关系、主持宗教仪式等专门知识。他们用世袭的方式把知识垄断起来，成为巩固显贵地位的重要工具。

随着生产力的提高，剩余产品出现，使一部分人脱离生产转为劳心者成为可能。从政治需要来看，伴随军事民主制向君主制的逐步转化，培养劳心者成为官吏的需求与日俱增。

适应社会中劳心与劳力分工的需要，教育也逐渐分化为培养劳心者的专门教育与教化劳力者的社会教育两种类型。这种历史性的变化从舜开始就有明显的分化。舜作为部落联盟首领，设置有文化的公职人员，对显贵的后裔施教。《尚书·尧典》："夔，命汝典乐，教胄子。""契，百姓不亲，五品不逊，汝作司徒，敬敷五教，在宽。"前者是教胄子，后者是教百姓，两者都是施教。然而，一是专门教育，一是社会教育，教育的目的、内容都不相同，这是对不同等级的人实施的教育，势必造成他们朝不同的方向发展。

教育的早期分化使教育设施呈现出等级差别。《礼记·王制》："有虞氏养国老于上庠，养庶老于下庠。"把庠分为上、下，安排不同社会地位的人，显示一定等级。这种养老和教学兼行的机构是学校的萌芽。

在教育内容方面，也显示出以下一些变化。

1. 军事教育成为基本内容

其时，部落之间为掠夺家畜、奴隶和财富而进行战争，部落的男性成员都成为战士。适应这种需要，教育内容就强调军事教育。《尚书·大禹谟》载，舜、禹受命征三苗，大战三旬未能取胜，收兵而回，令战士手持盾牌和干羽加紧操练，操练七十天，有苗慑服。这是部落联盟时期军事教育活动的体现。军事教育内容不仅是作战的训练，也包括武器的制作。

2. 孝成为道德教育的新内容

随着生产力的发展，男子成为农业等主要生产部门的主力，社会地位相应提高，遂使父权制代替了母权制。这时，私有制已产生，一夫一妻的个体家庭已成为社会基本单位，私有财产由儿子继承。这种社会变化要求维护以男子为主体的父权制和私有财产继承权，形成新的道德观念，强调孝道。进行孝的教育，就反映了这种需要。

3. 强调礼乐之教

舜为首领时，重视文化教育。在他任命的职官中，有关文教的职官有三名，司徒负责进行五常之教，秩宗负责三礼，典乐主管乐教。三礼指的是"天神、地祇、人鬼之礼"，这种宗教礼仪宣扬天尊地卑的观念，用天意来解释等级秩序和道德规范。乐教具有多方面的作用，培养诗歌舞蹈的知识技能仅是一方面，更重要的在于道德品行的培养。通过乐教活动，部落联盟内部还可沟通感情，增强团结，所以有深远的政治意义。

教育性质的变化，导致强制手段的采用。灌输代表少数人利益的道德观念，不是年轻人所能自觉接受的，实施时必然辅以强制手段。《尚书·舜典》："扑作教刑。"郑玄认为，"扑"是以榎楚为刑具。当时，教官也是执行刑法的人，以榎楚为刑具，故称"教刑"。教刑是刑罚中较轻的一种,对于不勤学业的人,罚其体而警其心。《学记》:"夏楚二物,收其威也。"就是"扑作教刑"所起的作用。从字义说,"扑"的正字是"攴"。《说文》:"攴,小击也。""教"字从攴从孝,古文作敎,亦从攴。造字者已从字义明示以攴击施教。《说文》:"教,上所施,下所效也。"上所施释攴,下所效释孝。意思是,上不施攴击,则下必有不乐孝法者,故从攴。李阳冰释"改"曰:"已有过,攴之即改。"教者,所以教人改过迁善。然而,不施攴击,不能取得功效。所以,教离不开"攴"。据说,扑刑是挞其背,在官、在学、在家都广为使用。

(二) 文字的产生提出新的教育需要

人类在社会生活中早有记事和传递信息的需要,创造了各种原始的记事方法,如结绳、刻画等。《周易·系辞下》:"上古结绳而治,后世圣人易之以书契。"这就是记事工具发展历史的反映。经过长期的使用、比较,记事方法有所改进。特别是氏族公社末期,事务繁多,交往频繁,更加迫切地需要新的记事工具,于是最初的文字就产生了。文字是社会发展到一定历史阶段的产物,不是个人独创的,而是集体智慧的结晶。

氏族公社末期,产生了文字,这是历史发展的必然。人类在长期生活中取得的经验,逐步成为知识;知识不断地积累,逐渐由感性知识向理性知识发展;然后,综合形成系统。社会分工的发展,各种手工业的形成,使知识朝专门化的方向加速发展。要使年轻人切实掌握这种理性化、专门化并具有综合性、系统性的知识,原始形态的教学方式已不能适应。因此,需要既掌握知识又能施教的专门人员，要求施教者进行更多的记忆和思考，要求有记录知识和传授知识的新工具。

文字就是一种记录知识和传授知识的新工具，既便于知识的记录、积累，又便于知识的传播，可以突破时间和空间的限制。然而，掌握文字不是容易的事，需要进行文字教学，要求有掌握文字并从事施教的专门人员和专门施教的场所，因此文字的产生也促进了学校的萌芽。

中国文字的发生、形成、发展有一个过程。从已经发现的地下文物来看，西安半坡的刻画符号有五十余种。四川大凉山耳苏人的图画文字与山东大汶口的象形文字是处于萌芽状态的文字发展的不同阶段。

西安半坡的刻画符号

有的学者认为，汉字起源于图画，如日画成 ☉，月画成 ☽，山画成 ⛰。由于实用的需要，它们才逐渐符号化，于是由原始图画而发展为象形文字，如日写成 ☉，月写成 ☽，山写成 ⛰。

象形文字的出现使文字的发展前进了一步。古史传说，在黄帝时代，记事史官仓颉创造了最早的文字。许慎说："仓颉之初作书，盖依类象形，故谓之文。"这说明，在早期文字改进和规范化工作中，个人可能起过一些重要的作用。

四川大凉山耳苏人的图画文字

山东大汶口的象形文字

　　文字的产生和文字教学的需要,不仅对学校的产生起了重要的推动作用,对后来文化科学及社会发展也有重大的促进作用。

(三)学校萌芽的传说

　　古史中关于学校的萌芽有多种传说,现举其确有关系者,试作分析。

《周礼·春官宗伯》："大司乐掌成均之法，以治建国之学政，而合国之子弟焉。"《礼记·文王世子》郑玄注引董仲舒曰："五帝名大学曰成均。"据说郑玄所引之说出自董仲舒所著的《春秋繁露》。宋王应麟《玉海》也称："《春秋繁露》云：'成均，为五帝之学。'"现存的《春秋繁露》是残缺的本子，已无这段文字，故我们无从了解董仲舒是以什么为根据的。关于"成均"，郑司农云："均，调也。乐师主调其音。"郑玄解释："成均之法者，其遗礼可法者。"

在部落联盟时期，凡宗教仪式和公众集会必有音乐，音乐渗透于社会生活的各个方面。部落显贵重视音乐修养，他们的子弟均受乐教。乐师主管音乐事务，日常演奏、歌唱之地亦为实施乐教之地，这个场所称为"成均"。成均不是劳动场所，所进行的教育也不是以生产劳动为内容的教育，而是在生产过程之外进行的独立性的活动。教者和学者都已脱离生产劳动，成为专门从事教或专门从事学的人，这为古代学校的萌芽提供了条件。

古史有虞氏之学为"庠"的传说。《礼记·明堂位》："米廪，有虞氏之庠也。"郑玄注以米廪为"藏养人之物"。这是氏族储存公共粮食之所，由老者看管，所以也成为老人聚集活动的场所，还是氏族敬老养老兼行礼之地。庠，《说文》云"从广羊声"，"广"即房舍，"羊"即家畜羊。原始社会以羊为美味，只有氏族长老才配享用。食羊者的居处称为"庠"，氏族也以此为敬老养老的地方。《孟子·滕文公上》："庠者，养也。"这种解释比较符合史实（一说"庠"是饲养牛羊等家畜的场所，由老者负责）。在氏族公社中，教育年青一代的任务通常由具有丰富生活经验的老人承担。这种活动要就老年人的方便，一般在他们养老的地方进行，所以庠兼为教育场所。庠这种机构兼有两方面的重要活动，即养老与教育,而教育的任务重在德教。

以上所述,成均和庠都是原始社会末期开展多种活动的机构,包括当时的教育活动在内。它们虽然还不是正式的学校,但已开始进行有目的、有组织的活动,为以后专门教育机构的产生奠定了基础。

原始时期的教育经历两个阶段:一是原始人群阶段,人类的教育刚产生,仅是不成熟的雏形;二是氏族公社阶段,教育得到发展,它的特点较为显著,能体现原始社会教育的本质。氏族公社末期,在教育上出现了阶级差别,将向阶级社会的教育过渡。原始社会的教育以氏族公社阶段的教育为代表,其特点如下:

第一,教育目的一致,教育权利平等。氏族公社是建立在生产资料公有制基础上的,氏族成员为了适应社会生活和集体生产劳动的需要,为了身心发展的需要,接受教育训练。集体的社会性教育活动是为了培养合格的氏族成员,人人都具有平等受教育的权利。

第二,以生活经验为教育内容,包容多个方面。原始人类积累的经验知识虽然有限,但学习的知识经验是多方面的,不仅要学习制造生产工具的经验,还要学习公共生活的规范,接受原始的艺术教育和宗教教育。这些是参加氏族社会生活所不可少的。

第三,教育活动在生产和生活中进行。教育活动与社会生产劳动、社会生活融为一体,过什么样的生活,就受什么样的生活教育。教育是在生产和生活过程中进行的,直接为生产和生活服务。

第四,教育的手段局限于言传身教。有声语言作为氏族成员之间交流思想感情的工具,也成为进行教育的重要手段。凡是生产和生活经验的传授,公共生活规范的培养,都是利用口耳相传,并结合实际动作的示范和模仿进行的。当时还没有比言传身教更为有效的教育手段。

第五,男女教育有区别,根源在于分工。由于男女生理、体质的差异,故有男女分工。男女从事的社会劳动不同,接受的教育也有区别。男性的劳动侧重于狩猎、农耕、放牧,女性的劳动侧重于采集、种植、家务、纺织。男女分别劳动,为适应这种需要,也分别进行教育。

第六,教育还没有专门的场所和专职人员。教育还没有从生产和生活中分化出来,多数的教育活动是分散进行的,随时随地开展教育性活动。负责教育的是有生产、生活经验的长者,长者为师,对年轻人进行知识经验的传授,但他们还不是从事教育的专职人员。

到了氏族公社末期,由于社会条件的变化,教育发生重要的变化,出现了学校的萌芽,旧的特点趋于消失,新的特点正在形成。原始社会的教育不可避免地朝阶级社会的教育方向转变。

夏、商、西周与春秋时期的教育 *

　　生产力的发展、私有财产的形成、原始社会的解体，为转入奴隶社会准备了条件。夏启破除了前代相传的禅让制度，建立了中国历史上第一个奴隶制国家。奴隶制经历了夏、商、西周、春秋，前后约一千六百年。奴隶主贵族垄断了政权，为适应培养子弟成为统治人才的需要而设置教育机构，形成学校制度。这种制度可概括为学在官府、政教合一、官师不分。三代相继的学校教育制度都有发展，其中西周的学校教育制度较为完整，有小学、大学学习阶段的区分，有乡学、国学的衔接，其教育特点是六艺教育，体现了当时文化发展的成果。西周教育制度可作为三代教育的典型。到了奴隶制崩溃的春秋时代，官学衰废，私学兴起，思想流派随之产生，法家、道家、儒家的先驱人物出现，宣传各自的主张。孔丘是儒家的创始人，在政治上主张改良，试图利用教育的力量改造社会。他提出一系列的教育主张，形成教育思想体系，为中国古代教育理论奠定了基础，并流传两千多年，成为中华教育传统的主流，也是世界珍贵的教育遗产。

* 本文原为孙培青主编《中国教育史》（第四版）（华东师范大学出版社 2019 年版）第二章。

由于社会生产的发展,私有财产的形成,出现了阶级分化,原始社会开始解体,逐渐向奴隶社会过渡。到了夏代,我国进入奴隶社会。

在奴隶社会,奴隶主阶级占有社会物质生产资料,在政治上居统治地位,成为脱离生产劳动的劳心者。奴隶主为了将年轻人培养成为强有力的统治者,需要组织特殊的教育训练,教育逐步成为独立的社会活动,学校教育便是主要形式。

在社会阶级分化、脑力劳动与体力劳动分离的基础上,奴隶主阶级脱离生产劳动,垄断了以传授文化知识为主要内容的学校教育。被统治的奴隶阶级只能接受生产劳动教育和统治者施行的社会教化。教育的分化是历史发展的必然,也是社会的一种进步。

从公元前 21 世纪到公元前 476 年,是我国奴隶制社会时期,其发展可分为四个阶段:夏代,约公元前 2070 年到公元前 1600 年,第一个奴隶制国家经历了约四百七十年,是奴隶制的初期;商代,公元前 1600 年到公元前 1046 年,经历了五百五十多年,是奴隶制发展时期;西周,公元前 1046 年到公元前 771 年,经历了二百七十多年,是奴隶制全盛时期;春秋,公元前 770 年到公元前 476 年,经历了近三百年,是奴隶制走向崩溃的时期。

奴隶社会的教育,在本质上是为奴隶制的政治、经济服务的,适应它的需要。因此,奴隶社会教育的发展变化相应地也经历了四个阶段,表现出不同阶段的特点。

一、 夏代的教育

据历史传说,夏部落的首领禹在执政时期,为废除推选的禅让制而实行传子的世袭制铺平了道路。其子夏启取得政权后,开始建立军队,修筑城池,对外掠夺,对内镇压平民和奴隶,从此形成中国历史上第一个奴隶制国家。夏直接统治的是以伊洛为中心的黄河两岸地区,政权所及范围包括参与联盟的各部落,大约北起长城以南地区,南至长江中下游,东到沿海地带,西到陕西中部渭河中下游地区,纵横千余公里,是当时世界上疆域最大的国家。

在奴隶社会的井田制条件下,农业发展到人工灌溉的百谷种植,手工业发展到能制造有多种纹饰的陶器和青铜器,这些都表明生产已达到一定的水平。在这种经济基础上,统治者建立了以国王为核心的国家行政管理机构,以此维护奴隶主的统治。

经济上扩大交流范围和政治上实施政令的需要,使文字有了新的发展。山东发掘出夏代的历史文物,在莒县陵阳河出土的灰陶缸上刻有图像文字,有两个为工具象形字,有两个刻着 ☉ 。据文字学家分析,后面这两个字是有联系的,第二个字上部 ☉ 像日形,中间 ☁ 像云气形,下部像有五峰的山形,意思是山上的云气承托着初出山的太阳,为早晨旦明的景象,可能就是原始的"旦"字,是会意字。这表明当时已有由三个偏旁构成的复体字。由此可见,夏代的文字已有相当的发展。

夏代已进入有文字记载的文明时代。先秦典籍《左传》《国语》等就引用了《夏书》的材料。如《左传·昭公十七年》载:"故《夏书》曰:'辰不集于房,瞽奏鼓,啬夫驰,庶人走。'"这是最早的一次日食记录,也说明已有夏代之书。《礼记·礼运》说孔丘曾到杞作历史调查,获得《夏时》,说明春秋末期还能见到《夏时》这本夏代有关天文历法的书籍,这再次证明夏代已有文字记载。文字是文明社会的重要标志,可以记录人类的思想活动,积累知识经验；可以突破时间、空间的限制，把知识传授给下一代。文字是实施教育的重要手段，促使教育发生质的变化。掌握文字的是贵族中的文化人，借助文字接受教育的只是少数贵族子弟。

关于夏代学校的设置，古籍中有些记载。《礼记·明堂位》："序，夏后氏之序也。"《礼记·王制》："夏后氏养国老于东序，养庶老于西序。"《古今图书集成·学校部》："夏后氏设东序为大学，西序为小学。"这些古籍都提到夏代有"序"这种学校。对它的性质，古人有过探索。《孟子·滕文公上》："序者，射也。""序"起初是教"射"的场所，后来发展成为奴隶主贵族一切公共活动如议政、祭祀、养老等的场所，也是奴隶主贵族教育子弟的场所。所以，它并非独立的、纯粹的教育机关，教育只是其重要职能之一。

据说不仅国都有学校，地方也有学校。《孟子·滕文公上》："夏曰校"；"校者，教也"。《说文》："校，从木，交声。""校"，原义为木囚，即以木材为围栏，作为养马、驯马的地方。这宽广的场所后来被用来进行军事训练，从而使其成为习武的场所。"校"是乡学。《史记·儒林列传》中，公孙弘和太常臧、博士平议论三代之学时说："乡里有教，夏曰校。"宋朱熹注《孟子》，指出"校"为乡学。

夏代学校教育的目的、内容均与夏政权的性质有直接关系。贵族为了巩固和扩大奴隶制统治，既要镇压本部族奴隶的反抗，又要征伐其他部族。因此，军队起了决定性作用。夏朝"为政尚武"，实际是"武人"专政。为适应这种政治需要，教育的目的就是要把本阶级的成员及其后代培养成为能射善战的武士。

在教育内容方面，统治者很重视军事教练。当时，弓箭是重要的武器，成为教练的主要项目，故而《文献通考·学校考》说："夏后氏以射造士。"习射是军事教育的重点。此外，还有使用其他武器的教练。河南偃师二里头夏都遗址中发现了青铜戈、钺和刀。这些铜兵器的使用，也是当时教练的内容。

教育内容的另一重要方面是宗教教育。《礼记·表记》："夏道尊命，事鬼敬神而远之。"这种宗教教育以敬天尊祖为中心。

人伦道德教育也是学校教育的重要内容。《孟子·滕文公上》指出，古代的学校有共同任务，"皆所以明人伦也"。朱熹注解说："父子有亲，君臣有义，夫妇有别，长幼有序，朋友有信，此人之大伦也。庠序学校，皆以明此而已。"

总之，在奴隶社会初期，国家已把教育事务作为行政管理的重要任务之一，司徒负责管理教化。教育机构与行政机构结合，有国都的学校，也有地方的学校，开始有了等级层次。教育为政治服务，突出表现为教育目的是要培养奴隶主贵族的武士，教育内容上重视军事训练。

二、 商代的教育

商王朝是公元前 1600 年开始统治黄河中下游广大地区的奴隶制国家。商的历史已有文字记载，还有大批出土文物可供研究。后期王都殷遗址（今河南安阳小屯村一带）出土了大批三千多年前的甲骨文和青铜器。这些文物反映了当时的政治活动和社会生活情况，充分说明商王朝已是文明的奴隶制国家。

商王作为奴隶主的总代表，名义上占有全部土地和奴隶。他把土地和奴隶分给侯甸邦伯（各地诸侯）和百僚庶尹（百官和管事之人）等奴隶主贵族。奴隶来源于战争俘虏，被视为比牛马还贱的财产，在奴隶主强迫下进行劳动。农业是最重要的生产部门，大量的奴隶从事耕作。手工业也进一步发展,有织麻、制陶、制铜等手工业。后母戊鼎重 832.84 千克,便是制铜技术发展的标志。在农业、手工业发展的条件下,交换活动也有了发展。在商王的统管下,奴隶主贵族组成国家管理机构,并组织军队,制定刑法,对人民施行暴力统治。

商代奴隶主贵族已形成强烈的宗教意识。《礼记·表记》:"殷人尊神,率民以事神,先鬼而后礼。"敬事鬼神,为的是求福免祸。奴隶主贵族极端崇拜祖先,认为祖先就是至高无上的存在,主宰着自然界和人间的祸福,在天上保佑着子孙。那时人们事无大小,都要占卜,乞求神的旨意。与鬼神打交道的神职人员被称为"巫",后来进一步分工为祝、宗、卜、史等专职人员。他们根据需要掌握一定的政治、历史、天文、历法、医药等知识和技术,是当时的文化人。如史官负责制作策命、记录国家大事、管理策令典册等。这些专职人员都与宗教有关,敬事鬼神成为商代文化思想的特点。

(一)商代有成熟的文字可作教育工具

随着经济的日益发展和社会政治生活的日趋复杂化,商代的文字也在发展,并达到基本成熟的阶段。从安阳出土的 16 万多片甲骨文来看,卜辞记录有 160 多万字。据 1965 年出版的《甲骨文编》统计,所用的单字达 4 672 个。据高明的《古文字类编》所收,已经辨认的字已有 1 072 个。商代的文字还有刻在陶器上的陶文、铸在青铜器上的金文以及刻在玉石上的文字。造字的几条原则,如象形、会意、指事、形声、假借等均已具备,且被普遍使用,这是文字发展达到成熟的标志。写字的工具为刻刀和毛笔。卜辞中有""形状,如手持笔,就是"笔"字。在一些甲骨和陶器上都可以看到用毛笔书写的朱墨字迹。有了成熟的文字,又有较适用的书写工具,便于用来进行系统的记事。文字应用于记述社会政治经济活动,已出现分量较重的典册。《尚书·多士》:"惟殷先人,有册有典。""册"的原字"",是用索带串编甲骨或竹木片的象形。这证明商代已有文字记载的典籍。文字是教育的重要工具,典籍则是教育的重要材料。

(二) 商代的学校

甲骨卜辞有不少是与教育有关的,从中可以了解当时学校教育的情况。奴隶主贵族为了维护其统治地位,很重视对年青一代的教育,把子弟送到学校中受教育。有一甲骨卜辞记载:"壬子卜,弗,酒小求学?"[①]意思是,壬子这一天举行占卜,弗求问上天:为了王子入学,要设酒祭祖以求赐福,这样办是否可行? 这表明贵族把教育下一代当大事看待,入学要占卜,设酒祭祖。

商代对贵族子弟有集中进行教育的场所。这个专用场所与居住区有一定距离。有一甲骨卜辞记载:"丙子卜,贞,多子其征('征'为'徙'的别体字,义同'往'。或说:'征,延也。'有不间断之意)学,版(假借为'反',同'返')不冓(遘)大雨?"[②]意思是,丙子日举行占卜,贞求问上天:子弟们去上学,返回时会不会遇上大雨? 时人担心大雨影响子弟们返家,这说明学校与居住区有一定

① 胡厚宣.战后京津新获甲骨集[M].上海:群联出版社,1954:209,片号:四二四五。
② 林泰辅.龟甲兽骨文字(二卷)[M].北京:富晋书社,1930:25,九片。

距离。

由于商朝的教育设施比较完备，邻近的诸侯国也送子弟前来游学。有一甲骨卜辞说："丁酉卜，其呼以多方小子小臣其教戒？"[①]"多方"是指邻近的诸侯国，说明邻近的诸侯国派子弟游学于殷。

甲骨文中还有关于学校名称的记载，已发现有"大学"和"庠"等名称。《小屯南地甲骨》第六十片卜辞记载："勿〔甲骨文〕？王惟癸〔甲骨文〕？于甲〔甲骨文〕？于祖丁旦〔甲骨文〕？于厅旦〔甲骨文〕？于大学〔甲骨文〕？"据专家考释，〔甲骨文〕指的是献俘祭祖的典礼。卜辞记载中，首先问这一祭礼要不要举行，其次问举行祭礼的最佳日期是癸日还是甲日，最后问举行祭礼选择在哪一个场所。列举的场所有祖丁神坛、宗庙中庭神坛和大学。这条记载证实商代确已建立大学，大学是祭祀场所之一。

甲骨文的研究证实古籍中关于商代学校的记载是可信的。《礼记·明堂位》："殷人设右学为大学，左学为小学，而作乐于瞽宗。"《礼记·王制》："殷人养国老于右学，养庶老于左学。"郑玄注："上庠、右学，大学也，在西郊；下庠、左学，小学也，在国中王宫之东。"这些记载中有大学，有小学，有瞽宗。大学已被甲骨卜辞证实。大学与小学相对而言，有大学，也就有小学。右学和瞽宗都属于大学性质，实是同一机构的不同名称。古人以西为右，殷人尚右尚西，将大学设在西郊，也叫"右学"。"瞽宗"是商代大学的名称。当时大学以乐教为重，乐教的教师也就是乐师。乐师在学校中祀其先师为乐祖，大学也就成为乐师的宗庙，故称"瞽宗"。

① 郭沫若.殷契粹编[M].北京：科学出版社，1965：114，片号：一一六二。

瞽宗是当时贵族子弟学习礼乐的学校。

有大学、小学或右学、左学之分，表明商代已根据不同年龄，提出不同的教育要求，实际划分了教育阶段。

在商代，不仅王都有大学、小学，而且地方也有学校。《孟子·滕文公上》："殷曰序。"朱熹注："序以习射为义，皆乡学也。"《汉书·儒林传序》："殷曰庠。""庠"是对虞舜时期教养机构名称的承袭，利用养老的活动，来达到对年青一代进行思想道德教育的目的，"上老老而民兴孝，上长长而民兴悌"，可以收到推行孝悌教育的效果。"序"是对夏代教养机构名称的承袭，以习射为义，保留了军事体育训练的内容。奴隶主贵族是很重视军事的，"序"已不是单纯的习射场所。为了巩固统治，统治者强调思想品德修养，礼乐教育也成为其基本内容。

（三）商代教育的内容

商代学校由国家管理，受教育是奴隶主阶级的特权，其目的是培养尊神重孝、勇敢善战的未来统治者。商代学校进行多方面的教育训练，其中思想政治教育和军事训练是最重要的两个方面。

1. 思想政治教育

奴隶主贵族为加强统治的需要，极力提倡宗教信仰，把本族的祖先作为至高无上的神，尊神和孝祖实际就成为同一件事。"孝"成为奴隶主贵族最强调的基本道德准则，遵守孝道才能继承王位，不遵守孝道在政治上就要受到制裁。《尚书·太甲》记载，太甲不守居丧之礼，被认为是违反孝德的行为，贵族们把他放逐到桐宫进行反省，待他悔过之后，才接他回来当政。伊尹教训他今后要"奉先思孝"，一切遵守祖训，不忘祖宗的恩德，这才是孝。"孝"为社会道德准则，也成为思想教育的中心内容，体现在文字上就是"教"字从"孝"。甲骨文中，"教"字大多写成"𡥝"，左半"𡥈"即"孝"字，象征"子曲伏于父"；右边是"𠬞"（音扑），象征手执木棒的样子。教育的内容和方法从"教"字就可形象表现出来，当时是在棍棒体罚的威胁下，教下一代尽"孝"。孔丘说："夫孝，德之本也，教之所由生也。"①这也概括了商代的教育实际。把"孝"作为思想教育的中心内容，是奴隶主教育的重要特点。

学习统治经验对未来的统治者是需要的，基本途径就是学习先王典册，了解先王的业绩，继承先王的政治经验，以增强自身继世传业、巩固统治的意识。属于这类典册的如《尚书·盘庚》，记录了盘庚迁都到殷这一历史事件。商王对群臣和万民分别发表了训词：第一篇对群臣讲话，再三进行政治劝诱；第二篇对万民讲话，严加威迫；第三篇是迁殷后对群臣讲话，劝说群臣不要怀恋故都。下一代学习这些典册后，就可以具体了解到对不同阶级采取不同政策和手段的方法。

2. 军事训练

奴隶主阶级依靠其军事武力来维持统治。商王为了排除外邦外族的侵扰，同时为了扩大自己的领土，掠夺财物和奴隶，不断对外邦外族用兵。战争是经常性的，用兵的规模有时多至三万，动员面很广。奴隶主贵族都要成为大大小小的头目或武士，具有作战本领，这就需要经过一定的军事训练。当时的战争用车战，

---

① 《孝经·开宗明义章》。

车兵是骨干。《诗·鲁颂·閟宫》："公车千乘,朱英绿縢,二矛重弓。"郑玄笺:"兵车之法,左人持弓,右人持矛,中人御。"贵族成员才能当车兵。车兵使用的武器较多,其中以弓箭为主,射箭是军事训练的重要内容。战车是马拉的,因此武士还要学会驾驭车马。学校中有射御的教学活动,有时还要举行比赛和演习以检验教练的效果。

3. 礼乐教育

殷人迷信鬼神,经常举行祭祀活动,需要有相应的礼仪和音乐。贵族青年只有在受过礼乐教育后,才能参与此类活动。礼乐教育中,乐教尤显重要,"以乐造士"是殷人教育的特点。《诗·商颂·那》:"庸鼓有斁,万舞有奕。我有嘉客,亦不夷怿。"这是祭祀成汤的颂歌,描绘热闹的祭礼场面,其中提到敲"庸"(镛)钟和跳"万"舞。乐教的包含面很广,有歌诗、奏乐、舞蹈等。乐教也渗透着军事教育的要求,前所引卜辞:"丁酉卜,其呼以多方小子小臣其教戒?"据专家解释,"戒"字像人手持戈,含有两种意思:一是持戈而警戒,一是持戈而舞蹈。在学校中教"戒",可能兼有习武和习乐两方面内容。

4. 书数教育

要在社会生活中使用文字,就要会阅读和书写,这是教学的要求。读、写两者结合进行,写字要经过长期练习,这是教学方法。甲骨中发现不少练字的骨片,选用笔画简单而经常使用的干支文字做练习。学习刻写要经过示范、摹写、练习的过程。有一甲骨片,上有五行字,重复刻着从甲子到癸酉十个干支。细加比较,其中有一行刻得整齐美观,其他四行则字迹歪斜不整,中间夹着两三个刻得整齐的字,显得不协调。据郭沫若的分析估计,那一行整齐美观的字是教师刻的字样,另外四行是学生的练习,当中夹着那几个较整齐的字则可能是教师手把手而刻得较合要求的。这是商代教学的实际物证,反映了当时学习文字课业的情形。

商代的数学随着生产力的发展而提高。天文历法的改进,对数学的发展有新的需要。商代在数学上已采用十进位法,在甲骨文里已有一到十和百、千、万等数字,最大的数字是三万。这表明商代数量观念比较齐全。数量计算是学校教学内容之一,其目的是使贵族子弟能适应自己生活范围内各方面计算的需要。

总之,处于奴隶制发展阶段的商代,贵族的教育也得到了发展。殷墟甲骨的发掘证明商代文字趋于成熟,并成为有效的教育工具。按年龄划分教育阶段成为设立不同层次教育组织的依据,多方面的教育内容已具备"六艺教育"的形貌。商代教育是一份重要的历史遗产,西周就是在此基础上进一步发展的。

三、 西周的教育

(一)西周的社会

西周是中国奴隶制的全盛时期,其重要特征是在分封制、井田制的基础上实行宗法世袭禄位制。在政治上,采用分封制,全部土地和人民在名义上都属于周王所有。《诗·小雅·北山》:"溥天之下,莫非王土;率土之滨,莫非王臣。"就是这种情况的反映。周王把土地和人民分封给诸侯,建立大小不一的诸侯国。诸侯在自己的领地里,又把土地和人民分封给卿、大夫。卿、大夫在私家采邑里,委派士来帮助管理家业。实行分封制的目的,是形成严格的等级制度。

社会经济以农业为主,农业实行井田制。统治者把成片土地按一定的亩制和灌溉及道路系统规划成井田形状,奴隶主支配奴隶耕种方块土地,以贡税的形式榨取劳动成果。

周人强调宗法,用血缘宗族关系把奴隶主贵族联系起来,但又区分亲疏等级。宗族分为大宗和小宗:周天子为天下大宗,诸侯为小宗;在诸侯国内,国君是大宗,卿、大夫是小宗;在卿、大夫采邑内,卿、大夫是大宗,士是小宗。宗法规定,爵位、财产都由嫡长子世袭。

西周社会是由奴隶主和奴隶两大对立阶级以及介于两者之间的平民阶级构成的。天子、诸侯、卿、大夫为奴隶主阶级,士属于平民阶级上层,庶人、工商属于生产奴隶,皂、舆、隶、僚、台、圉牧属于宫廷和家用奴隶。奴隶主阶级采用暴力和非暴力手段对奴隶和平民实行专政,建立统治机构,组织军队,制定刑法。成文的刑律,有严酷的五刑:墨(黥额)、劓(割鼻)、刖(砍脚)、宫(阉割生殖器)、大辟(杀头),共三千条。刑法是专门用于对付奴隶和平民的,所以说"刑不上大夫"。

在思想意识上,奴隶主贵族也有其特有的观念和内容。《礼记·表记》:"周人尊礼尚施,事鬼敬神而远之,近人而忠焉。"统治者除了利用宗教信仰作为工具,加强天命宣传之外,还强调要遵守礼制。礼是关于贵族君臣、父子、兄弟、夫妇、朋友之间上下尊卑关系的规定,关于贵族的衣食住行、丧葬婚嫁等一切行为规则,以及政治、军事、法律制度的总称。相传周礼是由姬旦(史称周公)制定的,包括吉、凶、军、宾、嘉五类。不同的等级有相应的礼制,贵族的礼制不用于奴隶,所以说"礼不下庶人"。礼的社会政治作用受到高度重视。

夫礼者,所以定亲疏、决嫌疑、别同异、明是非也。……道德仁义,非礼不成;教训正俗,非礼不备;分争辨讼,非礼不决;君臣上下,父子兄弟,非礼不定;宦学事师,非礼不亲;班朝治军,莅官行法,非礼威严不行;祷祠祭祀,供给鬼神,非礼不诚不庄。……为礼以教人,使人以有礼,知自别于禽兽。①

统治者认为,礼制源于天命,遵守礼制,也就是敬德。只有敬德,才能保民,才能巩固奴隶主贵族专政。

在文化教育上,西周的历史特征就是"学在官府"。奴隶主贵族建立国家机构,设官分职,从事管理。为了管理的需要,奴隶主贵族制定法纪规章,并有文字记录,汇集成专书,由当官者来掌握。这种现象,历史上称为"学术官守",并由此而造成"学在官府"。

章学诚在《校雠通义·原道第一》中对"学术官守"有精要的论述:

理大物博,不可殚也,圣人为之立官分守,而文字亦从而纪焉。有官斯有法,故法具于官。有法斯有书,故官守其书。有书斯有学,故师传其学。有学斯有业,故弟子习其业。官守、学业皆出于一,而天下以同文为治,故私门无著述文字。

---

① 《礼记·曲礼上》。

由于只有官府有学，民间私家无学术，因此要学习专门知识，只有到官府之中才有可能。"学在官府"这种历史现象有其客观原因。

第一，惟官有书，而民无书。

西周时期，生产力水平有限，书写的材料是竹简、木牍，书写的工具是刀笔。以拙陋的工具在粗笨的材料上制作出的书册，不仅极其繁重，而且十分昂贵，只有官府才具有制作书册的财力和人力。朝廷为了政治需要，把历代帝王的典谟训诰、本朝的礼制法规以及收集的乐章加以记载，制成书册，藏于秘府，由官司主管。这些书册仅有孤本，没有复制的副本刊布民间。民间仅知其名，未见其书。所以，学术都在官府，有职官专守。士人若要学习，要知道历代典制或本朝规章，只有到官府，求之于主管书册的官司才能读到。

第二，惟官有器，而民无器。

西周时期的礼、乐、舞、射都是重要的学术，在教育上也是学习的重要学科。学习这些学科，不能仅是口耳相传，还要有器物设备，才有条件进行实际演习。这些器物不是一家所能具备的，即使官府也不是各级都能完全具备。《礼记·内则》曰"十三舞《勺》，成童舞《象》"，所用的器物还比较简单；"二十而冠，始学礼，……舞《大夏》"，所用的器物更多。这些规定都与物质条件的限制有关。《周礼·地官司徒》言及器物的使用："闾共祭器，旅共丧器，党共射器，州共宾器，乡共吉凶礼乐之器。"可见，礼乐之器，乡官始能备集。要学礼，不入乡校，则无学习的器物。至于成均的乐器，种类齐全，可组成大型乐队，供举行典礼和宴会之用。这些器物连乡党都不能具备，民间就更谈不上，所以要学习礼、乐、舞、射,只有在官府的人才具备条件。

第三,惟官有学,而民无学。

在宗法制条件下,父死子继,子承父业,贵者终贵,贱者终贱,形成家有世业。家业世世相传者,称为"畴人";父子相继,世居其官,称为"畴官"。学术官守,为官之人,学有专守,不传他人,只教其子。子入官府,各从父学,称为"畴人子弟"。这种情况就是畴人世官,造成了学术的垄断。尤其是专门的学术,只在极小的圈子里传授。这虽然对学术起了保存作用,但限制了学术的发展。只有为官的人才掌握学术,以官府为传授基地。只有官学,没有私学。只有贵族子弟才享有受教育的权利,而庶人和平民则没有受教育的权利。

(二)西周的教育制度

奴隶主根据贵族专政的需要确定教育目的,培养具有贵族政治道德思想和军事技能的未来统治者,他们必须受礼、乐、射、御、书、数即"六艺"的专门训练,先经过家庭教育,然后才进行学校教育。

1. 家庭教育

《礼记·内则》记载了贵族家庭教育的逐步要求:"子能食食,教以右手;能言,男唯女俞。男鞶革,女鞶丝。六年,教之数与方名。七年,男女不同席,不共食。八年,出入门户及即席饮食,必后长者,始教之让。九年,教之数日。"在家庭中,从小就进行基本的生活技能和习惯的教育,如取食物用右手等;进而教以初步的礼仪规则,如尊敬长辈的礼节,以及确立初级的数的观念、方位观念和时间观念。在男尊女卑思想的支配下,男治外事,女理内事。家庭从孩子七岁开始进行男女有别的教育,男女教育开始分途。女子受女德的教育,为将来成为贤妻良母做准备,限在家庭之内,相对被轻视。相较于夏代、商代,西周的贵族家庭教育已有较大的进步,能按孩子年龄的发展提出不同要求,家庭教育的过程有较明显的计划性。

2. 小学教育

西周有小学的设置,已见于周康王时《大盂鼎》的铭文:"女妹辰又大服,余隹即朕小学,女勿克余乃辟一人。"说的是康王之子昭王幼年入小学的事。周宣王时《师𬥶簋》的铭文:"在昔先王小学,女敏可事,既命女疋乃祖考嗣小辅。"既言及小学,又提及司教的官名小辅。

关于贵族子弟入小学的年龄,各种古籍的记载不一。《大戴礼记·保傅》:"古者八岁而出就外舍。"《礼记·曲礼上》:"人生十年曰幼,学。"《礼记·内则》:"十年,出就外傅。"《尚书大传》:"十有三年始入小学。"又曰:"余子年十五始入小学。"这些不同规定与学生家庭的政治地位直接有关。八岁是王侯太子入国学之小学的年龄。《公羊传》注:"礼,诸侯之子八岁受之少傅,教之以小学,业小道焉,履小节焉。"《白虎通·辟雍》:"八岁毁齿,始有识知,入学学书计。"十岁或十三岁是公卿之太子、大夫元士之适子入小学的年龄。十五岁是众子及部分平民子弟入小学的年龄。小学的学习年限约为七年。

《礼记·王制》:"小学在公宫南之左。"由此可知,小学设于王宫的东南。王宫守卫长官师氏和保氏兼任小学师长。

小学教育首先强调的是德行教育。《周礼·地官司徒》:"师氏掌以媺诏王，以三德教国子：一曰至德，以为道本；二曰敏德，以为行本；三曰孝德，以知逆恶。"即以天道中和之德为道德的根本，以地道强勉敏疾之德作为行为的根本，以人道效法先王之德而知是非善恶。又曰："教三行：一曰孝行，以亲父母；二曰友行，以尊贤良；三曰顺行，以事师长。……凡国之贵游子弟学焉。""保氏掌谏王恶，而养国子以道。乃教之六艺：……乃教之六仪：……"保氏也以道德教养贵族子弟，教以六艺，教以六仪，这些都是培养道德的重要途径。《礼记·内则》也记载了小学教育的内容："十年，出就外傅，居宿于外，学书计，……朝夕学幼仪，请肄简谅。十有三年，学乐，诵《诗》，舞《勺》。"有礼仪、乐舞、书计，与保氏所教六艺一致。小学教育的内容就是德、行、艺、仪几方面，实际上是关于奴隶主贵族道德行为准则和社会生活知识技能的基本训练。

3. 大学教育

进大学接受教育有一定限制，只有少数符合资格的人才能接受大学教育。《礼记·王制》："王大子、王子、群后之大子，卿大夫、元士之適子，国之俊、选，皆造焉。"这里分两类：一类是贵族子弟，他们按身份入大学；一类是平民中的优秀分子，经过一定程序的推荐选拔，方能进入大学。选拔要经过乡大夫和司徒两级，对德行、道艺进行考核。入学资格的限制体现了西周教育的等级性。

王大子入大学的年龄为十五岁，因王大子十五而行冠礼，标志着已达成年。其他人二十而冠，故二十岁而入大学。关于大学的学程，只有《学记》提及："九年知类通达，强立而不反，谓之大成。"由此可知，大学的学程为九年。

《礼记·王制》："大学在郊，天子曰辟雍，诸侯曰泮宫。"西周的大学有多种名称，在青铜器《静簋》铭文中称为"学宫"，《麦尊》铭文中称为"璧雍"。《诗·大雅·灵台》："于论鼓钟，于乐辟雍。"名异而实同。

关于辟雍的建制，经学家们解释不一，但也有一些共同见解。据说辟雍四周环水，中间高地建筑学宫，其堂室东西南北皆相对，组成四合式的大院。这些堂室居于不同方位而有不同用途、名称。东边的堂室称为"东序"，又叫"东学"，为学干戈羽籥之所，由乐师主持；西边的堂室称为"瞽宗"，又叫"西学"，为演习礼仪之所，由礼官主持；南边的堂室称为"成均"，又叫"南学"，为学乐之所，由大司乐主持；北边的堂室称为"上庠"，又叫"北学"，为学书之所，由诏书者主持。因辟雍是官方最高学府，故称"学宫"。它的四周有水环绕，又称"泽宫"。它是教射、比射选士的场所，又称"射宫"，其实一也。

大学的教学服从于培养统治者的需要，学大艺，履大节。周王朝政务有两个重要的方面，即如《左传·成公十三年》所言："国之大事，在祀与戎。"祭祀要礼乐，军事需射御，因此大学的分科教学以礼乐为重，射御次之。《礼记·文王世子》："凡三王教世子，必以礼乐。"《礼记·王制》："乐正崇四术，立四教，顺先王《诗》《书》《礼》《乐》以造士。"《礼记·射义》："古者，天子以射选诸侯、卿、大夫、士。射者，男子之事也，因而饰之以礼乐也。"《礼记·王制》："大司徒教士以车甲。凡执技论力，适四方，裸股肱，决射御。"这些材料证明礼乐和射御受到重视。与大学的教学不同，小学以学礼、乐、书、数为主，因未成年，射御非力所能及，暂不作为重要的要求。成年后，进入大学，有与体力条件相适应的射御训练要求。至于写字和计算，已在小学学有基础，就改换为教《诗》

《书》。诵《诗》是乐教的组成部分,学《书》是学上古之书,知道前代的政治历史经验,有助于学礼和准备学成后参与政事。所以说,大学学大艺,履大节,不仅内容增加,而且程度提高。

大学的教学已具有计划性,表现为定时定地进行教学活动。《礼记·文王世子》:"凡学,世子及学士必时,春夏学干戈,秋冬学羽籥,皆于东序。小乐正学干,大胥赞之。籥师学戈,籥师丞赞之。胥鼓南。春诵,夏弦,大师诏之。瞽宗秋学礼,执礼者诏之;冬读书,典书者诏之。礼在瞽宗,书在上庠。凡祭与养老、乞言、合语之礼,皆小乐正诏之于东序。大乐正学舞干戚,语说,命乞言,皆大乐正授数,大司成论说在东序。"这表明,大学的分科教学有一定时间、固定场所,由专职人员负责。

4. 乡学

设在王都的小学、大学,总称为"国学"。设在王都郊外六乡行政区中的地方学校,总称为"乡学"。

关于乡的行政组织,《周礼·地官司徒》有所记载:

令五家为比,使之相保;五比为闾,使之相受;四闾为族,使之相葬;五族为党,使之相救;五党为州,使之相赒;五州为乡,使之相宾。[①]

以上是郊外地方行政区所设的六级行政组织及其主要的社

---

① 孔颖达疏:大司徒主六乡,故令六乡之内,使五家为一比,则有下士为比长主之,使五家相保,不为罪过。五比为闾者,二十五家为一闾,立中士为闾胥,使之相受者,闾胥使二十五家有宅舍破损者受寄托。四闾为族,使之相葬者,百家立一上士为族师,使百家之内有葬者使之相助益,故云使之相葬。五族为党,使之相救者,五百家立一下大夫为党正,民有凶祸者,使民相救助,故云之相救。五党为州,使之相赒者,二千五百家为州,立一中大夫为州长,民有礼物不备,使赒给之。五州为乡,使之相宾者,万二千五百家为乡,立一六命卿为乡大夫,乡内之民有贤行者,则行乡饮酒之礼宾客之,举贡也,故云使之相宾。

会职能。在行政组织的基础上，相应地设立家塾、党庠、州序、乡校等不同名称和级别的地方学校。

关于西周的地方学校，古籍中有不同的说法，后人也有不同的解释，只能择善而从。《礼记·学记》："古之教者，家有塾，党有庠，术有序，国有学。"塾、庠、序是地方学校。清毛奇龄认为，"术"是"州"字之误。地方学校自乡以下有四学：一曰乡校，一曰州序，一曰党庠，一曰家塾。

郊区之外为野，野分六遂，其行政组织为：五家为邻，五邻为里，四里为酇，五酇为鄙，五鄙为县，五县为遂。古籍中，"遂"的各级官吏以督促农事为务，未提及设学立教之事。这表明，"遂"无学校。有人认为，周代按行政组织已有普及的学校网。这种说法是把周代的教育制度过分美化，值得怀疑。

乡学由管理民政的司徒负责总的领导，其教育内容有明确的规定。《周礼·地官司徒》："以乡三物教万民，而宾兴之。一曰六德：知、仁、圣、义、忠、和；二曰六行：孝、友、睦、姻、任、恤；三曰六艺：礼、乐、射、御、书、数。"乡学的教学内容以德、行、艺为纲，基本要求和国学是一致的。乡学实行定期的考察和推荐，把贤能者选送至司徒处，经司徒再择优选送至国学。所以，乡学与国学虽然等级有别，但存在一定的联系。这是历史事实。

5. 考核与奖惩

小学的考核制度未见史籍记载。大学的考核制度在《学记》中有所记载："比年入学，中年考校：一年视离经辨志，三年视敬业乐群，五年视博习亲师，七年视论学取友，谓之小成。九年知类通达，强立而不反，谓之大成。"在大学期间，第一、三、五、七、九学年定期考核，既要考核德行的一面，也要考核道艺的一面，达到"大成"，才算合格，结束学业。

对德行不合格的学生，不是放任自流，而是采取严正的措施。据《礼记·王制》记载，在学业将要结束的时候，小胥、大胥、小乐正等教官检查学生中不听教导的人，开列名字，报告于大乐正，大乐正报告于王，王命三公、九卿、大夫、元士皆入学，行礼说教以感化之。如果他们不肯改变，王亲自视学，再作告诫。如果他们再不悔改，王停止宴乐三天，把他们流放远方，永远不再使用。

对合格的学生，最直接的奖励就是官职、爵位、俸禄。《礼记·王制》："大乐正论造士之秀者，以告于王，而升诸司马，曰'进士'。司马辨论官材，论进士之贤者，以告于王，而定其论。论定然后官之，任官然后爵之，位定然后禄之。"

乡学也有考核与奖励办法。乡大夫负责考学生德行，察其道艺，选择秀士，报送于司徒，称为"选士"。司徒从选士之中再选优秀者，使之升入国学中的大学，称为"俊士"。升于司徒的，免去本人在乡中的赋役；升于大学的，可以免除本人对国家的赋役。

对不听从教导者，由乡大夫负责检查，列名报告于司徒；由司徒请耆老集合于乡学，举行乡射礼、乡饮酒礼，对他们进行教育感化。如果他们不改变，就要调动他们就学的地区，右乡移到左乡，左乡移到右乡，仍然举行乡射礼、乡饮酒礼，进行教育感化。如果他们再不改变，就由乡移至遂，仍旧举行乡射礼、乡饮酒礼，进行教育感化。如果他们还不改变，就流放到远方，永远不加使用。这就是乡学先教后罚的惩戒方法。

6. 官师合一

社会中存在着阶级对立，劳心与劳力分离。随着社会发展，内部分工有了很大进展，但专业化还不是很细，教师还未成为独立的社会职业，皆由政府职官来兼任。

"师"最初是军官的称号，"师氏"指的是高级军官，"大师"是比"师氏"更高级的军官，以"师"和军官的人名连称就称"师某"。西周时，担任国王警卫队长的师氏、保氏，除了负责警卫、随从、军旅等大事之外，还兼管贵族子弟的教育工作。贵族子弟要成为未来的统治者、军队的骨干，因此军事训练就成为教学内容的重要方面，教官也就由师氏来兼任。久而久之，"师"就转为教育者的称呼。"教师"的名称源于军官。后来，任教的职官也可以称"师"。

由于"学术官守"和"学在官府"，因此当时教师由职官兼任，官师合一。

西周的国学由大司乐主持。《周礼·春官宗伯》："大司乐掌成均之法，以治建国之学政，而合国之子弟焉。凡有道者、有德者，使教焉。"大司乐负责宗教祭祀与国家典礼，是国家的高级礼乐官，兼管国学教育事务。大司乐属下的乐官以及某些军官，就是国学的学官。他们是乐师、师氏、保氏、大胥、小胥、大师、小师、籥师等。

西周各级乡学归大司徒主管。《周礼·地官司徒》："大司徒之职，掌建邦之土地之图，与其人民之数，以佐王安抚邦国。……而施十有二教焉。"大司徒负责地方民政事务，兼管地方教育事务。大司徒属下各级民政官员，有的就是乡学的学官。他们是小司徒、乡师、乡大夫、州长、党正、父师、少师等。小司徒掌建邦之教法，以施政教，行政令；乡师各掌其所治乡之教而听其治；乡大夫各掌其乡之政教禁令；州长各掌其州之教，治政令之法；党正各掌其党之政令教治；大夫七十致仕，于乡里为父师；士七十致仕，于乡里为少师。

由上述情况可以看出,国学或者乡学的绝大部分学官是国家现任的职官,有小部分由退休的官员担任,总体的情况是"官师合一"。

受社会经济发展水平的限制,当时不可能更多地建造大型公共建筑以供各种专门活动之用,只能让一所公共建筑发挥多种用途。所以,西周的学校不仅是教学的场所,也成为多种社会活动的场所。国学的辟雍,是祭神祀祖、朝会诸侯、举行军事会议、献俘庆功、大射选士、养老尊贤的活动场所。乡学的庠、序、校,既是地方教育活动的场所,也是乡官议政、举行乡饮酒礼和乡射之礼、养老尊贤的场所。这表明西周的教育机构与行政机关不分。这种"政教合一"是官府办学条件下的必然结果,当时的教育与政治是紧密联系在一起的。

(三)六艺教育

西周不论国学或乡学,不论小学或大学,都以"六艺"为基本学科,只是在要求上有层次的不同。六艺教育起源于夏代,商代又有发展,西周在继承的基础上更进一步发展和充实。

1. 礼乐

奴隶主贵族的礼和乐是密切配合的,凡是行礼的地方,也就需要有乐。礼乐贯串整个社会生活活动,体现宗法等级制度,对年青一代思想政治、道德品行的培养有重要作用。《礼记·文王世子》:"凡三王教世子,必以礼乐。乐,所以修内也;礼,所以修外也。礼乐交错于中,发形于外,是故其成也怿,恭敬而温文。"未来的统治者深受礼乐熏陶，必定会发挥其社会影响，稳定贵族政权的统治，所以认为"移风易俗，莫善于乐；安上治民，莫善于礼"[①]。礼乐教育成为六艺教育的中心。

礼的内容极广，凡政治、伦理、道德、礼仪皆为其所包括，以至社会生活的各方面都不能没有礼。学中所教之礼，则为贵族所必需的五礼。《周礼·春官·大宗伯》："以吉礼事邦国之鬼神示，以凶礼哀邦国之忧，以宾礼亲邦国，以军礼同邦国，以嘉礼亲万民。"不仅要知礼，而且在仪容方面要遵照一定的要求。习礼仪要实学实习，反复演练。贵族子弟学会了礼仪，行动才会合乎规范，显示贵族的尊严。这有利于任官和治民。

乐教受到高度重视，内容包括诗歌、音乐、舞蹈。《诗·郑风·子衿》郑玄注："古者教以诗乐，诵之，歌之，弦之，舞之。"这表明其形式呈多样化。《礼记·乐记》对贵族乐教理论作了阐发。西周国学由大司乐管理教务，重在主持乐教，负责以乐德、乐语、乐舞教国子。所谓乐德，其目为：中（言出自心，皆有忠实）、和（不刚不柔，宽猛相济）、祗（见神示则敬）、庸（接事以礼而有常）、孝（善于父母）、友（善于兄弟）。所谓乐语，其目为：兴（以善物喻善事，以恶物喻恶事）、道（引古以刺今）、讽（熟背文词）、诵（吟诵有节韵）、言（直叙己意）、语（答人论难）。所谓乐舞，其目为：云门、大卷（黄帝乐）、大咸（尧乐）、大磬（舜乐）、大夏（禹乐）、大濩（汤乐）、大武（武王乐）。以上为六代乐舞，规模较大，也称"六乐"。乐师还教国子小舞，其目有：帗舞、羽舞、皇舞、旄舞、干舞、人舞。这些乐舞用于不同的场合。其中，大武是周代国乐，实际

① 《孝经》。

是以周武王克殷为题材的大型歌舞剧。其曲调早已失传,而乐词基本上保存在《诗·周颂》里。周人在重大典礼上都将大武作为传统节目歌舞一番。据《乐记·宾牟贾》的记载,全剧分为六段,每一段称为一成。王国维有《周大武乐章考》一篇,阐述极为详确。① 现将相关内容综合为一表(见表1),可借以了解大武乐舞的概貌。

表1　大武乐舞的概貌

大武乐舞	主要情节内容	《周颂》之乐词
一成	始而北出(周人由汜水渡河,向纣都进军)	《昊天有成命》
二成	再成而灭商(灭商时奋勇杀敌的情景)	《武》
三成	三成而南(南下用兵,征伐未服的各族)	《酌》
四成	四成而南国是疆(南方小国服从,划新疆界)	《桓》
五成	五成而分陕,周公左,召公右(自陕而东,周公治之;自陕而西,召公治之)	《赉》
六成	六成复缀以崇天子(演员复位,志气昂扬,显示国力强盛,对武王高度尊崇)	《般》

大武乐舞反映了周朝开国的历史。它既可进行维护周室的政治教育,又可进行尚武的传统教育。因此,贵族子弟都要学习。

乐教是当时的艺术教育。艺术教育过程寓有多种教育因素,包含德育、智育、体育、美育的要求,具有实施多种教育的作用。

2. 射御

射,指射箭的技术训练。御,指驾驭马拉战车的技术训练。

中国教育的历史

---

① 《观堂集林》卷二。

西周以人数较少的部族统治人数较多的部族及其联盟,依靠的是有组织的军事力量。贵族子弟都要成为"执干戈以卫社稷"[①]的武士,射御是必不可少的军事训练项目。贵族生下男孩,门左就要挂弓,第三天就背着婴孩举行射的仪式,表示男子的责任是御四方、捍卫国家,出生后就要学射。射在国学、乡学中都是重要的科目,都有一定的教练场所。教射有五条要求,相应地有五项标准。据郑玄解释,一为"白矢",射箭透靶,见其镞白;二为"参连",前射一箭,后三箭连发而中;三为"剡注",力猛锐,使箭能贯物而过;四为"襄尺",尊者与卑者同射之时,不能并肩而立,卑者须退后一尺;五为"井仪",射四箭皆要中靶并呈井状。[②] 射的训练颇为严格,为贵族青年参与大射或乡射准备条件。每年大祭之前都要举行射箭比赛以选拔武士,仪式极其隆重,饰之以礼乐。《礼记·射义》:"古者天子之制:诸侯岁献、贡士于天子,天子试之于射宫。其容体比于礼,其节比于乐,而中多者,得与于祭。其容体不比于礼,其节不比于乐,而中少者,不得与于祭。"以射选士,水平高低决定射者在贵族中的地位,故射箭的教练深受重视。

西周的武装力量以战车为主,武士必须有驾驭战车的技术,青年达到一定年龄就要接受训练。御的教练有五项(简称"五御"):一鸣和鸾,车行动有节奏,车铃"和"与鸾"鸣"声相应;二逐水曲,能沿着曲折的水沟边驾车前进而不使车落水中;三过君表,驱车通过模拟设置的辕门,要准确不偏,不发生碰击;四舞交衢,车行于交衢,旋转快慢适度,如合舞蹈节奏;五逐禽左,驱车

---

① 《礼记·檀弓下》。

② 对于"五射",唐以来的研究者有不同的解释。明代李呈芬和清代李恕谷等所理解的"五射",实际指的是射箭的全过程,包括持弓、开弓、瞄准、发矢几个环节,各个环节都有一定的标准要求。林思桐.西周学校教育中的"射"和"御"[J].体育科学,1984(2):7-12.

逐禽兽,要善于把禽兽阻拦在左边,以利于射猎。学御要经过严格的训练,才能达到五项标准要求,既学习了武事,又锻炼了身体。

3.书数

"书"指的是文字读写,"数"指的是算法。西周的文字应用已较广,数量也比商代增多,其字体为大篆,书写的材料通常为竹木,所用的工具为刀笔。史籍说西周已有字书,供小学文字教学之用。《汉书·艺文志》载《史籀》十五篇,注云:"周宣王太史籀作大篆十五篇。"又注:"《史籀篇》者,周时史官教学童书也。"这是中国历史上记载最早的儿童识字课本,今已失传。文字教学要认读,也要书写,都要由易到难。有人认为,《礼记·内则》所说的"九年教之数日"与"十年学书计"两者有联系,"数日"为背诵由十天干、十二地支组成的六十甲子,"学书"即学六十甲子的书写,这是文字教学的初步。汉代许慎在《说文解字》中提出具有代表性的六书说:"《周礼》,八岁入小学,保氏教国子,先以六书:一曰指事。指事者,视而可识,察而可见,上下是也。二曰象形。象形者,画成其物,随体诘诎,日月是也。三曰形声。形声者,以事为名,取譬相成,江河是也。四曰会意。会意者,比类合谊,以见指㧑,武信是也。五曰转注。转注者,建类一首,同意相受,考老是也。六曰假借。假借者,本无其字,依声托事,令长是也。"西周的文字教学可能采取多种方法,其中之一是按汉字构成的方法,以六书分类施教,使学生知字音、字形、字义。

数学知识到西周有了更多的积累,为较系统地教学创造了条件。儿童接受数的教学,水平逐步得到提高。他们先学数的顺序名称及记数的符号,然后应用于学习甲子纪日法,知道朔望月的周期,再进一步学习计数的方法,掌握十进位和四则运算,培养初步的计算能力。《周礼·地官保氏》提出"九数"。在实际生活需要的基础上,周人发展了多种计算方法,成为以后《九章算术》的基础。这表明西周的数学教学内容是比较丰富的。

书数是文化基础知识技能,作为"小艺",被安排在小学学习。大学比小学程度提高,学习的课程内容也有变化,列入计划的是《诗》《书》。《礼记·王制》说的"春秋教以礼乐,冬夏教以《诗》《书》",正是大学课程不同于小学课程的体现。

西周的教育内容可以总称为"六艺教育",它是西周教育的特征和标志。六艺教育包含多方面的教育因素,既重视思想道德,也重视文化知识;既注重传统文化,也注重实用技能;既重视文事,也重视武备;既要符合礼仪规范,也要追求内心情感修养。六艺教育有符合教育规律的历史经验,可供后世借鉴。在历史发展过程中,有的教育家想借助六艺教育的经验,解决当时教育的某些弊端,因此把六艺教育当作理想模式来强调,为自己的主张作历史论证。特别是在儒家思想居于支配地位时期,六艺教育被奉为标准。凡有所主张,要从六艺教育中寻找论据;凡有所批判,则指斥异端背离六艺教育传统。由此可见,六艺教育思想产生了深远的历史影响。

四、 春秋时期教育的变革

春秋时期是奴隶制崩溃而向封建制转变的社会大变革阶段。大变革的根源在于社会经济的新发展。铁器开始使用于农耕及其他方面。铁犁和牛耕相结合,大大提高了农业生产力。有些奴隶主因使用新工具,在公田之外,再大量地开垦私田。自由民也可以开荒,扩大其耕地。结果,私田不断增加而超过公田,使私门富于公室。公室为了瓜分私家财富,采取现实的态度,被迫承认土地私有而一律征税。齐桓公在齐国实施的"相地而衰征",是一种按私田土质好坏以及面积大小而征收实物地租的新制度。奴隶主贵族土地国有制逐渐为地主阶级土地私有制所代替,占有大量私田的地主迫使农民耕地纳租,封建生产关系逐渐形成。

随着经济上所有制的变化,政治上新旧势力的斗争也在加剧。奴隶主贵族为了维护原有的地位和权益,成为旧势力的代表。地主阶级为了维护自己的利益,要求改变旧制度,成为新势力的代表。经过长期反复的斗争,新势力逐步夺取政权,建立封建的社会制度。这种经济、政治的大变化也反映在教育上。为旧经济、旧政治服务并由贵族垄断的"学在官府"的教育走向没落,而适应新经济、新政治需要的私学形式开始兴起。

(一) 官学衰废

春秋时期两百多年,官学见于史传记载的只有两事而已,一是鲁僖公(前 659—前 627 年在位)修泮宫[①],另一是郑国子产(? —前 522)不毁乡校[②]。缺乏事迹可供记载,说明官学不仅没有新的发展,反而走向衰落。在影响官学衰落的诸多原因中,政治原因比经济原因更为直接。

---

① 《毛诗·鲁颂·泮水》。
② 《左传·襄公三十一年》。

1. 世袭制度造成贵族不重教育

贵族在世卿世禄制度下保持享有富贵的特权，贵族子弟被命定为统治者，学习文化知识与其权位并无直接联系。他们养尊处优，只图享受而不重教育，缺乏上进心，失去学习动力。周大夫原伯鲁不悦学，还公然发了一通"可以无学，无学不害"的议论。[①] 闵子马予以评论：作为贵族，可以不学习，不学习也不会有损害。这是贵族们普遍的想法，而后流传影响及大夫。在位的大夫认为"无学不害"，因为不害，所以不学。人人心怀苟且，固有的贵贱尊卑的社会秩序就乱了。学习会使人德行才智日长日进，而不学习则会使人德行才智日趋堕落，走向灭亡。春秋时期的贵族因存在着以原伯鲁为典型的想法而趋于没落。官学以贵族为教育对象，贵族不想学习，官学衰落也就成为必然。

2. 王权衰落导致学校荒废

周平王东迁标志着重大的历史转折。孔丘称春秋是"天下无道"的时期，开始是周天子不能维持"礼乐征伐自天子出"的共主地位，后来是诸侯国也不能维持"礼乐征伐自诸侯出"的局面，从而出现"陪臣执国命"的现象。王权衰落，礼制破坏，一切都不能按旧制度办了。天子的辟雍、诸侯的泮宫、地方的乡校久已不闻弦诵之声，名存实亡。黄绍箕在与柳诒徵所著的《中国教育史》中说："周室东迁，王纲解纽，学、校、庠、序废坠无闻。"这反映了春秋时期的史实。

3. 战争动乱打破旧的文化垄断

春秋时期，诸侯国之间的争霸战争，诸侯国内部争夺统治权的内战，连年不断。在《春秋》记载的 242 年中，列国间的军事行

---

① 《左传·昭公十八年》。

动达 483 次，差不多平均一年有两次战争。贵族特别关心的是维护统治地位，并尽可能扩大统治和剥削范围，及时行乐，尽情地享受剥削成果，而无暇顾及教育。《毛诗·郑风·子衿》反映学校已不能正常进行教学活动，《毛诗序》云："《子衿》刺学校废也，乱世则学校不修焉。"郑玄也在笺注中指出："国乱，人废学业。"贵族原来垄断和控制文化教育，现在则大为削弱。

不论国学或乡学都难以维持，日趋衰废。文化职官面对现实，各找自己的出路，官守的学术再也守不住了。在社会动乱中，没落贵族及其后裔流落民间，文化职官被迫流落四方，他们把简册、器物带出官府。《论语·微子》载：乐官大师挚到齐国去，乐师干到楚国去，乐师缭到蔡国去，乐师缺到秦国去，打鼓的方叔迁居到黄河之滨，摇小鼓的武移居到汉水地区，少师阳和击磬的襄移居海边。这说明，宫廷中一批司礼司乐的专家流散到四方，其他职官的情况也是如此。他们都是有文化知识的人，在社会谋生就要发挥自己的一技之长，以传授为业。这就是"天子失官，学在四夷"①的历史现实，它是因文化变动而出现的新现象。其结果是，打破了"学在官府"的局面，使原来由贵族垄断的文化学术下移于民间。这种历史现象被称为"文化下移"。邹鲁之士成批出现，都通晓诗、书、礼、乐，就是文化下移的结果。民间分布多种学术人才，也有记录历史文化、思想学说的古籍作为学习的材料，这为私学的产生和发展提供了条件。

（二）私学兴起

私学的兴起是发端于春秋中叶的历史新潮流，到春秋末叶发

中国教育的历史

展到初步繁荣的阶段。

1. 士阶层的变化与教育的新需要

私学的出现有多方面的社会原因,其重要原因之一是与"士"阶层的变化联系在一起的。在奴隶制度下,士是贵族的下层。在封建制度兴起时,士转化为平民阶级的上层。"士食田"[①],原来占有数量有限的土地。"士有隶子弟"[②],有的还占有少量的奴隶,平时可以从事农业,战时充当甲士。他们受过一定的贵族武士教育,要履行"执干戈以卫社稷"的义务。起初,"士"大部分是武士,小部分是文士。后来,军事上的步兵野战居于主要地位,车战降居次要地位,武士施展本领的范围缩小了,武士的后裔渐渐转从文士谋求出路,文士的数量有所增加。

春秋时期的士是自由民,位居四民之首,可能上升,做官食禄,成为统治阶级的附庸;可能下降,自食其力,成为依附土地的小人。别的阶级也可能上升或下降到"士"的行列中来。在社会激烈变动时期,自由民越来越多地脱离生产劳动而以脑力劳动为谋生的方式。文士的队伍扩大,成为有影响的阶层。在学术下移的历史潮流中,他们充当了先锋。

士阶层中有许多有才能的人,活动能量颇大,在政治斗争或军事斗争中发挥重要的作用,越来越受到重视。各诸侯国的统治者为了维护其统治地位并扩张其势力,需要有一批人才以组成强有力的政权机构。鉴于贵族子弟未必贤而有用,统治者在人事上就积极争取士来为自己效劳,采用"养士"的办法来搜罗人才。齐桓公为了争夺霸业,率先养士八十人,给车马、衣裘、财帛,周游四

① 《国语·晋语》。
② 《左传·桓公二年》。

方，号召天下贤士来为齐国效劳。齐桓公能够称霸，养士起了重要的作用。养士既可达到政治目的，也就有后人起而仿效。齐懿公未得位时，拿出家财招贤养士，后来果然得到谋士们的帮助而夺得统治权。齐国的政治经验反映了"得士则昌，失士则亡"的社会规律。公室已经养士，私门为了政治斗争的需要也争相养士。

新兴地主阶级为了扩大自己的经济利益和政治势力，也需要士来为自己服务。齐国陈恒就重视养士，他"杀一牛，取一豆肉，余以养士"①。鲁国季孙氏也养士，"季孙养孔子之徒，所朝服与坐者以十数"②。士从自己的利益和政治立场出发，也积极投靠有权势的人，寻求出路，以实现自己的政治主张。

由于政治斗争的需要，养士出现了竞争，养士之风开始形成。社会上有大批自由民争着要成为士，需要学习文化，从师受教，这成为新时期教育发展的推动力量。没落的贵族官学已不可能养士，能适应新时期养士需要的，就是新的私学。"学在四夷"，说明春秋末叶私学已存在于四方各地。

2. 私学兴起为百家争鸣开辟园地

私学的兴起适应了新兴地主阶级的政治需要。地主阶级迫切需要有文化的新人才以新的思想理论来为他们的利益服务。这些新人才是促进私学发展的社会力量。

私学的发展打破了"学在官府"的传统，使文化知识传播于民间。私学的自由讲学、自由传授也促进了各学派的形成。

私学的出现是历史发展的必然。至于谁首创私学，根据现有的史料，很难查考。现有的史料说明，私学出现在孔丘开办孔家

---

① 《韩非子·外储说右上》。
② 《韩非子·外储说左下》。

私学之前。这些私学与社会政治思想斗争都有一定的联系。

郑国的邓析（前545—前501），曾创办私学，进行政治宣传教育活动。他是法家的先驱人物。据《吕氏春秋·离谓》记载，邓析著有《竹刑》，是专门讲法律的。他"与民之有狱者约，大狱一衣，小狱襦裤①。民之献衣、襦裤而学讼者，不可胜数"。这说明，邓析在郑国开办私学，是以法律为教学内容的。凡是到他开办的私学来学诉讼知识的，都要交纳一定的实物作为师者的报酬。

鲁国的少正卯（？—前498），曾办私学进行讲学活动。《论衡·讲瑞》："少正卯在鲁，与孔子并。孔子之门，三盈三虚。"少正卯的私学与孔丘的私学并立。他"聚徒成群"，言论很有号召力，社会影响很大。

鲁国的孔丘办私学，是许多私学中的一家，是许多学派中的一派。说孔丘是"中国首创私学的人"，根据不足，也不符合历史。私学有一个发生、发展的过程。到孔丘创办私学时，私学已有初步发展。孔丘曾到各个私学去游学，他的学问也是得之于私学。《论语》中，子贡赞扬孔丘"学无常师"，说明在孔丘办私学之前，已经有人以私人的名义或形式在传授文化知识了。据《史记》等书记载，孔丘曾经学琴于师襄，问礼于老聃，学官于郯子，问乐于苌弘。这些人都是当时的私学老师。私学已经存在是事实。到孔丘进行活动时，在他的提倡、宣传影响下，私学更为盛行。孔丘私学有弟子三千，是当时办学规模最大、教学内容最充实、教学经验最丰富、培养人才最多、影响最为深远的一所，在历史上做出了不可磨灭的贡献。

---

① 襦裤：短裤。

私学的产生是社会发展的需要。私学之间存在激烈的斗争，也是当时社会阶级斗争趋于激烈的反映。在社会大变革时期，各个阶级、阶层都经历着不断分化、重新组合；都在为捍卫自己的利益而斗争；都要利用士来为自己的利益服务，制造舆论。士为了自己的利益和出路，也必然要依附于某个阶层，为一定的阶级服务。他们将私学作为活动园地，因此私学必然发生思想分化，形成代表各个阶级、阶层不同利益的各种学派，相互之间展开激烈的思想斗争。私学的发展促进了思想学术上的百家争鸣。春秋时期已经开始百家争鸣，但这仅是序曲而已。到战国时期，百家争鸣才达到高潮。

（三）私学的历史特点

春秋时期，私学取代了官学，是学校教育与自然形态教育分离以后，教育制度上一次历史性的大变革。从官学转变到私学，它们之间存在着显著的差别，在比较中更能显出私学的特征。

西周奴隶社会的官学，是建立在土地国有的经济基础上的；而春秋时期的私学，是建立在土地私有的个体经济基础上的。只要封建个体经济存在，作为其生存土壤，私学就会顺应需要而产生和发展。私学具有强大的、长期的生命力。

官学的社会阶级基础是占统治地位的奴隶主贵族。私学的社会阶级基础是以新兴地主阶级为首的，包括农、工、商等自由民反奴隶主贵族统治的阶级联盟。特别是自由民上层的士阶层的发展，是私学重要的社会推动力量。

官学由国家政权机关主办，是集中的，"学在官府"是其传统，它维护"学术官守"。私学是由私家根据社会或个人需要而设立的,是分散的,"学在四方"是其特点,它促进了"学术下移"。

官学是政教合一,教育是政治组织的一部分,无独立的教育组织机构。政治组织的活动,也即教育活动的内容。私学是政教分设,教育从政治机构中分离出来,有独立的组织机构。教育活动也与政治活动分离而成为独立的活动,私学的教育活动有的与国家政治活动可以在路线上保持一致,有的则与国家政治活动存在矛盾。

官学的入学受到贵族身份的限制,少数的贵族子弟垄断了受教育的权利。私学的入学则以自由受教为原则,扩大教育对象的范围,向平民开放,使文化知识能向下移输到民间。

官学是官师合一,由政府的职官兼任教师,他们的工作任务以官事为主,以教学为辅。私学是官师分离,以具有知识技能的贤士为师,不由职官兼任。教师成为一种独立的职业,是专业化的脑力劳动者,以传授知识经验、培养人才作为谋生的途径。

官学没有思想自由,不论国学还是乡学都要在贵族传统思想统一指导之下,受一种教育思想的支配。私学则有思想自由,各家私学不必也不可能有统一的思想。各派有自己的教育思想,有自己的教育实践,积累了丰富的教学经验,使教育思想理论有较大的发展。私学是学术繁荣、百家争鸣的摇篮。

官学的教学内容限于传统的"六艺",灌输的是旧的政治观念和道德思想,偏重于历史文化,教育内容脱离现实生活。私学的教育内容突破传统的"六艺",传授各学派的政治观点、道德思想,乃至新的知识、新的技能,其教育内容与大变革时期的现实生活有比较密切的联系。

官学有固定的教育场所和相应的基本设备，制度上比较规范。私学不一定有固定的教育场所，它以教师为中心，可以流动，设备也较简单。虽然私学在制度上不够规范，但它具有较大的灵活性。

官学按一定方向、一定规格培养人才，它已趋于衰落，不能实现其培养维护贵族统治的人才这一职能。私学则以多种目标、多种规格培养人才，适应建立封建制度的需要，为地主阶级的利益服务。

总之，私学代替官学，是中国教育发展史上一次重大的变革。与官学相比，私学的特点非常明显。在特定的历史条件下，它依靠自由办学、自由讲学、自由竞争、自由游学、自由就学等五大自由，发展教育事业，以适应当时社会对人才的需求。

学术自由的稷下学宫[*]

战国时代齐国都城临淄的稷下学宫,是闻名列国的东方文化中心,对中国封建社会文化教育的发展产生过重大历史作用,在中国古代教育史上占有重要地位,值得认真研究。现就稷下学宫产生、发展的历史条件和主要特征进行一些探讨。

一、 由养士转化为训练封建官僚

稷下学宫的创立,是当时封建经济发展和政治改革的产物。

齐国是封建经济发展较早的诸侯国,新兴地主逐渐成为经济上有势力的阶级,他们进而要求改变奴隶主贵族统治的政治制度,以保障地主经济的发展。公元前 481 年,齐国新兴地主阶级的政治代表田恒(一作田常,即田成子,也称陈恒)发动武装政变,随后逐步消灭旧贵族的势力,自立为齐相,实际控制了齐国的政权。公元前 386 年,田氏终于取代姜姓成为齐国的新统治者。这是地主阶级在齐国完成政治革命,确立封建制度的重要标志。齐国废除了世卿世禄制度,创立了封建官僚制度,逐步消除了分裂

* 本文原刊于《华东师范大学学报(哲学社会科学版)》1981 年第 2 期。

割据状态，走向中央集权。在封建中央集权的政治制度下，"主卖官爵，臣卖智力"①，各级官僚都由政府来任命派遣，并逐步过渡到由有文化知识的士来充当，贤士有了政治出路，国家需要的贤士数量大为增加。当时齐国用招贤的办法暂时满足了一部分需要，而要满足全部的以及长远的需要，则必须适当地集中贤士和培养新的贤士。因此，设立专门的机构，广招贤士，并扩大训练新的贤士，是现实的政治需要。齐国封建政府就是为了巩固中央集权的官僚制度，开始创立稷下学宫，招纳名士以训练官吏。

齐国也有发展学校的经济条件。齐国位于东方，与当时其他诸侯国相比，有较优越的地理环境，东临黄海，南有泰山及齐长城，西靠黄河，北依渤海，四境都有天然的防御屏障，称"四塞之国"，进可以攻，退可以守。在兼并战争频发的年代，齐国有较安定的环境以发展经济。当时齐在列国中可算大国，土地方圆两千里，铁器和牛耕得到普遍推广，农业发展较快，东部是开发较好的农业区，全国粮食自给有余。蚕桑及女工纺织也颇发达，产品运销列国，号为"冠带衣履天下"②。东、北两面濒海，均有鱼盐之利。全国人口约三百五十万至四百万，境内人烟稠密，"鸡鸣狗吠相闻而达乎四境"③。燕将乐毅曾说："齐，霸国之余业也，地大人众，未易独攻也。"④这表明齐国是当时比较富强的大国，别国不敢轻易侵犯它。与经济发展相关联的是大城市的产生，齐国有一百二十城，五个都。国都临淄是当时第一大城市，城区居民有七万户，既是齐国的政治中心，又是经济中心，商

---

① 《韩非子·外储说右下》。
② 《史记·货殖列传》。
③ 《孟子·公孙丑上》。
④ 《资治通鉴》卷四。

旅辐辏，人物昌盛。因此，临淄首先创设学宫，并发展成为东方的文化教育中心。

稷下学宫这种机构和组织形式的出现有其历史渊源，它是由"养士"制度发展转化而成的封建学校。

养士之风由来已久。早在春秋时期，奴隶制没落，封建制兴起，引起阶级关系的大变动，士已开始作为一个特殊的社会阶层独立存在。士可凭借自己的知识技能参与政治，为统治者出力。谁能争取到更多贤士的拥护，谁就能更加巩固或扩大自己的统治权。对士的需要不断增加，于是逐步形成养士制度，就是招揽有知识才能的人士，给以较好的生活待遇，养而备用。齐桓公采纳管仲的建议，养游士八十人，供应他们车马、衣裘和财帛，让他们周游四方，号召天下贤士来齐国，进行政治改革，成为春秋的第一个霸主，充分表现出养士的政治效果。

战国时期不断进行兼并战争，这是"诸侯放恣，处士横议"[1]的动乱时代。当时各诸侯国的国君和当权的大贵族深知得士则昌，失士则亡，于是争相养士，希望他们为富国强兵贡献谋略。梁惠王接见孟轲，开头即问："叟不远千里而来，亦将有以利吾国乎？"[2]这就是他们对士的期待。《韩非子·显学》："藏书策，习谈论，聚徒役，服文学而议说，世主必从而礼之，曰：'敬贤士，先王之道也。'"这是时代的风气。齐国的田氏向来重视养士。田桓子为大夫时，就采取减轻剥削和积极收揽人才的手段，争取士民之心，结果士民"归之如流水"[3]。后来，其孙田成子为大夫，继续采用田桓

① 《孟子·滕文公下》。
② 《孟子·梁惠王上》。
③ 《左传·昭公三年》。

子的办法,"君重敛,而田成氏厚施","杀一牛,取一豆肉,余以食士。终岁,布帛取二制焉,余以衣士".[1] 这样礼贤养士,换取了士的忠心效力,田成子逐渐壮大自己的势力,最终夺取了齐国的政权。田氏取代姜姓成为国君之后,继续养士。这已不是贵族私家养士,而属于国家养士,完全可以凭借国家行政、财政力量,扩大养士规模。人数多了,就要有组织,事情久远,就要有制度,于是田氏把原来那套招贤养士的办法正规化,招贤养士的公馆兼有训练封建官吏的职能,扩大发展成为封建学校。招聘来的贤士,多少都带有门徒,师生都住在公馆,分别进行传授文化知识的教学活动,还有定期的集会,进行学术思想交流。

二、 与齐国的政治发展紧密相连

齐国原有的历史记录,由于秦始皇焚书,已经被毁。现有的历史材料,对于齐国稷下学宫创于何时,缺乏明确的记载,从汉代起就有不同的说法。刘向《别录》:"齐有稷门,齐之城西门也。"乐史《太平寰宇记》注曰:"外有学堂,即齐宣王所立学宫也。故称为稷下之学。"有人据此断定稷下学宫是齐宣王时设立的。但司马迁《史记·田敬仲完世家》说齐宣王时"齐稷下学士复盛"。可见,在齐宣王之前,稷下之学已存在。又有人根据刘向《新序》说到"邹忌既为齐相,稷下先生淳于髡之属七十二人皆轻忌",推断稷下学宫是齐威王时创立的。其实,这只能说明齐威王时已有稷下学宫,而不能断定齐威王创立稷下学宫。徐干《中论·亡国》:"昔

---

[1] 《韩非子·外储说右上》。

齐桓公立稷下之官（宫），设大夫之号，招致贤人而尊宠之。"他明确稷下学宫创始于齐桓公田午当政的时候（前374—前357）。现据徐干之说，将稷下学宫的创立时间设定为公元前360年左右，距今约两千三百四十年。

稷下之学是中国封建社会第一个由封建政府设立的官学，是战国时期教育上的重要创造。它由国家主持招纳当时社会上流动的著名文人学士，也吸引了一批批学生。它既是学者讲学著书的地方，又是封建官吏的养成所，是一个兼具两种职能的高等学府。养士与教士的目的均在于巩固齐国的封建政权。齐宣王曾说："寡人忧国爱民，固愿得士以治之。"①这正透露了封建统治者办学的政治目的。

稷下之学创立后，始终与齐国的政治发展紧密相连。齐威王田因齐在位时（前356—前320），任邹忌为相，实行政治革新以加强中央集权。邹忌在任用官吏方面，主张"谨择君子，毋杂小人其间"②，重视推荐人才。齐威王也比较重视招贤任贤，将其作为治国的一种基本办法。有一次，齐威王与魏惠王一起出猎，魏惠王夸耀自己的珠宝。齐威王却说，齐国最重要的宝贝是捍卫国家、治理政事的贤士。当时的齐、秦两国都在变法图强，但两国采取的文教政策明显不同。秦国任用商鞅，实行变法，在文教方面实行的是专政措施，焚诗书，禁游士。它虽也招人才，但不注重培养。齐威王也实行法治，录用较多法家人士，但在文教方面采取较开明的政策，提倡百家争鸣，不仅注意招收人才，也注意培养人才。他扩大稷下学宫的规模，广泛招纳贤士，不仅有齐国著名的

① 《战国策·齐策四》。
② 《史记·田敬仲完世家》。

人物，其他各国游士愿来齐国讲学著书的也受到接待。留在学宫的著名学者均称为"稷下先生"，都给以较优厚的待遇。远道来游学的学生络绎不绝，稷下成为闻名于各国的文化教育中心。此时，齐国正是强盛的时候。

稷下之学发展的高峰是在齐宣王田辟疆在位时（前319—前301）。当时齐国国富兵强，齐宣王欲与魏、秦争霸，颇想对外发展，因而更加重视招贤纳士，史称"齐宣王喜文学游说之士"[①]。齐宣王扩建稷下，开府第以居学士，鼓励百家争鸣，各家各派学士来者不拒，兼容并包，一概给予优待。于是，稷下之学进一步发展起来，稷下先生达千余人，加上来游学的弟子，就有数千人的规模。[②]稷下各学派也积极开展活动，热烈进行学术争论，成为当代思想交流的主要园地，这是稷下之学最光辉的时期。

齐湣王田地当政（前300—前284）初期，稷下之学仍继续发展，稷下先生与学生多至数万人。数量虽在发展，但滥竽充数者也乘机混杂其间，质量已开始下降。齐湣王是一个狂妄骄暴的国君，对内不用贤良，对外用兵不休，拒绝学士们有益的建议，使齐国走上败亡的道路。荀况曾指出，"凝士以礼，……礼修而士服"[③]，当权者对士无礼必然使学士们离心。到后期，齐湣王更加骄横独断。稷下先生们眼见难以扭转齐国败亡之运，深感失望，慎到、接子、田骈、荀况等人纷纷离去。一个高等学府失去了成为台柱的著名学者，虽然声名犹存，但已呈衰落之象。公元前284年，齐湣王被燕、赵、韩、魏、秦的联兵打败，"乐毅攻入临淄，尽取

---

① 《史记·田敬仲完世家》。
② 《盐铁论·论儒》。
③ 《荀子·议兵》。

齐宝财物祭器输之燕"①。稷下也受到破坏，陷于停顿达五六年之久。

齐襄王田法章复国当政时（前283—前265），稷下学宫重新恢复，再次成为百家学术交流的场所，列大夫的缺额又重新安排补充，一些名流学者应聘来稷下讲学。这时，荀况又回到稷下，由于田骈等老一辈学者已故去，因此他在学宫里德望最高，学宫定期举行的典礼有三次尊他为祭酒。齐襄王时，国力已经削弱，对待稷下先生的尊敬也不如威宣之际。像荀况这样的学者，"名声不白，徒与不众，光辉不博"②。荀况遭到谗言毁谤，被迫再度离开齐国，随即被楚国聘用。其他先生也难以久安其位。名流一走，游学之士也随风而动，稷下学宫人才外流的趋势已无可挽回。

齐王田建在位时（前264—前221），四十余年保守国境，避免战争，政治上毫无作为。此时，稷下之学缺乏生气，江河日下，仅能维持而已。由于所用相国后胜"多受秦间金玉"③，田建拒谏妒贤，屈服于秦，不与诸国联盟，而坐视五国被秦攻灭。公元前221年，齐国也为秦国所灭，稷下之学就此终结。

稷下学宫从创立到最后结束，约存在一百四五十年之久，作为百家争鸣的园地，对战国中后期学术思想的发展和人才的培养都起过积极作用。如鲁仲连就是稷下学宫培养出来的人物，他善于谋划，长于排难解纷，游赵时曾劝说平原君不屈服于秦的军事压力，致燕将一书而解聊城之围，对当时的政治局势产生重要影

---

① 《史记·乐毅传》。
② 《荀子·尧问》。
③ 《战国策·齐策六》。

响。对稷下学宫的历史作用，不宜轻视。

三、 基本特征是学术自由

稷下学宫成为战国中后期的文化教育中心，有它自己的历史特点，值得注意的有以下几个：

（一）欢迎游学

当时的游学容许有学与教两方面的自由：一方面，学生可以自由寻师求学；另一方面，教师可以自由招生，到处讲学。这是从私学出现以来产生的一种教育方式，稷下之学也充分利用这种方式开展教育活动。游学有个别游学，也有集体游学。如荀况，有秀才，年十五始由赵来齐稷下游学，这是个别游学，可以随时请求加入，学过一段时间后也可以告退，没有学习期限。如孟轲，有"从者数百人"，这是集体游学，学生随先生来去。稷下学宫对愿意来讲学的，无论属于哪一学派都欢迎，想要离开的也不阻挠，离开之后想再回来的仍然热情接待。如孟轲，在齐威王时至稷下，威王不能用。孟轲辞去，威王送兼金一百而不受。至齐宣王即位后，孟轲又来稷下，但在政治上未被重用，居数年，又告辞，退而授徒著述。这是两进两出的事例。相当多的学生是跟随先生来去。一个名流，追随者少则几人，多则数百人，来时可能是一个学派教育集团，去时也可能是一个学派教育集团。学生来学后，则不限于跟随一个先生，其他先生讲学时也可以听讲请教。所以，学生在学期间思想可能发生重大变化，甚至尽弃旧学而接受新学。学无常师,这种灵活的游学制度使学生有机会接触各种学说,扩大见闻,打破了原来儒、墨等帮派性私学的局限,促进思想的发展,有助于人才的成长。

(二)学术自由

齐国政府创办稷下之学,自然是要利用它在思想理论上为封建政权服务。时代的政治现实要求说明两个方面的主要理论问题:一是如何巩固地主阶级的封建统治,二是如何实现中国的统一。为了鼓励学士们进行理论探讨,贡献各自的主张以供采择,政府让学士们"不治而议论"[①],也就是不担任具体职务,而对国事可以发表批评性的议论。他们既有生活上的保障,又无政事上的烦扰,可以专心以精神劳动为务,"各著书言治乱之事,以干世主"[②]。正如司马迁所说:"夫阴阳、儒、墨、名、法、道德,此务为治者也,直所从言之异路,有省有不省耳。"各家各派学说都是为当时的政治服务的,但看问题的深浅程度有不同,建议统治者选择的途径也不同。一些杰出的学者坚信自己的理论主张,保持思想独立和人格尊严,毫无奴颜媚骨,不迎合国君的喜恶而发表投机性的言论。国君也知道各家主张各异,兼听而不轻易信从,在决定国家大事时,征求他们的意见,认为有理则加采纳,议论不合也不加罪。如齐宣王伐燕之后,遇到燕国人民强烈反抗,各国又共谋伐齐,就询问孟轲应采取何种对策。孟轲劝其速令退兵。

学术自由有以下几方面表现:

① 《孟子·梁惠王上》。
② 《史记·孟子荀卿列传》。

第一，百家平等。齐国统治者实行较开明的文化教育政策，各家各派尽管有不同的政治主张和相反的学说，但都可以在稷下讲学，这就为百家争鸣的学术繁荣局面的出现创造了良好的条件。根据各书的记载，稷下学士中闻名的有：淳于髡、孟轲、彭蒙、宋钘、尹文、慎到、接子、季真、田骈、环渊、王斗、荀况、儿说、田巴、徐劫、鲁仲连、邹衍、邹奭等。从学派来看，各家人物都有，儒家有孟轲、荀况；道家有彭蒙、宋钘、尹文、接子、季真、环渊、慎到、田骈，后两者由道家再发展为法家；名家有儿说、田巴；阴阳家有邹衍、邹奭；博学而无所归属的有淳于髡、鲁仲连等。但是，不见有墨家、农家、纵横家的著名代表人物作为稷下学士，这是有原因的。墨家提倡节用、非乐，一般人都实行不了，在有较充裕的经济生活和较发达的文化生活的齐国，缺乏墨家进行宣传的群众基础。所以，识时务的墨家巨子们多去为楚国、秦国效劳。墨家此时已分化为三派，其别派后学可能有游于稷下的，不过其名未显。农家是由墨家发展分化出来的，要求人人平等，君臣并耕，自食其力。齐国的陈仲就隐居农野，认为受禄是不义的事情。所以，农家学者也不居稷下讲学。纵横家则热衷利禄，奔走于各国统治者之间，进行外交阴谋活动，而不以稷下的讲席为意。如果他们要到稷下，应也不会遭到拒绝。因此，总的来说，稷下实行来者不拒、兼容并包的原则。齐国统治者只为学术活动创造条件，而不在政治上施加特殊限制。虽然根据当时的政治需要选用人才时有所侧重，但不以统治者的好恶为准，独尊一家而压制其余各家。所以，各家在稷下都有一定地位，在学术上自由竞争。学术上的自由竞争使各学派不能凝固不变，而是要在竞争中发展，发展的不平衡使各学派出现了时有起伏的现象。根据有关材料，我们大致可以看出稷下变化的一个过程。在齐威王初年，淳于髡已知名，他长期在齐，到齐宣王初年还有重大影响，曾一日荐七士于宣王。稍后是孟轲，他宣传仁政，抨击杨墨，在稷下积极活动。齐宣王初年，孟轲还受职为卿，其时儒家的影响要大些。在孟轲去齐之后，儒家的影响似乎减弱，而道家的影响显然抬头。宣王、湣王时期，道家发展达到鼎盛阶段，在学士中占据多数，并且内部形成三个流派：宋钘、尹文派，环渊派，慎到、田骈派。后来，齐湣王的暴政和战败使稷下学士流散，道家亦随之失去优势。到齐襄王时，荀况作为老师，发挥了一定影响。此时，名家也活跃起来，鼓吹绝对论的儿说就曾在稷下称雄一时。到齐王建时，阴阳家的思想流行起来，邹衍受到推重，邹奭也继之显名。秦灭了齐国，从齐国取得的主要是阴阳五行的思想。这些变化的事实说明，在百家共存的条件下，开展学术上的自由竞争，任何一家都只能暂时取得相对优势，而不能永久占据绝对统治的地位。各个学派为了适应竞争、避免淘汰而存在下去，都需要特别积极地发展思想理论，因此共同创造了学术繁荣的局面。稷下各学派都有著作，现存《管子》一书包容了各家学说，可能是稷下各学派著作的部分汇编。

第二，自由辩论。各学派要使自己的学说和主张得到社会公认，都要通过公开的辩论以理服人，一面广泛引用自然和社会的事实论证自己的观点，一面寻找论敌的矛盾加以辩驳。如宋钘、尹文"周行天下，上说下教，虽天下不取，强聒而不舍者也。故曰：上下见厌而强见也"[1]。又如，名家儿说"持'白马非马也'，服齐稷

---

[1] 《庄子·天下》。

下辩者"①。这种辩论有时是相当激烈的。孟轲说："岂好辩哉？予不得已也。"②荀况也说："君子必辩。凡人莫不好言其所善，而君子为甚焉。"③田骈能言善辩，才思不竭，妙言无穷，故时人称之为"天口骈"。当时的名家虽然有将辩论引向诡辩的倾向，但多数人还是围绕现实政治问题进行辩论，故刘向《新序》说："齐稷下先生喜议政事。"这种辩论有个别进行的，也有大规模公开进行的。有先生与先生的辩论，如淳于髡与孟轲关于援救天下的辩论。淳于髡认为援救天下要用具体的措施行动，孟轲则认为援救天下要以仁义之道正人心。又有学生参加与先生的辩论，如鲁仲连与田巴的辩论。田巴"议稷下，毁五帝，罪三王，服五伯，离坚白，合同异，一日服千人"④，可说是一个极善辩的学者。据说那时鲁仲连才十二岁，不过是稷下先生徐劫的学生。鲁仲连认为田巴虽善辩，却没有提出解救齐国当时危机的办法，于是与田巴辩论，说："今楚军南阳，赵伐高唐，燕人十万，聊城不去，国亡在旦夕，先生奈之何？若不能者，先生之言有似枭鸣，出城而人恶之，愿先生勿复言。"⑤鲁仲连把人们的注意中心从抽象的理论问题转到现实的政治问题上来，田巴终于叹服。自由辩论是在当时历史条件下开展学术交流的好办法。稷下之学充分利用这种形式，活跃了思想，繁荣了学术。

　　第三，吸收发展。学术自由使代表各阶级、各阶层利益的各种思想如雨后春笋破土而出。百家异说，各家都有自己的主张和

① 《韩非子·外储说左上》。
② 《孟子·滕文公下》。
③ 《荀子·非相》。
④ 《史记·鲁仲连邹阳列传》之张守节正义引《鲁仲连子》。该书已佚。马国翰辑佚本《鲁连子》，文字略有不同。
⑤ 《史记·鲁仲连邹阳列传》之张守节正义引《鲁仲连子》。

是非观,开始的时候都"私其所积,……倚其所私以观异术"①,以自己的学说为是,以别家的学说为非,带有很大的片面性。经过自由辩论,发现各有长短,各家思想都需要进一步发展,于是取人之长,补己之短,相互吸收,思想理论得到发展和提高。如慎到、田骈,初皆学黄老道德之术,讲学于稷下,后来都向法理方面发展,成为法家的一派。慎到从"道"包含万物的思想出发,认为有道之国必制定法律以治理天下,国君则要"任法而弗躬"②,无为而治,这显然继承了道家思想。他主张礼、法结合,"定赏分财必由法,行德制中必由礼"③,这吸收了儒家的思想。他主张"君立则贤者不尊,民一于君,事断于法"④,这吸收了墨家"尚同"的思想。他从道家出发,融和儒、墨,发展为法。他主张"尚法",强调指出:"治国无其法则乱,守法而不变则衰,有法而行私谓之不法。以力役法者,百姓也;以死守法者,有司也;以道变法者,君长也。"⑤他要求适应私有制的现实建立新法,这是进步的。又如荀况,最初学习儒术,但后来就不受儒家思想的局限,在稷下兼听道家、法家、名家等各家学说。通过长期的学习和研究,他对各家学说都比较熟悉,因而有较好的条件对各家学说进行深刻的分析和批判,并从地主阶级的利益出发,舍短取长,加以总结。他批判孔孟的"天命"思想,而继承儒家在社会政治伦理方面"礼"的思想,但改变了"礼"的内容,把礼治和法治结合起来;批判道家"蔽于天而不知人"的消极思想,而吸收了道家"天道自然"的思想,强调要发

---

① 《荀子·解蔽》。
② 《慎子·君人》。
③ 《慎子·威德》。
④ 《慎子·历代辨伪》。
⑤ 《慎子·佚文》。

挥人的主观能动性，"制天命而用之"；批判宋钘"蔽于欲而不知得"的社会理论，而吸收宋尹学派心术论的思想，要求做到"虚壹而静"，正确发挥"心"的理性思维作用；批判墨家片面强调"节用"和否认礼乐抹杀等级差别的观点，而吸收其"尚贤"的主张；批判慎到"蔽于法而不知贤"的片面法治思想，而吸收其"法之所加，各以其分"的思想，要求承认"上下有差"，人人安分，不要"犯分乱理"。① 他总结各家学说的成果是，形成一种适应封建中央集权统治的思想理论体系，超越各家各派，达到一个新的高度。由于这些学者能打破门户之见，不局限于一家学说，因此能既有批判又有吸收，促使思想发展，取得新的成就。

（三）待遇优厚

为了鼓励学士们安心讲学和著述，齐王给学士们很高的政治荣誉和优厚的生活待遇。在人数越来越多，不能一律同等照顾的情况下，齐王把学士区分等级，按等级给予款待。齐宣王时，先后挑选各学派的学士七十六人，"皆赐列第为上大夫"②，在宽广的大道旁为他们修建壮观的府第，以吸引更多的学者前来归附。学士们获得上大夫的俸禄，可以专心于精神劳动，连跟从他们的学生也得到照顾。如田骈，据说"赀养千钟，徒百人"③，这种待遇已高过当时一般官吏。孟轲有高一级的客卿头衔，更为阔气，他出门时，"后车数十乘，从者数百人"④。这种过分的养尊处优，当时也

---

① 《荀子·解蔽》《荀子·王制》《荀子·正论》。
② 《史记·田敬仲完世家》。
③ 《战国策·齐策四》《盐铁论·论儒》。
④ 《孟子·滕文公下》。

受到一些非议。当时各国统治者这样做是为了防止人才外流，并争取人才前来或回归，以巩固自己的统治。稷下先生们大部分注意的是自己的思想主张是否被采纳实行。有些学者对优厚的生活待遇并不怎么看重，认为合原则才接受，不合原则就不接受。孟轲就认为要有具体职务，才能接受俸禄和馈赠，否则就等于被收买，并反问："焉有君子而可以货取乎？"①所以，他主张"非其道，则一箪食不可受于人"②。当时的情况是"士无定主"，如果主张不能被采纳实行，他们就转移别处。齐宣王为了挽留孟轲，曾提出条件："我欲中国而授孟子室，养弟子以万钟，使诸大夫国人皆有所矜式。"③但孟轲为道不为富，因道不合，故终于辞之而去。当时著名的学者到处都能得到优厚待遇。如邹衍，到处受重视，史称"邹子重于齐。适梁，惠王郊迎，执宾主之礼。适赵，平原君侧行襒席。如燕，昭王拥彗先驱，请列弟子之座而受业，筑碣石宫，身亲往师之。作《主运》。其游诸侯见尊礼如此"④。齐国给学士们优厚的待遇，表明它尊礼贤士，以广招徕，这是当时政治斗争的需要。

以上几个特点中，最基本的就是学术自由，百家争鸣。在漫长的封建社会中，再也没有出现过相似的历史条件，使它得以复现。

齐国稷下学宫是在战国时代特定的历史条件下产生的，关键在于开明的文教政策。战国是中国封建社会的初期阶段，经过长期的斗争，封建制度终于先后在各国确立。由于各个阶级、各个

---

① 《孟子·公孙丑下》。
② 《孟子·滕文公下》。
③ 《孟子·公孙丑下》。
④ 《史记·孟子荀卿列传》。

阶层对封建制度有不同态度,社会上出现了一批知识分子作为他们不同利益的代言人,展开复杂激烈的思想斗争。这一时期的地主阶级是新兴阶级,初居于政治舞台的中心,对前途充满信心,只是还没有足够的统治经验,因而能够容许各种思想的自由讨论,愿意听取各种政治主张以比较利弊。另外,由于各诸侯国社会变革有先后,政治经济发展不平衡,强弱相较量,使其卷入兼并战争。为了生存和发展,各诸侯国都在探寻富国强兵的道路,因而欢迎各方贤士投效和出谋献策,这也为当时的知识分子提供了驰骋才智的机会。这些社会条件都促成了学术思想上的百家争鸣。百家争鸣作为战国时代思想战线上的主要特征,在各国的发展是不平衡的,有的遭到抑制而处于暂时沉寂的境地,有的受到鼓励而处于活跃状态,这与各国封建统治者采取的政策有关。齐国的统治者采取较开明的文教政策,设立稷下学宫,容许思想自由,为百家争鸣创造了较好的条件,因而在东方出现了学术繁荣的局面。其他诸侯国,如秦国,则采取限制政策,没有为百家争鸣创造应有的条件,也就无法在西方形成学术繁荣的局面。所以,采取某种政策一定会有某种相应的社会效果,这是很明显的。到了秦统一六国,建立统一的封建专制集权制度,相应地加强思想专制,独尊法家,实行"以法为教,以吏为师"的文教政策,不容有思想自由,百家争鸣的局面也就从此结束。

由齐国稷下学宫的史实,也可以看出政治与学校教育发展的密切关系:政治整顿好,学校教育才能发展;政治被搞糟,教育也受牵累而陷于停顿;政治上走向衰亡,教育也跟着衰落。实际上,政治支配和决定着学校教育,而不是教育决定着政治和国家的兴亡。

稷下学宫作为中国封建时代最早创立的官学，在特定历史条件下创造了特殊的教学方式，它的经验有值得我们加以关注的地方。它容许人才流动，学士们来往讲学均以礼相待，没有政治障碍；学生们也可以自由游学、自由听讲。这就有助于扩大眼界，增广见闻，促进人才成长。它容许有学术自由，为百家争鸣创造了较好的条件，不拘形式的自由辩论使思想交流经常化。这就大大调动了理论研究的积极性，各家都有新的著述，结果促进了学术的繁荣。我们不能因为它成立早，组织形式不如后来的官学完备，就一概加以否定。

以上谈的是个人粗浅见解，希望能引起大家讨论，得到批评指正。

论"焚书坑儒" *

　　秦始皇使用专制暴力实行"焚书坑儒"的文教政策,当时震动全社会,而余波影响两千多年,这是中国封建文化教育史上极为严重的一个事件。如何对待和分析"焚书坑儒",进行历史总结,这是中国教育史研究中一个具有重要意义的问题。

　　对于"焚书坑儒"的是非,历来有不少评论。不同阶级在不同时期出于各自的政治需要,对"焚书坑儒"有的予以否定,有的加以肯定。他们多少还根据历史事实,各持其故,各言其理,论断虽带有片面性,但还有值得参考研究之处。"文化大革命"中,"四人帮"为了篡党夺权的需要,以历史研究为名,搞影射史学,制造反革命舆论。他们大肆颂扬秦始皇的"焚书坑儒",说这是反对奴隶主贵族复辟的斗争,是在思想文化领域内实行地主阶级对奴隶主阶级的专政,为无产阶级在上层建筑包括各个文化领域实行全面专政提供了历史经验。这完全是不顾客观历史事实,从其反动的政治需要出发所作的唯心主义推论。他们歪曲了历史,颠倒了是非,荒谬的理论宣传,其流毒遍及全国。

　　"焚书坑儒"事件,不能按"四人帮"的腔调定论,需要学术界

＊ 本文原刊于《教育研究》1980 年第 2 期。

重新研究讨论。我们应该站在人民的立场,用历史唯物主义的观点加以分析,实事求是地进行评价。

一、"焚书坑儒"事件的性质,不是奴隶主阶级与地主的复辟与反复辟斗争,而是封建地主阶级内部不同政治派别斗争在文教领域的直接表现

"焚书坑儒"事件被说成"是秦国新兴地主阶级与没落奴隶主贵族长期斗争的继续,也是秦国自商鞅变法以来一百五十年间复辟和反复辟斗争的继续"[①]。这种论调是违反历史实际的杜撰。

历史唯物主义认为,社会存在决定社会意识,一定的社会经济政治决定一定的文化教育。既然社会性质决定了文化教育领域里斗争的性质,那么明确秦朝的社会性质是首要的前提。

中国社会发展到战国时代已进入封建社会阶段。经过一系列的政治变革,各国先后确立了土地私有制,建立了地主阶级政权。战国后期,六国都已经是封建制国家,各国政权虽有更动,但都维护和发展封建的生产关系,并没有使其遭到逆转。毛泽东说:"如果说,秦以前的一个时代是诸侯割据称雄的封建国家,那末,自秦始皇统一中国以后,就建立了专制主义的中央集权的封建国家……"[②]秦是进行社会变革较迟的一个国家,但是从商鞅变法到秦始皇统一国家,封建制度早已存在一百多年。秦始皇统一中国不是地主阶级对奴隶主阶级的革命,而是在封建社会中,由

---

① 罗思鼎.秦王朝建立过程中复辟与反复辟的斗争——兼论儒法论争的社会基础[J].红旗, 1973(11).

② 《中国革命和中国共产党》。

分裂阶段进入统一阶段的标志。秦朝是一个新统一的国家,还缺乏统治经验,对于应该建立什么样的统治制度,封建地主阶级内部不同的利益集团有不同的主张。这表现为,在地主阶级统治农民的国家政权形式方面,有郡县制与分封制之争;在统治农民方法方面,有单纯依靠严刑酷法实行暴力专政与德刑两手兼用之争;在文化教育领域,有"定于一尊"与"百家争鸣"之争。

郡县制与分封制之争,是当时较突出的问题。两派虽然在国家政权形式上有分歧,但在政治上有共同点。两派都拥护秦始皇,同在一个朝廷里为秦始皇巩固统治出主意,如主张分封制的淳于越就与主张郡县制的周青臣比谁更忠于秦始皇。两派都主张实行封建土地私有制,在维护封建生产关系方面没有原则性分歧。斗争的结果,不论哪一派取得胜利,采用哪一种统治形式,总是秦始皇当皇帝,总是地主阶级作为统治阶级。因此,两派的斗争纯属统治阶级内部的派别斗争。把这种斗争说成奴隶主阶级与地主阶级之间复辟与反复辟的斗争是没有历史根据的。分封制并非奴隶制特有的东西。在中国封建社会,郡县制与分封制的争论长期存在,有的王朝也实行分封制,但这是封建的分封制,并非恢复奴隶制。

当时主张郡县制的一派要求加强君主专制中央集权,相应地在统治农民方法方面主张采用严刑酷法,实施暴力专政;在文化教育上则要求"定于一尊",以君主专制钦定的法令为社会上是非的唯一标准。丞相李斯是主张郡县制的代表,他不把问题限制在郡县制与分封制的政权形式的争论上,而是借此机会把问题扩大化。他认为,政策法令贯彻过程中出现一些麻烦,都是由于思想不统一,而思想不统一则是由于私学的存在。私学既被认为是一种政治障碍,也就成为他首先要打击的目标。李斯就是为了实行郡县制,搞地主阶级的暴力专政,维护君主专制中央集权,同时又出于学派的狭隘偏见,仇恨私学的异端思想,于是首先提出了禁私学和焚书的建议,他需要借助皇权来实行他的主张。李斯的建议正符合秦始皇"定于一尊"、实行独裁统治的心意,自然容易得到秦始皇的赞成。秦始皇站在主张郡县制者的一边,支持这一派,压制另一派,在文教领域实行封建文化专制主义,走到极端,就制造了"焚书坑儒"事件。所以,"焚书坑儒"是地主阶级内部政治派别斗争扩大到文教领域造成的结果。

二、"焚书坑儒"的暴力镇压,并没有达到巩固封建专制政权的目的,反而成为加速秦朝灭亡的一个重要原因

有文章说:"'焚书坑儒'是地主阶级为了巩固当时新建立的政权所必须采取的专政措施。""实行'焚书坑儒'的革命措施,巩固了地主阶级政权。"[①]秦朝封建地主阶级实行这种文教政策,在主观愿望上是为了巩固自己的政权统治,但从客观效果看并未如愿以偿。一种文教政策成功与否,是需要经过社会历史实践检验之后才能做出判断的。

"焚书坑儒"镇压的不是所谓奴隶主阶级的复辟分子,而都是封建知识分子。战国后期,百家的知识分子绝大部分在不同程度上为各国的封建统治者服务。秦国不以国界为限,延揽了六国许

① 罗思鼎.秦王朝建立过程中复辟与反复辟的斗争——兼论儒法论争的社会基础[J].红旗,1973(11).

多知识分子为客卿,如李斯在《谏逐客书》中所说:"士不产于秦,而愿忠者众。"秦统一六国之后,百家的知识分子大多数承认国家统一的政治现实,愿意为秦朝服务的人更多了,齐鲁地区的知识分子就有许多被招至咸阳,当了秦的博士。秦设博士至七十人之多。当然,其中也有对秦实施的政策感到不满的。他们私下议论,提出一些批评性意见,无非是认为法吏执行新政策太酷烈,要求改得缓和一些。虽然只是少数,但朝廷内外有这些不同意见,就成为推行新政策的思想障碍。秦始皇和李斯都是封建文化专制主义者,把地主阶级内部这种意见不一致看得非常严重,认为"今诸生不师今而学古,以非当世,惑乱黔首",这样下去不得了,扰乱了人心,大大损害了君主的权势和法令的威严。既然在政治上天下一统,那么在思想上也应当"别黑白而定一尊","天下无异意,则安宁之术也"。因此,他们不容许人民议论政府的政策。经追查,人民的议论均来自私学,"私学而相与非法教"。秦始皇为了杜绝人民议政,听了李斯的意见,在公元前213年下令禁私学和焚书,以暴力推行封建的愚民政策。次年,秦始皇又因为求长生不死之药,受了方士的欺骗,方士逃跑之后,他找不到算账的人,迁怒于儒生,拿儒生来出气显威,从严惩办犯禁者,一批就坑杀四百六十人。他又"益发谪徙边",把许多人流放边地,继续进行暴力镇压。① "焚书坑儒"不仅是镇压封建知识分子,它的矛头也是针对人民群众的。秦朝统治者把镇压知识分子作为对天下的警告,"使天下无以古非今"②,通过残暴的法令,严酷地钳制人民的思想和言论。扶苏对此表示担心,认为用坑杀、流放等方式

① 《史记·秦始皇本纪》。
② 《史记·李斯传》。

镇压知识分子,会引起社会反应,造成天下不安。但秦始皇暴怒未息,独断专行,拒不听劝,坚持不变。

"焚书坑儒"是为了巩固君主专制中央集权,这在短期内是收到效果的。秦始皇以法令通告天下,在严刑残杀的威胁下,人民心怀恐惧,只好闭口不言,表面鸦雀无声,无人敢于议论政府法令,"天下无异意"的要求暂时达到了。但从实际情况来看,民间的书烧不尽,私学禁不绝,对政策的不同主张被保留下来,统一思想的目的并没有真正达到。从发展来看,暴力镇压的结果更不理想。在天下初定,政权立足未稳的时候,就扩大了封建统治阶级内部的矛盾,把大部分封建知识分子(本来属于可以争取团结的社会力量)都推到敌对的方面去了。陈胜、吴广领导的农民起义一发动,那些被压迫的封建知识分子"以秦焚其业,积怨而发愤于陈王也"[1]。如孔鲋、陈余、张耳等,就参加到农民起义之中。知识分子和农民一结合,就成为反秦的重要力量。所以,"焚书坑儒"的目的是巩固君主专制中央集权,而其最终结果适得其反。它扩大了封建统治阶级内部的矛盾,破坏了内部的团结,使秦王朝的统治基础不稳固,成了加速秦王朝灭亡的重要原因之一。"焚书坑儒"之后六年,农民起义的烈火点燃,秦朝不能组织地主阶级的力量加以扑灭,也就被埋葬了。秦朝从统一到灭亡只存在十五年,是很短促的。

有人全面肯定秦朝的文教政策,并认为汉初继续秦朝的法家路线,所以在文教上"汉承秦制"。其实,在政权形式上是"汉承秦制",而在文教上则是"汉改秦制"。秦朝的灭亡给继起的汉朝留

[1] 《史记·儒林列传》。

下深刻的历史教训,汉朝不再重蹈秦的覆辙。"汉兴,改秦之败"①,改变了秦朝起破坏作用的文教政策,在文教上避免滥用暴力,而注意争取利用封建知识分子。这只要看一看历史事实就容易得到证明。(1)秦禁私学,汉不禁私学。"故汉兴,然后诸儒始得修其经艺,讲习大射乡饮之礼"②,不仅儒家私学恢复,各家私学也恢复活动。(2)秦焚书,颁布挟书律,私家藏书有罪;汉于惠帝四年(前191年)正式废除挟书律,其后国家"大收篇籍,广开献书之路"③,私家藏书无罪,献书受奖。(3)秦任用法吏,不任儒生。虽有儒生居博士之位,但"特备员弗用"④。秦坑儒之后,儒生更被排斥。汉用前代儒生,如叔孙通为汉制礼仪,被任为太常,他的弟子也都做了汉的官吏。到汉武帝时,文教上独尊儒术、兴办太学、选举贤良文学等,"汉改秦制"就更明显。汉朝改变了秦朝"焚书坑儒"的政策,使封建文化教育事业有了新发展,为巩固中央集权统治服务。西汉的统治维持了两百多年,它的文教政策是起重要作用的。从两个朝代的对比可以看到,私学可能是反对派的舆论阵地,也可能是当权派的舆论阵地;封建知识分子可能反对现行政策法令,也可能赞成并宣传现行政策法令。如果封建统治者有较合适的文教政策作指导,封建知识分子就可被争取过来为封建统治服务,私学也可成为官学的重要补充,这样做对巩固封建中央集权统治更有利。所以,其后的封建王朝,禁私学的极少,而是对私学施加限制和影响;排斥封建知识分子的极少,而是用选举

---

① 《汉书·艺文志》。
② 《史记·儒林列传》。
③ 《汉书·艺文志》。
④ 《史记·秦始皇本纪》。

或科举的方式加以吸收利用，尽量避免在文教领域搞大规模的暴力镇压。历史事实证明，巩固封建中央集权统治并不是必须采取"焚书坑儒"这样的暴力镇压措施，秦始皇的"焚书坑儒"是他在文教政策上的重大失误。

三、"焚书坑儒"是中华民族文化的浩劫，是封建教育事业的倒退

秦始皇"焚书坑儒"虽在当时对巩固封建中央集权统治起了一定的作用，但从文化教育发展来看，实行这种政策的后果是消极的。

首先，从文化方面来看。战国时期，各学派聚徒讲学，著书立说，百家争鸣，百花齐放，人才辈出，创造了灿烂的封建文化。秦为统一思想，禁止一切私学，取消了学术自由，百家争鸣的局面从此结束。在"有敢偶语《诗》《书》者弃市，以古非今者族"①的禁令威胁下，当时的知识分子动辄得咎，思想都凝固了，文化发展受到阻碍而停滞不前。

秦始皇采取封建文化专制主义的极端措施，下令焚书，他认为"不中用者"尽烧之。这次焚书不同往常。战国时期，封建统治者也有过焚书的举动，"诸侯恶其害己也，而皆去其籍"②。这种破坏是地区性的。秦始皇在全国统一之后焚书，其破坏是全国性的。这次史无前例的全国性焚书对封建文化的破坏，涉及范围甚为广泛：（1）除《秦记》之外，一切历史记载都烧；（2）先王的《诗》

---

① 《史记·秦始皇本纪》。
② 《孟子·万章下》。

《书》都烧;(3)百家的著作都烧。这些是当时封建文化的主要部分。不烧的是医药、卜筮、种树之书,这些是当时封建文化较次要的部分。焚书的打击是全面的,遍及各家,其中受打击最重的是儒家。儒家注重文化典籍的收集和整理,他们向学生传授《诗》《书》,对中华民族文化的继承和发展是有贡献的;他们掌握的书籍较多,在焚书运动中,绝大部分被烧。重视历史记载是中华民族的文化传统。秦统一前,各国都设有史官,管理史籍和记录发生的重要事件。这些史记,不仅记载阶级斗争的社会知识,也记载生产斗争的自然知识,是中华民族文化财富的一部分,可惜绝大部分被烧。百家著作记录春秋以来各家的学术思想和争论,包含丰富的社会知识和自然知识,是百家争鸣时代智慧的结晶,可是相当大部分也被烧毁。司马迁说:"秦之季世,焚《诗》《书》,坑术士,六艺从此缺焉。"[1]不仅儒家整理的古代文化典籍从此残缺不全,就是历史记载、诸子著作也都残缺不全。秦始皇焚书,对中华民族文化而言是一场历史性的灾难,造成不可弥补的巨大损失,给以后的文化历史研究留下许多困难问题。虽然尚有灰烬之余,在民间还保留一点篇籍,但这是人民违抗焚书令,冒着杀身危险来保存文化的结果。这不是秦始皇的恩赐和功德,不能因为秦始皇没有把书烧光而勾销其破坏中华民族文化的历史罪责。

其次,从教育发展的历史来看。春秋末期私学的产生,是重大的历史进步。在此之前,殷周奴隶社会是由奴隶主贵族垄断文化教育,学术官守,学在官府,只有奴隶主贵族子弟才能进入官府,学习成为统治者所需要的文化知识及其他技能。在那个时

---

[1] 《史记·儒林列传》。

代,教育的特点是政教合一、官师合一。到了春秋末期,随着奴隶制的崩溃,官学衰废,文化学术下移,新兴的地主阶级要求进行文化教育,民间私学在这样的社会条件下开始产生。从此,出现了以教育为专门职业的教师,有了独立于官府之外的学校组织,可以对年青一代进行集中的政治道德教育和文化知识教育,受教育的范围也扩大到地主、商人、自由民。这种私学为地主阶级政权的建立准备了人才。所以,政府机关和教育机关的分离、官吏和教师的分离,是历史性的进步,促进了封建文化教育事业的发展。到了战国,私学出现了初步繁荣。秦始皇统一中国之后,为了统一思想,禁私学,不容许教育的专门组织存在,不容许私人进行任何一种学术传授,用专制的法令把私学取缔。这样一来,就使得教师不能教,学生不能学,民间的教育事业一时均受摧残。秦始皇禁止私学,但又不办官学,而是实行"以法为教,以吏为师"的"吏师制度",只有极少数人能进入官府向官吏学习法令,这些候补官吏只求能识字、懂得法令而已。这是当时唯一的合法教育活动,受教育的面大大缩小了。新王朝刚建立,要使教育为政治服务,改革教育内容是必然的。"以法为教"把法令条文作为政治教育内容是需要的,但仅限于学法令条文,其他文化和历史知识都被抛弃,这样的教育未免太狭隘了。"吏师制度"实际上是奴隶制时代"政教合一""官师合一"的复辟,不是历史的进步,而是退到私学产生之前的状态,最低限度也倒退了三百多年。秦始皇专任刑法,不重视教育,禁止私学,推行愚民政策,这是他在文教方面的重大缺点,是激化社会矛盾,导致秦朝迅速灭亡的社会原因之一。

四、 对"焚书坑儒"大肆颂扬，是为了实行法西斯式的全面专政

由某些部门带头掀起颂扬秦始皇"焚书坑儒"之风，是适应"四人帮"篡党夺权的现实政治需要。在"四人帮"控制下，舆论一律认为"焚书坑儒"是镇压奴隶主复辟的一场革命，是在文教领域内实行地主阶级对奴隶主阶级的专政。"四人帮"认为，阶级斗争从来不讲什么仁慈，秦始皇使用暴力是必须采取的专政措施，他"焚书"烧掉的是宣扬复辟倒退的书，焚得好；他"坑儒"所杀的是进行复辟活动的反革命知识分子，坑得对。"四人帮"把秦始皇在文教领域实行暴力镇压吹捧为符合历史发展趋势，是进步的、革命的。他们企图依据秦始皇"焚书坑儒"的历史事例，把暴力论无限地引申推广，从而得出结论：文教战线的斗争规律，也是使用暴力解决问题。既然这是规律，秦始皇已经创造了范例，现代就是要学这种专政的历史经验，必须使用暴力解决文教战线上的斗争问题。

在"四人帮"看来，秦始皇在"焚书坑儒"这件事上还有局限性，"秦朝之所以灭亡，其中一个原因，就是革命暴力运用得还不够，对反革命的儒杀得太少，有一些漏网了，有一些养起来了，镇压反革命不够彻底"[①]。他们认为，秦始皇只杀四百六十个反革命，而使不少的反革命潜伏下来，搞阴谋复辟活动。秦始皇一死，潜伏的反革命都涌出来进行复辟活动。按照他们为秦始皇出的

中国教育的历史

---

① 北大清华批判组.赵高篡权与秦朝的灭亡[J].北京大学学报(哲学社会科学版),1974(4).

主意,应该彻底镇压,不容一个漏网,大概要把思想上可能不满的人都杀光。既然秦始皇的历史教训是暴力运用得不够,镇压不彻底,那么吸取秦始皇的历史教训,他们就要把暴力充分运用起来,彻底进行镇压。

"四人帮"控制的舆论这样赞扬暴力,鼓励暴力,并不是真实地总结历史,而是曲解历史,古为帮用,企图用秦始皇封建地主阶级专政的例证来说明现代必须在上层建筑包括各个文化领域对知识分子实行全面专政,为走向法西斯专政制造理论根据。他们造了文化专制主义的舆论,叫嚷焚书要彻底,坑儒不能心慈手软,要在社会主义的中国制造新的"焚书坑儒"。"四人帮"横行时,任意抄家,没收图书,对知识分子搞残酷斗争,予以无情打击。这种全面专政的行动,破坏文化,破坏教育,后果严重,使社会全面倒退。目睹这情景的人,对此都深刻地领教了。

对"焚书坑儒"应该运用历史唯物主义的观点和方法进行研究。在中国长期的封建社会中,统治者都是依靠暴力来维护其封建政权的。但历史事实也说明,靠暴力是不能真正发展文化教育的。滥用暴力的结果,只能对文化教育的发展起阻挠和破坏作用。"焚书坑儒"有其历史原因,但不是正确的行动,这是秦始皇的黑暗面,而不是光明面。秦始皇在文教事业上有其光明面,主要是统一文字。用实事求是的态度对待历史,就不应该颂扬"焚书坑儒",而要加以分析和批判。秦朝实行封建文化专制主义,对人民不利,对中华民族不利,最终走向失败。如果要以秦始皇的"焚书坑儒"作为历史的镜子,就不应该再重复封建文化专制主义的历史错误,而应该首先弄清文化教育领域里矛盾的性质,不要把内部矛盾误作敌我矛盾处理,要提倡学术民主,重视发展学校教育,这样才可能提高全民族的文化教育水平。

古往今来,社会都存在矛盾,反映这些矛盾,产生各种思想斗争。思想斗争有其特殊规律,毛泽东说:"思想斗争同其他的斗争不同,它不能采取粗暴的强制的方法,只能用细致的讲理的方法。"①这是历史经验的总结。遵循思想斗争的规律才能正确解决思想斗争问题,而违背它就要受到历史应有的惩罚。

以上是个人对"焚书坑儒"事件的几点浅见,提供讨论,希望得到大家的指正。

---

① 《关于正确处理人民内部矛盾的问题》。

隋唐时期的教育 [*]

　　隋唐时期,教育发展进入一个新的历史阶段。重新统一的封建国家实行中央集权的行政制度。生产的恢复和发展带动了经济繁荣,为文化教育的发展提供了条件,京都长安成为东方文化会合交流的中心。统治集团的文教政策在调控教育事业的发展方面起着重要的作用。儒、道、佛三教在文教领域里各有积极的表现,比较起来,还是世俗化的儒学历史贡献较大。隋唐文教发展值得重视的,是有些历史性的创新:科举考试选官制度建立,进而支配学校教育;学校教育制度实行官学与私学并举,地方官学与中央官学衔接,形成学校系统;培养人才的教学内容得以贯彻,人文理论与应用科技兼备;学校内部管理在总结历史经验的基础上,形成了一套较完整的制度;新的教育组织形式——书院适应时代需要而产生,开始对民族文化传承和发展发挥作用。教育思想家以韩愈为主要代表,他的人性论、教学论、教师论有独立见解,产生较大的历史影响。

　　隋唐时期的教育,是适应隋唐社会政治、经济、文化发展的需

---

　　*　本文原为孙培青主编《中国教育史》(第四版)(华东师范大学出版社 2019 年版)第六章。

要进行较大变革而形成的,是中国教育发展历史中的一个重要阶段。

581年,杨坚篡夺北周政权而建立隋朝,史称隋文帝;589年又攻灭南朝的陈国,结束长达三百多年分裂对立的局面,形成南北统一的中央集权国家。隋朝进行政治改革,在中央创设三省六部制,六部有明确分工,三省相互制衡,决策权归于皇帝;在地方将州、郡、县三级制改为州、县二级制,达到裁减冗官、提高效率的目的。这套政治制度尚未充分发挥应有的作用,隋就因隋炀帝施行暴政引起农民起义,短命而亡。唐朝继起,吸取隋亡教训,改变了路线和政策,在政治上继续实行中央集权的三省六部制和地方的州、县制,增设巡察使分道监督州、县官吏,加强中央对地方的控制。为巩固中央集权统治,唐还对法律进行改革。官制的改善,法制的健全,为教育发展创造了良好的环境。

隋唐推行均田制和租庸调制,使农业生产得到恢复和发展,促进了手工业和商业的发展,为城市的兴起与经济的繁荣提供了丰富的物质条件。在此基础上,文化教育获得较大发展而达到鼎盛。唐朝在当时是世界上最先进的国家,是世界贸易和文化交流的中心。

一、 隋唐的文教政策

在不同的历史时期,因政治、经济的变化而有不同的文教政策,都直接影响文教事业的发展。隋唐时期有多方面的因素影响文教政策的选择和调整,所以文教政策也就出现了阶段性的变化。在儒学德治思想的主导下,隋唐在开国之初都曾实行崇儒兴学政策，作为推行教化的根本；又兼利用佛教与道教，作为控制民众思想的工具；积极发展科举制度，将其作为选拔人才、改进吏治的重要途径；提倡民间办学，鼓励私学发展，以补充官学在初等教育方面的不足。

（一）崇儒兴学

隋文帝为了巩固中央集权统治的需要，选择儒学作为政治指导思想，制定德治路线，于开皇三年（583年）在诏书中宣布："朕君临区宇，深思治术，欲使生人从化，以德代刑。"要贯彻德治路线，就要推行儒学主张的礼教，因此他在同年的《劝学行礼诏》中强调："建国重道，莫先于学，尊主庇民，莫先于礼。……始自京师，爰及州郡，宜祗朕意，劝学行礼。"要宣扬礼教，就要利用学校教育机构。隋文帝从治术（稳固统治的方法）出发，崇尚儒学和兴办学校。他认为儒学在思想教化和人才培养方面有重要的作用，在《简励学徒诏》中指出："儒学之道，训教生人，识父子君臣之义，知尊卑长幼之序，升之于朝，任之以职，故能赞理事务，弘益风范。朕抚临天下，思弘德教，延集学徒，崇建庠序，开仕进之路，佇贤隽之人。"在兴办学校过程中，隋文帝由开始的务广，后来转而务精，认为与其多而广未能出人才，不如少而精能出一部分人才。他不是采取教学改革，而是紧缩学校，使其发展受到极大挫折。隋炀帝即位后，于大业元年（605年）颁布《兴学诏》："君民建国，教学为先，移风易俗，必自兹始。……其国子学等，亦宜申明旧制，教习生徒，具为课试之法，以尽砥砺之道。"他把被隋文帝精简而停办的国子学、州县学重新办了起来。

唐朝建立后,统治集团总结隋兴亡的经验教训,在政治上还是以儒学为指导思想,把尊儒的旗帜举得更高,确定崇儒兴学的文教政策。武德二年(619年),唐高祖在《令国子学立周公孔子庙诏》中就表明"朕君临区宇,兴化崇儒"。七年,他在《兴学敕》中又宣称:"自古为政,莫不以学为先。学则仁义礼智信五者俱备,故能为利深博。朕今欲敦本息末,崇尚儒宗,开后生之耳目,行先王之典训。"崇儒兴学政策的实施,使学校得到恢复,奠定了进一步发展的基础。唐太宗当政的贞观年代,重新明确在和平时期实施文治路线,贯彻崇儒兴学政策。他在《帝范·崇文》中有概括的说明:"夫功成设乐,治定制礼,礼乐之兴,以儒为本。弘风导俗,莫尚于文;敷教训人,莫善于学。因文而隆道,假学以光身。"改变社会风俗,最上策是依靠学校,推行文教,实施普遍的道德教化。唐太宗采取了一些有效的措施,使学校教育的发展出现昌盛的局面。唐高宗时的政策是贞观政策的延续,发展势头不减,所以被刘祥道形容为"今庠序遍于四海,儒生溢于三学"①。

武则天当政时,文教政策发生了大转折。她尊佛抑儒,重科举而轻学校,使贞观以来发展的官学处于荒废状态。

到唐玄宗当政的开元年代,又恢复崇儒兴学的文教政策,使学校教育再次得到发展,并形成法定的制度。以后的当政者都表示要追随贞观、开元崇儒兴学的政策。唐宪宗元和元年(806年)四月,国子祭酒冯伉《奏整顿学事》重申:"国家崇儒,本于劝学,既居庠序,宜在交修。"十四年,唐宪宗《上尊号敕文》:"太学崇儒,教化根本。"会昌五年(845年)正月,唐武宗《加尊号郊天赦文》:"宜

---

① 《旧唐书·刘祥道传》。

阐儒风，以宏教化。"这些政策只是贯彻的程度各有不同。

（二）兼用佛道

隋唐的统治者并不独尊儒术，对于佛、道两教同时加以利用。隋文帝为争取佛教信徒的拥护，曾大力提倡佛教，命令恢复被周武帝禁毁的寺院，听任民众出家，使佛教再度风靡天下。他在位二十余年，度僧二十多万人，立寺三千多所，民间佛经多于儒经数十百倍。佛教得到皇帝支持，在竞争中占据优势地位。寺院是僧侣与信徒聚集的会所，是佛教传播的地点，也是佛教的教育机构。隋炀帝是天台宗奠基者智𫖮的弟子，他也积极扶持佛教，使佛教在服从皇权、维护名教的前提下进一步发展。

隋文帝在提倡佛教之时，也没有放弃道教。他利用道士焦子顺编造"受命之符"影响舆论，夺取北周政权后又经常召见这位天师商议军国大事。道教的地位在当时仅次于佛教。

唐高祖武德年间实行道、儒、佛并用政策，他在《赐学官胄子诏》中说："三教虽异，善归一揆。"出于巩固皇权的政治需要，他利用机会制造"皇权神授"的舆论，尊道教始祖李耳为"圣祖"，李唐宗室就算是李耳的后裔，借此提高宗室的社会地位。李姓皇帝都崇奉道教，扶植道教，规定道教居三教之首，三教全在他们控制利用之中。唐太宗虽不喜佛，指责信奉佛教荒谬，但对玄奘取经却加以赞扬，支持他译经，还为他写了《大唐三藏圣教序》。唐高宗崇奉道教，且有实际行动。他亲自去亳州谒老君庙，上尊号"太上玄元皇帝"，又令百官学《老子》，举子也习《老子》，使道教在全国发展。武则天先迎合唐高宗，后来大权在手就反其道而行。她为争取佛教徒的拥护，大力扶植佛教，宣布佛教居首，道教受抑而居其次，儒则落到第三位。从此，佛教势力极度膨胀，天下财富，佛教占有七八，与国家利益发生矛盾。唐玄宗崇奉道教，他认识到佛教势力有潜在的危险。他当政后即对文教政策做了大调整，抬高道教，令两京及诸州各置玄元皇帝庙，依道法斋醮，建崇玄学，每家藏一《道德经》，征召道家学者。这种全国性的崇道措施是前所未有的。他还从维护政权需要人才出发，提倡发展儒学，并使传授儒学的国子监和州县学制度化。他封孔子为文宣王，依法行释奠礼，春秋致祭。他对佛教则加以抑制，禁止造寺，禁止出家，禁止铸佛写经，禁止百官与僧尼往来，以致佛教只能维持原状。唐玄宗以后的皇帝亦都实施三教兼用政策，只是利用宗教的程度不同而已。

社会的动荡为佛教、道教的活动提供了机会，两教竞相对统治者施加影响。哪一宗教争取支持成功，就借助政治力量推行其宗教而占据上风。唐宪宗信佛，迎佛骨入宫供奉祈福，助佛教风靡一时。唐武宗信道，听从道士的建议，下令毁佛寺，迫僧尼还俗，打击了佛教，道教一时占据优势地位。继其位的唐宣宗当政，实行相反的宗教政策，佛教再度恢复。总之，兼用佛教、道教是不均衡的，时有起伏。

（三）发展科举

隋文帝为了加强中央集权，把任用官吏的权力收归中央，废除由士族门阀垄断的九品中正制。他先恢复察举制度以解决官员补充问题，然后对察举制度进行改革，把察举的设科、推荐、考试与地方按行政区定时、定额、定科选送人才结合起来，逐步形成以文化才能为选拔标准的科举考试制度。他又把官学培养人才的制度与科举考试制度衔接起来。开皇七年（587 年），"制诸州岁贡三人"①，标志着察举制向科举考试制度转变的开始。十八年，诏"以志行修谨、清平干济二科举人"②，朝着设科方向发展。隋炀帝大业二年（606 年）秋七月，"始建进士科"③，标志着科举考试制度的形成。他十分重视以科举选拔人才充任官员，并根据行政管理上多方面的需要，提出十科举人，表示要"随才升擢"。大业五年，他将十科举人精简为四科举人，突出强调选拔有实际才能的人才。他认为，战乱时期与和平发展时期所需的人才不同，和平发展需要立政经邦之才，必须有专长。

唐代承续隋代的科举考试制度，于武德四年（621 年）恢复科举。五年三月，诏曰："择善任能，救民之要术，推贤进士，奉上之良规。自古哲王，弘风阐教，设官分职，惟才是与。"科举考试是为了选官，目的非常明确。李肇《唐国史补》卷下："进士科，始于隋大业中，盛于贞观、永徽之际。"贞观年代，科举考试制度进一步发展，成为一种常规的以考试选拔人才的制度。唐太宗在贞观二年（628 年）对侍臣说："为政之要，惟在得人，用非其才，必难致治。"④他的目的很明确，通过科举所要选拔的是从政治民的管理人才。唐高宗当政时，科举也盛行，除了常科每年举行之外，他还重视制科，根据需要设置科目，不定期举行。武则天重科举而轻学校，特别侧重利用科举吸纳人才，她在《求贤制》中说："不凭群

---

① 《隋书·高祖纪上》。
② 《隋书·高祖纪下》。
③ 《资治通鉴纲目》卷三六下。
④ 《贞观政要·崇儒学》。

彦，孰赞皇猷!"她的创新之举在于下令开设武科，以吸纳军事人才。

科举考试录取的人数，起初名额较少，后来逐渐放宽。唐睿宗在景云元年(710年)《申劝礼俗敕》中说:"每年贡明经、进士，不须限数，贵在得人。"同年,《博采通经史书学兵法诏》:"才生于代，必以经邦，官得其人，故能理物。朕恭膺大宝，慎择庶僚，延伫时英，无忘终食。"唐玄宗在先天二年(713年)《命诸州举贤才诏》中说:"致化之道，必于求贤;得人之要，在于征实。"开元二十五年(737年),《条制考试明经进士诏》:"致理兴化，必在得贤。强识博闻，可以从政。且今之明经、进士，则古之孝廉、秀才。"唐德宗在贞元元年(785年)《南郊大赦天下制》中说:"致理之本，在乎审官;审官之由，资乎选士。"这表明唐代实行以科举考试选官的制度。

(四) 任立私学

隋唐时期，私学受重视，鼓励私学发展成为政府的政策之一。

隋文帝在开皇三年(583年)《劝学行礼诏》中提出:"建国重道，莫先于学，尊主庇民，莫先于礼。……今者民丁非役之日，农亩时候之余，若敦以学业，劝以经礼，自可家慕大道，人希至德。岂止知礼节，识廉耻，父慈子孝，兄恭弟顺者乎? 始自京师，爰及州郡，宜祗朕意，劝学行礼。"此诏书是对各级官员的命令，也是对全国民众的号召。隋文帝把所有的民众都作为教育的对象，要求他们利用闲暇时间学经习礼。政府提倡民间办学，听任私人自由设置，不施加限制。社会上一些有文化知识的人士从事民间教学，以之为谋生职业。私学从初等到高等，程度不一，其中不乏术业有专攻的学者，他们或被推荐参加制举，或被直接征召任用。

唐代继续提倡私学。武德七年（624 年），《置学官备释奠礼诏》："州县及乡里，各令置学。官僚牧宰，或不存意，普更颁下，早遣修立。夫安上治民，莫善于礼，出忠入孝，自家刑国，揖让俯仰，登降折旋，皆有节文，咸资端肃。末业疏惰，随时将废。凡厥生民，各宜勉励。"州学、县学是由政府办理的地方官学。在县以下的乡里，政府不派官办学，由民间人士自己筹办、自己经管。政府鼓励私学并要求私学在施行礼教、移风易俗方面发挥其作用。唐中宗景龙四年（710 年），《集学生制》："古之教者，家有塾，党有庠，术有序，国有学，盖立训之基也。故上务之则敦本，下由之则成俗。"政府要求效法古代，自下而上，各级行政组织都要设教育机构，其下层是乡里所办的民间私学。唐睿宗景云元年（710 年），《申劝礼俗敕》："庠序者，风化之本，人伦之先，仰州县劝导，令知礼节。"民间私学要施行礼教，这是比较一贯的。

唐玄宗当政时，对于私学更加重视和强调。开元二十一年（733 年），《每年铨量举送四门俊士敕》："诸百姓立私学，其欲寄州县学授业者，亦听。"二十六年，《亲祀东郊德音》："古者乡有序，党有塾，将以弘长儒教，诱进学徒，化人成俗，率由于是。斯道久废，联用悯焉。宜令天下州县，每一乡之内，里别各置学，仍择师资，令其教授。"里这一最基层的行政组织，各自设置学校，政府并不承担筹办责任。私学教师是自由职业，不属于政府官员编制，也不必政府花费财政开支，他们承担基础教育和专业教育的职责，为社会培养有文化的人才，为地方移风易俗服务。文化程度高的人才经过参加科举而为国家所用。

二、 隋唐学校教育的发展

(一) 学校因时而起伏

隋朝存在 38 年,学校发展呈现两起两伏,都与政策有关。

隋朝建立后,进行了一些政治改革,两年后终于稳定。潞州刺史柳昂见天下无事,于开皇三年(583 年)上表建议"劝学行礼"。隋文帝接受建议,下诏全国"劝学行礼",掀起隋初的兴学运动,从京师到州县,皆设置博士讲习礼教。《隋书·儒林列传》说起当时盛况:"京邑达乎四方,皆启黉校。"此次兴学,成就颇为可观,隋文帝自称:"朕抚临天下,思弘德教,延集学徒,崇建庠序,开进仕之路,伫贤隽之人。而国学胄子,垂将千数,州县诸生,咸亦不少。"[①]

隋文帝晚年,对儒学的态度有很大改变。《隋书·儒林列传》载:"及高祖暮年,精华稍竭,不悦儒术,专尚刑名,执政之徒,咸非笃好。暨仁寿间,遂废天下之学,唯存国子一所,弟子七十二人。"对于废学的原因,他在《简励学徒诏》中指责官学未能提供人才,"徒有名录,空度岁时,未有德为代范,才任国用。良由设学之理,多而未精。今宜简省,明加奖励"。州县学被停废,国学遭压缩,这是学校教育发展的一次重大挫折。

直至大业元年(605 年),隋炀帝复开庠序,颁《劝学诏》:"其国子等学,亦宜申明旧制,教习生徒,具为课试之法,以尽砥砺之道。"《隋书·儒林列传》载:"炀帝即位,复开庠序,国子、郡县之

---

① 《隋书·高祖纪下》。

学,盛于开皇之初。"这表明被停废的学校再度恢复,而且有所发展。大业年间学校教育的繁盛仅维持十多年,后来因为战争,又造成学校荒废,师徒息散,空有建学之名,而无弘道之实。

唐朝继隋而起,存在290年,大致以"安史之乱"为界,可分为前期与后期。前期学校教育的趋势是发展,后期学校教育的趋势是衰落,全过程亦有多次的起伏。

唐朝建立时,群雄争夺统治权的战争尚未结束。武德年代,恢复官学,中央三学(国子、太学、四门)学生三百四十二员,郡县学学生也有定员,是当时指令性的计划,只有部分具备条件的地方才能实现。

贞观年代,唐太宗贯彻崇儒兴学政策,学校教育迅速发展,达到高潮。私学与官学、地方官学与中央官学,不同层次的学校相互衔接,并有多种类型附设学校,培养各类专门人才,形成较完整的学校体系。唐高宗当政时,政策未有大变,学校教育还能保持正常规模。

武则天当政年代,文教政策改变,崇佛抑儒,重科举而轻学校。陈子昂于光宅二年(685年)上《谏政理书》,指出:"陛下方欲兴崇大化,而不知国家太学之废,积岁月矣。学堂芜秽,略无人踪,诗书礼乐,罕闻习者。"韦嗣立于圣历二年(699年)上《请崇学校疏》,指出:"国家自永淳已来,二十余载,国学废散,胄子衰缺,时轻儒学之官,莫存章句之选。"武则天不肯采纳保持学校的建议,使学校继续荒废,这是唐前期学校教育的低谷时期。

唐玄宗当政,学校教育才得以恢复,再度发展到繁荣程度,并建立了一套较为完整的官学管理制度,各层次官学有了法令规定的名额。这种局面持续了将近半个世纪。

"安史之乱"使学校教育受到极大的破坏,在动乱平息后相当长的时间内难以恢复；即使有所恢复，也难以达到以前的规模。不同阶段的当政者有不同的政策和措施，往往造成学校发展的起伏波动。

唐代宗永泰年间、唐宪宗元和年间、唐文宗太和年间都曾下令进行学校整顿，但都只取得短期效果，或是使国学恢复教学活动，或是使国学保持一定规模，或是使国学管理保持正常秩序，都无法推动官学教育复兴，再现贞观、开元年间官学教育的辉煌。

李绛《请崇国学疏》指出："故太学兴废，从古及今，皆兴于理化之时，废于衰乱之代。"可见，学校教育是在具体的社会条件下发展的，而政治对学校教育的影响最为关键。

（二）中央官学

1. 中央专设的学校

（1）隋代中央专设的学校

隋代中央官学初称国子寺，隶属于太常寺。国子寺的教育行政官员是国子祭酒一人，主簿一人，录事一人。因国子寺规模扩大，学生增多，事务日益繁杂，事事都要向太常寺请示，已不利于国子寺学务的开展，故需要独立才有利于发展。开皇十三年（593 年），国子寺罢隶太常。国子寺独立后改名称为国子学。大业三年（607 年），国子学改为国子监，增设教育行政人员司业一人，丞三人，并对分工作了适当的安排，明确各人承担的责任。

《隋书·百官志下》："国子寺……统国子、太学、四门、书、算学。"

各学的基本情况如下：

国子学，原本是为"殊其士庶，异其贵贱"[①]而特设的，专收贵族及高官子弟。国子博士（正五品）5 人，负责分经教授。助教（从七品）5 人，助国子博士分经教授。国子学生 140 名，有缺则补。

太学，学生来源和学习要求与国子学不同，"国学以教胄子，太学以选贤良"，太学以教授五经为主要学习内容。太学博士（从七品）5 人，分经教授。助教（正九品）5 人，助太学博士分经教授。太学生 360 人。太学的门第品级要求低于国子学。

四门学，以五经传授为主要教育内容。四门博士（从八品）5 人，分经教授。四门助教（从九品）5 人，助四门博士分经教授。四门学生 360 人，从地方州县选送，多属于庶族优秀子弟。

书学，隋代创设，颇受重视，教授汉字"六书"的构造原则和文字"八体"的不同写法，培养书法的专门人才。书学博士（从九品）2 人，助教 2 人。书学生 40 人，选自庶族子弟。

算学，隋代创设，培养天文、历法、财务、工程等方面的专业计算人才，以算学专书为主要学习内容。算学博士（从九品）2 人，助教 2 人，算学生 80 人。

（2）唐代中央专设的学校

① 中央教育机构由附属改为独立设置

武德年间，国子学隶属太常寺，管理国子学、太学、四门学等三学，这是恢复旧传统以精简行政机构的做法。这三学虽有等级差别，学生身份也不同，如从学习内容来看，都是学习儒学的高级学校，但实是同一类型的学校。

---

① 《通典·礼十三》。

贞观元年(627年)五月,国子学脱离太常寺,改称国子监,成为与太常寺平行的独立机构。国子监既成为中央政府教育行政机构,可直接对皇帝负责,也要接受上级机关礼部的统调指导;又是国家最高学府,培养统治人才以为国家所用,具有两方面的职能。国子监的设立,标志着国家对培养统治人才的重视,学校管理走向专门化,以适应教育事业大规模发展的需要。以后虽历改朝换代,但国子监仍然长期延续存在,直到清末学部成立为止。

② 国子监的官员及其分工

国子监作为教育行政机构,下设几个部门,分工管理监内教育的有关事务,各自有不同的职责。

国子祭酒1人,从三品,掌管监学训导之政令。

国子司业2人,从四品下,作为祭酒的副手,通判监事。

监丞1人,从六品下,全面掌管日常行政事务。

主簿1人,从七品下,掌印,训导学生与执行学规。

录事1人,从九品下,掌管来往文书、收发记录。

以上品官6人。还有非品官的事务人员,府7人,史13人,亭长6人,掌固8人,合34人。全监的品官和事务人员总共40人。

唐代除了京城长安,还有东都洛阳。唐高宗龙朔二年(662年)正月,设立东都国子监,当时管理人员有监丞1人,主簿1人,录事1人,还有数量不等的事务人员。

③ 国子监规模的发展变化

国子监作为国家高等教育机构,其规模不是一成不变的,而是在不同时期、不同条件下有不同的规模。

武德初,国子学始置,国子生72人,太学生140人,四门生130人,三学总共有学生342人。

国子学于贞观元年(627年)改称国子监,二年增设新专业书学与算学,六年再增设新专业律学,此后六学的规模继续扩大,各增加学官与学生,学生人数达3 260人。有讲学活动时,国子监学生最多达8 000人,中央官学极其繁荣昌盛。

开元年代是政局稳定的和平发展阶段,政府对教育的重视使中央官学发展达到适应国家需要的稳定规模,以法令的形式使之制度化,并载入《唐六典》。博士、助教、学生人数多少都有定额,能按制度规定给予物资供应,保证他们正常的教学和生活。

表1　开元年代国子监学官、学生定额　　　　　(单位:人)

所属学校	学官定额		学生定额
	博士	助教	
国子学	2	2	300
太学	3	3	500
四门学	3	3	500～800
律学	1	1	50
书学	2		30
算学	2		30
			2 210
广文馆	4	2	无定额

说明:① 六学的编制依据《唐六典·国子监》;
　　　② 广文馆增设于天宝九载(750年),其编制依据《新唐书·百官志》;
　　　③ 四门学招收文武官七品以上及侯、伯、子、男之子为学生者500人,招收庶人之子为俊士生者800人。

"安史之乱"后,中央官学的恢复和整顿都缺乏明确的数据,到元和二年(807年)重新确定两监的定额,才有可能作前后变化的比较。现依据《唐会要·国子监》与《新唐书·国子监》提供的史料,了解元和二年确定的国子监学生定额。

表2　元和二年(807年)国子监学生定额　　　(单位:人)

所属学馆	西　监	东　监
国子馆	80	15
太学馆	70	15
四门馆	300	50
广文馆	60	10
律　馆	20	5
书　馆	10	3
算　馆	10	2
合　计	550	100

从表2列举的数字可知,元和年代虽经整顿,但两监学生的定额合计仅650人,仍远不如开元年代国子监学生定额的规模。问题是以后还难以维持这一规模。长庆元年(821年),国子祭酒韩愈上《请复国子监生徒状》,只申请先给274名监生的厨粮。可见,受到科举考试的冲击,在监修业的学生日益减少,其规模在萎缩。

(3)中央专设学校的管理

唐代继承了隋代中央官学的一些管理制度,并根据学校规模的扩大加以发展。贞观时已建立的一些管理制度,之后陆续又有些补充调整。直到开元年代，才把有关的学令集中整理，载入《唐六典》，成为国家的法制。其重要意义是使教育工作有法可依，能对以后的教育管理加以规范。后来的管理者凡是要对学校进行整顿，往往引据《唐六典》。直到五代，《唐六典》还在继续发挥它的作用。

唐代官学教育管理制度中重要的有以下几项：

① 入学制度

唐代中央官学实行等级入学制度，贵族与官僚的子弟有优先入学的特权，学生按出身门第的高低、父祖官位的品级进入相应的学校。

国子学接受文武官三品以上及国公子孙、从二品以上曾孙之为生者。

太学接受文武官五品以上及郡县公子孙、从三品曾孙之为生者。

四门学接受文武官七品以上及侯、伯、子、男子之为生者，或庶人子有文化知识，经考试选拔为俊士者。

律学接受文武官八品以下子及庶人子之通其学者为生。

书学接受文武官八品以下子及庶人子之通其学者为生。

算学接受文武官八品以下子及庶人子之通其学者为生。

广文馆接受将应进士科考试者申请附监读书备考。

凡申请入国子监的学生，年龄也有一定的限制。一般限年 14 岁以上，19 岁以下；律学限 18 岁以上，25 岁以下。唯有广文生不受年龄限制。

② 学礼制度

束脩之礼：学生初入学，约定时日，穿好制服，隆重举行拜师礼，师生见面，表示建立师生关系。礼制还规定，向学官敬献礼物：束帛一筐（国子生、太学生各绢三匹，四门生各绢二匹，俊士及律、书、算学生各绢一匹),酒一壶,脩一案,称为"束脩礼"。

国学释奠礼:礼制规定,每年春秋季第二月上丁日,行释奠礼于先圣庙,全体学生、学官都要参加行礼仪式,还要奏请在京文武七品以上清资官并从观礼。祭酒为初献,司业为亚献,博士为终献。行礼完毕,接着举行讲学活动,执经论议,持不同见解者可责疑问难,相互交流。

贡士谒见及使者观礼:贡士拜谒先师,始于开元五年(717年),从此成为法定的礼制。每年诸州贡士、明经、进士朝见完毕之后,接下来一项活动就是被引导到国子监拜谒先师。两馆及监内的举人亦参加行礼活动。学官为他们举行讲学活动,质问疑义。当日,清资官五品以上及朝集使并往观礼。外国使者来唐,朝见之后,引导至国子监参观,感受中华的文化礼教。

通过这些定期性的隆重礼仪活动,学生受到崇儒尊师、登科从政的教育,在思想上受到一定的熏陶。

③ 教学制度

从学习的课程内容来看,国子学、太学、四门学所学的是儒学经典。其教授之经,以《周易》《尚书》《周礼》《仪礼》《礼记》《毛诗》《春秋左氏传》《公羊传》《穀梁传》各为一经,《孝经》《论语》《老子》兼习之。《礼记》《左传》为大经,《毛诗》《周礼》《仪礼》为中经,《周易》《尚书》《公羊》《穀梁》为小经。通二经者,大经、小经各一,或中经二。通三经者,大经、中经、小经各一。通五经者,大经皆通,余经各一,《孝经》《论语》兼通之。凡习《孝经》《论语》共限一年,《尚书》《公羊》《穀梁》各一年半,《周易》《毛诗》《周礼》《仪礼》各二年,《礼记》《春秋左氏传》各三年。博士、助教分经授诸生,未终经者无易业。五分其经以为业,《周礼》《仪礼》《礼记》《毛诗》《春秋左氏传》,三学各五分诸生以习业。学书,日纸一幅,间习时务策,并读《国语》《说文》《字林》《三苍》《尔雅》。

律学,以学习唐律令为专业,格式法例也兼习之。

书学,以学习《石经》《说文》《字林》为专业,余字书也兼习之。《石经》三体书限三年,《说文》二年,《字林》一年。

算学,以学习算经为专业,课业分为两组,习《九章》《海岛》《孙子》《五曹》《张丘建》《夏侯阳》《周髀》《五经算》15人,习《缀术》《缉古》15人。《记遗》《三等数》亦兼习之。《九章》《海岛》共限三年,《张丘建》《夏侯阳》各限一年,《孙子》《五曹》共限一年,《周髀》《五经算》共限一年,《缀术》四年,《缉古》三年。

广文馆,以进士科三场考试的帖经、杂文、时务策为学习内容。

④ 考核制度

国子监为了督促学生课业,每个阶段都有考试,考试形成系列,发展过程虽有些演变,但考试始终作为考核的基本手段运用。

旬试:每旬休假前一日举行考试,由博士主持。方式有二,试读者,每千言试一帖,帖三言;试讲者,每二千言问大义一条,总试三条,通二为及格,通一及全不通者有罚。

月试:每月第三次旬试就是月试,试一月内所讲习的内容。旬试与月试结合,循环进行,使博士与学生都承受过重的周期性精神负担,需要精简。后来,国子监就放弃旬试而保留月试,每月有考试成绩记录。

季试:由于政局变化,管理松弛,要求降低,不举行月试,只举行季试。广文生也用季试。

岁试:考查一年的学业,口问大义十条,通八为上,通六为中,通五为下。

毕业试,每年有学业完成,能通两经以上的明经或进士而欲求出仕者,登记名册,上报于监,由祭酒、司业、监丞考查其学业。毕业试等于是应科举的资格考试,其试法皆依考功。明经,试帖经(十帖通五),口试(十通六),答时务策(三道)。进士,试帖一大经(十帖通四),试杂文(两道),答时务策(五道)。明法,试律令每部十帖(十帖通八);策试律七条、令三条(十通八)。明算,各试所习学业,《九章》三帖,其余七部各一帖(十帖通六);《缀术》六帖,《缉古》四帖(十帖通六);《记遗》《三等数》(十帖通九);又录大义本条为问答。可见,不同科目的考试要求有一定差别。

毕业考试合格者,名册经祭酒审阅,然后报送礼部,参加科举考试。

⑤ 惩罚制度

国子监主簿负责执行学规,督促学生勤学,保证国子监的教学和生活秩序。据《唐六典》所载的规定,有以下情节者要给予惩罚处分:

第一,不率师教。不肯听从老师教诲的学生,要报告祭酒,按国子监规定,开除其学籍,令其退学。

第二,学业无成。学业不能进步,连续三年成绩不合格,在学达九年者,律生在学达六年者,令其退学。

第三,假违程限。有事请假回乡,岁中违程满三十日,事故百日,缘亲病二百日,超过期限,没有充分理由,不如期返学者,要作退学处理,并将退学处理通知原籍政府。

第四,作乐杂戏。在监舍之内,喧闹扰众,影响正常秩序者,也要作退学处理。

元和元年(806年),国子祭酒冯伉《奏请整顿学事》对惩罚的规定有所补充:"有其艺业不勤,游处非类,樗蒲六博,酗酒喧争,凌慢有司,不修法度,有一于此,并请解退。"礼部所补学生入监学习,"后每月一度试,经年等第不进者,停厨,庶以止奸,示其激劝"。对于入监后不努力学业,而只是混着吃饭者,采取停止供饭的措施,用威胁饿饭施压,迫其上进。

长庆二年(822 年),国子祭酒韦乾度《条制四馆学生补阙等奏》又对惩罚问题建议补充:如生徒"无故喧争"或"事有过误",准由监司自议处分。"如有悖慢师长,强暴斗打",则通知府县,"锢身递送乡贯"。

⑥ 休假制度

中央官学的休假制度要顾及两方面的因素:一方面,国子监作为中央教育行政机构,必须实行国家统一规定的休假制度,学官享受政府规定的休假日,学生也跟着学官休假;另一方面,中央官学又是教育机构,以学生为教育对象,学生与官员的情况不同,其所处的社会地位决定其义务和职责,有其需求,要适当安排学习和休息,保证其身心健康发展。两方面结合起来考虑,学校安排常规的休假,有旬假、田假、授衣假。旬假,每十日一休沐日,学校与行政机构统一休息。学校将一旬十日中的八日用于习业,一日用于旬试,接着一日作为旬假,可以看作一个小阶段的小休整。田假,在五月收种农忙时放假十五天。授衣假,在九月秋凉要准备冬衣之时放假十五天。这两次较长休假中,学生可以回家省亲或处理个人事务。若路程超过二百里,还可以根据超过的路程分别增加路程假。这种休假制度反映了农业社会的人文关怀。

2. 中央附设学校

唐代还有些官学不是独立设置的,而是利用行政部门的人才资源和业务设备,附设一些学校,并由这些部门管理。

表 3　唐代中央附设学校

管理部门	学校	学官定额(人) 博士	学官定额(人) 助教	学生(人)	招生对象	学习内容
东宫	崇文馆	2	1	20	以皇缌麻以上亲、皇太后、皇后大功以上亲、宰相及散官一品、功臣身食实封者，中书黄门侍郎之子为之	凡学生教授、考试，如国子之制
门下省	弘文馆	不定		30		
礼部祠部	崇玄馆	1	1	100	官秩、荫第同国子	习《老子》《庄子》《文子》《列子》
尚书省 太常寺	乐舞学			舞郎 140、散乐 382、仗内散乐 1 000		各习其专业
尚书省 太医署	医药学	医 1 针 1 按摩 1 咒禁 1 药师 2		医 40 针 20 按摩 15 咒禁 10 药师 8	取庶人十六以上、二十以下	各习专业之知识技术
尚书省 太卜署	卜筮学	卜 2	2	45		

管理部门		学校	学官定额（人）		学生（人）	招生对象	学习内容
			博士	助教			
尚书省	太仆寺	兽医学	兽医 1		100	以庶人之子考试选录	兽医专业之知识技术
	少府监	工艺学					掌教百工杂作之技工，依工艺技术之难度，有限四年成、三年成、二年成、一年半成、一年成、九月成、三月成、五十日成、四十日成
秘书省 太史局（司天台）		天文学	2		60		各习专业之知识技术
		历数学	1		5～36		
		漏刻学	6		360		
		贵胄小学				皇族子孙及功臣子弟	
内侍省 掖庭局		宫教馆	宫教　2				掌教习宫人书、算众艺

说明：秘书省太史局（司天台）之历数学中，历学生 36 人，装书历生 5 人。

在唐代中央行政机构附设的学校中,有部分实科学校,医药学校就是较有代表性的实科学校。

中国设置医学始于南朝宋元嘉二十年(443 年),但只存在十年就被省去。到隋代,再设医学,才延续下来。唐代继承隋代的医学教育,并有较大的改革与发展。我们可以根据《唐六典·太常寺》和《新唐书·百官志》了解唐代医学教育制度的基本情况。

唐代的医药学校不仅具有一定的规模,还具有较完善的教育制度。虽然它附设于政府的事务部门,没有分离而独立设置,但已分科、分专业进行教学。各科教学内容比较明确,注重学习传统的医药经验,选用的教材是历代的医药经典,教学注重实用,读《本草》即令识药形而知药性,读《明堂》即令验图识其孔穴,读《脉诀》即令相互搭脉而知四时浮、沉、涩、滑之状,注重临床实践能力的培养,以医疗的效果为考核成绩的依据。这种医药教育制度在 7、8、9 世纪是先进的,经留学生传至新罗、日本等国,对它们的医药教育产生积极的影响。

表 4 唐代太医署附设医药学校分科与课程

分 科		学生数(人)	学习年限(年)	课 程	
				基 础 课	专 业 课
医科	体疗	22	7	读《本草》,即令识药形而知药性读《明堂》,即令验图识其孔穴读《脉诀》,即令知四时浮、沉、涩、滑之状读《素问》《黄帝针经》《甲乙》《脉经》,皆使精熟	分业教习
	疮肿	6	5		
	少小	6	5		
	耳目口齿	4	2		
	角法	2	2		

分 科	学生数（人）	学习年限（年）	课 程	
			基 础 课	专 业 课
针 科	20	不固定年限，考试合格即为业成。九年无成者，令其退学	习《素问》《黄帝针经》《明堂》《脉诀》	习九针补泻之法，兼习《流注》《偃侧》等图，《赤乌神针》等经
按摩科	15	同上	欲使骨节调利、血脉宣通之理	教以消息导引之法，以除人八疾。凡人支节府藏积而疾生，导而宣之。若损伤折跌者，以法正之
咒禁科	10	同上	道禁出于道士，禁咒出于释氏	教习咒禁五法：存思、禹步、营目、掌决、手印
药 科	8	同上 业成补药师	读《本草》	教习药物种植、收采、加工、药性、配合、产地、存贮

（三）地方官学

隋唐的地方官学与地方的行政制度密切相关。地方的行政管理主要是由州、县两级实施，州、县的官员都由中央行政机构中的吏部任命，听命于中央。统治者在全国文教领域实行崇儒兴学的政策，也推动地方政府发展州学和县学。州学和县学由地方政府主办，在管理上也就从属于州县行政机构，由州县的首长州刺史、长史、县令当领导,而具体事务在州由司功办理,在县由司功佐办理。州学按专业和学生人数配备博士、助教,以掌管教学。县学配备博士,以掌管经学教育。州县学生受到政府的优待,入学要申报审批。《新唐书·选举志上》:"州县学生,州县长官补,长史主焉。"

地方官学在隋代已有广泛发展,唐代对地方官学更加重视,并有新的发展。武德初,令地方设学,并规定按郡(州)县规模确定学生名额,后又发布诏令加以督促,地方官学先后设立。

表5　隋代的地方官学

隋地方官学	学生名额(人)		
	上	中	下
郡(州)学	60	50	40
县　　学	40	30	20

初设的郡(州)县学,都是以学习经典为主要内容的经学,以后就在此基础上发展新的学习内容,设置新的专业。《新唐书·百官志四下》载:"贞观三年,置医学,有医药博士及学生。开元元年,改医药博士为医学博士,诸州置助教。"在地方设置医学,在教育史上是一大创新,这体现了唐太宗对民众医疗保健的关怀。再添的新内容、新专业就是崇玄学。《旧唐书·礼仪志四》载:"开元二十九年正月己丑,诏两京及诸州各置玄元皇帝庙一所,并置崇玄学。"崇玄学在地方设置,虽然也是新事物,但意义却很不同,这体现了唐玄宗对道教的提倡。地方府州一级的官学有三种类型,即经学、医学、崇玄学。崇玄学存在的时间较短,经学存在的时间较长。《唐六典》修成在崇玄学设立之前,自然只记载地方官学的

经学与医学。《唐六典》中一些明确的规定，显示地方官学发展已达到制度化的要求。

表6 唐代的地方官学

唐 地 方 行 政 区		专科学校	教师名额（人）		学生名额（人）
			博士	助教	
京都府学 （包括京兆、河南、太原）		经学	1	2	80
		医学	1	1	20
都督府学	大	经学	1	2	60
		医学	1	1	15
	中	经学	1	2	60
		医学	1	1	15
	下	经学	1	1	50
		医学	1	1	12
州学	上	经学	1	2	60
		医学	1	1	15
	中	经学	1	1	50
		医学	1	1	12
	下	经学	1	1	40
		医学	1		10
县学	京县（包括长安、万年、河南、洛阳、太原、晋阳、奉先）	经学	1	1	50
	畿县（包括京兆、河南、太原所管诸县）	经学	1	1	40

唐 地 方 行 政 区		专科学校	教师名额(人)		学生名额(人)
			博士	助教	
县学	上	经学	1	1	40
	中	经学	1	1	25
	中下	经学	1	1	20
	下	经学	1	1	20

关于博士,《封氏闻见记》卷一载:"国朝以来,州县皆有博士,县则州补,州则吏曹授焉。然博士无吏职,惟主教授,多以醇儒处之。"州博士是由吏部授官委任的,所以州博士有官品,可以按官品获得月俸岁禄。县博士是州长官在地方上聘请的,地位较低,待遇也差些。不论州博士或县博士,都以教学工作为业,由"醇儒"充任。

关于学生,政府已按州县规模规定名额,就地招生,有了缺额,才能以候补补充,成为正式学生。满额之外,还有人要求学习,愿意寄州学或县学授业,也须得到容许后随班听讲,这一部分人就成为附读生。附读生可等待机会转为正式生。州县学生大多数是庶族子弟。

关于学习内容,州县学生都以经学为主要本业,除此之外,还要兼习文词、史学、吉凶礼仪等。公私有礼事时,令他们参加行礼仪式,也算是实习接受教育的机会。

州县学生有几种出路:一是每年地方主管部门从州县学生中举送人才,经过考试,如能录取,则升入四门学充俊士;二是通一经以上,投牒自举,经县、州两级选拔考试合格者,以乡贡的身份赴京参加科举考试；三是谋求担任地方上的小官吏，参与公共管理事务；四是自由择业。

政府设置州县学，在全国形成官学的学校教育网，此事有重大的意义。《新唐书·地理志》载："开元二十八年户部帐，凡郡府三百二十有八，县千五百七十三。"这是唐代强盛时期设置的州（郡）、县数量，州、县学的规模就以中州、中县的规模计算，州学达 20 336 人，县学达 39 325 人，合计达 59 661 人。据《新唐书·选举志》统计，唐代最盛时，京都诸学馆及地方州县学的学生达 60 070 人。

地方官学按地方行政层次相应地设置，并由同层次的行政机关来领导和管理，其有利的一面是使地方官学在政治上、经济上都由地方行政机关来保障；其不利的一面是地方官学的兴衰实际取决于地方当政者的思想倾向，能关注学校教育，则采取措施给予大力支持，不关注学校教育，甚至会造成学校荒废。

与中央官学相比，地方官学强调招生本地化，庶族子弟占多数，等级意识有所淡化。虽有定额限制，不能满足所有人成为正式生的要求，但学校大门还是有条件地开放，凡愿寄学受业者，容许其成为附读生，这就鼓励了好学者。地方官学虽不归中央官学领导和管理，但由于所学的内容主要是儒学经典，而中央官学比地方官学的程度高，所以存在递升衔接的关系。

（四）私学

隋唐时期的学校教育，从其办学的主体来区分，由政府办理的为官学，由民间办理的为私学，这是封建教育的两大组成部分。

官学与私学承担的教育任务的差别就在于,官学重在培养未来的官僚后备人才,以有一定文化知识的青年为主要对象,学习的基本内容是儒家经学,培养封建道德,造就行政管理人才,为国家所用;而私学除了对儿童进行启蒙识字等基础教育外,还承担比官学更广泛的民族文化传承发展的任务。私学不局限于儒家经学,不受学术派别、学科、专业等的限制,凡是社会需要的知识技术,都会有人要学习,有人会传授。学生在私学学习到一定阶段,有的被挑选转入官学,有的另择名师,继续学习以提高文化水平,够条件就参加科举考试,若幸运被录取,则入仕从政,成为行政管理人才。大部分人最终走入社会,从事不同的职业。私学由民间办理,虽然也要服从政府的管理,但政府对私学的管理相当宽松,只要不触犯禁令,就听任私学自由发展。因此,办学的形式、办学的规模、选聘教师、筹集经费、课程内容等,都由办学主体根据自己的实际需要和条件自主确定。私学的分布面更广,适应性更强。在社会发生动荡、战争破坏或改朝换代之时,官学会受到较大冲击而停滞或荒废;而私学虽然也受影响,但由于比较机动灵活,可以避害减灾,转移而延续。因此,私学在传承发展民族文化中的历史作用是不能忽视的。

隋唐时期私学蓬勃发展的原因和条件有:

第一,社会民众的需要。地方官学限于在州、县所在地各设置一所,名额也有严格限制,广大民众要求让子弟入学受教育的愿望不能满足,只好从发展私学找出路,于是尽可能利用各种条件,挖掘教育资源,开办私学。

第二,政府政策的倡导。隋文帝实行德治,重视教化民众,强调劝学行礼,对私学的发展起了推动作用。唐初对私学也采取鼓励政策。唐高祖武德七年（624年）二月，《置学官备释奠礼诏》：
"州县及乡里，并令置学。官僚牧宰，或不存意，普更颁下，早遣修
立。"政府只管州学、县学的办理，乡里学校则放开由民众自办，不
加限制。唐玄宗开元二十一年（733年）五月，《每年铨量举送四门
俊士敕》重申此项政策，"许百姓任立私学"。开元二十六年正月，
《亲祀东郊德音》："宜令天下州县，每一乡之内，里别各置学，仍择
师资，令其教授。"在政府提倡和监督之下，乡里学校都由民众自
主办理，所以民间私学虽有发展，但没有统一的规范。

第三，隋唐经济的繁荣。隋唐都有政治较为安定的时段，和
平时期有利于农业经济的发展，导致经济繁荣，这是民间私学发
展的基础。

私学依其教学程度有初级与高级的区分。凡进行启蒙识字
教育与一般的生活和伦理常识教育的为初级私学，史书中对这一
层次教育活动的记载极少；凡进行专经传授或其他专业知识技术
传授的为高级私学，史书中对这一层次教育活动的记载渐多。现
分别略作介绍。

1. 初级私学

初级私学有多种办学主体和办学形式。

（1）办学主体

乡学（乡校），在人烟聚集、居民较多的地方，以乡为办学主
体，往往由官绅或富户提倡，带头捐献。地方人士响应，参加筹办
乡学、聘请教师。本乡的子弟入学，人数略多。比如，《旧唐书·
苗晋卿传》载，苗晋卿，上党壶关人。为魏郡太守兼河北采访处置
使。请归乡里，大会乡党。又出俸钱三万为乡学本，以教授子弟。
《旧唐书·王栖曜传》载，王栖曜，濮州濮阳人，初游乡学。这些事

例表明,乡学的存在不是个别现象。

村学,以村为办学主体。村学不仅招收本村子弟,邻村的儿童也可要求入学。村学的规模比乡学小,而数量要比乡学多。《纪闻·修武县民》载,开元二十九年(741年)二月,修武县某村中有小学,时夜学,生徒多宿。赵璘《因话录》卷六载,窦易直,幼时家贫,受业村学。这两个事例说明,贫家子弟有部分入村学读书,有的村学还能让学生寄宿。

私塾,由塾师自己办学,自己招生教授。《太平广记》卷四四《田先生》载,田先生,元和中隐于饶州鄱亭村,作小学以教村童十数人。《太平广记》卷一五七《李生》载,李生者,居洛城徽安门内,其所居有学童十数辈。李生所居甚贫窭,日不暇给。上述事例表明,当时城市、乡村都有私塾,私塾有设在塾师家里的,塾师也可以异地设塾。

家塾,以一家或家族为办学主体。家塾是为教自家子弟而设的,一般不接受外人,但也有例外。《旧唐书·刘邺传》载,李德裕设有家塾以教授诸子。润州句容人刘邺七岁能赋诗,李德裕对他特别怜爱,让他在家塾与诸子同砚席而学。这表明,家塾也是私学的一种形式。

家学,因家庭环境的特殊条件,或因贫困无力求师,或因家人学有专攻可以教授子弟,由父母或兄长在家担当教师。唐代元稹、杨收、李绅在幼年时期都由母亲进行教授,奠定了学问基础,他们后来都登科、做官,成为名人。

(2)办学形式

初级私学没有成文的制度,但遵循历史形成的习俗。

在入学年龄上,初级私学没有统一的硬性规定,主要看儿童成长的情况以及家长的意愿,有早入学的在四五岁,有迟入学的在八九岁,较为通行的习俗是在六七岁开始入学受教。

春季始业,这是东方农业国家的古老习俗,一般是在阴历正月中旬元宵节后入学,到十二月中旬后散学,以年为阶段,无固定的学习年限。学习时间要看商定学习哪些课程以及各人学习进度的快慢。

私学较多在乡村,学生人数不多,十多个不同年龄、不同程度的学生集中在一个教室里,由一位教师对他们轮流进行教学,形成单班学校。教师对学生一个一个进行个别教授,没有停息之时,弄得很疲劳,教学效率很低。

教学的基本内容为读、写、算。尤其是读、写,较受重视,占用绝大部分时间。对读的要求:在认识字的基础上,读熟,背诵,并反复复习巩固。对写的要求:依范本字样摹写,天天练习,先求笔画正确,再进一步要求结构美观,熟练之后,达到又好又快。

唐代为了进行识字阅读教学的需要,有多种教材流传于社会,可供选用,如:

《急就篇》　　　　汉史游撰,唐颜师古注(现存)

《劝学》　　　　　汉蔡邕撰(已佚,有辑录本)

《发蒙记》　　　　晋束晳撰(已佚,有辑录本)

《启蒙记》　　　　晋顾恺之撰(已佚)

《开蒙要训》　　　六朝马仁寿撰(现存)

《千字文》　　　　南朝梁周兴嗣撰(现存)

《训俗文字略》　　北齐颜之推撰(已佚)

《兔园册府》　　　唐杜嗣先撰(原三十卷,今存两卷)

《蒙求》　　　　　唐李翰撰（现存）

《太公家教》　　　唐佚名撰（现存）

儿童除读一些教材之外，还读在当时流行的一些优美而浅近的诗歌，教师所选皆属当时通俗的名诗。元稹《白氏长庆集序》："予尝于平水市中，见诸童竞习诗，召而问之，皆对曰：'先生教我乐天、微之诗。'"这样，既可激发儿童的学习兴趣，又可调节儿童的精神状态。此后，习诗歌诗成为蒙学中一项固定的教学内容。如白居易的《燕诗示刘叟》，就是后来私学中歌诗的一首。

私塾教师教授乡里儿童而获得有限的束脩，以此作为其生活的基本来源。农民生产收入很低，除了保证基本生活需要和缴纳赋税之外，所剩无几，为子弟读书而向教师奉送的束脩自然也很有限。如所在私学学生人数多些，塾师所获束脩还可勉强维持生活；若私学学生人数少些，则塾师所获束脩相应减少，不足以维持生活。所以，有些塾师为了维持生活，不得不半农半教或半渔半教，获得微薄的收入以补贴生活。《太平广记》卷三〇九载："雪人蒋琛，精熟二经，常教授于乡里。每秋冬，于雪溪太湖中流，设网罟以给食。"蒋琛较长时间半渔半教，就是不能完全脱离生产的一位私学教师。

2. 高级私学

（1）教育对象和教师

高级私学的教育对象，是已受过初级私学教育而具有一定文化基础，要求进一步提高而受专业教育的青年，各社会阶层出身的人都有。

高级私学以教师为中心，自由设置。教师具备专门知识或广博学问，有一定的社会影响力，愿意从事教育工作，即可开设私学，聚徒教授。《新唐书·袁滋传》载，蔡州人袁滋，客居荆、郢间，起学庐讲授。学门敞开，随时接受学生个别入学。这种私学没有规定何时入学、何时出学，因此也就没有始业和结业的制度。学生可以自主决定是长期从师听讲还是短期游学请益。知识程度有差距的人就有所选择：要跟名师学习专业知识的人，需要较长时间跟随老师学；而已具有专业知识的人，为了进一步加深理解和提高专业素养，则多采取短期游学的形式，访师请益。《旧唐书·张镐传》载，张镐师事吴兢。《旧唐书·一行传》载，张遂（僧一行）为求师而到天台山国清寺向高僧请教算法，尽受其术。两者都可视为短期游学。

求师受教不限于当面传授，也可以采取书信往来的函授形式。学生有疑惑，可以书面提出问题，请教教师；教师可以书面答疑，为学生解惑。这是古代的函授方式。韩愈《答刘正夫书》和柳宗元《答韦中立论师道书》都是函授方式的表现。

高级私学需要一批师资，而在实际发展过程中并没有显出缺乏师资，这是由于多方面人士参与其中，充实师资队伍。

一是学有专长的人士，有一定的政治抱负，但未获得机会，就先以讲学的方式扩大社会影响，等待时机。如隋马光，精通"三礼"，为儒者所宗仰，教授瀛、博间，门徒千数。唐王质，寓居寿春，专以讲学为事，门人受业者大集其门。马氏成为名士，后应征召；王氏成为名士，后应科举。他们都出来做官。

二是在职官员，具有专门学术素养，为应学者请求，发挥其所长，于公事之余，聚徒讲学。如曹宪、尹知章，都身有官职，他们利用公余之暇讲学。

三是失职的官员,在过渡期间,暂以教授为生,待机再起。如隋刘焯,被人毁谤而除名,于是归乡教授。颜师古,失职之后归长安,未得调用,生活发生困难,只好暂以教授为生。

四是退休官员,不甘于无所事事而静默度日,于是归乡教授。如隋王孝籍,退职后归乡里,以教授为业。唐张士衡,原为崇贤馆学士,以老还家,复教授于乡里。王义方,由侍御史左迁莱州司户参军,秩满,家于昌乐,聚徒教授。

五是避世隐居的学者,人虽隐居,但名声在外,敬慕者寻踪而至,门下请益求教者往来不断。如隋王通,隐居白牛溪,讲学授徒,往来受业者达千余人。唐马嘉运,退隐白鹿山,诸方来受业者至千人。阳城,隐居中条山,远近慕其德行,多从之学。窦常,居广陵之柳杨,以讲学著书为事,二十年不出。

高级私学教师能坚持长期讲学不辍,需要保障一定的生活供给,基本来源是弟子们奉送的束脩。学生在入学之初奉送束脩是当时通行的礼节,履行这一礼节,就与教师形成了师生关系。孙光宪《北梦琐言》载:"唐咸通中,荆州有书生号'唐五经'者,学识精博,实曰鸿儒,旨趣甚高,人所师仰,聚徒五百辈,以束脩自给。"能吸引五百弟子来学习,一个弟子送一份束脩,累积起来还是相当可观的。比较起来,高级私学教师的生活条件优于初级私学教师,他们可以衣食无忧,全身心投入讲学著书。

（2）传授内容

隋唐是中国封建社会鼎盛时期,也是文化的繁荣阶段。文化的繁荣催生多种学科的私学传授,形成这一时期私学的一大特点。从私学传授内容来区分,当时比较突出的有以下几类私学:

① "三礼"学。六朝时最重"三礼"学,到唐初还保留这种风

气。最著名的"三礼"专家是张士衡，他从刘轨思学《周礼》，又从熊安生、刘焯学《礼记》，后专攻"三礼"。贞观时，为崇贤馆学士。张士衡以"三礼"传授，最著名的弟子是贾公彦，贾先参加《礼记正义》的编写，后又独自撰有《周礼义疏》五十卷、《仪礼义疏》四十卷。贾公彦传授弟子李玄植，李撰《三礼音义》行于当世。其时以"三礼"研究著名的专家还有王恭、王方庆等人。

②《易》学。《周易》与《老子》《庄子》并称"三玄"。它们不仅在官学作为课程传授，民间也有人长期传授。如尹知章，绛州翼城人，少勤学，尽通诸经精义，尤明《易》及《庄》《老》玄学。知章虽居史职，归家则讲授不辍，远近咸来受业。其有贫匮者，知章尽其家财以衣食之。开元六年（718年）卒，年五十有余。门人孙季良等立碑于东都国子监之门外，以颂其德。尹知章是当时研究《易》学的专家，把传授看作自己的历史使命，他不仅义务讲授，还为贫困学生提供衣食，难怪他的弟子要为他立碑颂德。大历时，蔡广成为《易》学名家，他讲学授徒，产生较大的社会影响。开成年间，上元瓦官寺僧守亮精通《周易》。时李德裕镇浙西，初次与守亮见面谈话，十分信服，于是下令于府中设讲席，凡从事以下，皆来听讲，逾年方毕。

③《春秋》学。隋唐时期研究《春秋》比研究《周易》更为广泛，为的是学习历史，总结治国经验教训，明辨为人处世是非，民间多有专家传授。如隋徐文远，洛州偃师人。其兄于长安以卖书为业，文远日阅书于书店，博览五经，尤精《春秋左氏传》。文远为人方正纯厚，有儒者风。窦威、杨玄感、李密皆从其受学。顾彪，苏州吴人，精于《春秋左氏传》，讲授于乡里。乡人朱子奢从之习《春秋左氏传》，并以专精而闻名。啖助，赵州人，博通经术，不守章

句。曾任丹阳主簿，秩满即隐居著述。他深研《春秋》，考核"三传"短长，撰成《春秋集传集注》及《春秋统例》。其弟子中著名的有赵匡、陆质。赵匡撰有《春秋阐微纂类义统》，陆质著有《春秋集传纂例》《春秋微旨》《春秋集传辨疑》等。大历时，啖助、赵匡、陆质是研究《春秋》的名家，在学术上有深远的历史影响。

④《汉书》学。自汉以来，史书受到重视。借鉴历史经验以处理时事的客观需要，促使有些学者专攻《史记》《汉书》，因此研究《史记》《汉书》成为专学。其中，《汉书》尤其受到关注，名家传授不绝。如隋包恺，精究《汉书》，学者尊为宗匠，聚徒教授，著录者数千人。唐颜师古，精研《汉书》，所撰《汉书注》因解释详明而大行于时，研究《汉书》者皆将之推荐为必读书，至今仍为《汉书》研究者的重要依据。贞观年间，《汉书》之学大为流行，著名的专家有刘伯庄，撰有《汉书音义》。又有秦景通与其弟暐，皆精通《汉书》，时人号为"大秦君""小秦君"。时欲攻《汉书》者，皆求其指授，非其指授，以为无法。清赵翼《廿二史札记》评说："唐人之究心《汉书》，各禀承旧说，不敢以意为穿凿者也。"这说明，研究《汉书》的人都是有所师承的。

⑤谱学。由于魏晋南北朝以来士族豪门垄断政权的历史影响，隋唐时期习俗仍注重氏姓门第，于是产生研究氏族姓系发展过程的谱学，族谱、家谱都属其研究范围。谱学成为一些学者的专学，一般人弄不清来龙去脉，要有专家传授才能理清头绪。唐初李守素，通氏姓学，世号"肉谱"，虞世南称之为"人物志"，欲知古人，可以找他查询。同时代的李淹，亦明谱学，与李守素齐名。其后有路敬淳，尤明谱学，尽能究其根源枝派，当时无人及之，撰《著姓略记》，行于时。继路敬淳之传的有柳冲、韦述、萧颖士、孔

至,各有著述,皆本于路氏。柳冲博学,尤明世族,名亚路敬淳,他建议修改《氏族志》。至先天初,柳冲与魏知古、陆象先、徐坚、刘知幾、吴兢等,撰成《姓族系录》。孔至明氏族学,撰成《百家类例》,行于时。

⑥《文选》学。隋唐时期,学者视《文选》为古文学经典,竞相学习。唐初,扬州江都人曹宪,专精《文选》之学。曹宪原是精研诸家文字之书的文字学家,凡文字均能为之音训,并引证明白。他利用文字学的专长,转而训注《文选》,撰成《文选音义》,甚为时人所重。曹宪开始以《文选》教授诸生,江、淮间为《文选》学者,本之于宪。又有许淹、李善、公孙罗相继以《文选》教授,由是其学大兴。润州句容人许淹博学多闻,尤精训诂,撰《文选音义》十卷,以《文选》教授学者。公孙罗也撰《文选音义》十卷,行于当世。李善撰《文选注解》六十卷,他原先为崇文馆学士,获罪罢官,居汴、郑间,以教授为业,诸生多自远方而至,传其业,号"文选学"。李善之子李邕,传其家学,学有心得,另有别解补充,附事述义,自成一书,故父子两书并行。后人言《文选》者,仍以李善注解本为定。

⑦ 文学。唐代发展了科举考试制度,这是促使唐代文学繁荣昌盛的重要因素。凡应科举考试者都必须有文学素养和技能,全靠平时的学习和训练。为适应这种广泛的社会需要,出现了专以文学传授的私学,传授者都是擅长文辞、竞争考试的优胜者、进士及第出身。如元德秀,河南人,善于文辞。任官岁满,架柴车去。爱陆浑山水,乃定居。是时程休、邢宇、邢宙、张茂之、李崿、李丹叔、李惟岳、乔潭、杨拯、房垂、柳识皆为门弟子。萧颖士,四岁能文,观书一览即诵,博学多才。开元二十三年(735年),举进士,对策第一,名播天下。客居濮阳,于是刘太真、王恒、卢异、卢士式、

贾邕、赵匡、阎士和、柳并等皆执弟子礼,以次受业。独孤及,河南洛阳人,历濠、舒、常三州刺史。其为文必彰明善恶,长于议论。梁肃、高参、崔元翰、陈京、唐次、齐抗皆师事之。柳宗元,字子厚,河东人。下笔构思,与古为侔,精裁密致,璨若珠贝。元和十年(815年),移为柳州刺史。江岭间为进士者,不远数千里皆随宗元师法,凡经其门,必为名士。两《唐书》中,此类事例不胜枚举。

⑧ 科学技术。民间有科学技术方面的专家,个人开展为社会服务的活动,成为地方的知名人士,应学者的请求而传授。因为是专业性的,所以生徒的数量不可能很多。如隋卢太翼,河间人,七岁入学,能日诵数千言,州里号为神童。成年后,不求荣利,博综群书,爰及佛道,皆得其精微。尤善占候算历之术。隐居白鹿山数年,徙居林虑山茱萸峭,请业者自远而至,初无所拒,后惮其烦,逃于五台山。地多药物,与弟子数人庐于岩下,萧然绝世,以为神仙可致。孙思邈,京兆华原人,七岁就学,日诵千余言。成人后,善谈老、庄及百家之言,兼好释典。隐居太白山,不应征召,固辞官职。他成为著名的医药专家,民间号为"药王"。当时名士宋令文、孟诜、卢照邻等,皆执弟子礼以师事之。孙思邈所撰《千金方》,流传于世。其他不同的科学技术依靠私学来传授的尚多,不一一列举。

3. 书院的创立

书院是由私人读书、藏书的场所演化为讲学授徒的场所而产生的,也是由实行科举考试制度之后,要求应试者必须博学广识这种现实需要推动而形成的。初期书院的藏书都是手工抄写的。自己抄写而成的,数量有限,于是书院或是雇用书手抄写,或是购自书肆,长时间收藏积累,藏书逐渐丰富。有了藏书,就为教学活动中扩大知识面和自学研究创造了有利的条件。

　　既有藏书，又有教学活动，才是名副其实的书院。创立于唐贞元（785—805）、元和（806—820）年间，最早见于志书的书院有三处：一为四川遂宁张九宗书院，二为江西高安桂岩书院，三为湖南衡阳石鼓书院。它们都是由私人创办的，作为讲学之所，既开风气之先，产生广泛的社会影响，又引起仿效追随的效应，书院逐渐扩散开来。书院由民间私家设立，既有藏书又有教学活动，学习内容适应科举考试的需要，不同于以前以单科学习为主的私学，成为一种知识面较广的新型教育机构。

　　唐诗反映了唐代社会发展变化，《全唐诗》诗题中提及的书院就有十多所：李秘书院、第四郎新修书院、赵氏昆季书院、杜中丞书院、宇文褒山寺读书院、费君书院、李宽中秀才书院、南溪书院、李群玉书院、田将军书院、子侄书院、白鹿洞书院等。

　　地方志中记载的唐代创建的书院更多。邓洪波《唐代地方书院考》列举了以下一些书院：张九宗书院、丹梯书院、凤翔书院、瀛州书院、李公书院、丽正书院、青山书院、松洲书院、鳌峰书院、草堂书院、孔林书院、光石山书院、天宁书院、李宽中秀才书院、南岳书院、韦宙书院、卢藩书院、杜陵书院、皇寮书院、桂岩书院、景星书院、东佳书堂（义门书院）等。这表明，书院不是个别现象，而是比较广泛的存在。由私人创办的小规模书院，随着时间的推移，逐渐扩展为地方公众创办的规模较大的书院。

　　唐后期开始有印版书，因是造福社会的事业，故受到重视和欢迎，日渐扩大并流行。印版书的印数越多，成本越低，为书院增加藏书和丰富藏书品种创造了有利条件，因而促进书院加速发展。

书院承担起培育人才和传播、发展中华文化的双重任务,在中国教育发展史上具有里程碑意义。

书院产生于唐代,发展于五代,繁荣和完善于宋代。

(五)学校教育制度的特点

1. 学校体系的形成

隋代在学校设置方面有些创新,中央官学已有五学,地方官学也有州县学,但时起时落,并未形成一个全面稳定的学校体系。唐代吸取隋代的经验教训,不仅恢复了官学,而且有较大的发展。特别是贞观年代,增设律学,使中央官学作为综合的高级学府具有经科、法科、实科而更加充实。附设的专科学校也较充分地发挥行政机关事务部门的作用,培养多种专门人才。在推行州县学按定额广泛设置之后,又令州设医学,使医学教育进一步向各地区推广。地方官学向中央官学选送学生,使地方官学与中央官学衔接。官学以私学为基础,吸纳私学输送的优秀学生。私学与官学并存,其中私学承担基础教育与专业教育两个层次的教育任务。在教育行政上,官学是教育的主干,私学是官学的重要补充。这一古代学校体系的形成,对中国封建社会后期的教育产生了重要影响。

2. 分级管理的教育行政体制的确立

隋代以前,中央政府没有专设管理学校教育的机构,都由负责管理礼乐的太常寺兼管学校。隋代开始,出于加强对教育事业进行管理的需要,中央官学由附属机构转为独立机构,从太常寺分离。国子学后来改称国子监,既是高级教育学府,也是教育行政机关。国家从此实行分级管理的教育行政体制,即中央官学由国子监祭酒负责管理,地方官学由州县长官负责管理。专科性学校则归对口的行政部门管理,以利于专业教育的实施。这种体制在当时收到实效。

3. 学校内部教学管理制度及法规的完善

隋代以前的官学,教学管理有一些规定,形成一定惯例,在正常条件下就按这些规定和惯例运行。如果管理松懈或社会动荡影响学校,原先的规定和惯例遭到破坏,教学秩序就难于保证。隋唐时期对过去学校教学的规定和惯例加以梳理,按现实的需要,作了新的规定。特别在开元年代,对规定又作了一番检查修订,将入学资格、学校礼仪、专业教学、成绩考核、违规惩罚、休假处理等方面都纳入法制轨道,此后可依法制对学校教学进行管理。

4. 对专业教育的重视

隋代以前的中央官学,都沿袭汉代太学的传统,只重视五经的传授。即使是与经学密切相关的史学、文学,也是到南北朝时期才被列为课程,设学传授。至于科学和技术则被忽视,没有独立设置专业进行人才培养,所需的专业人才以师傅带徒弟的方式个别培养,或从社会上招聘。这种情况到了隋唐时期才发生转变。由于统一的中央集权国家需要大量人才,才能满足行政管理和事业发展的需要,因此政府在国子监添设算学专科以培养专门的算学人才,在太医署附设医药专科以培养专门的医药人才,还有其他一些专科教育。从教育制度发展过程来考察,这是实科教育的首创。

5. 学校教育与行政机构及事务部门的结合

中央政府的管理机构为履行某一方面的服务职责,下设一些事务部门,这些具体部门为开展服务工作,集中一批专业人才,并拥有必需的物质设备。这一类人才还需要继续培养和补充,而培养这类人才所需要的师资、设备、实习的场所,事务部门都有条件提供。于是,一些事务部门,如司天台、太医署、太仆寺等,负起双重任务,既为政府提供专业服务,又担负起培养专业人才的任务。学生在这种条件下学习,可以更好地把专业知识学习与专业实践密切结合起来。

三、 隋唐科举考试与学校教育

(一)隋代科举考试制度的产生

隋代以前,魏晋南北朝选官实行的是九品中正制度,以门第为评选的标准,中正官全出自士族豪门,实际是由士族豪门垄断政权。

隋文帝登位之后,力图对妨碍中央集权的旧制度进行改革,建立了三省六部制度,规定全国选官、任官的权力统归中央吏部。隋文帝对地方行政机构也进行改革,以加强中央对地方的控制,中正官仅保留乡官的名号而已,到开皇十五年(595年)罢去乡官,从法律上把九品中正制度完全废除。选官采用察举制度,由中央高级官员和地方行政首长负责考察和推荐,在规定时间集中到京都,由吏部进行考试,选优录取,量才授官。隋代在开皇年间举行五次察举,在仁寿年间举行两次察举,在大业年间举行三次察举。察举不定期,因为它是根据需要而下令举行的,需要什么类型的人才就定什么科目,科目随时变化。察举有推荐的程序,但不取决于推荐,而取决于用文化考试来取舍人才。这种因素进一步发展,为科举制度的产生铺设了道路。

科举制度是由察举制度演化而来的,在吸取察举制度历史经验的基础上,经过一定的调整改进,终于形成科举考试制度,中国考试制度的发展由此进入一个新的历史阶段。

由于隋代是统一的中央集权国家,各级行政机构需要数量甚多的管理人才,而人才分散于全国各地,因此要面向全国广泛吸纳,用文化考试的方法加以查验鉴别,选拔真正优秀的人才而为国家所用,提高官员的文化素养,以利于改进政治。

科举考试制度的特点是:个人自愿报考,县州逐级考试筛选,全国举子定时集中到京都,按科命题,同场竞试,以文艺才能为标准,评定成绩,限量选优录取,以这种方式方法选拔国家官员。科举制度作为一种选官制度,破除了士族豪门对政权的垄断,适应时代进步的需要,使原来封闭的政权向庶族士人开放,扩大了隋代政权的社会基础。

科举制度不是突然变革而形成的,它有发生、发展的过程。从开皇年代开始,新制度的因素就逐渐积累。开皇七年(587年)正月,"制诸州岁贡三人"①。此令是科举考试制度起步的重要标志,发布了多方面信息,明确定区域(以州为单位)、定年度(每岁一次)、定贡举(上贡人才)、定名额(限额三人),在打破士族豪门垄断选举之后,实行每年自下而上经过考试选拔人才,为地方庶族士人开辟一条参政的通道。选送的名额有限制,可以缺额,但不能超额,科目则没有限制,有适合秀才或明经条件的就举送应考。

① 《隋书·高祖纪上》。

"诸州岁贡三人"的法令,为年年设科考试选拔优秀人才铺平了道路。

隋文帝受重农主义思想的影响,在经济上实行重农政策,以农业为社会的经济基础,强调四民的社会分工,农为本业,商为末业,维护庶族中小地主的利益,而限制工商的利益。开皇十六年(596年)"六月甲午,制工商不得进仕"①,即出身于工商的人不得为官,实际上也不得参加科举考试。显然可见,科举考试并不是向所有人开放的。

在诸州每岁贡举获得社会赞成的基础上,科举的因素日益发展,使不定期举行的察举走向科举化。开皇十八年(598年),"以志行修谨、清平干济二科举人"②,表明察举转向设科举人,具有科举考试制度的重要特征。

隋炀帝当政的大业年代,科举考试制度的因素有了重大的发展。特别是大业二年(606年),"始建进士科"③,说明以文才为选士的方向已经确立,使科举考试科目有了多种类型,适应当时选官的政治需要,终于形成新型科举考试制度。大业三年(607年),隋炀帝下令十科举人:孝悌有闻、德行敦厚、节义可称、操履清洁、强毅正直、执宪不挠、学业优敏、文才美秀、才堪将略、臂力骁壮等。这一方面强化分科取士,另一方面表明随着政治的发展,需要从多方面广泛选拔人才。

隋代科举的设科,趋向于以考试选拔比较实用的人才,经过调整后集中到几个科目,如秀才、明经、进士等科。常科是基本

---

① 《隋书·高祖纪下》。
② 《隋书·高祖纪下》。
③ 《资治通鉴纲目》卷三六下。

的,制科作为补充,两科并行。

大业二年(606年)"始建进士科",是科举考试制度确立的标志,此后科举制度在中国历史上延续了一千三百年,直到1905年才废除,曾对封建社会的政治、经济、文化产生重大的影响,是不能忽视的。

(二)唐代科举考试制度的发展

1. 唐循隋制与恢复科举

唐代选官,沿用隋代科举考试制度。杜佑《通典》卷一五载:"大唐贡士之法,多循隋制。"《新唐书·选举志》载:"唐制,取士之科,多因隋旧。""多循隋制"或"多因隋旧",表明唐代基本上是承续隋代的科举制度,但又不是全部照旧,而是有发展,有创新,逐步调整,使科举考试制度趋于健全。

唐代恢复科举考试,开始于唐高祖武德四年(621年)。《唐摭言》卷一《统序科第》载:"始自武德辛巳岁四月一日,敕诸州学士及早有明经及秀才、俊士、进士,明于理体,为乡里所称者,委本县考试,州长重覆,取其合格,每年十月随物入贡。斯我唐贡士之始也。"此敕令在唐代有一定的开创意义,它明确了贡士的范围和主要条件,规定县初试、州复试后每年十月入贡的程序,以后基本上依照此例实行。贡士集中到京都后已处于冬季,要办一些必要的手续和例行的活动,实际考试及录取都在第二年春季进行。

2. 科目标准与贡举名额

州县地方官以考试选拔贡士,不同科目订有不同标准。《唐六典》卷三〇《三府督护州县官吏》规定:"凡贡举人,有博识高才,强学待问，无失俊选者，为秀才；通二经已上者，为明经；明闲时务，精熟一经者，为进士；通达律令者，为明法。其人正直清修，名行孝义，旌表门间，堪理事务，亦随宾贡为孝悌力田。"这是唐代将科目的标准以法令条文明确加以规定。同时，唐代对于贡举的名额也按州的大小规定了分配名额："凡贡人，上州岁贡三人，中州二人，下州一人。若有茂才异等，亦不抑以常数。"州作为行政区，管辖的人户有多有少，贡举名额应该有差别。这里总结了既往经验，作了较为合理的调整。

3. 科目设置与适时变化

唐代科举考试有常科（每岁举行一次）与制科（不定期举行）。常科的科目是承续隋代的，但随后有不少发展变化。武德四年（621年）敕令所列四科，有明经、秀才、俊士、进士。到开元二十六年（738年），据《唐六典·尚书吏部》所载，"凡诸州每岁贡人，其类有六：一曰秀才，二曰明经，三曰进士，四曰明法，五曰明书，六曰明算"。六类也就是六科。虽规定按六类考试与录取，但事实上，由于秀才科标准高，应举试者极少，此科在唐高宗永徽二年（651年）已停；而明法、明书、明算三科较为专门，应举的人不多。所以，每岁贡举绝大多数集中于明经、进士两科。后来有人发觉科举选拔人才存在一定偏弊，为了多方吸收人才，科目有所增加，也有所变化。《新唐书·选举志》的记载反映了变化情况："其科之目，有秀才，有明经，有俊士，有进士，有明法，有明字，有明算，有一史，有三史，有开元礼，有道举，有童子。而明经之别，有五经，有三经，有二经，有学究一经，有三礼，有三传，有史科。此岁举之常选也。"此处对曾开设的科目加以汇总，显得科目繁多，但各科的情况很不相同。如道举，仅唐玄宗一朝实行；

俊士与进士，名虽异而实同；其他各科也曾实行一段时间，长短不一。只有明经、进士两科，在常科中最为盛行且始终保持着。尤其是进士科，最具代表性，声望最隆，得人最盛。不少进士登科者因才能出众而步步升迁至卿相。

4. 考试内容与项目调整

唐初承续隋代科举考试制度，秀才、明经、俊士、进士的考试都只有试策一项。《旧唐书·杨绾传》："近炀帝始置进士之科，当时犹试策而已。"《通典》卷一五《选举三》载，明经、进士两科，"其初止试策"。《大唐新语》卷一〇《厘革》载，明经、进士两科，"古唯试策"。《唐摭言》卷一《试杂文》："进士科与隽、秀同源异派，所试皆答策而已。"虽然都只有试策一项，但科目不同，要求也就两样：秀才科试方略策，明经科试经策，俊士、进士科试时务策。贡举之士在准备参加科举考试时，通常搜集名家旧策，有人分析其文理，以资借鉴；有人背诵其文，以备模拟。如果考试时策题与旧策相近，模拟旧策就好对付，不用再动脑筋去冥思苦想。

有识之士指出，贡士只有试策，其学问未免浅薄。于是，贞观八年（634年），诏加进士试读经史一部，意在加强其基础知识，这是科举考试增加内容的开始。《唐会要》卷七六载，唐高宗调露二年（680年）四月，考功员外郎刘思立奏请明经加帖经，进士加试帖经及杂文。永隆二年（681年）八月，诏："自今已后，考功试人，明经每经帖试，录十帖得六已上者。进士试杂文两首。识文律者，然后并令试策。"此诏因故未即实行。至唐中宗神龙元年（705年），始实行明经、进士皆三场试。唐玄宗开元二十五年（737年），颁布《条制考试明经进士诏》，规定明经每经帖十，取通五以上；案问大义十条，取通六以上；答时务策三首。进士帖大经十帖，取通四以上;准例试杂文(二首)及策(时务策五道)。从此,科举考试的内容项目基本定型,三场试因长期沿用而稳定下来,只有口问大义和杂文有些调整。口问大义简称"口义",就是口试;有时改变方式用笔试,简称"墨义"。天宝年间,杂文改专试诗赋,因长期沿用而成为定例。唐文宗太和八年(834年)十月,礼部奏文说明缘故:"进士举人,自国初以来,试诗赋、帖经、时务策五道。中间或暂改更,旋即仍旧。盖以成格可守,所取得人故也。"

唐之后进入动乱的五代。五代继续奉行唐代的科举考试制度,只作一些局部的调整。

(三)科举考试制度对学校教育的影响

1. 学校与科举的关系

唐初的统治者重视兴办学校,也重视利用科举。学校教育制度是培养人才的制度,成为社会人才的重要来源。学校不断输送人才供科举考试选拔,是科举赖以发展的基础。科举考试成为国家政权选拔优秀人才的重要渠道,也为学校培养的人才开辟了政治出路。中国历来有"学而优则仕"的教育传统,为学修身,以从政为官为第一目标,科举是联通学校教育与从政为官的桥梁。学校教育与科举考试皆独立而并举,相辅相成,关系相当密切。

从统治集团的立场来看,学校与科举都是不可缺少的政治工具,只是两者的特点和效用各有不同。学校培养人才需要一定的条件,要有人力、物力、财力的投入,还需有较长费心培植的周期。科举考试似乎可以走捷径,坐待收获。依靠行政权力确定选拔的科目、方法、日期,就可以派出考官,以考试选拔录取人才,在较短时间内就能收到显著的成效，并产生轰动的社会效应。历史上，随着皇朝政权的稳固，政治形势转入和平发展时期，统治者常以功利的观点看待学校与科举的关系，越来越重视科举的政治作用。既然成千上万有知识、有才能的人愿意应考求官而为朝廷效力，那么只要继续利用科举，就不必担心没有人才可用，兴办学校也就不再重要，任它随科举发展就可以了。这样对待，孰重孰轻已很显然。科举考试制度受重视，居于主导地位；学校教育受轻视，居于次要地位。学校教育要适应科举考试的需要，成为科举的附庸。学校作为科举考试的预备场所，一切受科举考试的直接支配。科举对学校教育发挥着导向调控的作用，科举制度存在的一切消极因素也直接影响着学校教育。

2. 科举影响学校的培养目标

通过科举考试选拔人才，是为了充实国家官员队伍，所以科举考试就是封建时代选拔官员的制度。平民百姓要想提高自己的社会政治地位，必须经由科举考试的途径才能跨进入仕做官的行列。要为参加科举创造条件，必先进入学校学习知识。科举以功名利禄的刺激带给民众提高社会地位的希望，从而调动民众学习文化知识的积极性。民众需要学习文化知识，成为学校发展的动力。学校兴办之后，势必考虑民众的愿望，以适应社会政治需要为方向，所以教育学生必然以育才应举为正道，以登科做官为荣耀。特别是各级政府所办的官学，以通过科举考试而入仕做官为教育目标。

随着时代的发展，隋唐科举考试选官的标准也发生了根本性的变化，既不以出身门第为标准，也不以道德品质为标准，而是以文艺才能为标准。《通典》卷一七载刘峣《取士先德行而后才艺疏》:"国家以礼部为考秀之门,考文章于甲乙,故天下响应,驱驰于才艺,不务于德行。……故有朝登科甲而夕陷刑辟,制法守度使之然也。"科举考试选才的基本原则是以文才出众为标准,不是以德才兼备为标准,这对于学校的培养方向产生极深刻的影响。

3. 科举影响学校的教育内容

学校既已成为科举的附庸,被迫适应科举考试的需要,科举考试某个项目有什么样的知识要求,学校必定安排什么样的教学内容。如进士科试策,必须以经书为基础知识,还要从诸史中采用典故,引据事例;试诗赋,必须懂得音韵。所以,李揆以礼部侍郎主持进士考试,实行开卷考试,"于庭中设五经、诸史及《切韵》本于床"①,供贡士们寻检。科举考试不考的,也就不教不学,根本不接触科技实用知识,造成学生知识面狭隘。

由于科举应考的人数很多,而名额有限,通常进士科只有百人取一,明经科只有十人取一,竞争十分激烈。应考者求功名之心切,在备考之时,动脑筋找窍门,走捷径,以求在考试中侥幸获得成功。永隆二年(681 年),《条流明经进士诏》就指出:"明经射策,不读正经,抄撮义条,才有数卷。进士不寻史传,唯读旧策,共相模拟,本无实才。"应考者不求深入理解,唯求省力有效,选择经书的要点,摘录背诵;选择旧策为范文,熟读若干篇,以供模拟作文。这是应付科举考试通常使用的办法,有人竟然投机得逞。所以,科举录取的不一定是具有真正知识与实际才能的人。

4. 科举直接影响学校的考试方法

学校为了使学生将来能适应科举考试的要求,特别重视考试

① 《旧唐书·李揆传》。

训练,并作系统的考试安排。学校在平时督促学生学习,进行阶段或年度考核都尽量仿照科举考试的方法。科举考试中采用帖经、口问大义等方法,学校加以仿照,就有试读与试讲,试读要求读熟能背诵,试讲要求理解能陈述。特别是学生完成学业,要出学参与科举考试之时,照例要举行毕业考试,其试法皆依考功,完全按照科举考试考明经、进士的办法实行三场试,明经试帖经、口义、时务策三项,进士试帖经、杂文、时务策三项。这是资格考试,也是模拟考试,是参与正式的科举考试之前的实际演练。

总之,科举考试对学校教育的影响是多方面的,它对学校教育产生实际的导向作用,使学校逐渐沦为科举考试的附庸。

四、 隋唐的中外教育交流

隋唐是封建文化教育发达繁荣的时代,从 7 世纪到 9 世纪处于世界领先地位,统治者重视与东西方各国的文化和教育交流。当时与隋唐有使者往来和通商关系的国家很多,如安国、康国、史国、曹国、支国、石国、吐火罗、波斯、大食、拂菻、罽宾、天竺、泥波罗国、师子国、骠国、堕和罗、真腊、林邑、瞻博、室利佛逝、诃陵、婆利、盘盘、单单、高丽、新罗、百济、日本等等。它们与隋唐有文化交流,也有教育交流,重要的方式是派遣留学生、留学僧来唐学习先进的文化。京都长安、洛阳是文化中心,是外国留学生、留学僧向往的目的地。派来留学生、留学僧较多的是东边的新罗与日本,文化和教育的交流也推动了这两个国家的社会改革。现着重介绍隋唐与新罗、日本的教育交流,以反映当时中外教育交流的情况。

（一）隋唐与新罗的教育交流

6世纪至7世纪中叶，朝鲜半岛的新罗国力日渐强盛，完全统一弁韩、辰韩的领域，北与高丽为邻，西南与百济为邻，到562年名副其实地形成三国鼎立之局面。新罗为了自身安全与发展的需要，展开与邻国的邦交，派遣使者与隋（581—618）建立友好联系。

新罗当时未出现官学，实行的是"花郎教育"。花郎集团由十五六岁贵族青少年男子组成，成员称为郎徒，郎徒的领袖称为花郎。集团的人数通常为数百以至数千，平时实施文武教育，"或相磨以道义，或相悦以歌乐，游娱山水，无远不至"[①]。集团要求奉行三教德目：儒教，"入则孝于家，出则忠于国"[②]；道教，"处无为之事，行不言之教"[③]；释教，"诸恶莫作，诸善奉行"[④]。通过对集团生活的考察，当政者"知其人邪正，择其善者，荐之于朝"[⑤]。集团在战时自成一战斗团体，编制仿军团，独立参加战斗。这是一种特殊形态的教育组织，其教育目标是："贤佐忠臣，从此而秀；良将勇卒，由是而生。"[⑥]即要培养文武人才，为国家所用。"花郎教育"最盛行的时代是6世纪中叶至7世纪中叶。

581年，隋朝建立。589年，隋朝统一南北。《隋书·东夷·新罗》载，开皇十四年（594年），新罗金真平遣使来朝，隋文帝授金

① 《三国史记》卷四七《列传第七》。
② 《鸾郎碑序》。
③ 《道德经》第二章。
④ 《妙法莲华经》。
⑤ 《星湖全集》卷七。
⑥ 《三国史记》卷四《新罗本纪》。

真平为上开府、乐浪郡公、新罗王。其文字、甲兵同于中国。大业以来，使者来往不绝。

618年，唐朝代隋而兴，新罗不久也与唐朝建立友好关系。《旧唐书·东夷·新罗国》载，武德四年（621年），新罗遣使来朝，唐高祖遣庾文素为使者前往，赐玺书及锦彩。自此，新罗使者来往不绝。

1. 新罗派遣学生留唐的教育制度

新罗由金真平当政时，特别重视与唐的友好联系。唐朝也有积极的回应，于武德七年（624年）派遣使者前往新罗，册金真平为柱国，封乐浪郡王、新罗王。史书只记载金真平继续与唐通好，未提起新罗派遣留学生的事。中国史书明确记载，新罗、百济、高丽派遣留唐学生入国子监习业，始于唐太宗当政的贞观年代。唐太宗采纳魏徵的建议，实施偃武修文的政治路线，文治勃兴，贯彻崇儒兴学的政策，重视中央官学，扩建国子监学舍，广纳学生，发展规模达八千余人，包括一部分留学生。《新唐书·儒学传上》载，新罗、百济、高丽等"并遣子弟入学"，附监读书习业。此时，金真平之女金善德已继位为新罗王，她进一步加强与唐的联系，两国使者来往频繁，留学生随着使者来往，络绎不绝，并形成一定的制度。

新罗派遣留唐学生，初期很重视政治身份，都选自王族子弟；后期较重视学习专业，多选取六头品官的子弟。留学生的身份称为宿卫学生或宿卫。

留学通常以十年为限，限满申报归还本国。

派遣没有固定名额，人数因年而异，最少两人，多或七八人，甚至近二十人不等。十年间同时在唐国子监留学的学生曾达一二百人。《旧唐书·新罗国》载："开成五年四月,鸿胪寺奏:新罗国告哀,质子及年满合归国学生等一百五人,并放还。"这一批回归新罗的留学生有一百多人,而年限未满的留学生继续在国子监学习,待年满再分批回归。

留学生受到唐政府的优待,在学期间的费用由唐政府供给。留学生到达长安,由主管部门鸿胪寺负责接待,然后安排到国子监学习。他们的服装、粮食、住宿、经籍等费用,由鸿胪寺依照规定的标准供给。他们准备返回时选购书籍的买书银,则由新罗政府支付。

新罗的使者来唐,兼送一批新的留唐学生;使者返国时,接回一批完成学业且年限已满的留唐学生。新罗每年或每两年一次派遣使者来唐,留学生就随使者来或随使者回。有研究者统计,新罗自圣德王以后到景德王期间(702—765)63 年,共遣使入唐 56 次。使者来往较为频繁,送来与接回的机会较多。《三国史记》卷一一《新罗本纪》之景文王九年(869 年,唐懿宗咸通十年)七月条云:"又遣学生李同等三人,随进奉使金胤入唐习业。仍赐买书银三百两。"这是新罗使者兼送留学生的事例。留唐学生累积起来,人数也不少。

多数留唐学生学成之后回归本国,为国家服务。留学生多半出身于王族、贵族或官僚家庭,有此政治背景,回国后常任政府部门要职。也有少部分学业优秀的留学生参加唐科举考试,考试及第者可以在唐任职做官。如留学生金云卿,就是参加科举考试并在唐任职做官的一位。《旧唐书·新罗国》载,会昌元年(841 年)七月敕:"归国新罗官、前入新罗宣慰副使、前充兖州都督府司马、赐绯鱼袋金云卿,可淄州长史。"崔致远是科举考试及第,在唐任官职位较高的一个。

新罗使者频繁来唐,送来新的留学生,人数渐次增多,形成文化和教育交流的高潮。他们自觉吸收唐的先进文化,促进新罗文化蓬勃发展,为维持朝鲜半岛两百多年的统一局面做出了贡献。

2. 新罗仿唐官学制度的形成

新罗不断派遣留唐学生,同时吸收了唐的教育经验,结合本国的国情,逐步建立起适应新罗需要的官学制度。

新罗官学教育制度的形成经过两个阶段。第一阶段,设置教育行政机构。真德王在平定庆州贵族毗昙之乱后,巩固了王权,抓住时机实行中央集权。651年,他仿效唐的政治制度,整顿中央官僚机构,为教育行政机构设中下层职官大舍二人,史二人。大舍一职在十七等官位制中居第十二位,相当于国子主簿,其职责是办理国学事务,有官有职。教育行政机构进入建制的预备阶段。675年完成半岛统一大业后,国家管理领域扩大,需要行政机构相应地扩充。神文王于682年设立国学,置卿一人为国学长官,建立了形式意义上的学校制度。第二阶段,建立教学机构。当时需要国学设实用学科以培养实用人才,故新罗在圣德王十六年(717年)二月,设置医博士、算博士各一员。经过三十年,到景德王六年(747年),国学才设置经学科,真正完成学校教育制度的建立。

(1)新罗的国学制度

官学建立的目的是为国家官僚机构提供所需的官吏。官学的形成,与地方贵族势力的衰退、王权的巩固、中央集权的实施、半岛的统一、儒教作为中心思想地位的确立等变化过程是密切联系的。

新罗的官学制度以国学为主干,国学制度效仿唐国子监,根据本国需要有所选择并加以简化。现依《三国史记》卷三八《杂志·职官上》之国学条,述其概要如下:

① 国学是在礼部管理下的教育行政机构,设卿一人为长官,其品位与其他卿同。

② 国学行政机构人员有固定编制,设卿一人、大舍二人、史二人,总共五人。

③ 国学机构人员编制:根据本国需要,设置两科,即经学科与算学科,两科各设博士、助教,员额不定,学生名额也不限定,以便根据实际情况灵活调节。

④ 学生入学资格:"凡学生,位自大舍已下至无位,年自十五至三十,皆充之。"此规定特别突出位阶,似乎是将大舍以下的下级官员作为教育培养的重点,以提高青年官员的文化水平。

⑤ 经学的课程教学及出身:课程为《周易》《尚书》《毛诗》《礼记》《左传》《文选》《论语》《孝经》。这些课程和教材都是从唐朝引进的。《论语》《孝经》为共同必修课程。其他六项课程分三组供选择。其中,甲:《礼记》(三年)、《周易》(二年)、《论语》与《孝经》(一年),共六年。乙:《左传》(三年)、《毛诗》(二年)、《论语》与《孝经》(一年),共六年。丙:《尚书》(一年半)、《文选》(三年)、《论语》与《孝经》(一年),共五年半。博士与助教分组负责教授,各有所专。

经学科以通经程度的高低,实行"三品出身"的办法。上品:通三组课程中的任何一组(只要有一组全通就是上品)。中品:通《曲礼》及《论语》《孝经》(《曲礼》是《礼记》中的一篇)。下品:通《曲礼》及《孝经》(《论语》作为必修课程被省略)。三品是为入仕任官而设置的标准。特品：通五经、三史（《史记》《汉书》《后汉书》）、诸子百家书。特品的标准特别高，能达到博通程度的人很少，这是专为杰出人士而设的，一旦发现此类人士就提拔重用。

⑥ 算学科的课程及教学规定：课程有四，都是专业的，包括《缀经》（即《缀术》，祖冲之撰，用于计算天体运转与历法修订）、《三开》（撰者不明，未见《隋志》《唐志》著录。唐算学有《三等数》，未知两者内容的差别）、《九章》（即《九章算经》，撰者不明，用于行政或社会生活上的计算）、《六章》（高氏撰，六卷，未见《隋志》《唐志》著录）。算学的课程及教材都是从唐引进的，根据需要作了选择和精简，以实用为原则。

⑦ 在学的年限："限九岁，若朴鲁不化者，罢之"，令其退学；"若才器可成而未熟者，虽逾九年，许在学"，到了期限想要延期是有条件的，必须得到特别批准才可以。

⑧ 毕业的规定："位至大奈麻、奈麻，而后出学。"新罗的官制是实行十七等官位，大奈麻为第十位，奈麻为第十一位，大舍是第十二位。阶位随着学业合格或优秀而提升，要达到大奈麻、奈麻阶位，才可以毕业。

（2）新罗实行的附属专科教育

新罗也仿效唐朝，在政府机构的一些部门附设专科学校，利用其人才资源和设备资源开展专业教育。史书中对此有些简略的记载。

① 医学

《三国史记》卷三九《杂志·职官中》："医学，孝昭王元年初置，教授学生，以《本草经》《甲乙经》《素问经》《针经》《脉经》《明堂经》《难经》为之业，博士二人。"医学分为两科，医科、针科博士各一人。医科课程为《本草经》《甲乙经》《脉经》；针科课程为《素问经》《针经》《明堂经》《难经》。课程与教材由唐引进，根据本国的需要加以简化而成。

② 律令学

律令学以本国本朝现行的律令为课程内容。新罗于648年(贞观二十二年)派金春秋为使者，赴唐进行一番考察，带回贞观律令格式。以此为参照，新罗制定了自己需要的律令格式，为进行律令教育准备了一定的条件。《三国史记》卷三九《杂志·职官中》："律令典，博士六人。"当时已有机构的名称和学官的编制，但未写明设立的时间，考察前后文，似乎在孝昭王元年(692年)建立医学的同时，也制定了律令典。《三国史记》卷九《新罗本纪》载，景德王十七年(758年)四月，"置律令博士二员"。前后相隔66年，情形肯定有变化，博士编制显然缩减，而律令学的教育在实施，以培养专业人才。

③ 天文学

《三国史记》卷三八《杂志·职官上》："漏刻典，圣德王十七年始置。博士六人，史一人。"这是制度建立，并未随即开展教育活动。《三国史记》卷九《新罗本纪》载，景德王八年(749年)三月，"置天文博士一员，漏刻博士六员"。这次是有了制度后真正实施专业教育。据《三国史记》卷四三《金庾信传下》记载，金庾信的后裔金岩于大历年间(766—779)自唐返国，被惠恭王任命为司天大博士。这说明天文博士后来改称司天博士，也证明天文教育在实施。

④ 通文学

新罗于内省设有详文师，负责文翰书表之事。《三国史记》卷三九《杂志·职官中》:"详文师,圣德王十三年改为通文博士。景德王又改为翰林,后置学士。"机构称为翰林台,所内学生称为翰林台书生,其官位为大奈麻(第十位)。

(3) 新罗的地方官学

地方官学的设立以中央集权的地方行政体系的形成为基本条件。新罗的中央集权行政体系的确立在朝鲜半岛统一之后,即 685 年神文王设立五小京及九州制以后。安鼎福《东史纲目·第四下》之景德王六年(747 年)"置诸博士教授之官"条注云:"各州亦置助教,以韩恕意为熊川州助教。"助教为州学的学官,所实施的是经学教育。

新罗与隋、唐是近邻,陆上、海上都可以来往。新罗主动与隋、唐建立邦交,积极开展通商和文化交流,不断派遣留学生,到长安国子监学习先进的唐文化。留学生回国后,推动本国中央集权制的政治改革,并根据本国需要建立官学制度,培养了成批人才,发展了本民族的文化。由于移植和吸收唐文化,新罗大大缩短了与唐文化的差距。[1]

(二) 隋唐与日本的教育交流

中日的文化交流早在西周就已开始。汉王充《论衡》提到周成王时倭人曾经来献鬯草,这表明先秦时期中国与日本列岛上的人民已有交往。据《汉书·东夷列传》,日本列岛上的部落国家与中国保持着联系,东汉光武帝为表示友好,还授给倭奴国国王一

[1] 高明士.东亚教育圈形成史论[M].上海:上海古籍出版社,2003:177 - 223.

枚刻有"汉委奴国王"的金印。《北史·倭列传》载:"魏景初三年,……卑弥呼(倭奴国的女王)始遣使朝贡。……江左历晋、宋、齐、梁,朝聘不绝。"这表明,在魏晋南北朝时期,中日两国的交往从未中断过。

日本贵族对中国先进文化的追求,使中国儒学教育传统直接影响到日本。日本史书《古事记》和《日本书纪》记载:285年,日本为了学习中国文化,特地从朝鲜半岛的百济聘请了博士王仁。王仁是精通儒学的汉人,他带去《论语》十卷、《千字文》一卷。日本从此以儒家经典为教科书,并有了记录语言的文字。到了6世纪,日本贵族基本掌握了汉字的用法,对儒家思想有了比较系统的了解。共同的文字和教育内容使两国的教育交流更加顺畅。

隋唐时期,中国是世界上先进的文明国家,为许多国家所仰慕。隋唐对来访使节都以礼优待,他们所到之处,饮食、住宿一概免费招待。唐代皇帝一般亲自接见使者,而且尽量满足他们的要求。如开元五年(717年),日本遣使来中国,请求传授经书,唐玄宗就命四门助教赵玄默到使者住处传授经书。[①] 日本对中国的优秀文化热心于学习和模仿,形成一股学习的热潮。

日本自圣德太子摄政以后,顺应政治变革、经济发展、社会进步的需要,与中国直接进行大规模教育交流活动。

1. 随同遣隋使、遣唐使来中国的日本留学生

隋唐时期,随同遣隋使、遣唐使来中国的留学生和留学僧,以及中国东渡的僧人、学者及科技工作人员,为中日教育交流做出了重要贡献。从隋文帝开皇二十年(600年)日本派出第一批遣隋

---

① 《旧唐书·东夷列传·日本国》。

使,一直到唐昭宗乾宁元年(894 年),在这 294 年间,日本共派出遣隋使 4 次,派出遣唐使 19 次(实际成行的派出遣唐使为 12 次)。[①] 遣隋使的组织规模较小,而遣唐使的组织规模则越来越大。特别是第九次遣唐使所乘的使船,由 2 艘增至 4 艘,人员增至 500 人左右,各色人员齐备,以后也依例派遣。据史籍记载,日本从 607 年开始,随同遣隋使、遣唐使派遣留学生和留学僧。留学生是从平素以有才华而闻名的人中各按专业挑选出来的,初期人数较少,后来渐次增加,每批有 10 多人或 20 人左右。留学生的人数少于留学僧,名留史籍的留唐学生有 27 名,而留唐学僧则有 92 名。留学生在隋唐学习的时间较长,对隋唐文化作了较深入的研究。例如,南渊请安、高向玄理留学 32 年,回国后成为日本"大化改新"有力的推动者。又如,吉备真备留学 18 年,在唐学习经史、律法,涉猎各种技艺,回国时带回《唐礼》130 卷、《大衍历经》1 卷、《大衍历立成》12 卷、《乐书要录》10 卷,还有其他相关器物。回国后,他在大学寮任职,向学生约 400 人教授五经、三史、明法、算术、音韵、籀篆等六道。他输入先进文化和开展培养人才的教育活动,导致后来日本《大宝令》有关学制的改革、政府礼典的修订、改用大衍历、日本国史的撰修、大学寮音道的发展。大和长冈也留学 18 年,他入唐专修刑名之学,回国后协同吉备真备删定律令 24 条。当时日本欲学法律者,都要向大和长冈请教。著名的留学生还有阿倍仲麻吕,他 16 岁入唐,在太学学习几年后,学业优秀,因而参加唐朝的科举考试,并获得进士及第,有了出仕任职的机会,开始边做官边学习。他深爱唐诗,以诗会友,与当时

① 木宫泰彦.日中文化交流史[M].胡锡年,译.北京:商务印书馆,1980:49-107,125-202.

著名的诗人李白、王维、储光羲等成为好友。后来,他改名晁衡,为后续而来的遣唐使担任向导,提供咨询。他仕唐终身,对中日文化教育交流做出了很大的贡献。膳大丘留学 10 多年,进国子监学习经史,回国后任大学助教、博士,768 年奏准尊孔子为文宣王,对奈良朝儒学兴起发挥了很大的作用。藤原刷雄留学 20 多年,回国后于桓武天皇朝任大学头。菅原梶成虽已通晓医经,谙练诊疗,但还有些疑义。为了请教,他作为请益生,入唐留学两年,专学医术。回国后,他任针博士、侍医等职务,对日本医学教育的发展起了很大的促进作用。

当时也有一些东渡日本的中国人,对中日教育交流做出了很大的贡献。如袁晋卿,送遣唐使到日本,由于他善《文选》《尔雅》之音,因此受到敬重,被任命为大学音博士,后升任大学头。鉴真和尚,应日本僧人荣睿、普照的邀请,决心东渡,10 余年间先后 5 次筹划试航,均告失败。直至 60 多岁,双眼为海水所蚀而失明,他仍不动摇,再经苦心策划,于 753 年第六次东渡日本成功。他在日本建造戒坛院、唐招提寺,致力于传播佛教,为信徒授戒,还传授中国医药和建筑的知识经验,促进了日本医药和建筑事业的发展。[①]

2. 唐代教育对日本奈良时期教育的影响

（1）对官学的影响

623 年(唐武德六年,日推古三十一年),在隋唐留学达 15 年之久的僧惠光、医惠日等回到日本,向朝廷建议:"留于唐国学者,皆学以成业,应唤。且其大唐国者,法式备定,珍国也,常须达。"[②]

---

① 池步洲.日本遣唐使简史[M].上海:上海社会科学院出版社,1983:106 - 111.
② 《日本书纪》卷二二。

朝廷采纳他们的建议,陆续召回在唐的留学生和留学僧,并于630年(唐贞观四年,日舒明二年)开始派出大批遣唐使随员,包括留学生与留学僧,直接与全面地学习唐文化。先后应召回国的僧旻、高向玄理、南渊请安热情传播唐代先进文化,推动以唐代为蓝本的"大化改新"。在随后的半个世纪里,日本又依据唐代律令,先后制定了《近江令》(666年)、《大宝律令》(701年)、《养老律令》(718年),比较完备地建立了各项制度。

《养老律令》之《学令》详细规定了学校制度,《职员令》《选叙令》《考课令》《医疾令》《东宫职员令》《后宫职员令》《赋役令》《杂令》中也对有关教育问题有所规定。按照《学令》的规定,官学分为中央与地方两个层次。中央官学称大学寮,另外还有典药寮、阴阳寮、雅乐寮等。地方官学称国学、府学。地方官学学生凡学成而有志于深造者,可以申报式部省,经考试合格,补送大学寮。这表明,日本的官学和唐代的官学类似,也是使上下层相衔接,下层为上层输送生员。

日本官学的性质和组织与唐代官学相似,都具有双重职能。大学寮既是培养人才的学府,又是政府属下的官府,兼有教育行政机构的性质。大学寮的首长称为大学头,其副手称为大学助。大学的教师也称作博士或助教。朝廷依据阶位的高低,给予他们不同的待遇。

对学生的入学资格,《学令》作了规定:"凡大学生,取五位以上子孙及东西史部子为之。若八位以上子,情愿者听。国学生取郡司子弟为之,……并取年十三以上、十六以下聪伶者为之。"当时日本等级森严,大学学生按等级身份入学。至于地方官学,地方官吏子弟优先入学,庶民子弟只有在学员不满额的条件下,经申请被选中才允许入学。这显然是受唐代等级性教育制度的影响。

在官学的教育内容方面，日本仿照唐代官学也很明显。大学寮设有经学、文章、语音、书法、数学、律学等专业。《学令》规定以儒家经学为主要教育内容，并对教材限定版本，凡教授正业，采用《周易》郑玄、王弼注，《尚书》孔安国、郑玄注，等等。课程教材分大、中、小经，不同要求、不同程度有不同组合，有必修课与选修课。《学令》规定："凡《礼记》《左传》，各为大经；《毛诗》《周礼》《仪礼》，各为中经；《周易》《尚书》，各为小经。通二经者，大经一经，小经一经；若中经，即并通二经。其通三经者，大经、中经、小经各通一经。通五经者，大通并通。《孝经》《论语》皆须兼通。"由此可见，日本官学的教育内容几乎与唐代国子监中"三学"（国子学、太学、四门学）的课程一致，只是缺了《春秋公羊传》《春秋榖梁传》两小经，但过了70年后又增补了这两经，就达到完全一致。

大学寮所设的书法专业类似于唐代国子监的书学，但只要求学生掌握书写的技巧，把字写好而已，并不要求扩大相关的知识面。

大学寮设有文章专业，讲授文学，以唐人的诗文集为主要教材，这是当时日本崇尚文学的社会风气在教育中的体现。受唐代重视史学的影响，日本也于735年在文章道里讲授中国的《史记》《汉书》《后汉书》等史籍。769年，天皇下诏为各地方国学颁发《史记》《汉书》《后汉书》《三国志》《晋书》各一部，把学习史书进一步推广到地方官学，并促进日本仿照中国史书体例及干支纪年编写《古事记》和《日本书纪》，对日本史学产生深远的影响。

大学寮还设算学,有博士 2 人,招收算学生 30 人,全部教材都采用唐代算学所用教材,于是能在较短时间内培养一批计算方面的专门人才,在政府部门任职,并缩短中日两国在算学领域的差距。

日本学校在一些管理制度上也仿效唐代学校。如学生初入学要行束脩礼,以表示对教师的尊敬;学生休假,也有放田假和授衣假的规定。

在考试制度方面,日本学校对旬考、岁考、毕业考有严格的规定。旬考包括读与讲两种方式,其试读者,每千言内,试一帖三言;讲者,每二千言内,问大义一条。旬试共问大义三条,答对两条为及格;答对一条及全不通者,则酌情处罚。岁考要考一年里所学的专业知识,问大义八条,答对六条以上为上等,答对四条以上、六条以下为中等,答对三条以下为下等。如连续三年居于下等,或在校学习九年而"不堪贡举者",要作退学处理。大学寮学生完成学业后愿意为官者,要参加大学寮的推荐考试,类似于毕业考。考试及格后,他们会被推荐给太政官,再受式部省的登庸试,类似于唐代的科举考试。登庸试分为四科:秀才科、明经科、进士科、明法科,其考试的内容、标准不同,对合格者所授予的阶位也不同。由此可见,日本官学的考试制度,除了要求的标准较低以及项目简化之外,几乎与唐代的学校考试一样。学校考试还与科举考试相衔接,成为选拔人才制度的组成部分。

唐代的医学教育制度对日本影响较大,日本典药寮仿照唐制设医科、针科、按摩科、咒禁科、药园科。在招生方面,先录取药部及医药世家的子弟,若名额不满,也允许录取庶民子弟,年龄限为 13～16 岁。教材采用唐代医学的教材,医科学生要学《甲乙》《脉经》《本草》,兼习《小品方》《集验方》等;针科学生要学《素问》《黄帝针经》《明堂》《脉诀》,兼习《流注》《偃侧》等图,《赤乌神针》等经。由于留学生往来频繁,唐代医药新的信息和研究成果能较快传到日本。如唐显庆四年(659 年)刊布的苏敬等编撰的《新修本草》,就被抄录带回日本,并在日本流传,也成为典药寮的教材。[①] 日本能在较短时间内设置专科学校,培养专门人才,显然受益于与唐代的教育交流。

(2) 对私学的影响

日本的私学先于官学存在,自发地进行小范围的教育活动,未受当政者重视。日本与隋唐进行教育交流后,观察到隋唐的私学发达,遍及城乡,于是逐渐重视私学。日本留学生学成归国之后,热心创办私学,引领发展私学的新潮流。私学招收的学生不分贵贱,上至贵族子弟,下至庶民子弟。如 640 年归国的高向玄理、南渊请安开设的私学,招收了中大兄皇子、中臣镰足等人为弟子,向他们宣讲儒家学说。这些贵族青年在外来新思想的启发下,产生以唐代为范本改革政治制度,建立封建王朝的强烈愿望,他们后来成为"大化改新"的中坚力量。

"大化改新"之后,私学与官学并行,蓬勃发展。日本律令规定,凡一品至四品的高官之家都要选派一名博士为家庭教师,专教这些官僚家庭的子弟。这是国家法令支持的私学。此外,还有些不够入中央官学规定品位的贵族官僚子弟也有强烈的入学要求,希望得到机会。有一些已在大学寮或在朝廷任职的博士首先

① 武安隆.遣唐使[M].哈尔滨:黑龙江人民出版社,1985:227 - 228.

在家里为本族子弟开设私塾。因办学成效较好而闻名的,如菅原梶成办的菅原家塾、和气广世办的弘文院、藤原冬嗣办的劝学院、橘逸势办的学馆院以及在原行平办的奖金院等,都培养了一些人才。这些私学培养的只是贵族官僚子弟。留学僧空海学成回国之后,为一般平民百姓办了第一所民间学校,即 828 年于京都东寺东郊创办的综艺种智院,明确提出办学目的就是要打破贵贱贫富、僧侣平民的等级地位限制,为有志求学的青年提供学习场所。综艺,指各种学问和技艺;种智,指一切知识的智慧。两者结合在一起,意味着学习各种学问和技艺、一切知识和智慧。综艺种智学院提供食宿,以保证贫穷学生能够顺利就读。启蒙教材采用来自唐朝的《急就章》,如欲进一步提高,则学经史与文学。对私学培养出的人才,政府以多种形式加以录用,激发人们学习的积极性,客观上也鼓励私学的发展。

（3）对文字的影响

日本经历了很长的只有语言而没有文字的阶段,到 285 年才由汉人王仁将汉字典籍带去,到了七八世纪才因留学唐代的留学生、留学僧返回日本,借汉字而创造了日本的文字。据说先由吉备真备根据汉字的偏旁部首创造了片假名,后由空海根据汉字的草书创造了平假名。假,是借的意思;名,就是文字。所谓片假名,是借汉字的偏旁部首,取其音而形成的文字;平假名,则是在日本平安时期借汉字的草书而创造的文字。这就使日本有了与本民族语言相应的文字,在日本文化发展史上是划时代的一件大事,是中日教育交流的又一重大成果。

友好的邦交为教育交流创造条件,社会发展的需要是教育交流的促进力量,这样先进的教育制度才能发挥积极作用,这是为历史所证明的。

小结

隋唐时期，封建社会发展达到鼎盛。隋重新统一了国家，唐前期百余年社会比较安定，经济的恢复与繁荣为文化教育的发展提供了重要条件。统治者采取了较为开明的崇儒兴学的政策，有力地促进了学校教育事业的繁荣。同时，佛教和道教的兴盛使不同形态的文化得以交流融合，推动了多元文教事业的发展。

科举考试制度产生于隋，发展于唐。统治者把选士制度和育士制度紧密地结合在一起，使科举考试制度成为操纵学校教育发展的杠杆。学校失去独立性，变为科举制度的附庸，对以后学校教育的发展产生了重大的影响。

隋代创立了一些新的教育制度，唐代加以继承和发展，学校教育的发展超过以前任何一个皇朝而达到新的高度。官学和私学并举，以官学为主干，以私学为补充；在地方行政区，建立州学、县学的学校网；地方官学与中央官学联系，向中央官学选送生员；以儒家经典与历史文学为教育内容的传统经学和以应用知识为教育内容的专科性学校并立；专设的学校与附设于事务部门的学校并行，构成适应国家需要的教育体系。学校内部管理也进一步完善。入学制度、学礼制度、教学制度、考核制度、奖惩制度、休假制度等都以法制化的方式组成一套管理制度。隋唐先进的教育制度成为东方邻国学习的对象，在世界教育发展史上占有重要地位。

在教育思想方面，由于中外文化交流空前活跃，儒、道、佛三教为扩大社会影响、提高政治地位，展开激烈的竞争，教育思想的发展出现多元化的局面，在此过程中交互影响与吸收，又融合成新的教育思想。这些都为宋明理学教育思想开辟了道路。

试论唐代《五经正义》编写的
历史经验 *

唐代的中央官学,在武德元年(618年)就开始建立,并以儒家的五经作为基本课程。虽然有了统一的课程,但还未有统一的教材。到了贞观年代,建国已经二十余年,才组织编写《五经正义》作为统一教材。这种做法在中国教育史上是没有先例的,其历史经验值得研究总结。现先了解一下史实,然后再探索其历史经验。

一、《五经正义》编写的过程

(一)起因

为什么要编《五经正义》?《贞观政要·崇儒学》对这个问题说得比较清楚:"太宗又以儒学多门,章句繁杂,诏师古与国子祭酒孔颖达等诸儒,撰定《五经》疏义……"

儒学多门,指的是经学的传授到唐初有许多派别。对经学发

* 本文作于1985年。

展过程加以考察,汉代经学因有师法、家法,演变成今文、古文经学之争。东晋南北朝时期,南北分裂,经学也受政治局面的影响,南北经学学风不同,各有其特点。《北史·儒林传》:"南人约简,得其英华;北学深芜,穷其枝叶。"不仅南北经学学风不同,就南北而言,也各存在多种门派。这种情况延续至唐代。

儒学多门的事实,必然造成章句繁杂的结果。各个经学学派都有自己的章句和解析,竞相传授,力争扩大影响,存在门户之见,难于统一。

儒学多门和章句繁杂,是政治不统一在文化上的反映。这种情况在国家统一之后,就会给教育和考试带来很大矛盾。隋文帝开皇初年就已显露出这种矛盾。

隋文帝重新统一南北之后,中央集权的封建国家需要许多官员。他曾令国子学保荐学生四五百人参加考试,准备从中选取一些人在各级政府机构做官。诸生考试经义,所据经说有南有北,各加发挥,出入颇大。一堆考卷,博士无法评定高低,许久不能解决。幸有一位博学的国子博士房晖远出来评卷,才勉强解决了这一矛盾。《隋书·房晖远传》对这件事有较完整的介绍:"会上令国子生通一经者,并悉荐举,将擢用之。既策问讫,博士不能时定臧否。祭酒元善怪问之,晖远曰:'江南、河北,义例不同,博士不能遍涉。学生皆持其短,称己所长,博士各各自疑,所以久而不决也。'祭酒因令晖远考定之,晖远览笔便下,初无疑滞。或有不服者,晖远问其所传义疏,辄为始末诵之,然后出其所短,自是无敢饰非者。所试四五百人,数日便决,诸儒莫不推其通博,皆自以为不能测也。"只有极少数学识通博的人才能处理这种情况,多数人认识有限,对这种情况束手无策。

经学的不统一有其政治原因。在国家处于分裂的状态下，各地区的统治者可根据自己的利益自主选择某一学派的思想作为统治思想，这一学派就因有政府的扶植而成为主流，其他学派虽不居主流，但并不妨碍其存在和传播。

到了国家统一之后，这些在地区位居主流或非主流的经学学派并处在一国之中，学派之间的矛盾表现较为显著，竞争加剧。这种情况使得封建政府不可能以统一的思想教育学生，也不可能以统一的标准选用人才。

统一的中央集权国家的重建，要求有统一的思想来为统一的政治服务，重新定于一尊。因此，经学必须结束章句繁杂的局面，走向统一，由国家做出权威性的解析。隋朝是统一的中央集权国家，已开始提出统一经学的问题，但它存在的时间比较短促，没有完成这一任务。继起的唐朝仍然面临着这个问题，并受到困扰。到了贞观年代，实际提出统一经学的问题，并着手加以解决。

归结起来，当时需要解决的问题是较为明确的，在政治上统一之后，对文化教育提出了新要求。文化教育要为政治服务，需要统一学术思想。编写统一教材，规定五经的统一解释，就是一种有效的实际措施。在当时儒、道、佛三者并立而争夺统治思想地位的条件下，儒学内部需要统一，才能加强斗争力量。此时也可说是外部矛盾突出而居于主要地位，内部矛盾降居次要地位，在共同维护封建国家利益的要求下，儒学思想需要实行统一。

（二）组织

五经的义疏，在南北朝时实际已经有了，只是门派太多。章句繁杂,虽然有个别义疏显然占据优势,但还没有由国家政权规定作为统一教材,未成为公认的权威。李世民提出重新撰定义疏,以取代民间的其他义疏,实是一项浩大的文化工程。

要开展这项工程,必须由有威望的学术权威来领导,还要有许多经学家来参与,相互结合,才能计日程功。两方面人物,缺乏哪一方面都难成功。

当时的国子祭酒孔颖达,是较有威望的经学权威。《旧唐书·孔颖达传》称孔颖达"尤明《左氏传》《郑氏尚书》《王氏易》《毛诗》《礼记》,兼善算历,解属文"。他兼通五经,是比较博学的学者。当时有的学者虽然在某经上有专深的钻研,但在博学方面很少有超过孔颖达的。他不仅五经兼通,还精算历;不但深于经术,还善于写作。在当时主持编写《五经正义》,孔颖达确是最合适的人选。

《五经正义》以孔颖达为主编,同时被派参与编写讨论的还有颜师古、司马才章、王恭、王琰等著名经师,类似一个编委会。编写人员主要是国子监的学官。国子监是最高学府,是经学专家最集中的地方,这些专家首先被注意,优先受到邀请。此外,有些在国家机关任职的经学家也被组织到编写组中。他们依据各自的专长,参加某一经的实际编写。

参加编写工作的经学家完成工作之后,在序言中都加以列名介绍,并不因职位较低就被忽视。现逐经查考一下,就能加以证实。

《周易正义》:参加者为国子祭酒孔颖达、颜师古、司马才章、王恭,太学博士马嘉运,太学助教赵乾叶、王琰、于志宁等。

《尚书正义》:参加者为国子祭酒孔颖达、太学博士王德韶、四门助教李子云等。

《毛诗正义》：参加者为国子祭酒孔颖达、太学博士王德韶、四门博士齐威等。

《礼记正义》：参加者为国子祭酒孔颖达、国子司业朱子奢、国子助教李善信、太学博士贾公彦、太常博士柳士宣、魏王东阁祭酒范义頵、魏王参军事张权等。

《左传正义》：参加者为国子祭酒孔颖达、国子博士谷那律、四门博士杨士勋、四门博士朱长才等。

由上列名单可以清楚地了解，《五经正义》的编写以国子祭酒为领导，以国子监为基地，以国子监的学官为编写的基本队伍。国家统一教材的编写由当时的最高学府来承担，这也是理所当然的。

（三）初编

统一教材的编写依靠政府力量来组织，并不就能保证一帆风顺，实际上经历了一个曲折的过程。

孔颖达在贞观十二年(638年)被任命为国子祭酒，不久皇帝就以五经"章句繁杂""训释不一"等原因，诏命孔颖达与颜师古等名儒共同撰定五经义训，企求对经文有符合于统治阶级利益的统一解释。

孔颖达受命以国子祭酒的身份兼任总编，随即组成编写队伍。每经的实际参加者并不太多，使思想观点易于统一，体例能够比较一贯。

编写工作的进行有一定的步骤：

首先，调查已有的经学研究成果。汉魏的经注有哪几家保存下来？南北朝以来，有多少种五经义疏？都加以调查。如《毛诗》，汉代能承继其学而著名的，有贯长卿传之于前，郑康成笺之于后。在晋及南北朝之时，其学在南方已占优势，在北方也颇流行。近代为《毛诗》作义疏的有全缓、何胤、舒瑗、刘轨思、刘丑、刘瑗、刘焯、刘炫等。实际还有多少家存在，都予以查明。

其次，进行比较研究。哪一家注是最好的，就决定用那一家注；哪一种义疏是最好的，就采那一种义疏作为主要依据，其他义疏只是备供参考。如关于《尚书》的传和疏，《尚书正义序》就说，汉孔安国的传，"其辞富而备，其义弘而雅，故复而不厌，久而愈亮，江左学者，咸悉祖焉，近至隋初，始流河朔"；其为正义者，"惟刘焯、刘炫最为详雅"。所以，将孔安国的传和二刘的疏选为主要依据。再如《周易》的注和疏，《周易正义序》说："唯魏世王辅嗣之注，独冠古今。所以江左诸儒并传其学，河北学者罕能及之。其江南义疏，十有余家，皆辞尚虚玄，义多浮诞。"所以，对《周易》的解释就以王辅嗣的注为主要根据。这些都是经过比较研究之后才确定的。

再次，各经的编写人员分头进行编写。实际工作中有大量的章句训诂，既复杂又细致，费时较多，大约花了三年工夫，终于发挥各人专长，写成初稿。

贞观十五年（641 年），主编孔颖达审阅了各经义疏，经部分修改而定稿，于是五经义疏撰成，计《周易》义疏十四卷、《尚书》义疏二十卷、《毛诗》义疏四十卷、《礼记》义疏七十卷、《春秋》义疏三十六卷，合一百八十卷，初称《五经义赞》，进呈皇帝之后，奉命名为《五经正义》。

《旧唐书·孔颖达传》载，唐太宗在诏书中对《五经正义》有一最初评价："卿等博综古今，义理该洽，考前儒之异说，符圣人之幽旨,实为不朽。"他对编者大加鼓励赞扬之后,认为这是不朽的教材著作,下令"付国子监施行"。

(四) 争论

历史上任何专家权威编写的教材总难十全十美,还会存在某些缺点甚至错误,这与编者个人的条件有关。孔颖达到了唐初已经年老体衰,作为一个博学的主编,只能总揽大纲而已,不可能逐条推敲,对每一问题的判断也不可能都绝对准确。实际上,各个专家分治一经,各取一书以为底本,名义上是自加创定,说到底仍是依照旧作。孔颖达因年辈在先,名位独重,负责呈奏,列名居前。一般人只注意主编,而忽略其他,所以书成而孔颖达居其功,论定而孔颖达负其过。就事实而论,审定义疏的任务,其他经学专家都难于独力承担,孔颖达也不可能一人包揽。因此,《五经正义》的功过也不应独归于一人。

人们批评《五经正义》的缺点,大致有三点意见:

第一,曲徇注文。有的批评者认为《五经正义》过于迁就注文,而不能分辨注文的是非。如《左氏正义》,专宗杜预注,刘炫的义疏批评杜注,有许多意见是很中肯的。但孔颖达却批驳刘炫,维护杜预注,勉强为之解释。这个批评确有根据,但却应该客观分析。按经学家著书的先例,注不驳经,疏不驳注,不取异学,专宗一家。因此,曲徇注文这种做法是可以理解的,并非严重的毛病。

第二,杂引谶纬。谶纬原本于汉代的今文经学,贯穿其中的是神学迷信思想,这些不科学的材料是不值得宣传的。《五经正义》确实引用了谶纬材料,但这些材料中保存了不少古代的史料和解释,有分别地利用其中的史料应该是容许的。

第三,彼此互异。《五经正义》多处存在这种现象,在这本书中这样说,在那本书中又那样说,彼此矛盾,不能统一。对谶纬的引用就是如此,《诗》《礼》两经选定从郑玄之说,就以郑玄引用的谶纬材料为是;而《书》经不从郑玄之说,又以引用谶纬材料为非。一以为是,一以为非,相互之间存在矛盾。

如果是独家的经学著作,出自一人之手,思想首尾一贯,或许可以避免彼此矛盾。但《五经正义》是大部头的官书,杂出众手,各人的思想观点不尽相同,彼此产生矛盾是难免的。

对《五经正义》提出不同意见,最为强烈的是太学博士马嘉运。《旧唐书·马嘉运传》:"嘉运以颖达所撰正义颇多繁杂,每掎摭之,诸儒亦称为允当。"马嘉运参加了《周易正义》的编写,他是有特殊经历和广博学问的人。他少年时当过和尚,后来出佛入儒,钻研儒学。当他隐居白鹿山的时候,从学者达千余人之多。马嘉运相当博学,因此他能对《五经正义》提出一些批评意见。在编写组内部存在思想矛盾,特别是马嘉运与孔颖达,学术上有不同的见解,在许多问题上相互辩驳,有时还颇为激烈。

对马嘉运提出的批评意见,存在着相反的两种评论。有人对马嘉运甚为赞赏,说他学术造诣精深。有人却说马嘉运为了炫耀自己,对别人求全责备,批评的动机不纯,完全是多此一举。

(五) 修订

马嘉运对《五经正义》提出的批评意见产生了一定的社会效

果。唐太宗重视不同意见的争论,虽已命令将《五经正义》"付国子监施行",但到贞观十六年(642年)仍下令覆审裁定。除了原来各经的编写人员之外,还增派了不少学官参与讨论审查,务求更加完善。参加的学官,如《周易正义》增派四门博士苏德融;《尚书正义》增派四门博士朱长才、四门博士苏德融、太学助教隋德素、四门助教王士雄;《毛诗正义》增派太学助教周立达、四门助教赵乾叶、四门助教贾普曜;《礼记正义》增派太学助教周立达、四门助教赵君赞和王士雄;《左传正义》增派太学博士马嘉运和王德韶、四门博士苏德融、太学助教隋德素;还有敕使赵弘智,他相当于审稿特派专员。贞观十六年,《五经正义》进行第一次修订,修订完毕后仍由孔颖达奏上。现在所见《五经正义》中的五篇序言,就是第一次修订后所写的编辑说明。

问题并没有就此完满解决,延至永徽二年(651年),长孙无忌等在《进五经正义表》中,又提出《五经正义》"虽加讨核,尚有未周"。于是,唐高宗下令第二次刊定。一些当政的高官奉命参与领导,有太尉长孙无忌、司空李勣、尚书左仆射于志宁、尚书右仆射张行成、侍中高季辅、吏部尚书褚遂良、中书令柳奭等。此外,还组织了十六名经学专家参与刊定,他们是弘文馆学士谷那律、国子博士刘伯庄、国子博士王德韶、太学博士贾公彦、太学博士范义颊、太常博士柳士宣、太学博士齐威、国子助教史士弘、太常博士孔志约、弘文馆直学士薛伯珍、太学助教郑祖玄、太学助教隋德素、四门博士赵君赞、太学助教周玄达、四门助教李玄植、四门助教王真儒等,阵容相当强大。参与刊定讨论的还有当时一些著名的学者,如御史大夫崔义玄等。

这次修订扩大了文献参考范围,据《进五经正义表》,"释左氏之膏肓，剪古文之烦乱"，在思想内容方面有所加强，排除佛、道的思想渗透，在文字方面也更加精练、更有条理，而编写体例则不再变更。

第二次修订费时两年，于永徽四年（653年）二月完成刊定及缮写，进呈给高宗皇帝，这就是流传至今的刊定本。虽经修订，但题署仍称"国子祭酒上护军曲阜县开国子臣孔颖达疏"，这也是尊重历史的体现，不因为疏文有缺点，主编人已逝世，权位已转移，就把前人除名，由新权贵占有成果。

二、《五经正义》编写的历史意义与经验

（一）历史意义

1. 在经学历史上是划时代的总结

唐朝是继隋朝之后统一的封建中央集权国家，政治上的统一要求统治阶级的思想也归于统一，儒家经典是统治阶级的思想工具，阐释经典的经学也必须统一，才能发挥统治思想的强大作用。孔颖达主编的《五经正义》就是在这种政治背景下产生的。

《五经正义》成为国家规定的教材，从它颁布施行之日起，经学多门统于一尊，东汉以来儒家内部相互矛盾的异说一扫而空，宗派门户的对立也因此消除。

以规定一种注疏为标准，从而使经学统于一尊，结束了数百年来异说纷争的局面，这与汉武帝"罢黜百家，独尊儒术"具有同样重要的历史意义。汉代官学只统一课程，承认十四家经说，并未编出统一教材，而唐代的《五经正义》不仅使儒家经学归于统

一，而且其使用范围遍及官学，在空间上扩大了影响；数百年持续使用统一教材，在时间上长期发挥作用。这是不宜低估的。

唐初的经学，从其基本特性来看，仍然是汉学系统。汉学的特点就是限于名物训诂，哲学理论色彩极淡。《五经正义》虽不是创造性的著作，也谈不上是经学的重要发展，但它是汉学系统的历史阶段总结。它综合汉学发展的历史成果，标志着汉学发展的最后一次高潮。

旧阶段的结束，同时预示着新阶段的开端。由于对经典规定了统一的解析，严重地束缚了自由思想，因此有创造性的士人不满意这种状态。为了挣脱思想束缚，他们撇弃章句训诂，转而探求思想内容，从分析微言大义开始，发展至穷理尽性，开创新的学术风气并逐步扩大其影响，从汉学占据垄断地位的时代转入宋学占据垄断地位的时代。

2. 使用千余年，学术价值不磨灭

自永徽四年（653年）刊定颁行之后，不仅在学校被用作统一教材，而且科举也用以取士，因此《五经正义》被奉为标准。自唐至宋数百年，士人皆谨守此官书，莫敢异议。元、明、清三代，程朱学派思想处于统治地位，宋学的经学受到重视，但《五经正义》并未被取消，仍然作为重要的依据。

《五经正义》确定的编写体例产生重大影响，以后有人就仿照它的体例编写教材，比较著名的有贾公彦的《周礼疏》《仪礼疏》，杨士勋的《春秋穀梁传疏》，唐后期徐彦的《春秋公羊传疏》，这四经的疏文也被政府承认作为统一教材。

宋人在唐人九经的基础上，又提升《论语》《孝经》《尔雅》《孟子》为经，仿《五经正义》的体例，均重新作疏，这样就合成十三经，均有注疏。虽号称十三经，但实际上仍然以《五经正义》为其主干。

《五经正义》的重要学术价值在于：

（1）保存古代史的基本史料。

（2）保存汉及魏晋经学的重要成果。皮锡瑞在《经学历史》中说："当古籍沦亡之后，欲存汉学于万一，窥郑君之藩篱，舍是书无征焉。"

（3）保存南北朝各家义疏的学术资料。

从学术上看，这些材料的学术价值具有永久性，不因时代变迁而磨灭。中华人民共和国成立后，为了研究古代文化，《五经正义》仍然印刷出版。653年至今，《五经正义》存世已有一千三百多年的历史，今后作为历史古籍，将会永远保存下去。

（二）历史经验

1. 上层重视

唐初学官、学生需要教材，教育行政部门想编教材，但限于条件难于实施，能使之实施的关键在领导。当时的封建国家最高统治者李世民是较有政治远见的人物，他重视文教的作用，认识到儒学能为巩固封建统治服务。要发挥这种作用，只有儒学自身达到统一，结束"儒学多门，章句繁杂"的局面。因此，他从政治需要出发，下令编写五经义疏。

唐太宗对主编的选择也颇为慎重，既不用皇亲国戚，也不用权势显赫的宰相，而是挑选学识广博的国子祭酒孔颖达，这是用经学家来领导经学家进行编写。内行人当学术领导，不至于瞎指挥,所以能产生重大的文化成果。

编写统一教材这种历史任务,学者能认识实际需要,能提建议,但没有权力采取实际行动组织编写。统一教材意义的认识程度至为重要,如果缺乏足够认识,不仅不会采取强有力的实际行动,而且会制造巨大的障碍,也就难于产生有历史意义的文化成果。

2. 使用专家

一位主编,不论其学识多么广博,很难对自然、社会、历史问题都作全面深入的研究,不可能遍注五经,无法对每一问题、每一字句都做出切实正确的解释。

一个人的力量不够,就需要集合一些专家共同研究编写问题。受命撰定五经义训的,除孔颖达之外,还有颜师古、司马才章、王恭、王琰等。这五人类似于最初的编委会,他们讨论决定大纲、原则、体例以及重大学术问题。至于具体工作,分经进行编写,还要组织经学专家参加。参加每经编写的人数虽不多,但参加者必定是学有专长的经学专家。

编写教材要依靠专家,审查修订已编成的教材也离不开专家,第一次修订是如此,第二次修订仍然是如此。要重视专家意见,尽量吸收其合理建议,这是统一教材编写成功的一个基本条件。如贾公彦,是"三礼"的专门家,孔颖达编写《礼记正义》就把他组织在内,有关的问题都与他商讨。贾公彦始终参加《礼记正义》的修订,所以在《五经正义》之中,《礼记正义》的内容最为翔实,疏解亦条理明晰,是比较优良的一部教材。

3. 确定原则

确定编写原则,对于教材以何种面貌出现,关系至为重大。

皮锡瑞说:"《正义》者,就传注而为之疏解者也。所宗之注不同,所撰之疏亦异。"《五经正义》的注与疏有极为密切的联系,其所定的原则最基本的是两条:

第一条是注宗一家。他们认为,注必须选汉魏较完善的、经得起时间检验的、有代表性的一家为主。比较的结果是,确定《周易》用魏王弼注,《尚书》用汉孔安国传,《毛诗》用汉毛公传,《礼记》用汉郑玄注,《左传》用晋杜预注。据《隋书·经籍志》介绍,这几家都是在隋代盛行的。经过评选而确定的,都具有较大优点。如《春秋正义序》说:"今较先儒优劣,杜为甲矣。"杜预注之所以被选用,是因为比较起来,它的优点更多。注有南学、北学之分,南学占据相对优势。

第二条是疏不破注。他们认为,疏只能为注文作疏通解析,需要顺着注的思想,不能提出自己的新见解;对注只能加以维护,不能矫正注的错误。如《春秋正义》以刘炫的义疏为根据,而刘炫在义疏中违背疏不破注的基本原则,孔颖达就加以批评:"规杜氏之失,凡一百五十余条,习杜义而攻杜氏,犹蠹生于木而还食其木,非其理也。"又如,《礼记正义》以梁皇侃的义疏为根据,而皇侃的义疏既有遵循郑氏注文的,也有违背郑氏注文的,孔颖达在《礼记正义序》中批评这种背离疏不破注基本原则的做法是"木落不归其本,狐死不首其丘"。

规定这种基本原则,完全是汉学的风格,主要倾向是保守的,不利于新思想的发展。但在整理古籍方面,其经验还有一定的可取之处。古籍与古注,是一个历史时代的文化记录。要继承历史遗产,应当保护其原貌,不能随意删改,而要探索吸收利用。如刘焯、刘炫的《尚书》义疏、《毛诗》义疏,与其他人的义疏比较起来，最为详雅，为诸儒所不及。《尚书正义》《毛诗正义》以二刘的义疏为根据是合理的。如果不尊重历史，强制执行推陈出新，结果可能是割裂原著，歪曲原意，造成对历史文化的破坏。

4. 容纳异见

《五经正义》的编写，吸收了一批著名的经学家参加，他们虽然保持汉学的学风，但又都是具有广博学识的积极研究者，不是因循守旧的章句师。他们对学术的见解不完全一致，特别是在关系到政治制度、伦理道德等的问题上有不同的解释，牵涉到统治集团的利益，引起一定的重视。

马嘉运作为当时的太学博士，官居七品，地位并不高，但他在学术上有不同见解，敢于批评，敢于坚持。这种明辨是非的精神，在封建时代是难能可贵的。

孔颖达担任主编，虽年高望重，位居祭酒，但他不采取学阀的态度，以权势压人，而是容许不同意见发表，然后与之辩论。在未被说服的时候，他决不迁就调和，不轻易改变自己的观点。

统治集团之所以听取异见，也是为了统治阶级本身的利益，而非偏向某人。一种经说，可以为政治服务，也可能起反作用而损害统治阶级的利益，不能不加以重视。所以，要让内部不同的意见都摆出来，并特别加以重视，这正是为了维护统治阶级的长远利益。

5. 求其完善

《五经正义》初次编写，基本符合要求，但又存在缺点，不尽完善。因此，对它不是否定推翻，而是进一步修改，使其更加完善。

修改工作不能撇开原来的主编和编者，又要避免原来的局限,扩大听取意见的范围,所以增添了修订人员,还派了审稿专员赵弘智。赵弘智任黄门侍郎兼弘文馆学士,他的专长是"三礼"、《史记》《汉书》,曾参加过《六代史》和《艺文类聚》的编撰。这次修订审稿在审稿专员手里通过,经过认真覆查、详细审稿之后才得出合格可行的结论。审稿从贞观十六年(642年)开始进行,何时结束则缺乏明确记载。进呈之后,尚有不同意见反映,长孙无忌等认为"虽加讨覆,尚有未周",朝廷没有批准颁发,而是暂时搁置起来。到永徽二年(651年),国学还是要求有经审核的统一教材。朝廷也感到统一教材关系重大,搁置着并非善策,于是下令当政的大臣要管其事,并从当时国子监现任学官中组织第二次修订班子分经修订,到永徽四年二月才完成。

从贞观十二年(638年)到永徽四年(653年)十五年间,朝廷为《五经正义》组织了一次编写、两次修订,直到认为合格,才重新颁下施行。可见,封建统治者对教材非常重视,慎重其事地反复审核修订,力求完善,达到其所要求的质量。

综上所述,唐代《五经正义》的编写为后世提供了一些可资借鉴的历史经验。无产阶级在组织统一教材编写方面可以从中得到一些启示。社会科学教材有重要的社会影响,不应加以轻视。要发挥学有专长的各科专家的作用,请他们贡献力量,承担编写任务。为了达到观点一贯,提高效率,实行主编负责制,这是符合新时代需要的。但是,强调主编负责制而排除不同学术观点的存在,则是值得商榷的。在主编包办不了的情况下,必然需要合作者,合作者未必在学术观点上完全一致,有的正是在看到弱点时提出自己的创见,可以起互补作用。作为国家教材,不应只反映一人的观点,只为眼前的政治需要服务,而要综合吸收各派观点的合理部分,保证其科学性,为长远的根本利益服务,使之经得起时间的考验。对不同意见,应该重视进行讨论,不应轻易用行政手段排除。领导者应发挥学术民主的精神,不怕反复讨论修订,同时应当取长补短,求其完善,这才有利于学术的发展和提高。

中国教育的历史

试论贞观时期官学发展的原因 *

  教育事业的发展,有时比较迅速,有时比较缓慢,有时甚至会停滞或倒退,这种现象在历史上是存在的。

  我国封建社会的官学,曾经历长期的、曲折的发展过程。东汉时期,官学曾一度出现繁荣,太学生众多。据说顺帝时,连同游学者,太学生达三万多人。但这种局面没有维持多久。到魏晋南北朝时期,经常处于战乱,由于缺乏相对的政治稳定,封建官学处于停滞和衰落的状态。六世纪末,隋重新统一了南北,为封建官学的发展创造了条件。隋朝统治者虽然规定了一些新制度,有助于官学的发展,但在教育政策执行上出现过大幅度的摇摆,使官学发展受到挫折。唐朝建立后,继承了隋朝的教育制度,创立了为封建中央集权统治服务的官学体系,使封建官学的发展达到新高峰。

  唐朝的统治将近三百年(618—907),其间颇有起伏曲折,封建官学真正的繁荣只是在贞观和开元年代。特别是李世民在位的贞观年代(626—649),官学制度已经确立,发展的规模也最大。后来武则天当权时,改变了文教政策,重科举,轻学校,官学

---

 * 本文原收入华东师范大学科研处编《哲学社会科学论文选》(1979年)。

教育受到一些破坏。到开元年代,朝廷努力恢复官学,并在制度方面进一步完善,但其中央官学的规模从未超过贞观年代。"安史之乱"是唐代官学发展的转折点,从此就趋于衰落,虽有几度力图恢复,但由于政治上中央集权削弱,经济上受到战乱的破坏,财政日益拮据等原因,终于无法扭转衰败的趋势。《新唐书·儒学传》说,"唐三百年之盛,称贞观"。这样的论断是合乎历史实际的。

贞观时期,封建中央官学的发展为什么能达到新高峰?其原因何在?这是值得探究的问题。

初步分析起来,其原因有属于政治的,也有属于经济的;有属于总的方针政策,也有属于具体的制度措施。较显而易见的原因有以下几方面:

一、 确定"偃武修文"的治国方针

贞观初,以武力统一全国的战争虽然已经结束,但是经过长期战争的破坏,经济亟待恢复,中央集权统治尚未巩固,与四方民族的关系尚不稳定,特别是北方的突厥,常举兵南下侵扰,对唐朝的统治造成较大的威胁。在这种状况下,要巩固中央集权统治,应采取什么方针政策?统治集团内部对这个重要问题的认识是不一致的,因而展开一场讨论。

《贞观政要·政体》:"贞观初,人皆异论,云当今必不可行帝道、王道。"《资治通鉴》卷一九三:"上书者皆云:'人主当独运威权,不可委之臣下。'又云:'宜震耀威武,征讨四夷。'"根据这些主张,不能依靠"文治",推行"王道",只有依靠武力,实行"霸道",要像秦始皇那样将权力高度集中，实行君主专制独裁，对四方民族则炫耀威力，用武力进行征讨。当时廷臣中，只有谏议大夫魏徵认为，全国统一后，形势起了变化，人民的愿望是社会得到治理。他说："凡人在危困则忧死亡，忧死亡则思理，思理则易教。然则乱后易教，犹饥人易食也。"①经过长期战争破坏之后，人心思治，政治上相应实行转变，需要确定新阶段的方针政策。魏徵向李世民提出"偃武修文，中国既安，四夷自服"②作为治国方针。右仆射封德彝等人则反对魏徵对形势所作的分析和他提出的方针。封德彝认为，武力手段的作用是文治所不能比拟的，社会上人心越来越坏，不可采用文治。他说："三代以后，人渐浇讹，故秦任法律，汉杂霸道，皆欲理而不能，岂能理而不欲？若信魏徵所说，恐败乱国家。"③魏徵根据历史经验，驳斥了封德彝等人，虽居少数，但坚持主张。李世民也开始认识到"戡乱以武，守成以文，文武之用，各随其时"④。乱已定，必以文治之，他终于听从了魏徵的建议，决定实行方针上的转变。虽然在口号上是"偃武修文"（或作"偃革兴文"），但实际上并不专用文治而放弃武备。李世民经常强调要居安思危，他说"甲兵武备，诚不可阙"⑤，要防止"逸游忘战"⑥。因此，更确切地说，他实行的是"兴文备武"的方针。

如果在贞观初年李世民不根据形势的变化改变统治方针，而是听信封德彝和那些上书者的建议，用高压专制对付国内人民，用武力征讨对付四方民族，那就可能走上秦始皇的老路，重蹈隋

① 《贞观政要·政体》。
② 《资治通鉴》卷一九三。
③ 《贞观政要·政体》。
④ 《资治通鉴》卷一九二。
⑤ 《资治通鉴》卷一九三。
⑥ 《资治通鉴》卷一九二。

炀帝的覆辙。迷信专制权力和武力征服的帝王根本就不会重视文德教化,在他们的统治下不可能出现封建官学发展的高峰。

李世民能根据当时的形势制定相应的方针,实行政治上的转变,这是出现"贞观之治"的关键。李世民采用"偃武修文"的新方针,由重武力转向重文治,由准备对外转为主要对内,把国内的治理作为解决四方民族问题的根本。他实行这个总方针,取得较为显著的社会效果。数年之后,社会安定,生产得到发展,奠定了强盛的基础。封建官学就在这样的条件下得到迅速发展。

二、 实行崇儒兴学的文教政策

自东汉、魏晋后,佛教广泛地流传,文化思想领域里出现了儒、道、佛三教并存的局面。封建地主阶级不同的统治集团时而利用儒学,时而利用佛教,这种文教政策的转变对官学的发展产生直接的影响。

贞观时期官学能得到较大的发展,与统治者李世民的崇儒思想密切相关。李世民年轻时在太原,曾拜张后胤为师,学习《左氏春秋》,读书虽不多,却已初步接受儒学思想,这就对他以后制定文教政策产生一定影响。

从唐朝建国开始,统治集团根据本阶级的利益,对儒、道、佛三教都加以利用,又作了一些他们认为必要的调整。儒学由于对建立封建统治秩序提供了理论依据,发挥了较大的政治作用而受到尊崇。李世民在打天下、争夺皇位继承权以及后来当皇帝管理国家时,都得力于文士的辅助,听他们讲经论道、出谋划策。文士基本上都自视为儒生,朝廷任用文士自然也受此影响,相应地重视儒学。

李世民"即位，益崇儒术"①，他首先采取的措施就是成立图书馆和设置学士。武德九年（626 年）九月（李世民即位第二月），"于弘文殿聚四部书二十余万卷，置弘文馆于殿侧，精选天下文学之士虞世南、褚亮、姚思廉、欧阳询、蔡允恭、肖德言等，以本官兼学士，令更日宿直，听朝之隙，引入内殿，讲论前言往行，商榷政事，或至夜分乃罢"②。这些学士实际上都是政治顾问。

李世民看重在文化思想上具有传统力量的儒学。贞观元年（627 年），他对大臣们说："朕看古来帝王以仁义为治者，国祚延长，任法御人者，虽救弊一时，败亡亦促。既见前王成事，足为元龟。今欲专以仁义、诚信为治，望革近代之浇薄也。"③这个主张得到统治集团中大多数人的支持，如黄门侍郎王珪说："汉家宰相，无不精通一经，朝廷若有疑事，皆引经决定，由是人识礼教，理致太平。近代重武轻儒，或参以法律，儒行既亏，淳风大坏。"④李世民选择儒学作为封建统治的主要思想工具，从儒学中寻求制定方针政策的理论依据。他说："朕今所好者，惟在尧舜之道、周孔之教，以为如鸟有翼，如鱼依水，失之必死，不可暂无耳。"⑤可见，他把儒学作为中央集权统治的精神支柱，以建立封建等级制度，失去这个精神支柱，中央集权统治也就要崩溃。

李世民为了巩固君主集权，不仅重视儒学，还抑制了正在流行的佛教。他对待宗教的态度，不纯是出于个人的好恶，最根本

① 《新唐书·选举志》。
② 《资治通鉴》卷一九二。
③ 《贞观政要·论仁义》。
④ 《贞观政要·政体》。
⑤ 《贞观政要·慎所好》。

的是取决于统治阶级的利益。起初，李世民并不充分了解佛教在社会上流行对地主阶级统治的实际利害关系，他在召见坚决反佛的太史令傅奕时，指责傅奕不信佛，问道："佛之为教，玄妙可师，卿何独不悟其理？"傅奕回答："佛乃胡中桀黠，诳耀彼土。中国邪僻之人，取庄、老玄谈，饰以妖幻之语，用欺愚俗，无益于民，有害于国，臣非不悟，鄙不学也。"[①]"无益于民，有害于国"八个字，深深地触动了李世民，使他认识到佛教对地主阶级的统治实际有不利的一面。再从梁朝的历史教训来看，迷信也是无益有害的。"至如梁武帝父子，志尚浮华，惟好释氏老氏之教，武帝末年，频幸同泰寺，亲讲佛经，百寮皆大冠高履，乘车扈从，终日谈论苦空，未尝以军国典章为意。及侯景率兵向阙，尚书郎以下，多不解乘马，狼狈步走，死者相继于道路。武帝及简文，卒被侯景幽迫而死。"[②]这种因笃信宗教而致国家破亡的事，是足以作为鉴戒的。所以，权衡利害之后，他在贞观前期并没有利用皇权来推广宗教。长孙皇后曾说："道、释异端之教，蠹国病民，皆上素所不为。"[③]这说明李世民不依靠宗教作为主要的统治思想。在儒、道、佛三教并存的局面下，不依靠宗教，就必然以儒学为主要的统治思想。

确定崇儒，也就重视兴学。李世民说："夫功成设乐，治定制礼，礼乐之兴，以儒为本。弘风导俗，莫尚于文；敷教训人，莫善于学。"[④]崇儒与兴学之间有紧密的联系，因为儒学强调的是"文"的一手，要用封建政治伦理观念来支配人们的思想，就要重视教育的作用，因此统治者确定崇儒的政策，就必然利用封建国家的力

---

① 《资治通鉴》卷一九二。
② 《贞观政要·慎所好》。
③ 《资治通鉴》卷一九四。
④ 《帝范·崇文》。

量来办学。

崇儒政策的主要内容是选用儒生为各级官吏,举办儒学以教育地主阶级子弟(这两个问题下面单独讨论)。除此之外,还有几方面与学校教育直接有关的表现,如:

第一,确立儒学创始人孔丘的名位。贞观二年(628年),李世民听从国子博士朱子奢的建议,尊孔丘为先圣,于国学立孔丘庙堂,令师生每年春秋行释奠礼,从此官学祭孔就相沿成习。

第二,颁行五经定本和《五经正义》。《易》《书》《诗》《礼》《春秋》,是儒家传统的经典,也是学校的基本教材。自汉以来,经学传授与政治关系密切,不断有派别纷争。唐建立了政治上统一的国家,这也要求统治阶级的学术思想相应地归于统一。结束经学的纷争,有利于巩固政治上的统一。贞观四年(630年),李世民以经籍年代久远,文字多讹谬为由,令颜师古考定五经。考定之后,集合诸经师加以评议,当时诸经师各持师说,共起非难。颜师古引据古本,随问随答,闻者叹服,朝廷始颁其所定书于天下,为学者课本。继又以章句繁杂,经师各本所传,解释不一,易起纷争,于是李世民令孔颖达等人撰定《五经正义》,也颁于学校,使学者诵习,科举考试并以此为准。

第三,皇帝数次亲临国学观释奠。如贞观十四年(640年),李世民亲率百官至国学观释奠,命祭酒孔颖达讲《孝经》,对祭酒、博士及优等学生分别赐帛。采取这样的行动,表明统治集团对学校颇为重视,鼓励师生更积极向学,为封建统治效忠。

比较起来,前两件事的意义更为深远,尊孔以确立思想权威,读经以统一思想,这对官学培养统治人才是极为重要的,是中国封建教育的主要特点。

三、 使用儒生对官学发展起了推动作用

确定"偃武修文"为治国的总方针,选择尊崇儒学为文教政策,与此相联系,必然要使用儒生为官吏,以便能执行这些方针政策。

王珪根据历史经验,向李世民建议治国不能用法吏,而要用儒生,他说:"人臣若无学业,不能识前言往行,岂堪大任?"李世民也认识到:"为政之要,惟在得人。用非其才,必难致治。今所任用,必须以德行学识为本。"①他确定以德行与学识兼备为选官的标准。所谓德行,在于能遵循儒学的道德准则;所谓学识,在于能勤读经史,多识前言往行。

依据这个选用官吏的标准,必定以儒生为对象。贞观元年(627年),官吏还有大量缺员,李世民就下令征集儒生赴长安听选。这次集中了七千多人,随才录用,使各得其所。② 据说贞观二年又再征集一次,"是岁大收天下儒士,赐帛给传,令诣京师,擢以不次,布在廊庙者甚众。学生通一大经已上,咸得署吏"③。"百官中有学业优长,兼识政体者,多进其阶品,累加迁擢焉。"④累次的征集、选拔、任用,对社会的影响极大。读书可以做官,这就具有巨大的吸引力,因此有更多的人为了改变自己的社会地位而乐意进入学校受教育。选用儒生为官吏,这种政治性的鼓励实际上成为发展官学的巨大推动力。

① 《贞观政要·崇儒学》。
② 《资治通鉴》卷一九二。
③ 《贞观政要·崇儒学》。
④ 《贞观政要·崇儒学》。

这种政治鼓励后来甚至推广到守卫军队中。"自玄武屯营飞骑，皆给博士受经，能通一经者，听入贡限。"[1]这样一来，卫队也有了附设学校，卫士能读通经书，经过考试也可以做官。

入学读书成为通向禄利之路的桥梁，追求禄利的人接踵而至，兴起了入学热潮。与武德年间比较，贞观时的社会风气起了较大变化。"武德中，天下兵革新定，士不求禄，官不充员。有司移符州县，课人赴调，远人或赐衣续食，犹辞不行。"[2]士人不乐意做官，学生入学读书更是不积极，所以学校缺乏学生，需要朝廷命令州县征调。但到贞观年代，形势发生根本变化，出现了"四方秀艾，挟策负素，坌集京师，文治熅然勃兴"[3]的景象。此时因要求入学的人众多，朝廷反而要限制名额，命令州县加以考选。

贞观年代，为了建立从中央到地方的封建专政机构，需用不少官吏，解决这一问题要依靠多种途径，设科和举办学校就是其中的两条重要途径。当时，科举与学校兼而用之，并行不悖，还没有显出什么大矛盾。学校为科举做准备，科举是生员参与政治的阶梯，在为封建政治服务方面各有其作用。因此，两者都受到重视，并不因实行科举制度而忽视学校教育。

四、 精选名儒学者为学官

官学的任务在于以儒家学术思想培养统治人才，而如何传授和培养主要决定于教师。著名的学者当教师，能培养较好的学

---

① 《新唐书·儒学传》。
② 《新唐书·选举志》。
③ 《新唐书·儒学传》。

风,对学生产生一定的吸引力和号召力。

贞观年代重视选择教师,并给予高度尊重,也与李世民本人的思想作风有直接的关系。李世民在争夺天下的斗争中以及登位后处理政务之时,都深感读书学习的重要,常以少年时未能多读书为憾事,他曾对房玄龄说:"为人大须学问。朕往为群凶未定,东西征讨,躬亲戎事,不暇读书。比来四海安静,身处殿堂,不能自执书卷,使人读而听之。君臣父子,政教之道,共在书内。古人云:'不学,墙面,莅事惟烦。'不徒言也。却思少小时事,大觉非也。"① 由于有这样的认识,因此他本人是重视读书和求师的。初即位,李世民就设置弘文馆,精选弘文学士,令学士轮流值班;有了空隙时间,就召入讲论,商讨政事。他感到这样学习统治经验以处理政治事务很有效果,于是"又取三品已上子孙充弘文馆学生"②。

李世民精选的这些称为"学士"的兼职教师,都是当时的一些著名学者。如虞世南,为人沉静寡欲,笃意学问,他在讲论中发挥了政治影响,"每论及古先帝王为政得失,必存规讽,多所补益"③。李世民称赞他具有出类拔萃的五大优点:德行、忠直、博学、文辞、书翰。④ 李世民经常召见虞世南,向他请教,君臣关系甚为密切。这样的教师,在学生中享有较高的威望,受到极大的尊敬,教育也就可能取得较大效果。

随后,官学进行扩充发展,需要有较多的教师。李世民对官学教师的选任一直予以重视。贞观六年(632年),"尽召天下惇师

---

① 《贞观政要·悔过》。
② 《资治通鉴》卷一九二。
③ 《旧唐书·虞世南传》。
④ 《贞观政要·任贤》。

老德以为学官"①。十一年,又令诸州采访"儒术该通,可为师范"的学者,"各给传乘,优礼发遣,当随其器能,擢以不次"。② 十四年,"是时上大征天下名儒为学官"③。经过多次的征召和选拔,官学中集中了一批著名的学者,见于史书者如:

陆德明,苏州吴人,善谈名理,撰《经典释文》《易疏》《老子疏》等,贞观初任国子博士。(《旧唐书·陆德明传》)

邓世隆,相州人,以史学闻名于世,贞观初任国子主簿。(《新唐书·邓世隆传》)

王恭,滑州白马人,博涉六经,其所讲三礼,皆别立义证,甚为精博,贞观初任太学博士。(《新唐书·王恭传》)

朱子奢,苏州吴人,少习《春秋左氏传》,后博观子史,善于文词,贞观二年(628 年)任国子博士,后升为国子司业。(《旧唐书·朱子奢传》)

侯孝遵,贞观初为太学助教(《唐会要·宏文馆》),贞观中为太学博士。(《旧唐书·刘伯庄传》)

孔颖达,冀州衡水人,明服氏《春秋传》,郑氏《尚书》《诗》《礼记》,王氏《易》,善属文,通步历。(《新唐书·孔颖达传》)初任国子博士,贞观六年(632 年)任国子司业,十二年任国子祭酒,受命主编《五经正义》,作为官学教本。(《旧唐书·孔颖达传》)

司马才章,魏州贵乡人,兼善五经,贞观六年(632 年)以房玄龄推荐,任国子助教,论议该洽,受命参与编辑《五经正义》。(《旧唐书·司马才章传》)

---

① 《新唐书·儒学传》。
② 《唐大诏令集》卷一〇二。
③ 《资治通鉴》卷一九五。

刘伯庄，徐州彭城人，专精《史记》《汉书》，参与修《文思博要》《文馆词林》等，贞观中任国子助教，后迁国子博士。（《新唐书·礼乐志》《旧唐书·刘伯庄传》）

谷那律，魏州昌乐人，淹识群书，褚遂良称之为"九经库"，贞观中任国子博士。（《新唐书·谷那律传》）

马嘉运，魏州繁水人，治儒学，善论议，贞观十一年（637 年）为太学博士、弘文馆学士，以《五经正义》烦冗，驳正其失，学者服其精博。（《新唐书·马嘉运传》）

盖文达，冀州信都人，博涉经史，尤精三传，为当时大儒，每讲经，皆遍举前代诸家学说，贞观十三年（639 年）任国子司业。（《旧唐书·盖文达传》）

盖文懿，贝州宗城人，以儒学知名，与盖文达并称"二盖"，初为国子助教，贞观时任国子博士。（《旧唐书·盖文懿传》《新唐书·盖文懿传》）

张后胤，苏州昆山人，青年时在太原，颇以学行见称，以《春秋左氏传》授李世民，贞观二十年（646 年）任国子祭酒。（《旧唐书·张后胤传》《新唐书·张后胤传》）

赵弘智，洛州新安人，学通三礼、《史记》、《汉书》，参与修《六代史》《艺文类聚》，贞观二十年（646 年）为司业。（《旧唐书·赵弘智传》《唐会要·释奠》）

梁述，任国子监算学博士，参与太史令李淳风等注释十部算经。（《旧唐书·李淳风传》）

王真儒，任太学助教，参与李淳风等注释十部算经。（《旧唐书·李淳风传》）

其他学官或仅存姓名，未有专传记载，也就难以详细查考。

这些学官中，只有张后胤一人先前与李世民有私人关系。为了报答老师授经之恩，李世民任命他为国子祭酒，有凭感情用人之嫌。至于其他学官，则依照德行与学识的标准选择任用。这些著名学者不仅做教师，单纯从事传授，他们有时还兼撰述，或参议政事，对皇帝有一定的思想影响。例如，李世民曾请教孔颖达，让他解释《论语》中"以能问于不能，以多问于寡，有若无，实若虚"这句话的意思。孔颖达不仅就问题作了解释，还借机发议论，劝说皇帝要谦虚待下。

贞观年代正是由这样一批著名的学者充任官学教师，他们富于学识，且勤于教学，吸引四方学生不远千里而至，以入学受教为荣。在他们的教育下，学生比较专心向学，官学日益发展。

唐朝后来的官学都不如贞观年代，未能精选著名学者充任教师是重要原因之一。对比武则天当政时，学校荒废数十年，就更能清楚地说明问题。史书指出，武则天当政时，"其国子祭酒，多授诸王及驸马都尉。……至于博士、助教，唯有学官之名，多非儒雅之实"[1]。由不学无术的皇亲国戚管理学校，轻视官学教师的选拔，让那些没有真才实学的人到国学滥竽充数，这种做法和贞观年代精选学官的措施大相违背。因此，贞观年代官学能够蓬勃发展，而武则天年代官学越来越衰败。

五、 实行等级性学制

唐代中央官学是为地主阶级统治利益服务的，它的制度要适

① 《旧唐书·儒学传》。

应地主阶级的需要。地主阶级内部,由于政治、经济上占有的支配地位有种种差别,分成不同的阶层等级,因而享受的教育权利也就不同。政治上占据支配地位的贵族官僚在教育上要求享有最大的特权,而一般庶族地主也有参与政治的一定权利,也要求能受到高一等教育的机会,为参与政治准备条件,使这两方面的要求保持均衡,是符合整个地主阶级利益的。唐代中央官学确立等级性学制,就是在地主阶级内部企图使对不同阶层的教育维持均衡的一种表现。

这种等级性官学制度,隋文帝时一度实行过。唐朝建立后,继承等级性官学制度,重新实行,"诸生胄子,特加奖劝。而凋弊之余,湮替日久,学徒尚少,经术未隆"[①]。唐初的教育法令规定,国学定额 72 员,太学定额 140 员,四门学定额 130 员,三学学生总数为 342 员,开办数年,结果都未能满额。真正确立并实行这种等级性官学制度,是在贞观年代。贞观时,一再增加学额以满足官僚地主子弟的入学要求,"大抵诸生员至三千二百"[②],20 年间增长近 10 倍,发展是颇迅速的。

贞观时期,中央官学主管机关为国子监[据《唐会要》,贞元元年(785 年)五月设立],国子学、太学、四门学、律学、书学、算学皆为其所属。这六学的等级性特别明显。依法令规定,国子学"掌教三品以上及国公子孙、从二品以上曾孙为生者";太学"掌教五品以上及郡县公子孙、从三品曾孙为生者";四门学"掌教七品以上、侯伯子男子为生及庶人子为俊士生者";律学"掌教八品以下及庶人子为生者";书学"掌教八品以下及庶人子为生者";算学

① 《唐大诏令集》卷一〇五。
② 《新唐书·儒学传》。

"掌教八品以下及庶人子为生者"。[1] 六学中,国子学地位最高,而律、书、算三学地位较低,贵族官僚子弟及庶族地主子弟就按其出身的等级来享受教育权利。

在入学办法方面,贵族官僚子弟凭"门荫"入学,按家庭出身的官品进入相应级别的学校;而庶族地主子弟则经过地方的考试或举送而入学,所进的是较低一级的学校。庶族地主为了扩大经济上的占有和参与政权,积极地争取送其子弟入学,入学后取得生员的身份,社会地位随即提高,国家给予政治优待,全家都免除课役。

这种等级性官学制度完全适应地主阶级内部的结构,他们可以依据各自在政治上、经济上的地位而享受相应的教育权利。当时地主阶级内部矛盾不大,在利益一致的基础上支持等级性学制,使之继续发展。

六、 封建经济的恢复与发展提供了物质条件

封建社会中,凡是举办官学,都需要在京都(或州府)集中一批教师和学生。一方面,国家要给这些教师和学生供应住宿和膳食,学校规模扩大,学生数量增加,国家的财政开支就越大;而另一方面,由于给学官和生员政治上的优待,免除他们的课役,国家财政收入要相应地减少。办学需要钱粮开支,缺乏钱粮就办不成官学,这个经济问题是统治者必须加以考虑和解决的。

封建官学的发展,既要有较充裕的物质条件,也要有安定的

---

[1] 《新唐书·百官志》。

社会环境。因此,只有在和平时期封建经济稳定发展的情况下,才有可能出现官学的繁荣。

贞观年代,出现一个相对和平发展时期。当时国内战争基本平息,国家统一基本实现,与四方民族的矛盾也以和平方式暂时得以缓和。李世民初即位时,北方突厥举兵入侵,逼近长安。李世民设计与盟使退,尽力避免这一次战争。事后,李世民说:"所以不战者,吾即位日浅,国家未安,百姓未富,且当静以抚之。"①他的深谋远虑是争取一个和平时期来发展封建经济。

李世民对社会安定非常重视。当时盗贼尚多,他与群臣讨论止盗的方略,有人请求用重法加以禁止。他表示反对,指出:"民之所以为盗者,由赋繁役重,官吏贪求,饥寒切身,故不暇顾廉耻耳。朕当去奢省费,轻徭薄赋,选用廉吏,使民衣食有余,则自不为盗,安用重法耶!"②他不主张严惩盗贼,而是要从盗贼产生的社会根源上加以解决,在封建政治上这是比较通达而有远见的。

封建经济的根本在于农业,要安定社会,最重要的是解决农业问题。李世民说:"国以民为本,人以食为命,若禾黍不登,则兆庶非国家所有。"③隋末大乱之后,农业遭受严重破坏,农民流离,户口未复,田园荒芜,仓廪尚虚。实行"轻徭薄赋"的政策,使农民复归田里,休养生息,有利于农业的恢复和社会安定。

贞观年代积极推行均田租庸调法④,依法:"丁、中之民,给田一顷,笃疾减什之六,寡妻妾减七,皆以什之二为世业,八为口分。每丁岁入租,粟二石。调随土地所宜,绫、绢、绝布。岁役二旬;不

---

① 《资治通鉴》卷一九一。
② 《资治通鉴》卷一九二。
③ 《贞观政要·务农》。
④ 武德二年(619年)制定,七年又详加规定。

役则收其庸，日三尺；有事而加役者，旬有五日，免其调；三旬，租、调俱免。水旱虫霜为灾，什损四以上免租，损六以上免调，损七已上课役俱免。"[1]封建统治者对农民总是要剥削的，但贞观年代对这种剥削有所限制，农民的负担比隋代减轻一些，农民还有积极生产以改善生活的可能性，这是促进封建经济繁荣的重要因素。

实行均田租庸调法的结果是，流散者归乡复业，社会趋于稳定。贞观四年（630年），经济形势开始好转，国家仓廪逐年有了积累。八年，高季辅奏书中已指出"今仓廪浸实"[2]。

要贯彻"轻徭薄赋"的政策，关键在于统治者能否"去奢省费"。如果统治者奢侈浪费，必然要变为"重徭厚赋"，加重剥削以供挥霍。李世民吸取隋炀帝纵欲无道遂致败亡的历史教训，认识到奢侈是危亡的根源而存有戒心，且贞观初国库也未充实，就比较注意节俭。长孙皇后也"务存节俭，服御取给而已"[3]，"训诸子，常以谦俭为先"[4]，在节俭方面够得上称为"贤内佐"。在皇帝、皇后带头下，社会风气较朴素，官吏有因奢侈浪费受到惩罚的，也有因刻剥百姓受到谴责的。如贞观二年（628年），司农卿窦静对少卿赵元楷好聚敛极为鄙视，当着官属的面大声斥责："隋炀帝奢侈重敛，司农非公不可，今天子节俭爱民，公何所用哉！"[5]贪官赵元楷大为惭愧。当时一些大臣也注意节俭，对皇帝起一定监督作用。但是，统治者的节俭是不能持久的，在政权初建时还勉强能做到，至统治已经巩固，天下财赋总于手中，那时就志得意满，奢

---

① 《资治通鉴》卷一九〇。
② 《资治通鉴》卷一九四。
③ 《资治通鉴》卷一九一。
④ 《资治通鉴》卷一九四。
⑤ 《资治通鉴》卷一九三。

侈挥霍也开始露头。挥霍人民的血汗,这是统治集团的罪过,对政治文化会产生影响。但由于社会安定,经济发展,部分大臣尚能保持俭约,吏治比较清明,所以还没有破坏大局。只要统治者的耗费有一定限制,从农民处剥削来的租调也就能够积累,财富日渐充实,统治集团要办学校,扩大教育规模,也就具备经济条件。

贞观年代的官学,是随着封建经济的发展而逐步扩大起来的,除了保持武德时原有的国子学、太学、四门学之外,还有如下一些重要发展:

元年(627年),于宏文馆附设学校,首批招生二十四人。(《唐会要·宏文馆》)

二年(628年),国子监增设书学、算学。(《唐会要·广文馆》)

三年(629年),府州设置医学,有医药博士教授学生。(《新唐书·百官志》)

五年(631年),中央各学生员均有增加。(《通志·选举略·学校》)

六年(632年),增设律学。(《旧唐书·太宗本纪》)是时,国子监扩建,增筑学舍四百余间。(据魏徵六年奏书"比来营缮微多"之语推断,国子监扩大不迟于六年,四百余间之数则依《贞观政要·崇儒学》所载。)

十二年(638年),于玄武门置屯营飞骑,给博士授经。(《资治通鉴》卷一九五)

十三年(639年),东宫崇文馆附设学校招收学生。(《新唐书·选举志》)

十四年(640年),增筑学舍一千二百间,学生增员大抵至三千二百。（年份从《资治通鉴》卷一九五,数字从《新唐书·儒学传》。）

十六年(642年),新罗、高昌、百济、吐蕃、高丽等群酋长并遣子弟入学。(文成公主十五年入藏后,吐蕃始遣子弟入学。)

国学极盛时,四方学者云集京师,升讲筵者至八千余人。(《资治通鉴》卷一九五)

据宋敏求《长安志》卷七,唐代国子监在长安皇城安上门外的务本坊西部,其规模是值得注意的。贞观十四年(640年),国子监进行大扩建,增筑学舍一千二百间,经常住校学生达三千多,其规模可容八千多人的讲学活动。《旧唐书·儒学传》称:“儒学之盛,古昔未之有也。”唐代国子监不仅在中国封建教育史上成为官学发展的新高峰,而且在世界教育史上,7世纪中叶没有其他国家教育事业的发展达到如此规模,能够与之比美。

贞观年代官学的发展是地主阶级统治的需要,但这种发展繁荣是依靠榨取千万农民的血汗获得的。单是中央官学,就有数千师生,他们的衣食由国家支给,这些都来源于农民交纳的租调;他们的住宿由国家提供,这些学舍都依靠农民无偿的劳役来建造。学舍的增置是当时京都营建的一部分,这些土木建筑加重了农民的负担。贞观十一年(637年),马周上疏指出:“给役者兄去弟还,道路相继。……营缮不休,民安得息!”[1]十三年,魏徵又上疏指出:“顷年已来,疲于徭役,关中之人,劳弊尤甚。杂匠之徒,下日悉留和雇;正兵之辈,上番多别驱使。和市之物,不绝于乡间;递送之夫,相继于道路。既有所弊,易为惊扰,脱因水旱,谷麦不收,

---

[1] 《资治通鉴》卷一九五。

恐百姓之心，不能如前日之宁帖。"①农民不仅要长期服役，而且农产品也通过"和市"的方式被掠夺，一遇水旱就要面临饥饿。两个阶级的利益如此矛盾，农民的心是不会安宁的。农民修建学舍，供应官学师生的衣食，但农民子弟却没有入学权利，只有官僚地主子弟才能享受教育特权；依靠榨取农民血汗培植出来的封建官吏，却骑在农民头上统治农民，如此不平等，农民的心也是永远不会安宁的。但在封建专制制度下，农民处于无权的地位，是难以诉说心中不平的。

七、结语

封建教育由封建政治经济决定，并为封建政治经济服务。唐贞观年代官学能够蓬勃发展，是由当时建立了中央集权统治和封建经济恢复发展等一系列历史条件造成的，它适应地主阶级建立新统治的需要，为培植封建统治人才服务。

地主阶级发展教育的要求，是通过封建国家政权制定文教政策和学校制度来实现的。作为地主阶级主要政治代表的李世民，因为居于权力中心地位，其个人的政治思想倾向对制定文教政策和制度不能不产生重大的影响。他确定崇儒兴学的文教政策和采取的一些措施，对贞观年代官学的发展起了促进作用，这种历史事实不能抹杀，而应适当予以肯定。

从历史发展来看，封建官学的发展主要取决于当时的政治。不同时期当权者政治倾向的不同，都要在文教政策上反映出来，

① 《贞观政要·慎终》。

在颇大程度上影响着官学的前进或倒退。贞观初年,经济方面虽还有困难,但李世民在"偃武修文"治国方针的指导下,采取崇儒兴学的文教政策,既实行科举,又发展学校,官学在一些制度和措施的配合下有了初步发展。随着经济形势好转和进一步发展,官学也就相应发展而达到新的高峰。武则天当政时期,封建经济比李世民在位的贞观年代更进一步发展,应当有更雄厚的财富发展官学,但武则天推行大兴佛教、专重科举的文教政策,放手招官,收买人心,轻视学校而任其废弃,结果造成官学教育的倒退。陈子昂在《谏政理书》中疾呼:"国家太学之废,积以岁月久矣。学堂芜秽,略无人踪,诗书礼乐,罕闻习者。"尽管他指出这种情况,但也无法使武则天改变主意。在同一朝代经济日益发展的情况下,官学教育却出现倒退,这种情况不能用经济原因来解释,因为这是由政治上的变化造成的。这证明封建官学的发展主要取决于政治因素。

虽然政治因素是主要的,但经济因素对发展教育事业还是基本的。不具备一定的经济条件,即使封建统治者好大喜功,想要大规模地办官学,也难于办起来;即使勉强办起来,也难于长久维持下去。历史上不乏这种事例。如西汉元帝刘奭,此人好儒,鼓励青年入学,博士弟子不限名额,能学通一经的都获得政治优待,免除课役。这样一来,为逃避课役而入学的人多了,国家财政收入少了,加重了财政困难。此政策从初元五年(前44年)实行,到永光三年(前41年),刘奭就被迫改变办法,只好压缩规模,对博士弟子限额千人,把学校规模限定在国家财政力量能够负担的范围内。又如,唐穆宗李恒当政时,官学衰败,刘禹锡直截了当地指出:"今之胶庠,不闻弦歌,而室庐圮废,生徒衰少,非学官不欲振举也,病无赀财以给其用。"①没有经济条件,学校都办不下去,哪里还谈得上发展?从历史发展的前后比较可以看出,由于贞观年代封建经济的恢复和发展,财富有了一定的积累,才为官学的发展创造了基本条件。李世民在政治上需要通过发展官学培养人才来巩固封建中央集权统治,而当时经济的恢复和发展创造了一定的物质基础,使他有足够的经济力量来实行发展官学的计划。

中国教育的历史

---

① 《刘宾客文集·奏记丞相府论学事》。

唐代考试初探 *

　　唐初的统治者重视兴办学校,使官学与私学并举以培植人才,学校成为人才的重要来源。唐朝又重视科举,继承隋朝的科举制度,并把它进一步完善化,成为选拔人才的一条主要渠道。学校与科举两者相辅而行,学校培养人才供科举选拔,是科举赖以发展的基础;而科举是学校生员必经的出路,成为支配学校的重要力量。随着政治形势的发展,封建统治阶级越来越重视科举的作用,抓住科举作为关键的一环,以左右学校,学校也就完全被纳入科举的轨道。封建政府对学校如何培养人才,并不怎么费心。它依靠科举作为验收的关卡,每年举行一次全国性的科举考试,按照政治需要挑选人才。虽然每年选取的名额极为有限,但有取得功名利禄的可能性,对知识分子产生了巨大吸引力,使绝大多数知识分子以夺取科名为奋斗目标。既然学校被迫跟着科举走,而落为科举的附庸,那么学校教育的内容和方法都必须适应科举的需要。在考试制度方面更是如此,正如《唐六典》所说的,国子监内实行分科考试,"其试法皆依考功",学校无独立的、特殊的考试方法,其考试方法完全仿照科举考试,两者在精神实

　　* 本文原刊于《华东师范大学学报(教育科学版)》1983 年第 2 期。

质上是统一的。关于学校考试的历史记录不多，而科举考试的历史资料保存了一些，因此需要汇通两方面的材料来说明考试的问题。本文着重就考试的方式方法进行一些初步探讨。

一、 考试成为鞭策的手段

唐代官学主要以儒家经典为基本教学内容，专科学校则另规定一些经典为基本教学内容，所有学校都以考试为督促学业的手段，要求学生能熟读记诵经典，采取的考试方式主要是帖经、问义和答策等。

根据政府法令的规定，学校中的考试比较频繁，要求定时定项进行考试。归崇敬在《辟雍议》中提到考试办法时说："旬省月试，时考岁贡。以生徒及第多少，为博士考课上下。"学校把学生考试成绩作为学官考核的重要标准，学官当然重视考试。唐代规定的按时考试名目有四，列举如下：

第一，旬试。唐代的学校与政府机关一样，每旬放休沐假一日。放假前一日，学校举行考试，由负责讲授的博士主持，考试这一旬内讲习的内容，采取的方式是帖经和问义。《新唐书·选举志》："前假，博士考试，读者千言试一帖，帖三言，讲者二千言问大义一条，总三条，通二为第。"这种经常性的考试表明，学校在教学上重视及时复习巩固，其要求偏重于记诵。

第二，月试。每月终第三次旬试时，试一月内讲习内容，这就是月试。起初学校的旬试和月试配合进行，学生和博士的生活都围着考试转，显得紧张，对教学活动起一定的督促作用。久而久之，管理放松，博士和学生都感到频繁举行的旬试是一种过重的精神负担,需要精简。因此,学校放弃了旬试,保留月试。元和元年(806年),国子监规定国学"每月一度试"①。有的专科学校根据其教学特点,没有规定旬试,只规定月试。如医学,只规定"博士月一试"②。根据实行的情况来看,月试比较切实可行。所以,月试成为一种固定的考试。

第三,季试。每季将终时,总一季学业举行考试,称为季试。凡附国子监修业的士人,也参加每季一试。如会昌五年(845年),国子监规定,士人修明经、进士业者,并隶名太学,每季一试,使经艺习熟。③ 季试比月试更重要些,所以有的学校就由部门的领导人来主持考试。如医学就规定,"太医令、丞季一试"④。

第四,岁试。每年终,总一年的学业进行考试,称为岁试。岁试不仅是一年课业的总检查,而且考试成绩就作为升留的依据。因它比较重要,所以规定更具体些。《新唐书·选举志》:"岁终,通一年之业,口问大义十条,通八为上,六为中,五为下。"岁试通常由主管部门的领导人亲自出来主持。《新唐书·百官志》载,国子监"丞一人,从六品下,掌判监事,每岁,七学生业成,与司业、祭酒莅试,登第者上于礼部"。《唐六典·太医署》载,医学由"太常丞年终总试"。领导人主持的考试,考试成绩直接得到认可,登第的人可以上报,获得参加科举考试的资格。

学校每次定期考试之后,根据成绩实行奖惩。如旬试,总试三条,通二条才合格,不合格则有处分。旬试、月试、季试的奖励还比较一般,最重要的奖惩是与岁试联系在一起的。每年七学生

---

① 《册府元龟·学校部》。
② 《唐六典·太医署》。
③ 《唐摭言·会昌五年举格节文》。
④ 《唐六典·太医署》。

岁试所习业,业成欲求仕者,报送国子监,由祭酒、司业、监丞等负责覆试,登第者由祭酒审核,报送尚书省礼部,这才获得和各地区的贡士一样参加省试的资格。岁试业成,不要求出仕,而愿意留在监内继续学习的,可以在监内得到升转。《新唐书·选举志》:"诸学生通二经、俊士通三经已及第而愿留者,四门学生补太学生,太学生补国子学。"提高等级地位也是一种奖励。如果岁试不合格,一年、二年还容许留学;若连续三年不合格,则采取较重的处分,"并三下与在学九岁、律生六岁不堪贡者,罢归"。到了元和年代,又把退学处分的条例略微放宽,对文章帖义不及格限的学生,经过五年,还不够条件报送的,才令其退学。当时学校经费困难,需要限制名额才能供应廪膳,因此就把廪膳的供应也作为学生考试的奖惩手段。国子祭酒冯伉在《奏请整顿学事》中就提出:"其礼部所补学生,到日,亦请准格帖试,然后给厨。后每月一度试,经年等第不进者停厨,庶以止奸,示其激劝。"结果,他的建议被批准实行。学生们在饿饭的压力下,不能不努力课业,以求得考试合格。

二、 考试项目由少增多

武德时(618—626),国学就订立考试的条例。国学根据科举有进士、明经等科,也相应地设科考试,起初考试项目较少,以试策为主。《唐摭言·试杂文》:"进士科与俊、秀同源异派,所试皆答策而已。……有唐自高祖至高宗,靡不率由旧章。"《册府元龟·贡举部》也说:"自是,士族所趋,惟明经、进士两科而已,其初止试策。"其中略有一点变化,即贞观八年(634 年),进士加试经

中国教育的历史

史，由经史中出策题，强调读经史的重要。"上元二年，加试贡士《老子》策，明经二条，进士三条。"①这些变动都不大，不论试经史或试《老子》，从形式上看，仍旧以试策为主。这种考试比较容易应付，但难于选取实才。到武则天当政时，这种考试的弊病已经显露，政府中展开一场讨论，有人要求增加考试项目。永隆二年（681年），考功员外郎刘思立指出："明经多抄义条，进士唯诵旧策，皆亡实才，而有司以人数充第。"②他认为，较单一的考试方式难于挑选真才实学的人，考生的学问大多肤浅，根底不厚，而要求他们根底厚实，必使他们读经。于是，刘思立奏请明经、进士两科并加帖经，进士还加试杂文，文章列入高等的，才准许参加策试。这种建议受到重视，唐高宗在永隆二年八月下诏："如闻明经射策，不读正经，抄撮义条，才有数卷。进士不寻史传，唯读旧策，共相模拟，本无实才。所司考试之日，曾不拣练，因循旧例，以分数为限。至于不辨章句，未涉文词者，以人数未充，皆听及第。……自今已后，考功试人，明经每经帖试，录十帖得六已上者。进士试杂文两首，识文律者，然后并令试策。"③虽然下诏要实行新的考试办法，但因故并未立即实行，直到神龙元年（705年）才实行三场试。关于原因，《唐摭言》提及："寻以则天革命，事复因循。至神龙元年方行三场试，故常列诗赋题目于榜中矣。"

神龙以后，通行三场试。开元二十五年（737年），唐玄宗发布《条制考试明经进士诏》："其明经，自今已后，每经宜帖十取通五已上，免旧试一帖；仍案问大义十条，取通六已上；免试经策十条，

---

① 《新唐书·选举志》。
② 《新唐书·选举志》。
③ 《唐大诏令集·条流明经进士诏》。

令答时务策三道,取粗有文性者与及第。其进士,宜停小经,准明经例,帖大经十帖,取通四已上,然后准例试杂文及策,考通与及第。"

进士加试杂文有其社会原因。唐初在政治稳定之后,出现了社会经济繁荣,相应地要求丰富文化生活,重视诗赋成为社会风尚。这种风尚反映在科举制度方面,就是以诗赋为进士考试的重要项目,当时名之为杂文。

各科目的学习内容不同,其考试项目仿照三场试也各有差别。据《唐六典》的规定,并参照《通典》,举例列表如下:

科 目	考 试 项 目		
	一	二	三
明 经	帖经(每经十帖,又兼《孝经》二帖,《论语》八帖,皆十通五)	口试大义(十通六)	时务策(三道)
进 士	帖经(帖一大经,十通四)	杂文(二道)	时务策(五道)
明 法	帖(律令每部试十帖,十通九)		策(律七条,令三条)
明 书	帖(《说文》六帖,《字林》四帖,十通九)	口试(不限条数)	策
明 算	帖(①《九章》三帖,《五经算》等各一帖;②《缀术》六帖,《缉古》四帖,皆十通六,并兼《记遗》《三等数》,十通九)	口试(录大义本条为问)	
弘文、崇文生	帖经(《孝经》《论语》共十通六)		经策(或史策,皆十道)或时务策(五道)

各考试项目皆有评定标准。帖经：要求经、注兼帖，每帖三言，须文注精熟。口试大义：明经口试大义皆录经文及注意为问，其答者须辨明义理，然后为通；明算口试大义也录大义本条为问，答者明数造术，辨明术理，然后为通。杂文：要求华实兼举，洞识文律。策：要求文理兼备，文理俱高为上上，文高理平或理高文平为上中，文理俱平为上下，文理粗通为中上，文劣理滞为不第。学校根据这些标准，区分考生成绩的高低。

三、 考试方式反复调整

唐代的考试方式并非一成不变，而是根据统治集团的需要不断地进行变革，现分别加以考察。

（一）帖经

帖经这种考试方式的产生，与唐代封建政权的文教政策密切关联。封建统治者实行崇儒的政策，把儒家的九经规定为学校的基本教学内容，以奠定封建政治道德的思想基础，又通过考试督促学生记诵，使他们对这些经典均能文注精熟，帖经就是为此而设的。

顾炎武《日知录》："唐时入仕之数，明经最多。考试之法，令其全写注疏，谓之帖括。议者病其不能通经。权文公谓：'注疏犹可以质验，不者，傥有司率情，上下其手，既失其末，又不得其本，则荡然矣。'"权德舆并不以帖经为最好办法，但认为帖经可保证入仕者有基本知识，而且可以复查。

帖经实际上成为一道门墙,阻挡不读儒经、不辨章句的人混入考生之中,所以自唐初实行之后,相沿为考试的基本项目。

帖经的方法有其特殊之处。《通典》卷二八:"帖经者,以所习经掩其两端,中间开唯一行,裁纸为帖,凡帖三字,随时增损,可否不一,或得四、得五、得六者为通。"只要用功记诵,这种考试方式是不难应付的。在规定的有限范围内,考生对一般帖题均能回答,考官分不出优劣,也就难于取舍。为了便于区分高低,考官就在考题上打主意,特意提高考题难度,把本来容易应付的考试变为考生的一道难关。考生就想办法总结经验以渡过难关。他们搜索偏僻题目,编为歌诀背诵,而对本经的内容反而不了解。

这种出偏题、怪题的倾向,造成学风普遍不良,受到有识之士的反对,要求加以改变。开元十六年(728年),国子祭酒杨玚在奏书中指出:"窃见今之举明经者,主司不详其述作之意,曲求其文句之难,每至帖试,必取年头月日,孤经绝句。……臣望请自今已后,考试者尽帖平文,以存大典。"①虽然有部分人支持变革,但还不能使政府随即革除这种弊病。直到天宝十一载(752年),反对的声音较强烈,这才引起重视,唐玄宗特下制令:"礼部举人,比来试人,颇非允当。帖经首尾,不出前后,复取者也之乎,颇相类之处下帖。为弊已久,须是厘革。礼部起今,每帖前后各出一行,相类之处,并不须帖。"②根据这项命令,当年礼部侍郎杨浚主持考试,才实行开三行,不在断绝疑似之处帖题,以后就相沿为例。帖经这种考试方式,对于肯用功背诵的人不再成为严重的障碍。

帖经是为促使学生诵读儒家经典而创设的,但实行之后产生

---

① 《旧唐书·杨玚传》。
② 《册府元龟·贡举部》。

了新的偏向，最大的弊害是造成学生死记硬背，它要求的只是学生的记诵能力，而不是思维能力。

（二）问义

问义这种考试方式是为了对帖经补偏救弊而提出的。唐玄宗在开元二十五年（737 年）的《条制考试明经进士诏》中就承认："明经以帖诵为功，罕穷旨趣。"为了矫正这种偏向，才决定增加"口问大义"这种新形式（相当于现代的口试）。当时对这种新的考试形式还规定当众公开考试，并随即宣布评定成绩的结果，这样就能够限制考官感情用事，使他们不便上下其手，让公众对考试实行监督，对考生也有激励作用。但是，在封建官僚制度下，当时并没有按照规定实行公开口试，而是把公众隔离开，单独对考生进行考试。这样，在没有公众对考官进行监督的情况下，也就留下来串通作弊的机会。因此，公众对这种考试方式的利弊颇有议论。落第者对此也表示不满，发榜之后，引起喧闹，指责考官徇私舞弊，取舍不公。为了平息公众的不满，天宝十一载（752 年），朝廷重申命令："举人帖及口试，并宜对众考定，便唱通否。"①尽管官方一再重申，但考官仍然阳奉阴违，口试不公开进行的居多。

"口问大义"是由考官当面临时提问，与帖经相比，这种方式的难度较大。考生对义理未加深究，当然更不可能融会贯通地加以说明，考试时仍用应付帖经的方法应付口试。建中二年（781年），赵赞指出："明经之目，义以为先，比来相承，惟务习帖，至于

① 《册府元龟·贡举部》。

义理,少有能通。经术浸衰,莫不由此。今若顿取大义,恐全少其人,欲且因循,又无以劝学。请约举司旧例,稍示考义之难。"他认为应当提高问义的要求,并应当改进问义的方式。同时,他提出应该把口试改为笔试:"承前问义,不形文字,落第之后,喧竞者多。臣今请以所问录于纸上,各令直书其义,不假文言,既与策有殊,又事堪征证。凭此取舍,庶归至公。"①他的奏请被采纳,口试的方式一时改为笔试。

此后,围绕口试方式与笔试方式孰优孰劣的问题,长期存在争论,两种主张随着政治人事的变动一起一落,议论不休。有些当权者认为口试灵活,有疑即可追问,可以了解实情,而实际是由于没有文字记录,不留证据,又不公开进行,便于考官任情取舍,因而要恢复口试。另一些朝野人士则认为口试的流弊显然,主张采用笔试。贞元十三年(797 年),顾少连就提出:"至于帖书及对策,皆形文字,并易考寻,试义之时,独令口问,对答之失,覆视无凭,黜退之中,流议遂起。"他请求恢复建中二年(781 年)规定的办法,实行笔试,考官把所出问题写在纸上,考生据经疏笔答。他的建议得到批准,可是只实行一段时间,不久又复故态。

元和年代,口试、笔试又经过四度反复。元和二年(807 年),废除口试,实行笔试;七年,停止笔试,恢复口试;十四年,又以笔试代口试,不久再改笔试为口试。

太和年代,笔试、口试也经过反复。太和二年(828 年),由口试改为笔试;三年,由笔试改为口试;七年,政府重申采用口试。此后争议渐息,就沿用口试,直到唐朝灭亡。

① 《册府元龟·贡举部》。

中国教育的历史

主张改变口试为笔试，其目的在于革除流弊，要求对考试能够监督、复查，使取舍能够较为公平。可是，科举考试是为封建统治服务的，服从于权势的需要，实际上是不客观、不公平的。一些考官要舞弊徇情，当然也是不喜欢监督与复查的，所以口试被保留，笔试几经反复后还是被放弃。

（三）杂文

进士科加试杂文两道，诗赋各一。进士科的取舍不在帖经，关键在于杂文。《唐摭言·试杂文》说"文之高者放入策"，即只有第二场杂文考试通过，才能参加第三场的策试。因此，士人更加重视诗赋。

诗赋讲求文词华美、声韵协调，可以表现感情和才思，它在社会生活中能起美化生活的作用，在政治活动中实际应用亦多，成为求知己、拉关系的重要手段。

考诗赋促使考生追求文章形式，造成知识分子的思想作风趋向浮华，而忽视有关国计民生的实学。这种偏向在开元时期已显露，唐玄宗在开元二十五年（737 年）的《条制考试明经进士诏》中就承认："进士以声韵为学，多昧古今。"考试诗赋影响所及，产生不良学风，造成知识上的缺陷极明显。宝应二年（763 年），杨绾就指出，进士科试杂文，促使社会竞尚文词，积弊而成俗："幼能就学，皆诵当代之诗；长而博文，不越诸家之集。递相党与，用致虚声。六经则未尝开卷，三史则皆同挂壁，况复征以孔门之道，责其君子之儒者哉！"[①]贾至也认为试诗赋毛病甚大："考文者以声病为

① 《旧唐书·杨绾传》。

是非,而唯择浮艳,岂能知移风易俗化天下之事乎!"①进士中诗赋写得好的人,并不等于有政治管理才能。因此,有人主张改进杂文考试,以矫正偏向。建中二年(781 年),赵赞就提出改试应用文,以在社会政治生活中比较有实用价值的箴论表赞代替诗赋。这在后来曾实行一段时间,不久又恢复诗赋。

太和三年(829 年),又有人主张废除试诗赋,改为试议论。礼部奏请:"进士举人,先试帖经,并略问大义,取经义精通者;次试议论各一首,文理高者,便与及第,其所试诗赋并停者。……其所试议论,请各限五百字以上为式。"②实行不久,反对之论又起,仍复试诗赋。太和七年,宰相李德裕奏请进士停试诗赋,改试议论。唐文宗依照他的请求,随即下令改革。可是,次年李德裕罢相,执政易人,贡院奏请进士复试诗赋,又从其所请。

为什么改过来又改过去,三翻四复仍旧试诗赋?礼部奏书说明了其中的一个原因:"进士举人,自国初以来,试诗赋、帖经、时务策五道,中间或暂改更,旋即仍旧。盖以成法可守,所取得人故也。"③老办法用习惯了,也能选拔一些人才。

诗赋可学而能,不仅贵族子弟可掌握,庶族士人同样能掌握。庶族士人没有权势可依托,就利用诗赋作为政治跳板,凭借诗赋来取得禄位。所以,唐代的知识分子普遍会作诗赋,对诗赋的考试方式已成习惯,而朝官多数是进士出身,较多的人赞成考诗赋,他们坚持己见。虽然情况暂时有改变,但当政治形势对他们有利时,他们的意见仍占上风,终于又改为试诗赋。

---

① 《旧唐书·贾至传》。
② 《唐会要·贡举中》。
③ 《册府元龟·贡举部》。

（四）策

　　试策是考试中基本的一项，也是历史较长的传统项目。唐初明经、进士皆试策，策题范围有所偏重，题数也有差别。据《封氏闻见记》，明经试墨策十道，进士试时务策五道。策试的要求：既要熟识经史，又要通知时务；既要有鲜明的主张，又要有写作的技巧。不是学问广博的人是难于应选的。考生为了应付策试，动脑筋寻找窍门。有人就收集中选的策文，汇编成册，加以背诵，希图遇到的策题类同或近似，便可改头换面加以模仿套用。策选流行，考生的知识水平降低，所以永隆二年（681年）颁布的《条流明经进士诏》指出："进士不寻史传，唯读旧策，共相模拟，本无实才。"抄袭模拟别人的文章，不可能有思想独创、风格新颖的出色文章。

　　策试存在不少流弊，例如有的考生确无实学，但为了迷惑考官，混入及第行列，在答策时肆意夸张，堆砌辞藻，以图侥幸。开元六年（718年）颁布的《禁策判不切事宜诏》就指出，比来举人对策，"多不切事宜，广张华饰，何大雅之不足，而小能之是炫？自今已后，不得更然"。需要皇帝下令改变文风，可见问题已较严重。考生的文风有毛病，考官的策题也有毛病，开元九年的《处分举人敕》就承认："顷年策试，颇成弊风。所问既不切于时宜，所对亦何关于政事，徒徵隐僻，莫见才明，以此择贤，良未得所。"出题既已脱离社会政治实际，也就难于鉴别可用的贤才。当时朝廷虽然发现流弊，但只是想在维护这种考试方式的前提下作一些有限的改进，还没有提出更新的考试方式来取代策试。

到了太和年间,才有人提出改变策试,但存在争论。太和三年(829年),因反对诗赋而连及策试,结果朝廷命令将诗赋与策并停,改试议论各一道。但议论这种考试格式未被普遍接受,不久又复旧。太和七年、八年又反复一遍,结果是基本照旧,而略有变通。在维持策试方式基本不变的前提下,为了使考生对经史问题和时务问题并加重视,朝廷决定改进策题,在策题内容方面要求对经史与时务实行兼顾的原则,策五道,三道属经史,两道属时务。这种安排的用意就是使考生古今并习,不使偏废。略作调整之后,结果还是使策试方式保留下来。

四、 采取多种防弊措施

唐初建立新政权,组成从中央到地方的统治机构,急需数量较多的人才,因此采用多种方式发动和吸收人才来为新政权服务,考试是其中的重要方式。当时由于需才较急,因此对应考者几乎均加录用,考试只是作为了解应考者政治倾向和区别其文化程度的一种手段。在学校中,考试是督促学生课业和对教师进行考核的一种手段。

随着政局的稳定,愿意从政的人多了,而需要吸收的人员有限,考试的竞争日趋激烈,舞弊的事件日益增多。因此,政府加紧考试管理,采取防止舞弊的措施,重要的有以下几方面:

(一)严格考场管理,隔绝内外交通

当时考场作弊有两方面比较突出。一方面,权贵子弟平日不

读书,到了考试时请人冒名代考。这种现象在宏文馆、崇文馆等贵族学校较为常见,科举考试中也时有出现。永隆二年(681年)颁布的《条流明经进士诏》就指出:"试官又加颜面,或容假手,更相属请,莫惮纠绳。"因为考官包庇,所以作弊现象广泛存在。另一方面,考生把经书、策文用小字抄成小帖或小本,藏于衣帽之中,夹带入场。为了防止假冒和夹带行为,礼部采取了一些管理措施,只准考生入场。《通典》卷一五载:"礼部阅试之日,皆严设兵卫,荐棘围之,搜索衣服,讥诃出入,以防假滥焉。"考生入场时,要点名查问,还要搜身。对作弊者,均有处分。特别是对假代者的处分更重,发现冒名替代,立即取消考试资格,并按法律论处,轻者落为庶民,重者甚至判处流放。但是,采取这些措施并不能杜绝作弊,因为更严重的作弊是在考场之外,由权势者指名,预定名次,使考试变为例行的形式。对于这种管理措施,统治集团中有些人表示不满,曾加以抨击。舒元舆在《上论贡士书》中就说:"施棘闱以截遮,是疑之以贼奸徒党。"即对考生不是以礼相待,而是侮辱他们的人格,这不是求贤的正当办法。

(二)实行别头考试

开元二十四年(736年),科举考试移归礼部主管,礼部侍郎负责主试。当时考卷上写考生姓名,并不像后来一概采用糊名的做法。评定及第与否,也不全根据卷面成绩,多半是根据主考官事先掌握的情况,或听从贵戚权势的要求,预定了名次。如果考官的亲故参加考试并在及第之列,社会舆论可能怀疑主考官营私舞弊。为了避嫌,免受舆论指责,在一般考试制度之外,朝廷规定了补充办法。《新唐书·选举志》:"礼部侍郎亲故移试考功,谓之别头。"《贡举叙略》对此说明得较为详细:"先是,掌贡举官亲族,皆于礼部差郎官考试,有及第者,尚书覆定。及第者,仍别奏,谓之奏移。送吏部,令考功员外郎试练,侍郎覆定。及第者,仍别奏,谓之别头举人。"这种别头考试成为一种惯例,使礼部侍郎回避了嫌疑,可以放手履行自己的职责。

对于别头考试的作用,统治集团内部看法不一:有的认为只要考官秉公执法,用不着另行别头考试,增添麻烦;有的认为舆论可畏,增加一些麻烦,而别头考试能够避嫌,还是值得去办。正由于看法不一,虽然实行了别头考试,但中间也曾因反对意见占上风而几度停顿。贞元十年(794年)至太和六年(832年),别头考试曾三罢三复,以后就继续下去。累计起来,罢停别头考试不到三十年,在大多数年代还是实行别头考试。别头考试只是为了避免考官有营私的嫌疑而采取的补充办法,可以暂时掩人耳目,实际上并不能杜绝舞弊。

(三)考卷上交,以备复查

统治集团实行考试,是为了从士人中选拔统治人才,选拔是否能获取真正人才是他们所关心的。所以,当政者要看及第者答卷,以了解他们对政治的态度和写作的才能。后来,舞弊的事情多了,经常有人上告。当政者为了对考官实行监督,限制取舍中的舞弊,准备对考卷进行复查,所以要求礼部在录取发榜之后,把考卷上交中书门下。这些考卷保存在政府部门中,其中被认为优秀的答卷有抄本流传民间,在士人中间传诵,士人们议论其得失。

开元二十五年（737 年）颁布的《条制考试明经进士诏》规定："其应试进士等唱第讫，具所试杂文及策，送中书门下详覆。"从此，考卷上交成为定例。

主考官的权位不同，对条规遵守的程度也有差别。当条规的执行放松而出些问题之后，引起政府的重视，当政者重申命令，要求考官执行。如长庆元年（821 年）夏四月，唐穆宗下诏重申："自今礼部举人，宜准开元二十五年敕，及第人所试杂文并策，送中书门下详覆。"①太和八年（834 年）正月，唐文宗也曾下令重申，此项规定以后未有更改。但这仅是例行公事，实际上当政者并未认真复查。

（四）覆试重评，不实者惩处

唐代中期，考试制度已露腐败征象，"势门子弟，交相酬酢；寒门俊造，十弃六七"②，引起一些庶族出身的新官僚的不满。当较大的考试舞弊事件发生，即引起社会舆论的抨击，当朝群臣也有争议。当政者为了平息争议，有时也下令重试：新委考官，另出考题，根据重试成绩决定是否及第和及第的名次。

重试如果与原试结果差不多，问题就不大；如果出入较大，就要采取行政上的惩处措施。考官和考生都按情况分别受处分。如长庆元年（821 年），礼部侍郎钱徽主考，由于各方官僚请托较多，安排录取未能尽如众人所愿，因而主考受到另一些权势者攻击，朝廷最终下令重试。原来取进士及第十四人，重试只取三人

① 《旧唐书·穆宗本纪》。
② 《旧唐书·王起传》。

及第,其余十一人落取。原考官受到降职外调的处分,成绩最差的考生也受到较重的处分。

对学校的考试,上司疑其不实,有时也再加覆试。特别是贵族学校子弟,平日多游乐而荒废时日,至考试时,则令人冒名代试,考官未敢冒犯,并加宽容。这种考试多不如实,上下皆知,故有时朝廷另外派官重试。太和七年(833年)八月,唐文宗就下令:"弘文、崇文两馆生斋郎,并依令试经毕,仍差都省郎官两人覆试。须责保任,不得辄使替代。"①覆试的成绩及名次,报送上司审核备案。

覆试并不是一种常规,朝廷只是在认为必要的时候才临时下令举行,既已举行,只得把最无能的考生淘汰几位,以掩公众耳目。覆试的作用是暂时平息统治集团内部的争议,维持考试外表的尊严。

五、 经验教训初步分析

科举考试虽然开始于隋代,但考试制度到唐代才完备起来。唐的考试制度对宋及以后的科举考试也有较大影响,后来许多考试方式,追根溯源,多数发端于唐代。因此,对唐代的考试经验,值得分析总结。现根据初步的认识,提出以下问题供讨论。

(一)舍德取艺

魏晋南北朝以来,九品中正选士制度已完全腐败,到了隋唐

---

① 《册府元龟·贡举部》。

才代之以科举考试。选举和考试对人才要求的侧重点不同。选举还标榜道德作风,考试则强调知识才能。选才制度的改革和选才标准的变化,反映封建社会发展到了一个新阶段,地主阶级内部力量有了重要变化。

唐代科举名目虽多,主要是进士和明经,这两科的考试要求考生读一些儒家经典,但主要还是考察文艺才能,对进士尤其是如此,而非考察其德行和实学,所以进士、明经及第的人,有真才实学者少。而道德品行又未作为考察人才的基本要求,思想行为不检者既不妨应考,也不妨及第。所以,及第者行为放纵,道德败坏的亦多。

有人对考试的选材标准提出异议。上元元年(760 年),刘峣就指出:"国家以礼部为孝秀之门,考文章于甲乙,故天下响应,驱驰于才艺,不务于德行。……故有朝登甲科,而夕陷刑辟,制法守度,使之然也。"只根据文词选拔人才,即使能日诵万言,文成七步,对于巩固封建统治作用也不大。所以,他主张对考试制度实行根本改革:"陛下若以德行为先,才艺为末,必敦德励行,以伫甲科。丰舒俊才,没而不齿,陈实长者,拔而用之,则多士雷奔,四方风动。风动于下,圣理于上,岂有不变者欤!"①希望改革考试制度之后,推动社会风气的改变,这是一种主观愿望,实际是难于办到的。如果要以封建道德行为作为选拔人才的首要标准,就可能恢复乡举里选,由世家大族控制地方的选举,庶族地主是不会拥护的。唐代庶族地主力量有了发展,为了保护自身的利益,他们要求政治权力再分配。考试是庶族地主参与政治的一条途径,他们

① 《通典·选举》。

是不会放弃的。宝应二年（763年），杨绾建议改革贡举，也是为了矫正尚文词而轻德行的偏向。虽然也有人支持，但科举考试主要反映了庶族地主的利益，已被人们习熟，它可能带来的名利吸引了成千上万的拥护者，这是一股相当大的社会力量，终究扭转不过来，而只能沿这条道路继续下去。以文艺为考选人才的标准，这是科举时代的基本倾向，有其内在的社会原因。

（二）因时变革

考试的方式从属于考试的目的与内容，它继承历史遗产，又不能固定不变。沈既济在《选举论》中说："夫物盈则亏，法久终弊，虽文武之道，亦与时张弛，……是以王者观变以制法，察时而立政。"他主张要适时变革。实际上，唐代的考试制度适应政治形势而不断变化。

武德、贞观、永徽、显庆之时，学校考试有试读试讲等方式，进士、明经考试亦只试策而已。武则天当政时，重文学而轻经学，要在考试中拔取文士，因此酝酿一次较大变革。刘思立就是适应这种形势，建议增加考试项目，最重要的是进士科加试杂文，到神龙时就付诸实行。试杂文这一项，开始时只试赋，进而试一诗一赋。后来，有人认为这种诗赋的考试只是堆砌辞藻，实际没有多大意义。建中年代，就有人主张改试应用文，曾实行较短一段时间。到了太和年间，又有人提出改试议论，也实行一段时间，以后又恢复诗赋。由此可见，考试的项目和办法随时在改变，故《新唐书·选举志》说："有司选士之法，因时增损不同。"

唐代对考试方法也容许进行改革试验，主要看主考官的思想主张如何。如乾元初年(758 年),礼部侍郎李揆主持考试。"揆尝以主司取士,多不考实,徒峻其堤防,索其书策。殊不知艺不至者,文史之囿亦不能摛词,深昧求贤之意也。"因此,他不墨守成规,在职权范围内实行一些改革。"其试进士文章,请于庭中设五经、诸史及《切韵》本于床,而引贡士谓之曰:'大国选士,但务得才,经籍在此,请恣寻检。'"①提供经史和韵书,任学生参考,等于是开卷考试。这种破例的创举,其意不在考应试者的背诵能力,而在考其思维能力和写作才能。这次试验效果良好,受到社会好评,李揆也因主持这次试验而得到提升。可惜考官大多数因循守旧,以后再没有人主持这类创新的试验。所以,如何进行考试方式的变革,还与主持人的思想态度有关。较为开明者才敢于创设新的考试方式。

(三)因科而异

各科考试内容有别,考试的方法、要求也就不能一律。专科学校根据专业情况,考试时特别注意检验考生解决实际问题的能力。

如书学的考试,包括帖经、口试、试策三个项目,其特殊之处在于口试,口试检查聚焦于文字训诂,不仅要知道字形和字音,还要了解字义,提问不限条数,有疑就可随时提问,要通过了,然后试策。

算学要求精究道理与实际,不搞试策,只采用帖试和口试,考

---

① 《旧唐书·李揆传》。

试时摘取算经的条文作为问题,考生的回答须数字明确、方法对头,辨明了道理,然后才可通过。

医学在教学上注意理论与实际结合,例如读《本草》时就认识药形、知道药性,读《明堂》时就查图认识穴位,读《脉诀》时就互相诊脉,等等。考试就检查这些方面的课业和医术,虽然也口试各医经是否精熟,但更重要的是考查医术能否应用,对治疗何种疾病、痊愈多少也加记录,作为考核的一方面。

由以上的事例可以看出,考试制度虽然是统一的,但在具体考试方法上,则根据检查的需要,因科目不同而有差别,在实施方面允许有一定的灵活性,因而显出方式的多样性。在实用科学的考查上,注意检查考生解决实际问题的能力,这种经验至今还有意义。

(四)表面公正

考试制度是根据封建地主阶级的利益来制定的,它是封建统治制度的一部分。封建政治有等级性,体现在考试制度上,贵族官僚子弟享有一定特权,对他们是低要求、高奖赏,使其备受优待。魏玄同在《论选事疏》中就指出:"弘文崇贤之生,千牛辇脚之类,课试既浅,艺能亦薄,而门阀有素,资望自高。"对他们实行单独考试,以保证他们的特权。天宝十四载(755年),《宏文学生帖试敕》规定宏文生考试办法,应明经进士者,"帖经并减半,杂文及策皆须粗通",要求比其他学校学生大大降低,显然给予优待。在全国统一的考试中,考官为维护本集团利益,临时改变办法,随意取舍,以保证贵族官僚子弟优先及第。有的当权者虽不主持考试，却滥用职权来干预考试，"每岁策名，无不先定"①，使考试制度受到破坏，徒具形式而已。统治集团中的有识之士感到如此下去，整个考试制度都会被破坏，对地主阶级的统治是不利的，因此要求采取一些措施，改变一些办法，以维护统一考试公正的外表。下面提到的就是这些措施和办法中的两项。

口问大义这种考试形式，舞弊的可能性较大，因此要改变。实行墨义，出题、答题均用文字，凭卷面评定而后取舍，便于监督复查，避免落第者借口考试不公而制造事端，有利于维护封建统治秩序。

考试虽由礼部侍郎主持，但在确定录取名额、名次方面，常受权势者的干扰。侍郎不敢作主，先要呈请宰相批准，事实上由宰相决定。这种做法引起朝野议论。因此，有识之士要求把考试事务责成礼部按章秉公办理，当政者不应加以干扰。太和八年（834年），宰相王涯奏文说：旧例，礼部侍郎皆将及第人名先呈宰相，获得批准，然后放榜。宰相先知名单而有干预，就难说至公无私。既然委托给部门管理，就应注意尊重其职权。今年以后，礼部不用先呈送名单，便可放榜，放榜之后，再将名单呈报。但是，当权者滥用职权的现象还是难以一下扭转。所以，到会昌三年（843年），宰相李德裕再次提出这个问题，责成礼部全责办理，以避免非议，从而维护考试在外表上的公正。

考试制度能否维持公正的外表，对于封建统治的巩固，关系至为重大。士人若认为考试公正，则怀抱希望而奔赴，虽落第亦只怨己而不怨官。士人若获知考试谬滥，则多数失望而不再赴

① 《旧唐书·穆宗本纪》。

试,安分者期待澄清吏治;激进者则欲进行社会变革,他们不仅反对考试的不公正,还要打倒产生这种不公正的封建统治。

考试要公正,就要统一进行,统一取士标准;要维护特权,就安排特别考试,而破坏统一标准。公正与特权是矛盾的,在封建社会无法排除特权,这是社会制度决定的。

(五)疏漏遗才

唐代的考试制度是用来考察人才和选拔人才的,但是由于途径的狭窄、标准的片面、考官的舞弊等因素,这种制度的作用受到限制。虽然通过学校考试,继之以科举考试,选取的进士、明经、明法、明算等人员中出现一些政治家、财政家、思想家、科学家、文学家,他们代表地主阶级不同阶层的利益,对加强封建统治基础,促进社会发展起了一定作用,但相当多的人在中举之后表现平庸,对社会发展不起什么作用。有些在考试中落第的人却是很有才能的,其中有些人在当时的社会中发挥了作用,对历史也产生影响;而另一些人则因没有机会和条件,才能不能发挥,在历史上被淹没了。如贞元年代的太学生何蕃,在太学二十余年,他的行为、品德受到太学生的赞扬,是有威望的学生领袖。他制止太学生附和朱泚叛乱,表现了政治能力。可是,他在考试方面极不顺利,始终没有取得上贡礼部的资格。全国每年汇集礼部应试者常有千余人,其间多有名士,而所取仅十几或二十几人,一些名士终落第而归。名士尚可借诗文而传名,其他有才能者则因名不显而被埋没。由此可见,唐代的考试制度并不能正确检验人才,更不可能吸收一切有用人才。

从唐代考试方式的发展历史可以看出,考试的方式方法,总是要适应于考试目的和内容,它不是固定不变,单一通用,而是不断发展,多种多样。新的方式方法产生时,都是比较进步和合理的,但也内含消极因素。随着政治的发展,封建统治集团内外矛盾激化,趋向腐朽,消极因素就越来越突出,造成较大的流弊。所以,同一考试方式在不同的历史阶段发挥不同的作用,不能因其初期的进步性而否认其后期的落后腐朽性,也不能因其后期的落后腐朽性而抹杀其初期的进步性。我们需要具体地历史地对待,才能从中吸取历史经验教训。

论唐代广文馆的兴废 *

　　唐代的国子监于贞观年代已经奠定统辖六学的规模,在以后的发展历程中,又适应社会需要添设了广文馆,与国子学、太学、四门学、律学、书学、算学并列而为七学(或称"七馆")。这一后起的学馆,由于史料记载残缺不全,未能充分说明其作用,通常被人忽视。在以往的教育史著作中,对待广文馆问题,出现三种情况:有的略而不谈,只提国子监所属有六学而已;有的虽提到广文馆,承认国子监属下有七学,但又认为此学作用不大,无足轻重,语焉不详,置而不论;少数著作对广文馆的创设作了介绍,可惜在史实方面以讹传讹,并断定广文馆的存在是短暂的,给读者留下一些歪曲的印象。研究唐代教育,为了加深对唐代学校与科举关系的认识,把广文馆的兴废作为一个问题加以探究,尽可能查明其历史情况是颇为必要的。以下就三个问题谈个人的一些看法。

一、广文馆创设于天宝九载

　　唐初未有广文馆,广文馆实源于开元年代的省试落第者附学

＊　本文原刊于《教育评论》1987 年第 5 期。

读书。当时的科举特别偏重进士科,各地千里迢迢赴京应试的贡举人上千,由于名额限制,百分之九十以上会落第。落第者客留长安,等候下年再试,若无亲友可依靠,他们的生活颇成问题,学业也可能荒废。为了对这些人给予照顾,开元七年(719年),唐玄宗颁敕令规定:"诸州贡举省试不第,愿入学者亦听。"①从此,省试落第者根据自愿,可以入国子监附学读书。开元二十一年,又重申前令。附学读书者自有他们的特殊要求,对他们的教学活动和管理都要另作安排。当时虽未成立新的教育机构,但已提出了这种需要,这就成为后来创立新学馆的基本动力。后来创立的新学馆名为"广文馆"。

现存各种历史著作对广文馆创设时间的记载互有出入,但把这些材料进行分析比较,还是可以去伪存真,得出比较符合史实的结论。

历史著作中,认为贞观年代就有广文馆的,唯吴兢一人而已。他在《贞观政要·崇儒学》中说:"国学增筑学舍四百余间,国子、太学、四门、广文亦增置生员,其书、算各置博士、学生,以备众艺。"把广文馆列在贞观时候的国学中。但认真分析一下,这种说法实在靠不住,唐人著作中谈及广文馆之事的不少,没有第二人有这种说法。这可能是吴兢误记,或是原记为"宏文",而后人抄写笔误为"广文"也有可能。

有些历史著作认为开元年代就设有广文馆,如《前定录》说"开元二十五年,郑虔为广文博士",《唐才子传》说"开元二十五年,为更置广文馆",此二者均未足取信。

① 《新唐书·选举志》。

在开元二十六年(738年)之前未设广文馆，这是可以依《唐六典》的记载做出的合理推断。《唐六典》是开元中张九龄为宰相时组织编成的一部政典，开元二十六年才审定。该书分部别类，对当时各级政治组织和各种制度都有较详细的规定，可以作为考察唐代政治机构及各种制度变革的重要标志。该书在卷二一中介绍国子监的组织时，明确地说"有六学焉：一曰国子，二曰太学，三曰四门，四曰律学，五曰书学，六曰算学"，而未提及广文。此非《唐六典》疏漏，而是到它被审定时，尚未创设广文馆。

其他著作的记载认为广文馆创于天宝年代的较多，但说法也不一致。《唐语林》卷二、卷五均说"天宝中，国学增置广文馆"，认定广文馆设于天宝年间，具体年份则未指明；卷三则说"自天宝九年置广文馆"。材料来源不一，未加酌定，互有出入。《唐国史补》卷中则说"自天宝五年置广文馆"，独持一说，令人注意。然作者记事多依传闻，具体年份未必确实，因无其他记载佐证，后之史家也未必以此为信史。《唐语林》卷三取材于《唐国史补》，断然改"天宝五年"为"天宝九年"，明确认定关于"五年"的记载有误。

唐宋的史书对广文馆创立年代加以记载的尚多，如《通典·职官》："天宝九载置广文馆"；《唐摭言·广文》："天宝九年七月诏于国子监别置广文馆"；《旧唐书·玄宗本纪》："〔天宝九载〕秋七月己亥，国子监置广文馆"，《旧唐书·礼仪志》："〔天宝〕九载七月，国子监置广文馆"；《新唐书·选举志》："天宝九载置广文馆于国学"；《唐会要·广文馆》："广文馆，天宝九载七月十三日置"；《册府元龟·学校部》："天宝九年置广文馆"；《资治通鉴·唐纪》："〔天宝九载〕秋七月乙亥，置广文馆于国子监"。此处所列七家八条记载，虽详略不一，但较一致认为广文馆是天宝九载(750年)创立的，并且有五条记载确定为七月，看来这是比较可信的。

二、 广文馆为培训进士而设

封建时代任何新的专门学校的创设，总有它的社会原因和条件。社会上某些人有学习某方面文化的特殊需要，原有的学校不能满足这些需要，就有创设新学校的必要。社会客观需要是新学校产生的基本动力，至于何时满足这种需要，以及用何种方式来实现，则与当时具有的物质文化条件分不开，当政者的政治倾向、个人愿望、兴趣爱好等对此也起一定的作用。

关于广文馆创立的目的，史书有两种说法，观点上颇有差异。

一是玄宗皇帝为了安置名士而设。此说以《新唐书·郑虔传》所载为依据："〔郑虔〕坐谪十年，还京师，玄宗爱其才，欲置左右，以不事事，更为置广文馆，以虔为博士。虔闻命，不知广文曹司何在，诉宰相。宰相曰：'上增国学，置广文馆，以居贤者，令后世言广文博士自君始，不亦美乎？'虔乃就职。"如此说来，纯是由于皇帝个人欣赏郑虔这位文士的才能，要就近安置，就利用国学的有利条件，特别添设了广文馆。《文献通考》照录《新唐书·郑虔传》，使这种说法广为流传。周予同在《中国学校制度》一书中就是根据此说，直截了当地认为广文馆"本为郑虔而添设"。以为了安置某一名士作为广文馆创设的主要原因，这种看法是值得讨论的。一所专门学校的创设和存在有其社会任务，没有社会任务，它就失去存在的依据。如果广文馆仅是皇帝为了安排某个特定人物而成立的，那么安排者或被安排者两方之一发生变故，这一学校就失去了继续存在的理由。历史事实是，广文馆并未因最初的安排者与被安排者发生变故而从此消亡,反而较长时间继续存在,因此这种说法令人产生疑问。

二是封建政府为培训进士而设。此说由学校培养任务来论断设学的目的,可供引据的证据较多。如《旧唐书·职官志》说广文馆的任务在于"试附监修进士业者";《旧唐书·玄宗本纪》说广文馆"领生徒为进士业者";《新唐书·百官志》说广文馆的任务是"掌领国子学生业进士者";《新唐书·选举志》说广文馆"以领生徒为进士者";《通典·职官》也说广文馆"领学生为进士业者"。文字记载虽有差别,但内容基本一样,即广文馆培训的学生是准备应进士科考试的。《唐摭言》将广文馆的任务说得更清楚,即"以举常修进士业者,斯亦救生徒之离散也"。封建政府为了使一年一度应进士科考试而落选的士人不致因考后离散而荒废学业,就新设一学馆,创造条件使他们中有些人能集中起来继续进修,以提高写作文章的水平,为下一年的考试做准备。广文馆是为进士准备考试而创设的,这种说法较为可信。

从历史来考察,广文馆的创设与进士科成为科举最重要的科目这两件事确有密切联系。进士科在唐初仅作为诸种科目之一,后因秀才科停止,多数士人集中于进士、明经两科进行竞争。进士科的考试要求逐步提高,考试项目由试策一项改变为试帖经、诗赋、时务策三项,名额极少,非博学多才之士难以考取。但进士及第之后就有登上仕途的机会,政治出路比其他各科都优越,对士人有极大吸引力。追求名利的士人群趋进士科,产生了重进士而轻明经的倾向。到了开元、天宝时期,太平日久,在物质生活较充裕的基础上,社会风气更偏于崇尚文学,士人依靠文章来求取禄位。每年应进士科者常千余人,所取仅百分之一二。试期定在春季二月,远道来赴考的士人需提前在冬季进京。考后,多数落第者未肯就此罢休,而是继续为争夺科第而奋斗。冬来春去,春去冬来,形成定期的流动。家居关中的,可以就近应试;而家离京师遥远的,就疲于奔命。有些应试的士人权衡利弊之后,为了减轻经济负担和避免时间浪费,宁可长年寄寓京师。寄寓京师的士人,情况不尽相同:富家子弟忙于交际活动,攀附权势;穷困书生则力图进修学业,求友切磋。对穷困书生来说,附监修业是较好的安排。适应士人应进士科考试的需要,政府创设了广文馆。

广文馆因为作为应试进士科的准备场所,所以先后任命的学官都是著名的文士,而不是经师。如郑虔、张陟、杨冲、綦毋潜、张籍、李彬等都是文士。故《通典·职官》:"广文馆:博士一人,助教一人,并以文士为之。"

根据客观史实,可以认为,唐政府为了一批滞留京师的士人准备进士科考试而创设了广文馆,这是较为根本的原因;而玄宗皇帝为了就近安排一位名士,则是促成这一学馆出现的偶然因素。正因如此,设学的社会需要存在,广文馆就能保留,并不因下令开馆的皇帝易人或首任的广文博士弃职而永远停废。

三、 广文馆续存至唐末

广文馆设在京师务本坊的国子监内,是国子监属下的七馆之一。《唐语林》卷五载:"天宝中,国学增置广文馆,在国学西北隅,与安上门相对。"这条记载可以证明,当初设馆的时候,是在国学西北角开始新建馆舍。

有一种主张认为广文馆的存在时间不长,实际不过数年而已,依据的是《新唐书·郑虔传》的记载:"虔乃就职。久之,雨坏庑舍,有司不复修完,寓治国子馆,自为遂废。"这些记载也全部为《文献通考》照录。两书提供的史料影响到后来的一些著作,包括一些发行较广的教材和辞典,有的就依据这段材料来推论,断定广文馆"旋即废撤"或"不久即废止"。既然广文馆以后不再存在,也就谈不上有什么作用和影响,这是造成后人忽视和低估广文馆的主要原因。实际上,这样的记载不够确切,由此而作的推论也有颇大误差。

这里有两个问题需要探明。

(一) 广文馆为什么要附寄国子馆中?

广文馆创建于官学兴盛时期的天宝九载(750年),但是好景不长,由于李隆基贪求逸乐,致使奸人窃柄,政治腐败,官学的管理也存在弊端。

广文馆是新增置的学馆,馆舍尚未完全建成的时候,就受到自然灾害的严重破坏。《唐语林》卷五记述此事:"廊宇粗建,会〔天宝〕十三年,秋霖一百余日,多有倒塌。主司稍稍毁撤,将充他用,而广文寄在国子馆中。寻属边戈内扰,馆宇至今不立。"这就清楚地说明受灾的时间和受灾的情况,初建的馆舍已受破坏,不能供教学使用,只好附寄国子馆中。接着而来的"安史之乱",使国子监的一切活动都停顿了,修建广文馆舍的事也就无从提起。

"安史之乱"被平息之后,政治的腐败并没有立即革除,中央集权的力量削弱,国家赋税的收入大大减少,官学缺乏足够的财政支持,加上管理不善,趋于衰落。这种大局也影响到广文馆的恢复。《唐国史补》卷中指出："自天宝五年置广文馆，至今堂宇未起，材木堆积，主者或盗用之。"虽然备有修建馆舍的材料，却始终未能修建，广文馆只好继续附寄国子馆中。

（二）广文馆附寄国子馆中是否等于废除？

广文馆附寄国子馆中，从此与国子馆的兴衰密切相关，中间虽有几度停顿，但并未废止，这只要作些历史考察就能说明。

"安史之乱"对国子监是沉重的打击。《旧唐书·礼仪志》说："两京国子监生两千余人，弘文馆、崇文馆、崇玄馆学生，皆廪饲之。〔天宝〕十五载，上都失守，此事废绝。"在内战期间，学校荒废，生徒流散，七馆学生都是如此。到广德二年（764年），始下令学生回馆习业，由户部度支郎中负责发给厨米。永泰二年（766年），政府花费四万贯修复国子监馆舍。据《旧唐书·礼仪志》，永泰二年"八月，国子学成祠堂、论堂、六馆院及官吏所居厅宇"。可见，此次没有修复广文馆舍，广文馆依旧附寄国子馆中。

广文馆复收学生，但还未规定学生员额，进士科考试落第的士人留在京师的，有些人就入国子监习业，作为广文馆生。关于贞元年代的广文生，现存的史料有些记载。如贞元初，欧阳詹来自闽南，待试京师，六年及第；李观来自江东，客游长安五年。他们都曾附监修业，成为广文生。到贞元八年（792年），两人均以广文生资格参加进士科考试，终于取得进士及第，欧阳詹名列第三，李观名列第五。① 贞元年间，国子监的讲论活动有广文馆的师生

① 《登科记考》卷一三。

参与。欧阳詹所写《太学张博士讲〈礼记〉记》一文,记述了贞元十四年(798年)五月举行的讲论会,开列了与会师生,其中有"广文师长序天下秀彦自其馆",这证明广文馆师生参加了一些重要活动。

元和年间,对国子监稍作整顿,规定了总的名额和各学馆的名额。据《新唐书·选举志》及《唐摭言》的记载,元和二年(807年)十二月,唐宪宗颁下敕令:西监置五百五十员,国子馆八十员,太学馆七十员,四门馆三百员,广文馆六十员,律馆二十员,书馆、算馆各十;东监置一百员,国子馆十员,太学馆十五员,四门馆五十员,广文馆十员,律馆十员,书馆三员,算馆二员。每馆定额,准额补置。在国家法令中规定广文馆学生占多少名额,这就有力地证明广文馆依然存在,并没有被废撤,而且证明不仅西京有广文馆,东都也设有广文馆。

据《前定录》所载,陈彦博与谢楚同为广文馆生,于元和五年(810年)、六年先后进士及第。这又证实广文馆的存在,它所培训的学生中有人进士及第。

教育事业的整顿与整个国家的政局相关联。元和年间,封建中央政府要与地方军阀的分裂活动做斗争,多次为了维护国家的统一进行讨伐战争,养兵数十万,致使民穷财尽,国库空虚,对教育事业也就难于照顾,使国学处于衰落状态。据舒元舆元和八年(813年)参观国学后所写的《问国学记》,他在管理人员的带领下,看过孔庙、论堂、国子馆之后,"俄又历至三馆门,问之,曰:广文也,太学也,四门也"。学馆多年无讲论,庭堂生野草,呈现一片荒凉的景象。这是整个国学教学活动的停顿,不单是一个广文馆的衰落。

长庆元年（821年）韩愈任国子祭酒时，对国子监重加整顿，恢复到具有学生六百人的规模。他在《请上尊号表》中说："臣得所管国子、太学、广文、四门及书、算、律等七馆学生沈周封等六百人状，称身虽贱微，然皆以选择得备学生，读六艺之文，修先王之道。"列举七馆，并报出学生总数，这不仅说明国子监教学活动的恢复，也是广文馆继续存在并发挥作用的又一证明。

广文馆在长庆之后继续存在，史文虽无专篇记载，但从分散的有关材料中还是可以得到一些信息。如《前定录》载，太和元年（827年），有广文生朱俅应省试而未及第；《旧唐书·礼仪志》载，会昌二年（842年），卢就为广文博士；《唐语林》卷三载，大中十二年（858年），广文生吴畦被荐而及第。《唐摭言·广文》也谈到唐末广文生应进士科及第而列名的情况："始，其春官氏擢广文生者，名第无高下。贞元八年，欧阳詹第三人，李观第五人。迩来此类不乏。暨大中之末，咸通、乾符以来，率以为末第。或曰：乡贡，宾也；学生，主也。主宜下于宾，故列于后也。大顺二年，孔鲁公在相位，思矫其弊，故特置吴仁璧于蒋肱之上。明年，公得罪去职，及第者复循常而已。"这说明，起初主持考试的礼部对及第进士并未因乡贡或广文生而特意区别，安排名次先后。到了大中末年，才在分别宾主的理论支配下，把广文生都列在乡贡之后，以后便成为一种惯例，难于扭转。孔纬为相时曾想改变定例，但第二年就恢复旧状，直到唐王朝结束。这些材料表明，有广文馆的存在，才会有广文生、广文博士；广文生应试进士及第的列名，也可反证广文馆的存在。

这些材料说明，广文馆在创设之后，就与国子监联系在一起，与唐朝政权联系在一起，长期依存，兴衰与共。到唐代末年，仍然有广文馆和广文生。那种认为广文馆创设之后"旋即废撤"的说法是不确切的。

综上所述,可以获得以下几点认识:

第一,不应把唐代广文馆的创立视为帝王个人心血来潮的产物,将帝王个人的倾向、好恶的作用加以夸大,甚至当作为广文馆产生的唯一推动力,把次要因素当作主要决定因素来强调。这种解析是较片面的,与历史实际不符。在历史上,教育发展的基本动力是社会需要,广文馆也不例外。

第二,唐代广文馆的创设有其深刻的社会原因,它是由实行科举制度后进士科独占优势所促成的。唐朝统治集团把科举作为选取人才的主要途径,学校培养的人才都要通过科举找政治出路。从此,科举制约学校,学校要适应科举的需要确定教育内容和考试方式,为参加科举做准备。科举发展的结果是偏重进士科,士人附监修业多数是为了准备进士科的考试。原来国子监的六学已不能完全适应这种社会需要,因而就要有发展,专为进士考试做准备的新机构也就应运而生。这就是广文馆在天宝年间产生的根本社会原因。

第三,广文馆的任务就是培训文士,使他们为参与进士科考试做准备。因此,广文馆的存在与进士科相关,且与唐朝封建政权的兴衰密切联系。广文馆只要有赖以存在的社会需要和条件,就不会随即被人废除。事实上,它存在的时间相当长,一直延续到唐末。五代及宋代与唐代有类似情况,也注重进士科,也有培训文士以应进士科的社会需要,因此也就承袭唐代的制度,设置了广文馆。

宋代的教育管理 *

　　五代时期的战乱和封建军阀割据,既给地主阶级的统治带来危机,也给劳动民众造成无穷的灾难。人民渴望实现全国统一,安定社会秩序。后周禁军统帅赵匡胤于公元960年发动兵变,建立赵宋皇朝,顺应了历史发展趋势。

　　宋皇朝包括北宋(960—1127)、南宋(1127—1279),在三百二十年统治时期内,面对辽、金、西夏奴隶主贵族政权的威胁,处于时战时和的状态,利用战争间歇出现的和平阶段,恢复和发展经济。宋代的社会经济比唐代有进一步发展。宋初,政府整理户籍,招回流民,奖励开垦,兴修水利,使农业生产有较大发展,并带动手工业和商业的发展,促使中小城市的兴起和对外贸易的开展。社会经济的日益繁荣,成为中央集权制高度发展的物质基础。

　　宋初统治者鉴于唐末五代割据造成的战乱,寻求长治久安的方略。赵匡胤曾问赵普:"天下自唐季以来,数十年间,帝王凡易十姓,兵革不息,苍生涂地,其故何也? 吾欲息天下之兵,为国家建长久之计,其道何如?"赵普对曰:"……其故非他,节镇太重,君

＊ 本文原为孙培青主编《中国教育管理史》(第二版)(人民教育出版社2013年版)第五章。

弱臣强而已矣。今所以治之，无他奇巧也，唯稍夺其权，制其钱谷，收其精兵，则天下自安矣。"[1]赵匡胤采纳了赵普的建议，把加强中央集权作为防止割据势力复辟，巩固王朝政权的根本方针，将地方军权、政权、财权、司法权全部收归中央，实行高度中央集权。这种"内重外轻"的君主集权统治，日久也产生消极的后果：为分散地方政府权力，加设官员相互制约，造成机构膨胀，行政效率极差；为消除将帅拥兵对抗的危险，使兵将分离，造成将帅无权，战斗力削弱，养兵百万却不能保卫国家。冗吏、冗兵成为沉重的财政负担，种下宋代积贫积弱的祸根，使多种社会矛盾日益激化。

宋代就在上述历史条件下发展文化教育，形成了一定的教育管理制度。

一、 宋代的文教政策

宋代治国的总政策是加强以皇帝为核心的封建中央集权统治，由此而决定文教政策的基本内容：重视文治，提倡科举；尊孔崇儒，兼容佛道；振兴官学，委派教官；发展私学，鼓励书院。

（一）重视文教，提倡科举

五代五个王朝，有八姓十三君，只维持五十三年的统治，这是一段武人相互砍杀的历史，因将帅夺权而改朝换代。赵匡胤也是

---

① 《涑水纪闻》卷一。

发动兵变夺得政权，唯恐他人仿效，对将帅存有疑虑。经过策划，他演出"杯酒释兵权"的妙剧，收回军权，然后把武将调离军职，用文官来治兵。在和平阶段，政府的中心任务是恢复和发展经济，发挥伦理道德教化的作用来稳定封建秩序，文人受到重用。继位的赵光义也明确地主张文治，他说："王者虽以武功克定，终须以文德致治。"①他采取"兴文教，抑武事"的方针，任用大批文官来代替武官，地方各级官吏也以文人充任。

实施文治需用大批文官，主要是通过科举选拔，因此宋代特别提倡科举，广开入仕之门，选拔读书人充实各级政府机构。宋建国当年即开科取士，开宝六年(973 年)开始实行殿试，"自是取人益广，得士益多"②，每年录取均有数百名之多。真宗咸平三年(1000 年)，进士科录取 409 人，诸科 1 129 人，③是宋代科举录取人数最多的一年。有的学者统计，两宋通过科举共取士115 427人。及第者不必如唐代那样需要经吏部再考试，即已取得任官的资格。科举制源源不断地输送文官，对官僚机构是极重要的支持。

(二)尊孔崇儒，兼容佛道

赵匡胤认识到儒学可作为统治的指导思想，即位后即表示尊孔崇儒，建隆元年(960 年)下令修复孔庙，塑绘先圣先师之像；二年下令贡举人至国子监拜谒先师，并永为定例；三年又令以一品

---

① 《续资治通鉴·宋纪》。
② 《避暑录话》卷上。
③ 《文献通考·选举三》载：真宗咸平三年得进士及诸科共千八百余人。对诸科的计算有差别，但都证明录取人数多。

礼祭祀孔庙。太宗在用人方面强调所选人才"须通经义"。真宗时进一步尊孔，大中祥符元年（1008 年）追封孔丘为"元圣文宣王"，亲至曲阜孔庙行祭奠礼。真宗自撰《崇儒术》，[1]赞扬儒术关系国家盛衰，并在尊孔崇儒方面做了一些实事，令邢昺和孙奭等人校定《周礼》《仪礼》《公羊》《穀梁》《孝经》《论语》《尔雅》等七经疏义。[2] 随后，邢昺撰《论语正义》《尔雅疏》《孝经正义》，孙奭撰《孟子正义》，合唐人九经正义，为十三经正义，颁行学校，作为规定的教材，对于统一思想起了重要作用。

宋代由于政治需要而尊孔崇儒，促使儒学复盛。儒学为适应中央集权统治的历史需要而进行理论改造，产生了名为"理学"的新儒学。理学以"理"为最高范畴，以伦理道德思想为核心，为现实的封建社会秩序提供理论根据，逐渐受到统治者的赏识。从南宋宁宗于嘉定五年（1212 年）追封朱熹并表彰《四书集注》开始，理学被尊奉为官方的统治思想。

宋代统治者也不放弃对宗教的利用，为争取僧侣地主对政府的支持，调和统治阶级内部的矛盾，对佛教实行保护政策。太祖于建隆元年（960 年）下令修复废寺，塑造佛像；开宝四年（971 年）开始在益州雕印《大藏经》，这是国家刊印的第一部佛经总集。太宗认为佛教"有裨政治"[3]，鼓励佛教势力进一步发展，佛寺和僧尼大量增加。真宗亲撰《崇释论》，宣扬佛教与孔孟"迹异而道同"[4]，在他的倡导下，建立了译经院，佛教再度盛行，全国寺院近 4 万所，僧尼达 46 万多人。南宋时，佛教仍然流行。

① 《宋史·陈彭年传》。
② 《宋史·邢昺传》。
③ 《续资治通鉴·太宗》。
④ 《全宋文·宋真宗》。

宋代统治者利用道教以达到神化宋王朝和皇帝的目的。太宗下令修复著名的道教宫观，凡有重大的政治、军事活动和水旱灾害，都派人前往上清太平宫祭祷。真宗是著名的崇道皇帝，从大中祥符元年（1008年）开始掀起一场崇道热潮，令天下建天庆观，宫观遍及全国；又命王钦若等整理道籍，编成《道藏》。徽宗是又一位崇道皇帝，在政和、宣和年间掀起崇道新高潮，册封自己为"教主道君皇帝"，以政教一体的身份管理国家；重用道士，由各路选派道士到京师培训以成为骨干；又令各州县设道学，习经以《黄帝内经》《道德经》为大经，以《庄子》《列子》为小经，并实行道士的贡举考试。南宋理宗也重视道教，他推荐道书《太上感应篇》，利用道教劝善惩恶的教义来维护"三纲五常"的封建道德。

宋代的儒、佛、道都成为封建统治者控制和利用的工具，宗教为政治服务，宗教世俗化成为总趋向，促使三教相互融合。三教在不同程度上声称三教同源、三教同旨，主张三教一家、三教合一。三教合一论的基本因素是共同维护"三纲五常"，有利于封建统治。理学提倡忠孝节义，成为官方的理论。佛、道也向理学靠拢，吸收忠孝节义成为自己的新教义；而理学也吸收佛、道两家的哲学理论，建立起具有哲理化的、富有思辨性的理学思想体系，终于成为统治思想的主流。

（三）振兴官学，委派教官

宋初需要大批人才充实各级政府机关，政府来不及兴学育才，只得吸收社会现有人才以应急需，于是大力提倡科举，形成重科举轻学校的格局。虽有国子监之设，但只是作为配合科举的服务机构,有育才之名,而无育才之实。随着时间的推移,弊端明显暴露,士人为科举功名而奔竞,无心于学问,造成人才缺乏,这是国家未能富强的根本原因。统治集团中的有识者在提出社会政治经济改革计划的同时,都把兴学育才作为当务之急,先后形成三次大规模的兴学运动。

第一次兴学运动由范仲淹在庆历四年(1044年)发动,得到仁宗皇帝支持。范仲淹认为,为政莫大于求贤,求贤莫先于教育。"当太平之朝,不能教育,俟何时而教育哉? 乃于选用之际,患其才之难,亦由不务耕而求获矣。"①他主张改革贡举,兴办学校,终于得到仁宗的批准。庆历四年三月,仁宗诏"天下皆立学,置学官之员"②,规定各地路府州军普遍立学,县有士子二百人以上许立学;各州选部属官为教授,员不足,取于乡里宿学有道业者充任。国子学、太学进行整顿,扩充规模,加强管理。士子必须在学三百日,方许应科举考试。改革科举考试,规定先试策,次论,次诗赋,罢帖经、墨义;士通经术愿对大义者,试十道;废除弥封、誊录等办法。此次兴学虽不久即告失败,但产生比较深远的历史影响。

第二次兴学由王安石在熙宁、元丰年间发动,得到神宗皇帝的支持。王安石在《上仁宗皇帝言事书》中提出教育改革的纲领,他认为国家衰弱,欲求改革,首先在于人才;欲陶冶人才,在于教之、养之、取之、任之有其道而已。③熙宁三年(1070年),王安石上《乞改科条制札子》,提出"改科举,兴学校"的建议,成为熙宁、元丰兴学的指导思想。主要内容有:(1)改革学校制度,创立太学

---

① 《范仲淹全集·文集·上执政书》。
② 《全宋文·吉州学记》。
③ 《王文公文集》卷一。

"三舍法",罢免反对新法的旧学官,委派拥护新法的新学官;
(2)改革科举制度,罢明经诸科,专以进士科取士,罢诗赋、帖经、
墨义,专试经义;(3)颁行三经新义,统一学校教学和科举内
容;(4)整顿和发展专科学校;(5)为各路的州学委派教授或令州
自选教授。此次兴学运动是王安石变法革新的重要组成部分。
至元丰八年(1085年),因政局变动,全部新法被守旧派否定,第二
次兴学运动又归于失败。

第三次兴学运动由蔡京发动于崇宁年间(1102—1106),得到
徽宗皇帝的支持。徽宗即位后年号为崇宁,有"崇述熙宁"之意,
他起用新派人物,依蔡京等议,恢复熙宁时期兴学育才的文教路
线,开始第三次兴学运动。主要内容为:(1)天下皆兴学贡士,遍
行"三舍法",县学生考选州学,州学生每三年考选贡太学;(2)太
学贯彻"三舍法",州学贡士,考分三等,依等入上舍、内舍、外舍,
于南门外营建辟雍为外学,专处外舍生,可容三千人;(3)诸州学
委派教授二员,州学养士有定额,县依大小也定有人数,大县五十
人,中县四十人,小县三十人;(4)于太学之外,增置专科学校,书
学、画学、算学学生入学办法如太学;(5)对科举制度进行重大改
革,取士皆由学校升贡。[①]第三次兴学运动,其声势和规模都超过
前两次,持续的时间也较长,实现了兴学的目标,不仅中央官学规
模扩大,而且地方学校有广泛的发展。后因金兵攻陷汴京,第三
次兴学运动随之终结。

三次兴学运动都伴随着统治阶级内部激烈的党争,围绕学校
育才与科举选士的矛盾关系来调整,重点皆在兴办官学。主张改

---

① 《宋史·选举志三》。

革者代表着赵宋王朝封建统治的长远利益。

（四）发展私学，鼓励书院

在封建教育事业中，私学与官学并存并立，占据重要的位置。蒙学阶段的基础教育主要由私学教育来承担，培养人才的教育大部分也由私学来承担。因此，私学既是官学的基础，也是官学的补充。

宋代发展私学有其客观的社会条件。当时国家统一，社会秩序趋于稳定，经济逐步恢复，中小地主的数量有所增加，他们的政治经济地位在提高，自耕农民的生活情况也有所改善，教育对象进一步扩大，社会中要求受教育的人数大大增加。宋代的官学虽已形成完整的体系，地方州县学也较普遍地发展，但能进官学受教育的毕竟只是少数，官学无法满足人们受教育的需求。于是，人们自动地转向私学，促进了私学的发展。

私学比之官学还有一定的优越性。从空间分布来看，官学集中于州县城，分布面未广，入学颇为不便；官学依靠政府的财政支持，如管理不善，筹划不周，就难以长期维持，呈现时兴时废的不稳定状态；官学有固定的制度和内容，按制度办事，缺乏灵活性。私学遍及城乡，分布面较广，经费来自地方民众，相对能保持按需供应；私学的制度具有较大的适应性，对要求仕进的则加强儒学与文词的教育，对于要参加社会劳动生活的则教以日常的社会知识。因此，私学比官学有更强的生存能力。

宋代统治者对私学采取开明态度，只要它遵守国家政策，不违背伦理纲常，不宣传异端邪说扰乱人心，都容许其存在和自由发展。教师可办私塾，士绅可办家塾，宗族可办义塾，官员业余也可讲学授徒，所以私学在宋代比唐代有较大的发展，数量更多，分布更广，尤其是蒙学遍布城乡。

书院是高级私学，它产生于唐代，发展于五代，兴盛于宋代。作为封建教育的重要方面，培养人才为国家社会所用，书院成为官学教育的重要补充。宋初，五代战乱局面结束，人民向往安居乐业的和平生活，士人欲求学业，但政府致力于巩固统治和恢复经济，无暇顾及学校教育。当时虽设国子监，但规模有限，只能接纳少数贵族官僚子弟，而地方官学未及恢复，一般士人无求学之所，故转求于民间私人传授。这种社会需要促使书院日益发达，有识之士就闲旷之地或择山林胜地，立精舍或构书院，聚徒讲学，育才报国。

关于宋代书院的兴起，吕祖谦和朱熹都有论述。吕祖谦说："国初，斯民新脱五季锋镝之阨，学者尚寡，海内向平，文风日起。儒生往往依山林、即闲旷以讲授，大率多至数十百人。嵩阳、岳麓、睢阳及是洞①为尤著，天下所谓四书院者也。"②朱熹说："前代庠序之教不修，士病无所于学，往往相与择胜地，立精舍，以为群居讲习之所，而为政者乃或就而褒表之，若此山③、若岳麓、若白鹿洞之类是也。"④

宋代统治者出于对人才的需要和宣传儒家伦理道德思想的需要，允许书院自由讲学，对地方书院加以鼓励。北宋几个大书院都获赐书、赐匾额、赐学田。据史书记载，白鹿洞书院，太平兴国二年（977年）获赐九经；嵩阳书院，至道二年（996年）获赐额；

---

① 指白鹿洞。
② 《东莱集·白鹿洞书院记》。
③ 指石鼓山。
④ 《晦庵先生朱文公文集·衡州石鼓书院记》。

应天府书院,大中祥符二年(1009 年)赐额;岳麓书院,大中祥符八年(1015 年)获赐额;茅山书院,天圣二年(1024 年)获赐田;石鼓书院,景祐二年(1035 年)获赐额和学田。政府这种举动所费不多,但在社会舆论上有很大影响,提高了这些书院的知名度,激起了其他书院群起仿效。

宋初是书院发展的兴盛时期,但未能一直持续下去。至庆历兴学,令州皆立学,有部分地方书院转属官学。官学的经济条件较优越,拥有学田以养士,且与科举考试联系起来。在功名利禄引诱下,士人为切身利益,转向官学,于是书院便衰落下来。但书院讲学并未停止。洛学创始人程颢在开封府扶沟(今河南扶沟县)创明道书院(1078 年),程颐在洛阳城南伊川鸣皋镇(今河南伊川县)创建伊皋书院,以著书讲学为事,要求学生学为圣人而不能存有利禄之心,其办学精神对南宋书院深有影响。

南宋统治者也认识到培养人才的重要,不惜花费百万之财以养士,但因为官僚机构和军费开支庞大,造成财政困难,官学所需经费没有保障,诸生散去,学校停罢。士人求学不得不转向书院,于是民间自筹经费的书院又发展起来。当权者默许一定的讲学自由,对书院给予一定鼓励。孝宗支持书院讲学,书院得到较大发展,著名理学家张栻、朱熹、吕祖谦、陆九渊都以书院为传播学术思想的基地,他们主持的岳麓、白鹿洞、丽泽、象山四所书院成为历史上闻名的"南宋四大书院"[①]。宁宗庆元年间,因"禁伪学"的影响,书院一度中落。理宗重视理学,在他当政时期,书院发展出现一个新高潮。他以赐额、赐书为鼓励手段,受赐之书院甚多。

---

① 《鲒埼亭集外编·答张石痴征士问四大书院帖子》。

让民办书院来为国育才，是符合统治者利益的。

二、 中央官学的行政组织与管理制度

（一）中央教育行政机构

教育行政与国家政体有密切的联系。宋代的政治体制是以皇帝为核心的专制主义中央集权统治。教育不能超越政治，教育方针政策的制定、教育行政职权的调整、教育机构的设置或取消、学官的任命、教育内容的变更、教育经费的数额等都需要请旨决定，有关的官员只能提建议，唯有皇帝才有裁决权。

在皇帝的指挥下，尚书省是中央最高政务机构，其下分管教育的是礼部。《宋史·职官志》："礼部，掌国之礼乐、祭祀、朝会、宴飨、学校、贡举之政令。"礼部主管多方面文教事务，其中全国贡举的实施和学校建设的政策法令的贯彻是其基本职能之一。礼部管理和监督学校，以确保学校的办学方向和学校教育工作的开展。

礼部的行政长官为礼部尚书。《宋史·职官志》："尚书，掌礼乐、祭祀、朝会、宴飨、学校、贡举之政令，侍郎为之贰，郎中、员外郎参领之。"

礼部之下专设的教育行政机构是国子监，它又是国家最高学府。国子监负责管理所属国子学、太学、辟雍、四门学、广文馆、律学及国立小学的日常行政事务。

关于国子监的组织和分工，《宋史·职官志》有记载："国子监，旧置判监事二人，以两制或带职朝官充，凡监事皆总之。直讲八人，以京官、选人充，掌以经术教授诸生。丞一人，以京朝官或

选人充,掌钱谷出纳之事。主簿一人,以京官或选人充,掌文簿以
勾考其出纳。监生无定员。元丰官制行,始置祭酒、司业、丞、主
簿各一人,太学博士十人,正录各五人,武学博士二人,律学博士、
正各一人。""祭酒,掌国子、太学、武学、律学、小学之政令,司业为
之贰,丞参领监事。"国子监起初以判监事为首长,后改为以国子
祭酒为首长,其属下协助的官长分工管理各项教育行政事务。

除设于国子监的各个学校归国子监管理之外,还有些附设于中
央政府所属业务部门的专门学校,它们归该业务部门领导。其中,算
学由太史局管理,书学由翰林书艺局管理,画学由翰林图画局管理,医
学由太常寺太医局管理,宗学由宗正寺管理,各有各的管理方式。

(二)中央官学的设置

凡由政府领导设立的学校均称官学,设于京都的称中央官
学,设于地方的称地方官学。《宋史·选举志三》称:"凡学皆隶国
子监。"实际并非全部如此,只有划归国子监领导的才归国子监管
理。所以,国子监管理学校有一定范围。国子学、太学、武学、律
学、小学是国子监管理的基本范围,时有增添或减少。不归国子
监管理的,则归中央政府有关业务部门管理,或由中央政府直接
管理。以下说明各学设置情况。

1. 国子学

国子学是国子监中地位最高的一所学校,开设于太祖建隆三
年(962年),利用后周天福普利禅院旧址增修为学舍,聚生徒讲
学。国子学招收七品以上官员子弟入学。国子生普遍存在追求
利禄的思想,每当科举考试来临之前,便汇集学中,交流信息,加

紧备考,至科场结束,便分散归家,居常听讲者一二十人而已。南宋时期,国子学衰落,国子生更是稀少。国子学并未充分发挥教养国子,培养统治人才的作用。在以科举为中心的条件下,它起了取解充贡"中转站"的作用。它的政治地位最高,物质待遇最优,办学效果却最差。

2. 太学

太学是中央官学的主干,也是办学规模最大的一所学校,创设于仁宗庆历四年(1044 年),招收八品以下官员子弟及庶人之俊异者为生员,人数随着发展不断增加。徽宗崇宁时是宋代太学最为鼎盛的时期。南宋设太学于临安,进一步放宽入学限制。比较起来,南宋太学的规模远不如北宋,学风也每况愈下。

宋代太学曾设有分校。当崇宁兴学时,生员增加,太学容纳不下,依蔡京建议,将太学外舍分出,于开封城南营建外学,又称辟雍。外学专处外舍生,数达三千。士初贡至,皆入外学,经试然后补入上舍、内舍。太学专处上舍、内舍生。[①]

3. 四门学

四门学是供士子预备科举的一所学校,开设于仁宗庆历三年(1043 年),招收八品官员至庶人子弟充学生,每年一次试补。在学学习之后,举行选拔考试,"差学官锁宿、弥封校其艺,疏名上闻而后给牒",获牒者参加会试,不中试者仍听读,若三试不中,令其退学。此学不久停办。[②]

4. 广文馆

广文馆是为士子备考而设的教育机构,开办于哲宗元祐七

---

① 《宋史·选举志三》。
② 《宋史·选举志三》。

年(1092年),凡四方赴京应试的士子都可要求入学,先经考试,中者补为馆生,名额为二千四百人。在学没有固定期限,也没有严格的考核制度。唯有求解送者,由国子监验试,试者十人取一。广文馆解额达二百四十人。此馆至绍圣元年(1094年)停罢。[①]

5. 武学

武学是培养国家军事人才的专门学校,创立于仁宗庆历三年(1043年),不久停罢。至神宗熙宁五年(1072年),应枢密院之请,又建武学于武成王庙,在学三年,具艺业者考试,合格者任用,未合格者逾年再试。徽宗政和三年(1113年),以入学者众,定制:"凡经三岁校试而不得一与者,除其籍。"南宋也重视武学,高宗绍兴十六年(1146年),重建武学,仿照旧制。至孝宗淳熙五年(1178年),又重视"置武学国子员"。[②]

6. 律学

律学是国家培养司法人才的专门学校,创办于神宗熙宁六年(1073年),属国子监领导,学中参用太学规矩。律学置教授四员专任教职,命官举人皆得入学,各处一斋,生徒违犯者,依学规议罚。律学生学成后从政,由吏部授官。[③]

7. 算学

算学是培养算学历法人才的专门学校,建于徽宗崇宁三年(1104年),属国子监管辖,依太学"三舍法"考试,学成后任官。大观四年(1110年),算学生归之太史局。南宋多次试补算学生,

---

① 《宋史·选举志三》。
② 《宋史·选举志三》。
③ 《宋史·选举志三》。

并试取其通习者,以补太史局缺员。①

8. 书学

书学是培养书法人才的专门学校,初建于崇宁三年(1104年),属国子监管辖,其三舍补试升降略同算学,唯学成任官比算学低一级。② 大观四年(1110年),书学并入翰林书艺局。

9. 画学

画学是培养绘画人才的专门学校,创置于崇宁三年(1104年),也属国子监管辖,生员分士流、杂流,分斋学习,其三舍试补、升降以及任官如书学,唯杂流授官,止自三班借职以下三等。③ 徽宗大观四年(1110年),画学归入翰林图画局。

10. 医学

医学是培养医师、医学教授等人才的专门学校。宋初设置医学,隶属于太常寺,神宗熙宁时改隶提举判局。徽宗崇宁时,医学归国子监领导,实行"三舍法",学成者补医官,或充任医学教官。大观四年(1110年),医学改隶太医局。南宋高宗时,设医局,复建医学。孝宗时,医局虽废,但医学尚存。④

11. 宗学

宗学是专为教育皇族宗室子孙而设的学校,宋初即已设置,属宗正寺管辖,宗室子孙八岁至十四岁入学,有小学,有大学,合并设置。宗学制度常改,兴废无常。神宗熙宁十年(1077年),制定宗子试法,对宗室子弟的考试降低标准,并作特殊安排,以示优

① 《宋史·选举志三》。
② 《宋史·选举志三》。
③ 《宋史·选举志三》。
④ 《宋史·选举志三》。

待。南宋高宗绍兴十四年(1144年),复设宗学于临安,初时有较严格限额,入学者皆南宫、北宅子孙;后放宽限制,宗室子孙皆准入学读书。度宗末年,宗学停办。[①]

12. 诸王宫学

为教育诸王子弟,特于诸王宫设小学施教。诸王子孙自八岁至十四岁皆入学,小学每日课程仅要求诵习二十个字。徽宗崇宁元年(1102年),令诸王宫置大、小二学,设有大、小学教授。南宋绍兴年间,复设诸王宫学小学、大学教授一人。宁宗嘉定九年(1216年),以宫学并归宗学。[②]

13. 京都小学

京都小学创办于哲宗元祐六年(1091年),归国子监领导,初分两斋,名为"就傅""初筮",以后逐步发展。至徽宗政和四年(1114年),小学生近千人,分十斋以处之。学生自八岁至十二岁,率以诵经、习字多少差次补内舍。若能文,从博士试本经、小经义各一道,稍通补内舍,优补上舍。[③]

(三)中央官学的管理制度

1. 学官的编制与选用的标准

(1)学官的编制

学官包括管理人员和教学人员。国子监所属各学与各专门学校的编制时有发展变化。据《宋史·职官志五》称,神宗元丰时

---

① 《宋史·选举志三》。
② 《宋史·选举志三》。
③ 《宋史·选举志三》。

改革官制,国子监学官原有的名称、编制、任务都起了变化。祭酒一人,掌国子、太学、武学、律学、小学之政令,凡课试、升黜、教导之事皆总领。司业一人,作为祭酒副手,辅助管理学务。丞一人,参与领导监中事务。主簿一人,掌文簿。太学博士十人,掌分经讲授(每经二人),考校程文,以德行道艺训导学生。学正、学录各五人,掌举行学规,凡诸生之戾规矩者,待以五等之罚,考校训导如博士之职。又有职事学录五人,与学正、学录通掌学规。学谕二十,掌以所授经传谕诸生,为作解释和答疑。直学四人,掌诸生名籍及督查出入。斋长每斋一人,斋谕每斋一人,掌表率斋生,凡违规矩者,处以斋规五等之罚。每月考查斋生品行与艺业,记于籍。武学博士二人,掌以兵书、弓马、武艺训诱学生。武学学谕二人,协助武学博士训诱学生。律学博士二人,掌传授法律及校试之事。小学职事教谕二人,掌训导及考校责罚。小学学长二人,掌序齿位,纠不如仪者。小学集正二人,掌诸生名籍,纠程课不逮者。徽宗崇宁元年(1102年)兴学,太学分出外学,以处外舍生。外学职官如下:司业一人,丞一人,博士十人,学正五人,学录五人,学谕十人,直学二人,斋长每斋一人,斋谕每斋一人。学谕、直学、斋长、斋谕,皆选优秀学生充任。南宋国子监规模缩小,学官编制相应地也有变化。高宗绍兴十三年(1143年)定制:祭酒一人,司业一人,博士三人,学正一人,学录一人,以后只作小调整。①

医学学官初设时较简单,神宗时始置提举判局官及教授一人。崇宁间,医学改隶国子监,置博士、正、录各四员,分科教导,

---

① 《宋史·职官志五·国子监》。

纠行规矩。斋各置长、谕一人。徽宗大观四年(1110 年),医学改隶太医局,编制未变。南宋绍兴中,复置医学,而以医师主之。①

以上史实表明,凡官学皆有学官编制,一时有一时的编制,随着发展而变动。人员编制与官学的类型、规模、分工有直接联系,其共同特点是人员精简,职责分明。

(2)选用学官的标准

学官要履行其职责,应具备必需的素养,因此学官的选择有确定的标准,还要经过一定的程序。

对儒学的学官,选择时强调以下几项标准。一是德行。博士之责在以德行道艺训导学者,本身应具高尚德行,方可为学者之模范。哲宗绍圣元年(1094 年),监察御史刘拯言于朝:"请自今太学长贰、博士、正录,选学行纯备、众所推服者为之,有弛慢不公、考察不实,则重加谴责。"②哲宗从之。二是学业。直讲或博士以经术教授诸生,自身应在经术方面有较高的造诣,方有条件进行讲授。仁宗皇祐中,定直讲以八人为额,每人各专一经,并选择进士与九经及第之人,相参荐举。哲宗绍圣元年诏:"内外学官非制科、进士出身及上舍生入官者,并罢。""内外学官选进士出身及经明行修人。"③一定的出身以一定的学业为条件,着眼点在于学业可以传授。三是年龄。年少者学业待充,品行待修,年老者染有暮气,精神不振,故对学官的年龄有一定的限制。哲宗元祐二年(1087 年)诏:"内外学官选年三十以上历任人充。"

---

① 《宋史·选举志三》。
② 《宋史·职官志五·国子监》。
③ 《宋史·职官志五·国子监》。

学官选用的程序也值得注意。神宗元丰三年（1080年）诏："自今奏举太学博士，先以所业进呈。"业务审核通过，然后才正式参加选拔考试。徽宗"政和元年，诏两学博士、正、录依旧制选试，朝廷除授"。考试获选，才由朝廷正式任命为学官。[①]

专门学校因任务和内容不同，选任学官要求能适应学校专业传授的要求。如武学设有博士，专业要求有其特殊性。神宗熙宁五年（1072年），选文武官知兵者为教授。南宋高宗绍兴二十六年（1156年），诏武学博士、学谕各置一员，博士以文臣有出身或武举高选人为之；学谕一员，以武举补官人为之。这些都体现了专门学校有特殊的专业要求。

2. 学生的入学资格和限额

（1）入学资格

宋代官学在入学资格方面有一定的等级限制，与唐代相比明显放宽。入国子学，在唐代要文武官三品以上子孙才够格，在宋代只要京朝官七品以上子孙就可以；入太学，在唐代要文武官五品以上子孙才够格，在宋代八品以下官员子弟及庶人之俊异者都可以；入四门学，在唐代要文武官七品以上子孙才够格，在宋代八品以下官员子孙以至庶人子弟都可以。

宋代实行升贡制度，使地方官学与中央官学保持衔接，保证中央官学生员有一定的来源。徽宗崇宁三年（1104年），推行"三舍法"，规定州学每三年考选一次，选优升贡为太学生。南宋高宗时规定，州学诸生在学修满一年，三试中选，得送入太学。

国子学、太学、四门学有缺额时，还放宽限制以弥补缺额。

① 《宋史·职官志五·国子监》。

如太祖开宝八年（975 年），国子监上言："生徒旧数七十人，奉诏分习五经，然系籍者或久不至，而在京进士、诸科，常赴讲席肄业，请以补监生之阙。"宋太祖从之。这称为"插补"。南宋孝宗乾道年间规定，每三年应试科举之后，所有落第举人皆得应试，合格者得补入太学，称为"混补"。孝宗淳熙以后，因应试者为数甚多，诸路解试终场举人每一百人中挑选六人送至太学应补试，称为"待补"。

专门学校对入学资格有规定。如律学，凡命官及举人皆得入学，举人须得命官二人保任，先入学听读而后试补。武学，凡使臣、门荫子弟、庶民，有京官保任，人材弓马应格，听入学；科场前一年，武臣路分都监、文官转运判官以上各奏举一人，听免试入学。算学，命官及庶人均可入学。画学，生员分士流、杂流，分斋以居之。这些材料说明，专门学校对家庭出身的限制开始淡化，但在专业的知识能力方面要求具备一定条件。

（2）各学学生的限额

各学学生名额是根据需要和办学条件来确定的，以便控制学校规模。限额并不是一成不变，而是有发展变化，根据各阶段形势作调整，时有起伏。如国子生，初无定员，后以二百人为额。哲宗元符元年（1098 年），许命官补国子生，但不得超过四十名。太学生的名额随着形势变化渐次扩大规模，庆历时达二百人，至熙宁初增至三百人，不久再增额至九百人，神宗熙宁四年（1071 年）增至一千人（外舍生七百人，内舍生二百人，上舍生一百人）。神宗于元丰二年（1079 年）颁《学令》，规定太学置八十斋，每斋容三十人，定额太学生员二千四百人（外舍二千人，内舍三百人，上舍百人）。徽宗崇宁元年（1102 年），太学生定额三千八百人（外舍三千人，内舍六百人，上舍二百人）。^①南宋绍兴十三年（1143年），太学定额七百人（上舍生三十人，内舍生百人，外舍生五百七十人）。

其他学馆也有定额，如元祐年间置广文馆生二千四百人。武学生员，神宗熙宁五年（1072年）规定百人，高宗绍兴二十六年（1156年）规定百人，分上舍、内舍、外舍。医学生员三百人，规定立上舍（四十人）、内舍（六十人）、外舍（二百人）。算学，徽宗崇宁三年（1104年）建学时，生员以二百一十人为额。以上数字是这些学校处于最佳状态时的限额，时过境迁，就难以维持原先的规模。

3. 教学管理

宋代在继承唐代教学管理的基础上，适应时代变化的实际需要，加强教学组织管理，制定了一些新的管理制度。

（1）分斋制和"三舍法"

庆历兴学时，范仲淹对太学进行改革，学习胡瑗的苏湖教学经验，分经义、治事两斋以培养生员。分斋时，根据生员的特点和能力，将心性疏通、有器局、可任大事者编入经义斋，使之讲明六经；其余生员每人择一事，又兼一事，如治兵、治民、水利、历算等。分斋制走向人才培养的专业化。

熙宁兴学时，王安石对太学进一步改革，实行"三舍法"，分置外舍、内舍、上舍。生员初入太学居外舍，学习一年，考试合格者升内舍，内舍学习二年，考试合格升上舍，上舍学习二年，考试合格者，任以官职。三舍是三个学级，由初级至中级再至高级，基本学程为五年，知识能力差些的还可能延长。"三舍法"不仅实行于

① 《宋史·职官志五·国子监》。

太学,还推广于专门学校。[①]

崇宁兴学时,蔡京把"三舍法"扩大实施于地方官学,使"三舍法"成为遍及所有官学的一种制度。[②]

专门学校实行分斋制和"三舍法",与太学稍有不同。律学分命官斋、举人斋,分习断案和律令。武学,依"三舍法",生员分外舍、内舍、上舍。算学、书学、画学,其"三舍法"略如太学。医学设三科,曰方脉科、针科、疡科,以教生员,实际是分斋教学,各专一业。医学实行"三舍法",立上舍四十人,内舍六十人,外舍二百人,依次试补。

"三舍法"是加强教学管理的一种新制度。它使平时考核和定期升降规范化,将科举考试合并于学校,上舍学习期满,考试合格就可直接授官,使育才与选才一贯,消除科举与学校矛盾。

(2)课程设置

国子监的国子学、太学、辟雍、四门学、广文馆等都以传授儒学为基本任务,学校的性质决定了其课程设置与相应的教材。

北宋前期,太学以九经为主要教学内容,教材由国子监刊行供应,但也有几次较大的变动。熙宁时,规定学习王安石主编的《三经新义》,以统一学者的思想。徽宗时,蔡京当政,为迎合皇帝提倡道教的旨意,把黄老之学设为学校课程,并用为教材。政和中,命学校分治黄、老、庄、列之书,至宣和七年(1125年),始令停习。南宋时,取消《三经新义》,仍习五经。孝宗淳熙中,为适应抵抗外患、保卫国家的政治需要,令诸生暇日习射,以斗力为等差,

① 《宋史·选举志三》。
② 《宋史·选举志三》。

中国教育的历史

比类公试、私试，登记分数。理宗时，国子祭酒刘爚请求将对于国家化民成俗之事与学者修己治人之方有重要意义的《四书集注》及《白鹿洞书院学规》立于学官作为教材，得到批准。[①] 至度宗时，《四书集注》《太极图说》《西铭》等理学家著作都成为士子的必读书籍。

武学、律学、医学、算学、书学、画学均属专门学校，除学习规定的儒经之外，各有其特殊的专业课程。

武学的专业课程有：诸家兵法（《武经七书》，简称《七书》，包括《孙子》《吴子》《司马法》《李卫公问对》《尉缭子》《三略》《六韬》，是熙宁五年官定的第一套军事教材）、军事历史（历代用兵成败、前世忠义之节足以训者，讲释之）、步骑射法、阵队演练（愿试阵队者，量给兵伍）。[②]

律学的专业课程有：律令、断案。此二者为规定课程。凡朝廷有新颁条令，刑部即送往律学，令生员学习。

医学的专业课程有：方脉科以《素问》《难经》《脉经》为大经，以《巢氏病源》《龙树论》《千金翼方》为小经；针科、疡科则去《脉经》，增《三部针灸经》。

算学的专业课程有：《九章》《周髀》《海岛》《孙子》《五曹》《张丘建》《夏侯阳》算法，并历算、三式、天文书为本科。本科外，人占一小经，愿占大经者听其自择。[③]

书学的专业课程有：习篆（以古文、大小二篆为法）、隶（以王羲之、王献之、欧阳询、虞世南、颜真卿、柳公权真行为法）、草（以

---

① 《宋史·刘爚传》。
② 《宋史·选举志三》。
③ 《宋史·选举志三》。

章草、张芝九体为法)三体,明《说文》《字说》《尔雅》《博雅》《方言》,兼通《论语》《孟子》义,愿占大经者听其自择。[①]

画学的专业课程依学生所择的学习方向而定。画学的分业有佛道、人物、山水、鸟兽、花竹、屋木,以《说文》《尔雅》《方言》《释名》为教材。生员分士流、杂流,士流兼习一大经或一小经,杂流则诵小经或读律。[②]

课程的设置服务于培养各种规格人才的需要,也在一定程度上反映了这一时代文化科技发展的水平。

4. 考试制度

宋代官学系统中,以太学为主干,形成系列化的比较完整的考试制度,成为督促检查教学和选拔人才的主要手段,具有典型性。

入学试:太学取士由府州学校升贡,始入学,验所隶州公据,然后考试,初用春秋,元符三年(1100年)改用四季。南宋绍兴二十七年(1157年),定制春季放补。所试两场,一场经义,二场论,考中者补外舍。入学试由学官自考,南宋后期为防止舞弊而由朝廷临时差官同考。

月一私试:外舍月考,由学官试生员学业,称为私试。孟月试经义,仲月试论,季月试策。内舍也按月由学官考试,项目一致。

岁一公试:外舍每年春季举行公试,初场经义,次场论策。公试由司业、博士主持,轮差博士五员考试,朝廷委派考官五员同考。成绩列入第一、第二等者,参考簿籍记录的平时品行、学习表现,合格者升为内舍生。凡入外舍,三经公试未能升补,两经补内舍试亦不入等,又犯上三等罚者,削籍退送本州,再参加岁升试。

间岁内舍试:入内舍肄业两年,进行一次升级考试,按照贡举考试办法,实行弥封、誊录,成绩列入第一、第二等,再参考簿籍记录的平时品行、学习表现,合格者升为上舍生。凡受降舍处理在内舍,而又一次考试不能升补,或两犯上四等罚者,退送本州。

间岁上舍试(初上舍试以间岁,至崇宁五年①改用岁试):按礼部举行省试的规格,知举官皆由朝廷委派,太学学官不参与考试事务。考试成绩分三等,评定之后,知举官及学官参验簿籍记录的品行与学习表现,最终确定高下升黜。两上为上等,取旨命官;一上一中及两中为中等,等候参加殿试;一上一下及一中一下或两下为下等,等候参加省试。

专门学校的考试受太学的影响,基本精神和制度大体类似。但专门学校有其特别内容,考试有其特有的方式。

律学生初入学先作为预备生,学习一段时间后参与补额录取考试。习断案者,试断案一道,每道叙列刑名五事或七事;习律令者,试大义五道。成绩合格者为正式生,学校才供给膳食。以后按所习的专业,月一公试、三私试,考试内容如补试。

武学生员均由推荐产生,凡人材弓马合格者可入学。春秋各有一试,步射用弓以一石三斗,马射用弓以八斗,矢五发中的;或习武伎,副之策略,虽弓力不及,学业卓然,并为优等,补上舍,以三十人为限。试马射用弓以六斗,步射用弓以九斗,策一道,《孙子》《吴子》《六韬》义十道,五通者补内舍生。马步射、马战应格,对策精通、士行可称者,上枢密院审察试用;虽不应格,而晓术数、

① 1106 年。

知阵法,智略可用,或累试策优等,悉取旨补上舍;武艺、策略累居下等,复降外舍。南宋武学考试有些改变,凡补武学外舍,先集聚五人以上附私试,先试步射一石弓,不合格不得试程文,中格者依文士例试《七书》义一道,合格者补外舍生。其内舍生私试,程文三在优等,弓马两在次优,公试入等,具名奏补。凡内舍补上舍,以上舍试合格入等与行艺相参,两上者为上等,一上一中或两中及一上一下为中等,一中一下或两下、一上一否为下等,仍不犯第三等罚、士行可称者,具名奏补。

书学考试书法,以方圆肥瘦适中,锋藏画劲,气清韵古,老而不俗为上等;方而有圆笔,圆而有方意,瘦而不枯,肥而不浊,各得一体者为中等;方而不能圆,肥而不能瘦,模仿古人笔画不得其意,而均齐可观者为下。其三舍补试、升降略同太学法。

画学考试绘画,以不仿前人而物之情态形色俱若自然,笔韵高简为工。三舍补试、升降如书学。

医学常在春季举行考试,考试有三场:第一场,问三经(《素问》《难经》《脉经》)大义五道;次场方脉试脉证、运气大义各二道;针、疡试小经大义三道,运气大义二道;三场假令治病法三道。中格高等,为尚药局医师以下职,余各以等补官,为本学博士、正、录及外州医学教授。南宋医学之入学试,试经义十二道,取六通为合格。孝宗淳熙十五年(1188年),命医士经礼部先附铨闱,试脉义一场三道,其二通者赴次年省试;经义三场十二道,以五通为合格,五取其一补医生,候再赴省试升补,八通翰林医学,六通祗候。

5. 学规

宋代太学重视日常生活行为的管理,注意对生员的学行进行考查,学业考试与操行评定相结合,构成生员的总成绩。生员入学后，斋长、斋谕逐月记录生员的操行与学业于册，操行方面听从教训不违反规矩，学业方面治经程文，季终送交学谕考查，然后依次由学录、学正、博士考查，最后送交祭酒、司业考查；岁终校定其高下，记录在册，以作为评定总成绩的重要依据。

太学还制定了对违纪者进行惩罚处理的学规，周密《癸辛杂识》后集对此作了记载："学规五等：轻者关暇几月，不许出入，此前廊所判也。重则前廊关暇，监中所行也。又重则迁斋，或其人果不肖，则所选之斋也不受，又迁别斋，必须委曲人情方可，直须本斋同舍力告公堂，方许放还本斋，此则比之徒罪。又重则下自讼斋，则比之黥罪，自宿自处，同舍亦不敢过而问焉。又重则夏楚屏斥，则比之死罪。凡行罚之际，学官穿秉序立堂上，鸣鼓九通，二十斋长谕并襕幞，各随东西廊序立，再拜谢恩，罪人亦谢恩。用一新参集正宣讲弹文，又一集正权司罚，以黑竹篦量决数下，大门甲头以手对众，将有罪者就下堂毁裂襕衫押去，自此不与士齿矣。"这一记载把五等处罚的程度和重罚宣判的情况作了介绍，最严重的类同死罪，不再给予反省自新的机会。

太学还有关于签到和请假的规定："凡入学授业，月旦即亲书到历。如遇私故或疾苦、归宁，皆给假，违程及期月不来参者，去其籍。"①此外，还有关于降级和退学的规定。徽宗崇宁元年（1102年）规定，"太学之不率教者，移之辟雍"②，给予降级处理。崇宁三年规定，两经公试不曾入等，三经试不与升补，犯上三等罚者，入学五年未能校定者，至岁终检校，即除籍，退送本州。受退学处理的，主要是因为学业成绩不良，也有的是因为品行有问题。

---

① 《宋史·选举三》。
② 《过夏杂录·辟雍》。

三、 地方官学的行政组织与管理制度

（一）地方教育行政机构及其职能

宋代地方行政实行三级管理制度，第一级为路，第二级为府、州、军、监，第三级为县。学校设置与地方行政区域相结合。路辖若干府、州、军、监，辖区较大，没有专设学校。设立学校有两级：一是府、州、军、监于所在地设立府学、州学、军学、监学，二是县于所在地设立县学。

宋以前，地方的教育事业由州县行政长官兼管，没有设立地方教育行政管理机构与官员。随着教育事业的发展，北宋政府感到地方有设教育管理机构与委派负责官员的必要。

宋自开国初已有地方官学设立，这不是出于中央政府的命令，而是出于地方官的自觉办理，多半是在唐五代地方官学的基础上维持延续。宋中央政府明令地方开办学校始于仁宗景祐四年（1037年），但只许藩镇立学，他州不许。至庆历四年（1044年），才通令州县皆立学。神宗在位时，尤重视儒学的发展，州县皆有学。熙宁四年（1071年），命诸州置学官。哲宗元符二年（1099年），诸路选监司一员提举学校，守贰董干其事。徽宗崇宁元年（1102年），令天下州县并置学。州置教授二员，县亦置小学。崇宁二年，置提举学事司，掌一路州县学政，岁巡所部，以察师儒之优劣、生员之勤惰，而专举刺之事。[①] 路一级设提举学事司，成

---

① 《宋史·职官志七》。

为管理所属州县学校事务的行政机构。提举学事司简称"提学司"。提学司的长官称"提举学事",简称"提学"。提举学事为履行其职责,配备一定数量的属官,协助其处理日常事务。

提举学事作为一路的教育行政长官,负责与学务有关的四方面工作:(1)掌握辖区中学校的实况,提出学务管理的具体措施,建议朝廷批准实施;(2)审察委派州县学官,以补缺额;(3)监督州县生员学业与品行,若州县生员违犯法规,提举学事未能查处,便是失责;(4)检查教育经费使用。由这些方面,可以了解提举学事司及其长官在地方教育管理中所起的作用。

州学事务由知州兼管(府军监亦同)。知州总理一州之政,宣布条教,导民以善而纠其奸慝,兵民之政皆总,分曹以治而总其纲要,依制均带提举或主管学事。县学事务则由知县兼管。

(二)地方官学的组织管理

1. 学官的任用

(1)由地方官从幕职内荐任或本处举人选充

《宋史·选举志三》载,仁宗庆历四年(1044年),诏曰:"其令州若县皆立学,本道使者选部属官为教授,员不足,取于乡里宿学有道业者。"《宋史·职官志七》也有类似的记载:"庆历四年,诏诸路州、军、监各令立学。学者二百人以上,许更置县学。自是州郡无不有学。始置教授,以经术行义训导诸生,掌其课试之事,而纠不如规者。委运司及长史于幕职、州县内荐,或本处举人有德艺者充。"[1]

---

① 《宋史·职官志七》。

官学需有教授,教授为履行其教育责任,应具备相当条件。这些教授在地方上选补,或由路州幕职人员中推荐,或由举人中有德艺者选拔。

（2）由中央吏部选差

熙宁六年(1073年)以前,地方学官由地方解决。《宋史·职官志七》载:"熙宁六年,诏诸路学官委中书门下选差,至是,始命于朝廷。元丰元年,州、府学官共五十三员,诸路惟大郡有之,军、监未尽置。"只有大郡才有朝廷委派的学官,并未普遍委派学官。"元祐元年,诏齐、庐、宿、常等州,各置教授一员,自是列郡各置教官。"南宋绍兴"三年,复置四十二州〔教授〕。十二年,诏无教授官州、军,令吏部申尚书省选差。"这说明地方学官有相当一部分是由朝廷委派的。朝廷委派学官,先通过考试对其业务水平进行审查。熙宁八年(1075年),确立"教官试"制度,"诏诸州学官先赴学士院,试大义五道,取优通者选差"[①]。应试的都是科举出身的人,必须考试合格后委派。

宋代强调地方学官要忠于教职,专心训导生徒,不得兼营他业。政和四年(1114年),臣僚上言:"欲望应见任教授,不得为人撰书启、简牍、乐语之类,庶几日力有余,办举职事,以副陛下责任师儒之意。"[②]地方学官有任职年限,按制度规定,教授以三年为一任;个别成绩优异的学官经许可而延长,但一般以延一任为限。这种制度使学官能定期更新。

2. 生员的入学资格与限额

宋代对生员进入地方官学读书的身份限制进一步放宽,庶民

---

① 《文献通考·学校考七》。
② 《能改斋漫录·记事》。

子弟可以入学。但宋代强调伦理道德，要求生员安分守己，凡缺德违法者，官学加以排斥。政府规定，有九类人不得进入官学就读：（1）隐匿丧服；（2）尝犯刑；（3）亏孝悌有状；（4）两次犯法经赎；（5）为害乡里；（6）假冒户籍；（7）父祖犯十恶；（8）工商杂类；（9）尝为僧道。这九类人"皆不得与士齿"①。实际上，此项规定并未严格贯彻，工商杂类子弟有钱财开路，与官府沟通关系，可以无阻碍地进入州县学。

宋代官员子弟享有免试入地方官学的优待。崇宁五年（1106年）规定："凡在外官同居小功以上亲，及其亲姊妹女之夫，皆得为随行亲，免试入所任邻州郡学。其有官人愿学于本州者，亦免试，升补悉如诸生法，混试同考。惟升舍不侵诸生额，自用七人取一。若中者多，即以溢额名次理为考察。若所亲移替，愿改籍他州学者听。"②官员子弟转学自由。

州县生员名额视地方情形而定，原无常制，至崇宁三年（1104年），始定诸路增养县学弟子员，大县五十人，中县四十人，小县三十人。③ 此项规定意义重大，表明各县普遍办学，规模最小的也有三十个名额，而州学的规模自然比县学大些。据《宋会要辑稿·崇儒》所载，吉州州学庆历四年（1044年）有三百人，政和四年（1114年）增至七百九十二人；筠州州学治平三年（1066年）有数十百人。可见，州学生员数量不一，差距也大，但都具有一定规模。宋代官学生员的数量远超唐代。政和六年（1116年）诏令云："学校以善养天下，比来法行令具，士有所养，余二十万人，弦颂之

① 《嘉泰会稽志·学校》。
② 《宋史·选举三》。
③ 《宋史·选举三》。

声,无远弗届。"①

生员在政治上受一定优待,"凡州县学生曾经公、私试者复其身,内舍免户役,上舍仍免借借如官户法"②。

3. 教学管理

宋代地方官学继承前代传统,以儒经为教学内容,为适应科举考试的需要,学生也学史传、诗赋,教育程度比小学高一个层次。

在教学管理方面,先受胡瑗"苏湖教法"的影响,州县学也仿效胡瑗分设经义、治事两斋;后受王安石"三舍法"的影响,元符二年(1099年)在州学推行"三舍法",崇宁元年(1102年)在县学也推行"三舍法"。县学及州学均实行学生在学升黜法,成绩合格则升舍,成绩不合格则降舍。自县学考选升州学,州学生每三年考选贡入太学。由于"三舍法"的实行,县学与州学、州学与太学有了密切的联系,构成相衔接的学制。

地方官学有稳定的教学活动,每日讲说经书二三纸,授经书的文句音义,题写生员所学书的字样,拟出所课的诗赋题,撰所对的诗句,择所记的故事。诸生根据程度,学课分为三等:第一等,每日抽签问所听经义三道,念书一二百字,学书十行,吟五七言古律诗一首,三日试赋一首,看赋一道,看史传三五纸;第二等,每日念书约一百字,学书十行,吟诗一绝,对属一联,念赋二韵,记故事一件;第三等,每日念书五七十字,学书十行,念诗一首。从这些规定,可以看到地方官学授课的课目及内容,也可以看到教学是

① 《宋大诏令集·学生怀挟代笔监司互察御笔手诏》。
② 《宋史·选举三》。

有步骤有计划地进行的。

4. 考试制度

州县官学教授，以经术行义训导诸生，掌其课试之事。唯开封、祥符生员附于辟雍别斋，教养、升迁如县学法，其校试以博士主持。

县学推行"三舍法"，校试有一定制度，依制月一私试，岁一公试。公试十取其六为中格，依名次自上而下参考察之籍；既中格又在籍，于六人之中取其四，以次升舍。

县学有岁升试，是县学生升州学的关键性考试。据《宋史·选举志三》，神宗元丰五年(1082年)着令："凡县学生隶学已及三月，不犯上二等罚，听次年试补州学外舍，是名'岁升'。……每岁正月，州以公试上舍及岁升员，一院锁宿，分为三试。……其岁升中选者，得补外舍生。"岁升试是县学校试最终也是最重要的一个环节。大观元年(1107年)，政府规定："县学生三不赴岁升试及三赴岁升试而不能升州学者，皆除其籍。"

县学岁升试中选者，补为州学的外舍生。州学公、私试合格者，才获得生员的身份而受优待。《宋史·选举志三》："凡州县学生曾经公、私试者复其身。"哲宗元符二年(1099年)，"初令诸州行三舍法，考选、升补，悉如太学"。州学按"三舍法"考选生员补上舍、内舍生，诸路监司派官一人，同教授考选，须弥封、誊录，严格管理，防止舞弊。每岁正月，州学以公试补上舍生，分为三试，率皆十取其六为中格，参考察之籍，六取其四升上舍。

州学生员在学三年，虽参加考试但未达升贡标准的，也有明确的处理办法。据《宋史·选举志三》，神宗元丰五年(1082年)着令："隶学三年，经两试不预升贡，即除其籍，法涉太严。今令三年内三经公试不预选,两经补内舍、贡上舍不及格,且曾犯三等以上罚。若外舍,即除籍罢归县;内舍降外舍,已尝降而私试不入等,若曾犯罚,亦除籍,再赴岁升试。"

州学学生择优升贡太学。据《宋史·选举志三》,元符二年(1099年),实行岁贡:"州许补上舍一人,内舍二人,岁贡之。其上舍附太学外舍,试中补内舍生,三试不升舍,遣还其州。其内舍免试,至则补为外舍生。"崇宁元年(1102年),改为三年贡:"州学生每三年贡太学。至则附试,别立号。考分三等:入上等补上舍,入中等补下等上舍,入下等补内舍,余居外舍。"州学生升贡,州官依礼遣送,并供给旅费。"凡州学上舍生升舍,以其秋即贡入辟雍,长吏集阖郡官及提学官,具宴设以礼敦遣,限岁终悉集阙下。自川、广、福建入贡者,给借职券,过二千里给大将券,续其路食,皆以学钱给之。"州学贡入太学,集中于辟雍会试,会试之后在州学之间进行比较。如大观元年(1107年),"诸路宾兴会试辟雍,独常州中选者多,州守若教授俱迁一官"。可见,当时已比较重视升学率,对升学率高的地方官和学官以提升为奖励。

5. 学规

宋代地方官学皆自有学规,以之作为教育工作的准则。学规不统一,各地方保留其一定特点,可惜能完整保存下来的极少。

崇宁元年(1102年)八月,蔡京等订州县学敕令格式。《续资治通鉴长编纪事本末》载有关于置学养士的条文,这是州县办学、三舍升贡、经费筹集的法规,关于州县学内部管理的,只有"立学生在学升黜法"一条。

现西安碑林(编号665)有《京兆府小学规》,是小学学规,但也反映了州县学一些具有共性的问题,很值得注意。学规规定应实行的事有六条。第一条,入学手续:"应生徒入小学,并须先见教授,投家状并本家尊属保状(其保状内须声说情愿令男或弟侄之类入小学听读。委得令某甲一依学内规矩施行),申学官押署后,上簿拘管。"第二条,选差学长:"于生徒内选差学长二人至四人,传授诸生艺业及点检过犯。"第三条,教授日课。第四条,诸生学课。第五条,过犯行罚:"应生徒有过犯,并量事大小行罚,年十五以下行扑挞之法,年十五以上罚钱充学内公用,仍令学长上簿,学官教授通押。行止逾违:盗博斗讼,不告出入,毁弃书籍,画书窗壁,损坏器物,互相往来,课试不了,戏玩喧哗。"第六条,岁时给假:"应生徒依府学规岁时给假,各有日限,如妄求假告,及请假违限,并关报本家尊属,仍依例行罚。"这个学规包括入学手续、教学制度、过失惩罚、假期制度等多方面内容,是维持学校正常教学秩序的重要保证。

徽宗时曾颁布州县学规,可惜原件已佚。《嘉泰会稽志·学校》载有其中两句:"学规、斋规行罚各五等","以谤讪朝政为第一等罚之首"。《宋会要辑稿·崇儒》载有《政和学规》遗文的两条:"州县学生有犯,在学杖以下,从学规;徒以上,若在外有犯,并依法断罪";"州县学生有犯,教授、令佐、职事人不纠举,与同罪;知运失按减一等;提举官又减一等。若放纵,并加二等"。这些条文都是为了打击犯罪,以专政手段压服生员,从而达到巩固政权的目的。学规督促学官及各级官员协同管理,收到一定的管理效果。

6. 经费的管理

宋代的州县学超过前代,规模更大,学生更多,需要有一定的经费,才能保证教育事业的开展。经费有多种来源。

(1) 政府拨给修建学校经费和日常经费。如景祐初楚州知州魏廉指出:"孔祠坏缺,黉肆未立,愿如律令,官为缮完。"表明朝廷曾有律令,修建州县学由官府出资。崇宁二年(1103年),武功县建学,转运司给官钱五十四万资其用。拨给经费主要还是依靠地方政府。

(2) 建立学田制度,为州县学发展提供重要的经济保证。乾兴元年(1022年),宋真宗从翰林侍讲学士孙奭之请,给赐兖州学职田十顷,充养士费。这是给州学设学田的开始。景祐年间,凡新建或虽建而无学田之州学,均赐田五至十顷,形成了学田制度。此后,随在学生员人数的增多,赐田的数量也相应有所增加。至大观三年(1109年),全国学田总数已达十万五千九百九十顷。学田是官田的一种,出租给佃户,以收取地租,充当州县学的经费。这是学校经费的主要来源,使州县学能为学生提供基本生活条件,保证州县学的稳定发展。

(3) 官府建房为学产,收租充学校经费。如据《青州州学公田记》,青州州学建成之日,州官"旁学作屋百二十间,岁入于学,钱三十一万",后"又作屋八十三室,别为钩盾六十二间,岁入于学,通六十七万"。福州州学于政和年间有房三百一十四区,收租以助学粮。类似的情况还有不少。

(4) 收专项捐税以充学费。如加收酒税,崇宁二年(1103年),朝廷令"诸路官监酒直,上者升增钱二,中下增一,以充学费"。又如印卖契书,收息以充学费,称钞旁定帖钱。此种捐税创始于元丰年间,曾有令废止,崇宁三年又恢复,敕"诸县典卖牛畜契书并税租钞旁等,印卖田宅契书,并从官司印卖。……量收息钱，助赡学用，其收息不得过一倍"。同年又增息钱，诏："府界诸路官卖钞旁契书等，收息不得过四倍。……如旧卖钱多者，听从多，仍先次施行。"①仅此一项，两浙每年从民间收取约数十万贯。

（5）将宗教活动的费用移作学校经费。如越州知州张友直，下令禁绝州民每春祭天活动，取所敛财，建学以延诸生。古田知县李堪，毁淫祠三百一十五，撤佛宫四十九，取其财为县学费用。

（6）民间捐献。欧阳修《吉州学记》载：庆历四年（1044年），吉州知州李宽应诏兴学，"吉之士率其私钱一百五十万以助。用人之力，积二万二千工，而人不以为劳。其良材坚甓之用，凡二十二万三千五百，而人不以为多"。由民间捐献而修建的州县学的，还有福州、虔州、邠州、寿阳县、慈溪县、光化县等。宋代经济重心已南移，南方地主在经济上占有重要地位，更希望自己的子弟由州县学进入仕途，所以民间捐献的事以南方居多。

（7）州学刻印书籍，赢利以充学校经费。如北宋时期，杭州州学印书规模比其他州学大，《武林藏书录》卷上就记载了许多北宋杭州州学书版。又如绍圣年间，越州州学教授慕容彦逢于州学刊印"三史"，因勘校精审，遂为善本，四方之士争购之，获利以养士。

州县学为加强经费管理，设有专管钱粮的会计，收纳多种来源的经费；对分散出租学田所收的地租，均有账册记录，以备核查；为防止州县学财产被侵吞，特将文书刻石立碑，作为长久凭

---

① 《宋会要辑稿·食货》。

证。以上是通常的学校经费管理方式。

四、书院的组织管理制度

（一）书院的组织与任务

1. 书院的组织

书院在初建时，组织机构比较简单，主持人既是组织管理的负责者，又是日常教学工作的承担者，一般不再有其他管理人员。偶有辅助性的管理人员，也是极个别的。随着书院生徒人数增多，规模扩大，一人总揽不了全部事务，需要配备辅助人员，组织机构也随之扩大，分工更细，责任更专。

书院的主持者有多种名称，时有变化，这些名称都有其来源和含义。

山长　此名称使用较早，用得最普遍，沿用时间最长。因书院多设在风景优美的名山，聚徒讲学的多是德高望重的年长学者，尊山中长老，故曰"山长"。岳麓书院的主持者就称"山长"。

洞主（或称"主洞""洞正"）　此名称源于白鹿洞书院，因名称与地名存在特殊联系，故使用得不多。

堂长　书院建筑一般都有正堂，以为讲学行礼之用。堂长，意为一堂之长，有的书院以之为主持者的名称。

院长　有的书院称主持人为院长，明显的意思是书院之长。如景祐二年（1035年），嵩山太室书院改名"嵩山书院"，设置院长。

教授　本为地方官学学官的名称。有的书院主持人由地方官学教授兼任，不论州学教授或府学教授，在书院兼任，仍用原称。

随着事业发展，书院组织机构也渐扩大，渐次添设副山长、副讲、助教等职，协助山长处理有关事务。据《白鹿洞志》记载，书院管理人员有十一类：

主洞　"聘海内名儒，崇正学，黜异端，道德高厚，明体达用者主之。"如聘请不到适当人选，则不妨暂缺。

副讲　"主批阅文字，辨析疑义。聘本省通五经、笃行谊者为之。"

堂长　"巡行督视课业勤惰"，"诱掖调和院中学徒"。

管干一人、副管干二人　专管洞内一切收支出纳、米盐琐碎、修整部署诸务。

典谒二人　专管接待宾客及四方来学者。

经长五人　经义斋五经各设一位经长。

学长七人　治事斋七事包括礼、乐、射、书、数、历、律，各设一位学长。

引赞二人　专司谒圣引礼。

火夫一人

采樵二人

门斗一人

白鹿洞书院管理人员的编制为二十六人，分工较细，职责明确，采用部分专职人员、部分兼职人员。让学生中优秀者为兼职人员，参加管理工作，自堂长至引赞都可担任，这是宋代书院组织管理方面的一个特色。

书院山长的任用有多种方式：由隐居授徒而设的书院，则为自任；由乡绅集资而办的书院，则为公推；由官员倡导而设的书院,则多为聘任;由地方政府主管的书院,则由府州委派。可见,任用方式与书院的性质有直接的联系。

2. 书院的教育目标

书院的创建皆有其办学目标,各家说法虽异,但处于同一时代,适应社会要求,也存在一定的共同因素。

一些著名人物所作的论述是具有代表性的。范仲淹于天圣六年(1028 年)在《代人奏乞王洙充南京讲书状》中提出他对培养人才的看法,他说:"三代盛王致治天下,必先崇学校,立师资,聚群财,陈正道,使其服礼乐之风,乐名教之地,精治人之术,蕴致君之方。……济济多士,咸有一德。列于朝,则有制礼作乐之盛;布于外,则有移风易俗之善。"他要求学生在书院中受儒学之正教,精治人之术,成为治国平天下的人才,而与追逐科名利禄之辈大有差别。理学家程颢、程颐兄弟主张"言学便以道为志,言人便以圣为志"[1]。他们厌弃科举之业,认为存有科名之心,就不能入尧舜之道,明确把求道和学为圣人作为目标。

南宋张栻在乾道二年(1166 年)所写《潭州重修岳麓书院记》中说:"侯之为是举[2]也,岂将使子群居族谭,但为决科利禄计乎?抑岂使子习为言语文词之工而已乎?盖欲成就人才,以传斯道而济斯民也。"张栻提出以"传道济民"为教育目标,就是要具有理学的政治思想理论和治国的实际本领,明确反对存心于科名利禄。朱熹在淳熙七年(1180 年)所写的《白鹿洞书院揭示》中也谈及书院培养目标问题:"熹窃观古昔圣贤所以教人为学之意,莫非使之讲明义理,以修其身,然后推以及人,非徒欲其务记览,为词章,以

---

① 《近思录·为学》。
② 指知州刘珙重修书院。

钓声名、取利禄而已。"所谓"讲明义理,以修其身",也属于传道的范围,是对尧舜仁义之道的把握和体现;所谓"推以及人",也就是"济民",实际就是"治人"。所以,张、朱两人的说法是一致的,他们的观点对当时和以后的书院都产生了影响。

3. 书院的生徒

书院是在基础教育上进一步提高,属于大学的文化层次,有学问和品德的基本要求,没有出身和年龄的严格限制,不分地域籍贯,四方之士均可入院肄业。也有少数著名书院,其任务则在于进一步提高学业修养,因此规定入院有一定的资格条件。如白鹿洞书院曾一度规定招收举人入院读书,朱熹手拟《招举人入书院状》;岳麓书院成为潭州三学中的最高学府,只有湘西书院考试积分高等者,才具有资格升入岳麓书院。

书院原无名额限制,根据自愿原则,学生可以自由入院。后因肄业者日多,不能全部容纳,只好根据书院的经费和学舍的条件,规定可接受的名额。这类书院要出现缺额,才可能依缺补充。

4. 书院的三项基本任务

书院是培养人才的机构,它负有三项基本任务:一是讲学,二是藏书,三是祭祀。书院为完成三项基本任务而开展必要的活动,需要有一定的场所。北宋咸平三年(1000 年),潭州太守李允则扩建岳麓书院,就是依照这种考虑,安排书院的基本格局,成为书院建设的典型。

讲学是书院首要的经常性的活动。为适应这种需要,书院建有讲堂和斋舍。讲堂是主持者讲学论道的地方,斋舍是生徒读书学习与住宿休息的场所。有一定的场所,就为讲学活动创造了条件。

藏书也是书院的重要任务。书院之所以称为书院，就因为它既是读书之所，也是藏书之所。所以，凡是书院，都重视收藏典籍。宋初，应天府书院创办人曹诚捐资买书，使该书院因有数千卷的藏书而远近闻名。岳麓书院为藏书而建造藏书楼，把朝廷赐书，即国子监刊印的《释文》《义疏》《史记》《玉篇》《唐韵》等典籍，以及多方收集的图书，均储于藏书楼，以备生徒阅读。朱熹长期主持书院的讲学活动，认为书院藏书极为重要，曾积极为白鹿洞书院征集书籍，奏请朝廷赐监本《九经注疏》，并将刘仁季赠送的《汉书》四十四通一并送白鹿洞书院收藏。

综观当时各书院收藏图书的途径，不外乎四种：奏请赐书、接受捐赠、多方购置、雕版自印等。

祭祀先圣先师是学校固有的活动，书院也继承这一传统，并普遍加以重视，定期开展释奠、释菜等活动。岳麓书院建有礼殿，塑先师十哲之像，画七十二贤，定期举行礼拜活动。白鹿洞书院也有此类设施和活动。除此之外，书院还供祀本派大师及其他先贤，所以有的书院还增设诸贤祠、崇道祠等，用以标榜学派，推崇道统。这类活动是对学生进行思想教育的一种重要形式，要求生徒学习圣贤，成为正人君子。

（二）书院的管理

1. 书院的教学管理

宋代理学家倡导书院，利用书院这种组织形式来进行理论宣传和教学活动，对书院的发展起了推动作用。书院的主持者多数是理学家，以理学思想为指导来制订教学计划，安排教学内容。

他们重视儒家经典的学习,《诗》《书》《礼》《易》《春秋》等是必读的教材,还推崇《大学》《中庸》《论语》《孟子》,认为四书是达到圣王之道的门径。按照他们的思想逻辑,特为规定学习的程序,先读四书,进而读五经,这些是书院最基本的教材。不同流派的理学家对四书、五经的研究以注疏、讲义或谈话录的形式出现,亦成为书院的重要读物。

与官学的教学内容不同,书院实行自由讲学,各学派代表人物均可讲授自己的学术见解。如张栻强调"义利之辨",朱熹专讲"格物穷理",陆九渊主张"先立乎其大",吕祖谦倡导"明理躬行"。有的名师不仅有独立的学术主张,而且有系统的著作,即以著作为讲学内容。如程颐晚年在伊皋书院讲授所著的《易传》,胡安国在碧泉书堂讲授《春秋传》。书院讲学免受政府规定的限制,教学内容可以适应时代需要而更新,体现各自学派的学术特色。

聚徒讲学这种活动随着时代发展而变化,到了南宋,有多种身份的人参与讲学活动,形成讲学之人多样化。除了书院主持人自讲之外,还有两种不同身份的人出现于讲坛。一为院外名师受邀临时开讲。如南宋乾道三年(1167 年),朱熹至潭州访问张栻,张请朱到城南书院和岳麓书院讲学,特别论证《孟子》"道性善"与"求放心"两章,务收敛凝定,以致克己求仁之功。听讲生徒千余,气氛热烈。淳熙八年(1181 年),陆九渊到南康访问朱熹,朱请陆到白鹿洞书院讲学。陆讲《论语》"君子喻于义,小人喻于利"一章,闻者感动,乃复请书其说而成讲义,后刻石立于书院。名师在书院讲学,听者不限本院生徒,外地士子闻讯也可前来听讲。另一为高足弟子代讲。书院主持人忙于著述,或受命赴任而离开书院,为使书院不致停顿,遂令高足弟子代为讲学。如朱熹,甚赞赏门生黄榦,寄以传道重任,当竹林精舍建成后,就写信给黄榦说:"他时便可请直卿①代即讲席。"陆九渊也曾令高足弟子代讲。《宋元学案·槐堂诸儒学案》载:"傅子云,字季鲁,号琴山,金溪人。成童,登象山门。……象山令设一席于旁,时命先生代讲。……及出守荆门,使居精舍。象山执手语之曰:'书院事俱以相付,其为我善永薪传。'"可见,令高足弟子代讲不是个别现象。

书院的教学活动,如从教学对象的数量来考察,存在三种情况:(1) 集体讲授,即面对书院的全体生徒进行讲学活动,这是最经常最基本的教学活动;(2) 个别指导,即给生徒质疑问难的机会,针对问题进行辅导,或介绍方法,或介绍观点,以提高生徒的思想认识水平;(3) 开放性会讲,即听众不限于本院生徒,院外的士子可自愿参加,这就扩大了教育范围。

2. 书院的德育管理

道德品质教育是书院教育的核心,受到领导者的重视。为了公开申明要求,使师生有统一认识,各个书院普遍订有严格的学规。学规通常是一所书院教育的总纲领,规定了书院的培养目标、进德修业的基本要求与原则,有时还包括书院教学生活的基本守则,是一所书院特色的体现。

宋代学规中最系统完整、社会影响最大的学规,是朱熹制订的《白鹿洞书院揭示》(又称《白鹿洞书院学规》)。此学规选取儒家经典中圣贤的格言,用以概括理学教育的基本主张,它对道德思想行为加以规范,而无行政惩罚的具体措施,抓住主要方面,条文简明,内涵丰富,被当时一些书院接受和采用。理宗皇帝推崇

---

① 指黄榦。

理学,亲书《白鹿洞书院学规》赐太学生,对此学规的推广起了促进作用,使之成为全国学校和书院统一的教育纲领。

各地书院除采用《白鹿洞书院学规》为教育纲领之外,还制订规约或学则,对生徒的言语行动、衣食住行、待人接物加以规范。吕祖谦于乾道四年(1168年)九月拟订的丽泽书院规约具有代表性,产生广泛的影响。规约条列如下:

凡预此集者,以孝弟忠信为本。其不顺于父母,不友于兄弟,不睦于宗族,不诚于朋友,言行相反,文过遂非者,不在此位。既预集而或犯,同志者规之;规之不可,责之;责之不可,告于众而共勉之;终不悛者,除其籍。

凡预此集者,闻善相告,闻过相警,患难相恤,游居必以齿相呼,不以丈,不以爵,不以尔汝。

会讲之容,端而肃;群居之容,和而庄。(箕踞、跛倚、喧哗、拥并,谓之不肃;狎侮、戏谑,谓之不庄。)

旧所从师,岁时往来,道路相遇,无废旧礼。

毋得品藻长上优劣,訾毁外人文字。郡邑政事,乡同人物,称善不称恶。

毋得干谒、投献、请托。

毋得互相品题,高自标置,妄分清浊。

语毋亵、毋诶、毋妄、毋杂。(妄语,非特以虚以实,如期约不信,出言不情,增加张大之类,皆是;杂语,凡无益之谈皆是。)

毋押非类。(亲戚故旧或非士类,情礼自不可废,但不当狎昵。)

毋亲鄙事。(如赌博、斗殴、蹴鞠、笼养朴淳、酗饮酒肆、赴试代笔及自投两副卷、阅非僻文字之类,其余自可类推。)①

学规与学约能反映一所书院的特殊风貌,是道德教育的有力
手段。

3. 书院经费的来源

书院开展经常性的教育活动,要求具备一定的物质条件,需
要有常设的经费。不同的书院有不同的经费筹集渠道,大致有以
下几类。(1) 富有的个人提供。如宋初应天府富人曹诚,独首捐
私钱,建书院于城中,前庙后堂,旁列斋舍,继又买田市书,以待来
者。还有个别官僚致仕还乡,取田庄地租收入的部分,用于建书
院并供养师生。(2) 富有的家族提供。如江州陈氏,以礼教联结
宗族,聚族而居,财产族有,统一经营。用其部分财力,创办东佳
书堂,建书楼、堂庑数十间,聚书数千卷,并置学田二十顷,以为游
学之资。(3) 地方士绅捐献。地方士绅共办书院,有的献银钱,有
的献田产。银钱可以生息,取利息为经费。但银钱容易被经管者
挪用侵吞。为保住资财并为永久计,也有士绅以银钱转购田地,
使之成为书院学田,以每年的地租收入充经费。(4) 奏请官府拨
给。书院虽然在组织管理上是独立的,在经济上是自给的,在学
术上是自由的,但为了保持稳定发展以至扩大社会影响,常通过
地方政府申奏朝廷。朝廷加以认可,并有赐予,其中常有赐田,数
以顷计,可以增强书院的经济实力。有的地方政府为了对书院施
加影响,也主动拨田、拨钱。这些都是书院经费的重要来源。书
院委派专人管理经费的收支。

---

① 《东莱集·规约》。

五、 宋代的教育管理思想

宋代各学派的教育家都有关于教育管理的思想主张，这些思想既有继承传统的成分，也有总结教育实践的成分，是为解决现实问题而提出的，对于教育实践产生一定的影响。以下简要介绍产生重大历史影响的两位教育家即胡瑗与朱熹的教育管理思想。

（一）胡瑗的教育管理思想

胡瑗（993—1059），字翼之，北宋泰州海陵（今江苏泰州）人。其先世曾居安定，后来学者溯源，称其为"安定先生"。他是一位杰出的教育家。

胡瑗少年时即有远大抱负，立志为圣贤，青年时在泰山攻读十年，学有成就，南归吴中，开始设学授徒，以经术传授。景祐二年（1035年），苏州知事范仲淹奏请设立州学，聘请胡瑗为苏州教授。胡瑗严格执行学规，使州学成为当时最先进的学校，在培养人才方面获得成功。他在苏州任教至康定元年（1040年）转任丹州军事推官为止。不久，湖州知州滕宗谅奏请设立湖州州学，庆历二年（1042年）聘请胡瑗为州学教授。胡瑗继续推行教育改革，创立分斋教学制度，吸引了四方士子，培养了成批人才，产生了很大的社会影响。四年，范仲淹倡议兴学，奉诏令下湖州取其法为太学法。[①] 胡瑗先后在苏、湖两州教学十多年，至皇祐

---

① 《宋史·胡瑗传》。

四年(1052年)改任国子监直讲,开始在太学执教。他坚持改革,讲究实效,转变学风,忠诚事业,深受学生爱戴。他在太学七年,是太学充满生气,办得最有成效的时期。

关于教育管理,胡瑗有些重要主张。

1. 要确立学校教育为国家根本的指导思想

胡瑗从维护宋朝封建统治的立场出发,论述学校教育的重要作用。在《松滋儒学记》中提出了他的理论主张:"致天下之治者在人材,成天下之材者在教化,职教化者在师儒,弘教化而致之民者在都邑之任,而教化之所本者在学校。"治理国家是政治家努力的目标,而治理国家的关键在于有人才可用,人才的培养要依靠教育,而教育事业的根本在学校。重视学校教育,在历史上曾有光辉的范例。"学校之兴,莫过于三代;而三代之兴,莫过于周。大司徒以六德、六行、六艺教万民而宾兴之。"其结果是:"教化明于上,而风俗成于下也。故其材之成也,大则可以论道经邦,小可以作而行事,其出也可以长,其入也可以弟。无他,盖本于学校之教而已矣。"[①]宋朝需要论道经邦的人才,学习三代的历史经验,应当转变忽视教育的观念,大力兴办学校以育治国人才。

2. 要以"明体达用"为教学总方针

胡瑗认为,自隋唐实行科举取士制度以来,士人追求科举功名利禄,崇尚文词而遗弃经业,专务浮华而轻视实学,学校受其影响,日益成为科举考试的预备场所。科举日益重,学校日益轻,士人蔽于俗学,难成国家有用之才,这是重大的忧患。为改革时代积弊,他提出学校要以"明体达用"为教学总方针,培养通经致用

① 《松滋儒学记》。

的人才。

何谓"明体达用"？胡瑗的弟子刘彝在与宋神宗的对话中作了说明："臣闻圣人之道，有体、有用、有文。君臣父子，仁义礼乐，历世不可变者，其体也；《诗》《书》、史、传、子、集，垂法后世者，其文也；举而措之天下，能润泽斯民，归于皇极者，其用也。"[①]"明体"就是要懂得君臣父子等伦理纲纪、仁义礼乐等道德规范；"达用"就是要将伦理纲纪和道德规范在社会中推广应用，使民众也能遵从。学校就是要培养既有封建伦理道德思想又能实际应用的通经致用的人才。

胡瑗以"明体达用"为矫弊革新的方针，贯彻此方针，以"明体达用"之学教授学生，造就有用之才，取得很大成功。刘彝对此作了很高评价，他说："臣师当宝元、明道之间，尤病其失，遂以明体达用之学教授诸生，夙夜勤瘁，二十余年，专切学校，始于苏、湖，终于太学，出其门者无虑数千余人。故今学者明夫圣人体用以为政教之本，皆臣师之功也。"[②]

"明体达用"的教学方针，对宋代及后世的教育都产生积极的影响，是扭转教育上尚文词而变为重实学的有效措施。清初颜元就说："惟安定胡先生，独知救弊之道在实学不在空言。"[③]他以胡瑗为师，积极提倡实学。

3. 实行分斋教学制度

胡瑗为湖州教授时首创分斋教学制度。《宋元学案·安定学案》载："立经义、治事二斋，经义则选择其心性疏通、有器局、可任

① 《宋元学案·安定学案》。
② 《宋元学案·安定学案》。
③ 《存学编·性理评》。

大事者,使之讲明六经。治事则一人各治一事,又兼摄一事,如治民以安其生,讲武以御其寇,堰水以利田,算历以明数是也。"经义斋专学儒家经义。治事斋亦称治道斋,斋内分几个学科,供学生选择,每人必须选一科为主修,另选一科为副修。经义斋以培养高级政治人才为目的,治事斋以培养实用技艺人才为目标,从制度上保证教育改革的贯彻。清末易甲南在《经义治事两斋论》一文中对分斋作了评论:"夫隋唐以来,仕进多尚文辞,苟趋功利,实学之不明久矣。安定先生起而正之,鄙词章记诵之功,而以经义之讨论养其德;薄寻行数墨之士,而以治事之干济扩其才。既有以深之于根柢,使其学切而不浮,复有以练之于材,能使其实而可用。"分斋教学是教学制度上的一项重大改革,在当时社会上引起强烈的反响,四方士子纷纷到湖州求学。分斋教学也被推广到太学和其他地方学校及书院,产生深远的影响。

4. 全面安排课内外活动,既注意知识传授,也注意体育和美育

胡瑗认为,学校要成就人才,就要全面安排教学和生活,不仅要注意课内知识学习,还要注意课外体育和文娱。他任判国子监,就注意这方面的教育。他教导学生,"食饱未可据案或久坐,皆于气血有伤"[①],在课余时间应该进行习射、投壶、歌《诗》、奏乐等有益身心的活动。《宋元学案·安定学案》载:"先生在学时,每公、私试罢,掌仪率诸生会于肯善堂,合雅乐歌《诗》,至夜乃散。诸斋亦自歌《诗》奏乐,琴瑟之声彻于外。"学习和考试有阶段,每阶段适当配合开展体育和文娱活动,对紧张的学习生活起调节作

---

① 《宋元学案补遗·安定学案补遗》。

用,使学校生活在紧张中又不失活泼,还可密切师生联系,增进感情,这是很合理的。

5. 校内的知识学习和校外的社会考察相结合

胡瑗除在经义、治事两斋讲习研讨"明体达用"之学外,还重视对校外社会与自然的实地考察,以扩大学生的知识面和眼界。《安定言行录》卷上载有关于这个问题的讨论:"胡先生翼之尝谓滕公曰:'学者只守一乡,则滞于一曲,隘吝卑陋。必游四方,尽见人情物态、南北风俗、山川气象,以广其闻见,则为有益于学者矣。'"因此,他注意组织学生出外游历参观考察。"一日,尝自吴兴率门弟子数人游关中。至潼关,路峻隘,舍车而步。既上至关门,与滕公诸人坐门塾少憩。回顾黄河抱潼关,委蛇汹涌,而太华、中条环拥其前,一览数万里,形势雄张,慨然谓滕公曰:'此可以言山川矣。学者其可以不见之哉!'"这种教学实践活动在当时实在少有,是其教学安排的一大特色。

胡瑗既有改革当代教育的思想主张,又有身体力行贯彻主张的教育实践。他主张"明体达用"的教育方针和分斋教学的制度,引导当时的教育变革,生前和生后都受到社会上下的赞扬,对后世的教育产生深远的影响。

(二) 朱熹的教育管理思想

朱熹(1130—1200),字元晦,一字仲晦,号晦庵。祖居徽州婺源(今属江西),生于南剑州尤溪(今属福建)。他是南宋时期理学思想的集大成者,建立了比较系统的教育理论体系,成为著名的教育家。

朱熹十九岁进士及第,以后走上仕途,在地方上任过县主簿、知军、提举常平茶盐公事、知州等,在京任过侍讲,任职时间都不长,以后就退隐讲学,直到七十一岁逝世。他在五十多年间主要从事教育,重要事迹有:绍兴二十三年(1153年),整顿同安县学;淳熙五年(1178年),整顿南康军学,又修复白鹿洞书院,亲为拟订学规,常至书院讲学;淳熙十年,归武夷,筑武夷精舍,从学者甚众;绍熙元年(1190年),整顿漳州州学;绍熙五年,修复岳麓书院,常讲学其中;同年,调任焕章阁待制兼侍讲,当了宁宗皇帝的经师四十多天,罢官后随即归建阳,建沧州精舍,以诲人不倦的精神坚持讲学,直至逝世。他的弟子有数千人,以他为中心的程朱学派产生了重大社会影响。

朱熹一生重视教材建设,他编成《小学》一书,成为有长期影响的蒙学教材;与吕祖谦合编《近思录》,成为理学的入门书;倾毕生精力编写《四书集注》,成为学校必读教材,以后又成为科举考试的标准。后人编纂有集中体现他思想的《晦庵先生朱文公文集》《朱子语类》等。

朱熹在教育管理方面有一些重要主张。

1. 小学、大学教育阶段的划分及其基本任务

朱熹认为,人的教育是一个长期的过程,应当分阶段进行。划分教育阶段的依据主要是两方面:一是古代教育的历史经验;二是人的年龄和心理发展特征,尤其是智力发展水平。他在《经筵讲义》中说:"古之为教者,有小子之学,有大人之学。"从年龄上区分,八至十五岁为小学阶段,十五岁开始为大学教育阶段,前后阶段教育的任务各有不同。他在《大学章句序》中说:"人生八岁,则自王公以下,至于庶人之子弟,皆入小学,而教之以洒扫、应对、

进退之节，礼、乐、射、御、书、数之文。及其十有五年，则自天子之元子、众子，以至公、卿、大夫、元士之適子，与凡民之俊秀，皆入大学，而教之以穷理、正心、修己、治人之道。此又学校之教、大小之节所以分也。"在《朱子语类·小学》中，也有关于小学、大学不同任务的讨论："小学者，学其事；大学者，学其小学所学之事之所以。"

小学、大学虽然分为两个阶段，但有密切的联系。小学教育是大学教育的基础，大学教育是小学教育的进一步提高。教育的总目标是成为圣贤，小学与大学在培养圣贤的过程中各有其作用。《朱子语类·小学》："古者小学已自养得小儿子这里定，已自是圣贤坯璞了，但未有圣贤许多知见。及其长也，令入大学，使之格物、致知，长许多知见。"在小学下了教育功夫，有了好的坯模，然后可以加工提高。所以，大学的提高离不开小学的基础，要培养圣贤，就必须从基础教育小学抓起。他在《题小学》中指出："古者小学教人以洒扫、应对、进退之节，爱亲敬长、隆师亲友之道，皆所以为修身、齐家、治国、平天下之本，而必使其讲而习之于幼稚之时，欲其习与智长，化与心成，而无扞格不胜之患也。"小学是培养人的根本，教育要从小抓起。

小学教育与大学教育的任务既有区分，又有内在联系，两者应该是统一的。朱熹说："学之大小，固有不同，然其为道，则一而已。是以方其幼也，不习之于小学，则无以收其放心，养其德性，而为大学之基。及其长也，不进之于大学，则无以察夫义理，措诸事业，而收小学之成功。是则学之大小所以不同，特以少长所习之异宜，而有高下、浅深、先后、缓急之殊。……今使幼学之士，必先有以自尽乎洒扫、应对、进退之间，礼、乐、射、御、书、数之习。

俟其既长,而后进乎明德新民,以止于至善,是乃次第之当然,又何为而不可哉?"①小学教育作为基础很重要,大学教育作为提高很需要,所以小学教育和大学教育都应受到重视。朱熹揭示了教育阶段间的内在联系,这是很有理论价值的见解。

2.道德思想灌输和道德行为训练相结合

不论小学还是大学,教育的中心内容都是道德,需要对学生进行思想灌输。为防止道德认识和道德行为脱节,还应注意行为训练。朱熹在《答吴晦叔》中说:"盖古人之教,自其孩幼而教之以孝弟诚敬之实,及其少长而博之以诗书礼乐之文,皆所以使之即夫一事一物之间,各有以知其义理之所在,而致涵养践履之功也。"道德行为的训练以教事为主。他说:"小学是事,如事君、事父、事兄、处友等事,只是教他依此规矩做去。"②要学生按规矩去做,就要明确列出应做的规矩。他的《童蒙须知》就是为此而拟订的,在序文中他说:"夫童蒙之学,始于衣服冠履,次及言语步趋,次及洒扫涓洁,次及读书写文字,及有杂细事宜,皆所当知。今逐日条列,名曰《童蒙须知》。"《童蒙须知》把小学的行为训练归为五个方面,详细规定了道德规范、文明行为、生活习惯、待人礼节、读写规则等。道德教育训练要从小打好基础,培养形成良好的生活习惯和学习态度。如在服装方面:"大抵为人,先要身体端正。自冠巾、衣服、鞋袜,皆须收拾爱护,常令洁净整齐。""着衣既久,则不免垢腻,须要勤勤洗浣,破绽则补缀之。仅补缀无害,只要完洁。"在整洁方面:"凡为人子弟,当洒扫居处之地,拂拭几案,当令洁净。文字笔砚,凡百器用,皆当严肃整齐,顿放有常处。取用既

---

① 《四书或问·大学》。
② 《朱子语类·小学》。

毕,复置元所。"在读书写字方面:"凡读书,整顿几案,令洁净端正,将书册整齐顿放。正身体,对书册,详缓看字,仔细分明。……余尝谓读书有三到,谓心到、眼到、口到。心不在此,……记亦不能久也。三到之中,心到最急。心既到矣,眼口岂不到乎?""凡写文字,未问写得工拙如何,且要一笔一画,严正分明,不可潦草。"对小学生的生活和学习进行这些教育训练,既是有必要的,也是合乎教育规律的。重视小学生的道德行为训练,根据时代需要提出一些具体要求,其中一些有益的经验值得后人总结和吸取。

3. 既要正面教育又要规章约束

朱熹认为,在科举制度影响下,南宋官学趋于衰落,学风腐败,官学成为准备科举的声利之场,没有讲问切磋活动,学生仅是"务记览,为词章,以钓声名、取利禄而已"①。师生关系极其冷淡,相视漠然如行路之人。官学积重难返,要改变学风不容易。书院有较大的独立性,可利用改造,形成新的学风,以达到为国育才的目的。

朱熹在《白鹿洞书院揭示》中提倡以"讲明义理"为中心的新学风,他说:"熹窃观古昔圣贤所以教人为学之意,莫非使之讲明义理,以修其身,然后推以及人。"义理之大,不外人伦与天理。"讲明义理"就是进行正面教育,积极引导,启发自觉。义理既明,致知尚须力行,用义理指导修身。修身的任务不外存天理,灭人欲,自觉地为善去恶,克服私心人欲。接受正面教育,明白义理,就会以道德准则规范日常行为,不会与规章制度相抵触。他说:

① 《白鹿洞书院揭示》。

"苟知其理之当然，而责其身以必然，则夫规矩禁防之具，岂待他人设之而后有所持循哉!"能自觉遵循道德规范的人，无须等待别人拿规章制度来强制执行。如果不注意讲明义理，学生没有认识道德规范是理所当然而变为自觉要求的行动，即使规章制度再严格，也无法约束学生自发的行动。他在《谕诸职事》中指出："尝谓学校之政，不患法制之不立，而患理义之不足以悦其心。夫理义不足以悦其心，而区区于法制之末以防之，是犹决湍水注之千仞之壑，而徐翳萧苇以捍其冲流也，亦必不胜矣。"义理是教育之本，规章是教育之末，学校首先应当考虑的是正面的说理教育。

朱熹主张坚持正面的说理教育，并认为合理的规章制度也是必要的，正面教育与规章制度两方面应当相互配合。明白义理者，能自觉使行动合乎规范，不待规章来制约；不明白义理者，不能自觉遵守规范，为了公共的秩序和利益，需要规章加以约束。所以，他提出："然法制之不可后者，亦既议而起之矣。惟诸君子相与坚守而力持之，使义理有以博其心，规矩有以约其外。"①只有使学生内有义理、外有规矩，教育效果才能更加合乎理想。

朱熹不赞成当时学校的旧规章，因为那些规章强调禁防，他主张根据新观点制订新规章。他指出："近世于学有规，其待学者为已浅矣，而其为法又未必古人之意也，故今不复施于此堂。而特取凡圣贤所以教人为学之大端，条列如右，而揭之楣间。诸君其相与讲明遵守而责之于身焉，则夫思虑云为之际，其所以戒谨恐惧者，必有严于彼者矣。"②新学规立足于明白义理者自觉实行，它的要求实际上高于旧学规。

---

① 《谕诸职事》。
② 《白鹿洞书院揭示》。

朱熹的新学规称为《白鹿洞书院揭示》，在其中明确提出他的教育方针和培养目标。他认为，实施"五教"，即"父子有亲，君臣有义，夫妇有别，长幼有序，朋友有信"，是书院教育的根本方针，也是道德教育的中心内容。为实施"五教"的教育方针，他又提出为学之序、修身之要、处事之要、接物之要等项目。

为学之序：博学之，审问之，慎思之，明辨之，笃行之。这五个步骤在《中庸》中早已提出，它们构成教育教学的一个完整过程，成为儒家的传统思想。朱熹重新加以肯定，其中含有合理的思想，值得我们加以重视。

修身之要：言忠信，行笃敬；惩忿窒欲，改过迁善。

处事之要：正其谊，不谋其利；明其道，不计其功。

接物之要：己所不欲，勿施于人；行有不得，反求诸己。

这三项是儒家道德教育的基本原则和方法，用于指导处理言行、功利、人我的关系，其中包含不少合理的因素。

《白鹿洞书院揭示》是朱熹教育管理思想的具体表现，也是使白鹿洞书院成为南宋书院典型的一个重要因素。

4. *严立课程，循序渐进*

朱熹认为，在教学上应当有高要求，并且要有细致的计划，执行计划要认真，有持久的毅力，才可能获得成功。他指出学者低沉的精神状态令人忧虑，要求学者振作，"须磨砺精神，去理会天下事"，"万事须是有精神方做得"。[①] 他用高要求的计划来督促学生学习，并给实行计划以充分的时间。他说："读书不可不先立程限。……今之始学者，不知此理，初时甚锐，渐渐懒去，终至都不

① 《朱子语类·总论为学之方》。

理会了。此只是当初不立程限之故。"①又说："严立功程,宽着意思,久之,自当有味,不可求欲速之功。"②

朱熹强调忠实地执行计划,有次序地逐步前进。他说:"读书之法,要当循序而有常。"③又说:"学不可躐等,不可草率,徒费心力,须依次序,如法理会,一经通熟,他书易看。"④所以,他把循序渐进作为教学的重要原则。他安排课程就体现此项原则,主张先读《近思录》,次读四书,再读五经,因为三者在思想内容方面有内在联系。《近思录》是四书的阶梯,四书是五经的阶梯,这个次序不能颠倒。至于读四书,也有次序:"先读《大学》,以定其规模;次读《论语》,以立其根本;次读《孟子》,以观其发越;次读《中庸》,以求古人之微妙处。"⑤他在《读书之要》中对循序渐进的原则作了论述:"以二书言之,则先《论》而后《孟》,通一书而后及一书。以一书言之,则其篇章文句、首尾次第,亦各有序而不可乱也。量力所至,约其课程而谨守之。字求其训,句索其旨,未得乎前则不敢求其后,未通乎此则不敢志乎彼。如是,循序而渐进焉。"

严立课程,循序渐进,是朱熹在教学管理方面的基本要求。

朱熹既有改革科举教育的思想主张,又有贯彻理学纲领的教学实践。他坚持讲学,推动书院发展,先受到赞扬,后遭权贵的政治迫害,身后才得到平反并表彰。他的教育管理主张,成为后来教育变革的主导思想,产生重大的历史影响。

① 《朱子语类·读书法上》。
② 《朱子语类·总论为学之方》。
③ 《答陈师德》。
④ 《朱子语类·读书法下》。
⑤ 《朱子语类·大学一·纲领》。

清代前期的教育管理 *

　　自清兵入关至鸦片战争爆发(1644—1840),是中国封建社会由盛转衰的一个阶段。清兵入关后代替明代的统治地位,残酷地镇压农民起义,宣布保护地主阶级利益,恢复封建秩序,重建地主阶级政权。清初对农民实行新的阶级压迫,对汉族施行民族压迫政策,民族矛盾成为社会主要矛盾。经过二三十年的征战,清的统治才稳定下来。康熙、雍正、乾隆时期,采取一些改革措施,使农业经济得到恢复和发展,工商业也随之复兴,手工业作坊和工场在多种行业中出现,商品经济日趋活跃,资本主义萌芽逐渐产生。但在小农经济的基础上,新的生产力很难发展起来,资本主义萌芽遇到重重障碍。在政治上,清代承袭明代的统治制度,又有所变革,进一步加强专制主义中央集权统治,把皇权抬到空前的高度。从实质上说,它是以满族贵族地主为主体的满汉地主阶级联合专政。与这种经济、政治制度相适应,在文化教育领域实行专制主义政策,清代的教育管理制度就是在这种时代背景下建立的。

　　鸦片战争后,中国进入半殖民地半封建社会,洋务运动中兴

* 本文原为孙培青主编《中国教育管理史》(第二版)(人民教育出版社 2013 年版)第八章。

起的教育管理,另有专章论述。

一、 清代文化教育政策

清代专制主义中央集权统治,体现在文教上为笼络与压制相结合的政策,从开始就惯于使用"恩威并重"的两面政策,取得控制人民思想、加强专制统治的效果。

(一)尊孔读经,提倡程朱理学

清代对儒学采取尊崇的态度,利用它作为统治思想,强调"崇儒重道,尊礼先师",为对地主阶级实行笼络政策打下基础。

早在入关之前,满族统治者就曾"遣官祭先师孔子",翻译儒家经典,用以教育贵族子弟,为崇儒尊孔准备好条件。入关后,清廷有步骤地采取崇儒尊孔的措施,于顺治元年(1644 年)封孔子六十五代孙孔允植为衍圣公,次年加封孔子为"大成至圣文宣先师",并隆重举行祭孔典礼。康熙二十二年(1683 年)御书"万世师表"匾额,悬于各地孔庙大成殿,次年亲到曲阜祭孔。乾隆三年(1738 年),御书"与天地参"和"气备四时与天地鬼神日月合其德,教垂万世继尧舜禹汤文武作之师"为匾额和对联,颁各直省悬挂于学宫大成殿,并先后九次到曲阜朝圣。尊孔崇儒必然重视读儒家经典,顺治元年的诏书就宣扬六经:"天德王道备载于书,其万世不易之理也。"顺治十二年(1655 年)在谕令中宣称:"帝王敷治,文教是先。臣子致君,经术为本。……今天下渐定,朕将兴文教,崇经术,以开太平。"崇经术是清代的一贯政策,要求士人读经就是具体措施。

儒学有不同派别,清代统治者根据需要,以程朱理学为儒学正统,大力加以提倡。程朱理学成为官方哲学,是清代统治的精神支柱,它的思想理论只准学习和奉行,不准批评和违背。统治者提倡程朱理学,对朱熹的后裔加以优待,如顺治十二年(1655年)恩赐其十五世孙朱煌为翰林院五经博士,康熙五年(1666年)恩赐其十六世孙朱坤承袭翰林院五经博士,均在籍奉祀。康熙二十四年(1685年),御书"学达性天"匾额,赐福建崇安武夷书院及婺源紫阳书院悬挂;二十九年,又书"大儒世泽"匾额并对联"诚意正心阐邹鲁之实学,主敬穷理绍濂洛之心传",赐考亭书院;五十一年,下旨将朱熹列为十哲之一,入大成殿配享,并召集理学大臣李光地、熊赐履、陆陇其等编纂《朱子大全》,亲为作序崇朱熹。清代统治者提倡程朱理学既是为了控制思想,也是为了消除与汉族士人的心理隔阂。

(二)设科举士,笼络汉族士人

清代统治者以少数的满洲贵族来统治多数的各族人民,以文化落后的民族来统治文化先进的民族,存在许多矛盾。为缓和民族矛盾以巩固统治,统治者重视在文教方面加强笼络汉族士人的工作。

清政府接受谋士献策,认识到要削弱人民反抗务要争取民心,争取民心先要笼络人民中的优秀分子。士人是人民中的优秀分子,开设科举是笼络士人的要途。于是,清政府承袭明制,并进一步扩充科举名额,把更多的士人吸收到政权中来。

清政府对于散处民间不愿参加八股文考试的学者颇不放

心,想出种种办法加以集中利用,将他们置于政府的控制之下。顺治初年,顺治帝就下令地方官荐举"山林隐逸"之士,"凡境内隐迹贤良,逐一启荐,以凭征擢"。用普遍发动举荐的办法,以笼络明末遗老和著名学者。康熙时,再度荐举"山林隐逸"之士,继续搜罗有力之才。康熙十七年(1678 年),特开博学鸿儒科,罗致名士 143 人参试,录取 52 人,俱授以翰林院的官职,令其纂修《明史》。知名学者如朱彝尊、汪琬、毛奇龄、施闰章等人都到京应选。这些措施在士人中产生了广泛影响,士子遂以学有所专受朝廷使用为荣。

(三) 广设学校,严订管理法规

广设学校是清政府兴文教的重要方面,它承袭明朝的学校制度,并根据自己的需要有所发展。值得提起的是以下四个方面。(1)京师设国学。以明北京国子监为基础加以修复,广收生徒,扩展规模。凡入国学读书者,通谓之"国子监生"。(2)为教育满族贵族子弟,特设宗学、觉罗学、八旗官学、景山官学、咸安宫官学等。(3)地方设府、州、县、卫儒学,各学生员有定额,官给廪饩,考试按月、季、岁举行,皆依科举之法,学校成为科举预备之所。(4)乡设社学,十二岁以上令入学。义学设于城乡或少数民族地区,以教孤寒生童或少数民族子弟。前三者都是官学。各级政府重视和直接管理官学,对官学规定了重要任务。顺治九年(1652 年)所颁卧碑序文特别申明:"朝廷建立学校,选用生员,免其丁粮,厚以廪膳,设学院、学道、学官以教之。各衙门官以礼相待,全要养成贤才,以供朝廷之用。诸生皆当上报国恩,下立人品。"①可见,凡是政府设立的官学,都是官僚养成所,生员则是候补官吏。

清代统治者为控制学校,培养忠诚于皇帝和顺从于上级的官吏,采取有力的措施,制订严厉的学规。这些学规成为学校的法律,触犯者即治罪。以下介绍在全国影响较大较久的几个学规。

《清朝文献通考》卷六九载,顺治九年(1652 年),颁《卧碑文》于直省儒学明伦堂。所有条教,开列于后:

一、生员之家,父母贤智者,子当受教;父母愚鲁或有为非者,子既读书明理,当再三恳告,使父母不陷于危亡。

一、生员立志,当学为忠臣清官。书史所载忠清事迹,务须互相讲究。凡利国爱民之事,更宜留心。

一、生员居心忠厚正直,读书方有实用,出仕必作良吏。若心术邪刻,读书必无成就,为官必取祸患。行害人之事者,往往自杀其生,常宜思省。

一、生员不可干求官长,交结势要,希图进身。若果心善德全,上天知之,必加以福。

一、生员当爱身忍性,凡有司官衙门,不可轻入。即有切己之事,止许家人代告,不许干与他人词讼,他人亦不许牵连生员作证。

一、为学当尊敬先生,若讲说,皆须诚心听受;如有未明,从容再问,毋妄行辩难。为师亦当尽心教训,勿致怠惰。

一、军民一切利病,不许生员上书陈言。如有一言建白,以违制论,黜革治罪。

① 《钦定学政全书·学校条规》。

一、生员不许纠党多人，立盟结社，把持官府，武断乡曲。所作文字，不许妄行刊刻，违者听提调官治罪。

卧碑以学生为教训对象，八条规定的要求是多方面的，要求生员成为孝子、忠臣、好人、好学生，但不准与官长势要往来，不准入衙门参与词讼，不准谈论政治，不准立盟结社和发表文字。

《清朝文献通考》卷六九载，康熙三十九年（1700年），颁《圣谕十六条》于直省学宫：敦孝弟以重人伦，笃宗族以昭雍睦，和乡党以息争讼，重农桑以足衣食，尚节俭以惜才用，隆学校以端士习，黜异端以崇正学，讲法律以警愚顽，明礼让以厚风俗，务本业以定民志，训子弟以禁非为，息诬告以全良善，戒窝逃以免株连，完钱粮以省催科，联保甲以弭盗贼，解仇忿以重身命。

圣谕本是地方官员的施政纲领，但此时扩大为对生员的要求，它以封建的政治、伦理、道德为标准，对生员日常的思想行为提出明确的要求，成为生员的社会行为准则。圣旨就是法律，规定"每月朔望，令儒学教官传集该学生员宣读，务令遵守。违旨者，责令教官并地方官详革治罪"[1]。强制性的法律是专制主义在学校管理上的体现。

（四）整理文化，禁毁异端书籍

在清代文化专制高压下，知识分子为自身安全而回避现实政治，将其精力转向传统学术研究，在学术领域形成复古考据的

---

[1] 《清朝文献通考》卷六九。

潮流。清政府下令征召学者整理传统文化,编纂书籍,将时代潮流置于自己的控制之下。清政府先后成立多个编书馆,指派官员参加,搜集国内藏书,编出不少有学术价值的类书和工具书。康熙时编有《明史》《康熙字典》《渊鉴类函》《佩文韵府》《古今图书集成》等。乾隆时编有《续通志》《续通典》《续文献通考》《皇朝文献通考》《四库全书》。《四库全书》经十年纂修才完成,共收书 3 460 余种、79 300 余卷(文渊阁本),分经、史、子、集四部,故名《四库全书》。

在收集、编纂、整理过程中,清政府加强书籍检查,实行"寓禁于征"的方针,凡是反对或批评封建统治与伦理纲常的书籍,都在被删改、禁止、销毁的范围内。谕令中说:"明季末造野史者甚多,其间毁誉任意、传闻异词,必有诋触本朝之语,正当及此一番查办,尽行销毁。""各省已经进到之书,现交四库全书处检查,如有关碍者,即行彻出销毁。"这就成了焚书的法律根据。据统计,仅浙江一省,自乾隆三十九年至四十七年(1774—1782),计焚书 24 次,凡 538 种,计 13 862 部,实际还不止此数。①

(五)压制思想,大兴文字酷狱

为了加强专制主义统治,树立君主的绝对权威,清廷不许人民有不满与反抗,对汉族知识分子更是注意防范,特别强化思想控制,甚至不惜采取杀戮手段。康熙、雍正、乾隆时期,屡兴文字狱,被杀人数之多,手段之残酷,为历史上少有。

---

① 戴震.分篇水经注[M].杨应芹,校点.合肥:黄山书社,2015:"前言"19.

首次对知识分子大开杀戒发生于顺治十四年（1657年），清廷借口奉天、江南等地科举考试舞弊而制造科场案，涉及的主考、考官、举人被处斩、绞、流徙等重刑，抄家并株连亲属。康熙二年（1663年），浙江乌程富户庄廷鑨得到明大学士朱国桢的《明史》遗稿，经整编增补后刊行，书中有诋毁满洲文句，被人告发。清政府把已死的庄廷鑨开棺戮尸，庄氏家属和为书作序、刻印、校阅、售书、藏书者被杀72人，充军达数百人。雍正四年（1726年），礼部侍郎查嗣庭为江西主考，试题有"维民所止"四字，清政府认为"维""止"二字乃是"雍正去其首也"。查嗣庭被问罪，死于狱中，又遭戮尸。乾隆四十三年（1778年），徐述夔被告发其所著《一柱楼诗集》之中有"大明天子重相见，且把壶儿搁半边""明朝期振翮，一举去清都"等诗句，被乾隆帝认为有"复明灭清"之意。已故的徐被戮尸，其子孙及校对者俱连坐处死，已死者则剖棺戮尸。

据统计，康熙、雍正、乾隆三朝的文字狱计有115案（实际不止此数），给文教界知识分子连续制造大灾难，迫使知识分子闭口不言政治，以致后来出现了"避席畏闻文字狱，著书都为稻粱谋"（龚自珍诗句）的局面。

二、 清代教育行政机构和学校系统

清初，顺治帝在谕礼部的命令中就宣称："帝王敷治，文教为先。"学校是为国家培养人才的机构，办学是统治者施政的首要问题。全国学校事务归礼部管理，礼部成为国家最高教育行政机构。这种管理体制不久就有变化。首先，国家最高学府国子监的事务自行办理,但招生、毕业生出路等事务仍由礼部主持。其次,为教育皇宗、贵族、八旗子弟而设的特殊学校由专门设立的部门独立管理。礼部实际上就是除了国子监、特殊学校之外负责管理全国学校事务的最高教育行政机构。现分中央和地方两个层次,介绍清代教育行政机构。

(一) 中央教育行政机构

清代沿用明代政治制度,中央政府设六部分工掌理国政,其中礼部掌管礼仪、祭祀、学校及科举等事,顺治元年(1644年)确定设尚书为首长。据《光绪会典事例》卷一九和《历代职官表》卷九所载,礼部职官名额为:尚书,满汉各一人;左右侍郎,满汉各一人;堂主事,满三人,汉军一人;司务厅司务,满汉各一人;各司局郎中,满六人,蒙一人,汉四人;员外郎,宗室一人,满九人,蒙一人,汉三人;主事,宗室一人,满三人,蒙一人,汉四人;大使,汉一人;笔帖式,宗室一人,满三十四人,蒙二人,汉军四人;堂子尉八人,堂书十人,儒士二十人,经承四十九人。此外,尚有额外郎中、员外郎、主事、七品小京官等,均无定员。除额外官员外,礼部在编额数为一百七十三人。

礼部内部的组织机构有仪制、祠祭、主客、精膳四个清吏司。其中,仪制清吏司管理嘉礼、军礼、学校、科举等事务,司内职官有郎中三人(满二人,汉一人),员外郎四人(满三人,汉一人),主事二人(满汉各一人),笔帖式若干人。司下分设建言科(经承三人)、王府科(经承三人)、印信科(经承四人)、学校科(经承四人)、火房(经承一人),分办本司事务。

政府关于学校教育的政令下达礼部,由礼部传达各直省学官或转咨有关部门加以贯彻。

国子监作为国家最高学府,顺治十五年(1658年)从礼部管理下独立出来,进行相对自主的管理。康熙二年(1663年),国子监仍归礼部管理;十年,再度分出,其应奏应行事宜俱自行办理。国子监成为掌管国学政令的机关。康熙年代,祭酒、司业总理监务,至雍正三年(1725年),开始设管理监事大臣。据《清史稿·职官志二》,国子监,管理监事大臣一人(由满汉大学士、尚书、侍郎内特简);祭酒(从四品),满汉各一人;司业(正六品),满、蒙、汉各一人。其属:绳愆厅监丞(正七品)、博士厅博士(从七品)、典簿厅典簿(从八品),俱满汉各一人;典籍厅典籍(从九品),汉一人。祭酒下属四厅,各有专官以司其职。

(二) 地方教育行政机构

清代各省地方政府设学政,统管全省学校事务。学政的官制也有其发展过程。初制,各省设提学道一人,以部郎及参议道知府为之,带按察司佥事衔,唯直隶、江南、浙江以翰林为之,称提督学政。至雍正四年(1726年),翰林部郎并差,定各省学政一体称为学院,每省一人。《清朝文献通考·职官九》:"提督学政掌一省学校士习文风之政令,直隶、山东、山西、河南、江苏、安徽、江西、福建、浙江、湖北、湖南、陕西、四川、广东、广西、云南、贵州各一人(奉天学政,府丞兼理;台湾学政,巡台御史兼理,后改归台湾道)。"甘肃后来与陕西分闱考试,也专设学政。

顺治十年(1653年),上谕礼部,特别申明对任命提学官的重视："国家崇儒重道，各地方设立学宫，令士子读书，各治一经，选为生员，岁试、科试，入学、肄业，朝廷复其身，有司接以礼，培养教化，贡明经、举孝廉成进士，何其重也！朕临御以来，各处提学官每令部院考试而后用之，诚重视此生员也。"雍正十三年（1735年）的谕令也强调学政要特别慎重推选："各省学政，有训导士子校阅文艺之责，关系甚重，非才守兼优，素有学问者，不克胜任。"所以，学政有由考试而任用的，也有由各部院推荐而任用的，任期三年，主要任务是主持岁、科两试。

各省学务在学政管理下，在府、州、县分设府学、州学、县学，府置教授、训导，州置学正、训导，县置教谕、训导等官，[①]进行具体管理，考选童生入学学习。地方学校与科举考试密切结合，府、州、县学的教学都是为了科举考试的需要，科举考试是检查教学成绩的手段。学政巡回亲临所属各府州考试学校生童称为"岁试"，选拔较优秀的生员去应省会乡试称为"科试"，将科试合格者选送省会应考为"乡试"，考中者为举人。举人赴京参加"会试"，考中者再参加"殿试"，中选者为进士。

学政要忠实执行朝廷旨意，履行其督察学务、养贤选才的职责。顺治十年（1653年），上谕礼部，内容是对提学的训令，值得注意的有以下几点：不准接受嘱托；不准拿入学名额做交易；严察生员冒滥，尽行褫革；文理荒谬不通者，严为降黜；对儒童应详审其身家履历，有廪生保结方许入试；严令各学教官月加课程，不得旷废；将岁考、科考原卷解送礼部稽查；等等。学政若不能革除积弊，督抚、巡按可指实参奏。对劣生犯事，学政如不加惩

① 《清史稿·选举志·学校上》。

处,学政本身也要受惩罚,包庇一名,罚俸六月。后又规定,包庇一名,降四级调用;包庇二名,革职。这些规定迫使学政认真履行其职责。

(三)学校系统

清代学校系统如图1所示:

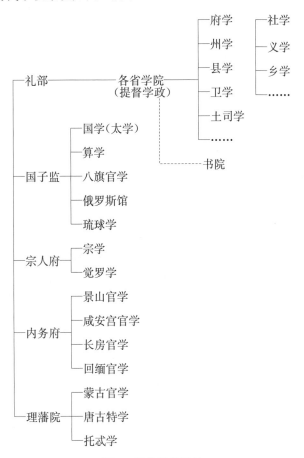

图 1　清代学校系统

中国教育的历史

三、 中央学校的组织与管理

中央学校设于京师，以下按其性质和教育内容介绍主要的几类。

（一）国子监的组织与管理

1. 组织机构与职能

国子监是国家养士储才的最高学府，受到重视，从礼部管理范围中划分出来，朝廷特派大臣管理，重大事情可直接上奏请旨，应行事宜则由学官自行办理。

管理监事大臣通常委派高级朝官兼任。如乾隆二年（1737年），刑部尚书孙嘉淦兼任管理监事大臣。

国子监日常事务由祭酒、司业总理，其职责如《清史稿·职官二》所载："祭酒、司业掌成均之法。凡国子及俊选以时都授，课第优劣。岁仲春、秋上丁，释奠，释菜，综典礼仪。天子临雍，执经进讲，率诸生圜桥观听。新进士释褐，坐彝伦堂行拜谒簪花礼。"概括地说，祭酒、司业职在总理监务，严立规矩，表率属员，模范后进。

国子监所属有四厅：绳愆厅、博士厅、典簿厅、典籍厅。

绳愆厅监丞，满汉各一人，掌颁规制，稽勤惰，均廪饩，核支销，并书八旗教习功过。凡教官怠于师训，监生有戾规矩，并课业不精，悉从纠举惩治。

博士厅博士，满汉各一人，掌分经教授，考校程文，偕助教、学正、学录经理南学事宜。率性、修道、诚心、正义四堂助教、学正各一人,崇志、广业二堂助教、学录各一人。

典簿厅典簿,满汉各一人,掌章奏文移,以稽出纳。

典籍厅典籍,汉一人,掌书籍碑版,以资诸生诵习。

笔帖式,满洲四人,蒙古、汉军各二人,掌文移翻译。

档子房,无定员,由堂官专派满洲、蒙古助教及笔帖式数员管理,掌清字奏折文移。

钱粮处,由堂官在各厅官中选派二人及助教二人管理,掌关领支销之事。每年领户部银八千四百两,遇闰加领银二百两,各海关每年捐解经费银二千四百两。

据《光绪会典》卷七十六所载,国子监各级学官共一百四十八人。此外,还设皂役四十七名。

2. 教官的任用

国子监的教官原来不论出身而只论官品,按品任用,因而有些捐纳人员并无才学,也入监滥充教官。雍正元年(1723 年),祭酒伊尔登奏言:"监丞、博士、助教、学正、学录等员,各有司教之职,请停止捐纳,专用正途出身之教授、学正、教谕升补。"[1]上从其言,教官由外省学官升转。使用之后,发现有些升转的外省学官,或已年老衰惫,或学问平常。雍正八年,朝廷命令朝官于进士、举人内保举助教等官,按员缺人数,以保举人员引见补用。此后,由进士、举人中保举成为教官的正常来源。国子监规制对教官提出要求:"博士、助教、学正、学录,职在教诲,务须严立课程,用心讲解。如或怠惰,致监生有戾学规者,堂上官举觉罚治。"[2]

---

[1] 《清朝文献通考·学校考四》。
[2] 《大清会典·国子监》。

3. 生徒的来源与入学

《清史稿·选举志一》："肄业生徒，有贡有监。贡生凡六：曰岁贡、恩贡、拔贡、优贡、副贡、例贡。监生凡四：曰恩监、荫监、优监、例监。荫监有二：曰恩荫、难荫。通谓之国子监生。"

岁贡，每年由直省选送贡生，是国子监生徒的基本来源。顺治二年（1645年），定直省岁贡士于京师，为岁贡之始。府学每年贡一名，州学三年贡二名，县学二年贡一名。提学官于每岁应贡生员一正一陪二陪三人严加考试，如正贡不堪，次取陪贡，一陪不堪，更及二陪，挨次选贡，寓有抢才之意。岁贡生递到京师，有时须经礼部复查，年力强壮合格者方准送监。

恩贡，遇国家有庆典或皇帝登极下诏恩赐，以当贡者充之。顺治元年（1644年），上诏直省府、州、县学，以本年正贡作恩贡，次贡作岁贡。

拔贡，沿明选贡遗制，顺治元年（1644年）首次举行，顺天六人，直省府学二人，州县学各一。康熙十年（1671年），上令学臣于考取一、二等生员内，遴选文行兼优者贡太学。雍正五年（1727年），上谕礼部："朕思各州县每年岁贡，较其食廪浅深，挨次出贡。内多年力衰迈之人，欲得人才，必须选拔。着各省学臣，于科考时照例府学拔取二名，州县学拔取一名，宁缺毋滥，务取学问优通、品行端方、才猷可用之人。命其来京，朕将亲加考验，令入国子监肄业。如有学问荒陋、人品不端、才具庸劣者，将该学政严加议处。"[1]嗣后，六年选拔一次。国子监届期题请候旨。

优贡，始于顺治二年（1645年），上令直省不拘廪、增、附生，选

---

[1] 《清朝文献通考·学校考四》。

文行兼优者,大学二人、小学一人送监。康熙二十四年(1685年),上令照顺治二年例选送。雍正年间,限廪、增生准作贡生。乾隆四年(1739年),限大省无过五六名,中省三四名,小省一二名,宁缺毋滥。

副贡,顺治初制,乡试副榜准作贡生,入监肄业。康熙元年(1662年)停乡试副榜贡生,五年恢复乡试副榜贡生,此后为常制。

例贡,指由廪、增、附生或俊秀监生援例报捐贡生者。

恩监,由八旗汉文官学生、算学满汉肄业生考取者,临雍观礼圣贤后裔特许入监者,由武生、奉祀生、俊秀入监者。

荫监,恩诏满汉内外文武官分别品级荫子入监读书。顺治二年(1645年),定文官京四品、外三品以上,武官二品以上,俱送一子入监。后宗室子弟、觉罗子弟照各官荫生例,一体送监。凡此类皆称恩荫。又有难荫,凡品官为保卫大清王朝而殉难者,经报请,其子受荫入监。另外,内外满汉三品以上官三年任满,勤事以死者,荫一子入监。

优监,指由附学生员考选文行兼优者送监读书者,始于雍正年间。

例监,指由地方俊秀报捐监生者,或在监肄业,或在籍肄业,均为监生。

另有举监,凡举人会试未中式者,准入监读书。

贡生、监生到监,由监进行考试,贡生列一、二等者,监生列一等者,方准入监肄业。至于何时入监,还要按等第先后,挨次候缺补充。

4. 教学组织

国子监分设六堂,曰率性堂、修道堂、诚心堂、正义堂、崇志堂、广业堂,各以助教、学正(或学录)司其教事。每堂均分内外班,内班 25 人,在监内住宿;外班 20 人,不住监。六堂内班生 150 人,外班生 120 人,合计 270 人。乾隆年间,六堂人数时有增减变动。乾隆二年,国子监奏准,每堂内班 30 人,外班仍为 20 人,六堂合计 300 人。三年,裁去外班,只存内班 180 人。六年,恢复外班,由内班拨出 24 人,以其膏火供外班 120 人。

国子监旧有号房 520 间,为诸生读书之所。因年久破损,未及整修,学舍不敷使用。雍正九年(1731 年),从祭酒鄂尔奇、孙嘉淦之请,将国子监南官舍一所(内有官房 142 间)拨给国子监,令助教及肄业生居住,称为南学。外班生在外居住,每月赴监考课,称为北学。

凡八旗及大兴、宛平两县贡监肄业生,因距家近,一概不准补内班。贡、监生原在内班者,根据本人的请求,可改为外班。

5. 教学制度

(1)课程

据《清史稿·选举志一》,国子监"所习四书、五经、《性理》、《通鉴》诸书,其兼通十三经、二十一史,博极群书者,随资学所诣。日摹晋、唐名帖数百字,立日课册,旬日呈助教等批晰,朔望呈堂查验"。乾隆时,课程也有些变化,"仿宋儒胡瑗经义、治事分斋遗法。明经者,或治一经,或兼他经,务取《御纂折中》《传记》诸书,探其原本,讲明人伦日用之理。治事者,如历代典礼、赋役、律令、边防、水利、天官、河渠、算法之类。或专治一事,或兼治数事,务穷究其源流利弊"。其后,祭酒赵国麟又以经义、治事外,应讲习时艺,于是课程中又增《钦定四书文》。

(2)讲授

国子监的教学有常规,每月朔望释奠礼毕,博士厅集诸生,讲解经书。上旬助教讲义,既望,学正、学录讲书各一次。会讲、复讲、上书、复背,每月三回,周而复始。各监生习读讲章,有未能通晓者,即赴讲官处讲解,或赴六堂质问。诸生有心得或疑义,逐条札记,呈助教批判,按期呈堂查验。

（3）坐监

监生入监肄业,身份不同,坐监期限不等。恩贡六月,岁贡八月,副贡廪膳六月,增、附八月,拔贡廪膳十四月,增、附十六月,恩荫二十四月,难荫六月,例贡廪膳十四月,增、附十六月,俊秀二十四月。例监计捐监月分三十六月。告假、丁忧、考劣、记过,则扣除月日。但遇有国家大事或庆典,每恩免坐监期一月,所以实际坐监期并未达到原规定期限。

（4）考试

国子监有定期考试制度,祭酒、司业月望轮课四书文一、诗一,曰大课。祭酒季考,司业月课,皆用四书、五经文,并诏、诰、表、策论、判。月朔,博士厅课经文、经解及策论。月三日,助教课,十八日,学正、学录课,各试四书文一、诗一、经文或策一。乾隆年间,季考月课,改四书题一,五经讲义题各一,治事策问一。

顺治年间,曾沿用明代积分历事之法,但不久停废。监生坐监期满,即报部考试,考选通文理能楷书者,送修书各馆,较年劳实绩议叙,照应得职衔选用,优者或加等任用。

6. 管理规章

顺治初年,定国子监的规制,对监生严加管束,下列数条:诸生到监日,本堂严查年貌、籍贯、经书,务取连名保结,以防冒名顶替之弊,如有犯者,照例重处;各荫监生途遇师长,步行者旁立候过,乘骑者远下趋避,有藐忽抗行者,决责;各班监生凡有一应事务,先于本堂教官处禀知,率领赴厢禀复,毋得径行烦索,违者决责;援例各监生以文到日为始,即赴监肄业,其有丁忧、亲老患病者,地方官另文申报;监生丁忧,呈送本堂,转呈堂上官批准,回籍守制,如在籍丁忧者,有司随申本监,以凭稽考;监生入监后遇有省亲、完姻及同居伯叔兄长丧而无子者,许告假归里,立限给以假票,违限迟旷,本监行文提取,计日倍罚;监生有不守监规及挟制师长、出入衙门、包揽钱粮等事,按律究治。国子监以监规约束监生,也以法律惩治为威慑。康熙帝颁布《圣谕》,雍正帝发挥为《圣谕广训》,对生员有普遍的约束作用。

7. 待遇

国子监乃国家最高学府,朝廷拨给较为充足的经费,以保证监生的学习和生活需要。顺治八年(1651年),诏肄业监生月给米三斗。雍正八年(1730年),恩赏肄业生膏火,每年户部支给赏银6 000两,为诸生衣食膏火之资,其余以备诸生之遇有事故及实在无力者,量加助给之需。乾隆元年(1736年),朝廷申明举贡生员概免杂差,俾得专心肄业。三年,定六堂每堂五十人,内肄业者三十人,每人岁支膏火银二十四两;外肄业者二十人,每人岁支膏火银六两。不久,裁去外肄业生,留内肄业生一百八十人,每人岁支膏火银加至三十两。六年,内肄业生一百八十人内拨出二十四人作外肄业生,其膏火银可给外肄业生一百二十人。后来,国子监的经费逐步增加,但膏火银反而减少,给内肄业生每月膏火银一两,一年合十二两;给外肄业生每月膏火银二钱,一年合二两四钱。此外,对程课有奖赏银,对意外困难者有周助银。这些费用的进出由钱粮处经办,皆记录在册,年终奏销。

（二）专门学馆的管理

清代为培养专门人才或为外国留学生教育的需要，设置专门学馆，附属国子监，由国子监兼管。

1. 算学馆

算学源于康熙五十二年(1713 年)在畅春园蒙养斋设算学馆，择大臣官员精于数学者主持其事，选八旗世家子弟学习算法，又派翰林官纂修《数理精蕴》《律吕正义》诸书，至雍正元年(1723 年)编成，作为读本。雍正十二年，朝廷命八旗官学增设算学教习十六人，择官学生员中资质明敏者教授算法。至乾隆三年(1738 年)，停八旗官学教授算法，专设算学于钦天监附近，学生三十六人(满、汉各十二人，蒙古、汉军各六人)。汉教习二人，教授算法中线面体三部，各限一年通晓，七政限二年。每季小试，岁终大试，由算学会同钦天监考试。乾隆四年，算学归国子监。学生定额三十人(满十二人，蒙古六人，汉军六人，汉六人)，期限五年。学官有管理大臣满一人，助教汉一人，教习汉二人，掌教算法。五年期满考取者，满、蒙、汉军学生咨部，以本旗天文生序补；汉学生由举人出身者，以博士任用。余俱补天文生。助教、教习五年期满，交吏部议叙。

2. 为留学生设立的学馆

（1）俄罗斯学

雍正六年(1728 年)，俄罗斯遣其官生鲁喀、佛多德、宜畹、喀喇西木四人留学中国，就旧会同馆设学，选满、汉助教二员教之，每月给银米器物，学成遣归。其后，更番受业不绝。乾隆六年(1741年),又遣其子弟来学,监中择满、汉助教内文理明通者各二人引见任用,满、汉各一人,教习清汉书,衣服饮食等项由理藩院给发。[①] 九年,清廷令六堂内助教兼管俄罗斯学。此外,还曾聘请驻京俄人教授满汉贵族子弟俄文。俄罗斯学的设立,促进了中俄两国的文化交流。

（2）琉球学

康熙二十三年(1684年),琉球国请求遣陪臣子弟来学,清廷准其所请。二十七年,首批三人入监读书。[②] 清廷于附近给屋十间为安置住所,择贡生一名为教习,令博士一员专管,祭酒、司业不时稽察,使讲解经书,学习文艺;按季发给衣装,口粮也依进贡都使例发给,所有纸、笔、墨等文具皆供应,每月各给银一两五钱;跟伴三人也各有衣装及生活供应。此后,雍正二年(1724年)、乾隆二十五年(1760年)、嘉庆十年(1805年)、道光二十一年(1841年)、同治八年(1869年),琉球国均派有陪臣子弟三至八人不等,入监读书,所受优待照旧。

（三）八旗官学的管理

八旗官学是国子监的附属学校,缘于八旗子弟入国子监读书不便,令就近设学分教之。顺治元年(1644年),祭酒李若琳奏称:满洲官员子弟咸就成均肄业,而臣监僻在城东北隅,诸子弟往还暑短路遥。议于满洲人所住地方各立书院,以国学二厅、六堂教官分教八旗子弟,满洲教官十六人,蒙古教官八人。各旗下仍设学长四人,俱于各旗书院居住,朝夕训诲,依时赴监考课。下部议

---

① 《国子监志·学志·外藩入学》。
② 《国子监志·学志·外藩入学》。

行。于是，各旗建学舍，每佐领下取官学生一名，以十名习汉书，余习满书。二年，合两旗为一学，每学用教习十人，十日一次赴监考课，遇春秋演射，五日一次就本处练习，使学生文武兼资，以备实用。其后，学额屡有增减，教习从国子监肄业生中考选。[①]

雍正元年（1723 年），清廷于八旗内选熟练使用国语、蒙古语者十六人，充蒙古教习。五年，每旗定额设百名，满洲六十人（习清、汉书各半），蒙古、汉军各二十人（通一旗选择，年幼者习清书，稍长者习汉文），又定汉教习每旗五人。六年，改两旗共立官学一所为每旗立官学一所，共增四所，八旗子弟二十岁以下十岁以上俱入学肄业，拨一定钱粮分给学生。

乾隆初，定八旗官学生肄业以十年为率，三年内讲诵经书，监臣考验，择才资聪颖有志力学者，归汉文班；年长愿学翻译者，归满文班。三年，派大臣考取汉文明通者，拔为监生。八旗官学生程度比国子监低，但相衔接。

八旗官学除在京师设立外，还设盛京八旗官学。在京师，同类的学校还有八旗教场官学、八旗蒙古官学、八旗学堂、满洲蒙古清文义学等，其特点是以八旗子弟为受教对象，教学内容以满蒙文字为重，并注重骑射训练以保持传统。

（四）宗人府与内务府所属学校的管理

1. 宗人府所属贵族学校的管理

清代以太祖努尔哈赤的父亲塔克世的本支为宗室，以其叔伯

---

① 《清朝文献通考·学校考二》。

兄弟旁支为觉罗。宗室腰束金黄带子,觉罗腰束红带子,以此标明其贵族身份地位。宗室子弟入宗学,觉罗子弟入觉罗学,皆归宗人府管理。

（1）宗学

顺治初年,令每旗各设宗学,选满洲生员为师,凡未封宗室子弟,十岁以上,俱入学习清书。雍正二年（1724 年）,定宗学之制:左右两翼官房各立一满学一汉学,宗室子弟习清书或汉书,随其志愿分别教授。[①]每学以王公一人总其事,设总管二人,副管八人,以宗室德尊年长者任之。清书教习二人,选罢闲满官及进士、举人、贡生、生员善翻译者任之。骑射教习二人,选罢闲旗员及护军校善射者任之。每学生十人,设汉书教习一人,由礼部考取举、贡任之。每月考试,分别等第。春秋二季,宗人府考试。乾隆三年（1738 年）,宗学月试经义、翻译、骑射各一次;每岁季秋宗人府试以翻译及经义、时务策各一道,分别等第,一、二等赏给笔墨,三、四等留学,五等教戒,六等黜退。十一年,定宗学学额,左翼七十人,右翼六十人。至嘉庆十三年（1808 年）,两翼均增至百人,以为定制。恐宗室子弟怠散,故加强考勤,乾隆曾令宗人府王公等详察在学勤惰,一年之内,何人常到学,何人不到学,其不到学几日,并因何不到缘由,俱著注明,缮写清单,于每年汇奏一次。宗学学生每月发给公费银三两、米三斗并所需的纸张笔墨。

清代重视宗学,规定任务和内容,均出于政治上的考虑,所谓"睦族敦宗,务先教化",要求保持民族特性,以维护统治地位。顺

---

① 《清史稿·选举志一》。

治谕宗人府："朕思习汉书入汉俗,渐忘我满洲旧制。前准宗人府、礼部所请,设立宗学,令宗室子弟读书其内,因派员教习满书。"乾隆谕宗人府："我朝崇尚本务,原以弓马清文为重。而宗室谊属天潢,尤为切近。向来宗室子弟俱讲究清文,精通骑射,诚恐学习汉文,不免流于汉人浮靡之习。……嗣后宗室子弟或有不能学习汉文者,应听其专精武艺。……至宗室进身之阶,原有袭封世职,又可拣选侍卫及护军参领等缺,与其徒务章句虚文,转致荒废本业,不如娴习武艺之崇实黜浮,储为国家有用之器也。"[①]其用意甚为明显。

（2）觉罗学

觉罗学始于雍正七年（1729 年）,诏八旗于衙署旁设满、汉学各一,令觉罗子弟八岁至十八岁入学读书习射。[②] 每学总管王公一人,稽察觉罗学京堂官一人,副管二人,清书、汉书教习各二人（唯镶白旗一人）,骑射教习一人。学生定额：正黄旗三十六人,镶黄旗六十一人,正红旗四十人,镶红旗六十四人,正白旗四十人,镶白旗十五人,正蓝旗三十九人,镶蓝旗四十五人。每年春秋二季,总管王公亲身考验,分别等第。三年,钦派大臣会同宗人府考试,分别奖惩。学成,与旗人同应岁、科试及乡、会试,并考用中书、笔帖式等官。其他管理及奖惩、教习考勤及议叙,俱照宗学之例。

2. 内务府所属学校的管理

内务府管理宫廷事务,附属的学校有景山官学、咸安宫官学、蒙古官学、长房官学、回缅官学等,主要是前两所。

① 《清朝文献通考·学校考一》。
② 《清朝文献通考·学校考一》。

（1）景山官学

康熙二十四年（1685年），康熙帝提出设学培养内府人才的主张。"看来内府竟无能书射之人，应设学房，简选才堪书射者，令其学习。"①翌年，议定于北上门两旁（景山前门左右）给官房共三十房供设学，满官学三房，汉官学三房。清书每房设教习三员，汉书每房设教习四员，选内府三旗佐领、管领下幼童三百六十名入学肄业。至嘉庆年间，改定额为正黄旗一百四十名，镶黄旗、正白旗均一百二十四名，回童四名。学生肄业三年，考列一等用笔帖式，二等用库使、库守。

（2）咸安宫官学

雍正六年（1728年），上谕以咸安宫空闲房屋为学房，于内府佐领、管领下幼童及官学生内选其俊秀者教育之。明年，设立咸安宫官学，选得俊秀幼童九十名，分三所教习。教习于翰林内拣选九人，每所分派三人；其清话、弓马之教习，于乌拉人及旧满洲内挑选九人，每所分派三人。诸生读书之暇，学习清话及弓马。五年，钦派大臣考试，一、二等用七、八品笔帖式。乾隆二十三年（1758年）以后，不论年份，许学生考翻译中书、笔帖式、库使。

四、 地方学校的组织与管理

清代地方按行政管理分为省、府（或州、厅）、县三级，而学校仅设府学、州学、县学及同级同类学校，此外城乡还设有社学或义学。以下分述其管理制度。

---

① 《清朝文献通考·学校考二》。

（一）府、州、县学的组织与管理

1. 教官的设置与职责

府、州、县学有政府委派的教官，府学设教授（正七品）、训导（从八品），州学设学正（正八品）、训导（从八品），县学设教谕（正八品）、训导（从八品），各一人。教授、学正、教谕的职责为，掌训迪学校生徒，课艺业勤惰，评品行优劣，以听于学政，训导佐之。教官以儒学传授生徒，并定期程课时艺，本身必须学有根底，探明经义，通晓文艺，由科举出身，方能称职。历朝都发现不合格教官，之后采取措施，予以更换。康熙时，定教官用科贡出身人员，后又感规定出身尚不能杜绝不称职者。四十三年（1704年），上谕吏部："教职官员必文义明通，方称厥职，近见直省教职官内不谙文义者甚多，如此，何以训士？"所以，朝廷决定对教官实行考试，由直省巡抚主持考试，分别等第：一、二、三等者给凭赴任；四、五等者解任，学习三年再行考试；六等者革职。后定例由各省布政使、按察使会同学道或学院考核教官。雍正时，捐纳人员不得充任教官，教官俱由举贡出身者补用，并提高其品级。乾隆时，以教职多衰老庸劣，不能以道德礼义化导齐民，并课士之职亦不克举，特命令各省督抚会同学政，严饬所属教官，务以实心实力劝学兴文，恪尽课士之责，其有年力衰颓及庸劣无能者，秉公甄别，咨部罢黜。于是，实行三年一次甄别，学政考核教官，按其文行及训士勤惰，或荐或黜。

2. 生员的入学与等级

清代地方学校依所在行政区人口的多寡，确定学校规模的大小，安排相应的名额。顺治四年(1647 年)，定直省儒童入学额数：大学四十名，中学三十名，小学二十名。又定直省廪膳生员：府学四十名，州学三十名，县学二十名，卫学十名，增广生员名额同。廪膳、增广生员有定额，而列于定额要经过一系列的考试过程。未入学者均称为童生，要成为府、州、县学的正式生员，需经过县试、府试、院试，均须通过。生员有三种名目，也就有三个等级：初入学曰附学生员，简称"附生"；附生岁科试高等，遇缺可补增广生；增广生岁科试高等，遇缺可补廪膳生。廪膳生领取政府发给的膏火费，生活有基本保障。生员有一定的出身限制，出身低贱的不准应试。乾隆三十五年(1770 年)，朝廷申明：凡娼优隶卒，本身既经充当贱役，所生子孙例应永远不准收考，其子孙虽经出继为人后者，终系下贱嫡裔，未便混行收考。生员俱有社会身份，受到政府的尊重，获得一定优待，免纳钱粮，免服差徭。乾隆元年，令免举贡生员等杂色差徭，使其能专心肄业。

3. 课程

顺治九年(1652 年)，礼部提出地方儒学课目，上奏获准。《清朝文献通考·学校考七》载："嗣后直省学政将四书、五经、《性理大全》《资治通鉴纲目》《大学衍义》《历代名臣奏议》《文章正宗》等书责成提调教官，课令生儒诵习讲解，务俾淹贯三场，通晓古今，适于世用。"包含的内容有五经、四书、理学、史论、文艺等方面。随着时代发展，课程有增补或调整，故《大清会典》所载后来的课目为：《御纂经解》《性理》《诗》《古文辞》，及校订"十三经""二十二史""三通"等。课目与教材虽已有变化，但清代的学术义理、考据、词章都兼具了。学校只读圣贤之书，坊贾刊刻淫词琐语绝不容许在学校流布。

4. 考试

清代科举考试盛行,科举支配着学校,影响了学校的职能。学校为科举服务,教学不居中心地位,而考试成为学校的中心。考试是经常性的活动,而且组成系列。现介绍一些普遍性的规定。

(1) 儒童入学考试

康熙三十六年(1697 年),定例:考试童生四书文一,《小学》论一。三十九年,改《小学》论,用《性理》《太极图说》《通书》《西铭》《正蒙》一并命题。四十五年,更定条例,正考四书文二;复试四书文一,《小学》论一。雍正六年(1728 年),修改试法,正考四书文二;复试四书文一,《孝经》论一,背录《圣谕广训》一条。乾隆元年(1736 年),定论题一道,《孝经》与《小学》兼出。八年,论一道仍用《小学》命题。二十五年,又更定条例,试四书文一,经文一,增五言六韵诗一,以后成为定例。

(2) 月课、季考

新进生员依例在学肄业,至次期新生入学为满期。教官督促诸生,考校有月课、季考,所试为四书文及策论。月课、季考之翌日,并讲《大清律例》刑名、钱谷之要者若干条。月集诸生于明伦堂,诵《训饬士子文》及《卧碑》诸条,诸生环听。除有事故而请假者外,不应月课达三次者,教官严传教饬;无故而不应月课、季考者,详列情形,报请给予黜革处理。教官若不履行课试职责,经上司发觉查究,月课、季考废缺一次,则罚俸三月;若视为具文,竟不举行者,革职。生员试卷申送学政复查。至嘉庆年间,管理松弛,月课之事,渐不举行。

(3) 岁试、科试

清代地方学校生员在学升等或出学贡举,均取决于岁试、科试。学政任期三年,其主要的事务是在一省范围内举行岁试和科试。按例,学政到任第一年举行岁试,第二年举行科试,凡府、州、县之廪生、增生、附生皆须应试。岁试是主要的考试,科试是选拔应乡试者的考试。岁试、科试的内容,清初均为四书文二篇,经文一篇。自有给烛之禁后,免去经文一篇。雍正六年(1728年),更定条例,岁试四书文二篇,经文一篇,冬月则减四书文一篇;科试四书文一篇,经文一篇,策一道,冬月减经文。至乾隆二十三年(1758年),又改岁试四书文一篇,经文一篇,五言八韵试帖诗一首,默写《圣谕广训》一条;科试为四书文一篇,策一道,五言八韵试帖诗一首,默写《圣谕广训》一二百字。岁试分列等第,自顺治九年(1652年)开始实行六等黜陟法,并对劣等者给予青衣、发社等名目的处分。由蓝衫改着青衫曰青衣,由县学降归乡社学曰发社。文理并通者列为一等,文理亦通者列为二等,文理略通者列为三等,文理有疵者列为四等,文理荒谬者列为五等,文理不通者列为六等。考列一等者,增、附、青、社俱补廪。无廪缺,附、青、社补增。无增缺,青、社复附,各候廪。考列二等者,增补廪,附、青、社补增。无增缺,青、社复附。停廪降增者复廪。增降附者复增,不许补廪。考列三等者,停廪者收复候廪。增降附者许收复,青衣、发社者复附,廪降增者不许复。考列四等者,廪免责停饩,增、附、青、社俱扑责,不许科考。考列五等者,廪停作缺,原停廪者降增,增降附,附降青衣,青衣、发社,原发社者黜为民。考列六等者,廪膳十年以上与入学未及六年者发社,六年以上与增十年以上者发本处充吏,余黜为民。道光以后,待士稍宽,罕有五、六等者,遂少降级之事,青衣、发社之处分也在无形中被废除。科试不行黜陟,大致仅列三等,一、二等送乡试,其补廪、增如岁试。

5. 学规

清初即为加强学校管理而制定条规。顺治八年（1651年），朝廷就训令学臣要约束生员，文字以纯正典雅为主，诡谬者本生褫革；不许聚众结社、纠党生事及滥刻选文、窗稿；不遵教条者，严行惩治。九年，定生员丁忧、服阕、游学、告病、缘事补考各条例，凡请假者，限期补考，提调官面试经、书、论三篇，违限者给处罚，或降或黜。同年，颁行新《卧碑》于直省学宫明伦堂之左，禁止生员上书言事、立盟结社、刊刻文字等。康熙三十九年（1700年），颁《圣谕》十六条于直省学宫，作为生员应遵守的法律。四十一年，又有御制《训饬士子文》颁行直省学宫。雍正二年（1724年），又演释《圣谕》为《圣谕广训》，规定每月朔望，"令儒学教官传集该学生员宣读，务令遵守，违者责令教官并地方官详革治罪"。乾隆四年（1739年），申明严办生员聚众抗官。当时学生激于义愤，无视法规，投入民众运动，引起朝廷不安，令各省学政严加训诫，"其荡闲逾检有玷宫墙者，即行黜革，毋得姑容"，以此手段迫使生员就范。生员违犯禁令，小者教官责惩，大者上报学政，黜革后治罪，地方官不得擅责。学政赏优黜劣，以为劝惩。如教官庇护生员而不揭报，或经揭报，学政不严加惩处，分别罚俸、降级或革职。

（二）社学及义学的管理

1. 社学的设置

社学是清代地方学校最基层的组织机构。《清朝文献通考学校七》载:"〔康熙〕九年,令各直省置社学社师,凡府、州、县每乡置社学一,选择文艺通晓、行谊谨厚者考充社师,免其徭役,给饩廪优膳。学政按临日,造姓名册申报考察。"社学学生可以申报参加童试,如经考试合格,就可以升入府、州、县学为生员。府、州、县学生员岁试成绩如列在五等、六等,已为青衣的就要发回社学,这表明社学是学校系统的组成部分。

2. 义学的广泛分布

与社学层次相当的还有义学,政府发布的命令中有对义学的规定。康熙四十一年(1702年),定义学、小学之制,京师崇文门外设立义学,五城地方各设小学,延塾师教育,有成才者,选入义学。凡义学、小学,每年廪饩共三百两,于府县按月支给。京师首先办义学,做出榜样,地方政府按月提供经费,进一步就要向各地方推广。五十四年,在谕令中强调:"朕思移风易俗,莫过读书,况畿辅之地乃王化所先,宜于穷乡僻野皆立义学,延师教读,以勉励孝弟,可望成人矣。"义学在畿辅地区推广,政府希望它在社会教育方面发挥实在的作用。雍正元年(1723年),定各州县设立社学、义学之例,将学生姓名造册申报,学政按临考试。社学学生如有能文入学者,给教师优赏。三年,准云南威远地方;五年,准云南东川土司;八年,准四川建昌番夷、湖南永绥等处,并建立义学。乾隆元年(1736年),令顺天府尹修复义学,愿就学者,皆听肄业其中。有贫乏无力者,酌给薪水,其修建学房、师生膏火需费,统于存公银内奏请动拨。四十一年,令热河地方设立义学,每厅一处。以上史料说明义学的分布较广泛,办理义学的经费曾由政府提供。

五、 书院的组织与管理

（一）清初书院政策的变化

清初统治者怀疑臣民留恋明朝，会利用书院讲学来聚众结社，讽议朝政，鼓动反清复明，妨害新朝统治，因此对书院采取抑制政策。顺治九年（1652年）敕令："各提学官督率教官生儒，务将平昔所习经书义理，着实讲求躬行实践，以需他日之用。不许别创书院，群聚徒党，及号召地方游食无行之徒，空谈废业。"这显露了当时统治者的疑虑，所以只着重于政府能直接控制的府、州、县、卫儒学，加以恢复和发展。

清代统治者要抑制书院，但是对书院的社会影响也不能无视，有时又要摆出对书院爱护和关心的姿态。顺治十四年（1657年），顺治帝应巡抚袁廓宇之请，修复石鼓书院，就是这类举动。到了康熙年间，清廷统治地位趋于稳固，对书院才放松限制，容许一些著名学者如孙奇逢、黄宗羲、李颙、颜元等在书院讲学。康熙二十五年（1686年），朝廷给白鹿洞书院、岳麓书院发匾额，又颁发《御纂日讲解义》和经史诸书，又一次表示关心。为了利用理学扩大社会影响，清廷准许一些封疆大吏设置书院，讲习理学。如张伯行利用巡抚职权，在福建、山东、江苏等省设立书院。但这类书院数量有限，不能自上而下造成书院大发展的声势。

直至雍正年间，朝廷对书院的政策起了较大变化，积极利用和发展书院。雍正十一年（1733年），朝廷命令直省省城均设立书院，各赐帑金千两为营建之费。政策的变化出于统治利益的需要。雍正在谕旨中说:"朕临御以来,时时以教育人才为念,但稔闻书院之设,实有裨益者少,浮慕虚名者多,是以未尝敕令各省通行,盖欲徐徐有待而后颁降谕旨也。近见各省大吏渐知崇尚实政,不事沽名邀誉之为,而读书应举者亦颇能屏去浮嚣奔竞之习,则建立书院,择一省文行兼优之士读书其中,使之朝夕讲诵,整躬励行,有所成就,俾远近士子观感奋发,亦兴贤育才之一道也。督抚驻扎之所,为省会之地,着该督抚商酌奉行,各赐帑金一千两。将来士子群聚读书,须预为筹画,资其膏火,以垂永久。其不足者,在于存公银内支用。封疆大臣等,并有化导士子之职,各宜殚心奉行,黜浮崇实,以广国家菁莪朴棫之化,则书院之设,于士习文风,有裨益而无流弊,乃朕之所厚望也。"[①]设书院是为了端士习、正文风,为士子树立榜样,因此要求各省督抚负责创办并提供经费,这是使书院官学化的重要步骤。

雍正令下之后,各直省设立的书院主要有:直隶保定莲池书院、奉天盛京沈阳书院、山西太原晋阳书院、河南开封大梁书院、山东济南泺源书院、江苏江宁钟山书院、江苏苏州紫阳书院、浙江杭州敷文书院、福建福州鳌峰书院、江西南昌豫章书院、广东广州粤秀书院、广东肇庆端溪书院、广西桂林秀峰书院、广西桂林宣成书院、贵州贵阳贵山书院、云南昆明五华书院、四川成都锦江书院、湖南长沙岳麓书院、湖南长沙城南书院、湖北武昌江汉书院、陕西西安关中书院、甘肃兰州兰山书院等。

乾隆年间,朝廷对书院的利用更为积极,进一步推动了书院的官学化。乾隆元年的谕旨肯定"书院之制,所以导进人才,广学

① 《清朝文献通考·学校考八》。

校所不及",将省会的书院比作古代侯国之学,是高于府、州、县学一个层次的教育机构,要求"居中讲习者固宜老成宿望,而从游之士亦必立品勤学,争自濯磨,俾相观而善,庶人才成就,足备朝廷任使,不负教育之意"。谕旨既规定了书院的目标,也规定了基本办法。在政府提倡下,府、州、县也纷纷效法,或由士绅捐资,或由地方拨公款经理,设立书院,均报请核准。清代书院进入兴盛阶段,而书院自由设立的时代也从此告终。

(二) 书院的官学化管理

1. 由政府任命书院的主持

以前书院的师长一般由创办者自主决定,聘请素有声望的名儒担任,而清政府则将聘任书院师长的权力授予各省的督抚学政。乾隆元年(1736年),朝廷令"各省督抚学政,凡书院之长,必选经明行修足为多士模范者,以礼聘请"[1]。督抚学政可以扩大采访、聘请的范围,"不拘本省邻省,亦不论已仕未仕,但择品行方正、学问博通、素为士林所推重者,以礼相延,厚给廪饩,俾得安心训导"[2]。给师长的待遇,大约每年二百两至六百两不等。官方对师长也进行监督和考核。乾隆元年,谕令规定:"学臣三年任满,咨访考核,如果教术可观,人才兴起,各加奖励。六年之后,著有成效,奏请酌量议叙。"[3]地方督抚学臣从教术可观、人才兴起两方面进行考核,将结果上报。乾隆三十年,云南总督刘藻就为五华

① 《清朝文献通考·学校考九》。
② 《大清会典事例·礼部·学校》。
③ 《清朝文献通考·学校考九》。

书院山长的考核奏报:"滇省五华书院山长张甄陶,自主讲席以来,迄今五载,实能尽心训迪,著有成效,请令为黔省贵山书院山长,俟届满六年,抚臣就近考核,或照例议叙,或送部引见示奖。"①乾隆帝准奏。后来张甄陶至任期满,因成绩卓著,晋升八品官。重视书院师长的任用和考察,不容教席久缺,由督抚学政负责,成为一种管理制度。

2. 由政府考选书院肄业生徒

书院历来有自由就学的传统,至清代起了变化,书院的官学化程度达到了顶峰。生徒由州县报送,在官方主持下,经考试选拔入学肄业。乾隆元年(1736年),谕旨规定:"负笈生徒,必择乡里秀异沉潜学问者,肄业其中。其恃才放诞,佻达不羁之士,不得滥入。"②统治者希望书院为其培植有用人才,要求对入院的生徒进行检查甄别。乾隆九年,上令"通行各省督抚会同学政,将现在书院生徒,细加甄别。务使肄业者,皆有学有品之人,不得莠良混杂,即令驻省道员专司稽查",并重申:"嗣后各省书院肄业之人,令各州县秉公选择报送,各布政司会同专司稽查之道员再加考验,其果才堪造就者,方准留院肄业,毋得滥行收送。"③招生入学和在院考核都由官方控制,证明再也不存在求学的任何自由。肄业生徒以入院甄录考试成绩为准,名居前列者为正课生,逾额为附课生。正课生又分为内课生(住宿院中)和外课生(走读)两部分。正课生每月发膏火银二三两不等,附课生减半。生徒入院的主要目的在获得膏火银,而学业则是次要的事。

① 《清实录·乾隆朝实录》。
② 《清朝文献通考·学校考九》。
③ 《大清会典事例·礼部·学校》。

3. 加强书院的管理和考课

《清史稿·选举志》:"儒学浸衰,教官不举其职,所赖以造士者,独在书院。其裨益育才,非浅鲜也。"由于府、州、县学开始衰落,统治者把培养人才的希望转托于书院,故对书院加强了管理。乾隆元年(1736年),谕旨要求:"酌仿朱子白鹿洞规条立之仪节,以检束其身心,仿分年读书法予之程课,使贯通乎经史;有不率教者,则摈斥勿留。"[①]研究经史学问对科举竞争并不有利,在追求科举功名的时俗潮流冲击下,书院研究经史的日少,而从事时文帖括的比比皆是。书院也像府州、县、学一样变质,绝大多数成为科举考试的预备机关,生徒所学的无非是科举所需的四书八股文、五言八韵诗。从乾隆年代开始,书院学风起了变化,书院师长不再讲学,而只是主持考课。教者失其所教,学者失其所学,在教学活动已松懈的情况下,只有抓住考课作为教学管理的重要环节,考课也成为检查生徒优劣并进行奖惩的主要依据。书院的考课一般每月举行两次,书院自定日期,有的于朔望两日考课,有的于朔望后一日,也有的定在初五与二十五日。一次为官课,由官方出题评卷、给奖。一次为师课,由掌教出题评卷,院中给奖。奖金依等级给一至二两不等。奖金对生徒有吸引力,考课成为书院非常重要的活动。

4. 由官方为书院提供经费

清政府为把书院置于控制之下,从雍正开始就给书院拨经费。雍正除了给各省书院赐帑金千两作为开办费之外,还要求各省督抚对书院生徒群聚读书的经费"预为筹画,资其膏火,以垂永

---

① 《清朝文献通考·学校考九》。

久。其不足者,在于存公银内支用"①。生徒入书院,不必交纳学费,在院肄业所需的费用全由官方提供。为了使寒士能安心读书,书院还订有"津贴寒士膏火办法",获津贴的寒士还可以赡养家室。政府拨给书院的经费由督抚经管和监督使用。如乾隆四年(1739年),"上以浙江敷文书院生童众多,每岁帑金租息银仅四百余两,不足以敷饩廪,特命加赐帑金一千两,交与该抚经理,定取息银,以资诸膏火"②。这说明,给省书院的经费由督抚负责具体的管理。至于各府、州、县的书院,或由绅士捐资设立,或由地方官拨款经办,俱要申报主管官查核。各省书院所处地区不同,规模不一,不同阶段所需的费用自然不等,数目多少,不能一概而论。

(三) 汉学书院的管理

清代乾隆、嘉庆年间,学术界出现新的潮流,为矫正理学的偏弊、制艺的空疏,以训诂考据为基本研究方法的汉学开始兴起,史称"乾嘉学派"。汉学反对理学,主张以实学代替制艺,使书院发生了变化,一批崇尚汉学、主张博习经史的书院逐渐发展起来。阮元(1764—1849)任浙江巡抚时于嘉庆六年(1801年)创办的杭州诂经精舍,任两广总督时于道光四年(1824年)创办的广州学海堂,就是这批汉学书院中突出的代表。与当时以科举为目标的书院相比,汉学书院的特点颇为明显。

---

① 《清朝文献通考·学校考八》。
② 《清朝文献通考·学校考九》。

1. 以崇尚汉学为宗旨

"崇尚汉学，求实求真"，这是阮元的办学宗旨。他认为："圣贤之道存于经，经非诂不明。汉人之诂，去圣贤为尤近。……求汉，乃愈得其实。"[①]他注重汉学。他的讲学使学者知为学之要在于研求经义，而不在于明心见性之空谈、月露风云之浮藻。诂经精舍、学海堂尊信汉许慎、郑玄，而不崇拜程朱，学派色彩特别鲜明。

2. 以地方俊秀为生徒

阮元创办诂经精舍，选两浙诸生学古者讲学其中，定额三十二人，人数虽不多，要求却很高，要"经学修明，通于一艺者"方能入选。后来，他又创办学海堂，选择两广"潜修实践之士，聪颖博雅之材"[②]入堂肄业，专课肄业生二十名，附课生二十名。

3. 以鸿儒硕学为主讲

这两所学府都不专注于科举考课，而是具有学术研究性质，学生都是"通于一艺者"，对经学各有专门研究。指导学生进一步研究的教师应该是通儒。在诂经精舍，阮元和王昶、孙星衍三人为主讲，轮流主持。[③] 三人都是当时著名的学者，在经史研究上都有自己的专长。学海堂不设山长，而设八位学长，共同主持教学。八位学长分途承担指导，生徒可以从中"择师而从，谒见请业"。被聘请的八位学长是赵均、吴应逵、林伯桐、吴兰修、曾钊、马福安、熊景星、徐荣，学长均学有所专。生徒择师、择书而学，也学有专门，于人才造就更有成效。

---

① 《揅经室二集·西湖诂经精舍记》。
② 《揅经室续集·学海堂集序》。"材"，通"才"。
③ 《揅经室二集·西湖诂经精舍记》。

4. 以经史各学为课程

诂经精舍生徒修研的课程为十三经、三史、小学、天文、地理、算法等，排除理学和八股文。每月考课时，命题课业，问以经史疑义，旁及小学、天文、地理、算法、词章，各听搜讨书传条对，以观生徒之器识，未尝杂及时艺，废除封闭考场和糊名考试等通行办法。学海堂以经史诗赋为研究范围，生徒可以从《十三经注疏》《史记》《汉书》《后汉书》《三国志》《文选》《杜诗》《韩昌黎集》《朱子大全》等书中，各就性之所近任选一书进行研究。这种研究的方式，或先句读，或加评校，或抄录精要，或著述发明，都在个人独立研究的基础上进行。各生自备日程簿，簿首注明研习何书，以后每日完成的功课填写在簿内，以备自查。每岁分为四课，由学长出经解文笔、古今诗题，限日截卷，评定甲乙，分别发给膏火。

5. 以文字训诂为门径

阮元在《国史儒林传序》中对通经致用的门径作了说明。他说："圣人之道，譬若宫墙。文字训诂，其门径也。门径苟误，跬步皆歧，安能升堂入室乎？"要研究经义，文字训诂是必由的门径。他强调："训诂不明，则圣贤之语必误；语尚误，遑言其理乎！"[①]通过文字训诂，首先要把六经的本义真正搞清楚。开头不搞清楚，存在错误理解，就会差之毫厘，谬以千里，这是应避免的。其次，要切于日用，应用于实际。

阮元创办的诂经精舍、学海堂，以经史研究为主，废除科举课试之制，树立新的学风，有一些书院就吸收了其经验。如上海的

① 《揅经室一集·释门》。

诂经精舍、龙门书院,江阴的南菁书院,江宁的惜阴书舍,武昌的经心书院,长沙的校经堂,成都的尊经书院,都是仿照诂经精舍的成规来办的。

六、 清代教育管理思想

清代各教育流派的代表人物都有各自关于教育管理的思想主张,现着重介绍较突出的两位。

(一)黄宗羲的教育管理思想

黄宗羲(1610—1695),字太冲,号南雷,学者称"梨洲先生",浙江余姚黄竹浦人。他是明末清初伟大的思想家、史学家和教育家,提出民主主义的教育主张,并设计了普及教育的学校体系,成为中国近代资产阶级教育改革的思想先导。

黄宗羲为江南名儒,参与抗清。失败后,从四十岁开始,即从事讲学,先后在余姚、甬上、绍兴、鄞县、海昌讲学,主张治学以六经为根底,倡导以经世致用为教育目标,培养了一批著名的学者。关于教育管理,他有以下重要主张。

1. 改革教育,建立完整的学校体系

黄宗羲认为,治理国家,服务社会,需要众多人才。但是,科举盛行,学校衰废,使人才缺乏,要扭转现状,应当进行教育改革。从社会现实需要出发,太学作为国家最高学府,不仅要保留,而且应发展,更重要的是要实行民主管理,继承东汉太学"清议"的传统,发扬议政的学风。全国郡县皆应设立学宫(即府、州、县学),

各置有学官以教诸生。凡乡村有"童子十人以上"者，则设立小学，由蒙师教之。为发展学校，需要校舍，可利用寺观加以改造。"凡在城在野寺观庵堂，大者改为书院，经师领之；小者改为小学，蒙师领之，以分处诸生受业。"①全国不论贵贱，自天子之子至庶民之子，均需入学。所处地位不同，所入学校有别，"天子之子年至十五，则与大臣之子就学于太学，使知民之情伪，且使之稍习于劳苦"②，使他们扩大生活范围，更多了解民情。六品以上官员的子弟，则入郡县学学习。地方上所有生童皆"裹粮从学"③，贫民子弟无力从学的，取寺产给予补助。

黄宗羲虽然还不能摆脱封建等级思想的束缚，但他主张设太学、郡县学、乡村小学和书院，形成一个完整的学校体系，来培养国家社会需用的"才能德艺"之士，以遍设学校，人人入学受教，使教育普及。这是具有民主性的教育思想，这种思想在当时还是比较难能可贵的。

2. 学校应有的职能

黄宗羲重视学校的作用，认为学校是社会文明发展的重要标志。他在《余姚县重修儒学记》中说："学校之盛衰，关系天下之盛衰。"一般人忽视学校，对学校的性质认识不足，只知养士为学校之一事，不知学校不仅为养士而设，使得学校的作用发挥不够。要改变这种情况，首先应当提高对学校职能的认识。他认为，学校在社会中具有多方面的职能。其一，学校是培养经世致用人才的机关，这种人才具有"应世务""经天纬地"的实际才能。其二，

---

① 《明夷待访录·学校》。
② 《明夷待访录·学校》。
③ 《明夷待访录·学校》。

学校是传递学术文化的机关,不仅使学脉不绝,而且使文化不断发展。其三,学校是指导舆论的议政机关。黄宗羲在《明夷待访录·学校》中着重论述第三方面的职能,他说:"学校,所以养士也。然古之圣王,其意不仅此也,必使治天下之具皆出于学校,而后设学校之意始备。……盖使朝廷之上,闾阎之细,渐摩濡染,莫不有诗书宽大之气;天子之所是未必是,天子之所非未必非,天子亦遂不敢自为非是而公其非是于学校。"对政府各级官吏的舆论监督,评论政府的政策措施,由议政进而辅政,这是治天下的手段之一。凡是对治天下有用的手段都出自学校,学校的职能作用才算完备。

学校在议政方面起作用,历史上东汉太学、宋代太学与明代东林书院已先树风范,当时反封建特权的士民在斗争中也正借学校来发出他们的呼声。"以童生而丛殴郡守,以生员而攻讦有司"[①],正是学校对社会不平有义愤的表现。黄宗羲主张学校议政,不仅有历史依据,也有现实的社会基础。他赋予学校新的历史使命,认为学校不应回避政治,而要参与政治,为政治需要服务;学校作为议政的机关,师生都必须关心国家大事,在参与议政活动中得到实际锻炼。黄宗羲的主张与封建专制政权不相容,却有利于资本主义经济因素的发展。这种民主性的教育思想在当时具有进步意义。

3. 学官的选任与职权

黄宗羲认为,学校既然有多方面职能,特别是具有议政的职能,那么与民众的利害关系就更密切。领导学校的学官十分重

要,应能代表群众利益,有良好的品德、崇高的威望,得到民众的支持,其地位应高于一切官吏,才可能发挥应有的作用。太学祭酒的人选要特别加以重视,应当推选当世大儒担任,或由退休的宰相担任,其地位与宰相相当。祭酒的职责基本有三。一是总理太学事务。二是主持集会,进行公开讲学。每朔日,天子亲临太学,宰相、六卿、谏议等朝廷官员皆随同到学。活动以祭酒为主,南面讲学,天子等均就弟子之列,聆听宣教。三是评论政治得失。"政有缺失,祭酒直言无讳。"

地方学官也居于重要地位,发挥其作用。地方学官不应由政府委派,而应由公议推选,请名儒担任。"自布衣以至宰相之谢事者,皆可当其任。"①学官如品行不良,不称其职,为舆论所不容,则诸生可共起而易之。学官具有较广泛的职权。在校内,各科教师由学官选择聘任,主管学生的课业、考试升黜,校舍的使用,校产的管理。在校外,乡贤名宦的表彰,陵墓、祠宇的修缮,古迹的保管,礼仪的规定,风俗的改善,书籍的检定,出版的审查等,均在学官的职权范围之内。学官在议政方面起领导作用。每逢朔望,学官讲演,士绅会集于一堂,郡县官也就弟子列听讲。郡县如有"政事缺失,小则纠绳,大则伐鼓号于众"②。

公众可推选学官,也可罢免学官。州县学校承担地方的学校教育和社会教育,又是地方士绅的议政机关。这反映了随着清初城市工商业的发展,绅士要求提高其政治地位以保护其经济利益的需要,虽然提高的不是"民权"而是"绅权",但它是当时具有民主性的新思想。

---

① 《明夷待访录·学校》。
② 《明夷待访录·学校》。

4. 改革取士制度

黄宗羲主张广开取士之路,招集天下人才。他总结历史经验,从当时需要出发,提出取士之法有八:一为科举之法。将现有科举考试内容、标准、名额、阅卷等办法加以变更,使科举制度较为合理。二为荐举之法。每岁郡举一人,朝廷加以考察,量才任用。三为太学之法。州县学每岁选送弟子,太学受而考之,以定进退。四为任子之法。官员子弟按品级入学,六品以上官之子入州县学,三品以上官之子入太学,受教十五年无成者出学。五为郡县佐之法。弟子员之高等者分置六曹,满三考则升贡太学,才能优秀者补各部官吏。六为辟召之法。自宰相、六部至各省巡抚,可自辟属吏,试以职事,能者上之朝廷。七为用"绝学者"之法。如历算、乐律、天文、火器、水利之类,郡县上报,政府考之,果有发明,则留用之。八为用"上书者"之法。草野之民敢言国家大事,以所著献进;其书足以传世者,则与出身,并加以任用。

为利用科举取士这种形式,黄宗羲主张进行改造,主要是扩大考试内容范围,改变考试方法。科举不应限于四书和时文,而应体现兼容并包精神,考试内容应有五种:经学、诸子学(管、韩、老、庄、孙、吴兼有)、理学(朱、陆著作并列)、史学、时务策。考试方法不以符合格律、辞藻华丽为准,而在于验其是否博学能通,对经书能否通贯经文、条陈众说,还在于验其能否独立思考,申以己意,不墨守师言;不以头场时文决定去取,还要看二三场的论(观其识见)、判(观其剖决)、策(观其致用),三场逐场沙汰。

（二）颜元的教育管理思想

颜元(1635—1704)，字易直，又字浑然，号习斋，博野(今属河北)人。他是清初进步的思想家和杰出的教育家。

颜元少年时在塾师的影响下，学习多方面的知识技能。二十四岁时办起家塾，开始他的教育活动。在教育实践中，他认识到理学"伤身害性"、空虚无用的弊病，严厉批判理学，积极提倡实学，下决心与理学决绝，把"思古斋"改为"习斋"。他成为闻名的教师，从学者日众，特制订《习斋教条》，使教育活动规范化。这标志着他的教育思想活动发展到了一个新阶段。他晚年被聘主讲肥乡漳南书院，虽订有教育规划，但可惜因遇水灾未能完全实现。

颜元有关教育管理的思想主要有以下几方面。

1. 以培养经世致用人才为教育目标

颜元认为，要安定社会，发展经济，就必须兴办学校以培养管理政治、发展经济的经世致用人才。兴学校，育人才，是政事的根本。他说："有人才则有政事，有政事则有太平。"[①]"人才为政事之本，而学校尤人才之本也。"[②]

这种人才不是理学教育培养的那种"无经天纬地之略，礼乐兵农之才"[③]的白面书生，而是像孔孟以前的人才那样具有实用的才学，能治国、平天下。颜元在《上太仓陆桴亭先生书》中说："孔孟以前，……率皆实文、实行、实体、实用，卒为天地造实绩，而民

---

① 《颜元集·颜习斋先生言行录卷下》。
② 《颜元集·颜习斋先生年谱卷下》。
③ 《颜元集·习斋记余卷一》。

以安,物以阜。"他要求的就是这种具有实德实才,能经世致用的人才。这种人才够得上称为圣贤,教育应以此为培养目标。他说:"学者,学为圣人也。"圣贤在社会中有积极作用。"人必斡旋乾坤,利济苍生,方是圣贤。"①圣贤不是仅限于自我道德的完善,而是积极为社会发展办事,为民众的利益服务。圣人不是高不可及的,只要立志为圣人,努力提高自己,是可以达到的。

教育要从对象的实际情况出发,"人之质材各异,当就其质性之所近,心志之所愿,才力之所能以为学,则易成圣贤"②。圣贤之中也有类别,有"全体之圣贤",也有"偏至之圣贤",不论哪种圣贤,都是治国济世所需要的。教育最要紧的任务是培养专门人才,只要有专门的知识技能,专精一艺,便是圣贤。颜元说:"人于六艺,但能究心一二端,深之以讨论,重之以体验,使可见之施行,则如禹终身司空,弃终身教稼,皋终身专刑,契终身专教,而已皆成其圣矣。"③根据这种认识,他在教学实践中并不苛求弟子成为"全体之圣贤",而是鼓励弟子们各专精一艺。后来,他的弟子在各自选择的专业中,都各有专精的造诣。

2. 以实学为教育内容

颜元坚决反对理学教育,批判以理学为主导的教育内容如训诂、禅理、文章、制艺等全是脱离社会生活实际的书本教育,乃虚浮之套,提出以实学教育代替"虚学"教育,要求恢复尚实之风,做到"率皆实文、实行、实体、实用",有实际的社会效益。他在《删补三字书序》中简要地道出实学教育的内容:"三事、六府,尧、舜之

① 《颜元集·颜习斋先生言行录卷下》。
② 《颜元集·四书正误卷六》。
③ 《颜元集·颜习斋先生言行录卷下》。

道也；六德、六行、六艺，周、孔之学也。古者师以是教，弟子以是学，居以养德，出以辅政，朝廷以取士，百官以举职。六经之文，记此簿籍耳。"在《上太仓陆桴亭先生书》中，他又说："著《存学》一篇，申明尧、舜、周、孔三事、六府、六德、六行、六艺之道，大旨明道不在《诗》《书》章句，学不在颖悟诵读，而期如孔门博文约礼，身实学之，身实习之，终身不懈者。"六府指水、火、金、木、土、谷，实为三事之条目。三事为正德、厚生、利用。三物为六德、六行、六艺。三事与三物名称不同，实质上互通，六德即正德，六行即厚生，六艺即利用。孔门的四教（文、行、忠、信)，亦在三物的范围之内。所以，三物的教育即可代表尧、舜、周、孔的教育。三物之间关系密切，六艺是六行之材具，又是六德之妙用，所以对六艺要加以重视，着意用力。三物教育从六艺入手，六艺是三物教育的基础。六艺教育作为实学教育最主要的内容，是对受教育者最基本的教育。学者当学礼、乐、射、御、书、数，但学习不以此为限，社会有用之知识技能也应当学。"博学之，则兵、农、钱、谷、水火、工虞、天文、地理，无不学也。"[①]青年应当在博习的基础上精通一艺，如一艺不能全，则数人共学一艺也可，只要学有所专，能够实用。

3. 漳南书院教育规划

颜元因其经世致用的教育思想实践产生重大社会影响，六十二岁时被请主持肥乡漳南书院。他按照自己的思想主张来规划书院建设，《漳南书院记》对此作了记载。书院正堂为习讲堂，南向，堂前分置六斋：东第一斋西向为文事斋，课礼、乐、书、数、天文、地理等科；西第一斋东向为武备斋，课黄帝、太公以及孙、吴诸

---

① 《颜元集·四书正误卷二》。

子兵法,并攻守、营阵、陆水诸战法,射、御、技击等科;东第二斋西向为经史斋,课十三经、历代史、诰制、章奏、诗文等科;西第二斋东向为艺能斋,课水学、火学、工学、象数等科;院门内直东为理学斋,课静坐、编著、程朱陆王之学,直西为帖括斋,课八股举业,皆北向。以上六斋,斋有长,科有领。根据培养经世致用人才的需要,以六艺教育为主,并选择当代有用的实学为学科,这些学科归为四类,分置于堂前东西四斋。值得注意的是,他极力反对的理学和帖括还保留在书院中,这是不得已的暂时措施。他解释说:"置理学、帖括北向者,见为吾道之敌对,非周、孔本学。暂收之以示吾道之广,且以应时制,俟积习正,取士之法复古,然后空二斋,左处候价,右宿来学。"

漳南书院是颜元教育理想的具体化,虽然这种理想并没有完全实现,但已勾画出近代大学的草图。有的学者认为,文事斋相当于纯理科学,武备斋相当于军事科学,经史斋相当于社会科学,艺能斋相当于技术科学。这是教育史上创造性的新构思。

4.《习斋教条》的管理要求

颜元的私学,从学者日众,为了教育上的组织和管理需要,他借鉴历史上学规的形式,总结自己的实践经验,制定《习斋教条》二十则[①],对学生明确了基本要求,使学生的思想和行为有了轨范,体现在教育上就是既要博文又要约礼。《习斋教条》大致包含四方面内容:一是道德要求,如孝父母、敬尊长、主忠信、申别义、尚和睦、贵责善等;二是礼仪要求,如慎威仪、肃衣冠、行学仪、序出入等;三是纪律要求,如禁邪僻、勤赴学、敬字纸、轮值班、禁旷

① 《颜元集·颜习斋先生年谱卷上》。

学等;四是学业要求,如重诗书、习书、讲书、作文、习六艺等。

为了使学生学习六艺能够全面兼顾,颜元排定了每旬学习六艺的课程表:一、六日课数,二、七日作文,三、八日习礼,四、九日歌诗习乐,五、十日习射。习书于每日午饭后仿字半纸。讲书于每日早晨试书毕,讲四书或五经,及酉时,讲说古今文字(俱须潜心玩味,不解者可反复问难)。六艺中只缺习御一项,颜元以骑术、技击代替。

中国历代教育的主要特征 *

　　教育是人类特有的社会现象。自有人类出现，形成了人类社会，为适应人类群体社会公共生活的需要，为了个体健康成长和智力发展成为合格社会成员的需要，便有了教育活动。教育伴随人类发展，与人类共始终。人类延续多长，教育也就延续多长。从这种意义来说，教育具有永恒性。既然教育为人类社会生活所必需，教育就受到中国历代政治家、思想家、教育家的重视。

　　教育又是在一定历史条件、一定社会环境下发展的，社会的经济、政治、文化制约着教育，它们的发展变化也带动教育的发展变化。社会存在决定教育的形态，不同的时代有不同的教育。所以，教育又具有历史性。因此，中国历代的政治家、思想家、教育家都以历史的眼光看待教育，为使教育适应时代发展的需要而进行教育改革和创新。

　　中国是世界文明古国之一，中华民族的教育源远流长。自公元前 21 世纪夏朝建立之始，我国进入奴隶制社会，建立了国家政权机构，就把教育作为施政的重要手段之一，利用学校教育来培养管理人才，利用社会教育来教化民众。从此，教育发生分化，社

中国教育的历史

---

* 本文原刊于《教育史研究与评论》(第二辑)(人民教育出版社 2015 年版)。

459

会与教育都经过许多的发展变化。我国教育走过四千多年曲折起伏的历程：既有顺应历史潮流走在时代发展前列的时候，也有停滞不前落后于时代的时候；既有成功的经验，也有挫折的教训；既形成一定的优良教育传统，也附带过时的陈腐废物。这些都沉淀于数千年积累的历史文献之中，需要我们进行清理。

在清理历代教育遗产时，需要认识历代的教育实践与教育思想的密切联系。历代教师在教育实践中观察各种教育现象与教育问题，有了深入的认识，逐步形成教育思想观点，再总结提高，形成教育理论。教育思想理论来源于教育实践，教育实践是教育思想理论继续发展的源泉。教育思想理论达到相当的认识高度，就会反作用于教育实践，甚至会直接指导教育实践。

春秋战国时期，儒、墨、道、法、名、阴阳、纵横、农、杂等家都有各自的教育实践和教育理论，开展激烈的思想斗争，其中最重要的是儒与法的斗争。斗争促进了不同教育思想的交流，也促进了教育思想进一步发展。儒家的创始者孔子，"好古，敏以求之"[①]，学习华夏传统文化，"祖述尧舜，宪章文武"[②]，继承德治的政治思想路线，主张"为政以德"[③]，提倡爱人以德，重视对民众进行伦理道德教育。孔子的教育思想学说为中国古代教育奠定了理论基础，也适合维护封建社会政治制度的需要。他的弟子及后学多数以文教工作为职业，继续奉行德治的思想路线，坚持以私学为宣教园地，遵行"穷则独善其身，达则兼济天下"[④]的处世原则。儒家的主张在战国时代不被采纳，在秦朝受到禁令打压，但未被消灭。

① 《论语·述而》。
② 《礼记·中庸》。
③ 《论语·为政》。
④ 《孟子·尽心上》。

汉武帝采取"独尊儒术"的文教政策,这才发生大转折。此后两千多年,儒学成为历代文教的指导思想,儒家经典被规定为教学和考试的内容,儒家具有广泛的社会影响,成为中国教育历史发展的主流。直到清代鸦片战争之后,才发生了大的变革。

从中国历代教育文献数据中,可以看到在儒家思想影响之下,中国历代教育如下的一些重要特征。

一、 治国以教为先

中国古籍记载教育活动的,最早见于《尚书·舜典》,虞舜作为部落联盟首领,任命契为司徒,对百姓施行"五教",任命夔典乐并教胄子,进行品德教育。这表明,在原始社会后期,教育已受到重视,在公共事务管理中已占有重要位置。进入阶级社会之后,历代的教育人物绝大多数都是从社会本位的观点出发,考察教育与社会各方面的关系。孔子主张实行以德治国的政治路线,他说"为政以德"。为实现这一目标,需要教育发挥作用,"道之以德,齐之以礼,有耻且格"[①]。德礼之教,使民众日益迁善。孔子在论立国、治国三要素时,提出"庶、富、教":当民众物质生活有问题时,就先改善民众物质生活;解决了富的问题,接着就解决教的问题,教要解决的是民众的思想道德问题,这也是不能迟疑的事。在孔子思想影响下,儒家后学重视教育与政治的关系,认为教育要发挥育人和化民的作用,以适应国家管理社会的需要。《礼记·学记》对这种思想做了直接阐述:"古之王者,建国君民,教学

---

① 《论语·为政》。

为先。""君子如欲化民成俗,其必由学乎!"这种思想的逻辑发展,就是在施政中把教育置于优先的地位。这种重视教育作用的思想为历代儒家学者所继承和弘扬。董仲舒是一位重要代表,他认为古之王者以德治天下,"莫不以教化为大务"。推行教化要依靠贤士,贤士需由太学培养,所以他说:"太学者,贤士之所关也,教化之本原也。"①范仲淹主张以学校教育为先,他在《上时相议制举书》中说:"夫善国者,莫先育材。育材之方,莫先劝学。"胡瑗也是有代表性的一位,他在《松滋儒学记》中说:"致天下之治者在人才,成天下之才者在教化,……教化之所本者在学校。"他们都明白政治—人才—教化—学校的内在联系,强调学校培育人才的重要意义。儒家重视教育的思想亦为历代统治者所接受。唐高祖李渊在《兴学敕》中说:"自古为政,莫不以学为先。"明太祖朱元璋说:"治国以教化为先,教化以学校为本。"②统治者如此重视教育,必然会运用权力推动学校教育的发展。

二、 教以德育为重

中国历来重视道德教育,渊源于虞舜完善和施行人伦五常之教与西周周公以"敬德保民"为治国的指导思想。周公对历史的影响更大。他以夏商两朝兴亡的历史为鉴,认为夏商末代"不敬其德",所以天命改易,后继的周朝必须"敬德保民",才能永保天命,国祚延长。为此,统治者要修养品德,以德治国,以德处事,以德教子民,由德治而行德教。这种思想就体现在《周礼·地官司

---

① 《汉书·董仲舒传》。
② 《明史·选举志》。

徒》中，师氏以三德、三行教国子，保氏以六艺、六仪教国子，大司徒以六德、六行、六艺教万民而宾兴之。德与行居于前，艺与仪处于后，本末重轻，甚为显然。重德行的教育成为西周的教育传统，并为春秋时代的孔子所继承。孔子是德治主义的提倡者，把他的主张贯彻到教育领域，自然以道德教育为首要目标。他所说的道德，以"仁"为中心思想内容，"仁"的外部表露就体现为礼的行为规范，"仁"的根本在于孝悌，能以孝悌为根本，自然会有仁道的思想行为产生。孔子的私学教育有一定程序："志于道，据于德，依于仁，游于艺。"①道德仁义居于游艺之先，已明确显示其本末先后。孔子列举四科，德行居首。他强调统治者要加强道德修养，才能成为下属及民众的表率。孔子把道德教育放在首要地位，为古代道德教育奠定了理论基础。孟子继承孔子的道德教育思想并加以发挥，他主张实行仁政，并把教育作为推行仁政的重要途径，指出不论学校教育还是社会教育，目标是一致的，就是要"明人伦"：父子有亲，君臣有义，夫妇有别，长幼有序，朋友有信。教以人伦就是善教，善教受到群众爱戴，得民心，能实现人伦的规范，社会的问题也就便于解决。之后的儒家代表人物也都重视道德教育，把德育放在首要地位。西汉董仲舒在继承儒家道德教育思想时有所发挥，他提出以"三纲"为道德的基本准则，以"五常"为普遍的道德观念，作为道德教育的根本内容，以规范人们的思想行为。他特别强调，要遵守典章制度和礼教。宋代朱熹作为理学代表，认为道德教育的基本任务是"存天理，去人欲"②，天理"其

①　《论语·述而》。
②　《传习录》。

张之为三纲,其纪之为五常"①,五常的道德观念即为人伦的五教之目。他特别强调,自古以来,教者教此,学者学此而已。明代王守仁是心学的代表人物,认为古代之学校,其要皆所以明人伦,其节目则五者而已,教育"惟以成其德行为务"②。明清之际,反对理学思想的进步教育家,如黄宗羲、王夫之、颜元等,都把道德教育放在首要地位,灌输伦理知识,进行道德训练,基本目的也是"明人伦"。中国古代教育,最重要的是德育,这是又一重要特征。

三、 提倡因材施教

古代教师在教育实践中都在探索和运用一定的教育方法,成就各有不同。培养人才较多、历史影响最大者,当数孔子。他创办私学,以诗、书、礼、乐教授。据记载,他教授弟子三千,成就著名贤士七十二。孔子之所以能成功,是因为他热爱教育事业,认真总结实践经验,探索多种教育方法。尤其重要的是,他运用因材施教的教育方法。孔子说:"故天之生物,必因其材而笃焉。故栽者培之,倾者覆之。"③可见,他已有因材造就的思想。《论语》所载他的教育实践活动中,许多事例表明他在充分运用因材施教,但当时并没有确定什么名称。北宋程颐在与弟子谈话时说:"孔子教人,各因其材,有以政事入者,有以言语入者,有以德行入者。"④朱熹在《论语集注》中引用程颐的话,提醒读者加以重视,由

① 《晦庵先生朱文公文集·读大纪》。
② 《传习录》。
③ 《中庸》。
④ 《二程遗书·杨遵道录》。

于四书的流行,流传过程中又被概括为"因材施教"四个字。促使孔子采用因材施教方法的,是当时私学的客观条件:学生绝大多数是平民子弟,出身背景比较复杂,入学有先后,年龄有大小,文化水平有高低,道德品行有优劣,存在较大的个别差异。孔子的教育目标是培养贤士、君子,这是统一的要求。在这种条件下,采用划一的教育方法不可行,只有因材施教、个别指导比较适合。因材施教必备的条件是对学生要有全面、充分的了解,准确把握学生的个性特点。孔子通过日常与学生谈话和细心观察做到了这一点,因此能根据学生的实际问题和个性特点进行答问。《论语》中有问仁、问孝、问政、问士、问君子等方面的答问,都是因材施教的事例。孟子继承孔子因材施教的思想,在教学实践中,根据对象品德修养的程度,才能的长处,有什么偏短需要补救,选择适当的方法施教。他说:"君子之所以教者五,有如时雨化之者,有成德者,有达财者,有答问者,有私淑艾者。此五者,君子之所以教也。"①朱熹《孟子集注》:"圣贤施教,各因其材,小以成小,大以成大,无弃人也。"这说明孟子也实行因材施教。儒家后学继承、发展了因材施教的思想。《礼记·学记》有一段专从个性心理的角度论述因材施教,要求教师在了解各个学生心理特点与掌握个性差异的基础上,拟订针对的方案,实行因材施教,此所谓"知其心,然后能救其失也。教也者,长善而救其失者也"。发扬学生优点的一面,矫正学生缺点的一面,能这样"长善救失",就做到了因材施教。因材施教的思想产生于教育实践的需要,教育者开始是作为方法来使用,以后认识到具有普遍适用性,就作为教育的

---

① 《孟子·尽心上》。

原则来看待,再进一步推广应用。只要正确地运用,不论何时、何地、何人,都会产生好的效果,这证实因材施教具有客观规律性。因材施教的思想在中国历代相传,成为优良的教育传统,人才源源不断而出。

四、 保持尊师传统

这是中华教育的又一特征。古代文化不发达,对品德高尚、知识经验丰富的教师特别尊重,给教师很高的地位。《尚书·泰誓》有"天佑下民,作之君,作之师"的说法,把君与师并提而论,认为都是奉天命而立的超凡人物。中华民族自古以来就提倡尊师,把尊师作为公共道德之一,不尊师即等同于违反公共道德。《白虎通·封公侯》:"人有三尊:君、父、师。"人们有三项要尊敬,教师是其中的一项。对于为何要尊师,古籍也有所说明。《国语·晋语》:"'民生于三,事之如一。'父生之,师教之,君食之。非父不生,非食不长,非教不知生之族也,故壹事之。"这是从发展成人的三项基本条件来论必须尊师的。《荀子·礼论》:"礼有三本:天地者,生之本;先祖者,类之本也;君师者,治之本也。……故礼上事天,下事地,尊先祖而隆君师,是礼之三本也。"这是从礼制产生确立的三个本源来论人要敬本,所以必须尊师。古籍中还提出多方面的理由,论述教师应当受到尊敬。

(一)教师因传道于人而受尊

人立足于天地之间,生存于人世之中,要知天道、地道、人道。

《学记》云"人不学，不知道"，而要学道，必须有教师。教师先生、先学、先知道，所以有条件传道于学生，学生要学道于教师。《吕氏春秋·劝学》："是故古之圣王未有不尊师者也。尊师则不论其贵贱贫富矣。……故师之教也，不争轻重、尊卑、贫富，而争于道。"教师因传道而受尊。《学记》强调"师严然后道尊"，指出要尊敬教师，人们才会尊重教师传授的道，这有重要的政治意义。

（二）教师因行义利人而受尊

从道德和功利的角度都可以评价教师的工作。《吕氏春秋·尊师》："故教也者，义之大者也。……义之大者，莫大于利人，利人莫大于教。"传道教人的工作，是行义的事情之中最重大的。行义最重大的事就是有利于人民，有利于人民的事没有比教育工作更伟大的。

（三）教师因好学敬业而受尊

做教师要具备一定条件，先要认真学习，具有丰富的知识，才能担负传道、授业、解惑的重任。为了使教学工作持续下去，教师需要不断学习，充实知识，更新知识。"教学相长"是教师进行自我提高的规律。孔子为人好学，又热爱教育工作，他"学而不厌，诲人不倦"[①]，把学与教两件事都做得非常出色，表现出好学又敬业的高尚精神，成为后世师者共同学习的典范。他的信条成为公

中国教育的历史

---

① 《论语·述而》。

认的教师职业道德信条,长期被作为评价教师工作的主要标准。具有这种师德风范的教师,受到学生与社会的尊敬。

(四)教师为人模范而受尊

教师的工作,不局限于教学生识字读经,更重要的是思想品德行为的培养,教学生学会做人,成为一位适应时代要求的合格的社会成员。在教育方式上,不仅有言教,更重要的还要有身教。教师要求学生做的,首先自己要做到,能以身作则,为学生树立榜样,会产生更好的效果。汉代扬雄在《法言·学行》中说:"师者,人之模范也。"教师能严格自律,爱人以德,推己及人,行为合乎社会道德规范,成为学生学习效法的模范,自然受到尊敬。

(五)教师善教而受尊

历史上善教的教师不计其数,孔子是杰出的一位。他诲人不倦,循循善诱,爱护学生,对学生无所保留,师生关系融洽。《学记》对于善教有些论述,如善教的教师都熟练地运用启发诱导,"道而弗牵则和,强而弗抑则易,开而弗达则思。和易以思,可谓善喻矣"。"善教者,使人继其志。其言也,约而达,微而臧,罕譬而喻,可谓继志矣。"善教的教师使学生朝着计划的目标发展。《吕氏春秋·诬徒》认为,善教者"视徒如己,反己以教,则得教之情矣。所加于人,必可行于己,若此则师徒同体"。善教要体现在学生身上,"达师之教也,使弟子安焉、乐焉、休焉、游焉、肃焉、严焉"。学生能安于所学,乐于所学,学习的自觉性、积极性得到发挥,乐中有得,这是在正道上发展。善教而受尊,合乎常理。尊师是中华民族历代相传的教育传统。

五、 政策因时调控

国家施政都要制定政策,通常是经过统治集团上层讨论,提出建议或方案,由当政的帝王最后裁定,以命令的形式立法。文教方面也有由国家政府为发展文教事业而制定和实施的方针政策,制约着教育的性质、任务、体制与内容。在不同历史时期,因改朝换代,政权转移,不同的当政者思想倾向不同,由此带来文教方针政策的调整变化,直接影响学校教育的发展。夏、商、周三代,奴隶制国家由奴隶主贵族当政,实行的是奴隶主贵族垄断文化教育的政策,体现为学术官守,学在官府,政教合一,官师不分。夏崇尚武力,重视军事训练;商敬事鬼神,重视祀戎之事;周敬德保民,重视礼乐教化。三代先后有差别,但都只有官学,没有私学。春秋时代,诸侯国各自制定政策。齐国令四民不杂处,父兄教其子弟。郑国子产不毁乡校,作为听取民意的管道。此时,贵族官学衰废,民间私学兴起。战国时期,私学大兴,百家争鸣,诸家各有私学。招贤养士成风,公室养士与私家养士并存而竞争。齐国采取公家养士,实施学术自由、兼收并蓄的文教政策,设立稷下学宫,招收各家著名学者,亦容纳追随学者而来的弟子组成的私学。这是以私学为基础的官学,又是各家争鸣与交流的学术中心。秦国以武力消灭六国,建立统一的中央集权的帝国,实施法家主张的"以法为教,以吏为师"的文教政策,不办官学而禁私学,颁挟书令,其极端措施是"焚书坑儒",专制的暴力制造了一场浩劫。汉朝建立,改变秦的文教政策,采用道家黄老学派的主张,"无为而治",实行利于民众休养生息的政策,容许私学恢复和发展。汉武帝时,文教政策发生大转折,采用儒家的主张,实行"罢黜百家,独尊儒术"的政策,基本措施有三项:(1)尊儒而专立五经博士;(2)兴太学以养贤士;(3)以经术为标准选举贤士。从此,官学、私学都以儒家经学为教学内容。汉代的文教政策影响中国封建社会达两千多年之久。魏晋南北朝时期,已由统一的国家变成割据的局面,各个割据政权根据自己的需要制定文教政策,儒学虽受冲击而被削弱,但社会影响还存在,官学衰落,而私学、家学作为补充继续发展。此外,这一时期还出现了一些多样性的教育创新。隋唐再建统一的中央集权国家,选择儒学作为统治的指导思想,对佛教、道教也加以尊重利用,确立以崇儒兴学为文教政策。关于在实行过程中如何对待文教政策,出现了多种情况:凡是能坚定贯彻崇儒兴学的文教政策的,如唐太宗的贞观年代,官学得到大发展;唐玄宗的开元年代,官学稳定发展。凡是贯彻文教政策出现摇摆的,如隋文帝的开皇年代,积极发展学校教育;仁寿年代,以未实现期望,随即对学校加以精简收缩,人为造成大起大伏。凡是改变政策并推行相反政策的,如武则天当政的年代,推行崇佛抑儒的文教政策,使国子监处于荒废状态几十年。唐代崇儒兴学的文教政策为宋、元、明、清各朝所继承,实际措施则因时代不同而有变化。以明朝为例,以程朱理学为统治的指导思想,加强专制统治,控制民众思想,对知识分子更是严加管束,提出"治国以教化为先,教化以学校为本",建立由各级学校构成的全国学校网,颁禁例为各级学校学规,违规则严惩。朝廷严审教材,《孟子》书中因有抵触皇权的文字,被删除八十五条,改成

《孟子节文》。有人攻击书院议论朝政,学术思想不端,朝廷为此先后四次禁毁书院。明代的文教政策虽使学校有较大发展,但文化专制主义的残酷也是登峰造极。上述事例表明不同历史时期有不同的文教政策,有的对学校教育发展有促进作用,有的则对学校教育造成破坏,文教政策的作用是非常重要的。

六、 官学形成系统

官学产生并形成系统有一个过程。公元前 2070 年,夏朝建立奴隶制国家政权,对贵族子弟要求进行四个方面的教育:(1)军事训练,以成为能战的武士;(2)宗教教育,使知敬天尊祖;(3)政治与人伦教育;(4)学习文字与掌握基本文化知识。为组织这些活动,朝廷成立教育机构,派官员兼职管理,中央有国学,地方有乡校。商代文字趋于成熟,可供学习的文献增多,教育机构也有发展,设右学为大学,左学为小学,大学在西郊,小学在王宫之东,地方有乡学。西周是奴隶制社会全盛时期,实行德治,更重视学校,官学制度也进一步发展。贵族子弟八岁入小学,小学设在王宫的东南;十五岁入大学,大学在郊外,天子曰辟雍,诸侯曰泮宫。小学与大学统称国学。郊外六乡与各级行政组织配合,设家塾、党庠、州序、乡校四级学校,以六德、六行、六艺为教育内容。这些地方学校总称为乡学。乡学与国学等级有别,乡学选送优秀者升入国学,存在一定联系。西周学制是奴隶社会官学教育的代表。封建社会官学系统的兴起是由汉武帝改变文教政策推动的,初建太学只招五十名博士弟子,并容纳地方选送的一些附读生,以后生员人数逐步增加。汉武帝获知蜀郡守文翁修学官,立学官,教授弟子,推行教化而移风易俗,值得推广,于是令郡国皆立学校官,把官学推行于地方,跨出了一大步。汉元帝令郡国置五经百石卒史,增设官员,以保证地方官学的制度化。汉平帝时,又令地方官学进行整顿和规范:"郡国曰学,县、道、邑、侯国曰校,校、学置经师一人;乡曰庠,聚曰序,序、庠置《孝经》师一人。"①这样的设置和人员配备使官学朝着系统化方向推进。封建官学形成完整系统是在唐代。从贞观至开元一百多年间,经济繁荣为官学的发展创造了物质条件,使唐代官学超越前代,成为封建官学系统的代表。官学系统由两大部分组成,即中央官学与地方官学。中央官学集中体现当时教育发展的最高水平,包括三类学校。(1)独立设置的国子监,是中央政府直属的职能部门之一,是综合性的国家最高学府。从学习内容的性质来看,一种是儒学学校,一种是专科学校。前者有国子学、太学、四门学、广文馆等,目标是培养管理人才。后者有律学、书学、算学等,目标是培养专门人才,以为政务所用。(2)附属设置的专业学校,有司天台附设的天文学校、太医署附设的医药学校、太乐署附设的音乐学校、太卜署附设的卜筮学校、太仆寺附设的兽医学校、少府监附设的工艺学校等,都附设于政府的事务部门,利用其人才和设备培养国家所需实用人才。(3)特别设置的学校,有门下省附设的弘文馆、东宫附设的崇文馆,只招收皇亲国戚及三品以上高官的子孙为学生,维护他们的教育特权。地方依法令,结合府、州、县行政区的层次配置儒学各一所,府、州各设医学一所,依行政区内人口的数量多少分档规定学生的名额。这样的布局构成一个全国儒学与

① 《汉书·平帝纪》。

医学的学校网。地方官学作为中央官学的下级，可以依规定选送优秀学生升入中央官学的四门学或参加科举考试。在7—8世纪，唐朝的中央官学与地方官学形成官学教育系统，凭借先进的教育制度，走在世界教育发展的前列，国都长安成为东西方教育交流的中心。后来的宋、元、明、清，都在继承唐朝教育制度的基础上继续发展。

七、 私学自由设置

私学是与官学相对而言的，私学的办学主体是民众，有个人的、家族的、乡里居民合办的。起初只是个别文化人为谋生而进行文化传授，后来因社会需要而逐步发展。其杰出者，形成自己有特色的主张，扩大社会影响，吸引众多弟子，组成学派。私学开始于春秋时代，周王朝在没落，其行政机构难以正常维持，官学也趋于衰废，文化职官四散，带着典籍或器物沦落民间，他们以传授文化换取生活资料，使原在官府的学术传播于民间。战国时期，私学蓬勃发展，在此基础上出现了百家争鸣的现象，是中国历史上思想活跃、学术繁荣的一个阶段。私学的设置是自愿的，只要有人来学，能办得下去，就有存在的权利，政府不施加限制。当时私学的社会环境比较宽松，有五大自由：办学自由、讲学自由、求学自由、游学自由、竞争自由。既然教师有设学与讲学的自由，学生有选择与来去的自由，那么必然会给教师一定压力，促使教师提高教学水平，努力创新，以吸引学生。私学的特点是：(1) 以教师为核心，教师以教学为职业，独立负责；(2) 私学对平民开放，扩大教育对象的范围；(3) 私学有思想学术自由，可以按自己的教育主张进行教育实践；(4) 私学可自己确定课程内容,传授学派的政治观点、道德思想以及新的知识技术,与现实生活有较密切的联系；(5) 私学的制度虽不够规范,但具有较大灵活性、适应性,设备较为简单,有可流动的便利。当官学衰废、不能尽其职能为社会培养人才时,私学代替官学培养人才；当官学培养人才类型单一、数量有限时,私学可培养类型多样、数量更多的人才。私学与官学并立,成为官学的重要补充。私学创造了丰富的经验,产生了深远的历史影响。私学随着历史时代的发展而发展演变,在发展过程中有一些曲折。历史上发生过两次禁私学：一次是秦始皇为统一政令、统一思想,采取禁私学的措施,对私学的摧毁是全国性的；一次是北魏迁都,提倡官学加强汉化而禁私学,影响限于北魏统治的地区。其他朝代对私学采取开放的态度,但随政局的变化,私学的发展有阶段性的起伏。汉代是私学恢复和发展的时期。汉初接受秦亡的教训,改革秦朝教育制度,废除私学的禁令,听任各家私学恢复和发展,以招贤和察举的方式吸收私学培养的人才。在汉武帝"独尊儒术"的文教政策影响下,儒家私学占有优势,并形成私学的两个层次：初级私学称为书馆,有的仅学习识字、写字,有的进一步学《孝经》《论语》；高级私学称为经馆或精舍,学习专经或兼经。私学分布面很广,随着时代发展,物质条件改善,经师传授的规模日渐扩大,著名经师门下的弟子成百上千,甚至有著录弟子上万。魏晋南北朝时期,由于分裂割据,战乱破坏,私学处于低潮,而士族家学的传授对文化的保存与传承起了一定作用。经学统一的局面被打破,而玄学、文学、史学、科技得以传授,出现了私学多元化现象。隋唐时期,私学又达到新的发展高潮,新的知识门类成为传授的内容,使私学类型进一步多元化。中央政府多次发命令，鼓励私学发展。武德七年(624年)，令"州县及乡，并令置学"[①]；开元二十一年(733年)，"许百姓任立私学"[②]，促使私学在城乡更广泛地设置。私学的组织形式在唐代又有新的发展。自书院在唐中后期产生之后，私学先后采用书院的组织形式开展教学活动。宋代私家讲学相当普遍，尤其是理学家，更是利用书院的组织开展讲学，扩大其思想的影响。朱熹对书院发展起了较大的推动作用，他制定的《白鹿洞书院揭示》被推广为理学书院的教育纲领。书院在元、明、清时期有些演变，政府中有官员图谋把书院官学化，以便于控制书院，这种图谋受到一定的抵制。私学是学术发展的园地，担负传承民族文化的责任，发挥了重要的历史作用。

中国历代教育的这些特征，表明中华民族有优良的教育传统、珍贵的教育遗产，很有现实意义，应该认真加以研究。

---

① 《旧唐书·礼仪志》。
② 《唐会要·学校》。

对中国教育管理发展的基本认识 *

　　本书对中国教育发展的历史全过程作了比较系统而扼要的介绍，从这些客观历史事实中，我们对中国教育管理发展有了一些基本的认识。

一、 教育管理的发展取决于社会经济、政治、文化和教育的发展

　　教育管理是与教育的发生发展、水平逐步提高、制度日趋完善相并行的。中国教育管理起源很早，中华大地上一有人类的教育活动，便有教育管理问题产生。从原始人群开始的教育管理活动，至氏族公社时期，其组织程度有所提高，在公社的组织管理中有人专门负责关于教育方面的事务。不过，那时的教育活动都融合于劳动与生活活动之中，并未成为一种独立的活动，还没有形成稳定的教育管理制度，所以教育管理还处于萌芽阶段。原始社会末期，教育开始与劳动生活分离，学校产生，成为进行教育的专门机构，这是中国教育管理史上极为重要的发展。进入有阶级的

＊ 本文原为孙培青主编《中国教育管理史》（第二版）（人民教育出版社 2013 年版）"结束语"。

奴隶社会,第一个王朝是夏朝,它需要相当数量具有知识的人才以加强国家机器,管理复杂的社会事务。这种需要促使以传授文化知识、培养人才为中心任务的学校有所发展,并逐步形成官学的教育制度。学校虽然已成为专门机构,但还是国家政治管理的组成部分。那时学校教育管理的基本特点是政教不分,学在官府,官师合一。这种管理制度延续至商及西周。西周在教育行政、学校系统、教学管理等方面都形成一定的制度,比夏、商两朝都更为进步。在中国奴隶社会中,西周的教育管理是具有代表性的。

中国教育管理取决于中国社会的历史存在,它随着中国经济、政治、文化的发展变化而不断发展变化,这在两千多年的封建社会中有明显的体现。在奴隶社会向封建社会过渡的春秋战国时期,官学衰落,私学兴起,标志着旧教育制度被破坏,新教育制度形成。私学的独立存在是政教分立、学校扩散、官师分离的实际表现,这是教育管理的大变革。百家丰富多彩的私学实践,是各派教育管理思想异常活跃的重要条件。秦建立统一的中央集权国家,在君主专制统治下,教育行政权力高度集中,依靠吏师制度,推行"以法为教"的方针。汉为巩固政权而总结历史经验,继承秦的政治制度而改变秦的文教方针。汉武帝开始尊儒读经,设学养士,以私学自由发展为基础,以官学重点发展为主干,利用选举考试检验教学效果,选拔统治人才。随着统一的中央集权的衰落,魏晋南北朝教育行政集权也相对削弱,儒学独尊地位受到挑战,道、佛在社会中扩大影响,以经学为内容的官学不景气,兼容异学的私学生机勃发,教育管理出现了新局面。

隋唐时期,教育管理的发展进入新阶段,重建统一的中央集权国家,采取尊儒兴学的文教方针。适应教育事业发展的需要,国家机关开始设置独立的教育行政机构,专门负责学校教育事务,贯彻政府的教育法令。官学内部也进一步形成更详密的管理制度,学官有更明确的组织分工,并制定教学、考试、生活待遇等方面的规章,作为教育管理的依据。唐代在教育结构方面也发生重要变革,官学系统除儒学之外,律学、书学、算学、医学等都占有一定位置。私学系统出现了书院这种新的教育组织形式和管理制度。学校教育与科举考试密切联系在一起,学校教育管理受到科举制度的制约。唐末五代,官学衰落,管理松懈,私学自发进行调整补充,以适应社会需要。

两宋时期的教育管理制度基本上继承唐代,但也有其发展和特色。宋代君主专制下的中央集权,依靠科举选用统治人才,对官学系统的作用前后认识不一,教育方针政策波动较大,经历了几次教育管理改革,对学校教育结构和教育管理制度都有所创新。在官学萎靡不振阶段,教育的重心移向书院,促使书院的管理制度日趋完备,对后代产生深远影响。元代为适应新朝的政治需要,在唐宋教育管理的基础上有所发展变化,中央学校系统方面体现多民族的特色,地方学校系统方面体现按行政区域多层次设学的特色,学校内部管理的分斋教学制度和考试积分制度都有所创新。明代政治上的专制更为突出,体现在教育行政上,实施严厉的管理,为学校制定更多更严格的管理制度并严加赏罚,与前代相比更显其加强学校内部组织分工和严格管理的特色。清代是中国封建社会最后一个皇朝,专制统治加强民族压迫,使其在历代教育管理制度的基础上更趋严密,官学、书院均被通过法令置于政府控制之下,各级学校被纳入科举考试的轨道,学校无非是科举的预备机构。到了清代中期，封建教育没落，学校虽有设学之名，但教学活动极少，教学管理松弛，只有定期的考试与功名利禄有关，才稍为认真。

1840年鸦片战争对中国社会造成了巨大冲击，为了自强卫国，有识之士提出改革的主张。洋务运动的兴起带动洋务教育的出现，这是中国近代教育改革的开始。在政治制度不变的条件下，引进一些西方的教育管理制度，学校的教育任务不同于以往的官学只培养官僚，教育内容也由四书、五经、八股改为西文西艺，教学上实行分年的课程计划和班级授课制度。继后维新改良运动兴起，推动废除封建旧科举，兴办近代新学校，学习资本主义国家，引进近代的学校教育体系和管理制度。清末学制的颁布实施、学部的设置，就是具体体现。辛亥革命后的教育改革结束了封建教育管理制度，标志着资产阶级教育管理制度的确立。它对清末教育制度的改革，不仅是形式上的变化，更重要的是体现了以培养国民为目的的资产阶级民主共和精神。

五四运动时期，兴起新文化运动，社会对教育极为关注，推动中国教育发展进入一个新阶段。为使教育服务于中国社会改造这一根本问题，各阶级、各团体的代表人物提出多种教育理论，并积极从事教育实践活动，尝试引进西方资产阶级教育管理制度，并结合本国的社会实际，以形成新的教育管理制度。20世纪二三十年代，社会矛盾激化，出现了两种政权并存的局面，导致形成两个性质不同的教育体系，实施不同的教育管理制度。中国共产党领导的苏区教育和继后的革命根据地教育是民族的、科学的、大众的新民主主义教育，国民党在其统治区实施的是行政力量严加控制的较为正规的资产阶级教育。在这个阶段，中国处于内战、抗战、内战交替的历史条件下，为适应战时环境并提高教育效率，采取了一些与和平时期有别的因地制宜的教育管理措施。所有这些都为以后的教育管理留下了历史经验教训。

以上情况说明，对于历史上教育管理的变化，需要从时代和社会条件中探寻其原因。

二、 历代教育管理的基本措施

历代国家对学校教育管理的措施很多，不尽相同，但是也有些是基本的、共同性的管理措施，简述如下。

第一，制定教育方针政策，是国家实施教育管理的根本。从中国历史上观察，每一时代都有从属于国家行政管理总的方针政策的教育方针政策，它决定教育事业发展的方向，关系教育事业的兴衰成败，历来为统治集团所重视。皇朝更替、帝王易人、政府变动，往往是教育方针政策变化的契机。不同的执政者实行不同的教育方针政策，是由其阶级利益、集团利益所决定的，变化较为明显，影响也十分重大。

第二，建立教育行政机构，委派官员负责管理，是国家实施教育管理的组织保证。历代国家为管理学校教育事务，按实际需要建立中央教育行政机构和地方教育行政机构。由于地方是按行政区设置教育机构，因此相应的教育行政机构也按行政区来设置。这些机构需有官员代表，才能发挥作用，委派官员是实施教育管理的必要条件。"为政在人"，国家重视教育官员的任用，对选任教育官员规定了基本条件，注重知识水平和道德行为表现。

第三，提供教育经费是政府影响教育的重要手段。政府提供必要的财政经费，规定经费的用途，创设一定的物质条件，促使学校教育沿着一定的方向发展。提供经费可以采取多种形式，在古代如出钱粮建学、以钱粮养士、给学校各级人员俸禄、拨给公廨田、赐给学田或其他不动产，使学校有较可靠的稳定收入作为经费来源。近代教育经费的提供又有新变化，有政府拨款、承办部门拨款、以公有财产为教育经费等。政府拨款还按学校分级由各级政府承担。历来除政府提供经费外，还有士绅捐献、团体筹款、群众集资等。教育经费的多种来源一再证明，社会经济是学校教育的基础。

第四，根据需要颁行教育法令和学校规章，是强化教育管理的有效办法。政府针对每个阶段的教育问题，提出教育对策，颁行具体的教育法令，或为了强化对学校教育的管理，使教育机构的官员行使职责时有章可依，为学校制定规章。这些法令、规章具有一定的法律效力，职官有责任加以贯彻。

第五，进行定期督察检查，是实施教育管理所必需的措施。平时对学生的督察检查由学校在内部组织进行，只有阶段考试和毕业考试由相应学官代表教育行政机构负责检查。对学官则有年度考核和任期考核，作为赏罚升黜的依据。

至于学校内部的管理，各个时代从实际需要出发，都有所创新，书中已有介绍，不再详论。

三、 中国教育管理的若干特点

在中国教育管理的发展过程中，儒学曾长期居主导地位，这是不容忽视的历史事实。历代统治者为维护其统治，都需要有指导思想,为其统治的合理性作论证,并作为其制定方针政策的理论依据。统治者总是依其阶级利益来选择所需的思想理论。春秋战国时期,百家争鸣,提出多种思想理论,诸侯国的统治者根据需要各有所择。秦国选择法家为统治的指导思想,它统一全国,建立中央集权的君主专制制度。在教育方面,秦朝禁止民间学校,否定传统文化,忽视知识传授,仅由各级官吏据法令对民众宣教,法家的教育管理措施推行及于全国。秦亡汉兴,汉统治者总结秦亡教训,重新选择指导思想。汉武帝时,"罢黜百家,独尊儒术",经过改造的儒学积极为统一中央集权的封建统治服务,成为居主导地位的统治思想。以后随着封建社会的发展,儒学先后受到道教、玄学、佛教等思想的挑战,在有些阶段,其影响有所削弱,地位有所下降,但对学校的影响还是维持主导地位。直到辛亥革命推翻了封建帝制,政治的大变革促进了思想革命,新文化运动的兴起才真正打破了儒家的统治地位。儒家学者多数从事文教活动,他们把教育作为德治的基本手段,强调要以伦理道德教育社会民众。教育民众依靠官吏,而贤明官吏的造就在于学校,所以政府重视学校的作用,将其作为教化的本源。学校的中心任务是道德教育,儒家的道德原则成为学校规章制度的根本内容、学生行为的规范、教育管理人员言行的准则。教育管理的伦理化,是封建教育管理制度的特征之一。在儒学指导下,学校重视继承传统文化,教育内容重在读经,教育管理制度也都适应这种需要。从新文化运动兴起以来,西方的思想理论继续大量输入,中国社会存在资本主义思想与共产主义思想的斗争,儒学在中国教育管理中不再占主导地位。在北洋军阀统治下,在国民党统治区,旧民主主义思想在教育管理中占主导地位;在共产党领导下的苏区和革命根据地,新民主主义思想占主导地位。

历来教育管理实践与教育管理思想存在密切的关系。每一时代都有与教育管理实践相应的教育管理思想,这些教育管理思想是教育家在教育实践基础上的经验总结,或是教育家针对当时存在的教育管理问题提出的新主张,它们指导或影响该时代的教育管理。教育管理思想要发挥其指导作用是有条件的,不仅要有社会舆论宣传,还需要依靠和通过教育行政来实施。由于客观条件不一,教育管理思想与教育管理实践的关系可能存在多种情况:有的教育管理思想能转化为教育管理实践,有的能部分转化为教育管理实践,有的未能转化为教育管理实践。上层执政者掌握全国的行政权力,通过制定、颁布教育法令、教育规章,把他们的教育管理思想或他们所同意的教育管理思想付诸实施。部分地方行政首长在他们的职权范围内,借贯彻国家教育方针政策的名义,调动国家或社会的财力,实施他们的教育管理主张。一些办私学的教育家仅能在其私学内部实施教育管理主张。如果连主持私学的机会都没有,教育家的教育管理思想也就仅局限于宣传影响。中国教育管理思想的发展有高低起伏,未必每一阶段都很丰富,但这些教育管理思想是历史认识的成果,还是相当珍贵的,有加以研究的价值。

中国教育管理有其继承性。前代形成的教育管理制度和教育管理思想,其合理的部分被后代继承和利用。春秋时代,孔丘说:"殷因于夏礼,所损益,可知也;周因于殷礼,所损益,可知也。"[①]他从夏、商、周礼制的相承关系,已认识到社会制度有继承、

---

① 《论语·为政》。

有变革。教育管理是社会制度的一部分，也有继承与变革。历代教育管理在前后代之间的联系与变化证明了这一点。教育是一种特殊的社会现象，既具有历史性，又具有永恒性。从具有历史性的一面来考察，它是随着不同社会、不同时代而发展变化的；从具有永恒性的一面来考察，它有一些共同的因素，可以为不同社会、不同时代、不同阶级所利用。我们承认新旧教育之间存在一些共同因素，就是肯定新旧教育存在继承关系，包括新旧教育管理存在继承关系。因此，我们应以实事求是的科学态度，认真总结中国历代教育管理制度和教育管理思想，去其糟粕而取其精华，供现代教育管理改革作为借鉴，用教育管理的历史遗产来丰富教育管理科学。至于如何正确有效地总结和借鉴，仁者见仁，智者见智，从多角度来认识，可能不尽相同。有的研究者可能比我们的认识更丰富、更深刻，这就值得我们学习，有助于提高我们的认识。我们希望有更多人投入到中国教育管理史的研究中来，共同推动教育管理科学研究的发展。

对科举制度的再认识 *

以往学习中接触的历史材料,绝大部分都认为明清的科举制度是一种不能适应时代发展需要的选士制度,对这种已经落后腐朽的制度加以批判,作了否定性的历史评价,似乎就对它盖棺论定了。但是,自改革开放以来,"实践是检验真理的唯一标准"再度确立,实事求是的学风有所恢复,历史唯物主义的思想受到尊重,学者们开始重新研究被"文化大革命"颠倒的历史。有些学者提出对科举制度进行再研究、再认识、再评价,要为科举制度"平反",引起学术界的广泛关注。围绕科举制度这一问题,先后发表了许多文章,也出了一些书,现在研究讨论还在继续深化。我本人在学习中获益不浅,认识有了提高,形成一些初步想法。

一、 科举的历史性与考试的永恒性

科举,简单说就是设科举士。它通过考试的方法,以达到选拔精英人才为文官的目的,是封建政治制度中的重要制度

之一。科举以进士科创立为标志，进士科创立于隋大业二年（606 年）①，终结于清光绪三十一年（1905 年），延续一千三百年。科举是中国考试发展史中的一个阶段。

（一）科举是隋代政治发展的需要

隋代之前的魏晋南北朝以九品中正制作为主要选士制度，从公元 220 年创立此制度开始，延续了三百多年。九品中正制日久生弊，它被代表士族豪门利益的中正官把持垄断，他们收受贿赂，选士不依据士人的才学，唯以门资为标准，庶族寒门全被压制。士族中有才学而未被选上者极为不平，统治集团上层因缺乏可用人才也极不满。九品中正制已经腐朽，有识之士要求改革，"罢门资之制"②，选士"不限荫资，惟在得人"③。选士制度改革的发展趋势是重才学、严考试，以科举考试制取代九品中正制。此项历史任务到隋代才完成。

隋文帝建立隋朝之后，力图加强皇权，实行统一的中央集权统治，自上而下，从中央到地方都实行官制的重大改革。中央政府机构改为三省六部，政务有明确的分工，由吏部统管全国官员的任用。地方政府机构也实行精简归并，改州、郡、县三级制为以州统县二级制，提高行政效率。选士制度要适应政治改革的新需要，一面废除九品中正制，一面形成科举制。开皇七年（587 年），

---

① 关于进士科创立的时间，学术界有多种说法，都有一定的根据，但也存在一些疑问，所以还无法下定论，本文现暂采用其中一说。
② 《册府元龟·贡举部》。
③ 《册府元龟·铨选部》。

隋文帝颁布"诸州岁贡三人"①的法令,为科举制的发展奠基铺路。

科举制度是由察举制度发展变化而形成的新选士制度,两者比较起来,显出科举制度有其特点:一是强调文才,淡化德行;二是突出考试,淡化推荐;三是定地区名额,选拔面较广;四是以定期科目为主,以不定期科目为辅。

科举制度在开皇年间已有发展,先有了秀才科、明经科,至大业二年(606年)隋炀帝新建进士科,以文才为取士标准,重视文章而忽视德行的倾向更加显著。进士科的设置增加了科目的多样性,后来发展为科举的代表性科目,新型科举考试选士制度终于完全确立。

(二) 科举制度曾起积极的历史作用

隋唐之时,科举考试制度蓬勃兴起,作为封建政治制度中一种重要的文官选拔制度,对于社会发展进步曾起积极的历史作用。

第一,科举考试制度取代九品中正制,朝廷从士族豪门手中夺回选官之权,士族豪门由此丧失政治特权而没落。

第二,废除地方官自选幕僚的旧制,官员任用权归吏部掌握,削弱地方分权,加强中央集权。

第三,科举向平民开放,平民可以通过科举考试参与竞争,获得参政机会,从而提高社会地位,促进社会阶层的流动,扩大政权的社会基础。

---

① 《隋书·高祖纪上》。

第四，经科举考试选拔文官，不断补充官员队伍，有助于提高官员整体的文化素养，有利于依法行政，改进吏治。

第五，用科举的功名利禄吸引士人为国家效劳，是笼络士人的巧妙权术。士人为实现做官发财的梦想，普遍愿意接受考试的公平竞争，虽屡试屡败，但继续努力，绝大多数不会走上破坏社会的道路。

第六，科举考试产生广泛的社会效应，登科的荣耀、做官享受不尽的荣华富贵引人羡慕，民众认为这些都是十年寒窗苦读换来的，因此重视文化知识，尊重人才，再穷再苦也鼓励子弟读书，"民不待劝而竞于学"①，对移风易俗起了显著作用。

（三）科举制度随时代和社会发展而改变

科举制度不是一成不变的，它既是政治制度的重要组成部分，就必然取决于每个历史时期的政治形势，适应时代政治需要而不断发展变化。每个历史时期的当政者都或早或迟重视科举的政治作用，进行新的立法。虽有立法，但很难保证科举实行会很完美，法久必弊，弊积必变。变革虽能解决一部分较明显的矛盾，使科举制度继续运转，但时过境迁，进入另一个新的历史阶段，又有新的矛盾产生，要求进行新的变革。科举考试制度的发展过程，就是一个不断适应社会政治需要，不断调整或变革考试内容、考试方法以发挥科举考试功能的过程。例如，科举设科的科目、各科的考试内容、考试选用的文体在发展过程中都有很大

① 《饮冰室文集·官制与官规》。

的变化更新,这些变化都是为了与时俱进,适应新的需要。

事物的发展必有兴衰起落,科举考试制度同样有其兴起时期,也有其衰落时期。当西方进入工业文明时代,资本主义势力向东方的中国扩张,以坚船利炮打开中国闭关自守的门户。由于政治腐败,清政府不仅不能组织有效的抵抗,而且不知寻找振作图强的正确道路。国家面临危机的警钟响起,先觉的改良派之忧患意识较强烈,提出要了解世界,"师夷之长技以制夷",改科举,兴学堂。但当政者守旧不变,思想顽固,行动迟疑。科举考试制度依旧,以八股取士选出一批精英人才,却无法挽救国家于危难。科举制度落后于时代要求,消极作用暴露无遗。中国能变之时不变,可改之时不改,错失难得时机。维新派提出立废八股、徐废科举的措施也被推翻。待到北京被八国联军攻占,订立丧权辱国条约之后,清廷才被迫宣布新政。新政最重要的是保留帝制,维护政权,这些不能轻易变动,而不变动不能影响舆论和安抚臣民,那就只好先动次要方面,这才动到科举和教育。

新政的启动,需要有三:一是新式人才。要有新式人才才能为新政办新事,缺乏人才就什么事都难办。二是实用科学。要掌握实用的新科学、新技术,才有条件办理新事业,使用新机器、新设备。三是新式学堂。学堂是人才的根本,要靠学堂传授实用科学知识,以培养新型人才。这三方面的需要迫不及待,被看作最紧要的事。由于科举与学堂关系密切,科举的存废关系到学堂能否兴办并发展,因此"三急"的矛盾一时聚焦于科举。当政者迫于形势,匆忙决策,做出了本不愿做的事,1901 年废八股,1905 年停科举。由于没有充分考虑替代科举选士的新办法和安排已准备参加科举考试的多数士子的出路,没有拟订完善的方案,因此宣布停止科举后，士子突然面临失业，不知所措，一时造成人心浮动的局面。

科举被宣布停止，可是还有相当不少的人留恋科举考试制度，认为这是国家选拔文官的正途，命不该绝。有少数人试图让科举再恢复，虽然得到部分人的呼应，但最终都未能成功。科举走完了一千三百年的历程，在争议声中寿终正寝。

短暂剧痛过后，迎来事物发展的新转机。科举制度的废除，换来中国社会加速向近代化转型，其积极影响表现在三方面：第一，在政治上，旧型知识分子没有政治出路，只好适应形势改变方向，接受培训改造的再教育，逐步适应国家对新型人才的需要，成为近代新型知识分子的组成部分。第二，在文化上，推动学习西方文化科学的潮流，有越来越多的人学习掌握近代科学技术，使中国的科学技术有了初步的发展。第三，在教育上，停办州县官学和书院，废除旧的教育制度，改办新的大、中、小学，发展近代化的新教育制度。废旧立新，顺应时代潮流，是进步的行动，总体上应该肯定。

科举考试制度创立于606年，终结于1905年，一千三百年中，科举的名称未变，作为封建国家选拔文官的考试制度本质未变。除此之外，科举考试的其他方面、其他因素，如考试科目的设置存废、考试内容的变换增减、考试方法的调整更新、考试管理的加强改进、考试功能的有效发挥，都随着时代的发展，为适应社会政治需要而发展变化。科举确立之前，虽有科举因素的萌芽，但并未形成真正完整的科举考试制度。科举终结之后，时代加速发展，向近现代社会转型，政治发生重大变革，不可能再恢复原样的科举考试制度。因此，可以说科举考试制度表现出历史性。

（四）考试的永恒性

科举制度虽被废除，但考试是不能废除的。考试可以改革制度、更新内容、变换方法而延续下去。

从考试的起源和发展历史来看，考试也有广义的考试与狭义的考试之分。广义的考试可以包括非制度性考试与制度性考试，非制度性考试如考核、考察、检查、试验、竞赛等。狭义的考试则专指制度性考试，如根据一定的法规进行的教育考试、资格考试、证书考试、选拔考试等。考试是比科举考试外延更广的概念，它包括各时代、各类型的考试。考试起源于人类学习与生活的需要。考试在现实生活中是与人人有关的常见现象，是学习、教学、资格证明、选拔人才、就业应聘、申请职称等的需要。过去的考试伴随人类的发展成长，今后人类的发展成长仍然会有考试伴随。只要有人类存在，人类就需要学习，学习就要有考试，考试是必然的，现在还没有找到其他手段可以代替考试。因此，问题不是要不要考试，而应该是如何进行科学的考试。考试是长久的需要，它不以人的喜欢或厌恶而转移。所以，考试具有永恒性。

有人认为现实的考试有缺憾，不科学，不公正，消极作用大于积极作用，有待完善，需要改革，这是合理的要求。也有人认为考试的压力大，负担重，不利于个性的发展。对考试有反感心理，不要考试，甚至要求废除考试，产生这种想法是有原因的，但认识有片面性，要求有偏激的一面。考试是客观需要，是社会生活规律之一,可以依据时代发展和社会需要进行必要改革,使之尽可能合理完善,而不应该被废除。

二、 认识科举考试制度中存在合理因素

科举考试制度在封建政治制度中能如此长期存在,其生命力应算是很强的。科举制度经过国家政权变革的多个历史阶段,不论是统一的中央集权国家,还是分裂割据的国家政权,不论是哪个民族的统治集团,都选择科举考试制度作为统治工具之一来巩固政权。这表明科举考试制度的政治功能具有普适性,能够经过一定调整之后而适应各个阶段的社会政治需要,其中必有一些合理的因素,值得后人研究和总结。

(一)考试选官,重视素养

中国主流的传统文化是儒家思想,儒家对现实政治的理想是实现王道仁政,要求在上者成为民众的道德楷模,以道德教化民众,使民众安居乐业,遵法守纪,稳定社会秩序。为实施这一政治路线,官员必须学习儒家经典,通经致用,有文化素养。选拔有才学的士人担任文官,可通过考试进行鉴别。科举就是承袭传统文化思想,并将以考试选拔文官的主张制度化。隋炀帝在大业八年(612 年)九月发布《勋官不回授文武职诏》,强调"化人成俗,则王道斯贵","世属隆平,经术然后升仕"。唐高祖在武德五年(622 年)三月发布的《京官及总管刺史举人诏》中说:"自古哲王,弘风阐化,设官分职,唯才是与。"唐太宗在贞观二年(628 年)

对侍臣说:"为政之要,惟在得人,……今所任用,必须以德行、学识为本。"[1]要任用有才学的人为官,需要通过科举考试进行鉴别。明太祖于洪武三年(1370年)规定:"使中外文臣皆由科举而进,非科举者,毋得与官。"[2]有较高文化素养的士人,才能在科举考试竞争中被录取。所以,科举以考试选士的功能得到皇帝的认可。当代作家余秋雨说:"科举以诗赋文章作试题,并不是测试应试者的特殊文学天才,而是测试他们的一般文化素养。"[3]科举以考试选拔文官,保证官员有一定文化素养,为改善吏治创造基本条件。

(二)设科灵活,多科网罗

科举设科一开始就不止一科,初期的发展趋势是逐渐增加,由两科增至三科,再增至六科,最后达到十多科。可见,它不是固定不变的。特别是在唐代,根据实际需要可以增多或减少,进行调整,并将科目区分为两类:定期举行的是常科,是主要的;不定期举行的是制科,是根据需要为吸引特殊人才而下令举行的,作为常科的补充。唐代制科盛行,名目繁多,各有特色,多达百余科。从学科的角度来看唐初的科目:季才科、进士科试策,包含的内容有经学、政事、文学。明经科也试策,内容主要是经学、史学、文学。明法科属于法学,明书科属于艺术,明算科属于理学。制科更是超越这些学科的范围,网罗各类人才。所以,唐代国家政

① 《贞观政要·崇儒学》。
② 《明史·选举志》。
③ 余秋雨.十万进士[J].收获,1994(4).

务部门所需要的官员，都有专门人才可使用。到了宋代，制度发生变化，趋于定型化，其特点是：紧缩考试科目，集中归于进士，扩大录取名额，延长考试周期，三年一次大比，试后依序派官。到了明清，紧缩为进士一科，过于单一化，虽有集中选拔人才的方便，但却失去了设科多样化可网罗各类人才的好处。

（三）公开报考，广泛参与

实行科举考试是政治上的重要进步，将科举与历史上的察举制、九品中正制作一简单比较就非常明显。察举制下，人才由中央官员或地方长官推荐，由他们调查考察，得到他们认可才给推荐。如果官员缺乏公正或是被人收买，真正有才学的人反被排除，没有踏入仕途的机会。魏晋南北朝的九品中正制下，主要根据门第评议人物品级，出身庶族寒门的士人都被剥夺选官的机会。科举考试制度进行的重大改革就是向平民开放，不论门第出身，不论贫富贵贱，只要个人有文化、有才学，就可以自由报名，通过科举考试竞争文官。考生来源广泛，可以参加选官考试的公开竞争，实际意义就是政权向大多数人开放。受限制的是工商。根据社会分工的传统，工商不得入仕。宋开始放松限制，明清又进一步放松，重视工商的经济贡献，鼓励他们出钱捐纳，因此工商参加科举考试也不再受限制。限制参加科举考试者的范围最后缩小到娼优、皂隶。同时，居父母丧者，为尽孝道，在守丧三年期内也不得参加科举考试。除此之外，有文化的男人都可以不受限制地参加科举考试。

（四）同场比试，公平竞争

自从有了贡院设置之后，科举考试就在贡院中进行。北宋王安石改革科举制度，废除了需要死记硬背的帖经、墨义，余下要考的项目就是经义、策、论，虽然要求的文体不同，但都是命题作文。明清时，经义改试八股文，也还是命题作文。应试者在规定的日期集中到贡院考试。应试者身份平等，谁都没有特殊权利，谁都不能享受优待，在考官的主持下，于同一时间、同一考场，按同一命题进行考试，展开公平竞争。有士兵保卫考场的严肃，禁止干扰，也禁止作弊。应试者要在严肃平静的环境下，调整好自己的精神状态，集中全部精力，展现自己的文化水平，完成这场关系重大的命题考试。在同等条件下进行比试，凭个人的文章才华一决高低，这种公平竞争是相对合理的。

（五）严格管理，公正评卷

科举考试要正常进行，须对考试的全过程加强管理，总结历史经验，检查每个环节可能发生的疏漏，尽可能防止舞弊的发生。由于科举成败关系人的一生荣辱起落，所以有人千方百计谋求，甚至不顾违法，冒险作弊，以图侥幸达到登科的目的。作弊的事时有发生，导致考试的管理越来越严格，并在制度上采取防范措施。主考官或同考官受命之后，家也不回，立即进入贡院，处于封闭隔离的环境下，回避上级指令、同行请托、亲友说情等干扰。所有的考官都要避嫌，亲属要回避，不参加该次考试，或请朝廷另外派人组织，另外命题考试。试卷的保管和转移都有明确的分工，有专人负责，杜绝任何环节出现漏洞或差错。评卷是最重要的，管理更注重的是严密细致，各房的评卷官在不知是谁的卷子的条件下，比较客观地评出合格与不合格两类。不合格的淘汰；合格的留下来，推荐在考官内传阅和评级，最后综合各考官评级的意见，达成一致，避免由一人说了算可能产生的偏差。根据试卷，评定高下，评卷体现了客观公正。根据评卷择优录取精英人才，在此基础上，一批新的候补官员交由吏部任用。

在科举考试过程中，上述因素是较为合理的，在法规上有一定的体现，并能适应变化的不同时代。现在进行公务员考试，这些因素仍然有现实意义，值得总结其历史经验，以供借鉴。

三、 客观看待对八股文的评价

科举制度初创时，只有试策一项，答策就是应试者以个人身份回答问题，可以比较自由地发表自己的思想主张。对策文评判，"义理惬当者为通"①，首先看义理，然后看文章，内容与形式结合，评其高下。随着科举制度的发展，考试项目增加，或者发生项目变化，先后用到在社会生活中使用的各类文体，如论、表、铭、赞、诗、赋及经义等。

八股文是后起的文体，据说创始于明洪武三年（1370年），被朱元璋规定为科举考试的文体。八股文的内容是经义，形式为文学，是两者结合的产物。寻其渊源，八股文与唐代的试帖诗、宋代的经义颇有类似之处。观其文学表现的特点,八股文有散文的章法、骈文的对偶排比、近体诗的格律,是融合三者而为科举考试专用的文体。八股文严格规定考试文章写作的程式,只有长期学习、训练、模拟,掌握其写作诀窍,才能合乎要求。多数人都因不合八股程式而被淘汰。由于八股文是官方规定的科举考试的文体,因此士人被迫接受,为了获取科名,全身心投入八股文中。奋斗的结果,如意者少,失望者多。以八股文取士,明清两朝沿用五百多年,至光绪二十七年(1901年)才停止作为考试的文体。历来从多种角度对八股文评议者甚多,赞赏者不乏其人,而批评八股文的弊端并加以否定者居多数。特别是1901年废八股,以后又数度批八股,很少有人敢为八股文辩护。20世纪80年代,情况发生变化,八股文重新受到少数研究者重视,他们发表文章,扩大影响,学术界逐渐形成一股"八股热"。很多学者对八股文的特点以及八股文在中国文学发展史上的作用和地位,从多方面加以肯定。在废除八股文一百多年后,所见评议八股文的文章,肯定者居多,可以说对八股文评议的差异很大。我们了解肯定与否定两方面的评议,会有助于对八股文重新深入认识。

从政治方面而论,肯定八股文者认为,科举以八股取士,根本目的是选拔精英人才为文官,使他们从政治国,为朝廷效力。清乾隆时的重臣鄂尔泰说:"非不知八股为无用,而牢笼志士,驱策英才,其术莫善于此。"①他公开承认八股文实际上是无用的,但却认为这是笼络英才、驱使士人的最好方法。让无用的八股文发挥巨大的政治功能,这就是当权者玩弄的政治权术。现在对八股文

---

① 《满清稗史》。

作肯定评价者也认为,作为规定的考试文体,八股文实在地发挥了这种政治功能。否定八股文者认为,以八股取士是统治者为控制士人的思想所施的计谋,设计高难度的特殊文体,然后吸引士人加入学习八股文的队伍,为追求科名,入迷途而不知返,结果都被败坏。明清两代真正的精英人才未必能擅长八股文而入选,以擅长八股文而入选的未必全是精英,以八股文为标准,猎取少数文学人才,被淘汰的士人多数成为对社会无益之人。清初顾炎武在《日知录》中说:"八股之害,等于焚书,而败坏人才,有甚于咸阳之郊所坑者。"顾炎武从八股文造成的社会后果的严重性角度否定八股文,这是很有代表性的言论。其后颜元也痛批八股:"故八股行而天下无学术,无学术则无政事,无政事则无治功,无治功则无升平矣。故八股之害,甚于焚坑。"①

从内容方面而论,肯定八股文者认为,科举规定八股文考试从四书五经中命题,这就确定了考试内容,划定了考试范围,是任何重要的考试必须先解决的问题。既是在必考的范围内进行可比性的竞争,也就可以引导士人读书备考。否定八股文者则提出质疑:有考试内容、考试范围而写出了八股文,对国家、对社会有什么实际用处?八股文所重的是文学形式,追求辞章浮华。《清史稿·选举志》载,清乾隆三年(1738年),兵部侍郎舒赫德直指"时文徒空言,不适于用"。选用能写八股之人,既非专才,也非通才,实无益于政事,所以该废八股。清末康有为抨击八股,认为以八股取士,结果是禁锢人民的智慧,使民智不开,八股是一切弊端祸害的根源,因此主张改革科举,立废八股,改试策论。清廷

---

① 《颜元集·刁过之》。

在1901年废八股的谕令中也承认以八股取士，"流弊日深，士子但视为弋取科名之具，剿袭庸滥，于经史大义，无所发明"，表明八股文已丧失选拔精英人才的功能。

从形式方面而论，肯定八股文者认为，八股文有严格规定的程式，每篇文章都要由破题、承题、起讲、入手、起股、中股、后股、束股等八个部分构成，每个部分都按规定完成特有的任务，使文章前后思想连贯，结构严密。若按严格规定的程式写作八股文，就很难在答卷上作弊。防止作弊是考试管理中的重要问题，八股文考试兼有防止作弊的功能。否定八股文者认为，八股文程式严格，仅有局部防弊作用，不可能杜绝作弊。这边防堵，作弊者只是转寻他途，不断变换作弊方式而已，作弊的事仍然长期存在。

从标准化考试而论，肯定八股文者认为，八股文有了标准格式，借此可以推行标准化考试，考官以同一标准衡量不同人的试卷，从义理和文章两方面可以较快评判试卷的高下。评判既然容易了，阅卷的效率也就提高了，考官减轻了繁重的负担，获得较大的便利，根据"一切以程文为去留"的原则，处理取舍的事也就轻松多了。否定八股文者认为，规定八股的程式只是便于考官掌握统一标准，利于考官，不利于考生。朝廷以八股取士，设置既高又难的障碍，以考验考生，强制考生去适应。考生长期受尽折磨学习八股，依靠八股去参加考试竞争，侥幸者取得科名之后，抛弃八股；竞争失败者被八股误了终生，也抛弃八股。

自从心理学家张耀祥提出八股文可以进行智力测验，选出智力较高者，肯定八股文者就多了一条新理由。文学家余秋雨或许得到心理学的启发，提出八股文能测试文化素养。看同一个问题，各学科的角度不同，说法也就有差别，真是见仁见智。这些是后人的分析，是新的看法。至于前人，包括八股的设计者、八股文的受益者和受害者，当时他们是怎么看的，现在难于知晓，可能那些受害者会为误了一生前途而感到遗憾。

从文学写作的基本功来看，肯定八股文者认为，八股文注重文章布局，有严密的逻辑、工整的对仗，能做八股文并达到一定熟练程度，就能做其他体式的文章，因此八股文可以说是文学写作基本功的综合体现。学术界有部分人乐意接受八股文，继续欣赏八股文，认为八股文是微妙的游艺，悠闲时很想尝试一番。否定八股文者认为，有人爱好八股文体，那是个人的兴趣爱好，可以自得其乐，或与志同道合者同乐。但是，八股文体不值得过度推崇，不值得重新推广，更不能强加于人。

文章的体式是随着时代和社会而发展的，为了适应不同时代和社会生活的需要，形成了各种文体，处于不同社会地位的人为适合自己生活的需要而选择不同的文体。八股文是一种特殊的文体，是明朝廷为科举考试的需要而设计产生的。八股文的兴与八股文的废，都合乎事物的发展规律。过去批判八股文，强调它的消极一面，难于避免片面性。处于现时代，由于研究科举，重评科举，因而提出八股文的再研究、再评价。学术界可以总结对八股文历史上的争议、新与旧的评价，避免矫枉过正的片面性，获得较为全面的认识。

本人学习了近年出版的书籍和发表的文章，得到一些启发，形成一些初步的认识，与大家交流切磋。

第一，八股文的文章体式并不是中国自古以来社会生活中非有不可的必需品。科举制度产生以前没有八股文，科举制度早期、中期也还没有八股文。直到科举制度后期，明洪武年间，为了科举考试的需要，朝廷结合经义与文学，设计出八股文，规定作为科举考试专用的文体。八股文由此牢固依附于科举，达五百多年之久，为明清两代选拔精英人才发挥了一定作用，同时也为淘汰不需要的人才发挥了作用。清末，科举制度不能适应时代变化的需要，显得陈旧落后。人们批评科举制度，首先抨击八股文，科举未停，八股文已先废；科举被宣布停止，八股文就加快衰颓而趋于消亡。这就说明，八股文是依附于科举制度而生存的。科举被废止，失去了依附，八股文就成为没有使用价值的东西。士人过去被迫学习八股文，为的是可以参加科举考试，没有科举考试，谁还会心甘情愿继续学习八股文？绝大多数人放弃八股文，八股文自然会趋于消亡。

第二，八股文已经成为百多年前的历史，作为后人研究的对象。在不同的历史时段，对八股文的认识与评价很不相同。在清末对八股文的功过、存废发生争议的时候，两方都有直接的利害关系，有得利者爱之欲其生，有受害者恨之欲其死。辩护者与控诉者各陈其见，各说其理，很难做到全面了解，全面评价，客观公正分清一切功过是非。认识与评价者立于什么位置，从什么角度进行考察，认识会有不同，评价自然就存在差异。现在事过百余年，距离渐远，我们不是当时人，与八股文没有直接的利害关系，有条件平静听取肯定八股文者与否定八股文者两方面的意见，在全面认识的基础上，有可能做出全面客观的评价。

第三，现代社会没有八股文重新繁荣的条件。现代化的社会主义国家，保证民主的政治生活，不会以八股文作为控制人才的工具，束缚青年的智慧。八股文是历史文化，不可能因为被一些人评为古代文学的最高成就就转成现实的政治需要，没有国家行政强有力的支持，即使有人倡导，也难于推行。学习八股文要具备许多条件，"文以载道"，既要知"道"，也要善"文"，要有多方面的文学素养，有切实的写作功底。学会写不容易，要写好也不容易。因此，学八股文是要付代价的，很少人能速成，多数人要经过长时间磨炼，要有所牺牲，才会有所获得。青年要学习现代的知识技能，要学的东西很多，为了就业，大都倾向于选择实际有用的知识技能；即使有部分人爱好文学，也很少会爱好八股文。在这种现实条件下，很难会形成学习八股文的群体。没有新的学习群体出现，八股文也就没有重新繁荣的可能。

第四，我国处于现代多元社会，具有发展多元文化的基础，而多元文化体现于文章体式必然会是多形式的。八股文作为一种文体，仍然会为个人所爱好和自由欣赏，甚至部分人可以联合志同道合者，为交流切磋八股文而组织"八股文社"。但是，八股文曲高和寡，不适于在社会生活中通行；没有使用价值，不应该再成为任何一种考试的文体，迫使人去学习、去适应。

南京国民政府时期的教育 *

一、 国民党"三民主义"教育方针的制定

（一）国民党政权统治下的社会

1927 年，蒋介石集团和汪精卫集团的国民党顽固派在帝国主义策动下，相继叛变了革命，背信弃义地对中国共产党和革命人民进行突然袭击。以共产党和国民党合作为标志的革命统一战线陷于破裂，生气蓬勃的中国大革命遭到失败。以蒋介石为首的国民党顽固派，代表中国大资产阶级利益，和外国帝国主义势力、本国封建主义势力结成了反革命联盟，在南京建立了中国买办封建法西斯主义的反动政权。

毛泽东曾对这个反动政权作过阶级分析，指出："现在国民党新军阀的统治，依然是城市买办阶级和乡村豪绅阶级的统治，对外投降帝国主义，对内以新军阀代替旧军阀，对工农阶级的经济的剥削和政治的压迫比从前更加厉害。"[①]

新军阀蒋介石占据中央政府的有利地位，打着国民党"三民

＊ 本文原为《中国现代教育史》（华东师范大学出版社 1983 年版）第五章。
① 《中国红色政权为什么能够存在？》。

主义"的旗号,在新军阀争权夺利的斗争中爬到最高统治地位,由"一党专政"进而实行个人独裁。他组成了庞大的反革命武装队伍,用来镇压工农民众,在城市豢养一帮特务,施行恐怖统治,在农村推行保甲制度,组织"民团",建立地主豪绅的统治,工人阶级和农民阶级在第一次国内革命战争时期取得的政治权利被剥夺殆尽。

在经济上,蒋介石集团依靠控制国家政权和掌握军事力量进行榨取和掠夺。在内战中,先为搜刮军费发行公债而建立起他们的金融统治,再由金融统治进而垄断工商业,外与帝国主义勾结,内与地主富农剥削结合,形成以蒋、宋、孔、陈四大家族为代表的官僚资本,垄断了全国的经济命脉。在官僚资本控制下,工人阶级备受压迫,工人的工资下降,而劳动强度日益增加,劳动条件越来越差,大批失业工人流离失所。这迫使工人不得不为改善自己的生活条件而斗争。农村中土地日益集中,地租逐步加重,苛捐杂税越来越多,残酷的剥削使农业生产日渐萎缩。天灾兵祸,给农民带来无穷苦难,农民难以活下去,因而在共产党领导下不断地起来革命。小资产阶级因苛捐杂税无休止的侵剥,生活艰难。民族资产阶级也受到损害,濒于破产或半破产的境地。整个国民经济处于衰退状态。

在文化上,国民党相应地推行专制主义统治,实施新闻检查,颁布反动的出版法令,禁止进步书刊,封闭进步书店,破坏进步文化团体,迫害进步知识分子。正如毛泽东指出的,国民党"对于革命文化思想则采取极端残酷的白色恐怖。任何左翼的文学家、社会科学家,一切文化教育机关中的革命分子,都要受到国民党法西斯蒂的摧残,使一切教育机关变成黑暗的地狱,这就是国民党的教育政策"①。

自 1927 年到 1937 年十年间,在国民党统治区域,内战代替了团结,独裁代替了民主,黑暗的中国代替了光明的中国。蒋介石集团发动了十年的反共反人民的军事"围剿",同时配合着进行文化"围剿"。这种罪恶的"围剿",削弱了中国的力量,使得日本帝国主义乘虚进行野蛮的侵略。中国人民在共产党领导下,进行了长期艰苦的反对国民党军事"围剿"和文化"围剿"的斗争,反对日本帝国主义侵略的斗争。其结果是,国民党的军事"围剿"和文化"围剿"都遭到失败,而共产党领导的农村革命和文化革命进一步深入,民族解放运动迅速开展。

国民党统治区的教育就是在这种社会条件下发展变化,并为国民党的封建买办法西斯统治服务。

(二) 以"三民主义"治国与鼓吹"党化教育"

国民党对教育阵地相当重视,把教育作为服从于政治的工具、实施政治的手段。从教育与政治的关系来说,二者是互为因果的,"所以教育必须适应政治方面底要求,而政治必须仰仗教育方面底播种。……要使全国人民对于三民主义不但接受而且实行从政治上实现三民主义,便非有以实现三民主义为目的的教育不可"②。正因如此,就需要加以掌握和利用。1928 年 2 月召开的国民党第二届中央执行委员会第四次全体会议就宣称:"关于教育的建设,实为中国国民之生死关键。"1929 年 3 月召

---

① 《中华苏维埃共和国中央执行委员会与人民委员会向第二次全国苏维埃大会的报告》。
② 《全国教育会议报告·乙编》。

开的国民党第三次全国代表大会上，由党部宣传部提出的提案就强调："教育为立国之大本。国民精神生活与实际生活，能否臻于健全与畅遂，全视教育方针，能否适应民族与时代之需要。而国民革命之基础，若不充实之以教育的建设，则三民主义亦将无彻底实现之期。"蒋介石在抓政治、军事的同时也抓教育，认为这是"基础"。他说："国民革命之工作，尚未完成，其最大基础，实为教育。如此基础不固，危险实甚。"[①]

蒋介石集团在建立国民党政权之后，就确定了治国的政策。蒋介石说："我们中国要在二十世纪的世界谋生存，没有第二个适合的主义，只有依照总理的三民主义，拿三民主义来做一个中心思想，才能统一中国；……我们现在只有研究总理的三民主义，拿来做建设的方针，不要讲共产主义，不要讲国家主义，也不要讲无政府主义。……以党治国，是以党义治国，就以本党的三民主义来治中国。"[②]把"一个党""一个主义"的政策贯彻到教育方面，就是由国民党直接来规定教育方针，将教育方针纳入国民党的根本政策的轨道。当时由教育行政委员会通过的教育方针草案称国民党的教育方针为"党化教育"。这个草案对"党化教育"作了解释，并提出实施的要求："我们所谓党化教育就是在国民党指导之下，把教育变成革命化和民众化，换句话说，我们的教育方针要建筑在国民党的根本政策之上。国民党的根本政策是三民主义、建国方略、建国大纲和历次全国代表大会的宣言和议决案，我们的教育方针应该根据这种材料而定，这是党化教育的具体意义。……我们有了确定的教育方针，便要把学校的课程重新改

① 《教育杂志》第 22 卷第 5 号《教育界消息》。
② 《三民主义为中国的中心思想》。

组,使与党义不违背及与教育学和科学相符合,并能发扬党义和实施党的政策。我们应赶促审查和编著教科用的图书,使与党义及教育宗旨适合。"[1]

在国民政府的号令下,一些地方政府开始推行"党化教育",江浙两省尤其积极抢先。浙江省政府还公布了所拟订的《党化教育大纲》,把"党化教育"的要求及办法具体化。该文件要求以国民党训练党员之方法训练学生,使学生以国民党的思想为自己的思想,接受国民党的指挥而指挥民众,反对共产党及共产党的主张;要求以国民党的纪律为学校的纪律,用管党的办法来管教育,如在国民党组织中,只有党的自由,没有党员的自由,在学校中亦应只有学校的自由,没有学生的自由;要求保存中国固有的"好道德",建设"忠孝仁爱信义和平"的"新道德";要求以"三民主义"之中心思想确定学生的人生观;等等。从这些要求可以看出,国民党一夺取政权,就立即采取措施来控制教育。"党化教育"的推行,就是要使学校教育国民党化。

(三)"三民主义"教育方针的制定

国民党的"党化教育"受到革命人士的抨击,国民党内部解释也不一致,要求不一,各自以为是。因害怕理解不一,为"异党"所利用,国民党当局提出要将"党化教育"改变为意义更明确的名称。1928年5月召开的第一次全国教育会议,通过废止"党化教育"而代以"三民主义教育"的议案。所谓三民主义教育,就是以

---

[1] 《教育杂志》第 19 卷第 8 号《教育界消息》。

实现"三民主义"为目的的教育;就是各级行政机关的设施、各种教育机关的设备和各种教学科目,一切教育都以实现"三民主义"为目的。名称虽然改变,但实质还是与"党化教育"没有两样,不过是对实现"三民主义"的目的更加强调而已。

这个议案虽获通过,但未得国民党中央批准,没有立法的效力。国民党的训练部对这次会议的结果不满意,认为"关于三民主义教育宗旨说明书及大会宣言,于三民主义教育之真谛,既无所阐明;而于教育与党的关系,尤乏实际联络"①。所以,在同年7月,训练部又向国民党的中央执委会第五次全体大会提出议案,再作讨论。

1929年3月,国民党第三次全国代表大会把教育作为一个重要问题加以讨论,重点是确定方针政策。国民党宣传部在提案中声称:"过去本党因注意全力于障碍之扫除,对于教育,未暇为整个方针之树立。今当全国统一,训政开始,本党在政治上之地位与责任,更不同于往日。……本党于此,若不明定教育之方针,确立实施之原则,作全国更始之基,洗放废因循之弊,则不唯训政时期一切救国建国之计划,感跬步之难行,而国家民族今后之生机,势必陷于困危而无可救。"②大会经过讨论,认为必须确定整个教育方针与政策,其根本原则必须以形成"三民主义"的文化为中心。议决教育宗旨如下:

中华民国之教育,根据三民主义,以充实人民生活,扶植社会生存,发展国民生计,延续民族生命为目的;务期民族独立,民权

① 《第一次中国教育年鉴·甲编》。
② 《第一次中国教育年鉴·甲编》。

普遍，民生发展，以促进世界大同。[1]

同时，大会还规定教育宗旨的八条实施方针：

（一）各级学校之三民主义之教育，应与全体课程及课外作业相贯连。以史地教科，阐明民族之真谛；以集团生活，训练民权主义之运用；以各种之生产劳动的实习，培养实行民生主义之基础；务使智识道德，融会贯通于三民主义之下，以收笃信力行之效。

（二）普通教育，须根据总理遗教，以陶融儿童及青年"忠孝仁爱信义和平"之国民道德，并养成国民之生活技能，增进国民生产能力为主要目的。

（三）社会教育，必须使人民认识国际情况，了解民族意义。并具备近代都市及农村生活之常识，家庭经济改善之技能，公民自治必备之资格，保护公共事业及森林园地之习惯，养老恤贫防灾互助之美德。

（四）大学及专门教育，必须注重实用科学，充实学科内容，养成专门智识技能，并切实陶融为国家社会服务之健全品格。

（五）师范教育，为实现三民主义的国民教育之本源，必须以最适宜之科学教育，及最严格之身心训练，养成一般国民道德上学术上最健全之师资，为主要之任务。于可能范围内，使其独立设置，并尽量发展乡村师范教育。

（六）男女教育机会平等。女子教育并须注重陶冶健全之德

---

[1] 《第一次中国教育年鉴·甲编》。

性，保持母性之特质，并建设良好之家庭生活，及社会生活。

（七）各级学校及社会教育，应一体注重发展国民之体育。中等学校及大学专门，须受相当之军事训练。发展体育之目的，固在增进民族之体力，尤须以锻炼强健之精神，养成规律之习惯，为主要任务。

（八）农业推广，须由农业教育机关积极设施……[①]

1929年4月26日，国民政府通令公布教育宗旨及其实施方针，认为这是"以党建国，以党治国"的根本大计，关系至为重大。

为了使全国各级各类学校的全部课程及一切设施与"三民主义"教育紧密联系，使知识道德及体育均融会贯通于"三民主义"之下，1931年9月，国民党第三届中央执委会通过《三民主义教育实施原则》，使三民主义教育方针更加具体化。

至此，教育方针的制定算告一段落，历时数年之久。所以，同年11月召开的国民党第四次全国代表大会通过的决议说："过去数年之间，吾党尽其全力于确立三民主义之教育宗旨，与制定三民主义之教育计划，费无限之精力，经无限之困苦……"[②]此后，这个教育方针就成为国民政府制定教育法令、颁布教育规程的主要依据。

国民政府的"三民主义"教育方针选择一些漂亮词句，说得冠冕堂皇，实质却是非常反动的。他们所说的"三民主义"，已非孙中山在《国民党第一次全国代表大会宣言》中所解释的具有革命精神的新三民主义，而是变了质的反人民的假三民主义。孙

---

① 《第一次中国教育年鉴·甲编》。
② 《第一次中国教育年鉴·甲编》。

中山的三民主义是"民族独立、民权自由、民生幸福",是实行联俄、联共、扶助农工三大政策的三民主义。这个革命的新三民主义与共产党在新民主主义革命阶段的政治纲领基本上是相同的,因此它能成为中国共产党和国民党合作的政治基础。蒋介石集团叛变革命之后,已经抛弃了孙中山的三大政策,篡改了孙中山的三民主义,但仍要抓住三民主义的旗帜进行政治欺骗。他们宣传"民族主义",而实行投降帝国主义的不抵抗主义,干着出卖祖国利益的勾当;宣传"民权主义",而实行法西斯主义来反共反人民,取消人民的一切自由民主;宣传"民生主义",而实行封建买办的垄断资本主义,残酷地剥削工人、农民。国民党此时的"三民主义",是联帝反共反人民的"三民主义",它的教育方针就是以这种"三民主义"的精神为根据的,是这种"三民主义"的贯彻实现。

二、 国民党加强控制教育的措施

国民党在广州成立国民政府时就设有管理教育的行政机关,称"教育行政委员会"。1927 年 4 月 18 日,蒋介石集团建立南京国民政府。6 月 13 日召开的政治会议决定撤销教育行政委员会,组织大学院作为全国最高学术教育行政机关,并在部分省市试行大学区制。在试行过程中,派系纷争,矛盾重重,难以继续推行。1928 年冬,国民政府进行政府改组时,废除大学院,分设中央研究院和教育部。教育部下设总务司、高等教育司、普通教育司、蒙藏教育司、华侨教育设计委员会及编审处,分头管理教育行政事务。

蒋介石集团上台后，将学校中的革命活动视为眼中钉，认为学校的风波影响了社会。为了稳定社会秩序，巩固其统治，蒋介石强调要把整顿教育作为重要任务。他说："各种教育欲求改革，……非用革命手段不为功。当本党在北伐未成功以前，工作均集中于北伐方面，即重在破坏，而未能尽力于教育，……现在训政业已开始，教育尤应注意建设。……现在社会上、政治上需要最切又最重要者为有条理秩序之教育。若再一味任其自由浪漫，则前途非常危险。"因此，国民党决定要"矫正从前教育上放任主义之失，而代之以国家教育之政策"，采取严厉措施加强对教育的控制。①

国民党当局先后采取加强控制教育的措施，主要有以下几方面。

（一）镇压学校中的革命运动

国民党为了消除学校中的革命思想和革命活动，在"清党"的名义下剥夺教师和学生的言论、集会、结社、通信、行动等一切自由，采取极端恐怖手段来摧残学校中的革命分子。据有关材料揭露，"对于知识分子及学生群众，则一年以来，战争最多之区如两湖，简直停办一切学校，中小学生及小学教员，大半被赤化之名，非遭杀戮即已逃亡"②。其他地方的情况也类似。如上海特别市清党委员会就大批开列名单，通知学校，声称"某某等学生，确系共党分子，根据本党党化教育方针，应即将该生等开除学籍，万不

---

① 缪彻言.第二次全国教育会议始末记[M].上海：江东书局,1930：53-54.
② 《中国共产党中央执行委员会告小商人学生自由职业者及国民党中的革命分子》。

可稍予姑容,责令学校执行"。浙江省政府命令宪兵及警察随时搜查大中学校,逮捕有共产党嫌疑的学生,被押候讯究的有数十名。国民党的反动口号是"宁可杀错一千,不可漏网一人",使军警放手任意枪杀学生。四川当局为镇压共产党,不惜以最严厉之屠杀政策对待青年学生。1930 年 11 月,成都学生被明令枪决或遭杀害者,达三百余人。当时报刊揭露:"军警机关之杀人,既不搜索证据,亦未宣布罪名,凭一连排长之喜怒,即演流血之惨剧。"①自 1927 年到 1932 年以前,国民党屠杀了百余万革命者,其中有不少是革命的教师和学生。

国民党还担心仅开除、逮捕、屠杀部分革命分子仍不足以遏止革命思想的传播,为了阻断革命者和群众的联系,往往以"防共"为名,或停办学校,或查封学校,解散全体师生。湖南省、江西省 1927 年下半年明令停办全省中等学校,云南省 1928 年上半年停办中等以上学校。又如,上海先后查封了上海大学、大陆大学、华南大学、建华中学等,南京查封了晓庄学校等,其他各地均有停办及查封等事发生。国民党摧残教育的倒行逆施遭到共产党领导下的进步教师和学生的反抗,他们的正义斗争得到社会各阶层人民广泛的同情和支持。

国民党的压迫越甚,引起学生的反抗越烈。学生运动席卷各省市,他们公开集会,散发传单,甚至联合罢课,抵制国民党任命的校长,要求改良校务,争取言论自由。这些行动冲击着反动统治的秩序,因而被视若洪水猛兽,国民党急欲加以扑灭。1928 年召开的第一次全国教育会议就公然反对学生运动,并提出"学生

① 《教育杂志》第 22 卷第 12 号《教育界消息》。

参加群众运动的标准"加以限制。1930年,国民党中央制定《学生团体组织原则》和《学生自治会组织大纲》,规定学生团体"以在学校以内组织为限","以不侵犯学校行政为限",并把学生的社会活动置于国民党地方党部和地方政府的管制之下。

虽有条规限制运动,但学生运动一起来就冲破了这些条规。从1930年对江西苏区的军事"围剿"开始,国民党在统治区内也加强了法西斯统治。当时蒋介石一人独揽大权,既为行政院长,又兼教育部长,于1930年12月6日发布《整顿学风令》,叫喊学风不良,称"不惟教育破产,抑且有亡国灭种之忧",宣布一切罢课、集会皆为非法行为,责令"学生惟当一意力学,涵养身心,禀古人思不出位之训戒,奉总理三民主义为依归,不得干涉行政,致荒学业",如有违令越轨者,政府要"执法严绳,以治反动派者治之,决不稍事姑息"。随后,蒋介石又签署《告诫全国学生书》,气急败坏地说"各地学校学风之败坏与学潮之蜂起,若非立即严加纠正,将如洪水横流,为害无所底止",狂叫"破坏法纪之学潮,自与反革命无异,政府自当严厉制止,如法惩处"。[①] 在反动政府的镇压下,学生运动一时处于低潮,但革命思想的传播是无法禁止的。

(二) 把学校直接置于国民党的控制之下

国民党运用行政高压手段来控制学校。公立学校中,校长非国民党者皆罢去,由教育厅局另派国民党党员为校长,这些人或者是国民党头目的"皇亲国戚",或者是依附国民党头目充当爪牙

① 《教育杂志》第23卷第1号。

的"忠实同志"。他们一上任,也都带来自家的人马,在学校中实即代表国民党的势力,卖力贯彻国民党的反共反人民政策。

国民党在学校中除了依靠公开的专制统治之外,还依靠秘密的特务机构实施恐怖统治,这种特务机构就是 CC 系(CC 是"中央俱乐部"英译名的缩写,后来改组为"中央执行委员会调查统计局",简称"中统")和复兴社(也称"蓝衣社",后改组为"军事委员会调查统计局",简称"军统")。这种法西斯特务组织的成员包括一些社会上堕落的、卑鄙无耻的政客、市侩、流氓、无赖等各种分子,他们渗透到各种教育机构中,形成一个监视网,镇压师生的爱国民主运动,把教育机关变成黑暗的地狱。

为了严格管制学生的思想和行动,国民党还建立了严密的训育管理制度。学校中的训育主任、生活指导员、党义教员或公民教员由经过审查的国民党党员充当,他们的任务主要是:(1)时时与学生接近,借以匡正其思想、言论、行为;(2)随时调查学生平时所阅刊物及其所发表之言论;(3)随时调查学生平时交友种类及其行为。这些反动的教职员随时随地都可以干涉学生的思想和行动,以体罚、记过、开除作为压制的手段。

(三)实行法西斯的军事训练和军事管理

国民党把学校作为兵营,用管理军队的办法来管理学校。1929年1月,教育部和军事委员会训练总监部公布修正后的《高中以上学校军事教育方案》,规定:凡大学、高级中学及专门学校、大学预科并其他高等以上学校,除女生外均应以军事教育为必修科目,其修习期间均定二年。女生则于同时学习看护。进行军事教育的学校,由训练总监部选派军官作为教官,学生按军队的编制进行组织。全校设总队队部,下分大队、中队、区队,与团营连排的编制相当。各级队长实际上都是国民党的特务人员,时时监视学生的行为。军事教育作为一门特殊的课程,每星期三学时。此外,每年暑假期间,还要连续实施三星期极严格的军事训练。实际上,这些训练并没有让学生学习到什么真正的军事技术,主要目的还在于进行思想训练,通过经常的"精神讲话",灌输反动的思想信念,养成服从精神。

对于初中及小学,实行童子军训练。童子军教官从参加过庐山暑期训练团和峨眉山暑期训练团,受过特务训练的人员中选派。对童子军的训练管理特别强调纪律。按规定,童子军必须遵守的纪律有 11 种 76 条,对学生的一切行为都严加限制,如寝室规则就有一条规定:"如遇检查或正副团长莅临时,须由值日生或先见者呼立正口令,各人按原来位置立正,非有命令,不得稍息,长官出室时同。"这类管理训练的目的在于培养绝对服从精神,如发现有违纪现象,则采取一切惩罚手段,包括体罚、禁闭等,其结果都是对青少年身心施加摧残。

(四) 对私立学校的"管理"和"整顿"

在北洋军阀统治时期,政府对私立学校的管理缺乏明确的制度,既不能提供许多教育经费,对学校的设置也不过问。私人或团体能筹集经费者,一般均可开办中小学,甚至可以开办大学。外国人在中国开办学校更是随其所欲,无须向政府申请立案,所以中国的教育权有相当一部分操在外国人手里。

国民政府认为这是放任主义的政策，导致产生私立学校滥设的现象，而要纠正这种现象，必须由政府施加管理和控制，因而开始采取整顿措施。国民政府于1929年8月公布《私立学校规程》，后来经过修改，在1933年10月再公布《修正私立学校规程》。该规程规定，凡私立学校，不管是中国人办的还是外国人办的，都必须经过主管教育行政机关的核准。报请立案和设立学校必须遵照一定程序，先要陈述理由，申请设校，经认可之后，再呈报设校所准备的条件。如在经费方面，高级中学必须有5万元开办费、3万元经常费；初级中学必须有2.5万元开办费、2万元经常费。经派员审查，认为符合设校要求，才批准登记立案，禁止先设校后报请立案的做法。该规程强调："私立学校须经主管教育行政机关立案，受主管教育行政机关之监督及指导"；"私立学校办理不善或违背法令时，主管教育行政机关得撤销其立案或令其停办"。这就把所有的私立学校都放在国民政府的"管理"之下，国民党就利用这个法令来压制和摧残私立学校，如不听从其反动号令，未纳入其"一党专政"的轨范，就可以指责学校"办理不善"或"违反法令"，勒令学校改组或停办。有些私立学校没有报请立案，教育部就严令取缔，禁止这些私立学校招收新生。1934年7月，教育部通令各省市教育厅局，学生不得投考未经批准立案的私立学校，高等学校也不得招收未立案的中等学校学生。这样一来，非官办或非官方准办的学校简直无法存在，对教育的发展起了阻碍作用。

国民党为贯彻其"三民主义"的教育方针政策，公布了各级学校法和规程，如《大学组织法》(1929年7月)、《大学规程》(1929年8月)、《中学法》(1932年12月)、《中学规程》

（1935 年 6 月）、《小学法》（1932 年 12 月）、《小学规程》（1936年 7 月）、《职业学校法》（1932 年 2 月）、《职业学校规程》（1947年 4 月）等，使各级学校皆有"法令""规章"可循。私立学校也不例外，组织课程及其他一切事项也必须遵照这些"教育法令"办理。确定学校标准在当时对于提高私立学校的质量起了一定的作用。如一些原来设备简陋、师资不足的私立大学，曾盛极一时，却名不副实。《大学组织法》严格规定大学的设立标准，不合标准者不准立案而令其取消。开始时，大学数量曾有减少，而获准立案者则较注意充实其内容，提高其水平，理工农医等院校提高水平略为明显。

国民政府对宗教团体、外国人开办私立学校曾做出一些限制，如规定私立学校不得以宗教科目为必修科及在课外作宗教宣传。宗教团体设立之学校如有宗教仪式，不得强迫或劝诱学生参加。在小学及其同等学校，不得举行宗教仪式。实际上，教会学校并不照办，国民党当局也不闻不问。这些中等以上的教会学校只是把宗教科由必修改为选修，仍然保留，宗教宣传活动并没有受到限制。如规定"外国人不得在中国境内设立教育儿童之小学"，"外国人设立之私立中等以上学校，须以中国人充任校长或院长"，虽然形式上外国人办的小学都移交给教会管理，但教会实际上仍由外国人控制。教会大学或中学名义上改由中国人充任校长或院长，可是掌管学校经济和用人行政的最高权力机构是托事部或董事会，仍由外国人控制。国民党吹嘘其贯彻《私立学校规程》，实现了收回教育权的要求，是我国现代教育史上"最可注意"的事情。

（五）规定课程标准，实行教科书审查

为了进一步控制学校教育，国民党对学校课程及教科书的管理趋于严格。1928年教育部重建之后，公布了中小学课程暂行标准。1931年4月公布《中小学课程及设备标准编订委员会章程》，这个委员会的主要任务是编制幼稚园、小学、中学各种课程标准。1932年10月公布幼稚园及小学课程标准。同年11月又公布中学课程标准。小学的课程有公民训练、卫生、体育、国语、社会、自然、算术、劳作、美术、音乐，共10个科目。初级中学的课程有公民、国文、英语、历史、地理、算学、物理、化学、动物、植物、体育、卫生、劳作、图画、音乐，共15门课。高级中学的课程有公民、国文、英语、中国历史、外国历史、中国地理、外国地理、算学、物理、化学、生物、体育、卫生、军事训练（女生习军事看护）、伦理、图画、音乐，共17门课。这些课程据说是为了严格训练青年的身心，培养所谓健全的国民而制定的。根据这些规定，学生的课程负担加重，学校不能以缺少某些科目教员为借口而自行决定课程的增减。

国民党在其《三民主义教育实施原则》中规定，中小学的全部课程编制应以"三民主义重要的观念"为中心。1929年11月，教育部公布《教科图书审查规程》，明文规定："学校所用之教科图书，未经国民政府行政院教育部审定或已失审定效力者，不得发行或采用。"在《审查教科图书共同标准》中，首先开列的是三项政治标准：（1）适合党义；（2）适合国情；（3）适合时代性。这些规定是严格控制教科书和教材的重要措施。后来，国民党对于教科

书由书商编辑又产生疑问,担心书商编辑的教科书不能有效地贯彻"三民主义"的方针政策,因此提出中小学教科书应当由政府编纂,办法是由教育部的普通教育司与国立编译馆会同办理,自1933年至1935年,将中小学教科图书分三期编纂。虽然两年时间编不齐全新的教科书,但这表明国民党对于控制教科书是很重视的。

(六)实行毕业会考制度

国民政府教育部在1932年5月公布《中小学毕业会考暂行规程》,规定:"各省县市教育行政机关为整齐小学、初级中学、高级中学普通科学生毕业程度及增进教学效率起见,对于所属各中小学应届毕业经原校考查及格之学生举行会考。"通令各省市教育厅局积极筹办。教育部在1933年12月公布《中学学生毕业会考规程》,对会考的办法作了详细的规定;1935年4月又公布《师范学校学生毕业会考规程》,也严令实行。

实行会考制度,毕业班要继续升学的学生在短时期内连续进行三次考试,毕业考试及格后才准予参加毕业会考,毕业会考及格后取得毕业资格,才准予参加升学考试。这就迫使学生为了个人前途,要埋头于功课,把精力用在应付考试上。参加会考的学生,大多数在半年内要投入准备,对于必考的科目,普遍增加课时;而对于免考的科目,则停授或减少课时。那时很多学生精神紧张,睡眠顿减,食欲不振,连活动也不参加。大部分人以《会考指南》作为必读书以应付会考。会考表面上是为了整齐学生毕业程度,增进教学效率,实际上被国民党作为一种政治手段,它的直接目的就是抵制革命思想、消除学生运动,用加重学生课业负担和考试淘汰的办法使学生不能过问国家政治,不能上街游行请愿,只能"循规蹈矩",回到教室里去。

会考制度的直接受害者是学生,故首先遭到学生的反对。据 1936 年中国教育学会平津两分会关于会考实际经验的调查,初中毕业生明确表示反对会考者,占被调查者的 54.74%;高中毕业生明确反对者,占 62%。[①] 这仅是在已升学的学生中的部分调查统计,如果再把未升学的学生也包括在调查的范围内,则反对的比例肯定更大。会考制度摧残青年学生,遭到进步人士的激烈抨击。鲁迅在 1933 年 7 月写了《智识过剩》一文,对会考制度加以讽刺和批判。他指出:"中国不是也嚷着文法科的大学生过剩吗? 其实何止文法科。就是中学生也太多了。要用'严厉的'会考制度,像铁扫帚似的——刷,刷,刷,把大多数的智识青年刷回'民间'去。"[②]这是以"铲除知识"防止学生造反来推行法西斯文化专制主义的又一措施。会考制度虽遭反对和批判,但国民党还是顽固地继续推行。

(七) 提倡"新生活",恢复旧道德

国民党制定的教育实施方针要求中小学校都陶融儿童及青年"忠孝仁爱信义和平"的国民道德。这就是要保存和宣扬固有的封建道德,来毒害青少年的思想。国民党行政院 1931 年发布第三三五六号训令,限令各学校制造匾额,一律蓝底白字,横书

---

① 《教育杂志》第 26 卷第 4 号。
② 鲁迅.鲁迅全集:第五卷[M].北京:人民文学出版社,2005:236.

"忠孝仁爱信义和平"八字,悬挂在礼堂或公共场所,为的是使师生对此训民要则,见之怵目警心,时刻勿忘。[1] 九一八事变之后,东三省沦丧,蒋介石为了掩盖其卖国的罪行,说:"现在我们要救国,只有教育! 只有救国的教育振作民族精神,以我们有余的精神,补我们不足的物质,来完成复兴的大业!"[2]所谓"振作民族精神",就是要恢复"忠孝仁爱信义和平"的旧道德,这"八德"是"国家和民族的灵魂"。欲恢复"八德",就要先实践"礼义廉耻",而实践"礼义廉耻"就要从生活中的衣食住行做起。要使人人的衣食住行统统都合乎"礼义廉耻",只有如此,才能成为文明的国民,国家和民族也才可以复兴。蒋介石为了提倡旧道德,变出新花样,1934 年 2 月 19 日在南昌行营扩大总理纪念周作了《新生活运动之要义》的讲演,发动了一场"新生活运动"。他规定的"新生活运动"的中心准则,"就是要使我们全部生活都合乎礼义廉耻"。蒋介石又把"新生活运动"纳入军事统治的轨道,他说:"我现在所提倡的新生活运动是什么? 简单的讲,就是使全国国民的生活能够彻底军事化! ……所谓军事化,就是要整齐、清洁、简单、朴素,也必须如此,才能合乎礼义廉耻……"在国民党的强制命令下,各地学校都推行"新生活运动",其结果是既加强了封建道德思想灌输,又加强了军事训练和童子军训练。

自清末以来,凡是要恢复旧道德的,都提倡"尊孔读经"。蒋介石集团注意到这种"经验",也沿袭"尊孔读经"的老办法。1934年,国民党中央委员会通过了尊孔祀圣的决议,要求学校普遍举行纪念孔丘的活动。7 月,颁布《先师孔子诞辰纪念办法》,规定以

---

[1] 《教育杂志》第 23 卷第 9 号《教育消息》。
[2] 蒋介石 1933 年 3 月 3 日在江西教育讨论会议上的讲话。

农历八月二十七日为纪念日,放假一天,开大会纪念,宣传的重点是介绍孔氏的伦理学说,利用纪念日作为封建道德的宣传日。至于读经,国民党要人不断加以鼓吹。湖南军阀何键是主张读经最卖力的,他在《对于读经问题的意见》中说:"国于天地,必有与立。与立者何? 民族精神其大端也! 中山先生谓我民族生而有忠孝仁爱信义和平诸德,是即我国民性也。……然欲培养而扩充之,读经纵非唯一之资料,然不能不谓为第一有力之资料矣!"[①]1934年,湖南、广东等省国民党当局强令中小学读经,将四书、五经及古文选编为教科书的内容,作为陶融儿童、青年的国民道德的重要材料。蒋介石对于经书古文的提倡也特别卖力,他极推崇曾国藩的作品。根据他的意旨,曾国藩的家书也被选为中学的教材。"尊孔读经"成为禁锢青年学生思想的手段。

(八) 在农民革命地区推行特种教育

蒋介石集团妄图用军事"围剿"扑灭中国共产党领导的农民革命运动。在四次"围剿"失败之后,第五次"围剿"即将开始,蒋介石提出"三分军事、七分政治"的"围剿"方针,特种教育就是他所认为的政治"围剿"的一种工具。

在农民革命地区,中国共产党宣传的革命思想在成人和儿童脑海中深深扎根。后来国民党军队侵入这些地区,对农民思想中的革命倾向不能全凭武力来消除,因而就利用教育来消除革命思想的影响。这就是蒋介石推行特种教育的主要目的。

① 《教育杂志》第 25 卷第 5 号。

特种教育开始于 1933 年。当年 3 月 23 日,国民党第四届中央执行委员会通过《特种区域暂行社会教育实施办法》,并立即公布施行。根据该办法的规定,所谓"特种区域",指的是革命根据地周围和游击地区。到 1934 年 10 月红军开始长征以后,所谓"特种区域",主要指的是农民革命所在的地区。

蒋介石认为推行特种教育是占领革命地区后的一项紧急任务,于是命令组织赣、闽、皖、鄂、豫五省特种教育委员会,直属于军事委员会委员长行营领导。委员会成立后即拟订《赣闽皖鄂豫五省推行特种教育计划》,五省各设特种教育处,由该省的教育厅厅长兼任处长,负责推行。

特种教育的任务是"教、养、卫"三者兼施。具体地说,施行公民训练,以纠正民众思想;施行职业训练,使农民有生产的技能;施行自卫训练,使地方有自卫的组织和力量。

特种教育的主要目的在于消除革命思想的影响,其对象包括革命地区一切受过革命思想影响的成人、儿童和妇女。蒋介石集团认为:

成人是社会的中坚分子,应该视为特种教育的真正对象,尤其是被赤化的成人,他们的思想错误急待纠正。至于儿童是国家未来的主人翁,儿童思想之纯正与否,关系国家前途甚大。赤匪足迹所到之处,列宁小学,随之而设,每县常以百数十计,足见赤匪对于儿童异常重视,所以我们对儿童,亦宜积极训练,因为儿童受教育的可塑性较大,他们受了麻醉,长大了便是习性难改,感化不易,故应及早施以特种教育以转变其思想。讲到妇女们,因为负教养儿童的重大责任,她们濡染赤化,为害更大,所以妇女也是特种教育对象的一种。[①]

　　特种教育的实施机关是中山民众学校,分设两种班次:一为儿童班,一为成人班。儿童班招收 7 岁以上 16 岁以下的少年儿童,40 至 60 人编为一班,每天上课两小时,一年毕业。16 岁以上的进成人班。成人班主要的课程为公民,该课程的首要任务是宣扬"三民主义",提倡"忠孝仁爱信义和平"等固有道德,讲授公民生活常识。这就是实行反动的宣传,以消灭被压迫阶级的革命思想。其次为自卫,该课程施行保甲、保卫、打靶、侦探的训练,担任建筑碉堡、挖掘战壕、修筑道路、组织"铲共义勇队"、搜查游击队以及埋藏枪械等。从成人班的课程内容,便可以清楚地看到特种教育的反动性。中山民众学校组织"铲共义勇队",已成为地方的反共武装组织,引起农民的对抗。农民担心其子弟被骗当了国民党士兵,有人便将子弟送往远道亲戚家躲避,以抵制入学受训。

　　以上八个方面的主要控制措施,使得从大学到小学、从公立学校到私立学校、从城市学校到农村学校,都控制在国民党手里,成为实行封建买办法西斯统治的重要工具。

三、 国民党统治区教育发展迟缓和学生爱国民主运动的开展

(一)教育发展迟缓的情况及原因

　　国民党政权对教育采取的措施归结起来有两方面:一是整顿

---

① 程其保,等.教养卫合一之新教育——特种教育[M].3 版.南京:正中书局,1937:4.

各级学校，使之由国民党控制；一是根据政治需要和经济条件安排教育发展计划。1930年4月召开的第二次全国教育会议决定，由教育部组织教育方案编制委员会，制成实行整顿及发展全国教育之方案。

关于教育的发展，国民党当局大力宣传要推进义务教育，这是有其政治原因的。他们认为："一般国民，倘不受最低限度之教育，则无论从政治建设，物质建设，或教育本身而言，均有极大不利。从政治的建设言，则凡党义之宣传，自治之训练，国家观念之养成，民族意识之培植，均将有不可克服之障碍，丁兹内忧外患交迫之时，此种障碍，至可忧虑。就物质建设而言，则一切科学常识，乃至最简单之卫生知识，均将无法使一般国民了解，一切建设，自亦无法望其协作。"①他们感到，全国有百分之八十以上不识字的民众和大多数没有受教育机会的儿童，实在是国民党推行训政和建设的障碍，也是推进封建买办法西斯文化的大阻力。因此，在安排教育发展计划时，国民党突出地强调义务教育。

第二次全国教育会议对教育发展的先后缓急做出了明确的规定："在训政六年期内，对于义务教育和成年补习教育，主尽量推进；而对于中等教育和高等教育，主整理充实，先求质量的提高，不遽作数量的增进。固然，为应目前最迫切需要，应该以大部分物质精神的力量，集中在义务教育和成年补习教育上面，但为提高文化的程度，中等教育和高等教育，在目前是确实有整理充实的必要。"由此可见，国民党以推进义务教育为重点。

国民党在1928年2月召开第二届中央执行委员会第四次会

---

① 《教育杂志》第25卷第7号。

议,发布的宣言中提出要"普及国民教育,提高民众智识"。大学院也曾通令各省市组织"义务教育委员会",推行义务教育。1931年公布的《中华民国训政时期约法》还规定,"已达学龄之儿童应一律受义务教育"。第二次全国教育会议还专门拟定了《实施义务教育计划》,目标是"使全国学龄儿童都受四年的义务教育"。可是,这些都是纸上谈兵的东西,并没有积极的实际行动。所谓"逐渐推广",准备延缓到 20 年后才实施。到 1932 年,义务教育仍然是空谈,教育部又玩弄新花招,降低四年义务教育的要求,颁发《短期义务教育实施办法》及《第一期实施义务教育办法大纲》,并把推行义务教育的责任都推给地方当局,通令各省市"斟酌"地方情形,拟具计划,督促试行。虽然上报"义务教育实施计划"的有 18 个省市,但是宣传了三年,实际上毫无进展。1935 年,教育部又重新拟定并公布《实施义务教育暂行办法大纲》,把义务教育分三期推行:第一个五年,要使学龄儿童受一年义务教育;第二个五年,要使学龄儿童受两年义务教育;到第三个五年,才开始搞四年义务教育。从这里可以看出,国民党是企图用短期小学的办法来搪塞义务教育的诺言,但就是连一年义务教育这个最起码的要求,在抗日战争前也没有实现。所以,《中华民国训政时期约法》的规定只是纸面上的东西,国民党从来不想付诸实施。从国民党大吹大擂所谓"重点推行义务教育"的情况来看,这只不过是自欺欺人之谈,整个教育事业的发展情况也可想而知了。

国民党代表大地主大资产阶级的利益,在文教上实行的是愚民政策,把工农及其子女排斥于学校门外,所以国民党统治区的教育发展一直处于十分迟缓的状态。

下面就根据国民党公布的统计数字,看其教育情况。

初 等 教 育
（包括幼稚园）

年度	学校数 （所）	学生数 （人）	教职员数 （人）	经费数 （元）
1928	缺	缺	缺	缺
1929	212 385	8 882 077	缺	64 721 025
1930	250 840	10 948 977	568 484	89 461 977
1931	259 863	11 720 596	546 032	93 625 514
1932	263 432	12 223 066	557 840	105 631 808
1933	259 095	12 383 479	556 451	106 805 851
1934	260 665	13 188 133	570 434	106 594 685
1935	291 452	15 110 199	610 430	111 244 207
1936	320 080	18 364 956	702 831	119 725 603
1937	229 911	12 847 924	482 160	73 444 593

（据《第二次中国教育年鉴》第十四编第 59、63 页及《第一次中国教育年鉴》丁编第 161 页）

中 等 教 育
（包括师范及职业学校）

年度	学校数 （所）	学生数 （人）	教员数 （人）	经费数 （元）
1928	1 339	234 811	缺	24 602 366
1929	2 111	341 022	缺	35 988 173
1930	2 992	514 609	41 350	48 713 057
1931	3 026	536 848	60 594	54 055 942
1932	3 043	547 207	61 322	55 318 532

年度	学校数 （所）	学生数 （人）	教员数 （人）	经费数 （元）
1933	3 125	559 320	61 638	56 644 838
1934	3 140	541 479	59 260	55 479 399
1935	3 164	573 262	60 166	58 935 508
1936	3 264	627 246	60 047	61 035 605
1937	1 896	389 948	33 497	30 396 758

（据《第二次中国教育年鉴》第十四编第 32、41 页及《第一次中国教育年鉴》丁编第 114 页）

高 等 教 育
（包括专科学校）

年度	学校数 （所）	学生数 （人）	教员数 （人）	经费数 （元）
1928	74	25 198	5 214	17 909 810
1929	76	29 123	6 218	25 533 343
1930	85	37 566	6 985	29 867 474
1931	103	44 167	7 053	33 619 237
1932	103	42 710	6 709	33 203 821
1933	108	42 936	7 209	33 574 896
1934	110	41 768	7 205	35 196 506
1935	108	41 128	7 234	37 126 870
1936	108	41 922	7 560	39 275 386
1937	91	31 188	5 657	30 431 556

（据《第一次中国教育年鉴》丁编第 30—31 页及《第二次中国教育年鉴》第十四编第 4 页）

上述统计数字是国民政府为了炫耀教育发展成绩而公布的，未免带有夸张性质。即使根据这些数字，在 10 年间，初等学校只增加 17 526 所，学生只增加 3 965 847 人；中等学校只增加 557 所，学生只增加 155 137 人；高等学校只增加 17 所，学生只增加 5 990 人：进展是极其迟缓的。

根据 1931 年的统计，全国人口 474 787 400 人，与入学的学生数比较，每万人口中，小学生只有 246.85 人，中学生只有 11.3 人，大学生只有 0.93 人。由此可见，能入学的学生少得可怜。

国民党统治区教育发展迟缓，处于落后状态，有其深刻的社会政治原因。第一，国民党政权对教育事业口头上承认其重要性，实际上并未将其放在重要位置。国民党搜刮民脂民膏，征收名目繁多的苛捐杂税，但在总预算中用作教育经费的开支却很少。根据公布的材料，教育经费在总预算中的比例如下：

年　度	1929	1930	1931	1932	1933	1934	1935	1936
教育经费在总预算中的比例	2.30％	1.46％	3.77％	3.20％	不详	不详	4.80％	4.48％

即使根据这些数字，在总预算中教育经费最高也不过占 4.80％，而最低的年份仅占 1.46％，连国民党自己也承认"数目甚少"，根本不够应用。第二，教育经费毫无保障。国民党政权根本不保证把教育经费用于教育事业，还经常将教育经费用作反革命的军费，使教育事业处于难于维持的状态。1928 年 2 月，湖南公私立中学校长的呈文就说："惟旧历年关以前，政府只顾扩张军备，所有收入，概行挪作军费，对于各校筹备开学所需经费，一文不发。

各校长虽奉委任,事实上毫无进行。"①教育经费被夺占,向国民党军阀去乞求同情是没有用的。杨贤江在《新教育大纲》中指出:"军费不够,可以随时随地印公债票,抽特别捐以补足之,有时更老实不客气地挪用教育费,教育费不够甚或被挪用时,你做老师的伸着喉咙叫屈,痛哭流涕地请愿,有谁个来怜恤你?"学校因缺乏经费而停办的不少。1931年7月,一份报纸登载松江县教育界呼吁的消息:"松江教育经费,市一再减削,困难已甚。不料……又将已经核准之二十年度预算减去三万七千余元之巨,达全县教费总数十分之三,且主张停办学校至三十余所。"②这是一县的情况,其他各地也相类似。已办的学校都难以维持,更谈不上办新的学校。学校数量有限,难以满足青少年求学需要。中学、大学举行入学考试时,应考者多,录取者少。各地都有大量失学的学生。第三,劳动人民贫困,负担不了学费而被排斥于教育门外。国民党统治区的学校,中小学公立的只占小部分,私立的则占大部分。不论公立、私立学校,学生都要缴纳学费,所交纳的款额非一般劳苦人民的家庭所能负担。当时曾有人作过调查,"受高级小学教育一年,至少须用费银五十圆。受中学教育一年,至少须费银百六十圆至二百圆。受大学教育一年,至少须二百圆至三百圆。以今日全国人民之经济能力而论,年出五十圆至三百圆钱以买得受教育之机会者为数实少。此今日教育之所以只能为少数富人所独有也"③。因此,适龄儿童入学率低。据国民党政权的统计,1930年,入学儿童只占学龄儿童的22.07%;至1936年,稍有

---

① 《教育杂志》第20卷第3号《教育界消息》。
② 《教育杂志》第23卷第9号《教育界消息》。
③ 《教育杂志》第21卷第2号。

增加，也只占 23.42％。[①] 能入学的多数是富家子弟。国民党头目们对此也不得不承认："顾目前之学校教育显为少数有财者之专利，一般贫寒子弟，不仅无受中等教育之望，即欲领受小学教育亦不可能。"[②]第四，国民党政权对少数民族实行歧视政策，使少数民族地区的教育处于极落后的状态。据 1930 年的统计，当时青海省每千人口中，入学儿童仅有两人（强）；而西康省更差，仅有 0.17 人。在十年中，这些少数民族地区的教育事业几乎没有什么发展。

（二）学生爱国民主运动的开展

自从国民党政权开始屠杀革命的工农群众，学生反抗运动此起彼伏。十年间，学生运动连年不断。学生运动兴起的根源在于国民党的反动政策。由于国民党实行法西斯的"以党治国""一党专政"，对外投降帝国主义，对帝国主义的政治、经济、军事、文化侵略始终抱不抵抗主义态度；对内则取消一切民主自由，残酷屠杀革命的工农群众，加强经济掠夺，对知识分子和青年学生实行法西斯式的政治压迫和封建的奴化教育，这就激起青年学生的反抗。

青年学生是人民中有文化知识的群体，富有青春的朝气和爱国的政治热情，容易接受进步的思想，反抗压迫奴役。他们一面眼见帝国主义灭亡中国的威胁，一面又身受国民党法西斯统治的种种压迫，较容易接受共产党的宣传教育和领导，成为中国人民

---

① 《第一次中国教育年鉴》丁编第 169 页、《第二次中国教育年鉴》第十四编第 87 页。
② 《教育杂志》第 22 卷第 4 号《教育界消息》。

反帝反法西斯的先锋,成为国民党统治区反对文化"围剿"的重要力量。

国民党政权极力推行文化"围剿",最担心学生运动起来,打破他们的反动意图,冲击法西斯统治秩序,故对学生运动一贯持反对态度。1928年7月,蒋介石在《以三民主义完成国民革命》中说:"如仍照前一样,对政府有不满意时即集合开会不上课,或有对社会发生事故时,即集合游行示威,或教职员学生间不合意时,即相率罢课,此皆应废除,否则教育破产,国家亦破产。"依照蒋介石的旨意,国民党政权对学生运动采取高压政策。1932年7月发布的《整顿教育令》,再次对学生施加恐吓:"至于学生管理方针,亦决力矫宿弊,不事姑息放任,以逢长少数分子之嚣张。实行严格监督,以维持多数学生之安定。在此暑假期间,饬令各学校详慎审查,其有屡犯校规言行越轨者,宜分别惩戒。其有习气太深不堪栽成者,宣断然开除。若有狃于习气,违犯法律,或企图作大规模之破坏行动者,则授权当地军警,严厉制止,学校当局,不得曲为回护。"[①]为了压制学生运动,国民党使用种种手段:学生运动未爆发时,采取"防患于未然"的方针,一面加强奴化教育,一面加强特务工作;学生运动爆发时,一则欺骗分化,一则镇压屠杀。不论国民党采用何种手段,都无法消除学生运动。特别是当民族危机加深、亡国的威胁迫在眼前的时候,学生运动就更像澎湃的波涛,席卷全国。发动范围较广、政治意义最大的是"九一八"时期和"一二·九"时期的学生爱国民主运动。

1931年,日本帝国主义加紧侵略东北的阴谋活动,在其他帝

---

① 《教育法令汇编》(第一辑)第31页。

国主义支持下发动了九一八事变。蒋介石命令"避免冲突","绝对不抵抗",采取"逆来顺受"的态度,使东北国土很快沦陷。全国人民奋起反抗日本侵略,反抗国民党卖国。中国共产党领导这一为中华民族独立而斗争的爱国运动,号召组织群众进行反帝运动,发动群众斗争,反对日本帝国主义的侵略;组织东北游击战争,直接给日本帝国主义以打击。各地共产党员和共青团员立即发动组织群众的抗日斗争。首先被发动起来的是学生和工人,北平、南京、上海等地的学生成立"抗日救国会""抗日宣传队""抗日义勇军"等组织,举行集会和游行,抗议日本侵占东北,要求国民党政权抗日。北京大学发出的代电提出,"速息内战,一致抗日,并望我国民众实行武装"。清华大学全体学生大会决议立即采取抗日行动,全校停课三周,实施军事训练,男生一律从军,女生学习看护。徐州学生举行游行请愿时,有一学生当场切指血书"在生一日,誓与日对抗到底",表示抗日的决心。各地学生还向民众宣传推动抵制日货。但学生的爱国热情受到国民党政权的压制。激于义愤,平、津、沪、粤、汉等地学生在 12 月间派出请愿团到南京请愿,排除了无数阻难和危险,表现了高度的爱国热情和抗日的决心。国民党政权坚持卖国政策,无视学生的正义要求,反而对学生进行奴化说教,要学生"忍辱含愤,以待国际公理的判决",要回去"安心读书",并策划对抗日学生进行屠杀。12 月 17 日,在南京珍珠桥畔,一百多名学生流了鲜血,三十多名学生英勇牺牲。事后,国民党政权又用武力强迫学生回校,通令全国禁止示威游行。但各地学生仍坚持斗争,上海学生抬着死者棺材进行抗议示威游行,运动一直延续到"一·二八"淞沪抗战后。这些斗争教育和锻炼了学生。在法西斯暴力压迫下,学生运动虽转处于低潮,但由于有共产党的领导,经过一段时间更深入地蓄积力量,酝酿着以后更大规模的爱国运动。

1935年,日本在中国华北进行新的侵略,国民党政权与之签订了可耻的《何梅协定》。日本帝国主义者要求什么,国民党当局在"不抵抗"的原则下全予答应。日本帝国主义欲亡中国,野心无止境,收买汉奸,组织"维持会",策动"自治",成立傀儡政府,中国形势日益严重。中华民族面临紧急危机,"抗日则生,不抗日则死,抗日救国,已成为每个同胞的神圣天职",抗日爱国运动出现新高潮。中国共产党发表了《为抗日救国告全体同胞书》(亦称"八一宣言"),号召停止内战,集中一切力量去为抗日的神圣事业奋斗。11月,中国共产党再发表宣言,号召组成抗日救国统一战线。在中国共产党领导下,青年学生掀起了抗日救国运动,"北平学生联合会"首先成立,组织大规模的请愿游行活动。12月9日,一万多名大中学生走上北平大街,唱着救亡歌曲,喊着"打倒日本帝国主义"口号,汇集于新华门前,向国民党当局请愿,要求停止内战,一致抗日,提出抗日救亡的基本条件。学生队伍遭到大批军警的野蛮袭击,受伤者五百多人,遭逮捕者无数。国民党的镇压更激起青年学生的爱国义愤,第二天全市罢课,纷纷成立学生自治会,组织各种集会和宣传活动,酝酿进一步的斗争。12月16日,中国共产党又发动青年学生和市民,组织三万多人的大游行。国民党事先布置大批军警,用水龙、棍棒、机枪对游行群众进行袭击,其残酷程度超过"一二·九"。国民党下令关闭学校,提前放假。全国各地学生响应北平学生的爱国运动,天津、汉口、南京、上海、杭州、广州、长沙、重庆、西安、开封等城市都举行了罢课、示威游行。爱国运动由青年学生扩大到各界民众,激起中国抗日民族革命新高潮。"一二·九"之后,中国共产党引导青年学生到工农群众中去,发动革命主力军。共青团发表《为抗日救国告全国各校学生和各界青年同胞书》,号召"把抗日救国运动扩大起来!到工人中去,到农民中去,到商民中去,到军队中去!唤起他们救国的觉悟,推动他们建立救国的组织"。在寒假期间,北平学联组织"扩大宣传团",沿平汉线南下宣传,使民众知道当前中华民族危机的严重和救亡的策略。爱国青年回到北平之后,成立"中华民族解放先锋队",对于推动抗日运动、培养抗战干部做出了重大贡献。

"九一八"时期和"一二·九"时期的学生爱国民主运动具有伟大的历史意义。毛泽东在谈及第二次国内革命战争时期的学生运动时指出:"作为军事'围剿'的结果的东西,是红军的北上抗日;作为文化'围剿'的结果的东西,是一九三五年'一二九'青年革命运动的爆发。而作为这两种'围剿'之共同结果的东西,则是全国人民的觉悟。这三者都是积极的结果。"[1]这说明,从"九一八"时期就开始酝酿的反抗,到"一二·九"学生运动的爆发,粉碎了反革命的文化"围剿",启发了人民觉悟,其意义非常重大。(1)推动民族解放运动。抗日救国运动由学生首先发动,扩展到各阶层人民中。在共产党领导下,各地纷纷成立抗日救亡组织,通过宣传教育,启发了人们的爱国意识,增强了争取民族独立的信念,为抗战进行了思想动员。(2)冲破国民党法西斯教育管理制度,反对奴化教育。学生运动一起来,国民党反动当局的种种压制就全被冲破。学生在运动中逐步认识到,要求得民族解放和

① 毛泽东.毛泽东著作选读:上册[M].北京:人民出版社,1986:392-393.

大众解放,必须抗日救亡,反帝反封建,受到一次普遍而又深刻的爱国主义教育。(3)开辟了知识分子与工农相结合的途径。共产党领导的"一二·九"运动,总结了以前学生运动的经验,加强了组织,指出了"只有工农军政商学各界的大团结才能胜利"[①],动员青年学生到工农群众中去。青年学生到农村去,宣传抗日的道理,了解农民生活疾苦,认识到只有把农民从封建束缚下解放出来,才能动员革命主力军争取抗日的胜利。社会实践的教育,帮助他们树立为工农服务的革命人生观。知识分子与工农相结合是一条正确的革命道路,这条宝贵的经验也是值得以后的青年学生学习和继承的。

中国教育的历史

---

① 《中共党史参考资料》(第三册)。

教育史学

教育历史可以借鉴 *

我国为了适应社会主义现代化建设的需要，正在有计划有步骤自上而下进行教育体制改革，以建立和完善有中国特色的社会主义教育体系。教育体制改革的关键在于教育管理制度的改革。要成功地进行改革和完善我国教育管理制度，不仅需要学习外国教育管理经验，更需要总结我国历史上教育管理的经验和优良的传统。研究本国教育历史，总结教育历史经验，为解决现实教育问题提供借鉴，这是中国教育史研究者为社会主义教育事业服务的基本方式。因此，我们以教学研究室为基础，把老中青教师组织起来，分工合作，撰写《中国教育管理史》。该书于 1996 年由人民教育出版社出版，献给广大读者，已在各院校教育管理专业的教学中使用。

承担编写教材的任务，促使我们对中国教育管理的历史过程作了系统的考察，对中国教育管理的历史经验进行一定的总结，取得了一些基本认识。

* 本文为未刊稿，作于 1998 年。

教育史学

一、 教育历史可供借鉴

教育是人类社会特有的一种现象,只有人类社会才有严格意义上的教育活动。在人类社会历史发展的一切阶段,都存在着对青年一代进行教育的活动。教育为一切时代、一切社会服务,与人类相伴随,是长期存在的,具有永恒性。

人们为社会生活需要而进行的一切教育实践活动,不是个人单独的活动,而是涉及一定群体的活动,其中不同程度地包含教育管理实践活动。通过教育实践活动,产生一定的感性认识,而获得点滴教育经验。由于教育实践经验的不断积累,认识得以不断丰富,由浅入深,而达到理性认识,了解教育问题之间的相互关系,逐渐形成教育思想。教育认识、教育思想都来源于教育实践,教育实践是教育认识的基础,自然也是教育思想的基础。没有教育实践活动,也就不可能产生教育思想和发展教育思想。教育实践随着人类社会生活在时间上运动发展,昨天的教育实践,今天已成为教育历史;今天的教育实践,明天也将成为教育历史。教育实践的历史,内涵十分丰富,应该成为我们的研究对象,是教育思想、教育认识的源泉。以发展的观点来认识,教育实践经验的总结,也就是教育历史的总结。从教育的永恒性一面看,教育是社会生活的一部分,虽然在不断发展变化,但不是铲除一切已有的东西,不是一切从头开始,还是有选择地留下一些可用的东西。这些不随变革而被抛弃,留下来继续发挥作用的东西,就是一些比较稳定的因素,对旧教育来说是需要的,加以利用;对新教育来说,还是有用的,加以保留利用。类似这些,也就是新旧教育之间的共同因素。正因为存在共同因素，这些因素可以继承利用，所以新旧教育之间存在着一定的继承关系。这是教育的客观规律，不承认客观规律，对抗客观规律，看起来革命很彻底，结果革过了头，造成破坏，都要付出巨大的代价。中国历史上的教育管理是为旧社会旧制度服务的，总体来说，是过时的东西，但也内含一些比较稳定的因素，可供现代中国教育管理作为借鉴。只要不是从外在形式而机械地对待它，这种借鉴可以是多方面的。

二、 管理制度适时更新

不同的社会有不同的教育。社会条件在变化，教育也相应地随之变化。因此，教育是具有历史性的。中国的教育管理受中国社会历史条件制约，它随着中国社会经济、政治、文化的发展变化而不断发展变化。原始社会中有些教育活动需要进行组织，便有教育管理问题产生，但那些教育管理活动处于萌芽状态，未形成稳定的教育管理制度。进入奴隶社会，学校成为传授知识、培养人才的专门机构，隶属于国家机关。教育管理作为国家政治管理的组成部分，形成一定的管理制度。进入封建社会，旧贵族教育制度遭到破坏，私学兴起，新的教育制度开始形成，这是教育管理制度的大变革。随着统一的中央集权国家的建立，教育事业发展规模扩大，教育管理日益受到重视，既制定明确的文教方针，也设置独立的教育行政机构，逐步使教育管理制度趋于完备。几经改革，使教育管理制度适应各个朝代的实际需要。鸦片战争后，中国开始近代教育改革，引进西方的教育管理制度。辛亥革命后，确立资产阶级教育管理制度，体现民主共和的精神。受五四新文化运动的影响，教育发展进入一个新阶段，教育服务于中国社会改造，结合本国实际，形成新的教育管理制度。在两种性质不同的政权并存的条件下，教育管理制度显然不同。由此可见，教育管理制度要适应时代社会需要，永远是发展的。要了解教育管理的变化，需要从时代社会条件中探寻其原因。

三、 管理措施具有共性

历史上，国家对学校教育的管理采取许多措施，方式方法有多种，各具特点，但也存在一些较为基本的共同性的管理措施。最首要的管理措施是制定国家教育方针政策。它直接关系到教育事业的发展方向和兴衰成败。皇朝更替，帝王换代，政府变动，由于其阶级利益、集团利益不同，往往成为教育方针政策发生变化的契机。其次是建立教育行政机构，代表国家来实施管理。教育行政机构与国家行政机构的层次相适应，教育行政机构的管理效率取决于教育官员的业务水平和品德素养，所以对官员任用的条件均加以重视。其三是以提供经费为管理教育的手段。学校开展正常的教育活动需要一定的物质条件，要有一定的经费支持，才能保证教育活动的进行。国家在提供经费之时，规定它的用途和服务范围。历史上，提供教育经费有多种方式，筹集教育经费有多种来源。其四是颁行法令规章以强化教育管理。国家根据各历史阶段的教育问题，有针对性地适时立法，使各种人员行使职责时有章可依。第五，实施督察检查。这种做法便于了解教育实况，发现问题，解决问题，以利提高教育效率。

四、 思想转化需有条件

每一时代，教育管理方面总会出现新问题，为了解决这些新问题，由调查总结教育实践经验而提出新的教育管理思想。教育管理思想来源于教育管理实践；教育管理思想形成之后，又对教育管理实践起指导或影响作用。从教育管理思想转化为教育管理实践，需要有一定的条件，不仅要有一定的社会宣传以转变人们的思想认识，还要依靠并通过教育行政来实施。由于所处的社会地位不同，客观条件不一，因此教育管理思想与教育管理实践的关系可能存在多种情况。有的人教育管理思想能转化为教育管理实践，有的人只有部分能转化为教育管理实践，有的人则未能转化为教育管理实践。如国家上层执政者执掌行政权力，通过制定教育法律条规，把他们的教育管理思想付诸实施。地方行政首长或部门管理者在他们的职权范围内，借贯彻国家教育方针政策之名，调动社会或部门的人力、财力、物力，实施他们的教育管理主张。个别教育家仅能在其主持的学校内部实行其教育管理主张。其他人虽有教育管理主张，但仅局限于宣传影响。所以，正确的教育管理思想未必能付诸实践，付诸实践的未必全是正确的教育管理思想。教育管理思想与教育管理实践存在多种联系，这是研究历代教育管理改革必须加以注意的。

五、 办学方式不必单一

中国历史上有官学和私学存在。官学先于私学产生，待私学兴起后，形成官学与私学并存的局面，所以私学也有很长的历史。对这一问题进行总结，也是很有价值的。在奴隶制社会，只有奴隶主贵族的官学，不存在私学。到了奴隶制社会瓦解，封建制社会产生，引起教育制度上的历史性变革，官学衰废，私学兴起。私学由此延续不断，自古代至近代，作为官学的补充，传授文化，培养社会人才。私学性质不同于官学，是由民间个人或集体出资或集资创办，并独立进行管理，自由选聘教师，决定学制，选择课程，议定收费标准，等等。私学是一个地方的文化中心，不仅进行学校教育，还兼负社会教育之责。

国家该如何看待私学？在历史上有多种态度。秦代实行君主专制，不容人民议论政令是非，认为私学存在，宣传各家学说，议论国家政令长短，影响政府的绝对权威，因而下令禁私学，造成教师失业，学生失学，人民愚昧，没有文化。汉代改变对待私学的态度，废除禁令，让民间恢复设学传授，实际采取自由办学的政策，使私学展开自由竞争。汉代文化的发展，人才的培养，私学都起了重要的作用。唐代在办官学的同时，鼓励私学发展，采取"任立私学"的政策，使文化进一步下移，扩散于民间。明代则规定乡里要办社学，虽是国家法令规定，但并不是由国家派官员提供办学经费，而是要民间自筹经费、自聘教师来办学。所以，这种学校还是私学性质。国家对此持积极态度，强令办理。国家对私学要不要加以管理？有的是放任不管，任其自生自灭。衰落的皇朝或处于战乱时期，多数采取这种态度，统治者无暇顾及教育。强盛的皇朝加强了中央集权统治，对私学的管理则采取另一种态度，基本上是松紧结合，在办学条件、教师资格审查、学生入学要求、收取学费等方面都让地方自作决定。国家对私学的管理实际只抓住三条：第一,遵守国家的文教方针;第二,使用国家规定的统一教材;第三,培养的人才要参加国家统一考试才能做官。把握这三条,私学都跟官学朝着同一方向,国家不必有任何财政负担,而有取之不尽的人才可用。只抓关键性环节来规范学校教育方向,这种管理经验是值得研究和借鉴的。解放思想,继承历史上的教育管理经验中的合理因素,对发展我国现代教育事业是有益的。

编写《中国教育管理史》教材,既保证了高校教育管理专业教学的需要,也锻炼了教师队伍,提高了业务水平。今后我们要继续为高校教材的更新完善以适应时代发展需要而尽力。

教育史研究方法探讨 *

一、 学科研究必然要有方法

现代科学发展，新生学科很多，学科还在继续分化，所以门类很多。学科研究都要选择一些方法，以达到研究目的。学科的特点不同，运用的方法也就不同。如自然科学与社会科学，因研究对象内容不同，所用的方法就两样。就社会科学中的教育科学一类来说，其第二层次还可以分为理论类、应用类、历史类学科，三类学科的性质、特点不同，方法也就不一样。教育理论研究的方法，有的对教育史也适用，有的就不适用。因为教育史所研究的是已经成为过去的历史，与今天有一段相当距离，过去的教育制度已被废除或已有变革，过去的教育思想已成历史遗产，过去的教育人物已经作古，历史不能重演，历史情景不能再现，古人再也不能起死回生与今人对话，所以研究教育历史就不能用问卷法、实验法、测量法、观察法，而只能选择较适用于本学科的一些方法。

根据我个人学习实践的体会，制约研究方法选择的有四个因素。

＊ 本文为未刊稿，约作于 2005 年。

（1）学科问题的性质与特点。历史学科更侧重于文献法。

（2）客观条件是否具备。缺乏数据就难于实行教育统计法。

（3）课题研究的规模。规模大，问题多，就要多种方法结合运用。规模小，问题简单，有主要方法与辅助方法就可以。

（4）研究者的学识素养。研究者熟识、熟练掌握的一些方法，运用起来就显出优势，涉及数理统计、外语、地方史志、教育行政等。

考虑四个因素，研究者就会选出适合课题研究的方法。所以说，科研有法，但无定法。各选所需，适用就好。

二、 教育史研究要坚持以历史唯物主义为理论基础

在马克思之前，对人类历史的研究是唯心主义历史观占支配地位。马克思把辩证唯物主义对自然界的认识，推广到对人类社会的认识，便产生了历史唯物主义，或称唯物主义历史观。这是一种完整严密的科学理论，用人们的社会存在说明他们的意识。马克思发现社会思想根源于物质生产发展过程，得出了思想的进程取决于事物的进程的唯物主义结论。

有了唯物主义历史观，才使人类历史的研究成为科学，也才会有社会科学。

唯物主义历史观是社会科学的理论基础，也是教育史研究的理论基础，是进行研究工作的指南。

中国社会主义建设进入新的历史阶段，实行改革开放的政策，经济制度一改革，市场经济迅速发展，人们的思想状况也发生了变化。《北京日报》2005 年 1 月 24 日报道：中国社科院青年人文社科中心进行"青年学生马克思主义信仰状况调研"的课题研

究,选择 5 所有代表性的高校采样。据调查统计,学生中有 78.8%认为马克思主义"有说服力,没有过时";4.8%认为马克思主义"没有说服力,完全过时";16.4%认为说不清楚。

大学生的思想比较有代表性,反映的问题值得思考。

某研究生在学位论文上试图从研究方法方面创新,宣称要突破历史唯物主义教条的束缚。他敢想敢说,但在认识上模糊不清。因为历史唯物主义不是具体的一种方法,而是高度概括的历史观,是研究人类社会问题总的方法论。这种唯物主义历史观方法论,是与唯心主义历史观方法论相对的,是为克服唯心主义历史观方法论片面性的错误而产生的科学理论。要挣脱科学理论的规范,而投归到唯心主义历史观方法论的阵营,这就不是明智之举。

教育史在历史观、方法论上与其他社会科学相同,都应该坚持以历史唯物主义为指导;在具体方法上有不同,可选择。

三、 文献研究法

中国有悠久的教育历史。过去的教育实践、教育制度、教育思想的记录,分散保存在有关的图书、资料、档案中,这些文献是中华民族教育遗产的载体,是教育史研究的重要资源。

研究教育史,必经的途径就是阅读有关教育史的图书、资料、档案等来全面掌握教育历史材料,为教育史研究打好基础。

要掌握教育历史材料,最好具备教育史料学的基本知识。有兴趣研究的人可以参阅马镛所著的《中国古代教育文献概要》(上海古籍出版社 2003 年版)。

检索文献之前,应该做好充分的思想准备,主要是明确检索的目的、范围、方法,然后再有步骤地工作。

第一步,查资料线索,需依靠各时期的书目提供有关书籍的线索(如《汉书·艺文志》《隋书·经籍志》《四库全书总目提要》《书目答问》《丛书综录》以及当代有代表性的图书目录等),然后依靠近现代报刊目录索引和专业学科的论文索引扩大线索。

第二步,根据线索搜集资料。先浏览,接着选择第一手有价值的资料,然后摘录有用的材料。搜索查阅应该全面,尽量做到重要材料不遗漏。摘录材料要客观准确,保留完整的意思,不要断章取义。

第三步,把所积累的材料分类整理,再进行一次筛选,抽去重复的,留下有价值的、可用的材料,形成合逻辑的系统材料,以这些精选的材料为论述的骨架。

第四步,分析研究材料,经逻辑思维的组织加工,转为文字表述,形成专题论文。

文献资料的真实、全面、充分,是保证论文质量的重要因素。

文献法首先是认识问题,但"知之非艰,行之惟艰",更重要的是认真进行实践的问题。经过了亲身研究实践,会加深对文献法的认识。

四、历史主义研究法(或称历史研究法)

(一)西方资产阶级学者的历史主义

"历史主义"是由西方资产阶级学者首先提出的,19 世纪成为重要的思潮,形成理论体系。他们对"历史主义"作过两种解释:一种把"历史主义"作为一个世界观、一种史学理论;另一种把"历史主义"作为一个研究历史的方法,基本特征是以客观的态度描述历史的进程。

总起来说,资产阶级学者主张的历史主义,承认人类社会历史有一定的发展进程,但否定人类社会历史发展的共同规律。教育史是人类社会史的一部分,历史主义研究法也适用于教育史。

(二)马克思主义的历史主义

马克思、恩格斯批判地继承资产阶级学者的历史主义,他们把唯物辩证法具体运用于研究社会历史,形成新的与资产阶级学者的历史主义有本质区别的马克思主义的历史主义,既承认人类社会自身处在不断发展变化的过程之中,又承认人类社会历史的发展有着共同的客观规律。因此,历史研究不但要描述不断变动的过程,更重要的任务是研究历史发展的规律。

1. 用发展的观点来看待人类社会的历史

唯物辩证法认为,一切事物都处在不断运动、发展、变化之中。用这种发展的观点来看,人类社会的历史就是不断发展变化的过程,要全面正确认识人类社会的问题,就要对问题的全部发展过程加以考察。

用发展的观点研究历史,就要特别注意新的发展,分析历史重在抓住新的特点,评判历史要提供新的东西。

2. 用联系的观点来看待不同历史阶段的发展变化

在历史发展过程中,不同历史阶段出现的人物和事件,都是在特定的历史条件下产生和发展的,都存在着一定的联系。马克思主义的历史主义认为,研究问题要注意基本的历史联系。

列宁特别重视和强调关注基本的历史联系。他在《论国家》中说:"为了解决社会科学问题,为了真正获得正确处理这个问题的本领而不被一大堆细节或各种争执意见所迷惑,为了用科学眼光观察这个问题,最可靠、最必需、最重要的就是不要忘记基本的历史联系,考察每个问题都要看某种现象在历史上怎样产生,在发展过程中经过了哪些主要阶段,并根据它的这种发展去考察这一事物现在是怎样的。"他在《论民族自决权》中说:"在分析任何一个社会的问题时,马克思主义理论的绝对要求,就是要把问题提到一定的历史范围之内……"

在一定的历史范围内,要分析问题基本的历史联系和重要的现实联系,而不是孤立地、单方面地看待。

3. 用具体分析的观点来看待历史发展过程中发生的问题

列宁在《共产主义》中说:"马克思主义的最本质的东西、马克思主义的活的灵魂:具体地分析具体的情况。"他在《论尤尼乌斯的小册子》中说:"马克思辩证法要求对每一特殊的历史情况进行具体的分析。"

斯大林在《辩证唯物主义与历史唯物主义》中说:"一切以条件、地点和时间为转移。"

这就要求解决问题时,不要教条、死板、僵化,不要脱离历史实际。运用历史主义研究法来研究教育实际和教育思想理论发生、发展、演变的过程,考察其与客观社会条件联系的实际内容,揭示教育发展的规律,了解了历史,才能更好地认识现实。

五、 历史比较研究法（简称比较法）

（一）比较研究的基本概念与教育史比较研究

比较，是根据一定的标准，把彼此有联系的事物放在一起进行考察，找出异同，以把握对象的特性。比较研究是确定对象间异同的逻辑思维方法，也是一种具体的研究方法。

把比较研究的方法运用于历史研究，就是历史比较研究法。教育史是历史科学中的专史，当然也可以采用历史比较研究法。教育史比较研究是对不同时期、不同地域、不同条件下的不同教育实际、教育制度、教育思想、教育流派进行比较分析，以揭示教育史上存在的普遍性与特殊性，从而得出符合客观历史实际的结论。

历史比较研究法在中国古代历史著作中已开始使用。公元前 2 世纪，司马迁撰写《史记》，于列传部分就有意将具有可比性的人物放在一起写合传。西方资产阶级学者在 19 世纪末也用这种方法来进行历史研究。近年来，由于对历史进行宏观综合研究的需要，历史比较研究法重新流行并有发展，国内有人将其视为一个重要的研究方法而加以提倡，且有人写了专书，如范达人和易孟醇所著的《比较史学》等。这种历史比较研究法在教育史研究中也广泛运用，专题论文较多，专著也有一些，如陶愚川所著的《中国教育史比较研究》、张瑞璠和王承绪主编的《中外教育比较史纲》（三卷）、钱曼倩和金林祥主编的《中国近代学制比较研究》等。可见，它现在是一种受到人们重视的研究方法。

（二）历史比较研究法的功能

用历史比较研究法,可克服教育史研究中研究单个事物的狭隘性。研究单个事物可能存在前后左右不顾、中外古今不顾,孤立而拔高的片面性。用历史比较研究法,就避免了孤立地研究个别事物,而是将其放在历史发展过程这一更为广阔的历史背景中考察比较,从而为较准确地判断和更好地综合创造条件。

通过历史比较,可以揭示教育历史现象的异同,为深入探究教育历史现象的本质及其规律创造条件。

历史比较能在教育历史研究中起一种验证假说的作用。有比较才有鉴别,有鉴别才能验证,因而提高认识。所以,有人认为历史比较研究的过程,实际上就是提出假说、验证、修正、再验证直至获得清晰解释的过程。

（三）历史比较研究法的种类

由于比较是一种多层次、多形式的认识活动,因此历史比较也有多种类型的比较研究。

1. 从时间范畴来分

（1）共时性比较研究。如将同一世纪的同类事件在不同地区或不同国家的表现加以比较,也称横向比较。它强调研究事物的异同,分析其原因。

（2）历时性比较研究。如同一事物在不同历史阶段表现状况的比较,也称纵向比较。它强调研究事物发展变化过程,总结其规律。

2. 从空间范畴来分

（1）宏观比较研究。如时代教育思潮、教育政策、教育制度等的比较。

（2）微观比较研究。如具体的教育事件、教育人物、教育书籍、教育著作等的比较。

3. 从事物同异来分

（1）同类比较研究。同类相同点比较，可以找到事物发生发展的共同规律；同类相异点比较，可以找到事物发生发展的特殊性。

（2）异类比较研究。通过两类相异对象的比较，可以发现异中之同，找出其中的共同规律。如宋明理学的客观唯心主义与主观唯心主义，异中有同，前者先知后行，后者知行合一。两者论争不已，结果都停留于知，并未真正实行。

（四）教育历史比较研究的一般程序

1. 明确比较研究的主题与目的

教育思想：如孔墨比较、孟荀比较、儒法比较、韩柳比较、朱陆比较、洋务与维新比较等。

2. 对比较双方或几方分别加以深入研究

按共同要求的内容范围，尽可能搜集所需的有关资料，为比较研究创造条件；采用一致的方法和标准，定性与定量都要相应。

3. 提出对教育历史认识的假设

假设：教育传统的继承，哲学观的指导作用，政治的制约，不同时代的不同社会需要,生产力发展引起物质条件变化,等等。

4. 比较之中找出异同点

注意差异,分析事物的特殊性。

找出共同因素,总结其中主要的几项。

5. 分析因果关系或寻找教育发展变化规律

6. 验证假设,得出结论

(五) 运用历史比较研究法的要求

第一,明确比较对象,对比较对象有准确定义,应是同类的,属于同一范畴,有可比性;

第二,明确比较研究的目的;

第三,确定采用比较方法;

第四,规定比较的标准;

第五,确保资料准确可靠,基本事实清楚;

第六,要透过现象深入本质,坚持本质的比较研究;

第七,研究者要克服主观片面性,坚持客观科学态度。

不要凭感情来做颂扬或批判的文章,爱之则欲其生,恨之则欲其死。

六、 阶级分析法

(一) 自有阶级以来的一切社会的历史都是阶级斗争的历史

《共产党宣言》中说,"至今一切社会的历史都是阶级斗争的历史",这句话实际是指自有阶级以来的一切历史都是阶级斗争的历史。

在有阶级的社会,分成各个阶级,有贵贱、贫富、智愚、劳心劳力的区分,生活条件和生活状况各不相同,社会地位和利益不同,思想意向也就不同,出现了一部分人的意向同另一部分人的意向相抵触,社会充满着矛盾。阶级利益矛盾不能协调,从而导致阶级斗争,贫贱、没有文化的劳力者要改变低下的社会地位,争取自己应有的权益,而富贵、有文化的劳心者要维护自己所占据的地位,并扩大自己的权益,这就成为阶级斗争的内容。哪一个阶级成为时代的中心,就决定着时代的主要内容、时代发展的主要方向、时代背景的主要特点。

发现阶级和阶级斗争,提出阶级斗争理论的是西方近代资产阶级学者。马克思批判地继承前人的阶级斗争理论,并将这种理论建立在唯物史观的基础上,提出阶级的产生、发展、变化、消灭都是由一定生产力发展水平决定的。

历史是阶级斗争的历史,阶级斗争理论是阶级斗争历史的真实反映。研究阶级社会的历史,就要以阶级斗争理论为指导线索,运用阶级分析方法,才能认识真正的历史。

(二)教育史研究需要阶级分析法

在阶级社会中,教育权利由统治阶级垄断,统治阶级的子弟才能享受学校教育,接受培养成为统治阶级的接班人,而被统治阶级的子弟则被排斥在学校之外,只能接受劳动生活教育,不再有教育平等。

教育成为统治阶级手中的工具,在国家政权机构的管理下,根据统治阶级的政治需要安排教育内容,灌输统治阶级的政治伦理思想,然后通过考试选拔人才,充实国家的行政机关,为统治阶级的利益效劳。

社会存在着阶级、阶级矛盾对立、阶级斗争,经济制度和政治制度决定了教育制度,这种社会存在决定了社会意识,决定了当时发展的教育思想适应统治阶级利益的需要,体现统治阶级的意志。教育的政治性,也就是教育的阶级性。

阶级社会的教育有阶级性,记载当时教育实际和教育思想的历史文献材料也都反映统治阶级的意志和观点。要揭示这些文献资料中隐藏的教育的真貌与本质,需要运用阶级分析法。

(三)阶级分析法在教育史研究中的运用

1. 把握住阶级斗争这一条教育历史发展的基本线索

列宁在《卡尔·马克思》中指出:"马克思主义给我们指出了一条基本线索,使我们能在这种看来迷离混沌的状态中找出规律性来。这条线索就是阶级斗争的理论。"

社会存在着阶级,有阶级矛盾与阶级斗争。阶级斗争就是社会发展的一条基本线索。教育发展也是如此。纵观中国几千年教育发展的历史过程,是阶级斗争推动教育的发展。用阶级斗争的观点考察每一次教育的发展或重要变革,都联系着阶级利益和阶级斗争,这才能看透教育现象的实质。

2. 判明教育历史人物思想理论的社会政治属性

教育历史人物的思想都披着不同色彩的理论外衣,有时展开激烈的论争,似乎不能并立。实际上,他们都代表着同一阶级的利益,只是在路线和方法的选择上有所不同而已。运用阶级分析法研究教育史上的人物,揭示阶级出身,虽然对人有一定的影响,但不是绝对的,实际的社会生活条件可能改变他。他站在什么立场思考社会的教育问题,实践中如何行动,产生什么样的社会影响效果,符合哪一阶级的利益,这些才是最重要的,显出他的本质,也可以此论定他的归属。

3. 在阵线不明的错综复杂条件下进行阶级分析

列宁在《"对谁有利?"》中说:"要是一下子看不出是哪些政治集团或者社会集团、势力和人物在为某种提议、措施等等辩护时,那就应该提出'对谁有利?'的问题。谁直接为某种政策辩护,这并不重要,……重要的是这些观点、这些提议、这些措施对谁有利。……别相信空话,最好是看看对谁有利!"

在阶级社会中,特别是在阶级斗争比较尖锐的时期,谁都离不开阶级利益,因此阶级利益可以成为检测的标准,是与非、敌与友可以较快地判明。

4. 阶级分析法体现于阶层分析

在同一阶级内部,根据资产的占有情况,相应的社会地位有高低,可分成不同阶层,存在不同的利害关系。根据不同的利害关系,他们对教育发展、教育改革、教育革命持有不同态度。因此,进行阶层分析也有必要,不同阶层态度的差别,如赞成什么、反对什么,对于制定政策非常重要。

现代社会还没有消灭阶级,实际还有阶级。不提阶级而只提阶层,实际作用是掩盖阶级矛盾,调和阶级矛盾。

（四）阶级分析法运用中的几种倾向

第一，否认历史是阶级斗争史。认为历史发展是由地理环境条件决定的，国家的发展是由历史文化条件决定的，历史不是阶级斗争史，研究历史也就不用阶级分析法。

第二，认为阶级分析法适用于欧洲史，不适用于中国史。认为历史阶级分化，欧洲比较明显，资本主义社会尤为明显，所以马恩研究资本主义社会用阶级分析法；而中国古代和近代阶级分化界限不明显，阶级分析法不适于研究中国历史。

第三，简单化、片面化利用阶级分析法。有些人以家庭出身为标准，查清出身，就不再探寻与其他条件的联系，贴上标签，即宣称研究任务基本完成，不再深入研究。这是简单化、片面化用贴标签代替批判。

第四，用个性分析、心理分析代替阶级分析。认为思想活动都是个人的事，研究历史就是要做有影响人物思想动机的分析，忽视个人与阶级利益的联系，结果也就出现用个性分析、心理分析来代替阶级分析。

七、 个案研究法

教育史研究中的个案研究，是对历史上单一的教育人物或教育事件进行深入具体的研究。所研究的教育人物或教育事件应当具有代表性，可以作为典型，用以说明一定历史阶段的教育现象和教育问题，所以要在调查了解的基础上进行精心的选择。个案研究也有几个步骤：

第一，明确目的要求。个案是要作为独立成篇的文章，或是要作为一个专题研究中的一个事例，这就制约了研究的规模。如果是前者，那就要小题大做；如果是后者，那就要小题小做，满足要说明教育问题这一要求就可以。

第二，确定个案研究的对象（如一所学校、一个校长、一个团体等）。

第三，进行调查，搜集与个案有关的直接资料和背景资料。

第四，在掌握充分资料的条件下，进行分析研究，得出自己的结论。

第五，用文字论述，形成一个单篇、一个专节或是一个专段。

个案研究一定要与其他研究方法结合起来才能开展，实际上是运用多种方法来完成它的研究任务。它的特点就是单一、集中、简练、鲜明，是论文常用的方法，受到重视。

教育史学正在创建之中，教育史的许多研究方法还没有根据学科特点而构成一个系统。

严格说来，教育史没有属于学科自创的方法，因为它的产生晚于其他社会科学的学科，在它产生之后，已有其他学科的许多研究方法可以拿来利用，当然有选择，适用的就拿来利用，不适用的就不用，所以研究方法可借鉴的并不少，问题在于是否学得好、用得好。

对教育史研究方法，经过交流、实践，会形成一些共识，我个人认为有几点可以注意：

第一，方法应该在科学理论指导下发挥作用，社会科学研究应该在历史唯物主义理论指导下进行研究，才能揭示事物的发展规律。

第二，每种研究方法都有其用处，也有其适用范围，超过使用范围就难以发挥作用。

第三，一种教育现象，一种教育问题，一种教育制度，一种教育理论，都有其特定的历史范围，存在有纵有横的广泛联系，对它们的研究分析不是一种研究方法就能完成的，往往要几种方法有主有次结合起来才能完成，所以选择和组合是必须着重加以考虑的。

学位论文锻炼独立科研能力 *

依我国教育培养制度，大学本科培养专门人才，而研究生阶段则培养高一级的专门人才。研究生这一层次的人才，国家与社会寄予更高的期待，在知识与科技创新方面有较多的贡献。因此，他们就不能只是起传话机的作用，人云亦云；亦不能只是起搬运机的作用，只做知识商贩。中国的研究生在新时期负有知识与科技创新的历史使命，因此要学会独立思考，能分析问题、解决问题，具有独立开展科学研究的能力。锻炼独立科研能力，做学位论文是有效的方法与途径。

一、 对学位论文应有的基本认识

（一）做学位论文必须有两方面条件（知识与能力）

第一，已通过学习学位课程或自学而具有必需的基础知识和专业知识。

第二，经过已往的课程作业或研究报告、专题论文的撰写，而

* 本文为未刊稿，约作于 1990 年代中后期，为讲义。

具有一定的研究能力。这种研究能力表现为,就某一专题搜集文献资料、提出问题、分析问题、归纳综合,或进行访问调查、材料综述、批判评价、观点论述,并且有一定的写作能力,能写条理清晰、文字通达的文章。

(二)做学位论文是进一步充实知识、增强独立研究能力的过程

研究生进入学位论文阶段,各人情况不一:早进入则有两年时间从事学位论文撰写工作,一般也有一年半,晚进入也该有一年。未进入与已进入,心理状态可能不一样。未进入者也要有思想准备,抓紧时间,勤奋读书,多学专业,扩大知识面,但不知学位论文的难易与深浅。进入之后,在实践中检验知识与能力,就可能感到所掌握的知识不够,俗话说"读书未用以为多,到了用时方恨少"。为了前进,未知的要学,不懂的要问,资料不足肯去挖掘,难题存在敢去攻克,古注有疑敢求新解,定论有错敢立新说,勇于批判,勇于创新,通过这一动手动脑的过程,经受一番艰苦的思索磨炼,使自己的知识进一步得到充实,独立研究能力得到进一步提高,成为名副其实的高级专业人才。

学位论文从准备到撰写到完成的过程,获得的经验比取得的成果更为重要,对个人的业务成长更有价值。有做学位论文全过程的经历,以后在岗位上接课题就不胆怯。

二、 学位论文的准备阶段

（一）选择学位论文的课题

选题是很关键的第一个步骤，决定今后的工作方向，应认真选择，不要随意；应慎重确定，不要草率。为此，需要注意几个方面的因素：

第一，专业。要了解学科专业研究的对象与范围，不要把对象弄错，超越范围。如果是交叉学科的研究，亦应当明确界限，不要主次易位，"舍己之田而耘人之田"。以文化史代教育史，以哲学史代教育史，以教育学代教育史，都是主次不明。

第二，创新。要了解学科研究的现状和趋势，站到学科发展的前沿，避免重复而发生"撞车"。选题新，要求你必须挖掘新材料，丰富新内容，更加显示学位论文的开拓性。

第三，适中。题目大小与工作量直接相关，因可用的时间和精力有限，选题不宜太大太泛，对你本人最好大小适中，范围明确，有利于专题深入，有能力把握控制。

第四，实际。选题符合个人实际兴趣，研究成果对教育改革有实际意义，对今后个人就业也有实际利益。

（二）充分掌握与选题相关的资料，为学位论文打好基础

第一，先行调查。要了解与选题有关的信息，如前人、外人做过哪些研究，有什么研究成果，还有哪些空白有待研究，等等。

第二，书目索引。图书有分类编目，论文有分类索引，是应当利用的工具，可以在较短的时间内掌握资料。

第三，资料区别。原始文献、原著等是第一手资料，最为可靠，可作为依据。被引用的或被转引的是第二、三手材料，可能有主观裁剪而失真，不太可靠，所以要舍得下功夫去找原始文献、原著作为论文的依据。

第四，多方以求。搜集资料要千方百计挖掘，不辞辛劳追踪线索，尽量求全，不到手不罢休。

第五，录下信息。对查阅到的资料，一定要登记。对论文有价值的材料要摘录，一段材料一张纸。摘录可按内容拟标题，便于归类整理，从中挑选有代表性的典型材料，这些材料可能引用于论文中。

（三）理论准备

学位论文不能只是材料的堆砌。历史材料一定要与理论相结合，在一定的理论指导下进行论述与分析。因选题内容不同，故需要运用不同的理论，其中存在着差别，但也有共同性，主要是三个方面：教育学理论、历史学理论、哲学社会科学理论。理论若不够，应该缺啥补啥，为用而学。

三、 资料的系统化整理与论文的整体设计

资料有多方来源，比较散乱，需要整理，为构思论文提纲提供依据。

（一）整理归纳资料，构思论文提纲

（1）整理材料不应从预定的原则出发，而要从历史事实出发。

（2）把搜集的全部资料按问题归类。必要时，将归类的材料再按时间先后排序，可以体现发展过程。

（3）按问题进行分析，依据自己的认识形成一些观点。

（4）理清问题的逻辑联系，体现历史与逻辑的统一。

（5）依一定的思路构建论文的大框架。

（6）标题细化至三级，蓝图具体化，体现论文的面貌。

根据一些研究生的经验，能有逻辑、有内容地列好三级细纲标题，完成论文已有一定的把握。

（二）开题报告的审议是重要的中间关节

开题报告是以汇报的形式进行慎重的检查，防止失误、走弯路，要求是：方向明确，思路清晰，逻辑结构更为完善，方法更加对路。

第一，促使研究生对准备阶段的工作进行一次全面系统的整理，用汇报提纲的形式，形成书面材料。

第二，在开题报告会上向审议小组汇报，主要是以下内容：

（1）论文选题的考虑和理由；

（2）选题的意义（历史的、理论的、现实的等）；

（3）论文的突破点与创新之处；

（4）研究方法与论文形式；

（5）疑难未解的问题。

第三，征求审议小组的意见，主要是以下意见：

（1）选题的评估意见；

（2）内容是否适当的意见；

（3）方法是否妥当的意见。

专家组经审议，帮研究生明确方向，理清思路。

四、 论文的撰写与修改

（一）撰写初稿

（1）以开题报告后吸收审议意见修改后的论文提纲为依据。

（2）分为几部分，依序而写，尽力使材料与观点相结合。重点之处多下功夫，要充实，要丰满，要突出。

（3）先放后收，想说什么就写什么。初稿重在内容，不必过多考虑修辞。先粗后细，先成板块后拼装，先有初稿再提高。

（4）保持完整的结构，有头有尾相呼应，头有引言（或导言），尾有总结。有人有头无尾，忽视总结。论文尾巴要高翘，给人留下深刻印象。

（二）修改定稿

（1）送交导师审阅，听取提高质量的意见，虚心采纳；

（2）征求其他师友的意见，因为有时旁观者看问题更清楚；

（3）自己冷静考虑，力求完善；

（4）篇幅要控制，文字可精练。

学位论文有些共同性的忌讳，应注意避免，以保质量：

（1）基本概念未明确（概念要界定，运用要一贯）；

（2）论述缺乏逻辑性（思维不连贯，常出现跳跃）；

（3）引文不说明来源；

（4）高估自己的创新（不能清醒估计自己的缺点，答辩时显得被动）；

（5）不注重完整结构（忽略总结）；

（6）指责他人的错误（说理不够，应强调对事对理）；

（7）不注意体例规范（如注的位置）。

这些问题在专家评议和答辩时会影响论文评价。

对学位论文的评审，教育部学位管理与研究生教育司制定了格式化的评估标准。这些评估标准对文科虽未必适用，但起强力导向的作用，对其应先加了解，这样论文可能更靠近评估标准的要求。

中国教育史研究的发展趋势 [＊]

先简要提一下教育史与教育科学的关系。

教育史是教育科学的分支学科。它研究的是自古至今教育发生发展变化的过程，总结其成功的经验和失败的教训，探究教育的规律，而服务于现代教育事业发展的需要、教育学科建设的需要。

由于有自古至今几千年人类教育历史经验的积累和总结，才有今日的教育科学。有一位学者曾说，教育学是教育史最后的一章，是教育历史经验总结的成果。教育科学有两大来源，一是教育实践，一是教育历史。这是取之不尽、用之不竭的源泉，使教育科学具有丰富生动的内容。教育学与教育史存在密切的联系：教育学要以教育史实为依据，从中提取养料，吸收中外前人的教育智慧，验证教育理论、教育规律；而教育史也必须借助教育学的研究成果，运用现代教育理论与科学方法，去研究总结教育历史，才能提高理论水平，适应新时代的需要。考虑到这些实际存在的关系，把教育史视为教育学的基础学科是合理的。因此，在制订教育专业教学计划时，自然要把教育史作为基础课程。

＊　本文为未刊稿，约作于 2006 年。

教育史学

教育史课程帮助奠定教育专业的知识基础,开阔眼界,提高人文素养,增进教育智慧,能以历史发展的眼光观察教育现象,以适应时代进步的态度处理现实教育问题。因此,以教育为专业的人,都应关注教育史的动态,学习一些教育史的知识,对于今后的工作、教学、研究都会有长远的益处。

现在我要与大家讨论的问题是中国教育史研究的发展趋势。我想集中为几个问题来谈。(说明:局限于谈中国教育史研究,信息不可能全面。谈个人想法,与大家交流。)

一、 研究领域的扩展

中国教育史的研究已有百多年历史,研究的人很少,范围和成果都有局限。中国的改革开放,迎来科学的春天,在春天温暖的阳光下,中国教育史学科蓬勃发展起来。大学恢复招生,课程教材建设,是开展教学工作必备的先行条件,是教学需要,推动科研。各校按自己的安排和人员条件,或编写通史,或编写断代史,或编写教育制度史,先后出版。解决了教学急需之后,就考虑下一步该怎么走。研究者感到这一类研究成果有局限,认为品种可以多样,内容要丰富,水平要提高。所以,从20世纪80年代到本世纪初的二十多年间,中国教育史的研究领域比较迅速地扩展。

中国是多民族国家,56个民族在历史上都有一些独特的教育组织和活动,应该有各民族的教育历史记录,才能在此基础上融汇成大中华民族的教育史。有学者为此曾发起编写"中国少数民族教育史丛书",条件成熟的先编,第一批有二十多本,以后各地再陆续补充。甘肃、四川、云南等地居住着多个少数民族,对人数略多且能提供历史和现实依据的民族,研究者帮助编该民族的教育史。不论编出几本,都是教育史研究的新扩展、新成就。

中国地域辽阔,东西南北有不同的地理条件和历史背景,有不同的经济发展程度和文教发展程度,应该有地方教育史来加以记录。三十多个省市都已组织专人编写,还成立地方教育史研究会来推动研究和进行学术交流,现在已经出书的如《四川教育史》《湖北教育史》《河南教育史》《辽宁教育史》《福建教育史》《浙江教育史》《广西教育史》等,其他省市还在编写。预计地方教育史研究热潮还会向省市以下的行政区延伸。

学校是个有组织的教育机构,都有创建并由小到大、由低到高的历史过程,有一些办学特色、良好校风,有培育人才、服务社会的突出表现,这些是广泛开展社会联系,对学生进行传统教育的重要资源。所以,重视校史编纂成为潮流,不仅大学编"中国著名高校丛书",中学也编"中国名校丛书",甚至有些历史较长、成绩较显著的小学也编,还有校庆推动校史编纂的情况。校史是个广大的系列,为教育史提供丰富史料。

在古代自然经济条件下,男女进行社会分工,妇女社会地位较低,也有其不同社会角色的教育。进入近现代,妇女解放运动兴起,争取男女平等,女性终于获得平等受教育的权利。女子教育发展问题受到重视,并有多项研究成果。其中,较引人注目的有杜学元教授主编的《中国女子教育通史》,较为全面系统。

教育史研究不局限于狭义的学校教育,还扩展到广义的家庭教育及社会教育,成果由单篇论文进展到写出专著。马镛著《中国家庭教育史》是近年(1997年)出版的新作。《全国教育科学"十五"规划课题指南》把社会教化列为重点,使社会教育成为目前教育史研究的热点。王雷著《中国近代社会教育史》、黄书光主编《中国社会教化的传统与变革》，先后出版。一方带头，四方呼应，社会教育研究的新潮还没有过去，还会持续下去。

二、 专史研究的增强

教育史研究有不同的范围，其规格也就有不同的名称，如果是对教育进行自古至今系统全面的研究，就称为"通史"；如果对其中某一时代或某一时期进行研究，就称为"断代史"；如果只研究某一方面，或某一级学校，或某一类学校，或某一教育问题，就称为"专史"或"问题史"。这种区别只是相比较而言，是相对的，不是绝对的。

以往比较重视大型、中型课题，因为规模大，非个人力所能及，因此就发动同行，组织编写组，分工协作来完成。依靠组织的力量，研究者编出了多种通史，如毛礼锐、沈灌群主编的《中国教育通史》，王炳照、阎国华主编的《中国教育思想通史》，李国钧、王炳照总主编的《中国教育制度通史》，贾若瑜主编的《中国军事教育通史》，李国钧主编的《中国书院史》，杜学元主编的《中国女子教育通史》，等等。这些都体现了 20 世纪教育史研究的水平。

随着教育改革的深入发展，有许多现实教育问题需要借助总结历史经验来做出一定的回答，过去一些未加考虑的问题现在也被一一提上研究日程，专题史或问题史的研究遍地开花，呈现百花齐放的局面。

专史是专门深入研究，在其研究领域内达到当前较高水平，其中较有代表性的如张瑞璠主编的《中国教育哲学史》，陈德安、齐峰主编的《道家道教教育研究》,熊明安编著的《中国高等教育史》,涂又光所著的《中国高等教育史论》,孙宏安所著的《中国古代科学教育史略》,董远骞所著的《中国教学论史》,吴洪成所著的《中国学校教材史》,吕达所著的《中国近代课程史论》,田正平主编的《中外教育交流史》,丁晓禾主编的《中国百年留学全纪录》,等等。

不同教育岗位的人对教育专史有不同的需要,社会客观需要推动教育专史研究的开展。今后一个阶段,专史研究会成为学界开拓的主要方向,这有利于调动各方面的积极性。

三、 研究重点的转移

中国教育史研究课题是各人自主选择的,但是整个群体在每一个阶段还是有主要的思想倾向。多数人的倾向形成研究重点,思想倾向变化也就造成重点转移。

全国教育史研究会是一个群众性的学术团体,成立于1979年,头两次年会给人印象颇深。第一届年会是接着"实践是检验真理的唯一标准"大讨论后举行的,是对极"左"势力颠倒是非、篡改历史的拨乱反正,与会者提交的论文多数是关于古代教育研究的。第二届年会的议题是人物评价,重新评价孔子与陶行知,其中讨论孔子的人数多于讨论陶行知的人数,会后论文的发表也是古代教育占较大的比重,这表明多数人研究的思想倾向在古代。出现这种情况,与研究队伍的人员组成直接有关,相当一部分是从1949年过来的年龄较大的教师,以前从事教育学,1949年后转向研究教育史,有一定国学根底,而对近现代了解不深,也不想过多牵涉政治,就选古代教育为研究任务,并在一定程度上影响了他们培养的学生。这些因素造成中国教育史的研究重点在古代教育。

随着时间的推移、人事的更动,教育史研究队伍的年龄结构也发生变化,青年参加中国教育史研究的逐渐增多,使研究重点在 80 年代就由古代向近代转移,至 90 年代又进一步由近代向现代转移。在"教育科学规划课题指南"的引导下,"中华人民共和国教育五十年"成为研究热点。这在当时教育史学科唯一的专业学术刊物《教育史研究》发表的文章上有所体现,在出版物方面也有重要表现,特别是北京方面更具有代表性,以下几项影响最大:《中华人民共和国重要教育文献(1949—1997)》、"中华人民共和国教育史专题研究丛书"、《共和国教育五十年》。

教育史研究重点的转移有其必然性:一方面,教育改革面临不少问题,需要总结近期的经验教训,以利于教育事业的调整和完善;另一方面,现代教育研究更便于参加教育现代化的事业,更能吸引青年人的兴趣,成果的发表较容易,评奖的机会也较多。因此,多数人的思想倾向明朗化,对近代教育研究的兴趣日渐淡化;而对古代教育研究的兴趣日益丧失。再过两三个五年计划,现在的中年研究者再退休一部分,剩下的人估计很少研究古代教育史了,后继乏人,就会造成偏废。古代教育研究过于薄弱,如何继承和弘扬中华民族优秀教育传统就会产生疑问,这是一个潜在的值得忧虑的问题。

四、 史学理论的重视

有了中国教育史学科的研究,经过一定的发展阶段,就有总结经验、提高研究水平、加强研究主体意识自觉性的要求,这就是开展对中国教育史学科研究的理论研究,称之为"中国教育史学"。在教育史学科体系中,它是一个地位非常重要的新学科。

教育史学问题的提出和被重视,有它的必要条件和过程。当处在政治运动中,教育史学科受批判而衰落萧条之时,它不可能被提出,即使提出也不会受重视,只有处于改革开放时期,学科发展达到初步繁荣阶段,有经验可供总结,学界共同盼望有理论指导以提高研究水平,提出教育史学的时机成熟并受到普遍重视。

1980年举行了一次中国教育史学科体系讨论会,实际讨论的是教材的组织体系。讨论会发表多种见解,提出多种方案,供与会研究者参考选择,但没有达成最终结论,最后是让与会带着许多问题回去思考。各校虽对教材体系有所调整,但实际是各行其是。

90年代,高时良在《教育史研究》上发表文章,提出教育史学科体系的新主张,认为教育内部问题的研究是低层次,交叉学科问题的研究是中层次,史学理论的研究是高层次,称之为"三层次说"。以后,杜成宪在《华东师范大学学报》(教育科学版)发表《中国教育史学科体系试构》,提出了教育史的"实质研究"与"形式研究"的另一种新主张,称之为"二分法说"。这两说都引起广泛的关注。

其后,周洪宇对此两说发表了评论,并提出自己的新主张。他认为,"实质研究"应改为"具体的教育史学研究",其第三级分支应为教育行为史、教育制度史、教育思想史;"形式研究"应改为"抽象的教育史学研究",其第三级分支应为教育史学史、教育史学理论与方法、教育历史哲学。

史学理论已引起广泛重视,直接参与研讨的人数不多,但发表的文章都经过一定的深思熟虑,有自己的独到见解。

杜成宪、邓明言已写出《教育史学》,2004年10月由人民教育出版社出版。周洪宇也在撰写,未知何时出版。

预计"教育史学"这一新学科的创建会引起更多的人关注和参与讨论,初创的教育史学会在学术自由交流过程中趋于成熟。有了教育史学理论作为指导,教育史学科的研究就会更合乎规范,从而提高学术水平。

五、 研究方法的纳新

教育史是教育学的分支学科,其内容是教育的,与教育有较多共同性。教育史又是历史学的分支学科,其发展过程是历史的,与历史也有部分共同性。教育史是教育学与历史学两学科交叉综合的产物,与两个学科有密切的联系,既具有教育的内容,又具有历史的形式。由于教育史学科的形成较晚,比不上教育学与历史学形成较早,发展比较成熟,所以在研究上要采用教育学、历史学以及其他人文学科的一些研究方法,根据自己的需要有选择地利用,综合运用,解决教育史问题。

以往教育史的研究使用的方法也不少,但主要限于文献法、考证法、历史法、逻辑分析法、阶级分析法等。

现在其他学科纷纷采用新的科技手段和科学研究方法,有效地开展研究工作。教育史也不能落后于时代,而是要跟上时代发展步伐,可用的科技手段都要用,适合自己需要的新方法都可以采纳,以提高工作效率和研究水平。目前,关系比较大的有以下几项。

第一，互联网。研究者通过互联网检索有关的教育史料、教育史科研信息、教育史研究成果，在线浏览或下载存储，不必去读一本本书，不必去翻阅一篇篇文章，也不必动手做笔记。使用互联网搜集资料，特点是广泛、全面、快速，可及时了解动态，既节省了大量时间，又提高了效率。

第二，计量研究。过去教育史的研究偏重定性研究，抓住一些教育现象作为依据，分析确定其性质，对事物的发展变化没有量化的把握，判断就难于准确。计量史学是把计量研究方法应用于历史研究，自然也适用于教育史，可作为研究方法之一。它要求的条件是：具备必要的数据。

第三，比较研究。研究者可运用比较史学的方法，对中国教育或中外教育作纵向或横向的比较。过去也曾有人运用这种研究方法，但只是个别的研究，规模较小，近年发展为有组织的、大规模的比较研究。20世纪90年代张瑞璠、王承绪主编的《中外教育比较史纲》，选择各历史时期出现的重大教育问题进行比较研究，获得丰富的研究成果，极富创新意义。开辟新路，具有示范作用，产生重大影响，今后会有人继续运用这种方法开展研究。

第四，个案研究。一个历史时代，教育思潮的兴起有人引领，教育改革有人提倡，教育事业有人推进。先进的代表人物体现了教育发展的方向和理论水平，人物的个案研究是教育史的重要方法。宋恩荣主编的"中国近现代教育家系列研究"，是教育家个案研究的新成果。27位教育家是经过筛选评定的，对他们的教育实践活动和教育学说都作了充分阐述，有客观公正的评价。个案研究是较常用的方法。在受条件限制不能普遍研究的情况下，选择有代表性的典型加以深入分析，透过典型，可以说明一定的问题。

第五，口述研究。口述历史是以回忆口述提供的历史材料为依据而开展研究的一种方法，能从事件主人、参与者或曾见曾闻的知情者处挖掘出久藏而不为人所知的史料，揭开内幕真相，纠正误传曲解，可以填补历史空白，丰富历史内容。但在物色对象、进行访谈、整理、分析、撰写等方面，口述研究对史学专业的要求较高。齐红深主编的《抹杀不了的罪证：日本侵华教育口述史》，由人民教育出版社于 2005 年 4 月出版。

总的来说，老方法要改变，但不能完全放弃；新方法要采纳，但也要对自己的学科适用。

六、 优良传统的继承

21 世纪经济的国际化必然会促进世界经济、文化的交流。这种交流应该是在平等基础上多元化的交流，使各民族适应时代发展的文化传统得到弘扬，不适应时代发展的文化则得到改革更新。民族文化的继承和传播需要依靠教育。中国教育事业的发展、中国教育科学的建设应该有中国特色，特色的内容之一就是具有中华民族优良教育传统的因素。

在中国数千年的历史中，儒家思想是主流文化的核心，其社会理想是大同世界，其政治主张是仁政德治。儒家的教育主张是：教育应是国家政治的首要任务，要成为政治的基本手段；教育要有经济条件，应建立在经济生活富足的基础上，富而后教，教育才会成功。儒家重视人才培养，要求国家办学与民间自由办学并举；还主张扩大教育范围，实行"有教无类"的办学方针。儒家强调理想人格的培养，要在知识、道德上提高品格，始于为士，终于为圣人，向人生最高目标前进。儒家强调社会有和谐的秩序，群体中的每个成员都必须遵守一定的伦理行为规范，因此教育要把伦理道德放在首要地位。儒家教育的特征是重德，培养德性既靠学习，还靠自我修养。在教育内容方面，儒家重视历史和传统文化的继承传授，培育时代需要的人文精神。儒家认为学习是人发展的重要条件，提出为什么要"学"，用什么态度对待"学"，如何"学"才会成功，学习的思想很丰富。儒家还总结了学习过程："博学之，审问之，慎思之，明辨之，笃行之。"儒家的教学是教人学习，教人成才，所以"教亦多术"[①]，不主张强制灌输，而要培养学生的思维能力，能举一反三，闻一知十。在师生关系上，儒家主张尊师爱生，教师要能以身作则，道德行为与学问素养都要成为学生的模范；教师要热爱自己的职业，"学而不厌，诲人不倦"[②]。

这些思想学说是古代中华教育传统的主流，其中合理有益的成分可供当代转变教育观念改变教育体制作为借鉴。所以，这种教育传统不仅有历史价值，也有现代价值，是创建有中国特色的教育体系的历史基础。

研究中国教育史，总结中华优良教育传统并加以继承和弘扬，是今后一项重要任务。大家都加以关注，也就会形成一种趋势。已有些研究成果发表或出版，如德育研究有江万秀、李春秋所著的《中国德育思想史》，陈谷嘉、朱汉民主编的《中国德育思想研究》；教学研究有熊明安主编的《中国教学思想史》等。今后还继续会有新的研究成果。

---

① 《孟子·告子下》。
② 《论语·述而》。

七、 服务现实的趋向

历史研究的重要价值在于，从历史的发展过程更准确地来认识社会问题，借鉴历史经验来考虑社会政策和采取合理的措施，以促进社会朝正确方向发展。教育史研究可以贴近社会现实，为现实的教育改革和教育发展服务，至于能否这样做，不完全由研究者的主观愿望决定，还取决于社会政治环境。现在的政治环境是宽松的，容许学术上的自由讨论，教育史研究者可以没有顾虑地发表意见，通过讨论交流，总结教育发展的历史经验教训，来为现实的教育改革提供有益的历史借鉴。这种服务现实教育改革，甚至争取直接参与各级各类学校教育改革的意识正日益增强，并体现在研究成果方面。

总结新民主主义革命时期干部教育、群众教育的经验，由董纯才主编的《中国革命根据地教育史》已出版，此外还出版了《江西苏区教育史》《陕甘宁边区教育史》《晋察冀边区教育史》等，都是为同样目的而编纂。

总结近代中国教育现代化过程中的经验教训，先后有熊明安所著的《中华民国教育史》、李华兴主编的《民国教育史》，对南京国民政府统治时期重视教育立法，建立教育制度，发展普通教育，朝着现代化的方向前进作了客观评价。

原国家教委副主任何东昌主编的《中华人民共和国重要教育文献》，选编了有关教育的法律、法规、政策、条例、规章制度与国家领导人的重要讲话和重要会议纪要，为教育历史研究提供了较为丰富的文献材料。

在这批文献材料的基础上,教育部又编成《共和国教育五十年》,充分肯定共和国教育取得的辉煌成就,也指出其不足、失误、挫折、失败,并概括分析其主客观原因。

新时期进行以上几方面研究,为当代的教育改革和发展提供了经验教训。

中央和地方的科研规划都明确提出,教育史研究要为现实的教育改革服务,五年一次规划,先发布课题指南,然后申报立项。课题指南是导向,也是对研究范围的约束。所以,现在申报教育史的课题,都要特别说明课题有哪些现实意义,这一道程序强化了服务现实的倾向。

欢迎年轻同志关注和参加中国教育史研究,为有中国特色的社会主义教育科学的建设共同努力。

教
育
史
学

展望 21 世纪的教育史研究 *

    教育史研究会成立于 1979 年,是在中共十一届三中全会确立以经济建设为中心、改革开放、建设现代化社会主义国家作为新时期的总路线的指引下,是在"文革"的严冬已经过去,迎来科学的春天的时候诞生的。政治环境比较宽松,实事求是精神获得新的弘扬。在这种时代条件下,教育史研究者思想大解放,进行科学研究的积极性显著提高,使教育史科学研究、学科建设在八九十年代进入黄金时期,涌现大量的研究论文,出版成批的著作,这是前所未有的。中国在 20 世纪初才有教育史学科,经历了几个发展阶段,后 20 年的科研成果远远超过以前七十几年。

    前后比较,可以明显看出 20 年科研的发展。以前没有古、近、现系统的教材,现在有中外系统教材,且有多套可供选择。华东师范大学所编的教材为几十所高师院校所采用。以前没有以历史唯物主义为理论指导的教育思想史,现在中外都有,亦有多套可供选择。华东师范大学既编有中国教育思想史,也编有外国教育思想史。以前缺乏深入的断代研究,现在分历史阶段的研究成果中外都有。以前系统深入的专题史极少,现在教育制度、教

* 本文为未刊稿,作于 2000 年。

育管理、书院、小学、教材、教学思想、道德教育、女子教育、教会教育、留学教育等专题史百花齐放。以前没有少数民族教育史，现在大多数少数民族都有教育史，展示各民族的特色。以前缺乏地区教育史，现在有各地区的教育史或教育志。以前只有极少学校有简史，现在有些名校先后出版了一批校史，成了个案研究的"样品"。过去极少广泛搜集史料系统汇编的教育史料书，现在有了古、近、现系统的文献史料汇编。过去对教育家的研究偏重介绍，现在重视评价，中外都有了系列的教育家评传（都是由华东师范大学的老教授主持编成的）。过去研究教育家，成果体现为论文，现在对教育家的研究较为系统深入，成果体现为专著，如"中国近代教育家研究丛书"等。过去缺乏中外教育历史比较，现在则有《中外教育比较史纲》等著作。可以毫不夸张地说：20 年来，教育史学科的成就相当辉煌。

虽有巨大成绩，但还存在不足。我个人想到的有以下一些不够，简括为七个方面：

（1）理论准备不够，表现为缺乏理论指导，水平不够高。

（2）史料准备不够，表现为实证材料有限，议论较为空泛。

（3）方法更新不够，表现为研究思路陈旧，创新乏术。

（4）拓宽研究范围不够，表现为比较集中于几个研究热点，而留下许多空白。

（5）个案研究深入不够，表现为未能多方挖掘史料，较多利用现成。

（6）内与当代教育改革联系不够，表现为顾虑总结有难度与人微言轻。

（7）外与发达国家相互交流不够，表现为缺乏主动，未能创造条件。

考虑到以上不足的情况,我们必须认识到教育史学科还没有完全适应时代的要求。我们队伍的每一位同志都有一份责任,要努力工作以缩短差距。

总结教育史学科已取得的科研成绩,寻找存在的实际差距,使我们在跨入 21 世纪时振奋精神,增强信心,明确方向,积极有为。

我个人认为,以后五十年、一百年是预料不到的,但是三年、五年以至十年,是近期将面临的事,我们可以设想一下教育史学科应该做些什么,或优先做哪几件,或个人可以在哪几方面有些作为。这是比较现实的,应该认真考虑。

一、 要形成明确的学科发展战略意识

在由计划经济转入市场经济的新时期,教育界的一些同志对教育史学科研究的深远意义存在片面认识,以近期的物质功利的多少为尺度来衡量教育史,对未能提供"有用"的材料或方案的学科,就视之为"无用"。

一些管理者将这种片面认识付诸行政措施,借着加强应用性知识学习和参与教育实践之名,把教育史学科的学时大量削减,有些单位已砍掉一半,大大削弱了教育史在师范教育中的地位,其发展趋势对教育史研究造成不利的影响。

面对这种不利的形势,同志们应认真考虑怎么办。我想不该消极怨叹,而应积极行动。一方面,我们应当利用机会向社会、向教育界、向领导人员说明教育史的性质和作用,通过我们的宣传

工作,使一些人改变片面性的认识,认识到教育史学科能帮助教师提高文化教育素养,是必要的基础性课程,为教育史学科的发展创造有利的条件;另一方面,教育史研究者应当振奋精神,发愤图强,经过不懈钻研,贡献出质量更高、更有说服力的研究成果,不仅总结教育经验,探索教育规律,而且弘扬优秀的教育传统,参与当代的教育改革,用我们的积极行动证明教育史学科存在的合理性。

学科不发展,我们就会处于软弱无力的地位;学科发展,我们才可能坚强地挺立于社会科学之林。有文章指出,教育史研究"混乱无序"。这是值得引起重视的批评意见,提醒我们要认真考虑教育史研究应当如何发展才能做到"有序化"。

教育史专业委员会是中国教育学会领导下的群众性学术组织,既不是掌握权力的教育行政管理机构,也不是调配教育科研经费的规划办等机构,只能组织学术研讨,通过交流,相互学习,共同提高,达成一些共识,选择正确方向,确定有价值、有意义的课题。个人自主择题,各尽所能,做好研究工作,协力推动学科的发展。

教育史学科有一些未开拓的领域,有许多有理论价值、有现实意义的研究课题,由于人力有限、经费有限,因此各个单位根据自己的条件自主选定课题。我们在一个阶段实际能做到的只是"重点突破、多方推进",不可能全面出击,毕其功于一役。教育史学科的发展,是长期不断发展的历史过程,不妨以此作为我们对教育史学科发展的战略认识。

二、 教育史学应加强理论建设

任何学科,要在其研究范围内开展研究和认识活动,并取得科学成果,没有一定的理论为基础或指导是难于想象的,那就必然要陷于混乱无序,空费时间和精力,而得不到正确的结果。

教育史从最大的分类来说,属于社会科学,社会科学共同的基本理论历史唯物论,对它来说是适用的。

社会科学再进一步分类,其中有教育科学,教育史是教育学的一个分支。在这个学科群里,教育史的位置是基础性学科,是教育科学知识经验的重要源泉。教育科学的基本理论对教育史也是适用的。

社会科学中有历史科学,教育史也是历史科学的分支学科。在历史科学群中,教育史的位置是专史性学科,其研究成果可以丰富历史科学。历史科学的基本理论对它也是适用的,历史的研究方法可供它借鉴利用。

教育史实际上是教育学与历史学交叉的学科,它与这两个大学科都有联系,有些共同的因素,但又有所区别,有其特殊性。教育史有独立的研究对象,有其一定的研究范围,有其特定的论述内容,凭借对教育现象认识的程度,解答不同时代的教育问题。因此,教育史不能仅借鉴教育学、历史学的理论,还应建立教育史学科的理论。这种理论的任务是论述教育史研究对象、研究范围、研究目的、客观的功能、有关的范畴、学科的体系、分期的原则、人物的评价、研究的方法、史料的整理等问题。用这些理论来指导学科的研究,进行学科的建设,发挥学科的作用,为建立有中国特色的教育学科体系、为当代的教育改革、为发展现代教育事业而服务,这就是教育史学。

创建教育史学的任务已提出多年,部分研究者有些议论,有的人已行动起来,写文章,作宣传,引起不少人的共鸣。大部分同志因受其他任务的牵制,没能将注意力和精力转移到教育史学理论的探讨上。但已有小部分同志认准这个方向,对教育史学进行较系统的探讨;为促进教育史学研究,还开设了教育史学课程,以研究的成果充实教学内容。

教育史学的创建,需要先行者做出开拓性的贡献。但这是教育史的新分支学科,任务颇为艰巨,要它发展直至成熟,还需要给予一定时间,并且有一批有志之士的参与,经过一定的学术交流,使教育史学理论研究进一步深化。

有辛勤的耕耘,必定会有丰硕的收获。我们共同期待教育史学研究的系统深化,新分支学科的创建取得成功。

三、 教育史料学是应重视的基础建设

教育史料是教育史研究的基础,应注意发掘和开拓。这是教育史学科发展的必要条件,应该列为先行的任务,现在却处于滞后状态,影响教育史研究水平和研究效率的提高。

重视史料是中国的史学传统,史学家都注意新史料的探求和开拓。梁启超在其《中国历史研究法》中就强调要扩大史料来源。陈垣明确提倡"史源学"。

批判"史料派"、批评"唯史料论"使人轻视史料探索。有些人不下功夫做学问,利用现有的教材或资料书,抓几条现成的史料,放言高论,发挥一通,写成文章,便是"观点鲜明"的"新作"。这种以论点标新而实证不足的空疏学风,在教育史界有一定影响。

国外一些有关中国研究的学术机构重视通过多种途径、多种方法尽量搜集资料,为产生新著作创造条件。美国哥伦比亚

大学图书馆的口述资料库成为学界研究近现代人物的重要史料来源，唐德刚教授就利用其中的资料撰写了李宗仁、胡适的传记。我们现在还没有这样的专业机构，也还没有以此为研究任务的个人。

中国重视原始史料的传统应该继承发扬，海外重视史料的研究方法值得学习。要有一批有志之士共同努力，建设教育史的史料学。中国哲学史史料学可供借鉴。

教育史料的整理已取得不少成绩，奠定了比较坚固的基础。

中国古代史料有相当的积累，四库的经史子集都是可采掘的富矿，教育家为个案的整理、断代的整理都做出了可观的成绩。现已完成"中国古代教育论著丛书"和《中国古代教育制度史资料汇编》两大系列，又在进行《中华大典》所属的《教育思想分典》《教育制度分典》的编纂。中国近代史料的整理也有相当可观的成绩，已出版了"中国近代教育论著丛书"、"中国近代教育史料汇编"、《中国近代学制史料》等。

现代的教育史料也受到重视，有全国教育行政领导部门编的教育年鉴、有中华人民共和国教育史编写组所编的中华人民共和国教育文件汇编，有各省、市、县的教育志。

所有这些史料应当连成整体，按一定的结构层次组合起来，既要材料齐全，又要形成系统。

史料学的建设将会产生广泛的社会效益，为后来的教育史研究者铺平前进道路，节省大量的人力、财力、物力，为提高教学效率、研究效率创造条件，制成光盘，也有利于国际交流，实在是功德无量。

四、 教育史研究者应树立主体意识

教育史研究者负有总结教育历史经验、探索教育规律、弘扬优秀教育传统的科学使命。如果要问教育史研究者最终对谁负责，应该说：对历史负责，对科学负责，对人民负责。为完成神圣的使命，要求教育史研究者有独立自主的品格，能忠于原则，坚持真理，不畏权势，不受利诱，发扬实事求是的科学精神，分析评判教育史上的正误是非，研究成果能经得起历史实践的检验。

接受 20 世纪的教训，进入 21 世纪，教育史研究者应在实事求是科学精神指导下，勇于独立思考。

教育史研究需要批判精神。从时间上看，凡过去的都成为历史。过去的历史极为漫长，古代有历史记载已数千年，近代有百余年，现代几十年，各时代的社会条件决定了各时代的教育实践和教育思想。历史条件有限，决定了各时代的认识有限。当然，历史上的教育不可能尽善尽美，而是走着曲折的道路，因此教育史上就存在正误是非，有经验教训留供后世借鉴。现代教育改革要进步完善，不应拒绝对历史经验的借鉴，所以需要教育历史研究，这种研究是对历史进行批判性研究，深入分析总结经验教训。

五、 重视教育史研究方法更新

有不少教育史研究者感到教育史学科的研究方法较为陈旧、单调，与现代化的要求不相适应，要求吸纳现代社会科学及自然科学新的研究方法，更新教育史的研究方法。我个人认为，要做到这一点，既是提高认识的问题，也是研究实践的问题。为探讨这一问题，先回顾一下我们数十年沿用的研究方法，而后探寻可以吸纳哪些新的研究方法。

我们过去沿用的研究方法主要有五种。

第一，文献法。这种方法以历史上流传下来的文献为依据，从中提取教育史的资料。此法源远流长。春秋时，孔丘进行历史和社会礼制研究，强调以文献为依据，没有文献依据就不敢妄加猜测。此法流传已久，至今应用也最广。利用它来解决史料问题，创造研究的基础，也是最基本的方法。

第二，历史法。这种方法强调的是以历史发展的观点看待教育问题和处理教育史料，突出纵向的时间观念，把教育史料按教育问题发展的历史过程的顺序加以整理，考察其演变，而归纳出一定的结论。这种研究重视纵向联系，忽视社会有机体的横向联系，其整理成果表现为直线式的陈述。

第三，实证法。这种方法以历史事实为证据，实际事例举证越多，抽取其共同因素而归结的论断越具普遍性。此法起源甚早，"无征不信"[①]表明其主张。汉代古文经学者颇为强调此法，清代考证学派更是崇尚此法，重视史料的考证和列举成为他们共有的学风。近代受西学传入的影响，实证法成为东西文化的共同因素而引起共鸣，流传也广。现在日本、韩国的教育史研究者仍然以实证法为基本研究法，文章或著作中引证多、注释多是其显著特点。相比起来，我们现在对实证倒是重视不够，为求文章流畅而少用引证，担心注释所占篇幅过大而压缩、简化注释，使读者感

① 《礼记·中庸》。

到不知根据何在。

第四，阶级分析法。这种方法是 1949 年以来，研究者普遍学习马克思列宁主义才逐步掌握的。历史唯物主义认为，自从有了阶级以来，人类社会的历史就是阶级斗争史，阶级斗争是历史发展的动力。应用历史唯物主义观点研究历史，必然重视阶级分析法，对待每个教育问题，都要问从什么立场出发，代表谁的利益。社会发展还没有达到"三无世界"的阶段，阶级还存在，阶级分析法是对现实社会存在的反映。历史唯物主义的阶级分析法如能运用得好，可以揭示教育的不同性质及其差别的根源；而如果形而上学地搬用，便会以简单化"贴标签"来代替深入的研究。所以，阶级分析法有其存在的理由，问题是要提高运用阶级分析法的能力和水平。阶级分析法虽不是教育史研究的唯一方法，但可以作为方法之一而加以合理运用。

第五，辩证分析法。这种方法是哲学唯物辩证法在教育史研究中的应用，具体化为分析教育发展的量变与质变、矛盾对立统一、普遍性与特殊性、形式与内容、原因与结果等关系。对这些，好多人视之为常识，并不重视。但如果不用辩证分析法，我们的研究不会深入，水平也难以提高。所以，对辩证分析法，我们还应继续掌握，以为教育史研究服务。

现在教育史界的一些研究者提出吸纳新的研究方法，更是趋于多样化。以下仅谈较多人推荐的一些方法。

第一，比较法。这是一种较通用的方法，文、法、经、理、工、农、医等学科都运用它来进行研究。研究者将比较法运用于教育史领域，是将同类的教育问题如文教政策、教育制度、课程设置、教育方法、教育思想等，在时间的纵向关系上与空间的横向关系上开展比较研究，以认识不同时期与不同地域存在的教育差别及特点。"文革"之前，教育史的比较研究仅是个别人偶尔为之；"文革"之后，有多种教育史比较研究的著作出现。开展教育史的比较研究，要求研究者具有古今中外较广的知识面，并在开展比较研究时较严格地遵循可比性原则，才能获得较为可靠的结论。

第二，计量法。计量法在自然科学方面使用较早，运用较广。社会科学也有不少学科采用计量研究法，史学方面就有专用计量法研究史学，产生新的分支学科计量史学。研究者把计量的方法运用在教育史研究上，就某些教育问题进行定量分析，以反映教育发展的状态。运用此法，需要具备两方面条件，研究者当然要懂计量法，而被研究的对象要有一定的数据可供计量分析。古代对数量记录的重要意义认识不足，流传后世的数量记录较少，因此要对古代教育史问题开展计量分析研究就有一定局限。近现代对教育的有关统计记载较多，用计量法开展分析研究的条件就较充分。但是，数字一定要真实不假，否则会影响结果的真实性。

第三，文化学的方法。文化与教育关系密切，文化借教育而传递而发展，教育以文化为内容，因而存在一些共同的因素。文化学的研究方法也有多种，有人主张将文化学的因素分析法运用于教育史研究，这需要有人去尝试实践，用成功的事例来证明它的适用性。

第四，社会学的方法。教育在社会中存在、发展，也对社会发展发挥其作用，是社会中一种特殊的现象。社会学的一些方法也可适用于不同区域、不同阶层、不同性别、不同年龄、不同职业的教育问题研究。据社会学者介绍，常用的方法有访问调查、观察、问卷测验、计量分析等。

第五，心理学的方法。心理学的研究方法有多种，有些方法如观察法、实验法不适合教育史研究，而个案调查法与心理分析法则可以运用于教育史研究。教育史研究中的一些教育问题涉及教育对象或教育人物，运用心理分析法，分析其动机、兴趣、性格、智力、能力等，对于深入研究都有益处。其实，心理分析法以前在教育史研究中已被不同程度地利用，现在则是明确要求运用心理分析法，作为重要研究方法来使用。

第六，个案调查法。这是许多社会科学常用的方法。要选择适当的调查对象，请当事人或知情人回顾往事，谈亲身经历的事或所见所闻之事，采取口述笔录的形式，或口述录音后进行文字整理，所提供的新史料可以补充文献的不足，使研究内容更为丰富。

采用其他学科的研究方法来丰富和更新教育史的研究方法，需要在实践的基础上进行总结，才能做出合理的评估。

在教育史的研究中，极少有仅用一种研究方法，通常是多种方法结合起来运用。每项研究中有几种是主要的方法，其他一些则作为辅助的方法。不同的研究内容要选择与之相适应的研究方法，才有利于达到研究目的。

采纳新的研究方法，并不意味着要抛弃全部旧的研究方法，而是为了吸收现代科学的成就，使教育史研究更加接近历史真实。旧的研究方法如果能适时更新以适应时代需要，就仍然有价值，仍然可以在研究中发挥作用。采纳新的方法，可以丰富教育史的研究方法，研究者能有选择地进行多样化研究，使研究更加深入，达到更高水平。没有什么绝对好的适用一切研究内容的方法，只要是在具体问题上能适用于研究内容的方法，就是好的方法。

教育史学科未来的几个问题 [*]

教育史学科的未来是与教育史学科百年历史和学科现实状况密切联系的。我们必须从学科的历史条件和现实条件出发，去考虑和推测学科未来发展的问题。我个人近来在这一方面进行了一些思考，现把所想到的几个问题提出与大家共同商讨，以利于集思广益，为学科未来的发展做一些必要的思想准备。

一、 教育史学科的基础建设需要更加坚实

教育史以教育发展的历史过程为其考察研究的对象，掌握真实而充分的教育历史资料是开展研究工作最基本的条件。所以，教育史资料（包括文献、文物、档案、图像、录音、访问记录、调查报告等）的广泛收集和整理，是一项不可忽视的学科基础建设工程。有些研究者对此有较深刻的认识，以对历史负责的态度，投身于教育文献资料的搜集、整理、编纂，或是汇编成专题性历史资料，或是汇编成断代历史资料，先后出版，公之于众，为学科的实证研究创造了条件，为后来的研究者提供了方便，既节省了宝贵的时

* 本文原刊于《河北师范大学学报（教育科学版）》2005 年第 1 期。

间和经费,也提高了研究工作效率。他们无私的贡献不可低估,应该向他们学习。

教育史基础建设是一项规模较大、时间较长的工程,只有小部分先觉者的努力显然不够,还需要较多的志愿者参加,使这一工作系统化、全面化、持久化,有一定的组织、有一定制度加以保证,努力为后人留下完整的、真实的教育史资料。迄今为止,古代、近代、现代教育史在资料搜集、整理、编纂方面都分别做了一定工作,成果颇为可观,但还不完整,与目标还有相当一段距离。现代教育史部分因条件限制只能提供已公开文件的汇编,档案没有开放,研究者对事情具体的因果发展过程未能了解清楚,进行研究有很大局限。所以,教育资料还要进一步扩展挖掘,汇编成多种专题史资料,为教育史研究打下坚实的研究基础。

教育史基础建设虽不能一蹴而就,但必须从思想上加以重视,逐步推进,终归会接近预期目标。相信有了坚实的学科基础建设,以后中青年从事学科课题研究就不会像过去那样辛苦,工作效率会更高,出成果会更快,达到的水平会更高。现在因缺乏历史资料而没有条件谈的问题,后人会有条件谈;现在未能有结论的事,后人会得出应有的结论。

二、 要进行教育史学科的历史总结和理论建设

在中国,教育史学科的存在已有百年的历史,百年来学科设置和学科研究相互推动。有了学科设置,首先就需要教材,进一步还要充实教材内容,这就促进了学科研究,并有了一些研究成果,可以用于丰富和更新教材内容。由于各历史阶段行政当权者

对教育史学科价值的认识和利用程度不同,因此研究者的专业素养和认识深浅不同:思想控制放松之时,内容选择、分析、评论的自由度大些;思想控制收紧之时,内容选择、分析、评论的自由度就受到一定的限制,在多方因素影响下,学科发展的道路比较曲折。随着形势的变化,文教领域出现不同的潮流,如保持中华文教传统、主张思想信仰自由、提倡民主与科学、宣传阶级斗争理论、实行"兴无灭资"、开展文化革命等。随着这些潮流的更替,教育史学科也大大改变面貌,既积累了丰富的历史经验,也留下了深刻的历史教训,值得加以认真总结。

有些研究者对教育史学科的现状感到不满,认为虽然研究成果不少,但理论水平不高,重要的原因是缺少理论指导。这一批评是很中肯的,促使人们加以反思,呼唤加强教育史学科的理论建设。有些研究者有志于改变教育史学科的现状,并且开始行动起来,对教育史学科的有关理论问题开展逐个研究,有的已写成论文公开发表,引起了较广泛的关注和共鸣。教育史学科的理论建设,需要一个探索、逐步加深认识、总结理论、形成体系的过程,比较可行的是两途并进:一方面是借鉴和运用现代人文社科等学科的新理论来研究教育史;另一方面是认真总结教育史学科的经验与教训,研究教育史基本理论问题。两途并进的结果是形成教育史学,确立自己的理论、体系、方法。教育史学既是教育史学科发展的历史总结,反过来又对教育史学科研究发展起一定的规范作用。

我们期望教育史学的创建,成为教育史研究者入门的基础课程,借以提高专业素养,这将有助于提高教育史学科整体的研究水平,评估教育史学科的研究成果亦将会有共同的标准和尺度。

三、 确立教育史学科的基础地位和扩展生存空间

在高等教育中,教育史学科不像外语或政治理论那样成为本科不分专业的公共必修课,也不像教育学那样成为师范专业的公共必修课,它只是师范专业之一的教育专业的基础课程。通过这门课程的教学,教师传授教育史的基本知识,使学生形成历史发展的教育观,养成热爱教育事业的奉献精神。这门课程在培养教育专业人才方面所起的作用是不可忽视、不可替代的。

现在高等师范学校的各级领导,因专业素养不同,对教育史学科在师资培养中的地位和作用的认识存在差别,在教育改革中对教育史学科就有不一样的态度:有的采取压缩教育史学科的措施,将一年的课程缩短为半年;有的把中国教育史和外国教育史两门课再合并为一门课,为的是腾出时间用于增开引进的技术性、实用性的新课程。在全国性高师改革浪潮中,教育史作为教育专业基础课程地位不稳,往往成为改革试验的牺牲品,到了阶段检查整顿时,又被要求恢复原样。待到下一轮改革时,教育史再次成为主要对象,又压又砍,造成肢体残缺不全。教育史的基础课地位动摇,生存空间因课时减少而缩小,学科特色难以体现,学科在培养专业人才方面的作用不能发挥,这种状态实在让人担忧。

教育专业教育史课程地位发生重大变化,有其现实的原因。我国对外开放之后,教育改革倾向于学欧美,向欧美看齐,唯恐学得慢,欧化美化不够。改革中注重学习实用技术,忽视人文学科,淡化民族文化,放弃中华教育精神,用实用标准衡量教育史学科,

视教育史为无用,将教育史作为改革的重要对象。

要消除高师课程改革中因忽视教育史课程的作用而发生的偏差,只有期待高师领导提高认识,端正指导思想,这样才有条件进行矫正。教育史研究者要自强不息,不懈地争取教育史学科在高师教育专业中确立基础课程应有的地位,并尽可能开设选修课,扩展教育史学科的生存空间,这样教育史学科的作用才能得到发挥,才会有光辉的前景。

四、 重视教育专史的研究是教育史学科发展的重要策略

教育史学科的发展不能脱离社会现实。随着教育事业的发展与教育改革的进一步深化,现实中存在许多问题,因此希望总结历史经验,提供一些有益的借鉴,以期对解决现实的教育问题有所启示。这种需求不局限于领导层,各个阶层、各种职岗的人对教育历史知识经验都有需求,具体需求则因职岗的实际需要而不同。这种多方的要求是多卷本教育史满足不了的,也是高师教材(教育史或教育简史)或教育史纲要满足不了的。这一现状势必促使教育史学科更细、更专业化,分化出更多二级、三级分支学科,使各级各类学校教育都有专史,教育的各组成部分、各方面的关系、各种重要问题也都有专史。各种职岗的人希望教育史能结合他们的专业需要,研究和编纂出分门别类的教育专史。专史不是小项目,但也不是大型项目,从规模来说是介于两者之间的中型项目,与上下都有密切的关系。重视专史,就会带动与专史内容有关的个案研究、专题研究。这类研究成果会丰富专史的内

容,实际上是专史的基础。专史能形成系列,又为系统的、全面的教育通史进一步提高创造了基本条件。专史的研究有较大的灵活性,联合三五志同道合的研究者协作也可,个人自愿独立承担也可。专史规模不是很大,参加人员不太多,较易于调度,也可能在一定时限内见其成效。专史由"术业有专攻"的专业研究者来撰写,是专家写专史,保证研究既专门又深入,具有自己的专业特色,能经受较长时间的考验。教育史学科的发展,需要有更多研究者投入专史研究,为教育史学科整体水平的提高创造条件,这有待于教育史研究者继续努力,不断贡献。

五、 对儒家教育思想需要再评价

儒家思想是数千年中华文化的主流,而百余年来却成为被批判的主要对象,这就影响了教育史学科对人物学派的评价。教育史存在着如何评价儒家教育思想的问题,从 20 世纪延续到 21 世纪,想回避这个问题总是回避不了,今后还得对儒家教育思想再作评价。

儒家创始人是春秋末期鲁国孔丘。儒家是在奴隶制度向封建制度转变这一社会大变革时期主张走社会改良路线的一个学派,很重视教育的社会作用。虽然儒家依靠私学传授扩大社会影响,但只是百家争鸣中的一个学派,在一定时期内并未居统治地位。然而,儒家对促进私学兴起、文化下移,宣扬民本主义,主张仁政德治,重视农民生活,建立社会秩序,有重要贡献。有人抹杀儒家对历史发展有积极贡献的一面,而抬高道家的自然无为思想,或以赞扬佛学而贬低儒学,说儒学只讲伦理政治,哲学理论粗陋,不如佛学精细。这些评价脱离历史实际,存在一定的片面性。

封建社会的统治者从自己的利益出发,对儒家有不同的认识,以不同的方式对待。秦朝建立统一的中央集权国家,曾对儒家实行专政,进行严厉打击,儒家被迫潜伏以求生存。西汉初,儒家虽可恢复活动,但实际上还是受冷落。直到汉武帝时,国家达到相对富强,才由"无为"转为"有为",利用儒家学说,为巩固中央集权服务。以儒家为统治思想加以利用,因人而殊,并非持久一贯。在历史发展过程中,儒家曾多次受到冲击,几度起伏,这是政策变化造成的,要利用就加以尊崇,不利用就予以打压。两千多年来,经受无数的批判,结果是批而不倒或倒而不亡,在民间继续流传,待时变境迁,重新振作,再登统治地位,受到罢黜和受到尊崇相互更替,这就是儒家在古代的经历。

20世纪的中国,在错综复杂的民族矛盾和阶级矛盾斗争中发生重大的社会变革。每一次重大变革过程中,儒家思想包括教育思想总是争议问题之一,不同地位和立场的人对儒家及其思想有不同的认识和主张,归纳起来有三种主要态度:一是完全否定,资产阶级西化派和无产阶级文化派对儒家都持否定态度,认为儒家是旧时代的产物,不能适应新时代,应该批判并抛弃,彻底与之决裂;二是基本否定,认为儒家对社会历史发展功不抵过,负有历史罪责,因它重德轻智,忽视科学技术对社会经济发展的积极作用,过于保守,不能创新,阻碍社会进步,造成中国落后,要加以贬责;三是既有否定也有肯定,认为儒家在历史上曾是中华民族文化的主流,虽在近代不能适应社会发展的需要,应该加以扬弃,但也有些宝贵的思想可以继承、改造,在现实生活中既要发扬优良传统,也要适时创新,以服务于现代社会发展需要。

百余年来，儒家的处境多变，由受批判、被否定到受尊重，再到被利用，几度反复。"文革"结束之后，我国进入以经济建设为中心的改革开放时期，面临不少问题，都与中华文化传统有关联，如普及教育、因材施教、尊师重教、做人诚信、修养道德、以德治国、民族团结、社会安定、国家统一，都继续利用儒家思想的积极因素。这说明儒家思想不是可以一批了之的，我们应以历史唯物主义的观点，对儒家教育思想进行再评价。

六、 面对教育史研究的国际化，中国要有独立自主的研究

中国教育史学科的发展经历了几个阶段。最初设置学科时，依靠引进的教材。1905年开始，中国人有了自己编写的《中国教育史》，虽然内容仅是先秦教育，但已经有了开头。到了20世纪二三十年代，研究中国教育史的学者渐渐增多，王凤喈、陈青之、陈东原等先后有著作出版，并被用为高师教材。外国人虽也有重视中国教育史研究的，但毕竟代替不了中国人研究中国教育史。

1949年中华人民共和国成立之后，在半封闭的条件下，只与社会主义国家有部分往来，国际社会很少了解中国，研究中国教育历史则更少，唯有日本人例外。中国在"文革"结束之后实行改革开放政策，以经济建设为中心，经济迅速发展，让世界刮目相看。外国学者由研究中国经济建设成就进而研究中国文教事业的发展变化，逐渐成为新潮流，有人称之为中国教育的国际研究。外国学者并不对中国教育进行系统的全面研究，只是对中国近现代教育问题感兴趣，有选择地做专题研究，较多的是采用比较法，

如中日教育比较、中西教育比较，以尽快抓到中国的教育特点。外国学者对中国教育史的研究受到我国一些研究者的注意，并积极加以学习，吸取其观点和方法，以作为先进的标准，来衡量和评价国内的教育史研究，以改变国内教育史研究的状态。

在经济全球化成为时代发展趋势的条件下，中国教育史的国际研究迟早也会成为现实。我国既然实行开放政策，自然欢迎外国学者研究中国教育发展变化的历史，相信他们从不同的角度进行考察，会提出一些与我们的认识有所差别的新看法，值得我们加以关注和吸取。另外，我也认为外国学者研究中国教育史，也会有他们的局限。他们没有长时间生活在中国的社会环境里，对中国教育并未全面了解，也未参加中国的教育实践。他们只是根据自身利益的需要，站在他们的立场，用他们的思维方式来选择和思考中国的教育问题，并提出他们的结论。对这些结论，我们不能一翻译过来就相信、就崇拜。我们不能跟在别人的后面，成为别人的思想附庸。我们应学习外国正确的观点和科学的研究方法。研究本国教育史，本国人比外国人的条件更充分。中国社会是我们长期的生活环境，参加教育实践，对教育现象有所见，对群众的教育呼声有所闻，对教育问题的认识更深。所以，我认为不能依靠别人为我们提供结论，要交流而不崇拜，要知情而不照搬，取其所长，为我所用。我们要立足中国，独立研究，教育史学科建设的责任在肩，外国人无法替代。

感悟教育史 [*]

多年学习中国教育史，近日能静下来反省，有些初浅的认识，愿与大家进行思想交流。

一、认识多元文化教育的根源

对文化通常可以作广义的理解：由野蛮向文明转化的历史实践过程中，人类所创造的一切物质财富与精神财富的总和，都属于文化。文化是一种社会历史现象，随着社会物质生产的发展而发展。文化包含教育，文化的继承、创新和传播都需要通过教育的途径进行。教育是文化的重要组成部分之一，教育与文化的联系非常紧密，二者相互影响，不能绝对分离。教育要利用前代及当代的文化积累，选择其精粹有用的部分作为传授内容。

中国是经过长期历史发展交相融合而形成的多民族国家。多民族兼容并存共处，保留各自的习俗与宗教信仰，因此有多种宗教信仰存在，社会也有多个阶级阶层共处。不同民族、不同宗教、不同阶级、不同阶层有不同的利益要求，有物质方面的，也有

教育史学

———————————
＊ 本文原刊于《华东师范大学学报（教育科学版）》2013 年第 2 期。

精神方面的,这就是多元文化、多元教育的社会基础与根源。

春秋战国时期,社会物质生产、经济、政治的变革,阶级的分化,反映在文化教育领域,出现了诸子并起、百家争鸣的局面,就是多元文化、多元教育并存而斗争的显著事例。随着时代的发展,在相互斗争的过程中,不同的思想流派相互交流吸收而走向融合,产生新的思想流派,又有新的矛盾与斗争。历史发展没有停息,多元文化、多元教育的发展也不会停息,中华民族历来的文化教育保持着多元化的特点。历史上曾有统治者用行政命令的手段推行一元化的文化教育,排除其他文化教育,虽一时得逞,但最终都不能如愿。因为多元文化教育有其历史根源,有其社会基础。

二、 关注主流文化思想的更替

中国历史上的多元文化教育,虽并存而非完全对等均衡,多家都想扩大社会影响,提高社会地位,由竞争而斗争,就有交流、渗透、融合,发挥各自专长,形成互补并存的局势。但这种局势是暂时的,并不是长期稳固的。随着时代的发展变化,有的文化流派能适应社会需要,或主动迎合统治集团的需要而被重视利用,直接受到拉拢与扶助,其政治地位被抬高,成为统治集团的精神支柱,并存的局势随之发生变化,分化出强弱与主次,就有主流与非主流的差别。历史是发展的,一种文化流派占据主流地位并不是持久永恒的。不同的历史阶段有不同的统治集团登上政治舞台,他们根据自己的利益需要,选择不同的文化流派作为精神支柱,这就造成新旧主流文化思想的更替,新的主流文化思想指导统治集团文教政策的制定,直接影响多元化教育的发展。历史上多次主流文化思想更替，相应地都有多元化教育的起伏变化。因此，中国教育历史研究要特别关注主流文化思想的更替。

回顾中国历史，自诸子百家争鸣以来，各家文化思想流派就开始舆论宣传的竞争，初时无不抬高自家，贬低别家，未能分出强弱主次。然后，各家把游说的重点转向各诸侯国的统治者，试图施加影响，鼓动实施他们的思想主张。法家人士于战国兼并战争时期迎合秦国统治者富国强兵的需要，力倡耕战政策而受重用，法家政治地位得到提高，法家的文化思想也随之成为占据强势地位的主流文化思想，凭借其政治权势，批判并排斥其他文化思想流派。至秦国先后消灭六国而统一中国，法家扩张权势达到登峰造极的地步，具有一家独尊的地位。秦朝被农民起义推翻，二世而亡，法家的文化思想随之受到挫折而丧失主流文化思想的地位。汉朝在农民起义之后建立，统治者为了巩固其政权，实行使民休养生息的政策。道家因主张"清静无为"符合统治集团的需要而被利用。道家的文化思想取代法家的文化思想而成为主流文化思想。"清静无为"指导下的政权实行宽松的政策，使文化教育得到恢复和发展。但发展几十年后，地方分裂势力膨胀，成为中央政权的隐患。汉武帝时要加强中央集权来改变这种政治局面，儒家主张政治上"大一统"的思想可利用。于是，统治者扶植儒家以替代道家，推行"独尊儒术"的政策，儒家的文化思想成为主流文化思想，崇儒兴学成为潮流，中央官学、地方官学、私学都得到发展。东汉末，皇朝没落，封建名教维持不住社会秩序，出现了社会危机。此时，玄学乘机而起，倡导"越名教而任自然"[1]，强

---

① 嵇康《释私论》。

调个性的自由发展,成为冲击儒家思想的新思潮,一时占据主流文化的地位。玄学流行于魏晋南北朝时期,在社会破除传统思想行为规范的条件下,道教、佛教也乘机各自传播,扩大社会影响。隋唐时期,再建统一的中央集权国家,儒、道、佛三教并存,同为统治集团服务,随君主的意志倾向而选择更替为主流,教育事业也随主流文化的更替而兴废起伏。到了宋代,儒家学者以儒学为基础,吸收佛道的思想成分,发展为理学。理学是儒家思想发展的新阶段,受统治集团的重视并被利用为指导思想,儒家思想再次成为社会文化思想的主流,并延续至元明清。从历史发展过程来看,儒家的文化思想并不是中国古代一贯的主流文化思想,法家、道家、玄学、道教、佛教的文化思想亦曾在历史上一时成为文化主流。但儒家的文化思想曾在中国古代几个历史阶段成为主流文化思想,累积起来,作为主流文化思想的时间最长,对中华传统文化思想的贡献最大。历史发展到清后期与民国前期,由于资本主义西学东传的冲击,儒家文化思想的主流地位发生动摇。20世纪,中国兴起新文化运动,批判旧文化,发展新文化。西方多种文化思想先后输入中国,在竞争中产生不同的影响。马克思主义也传入中国,在民主革命过程中逐步传播并扩大影响。民主革命胜利,建立中华人民共和国,马克思主义成为主流文化思想。

由于在历史上主流文化思想与教育有密切的联系,因此教育史研究应特别关注主流文化思想更替的发展线索。

三、 认清教育事业发展的动力

对于什么是历代教育事业发展的动力,曾存在三种看法。

第一种看法认为，开明君主、圣贤豪杰等有威望人物的倡导与推动是教育事业发展的动力。从中国历史上考察，有社会政治地位或经济地位的个人，其教育主张和行动有相当的作用和影响。特别是有权势的人，将其教育思想主张付诸实施的可能性较大。但如不能适应时代发展潮流，不能满足社会群众需要，不能获得广泛响应和支持，其局限会逐渐显露，难以维持长久。《中庸》指出："其人存，则其政举；其人亡，则其政息。……故为政在人。"这种随个人存亡而发生或兴或废的事，历史上常有，仅是个人的意志与理想不可能成为教育事业发展的持久动力。

第二种看法认为，阶级斗争是教育事业发展的动力。阶级的分化在历史发展的各个阶段都存在，各个阶级在社会中处于不同的经济地位和政治地位，权力悬殊，处于很不平等的状态，阶级间有矛盾，导致发生阶级斗争。阶级斗争有多种形式，各种形式表现出不同的程度，效果也很不一样，这与统治集团施政有很大关系。如果统治集团能关心民生，施行德政，改善民生，民众可以自主发展教育事业；如果统治集团只顾自己享受安逸，奢侈挥霍，不关心民生，施行苛政，弄得民不聊生，温饱都无法保证，哪还能顾及教育？阶级矛盾如尖锐到不可调和的程度，最激进的表现就是农民革命，推翻腐败的皇朝，继之未必就能建立有权威的中央政权，可能陷入争夺统治权的战争，使社会处于长时间的动荡之中，军阀混战，造成文教事业的大破坏。待到有强大势力集团形成，重建统一的中央集权统治，还要进行战乱后的休整恢复，能否转入和平建设时期还要看有没有正确的政治路线和政策，还要具备一些条件才能发展。农民革命对教育是先破坏，后恢复，恢复后是否能正确发展则不能确定，虽有可能，但未必就会实现，所以不能被认定是教育事业一贯持久的发展动力。

　　第三种看法认为，人的生活需要是教育事业发展的主要动力。人必须学习；人为了生存，要有生存的能力本领，必须学习；人为了融入社会，要遵守社会共同的行为规范，必须学习；人为了自我发展，要提高德智体的素养，必须学习。古之学者必有师，今之学者也必有师，需要师来传授知识和指导学习。教育是古今社会普遍存在的现象，其形式和途径有多种。自从学校产生以后，学校成为教育的主要场所，由政府主办的称为"官学"，由民间主办的称为"私学"。学校的发展与社会的和平或战乱直接相关。唐李绛在《请崇国学疏》中说："故太学兴废，从古及今，皆兴于理化之时，废于衰乱之代。"官学如此，私学也是如此。当社会处于政治清明的和平时期，社会安定，有正常的生活秩序，人群能安居乐业，发展生产。在温饱无忧之后，人群新的需求是在精神方面，需要学习和提高文化。和平时期的社会环境之下创造的物质条件是有利于教育发展的最好时机。在古代，人民群众要发展教育，指望皇上圣明，官员清廉，重教兴学；也指望地方士绅乐善育才，就地兴学。在现代民主社会，人民群众需要教育，把发展教育委托给政府来办。人民群众的需要，就是政府的职责。人民群众共同的教育需求与社会舆论是互动的，舆论反映人民群众需要教育的心声，呼唤政府发展教育事业，满足人民群众的教育需求。舆论的鼓动积聚形成一股力量，监督政府、推动政府发展教育。若一时条件尚未成熟，不能全办到，可以延长时间，再创造条件，一定会办到。

　　人民群众的需要是教育事业发展真正主要的动力，因为人民群众是稳固的基础，需要是持久的动力。

四、 学习教育史的主要目的在继承

学习中国古代教育史,首先让人认识到的是"政教合一"的特点。教育与政治混合为一,没有从政治中分离出来成为独立的领域,而是作为政治附属的一部分。统治者利用教育作为施政的基本手段。《礼记·学记》:"古之王者,建国君民,教学为先。"教育的作用受重视,被作为政治的工具,首先用来向民众推行教化。教育的思想主张以及教育制度设施,分散于典籍和与政治有关的文献之中。要研究古代的教育历史,只好利用古代的经籍和史册,从教育史料的调查入手,这是基础性的工作,费些力气是必要的。所获取的教育史料都是精华与糟粕混杂,要把集中的教育史料归类整理,为分析研究准备好条件。

教育史的分析研究实际是进行一定程度的鉴别。通过鉴别区分出真或假、是或非、正确或错误、精华或糟粕,这是一个认真思辨的过程,学术界称之为"批判"。批判不是学习研究教育史的主要目的,批判是学习研究教育史的重要手段。批判是达到继承目的必经的途径,经过批判而继承人类优秀的教育遗产才是主要的目的。

为了理解教育史研究的"批判地继承",不妨借用一些比方。批判就如"披沙拣金",黄金比较贵重,淘金就是要弃沙而获黄金,披沙是必要的手段。要坚持清除沙砾的过程,从沙中淘出黄金,最终目的是获得黄金。批判就如酿酒的过程,要让煮熟的粮食或其他材料发酵产生酒精,将酒精存在酒糟之中,然后采用蒸馏方法提取酒精,这是一个分离精华与糟粕的过程,然后取其精华,弃其糟粕,主要目的是获得好酒。批判就如农民收获粮食的扬场,将所收粮食集中到晒场,晒干之后要归仓,最后还有一道工序就是扬场,借风扬去秕糠,从而获得干净的粮食。

批判是教育理论研究、教育历史研究的基本手段,目的在于总结优良的教育经验、正确的教育理论,探索教育规律,继承优秀的教育遗产。简明地说,教育史研究的主要目的在于继承,而批判是为达到继承目的必需的手段、必经的过程。

20世纪六七十年代的"文化大革命",给后代留下了深刻的教训。当时特别强调无产阶级全面专政,与"封资修"的文化教育彻底决裂,只有批判,不要继承,一切文化全否定,自己又创造不出新文化,重患"无产阶级文化派"的"左派"幼稚病,后遗症影响深远。我们要辩证地理解"批判地继承",一定要继承人类所创造的一切优秀的文化遗产,才能发展民族的新文化。

五、 探索教育思想发展规律

孟宪承教授曾提示探索教育思想发展规律这一重要问题,对我很有启发,给我留下深刻印象。教育是复杂的社会现象,全面认识教育很不容易,探索教育思想发展规律更是难以抓住头绪。他认为可以尝试从过去的教育历史去考察,这是一条认识教育思想发展规律的途径。因为中国历史上教育思想的发展都有一个过程,从每个过程还可查出一定的次序,其中存在普遍的必然性。一般的程序如下:

一是继承。一代人之前必然有前人所创造和积累的一定文化,学习继承前人的一定文化是不可避免的。不学习不继承就会倒退到原始社会的野蛮状态。学习前人的文化,才能在前人的文化基础上进一步提高。学习就是继承的现象。

二是创造。继承文化之后,要应用于自己参与的社会生活活动。为适应不同时代社会生活的新需求,不能只是照搬前人的做法,还要自己动脑筋,应时变通,有所创造,提出新的文化教育主张,寻求新的文化教育途径和方法,说明问题,解决问题,使自己的教育思想比前人有所发展。

三是传播。创新的教育思想经过宣讲和实践,影响学员,再扩大传播,影响社会。如果形成文字或著作,其作用就不是局限于当时当地,而是会突破时间和空间的限制,传播至下一代以至后代,传播至外地以至外国。到了信息时代,文化教育的传播会更快、更远、更广。

四是斗争。教育思想在传播过程中,有些会被认同、接受、拥护,有些则不被认同而受抵制,甚至遭到极力反对。教育思想的斗争不限于发表言论,进行说理辩论,在关系到利益之时,矛盾将更激化,有时还要流血。教育思想斗争持续一段时间后,会逐渐相互渗透融合,归于统一。统一一段时间之后,又产生新的教育思想矛盾,又进行新一轮的斗争。斗争是绝对的,这符合辩证法。

从上述考察可以看到,教育思想的发展具有普遍的必然性,这种普遍的必然性就是一种规律性。教育史的研究要重视探索总结教育思想发展规律。掌握教育思想发展规律,有利于我们对教育流派或教育家思想进行系统研究,这可以从四个方面进行考察:一是考察其思想渊源,从哪些学术流派学习继承了哪些东西,奠定了文化基础;二是考察在社会生活实践中,为适应时代和社会环境变化的需要,有哪些新的思想创造,具有什么特点;三是考察如何进行传授、传播,社会影响的范围和程度是怎样的;四是考察有哪些对立面存在,如何开展斗争,有什么样的结果。如果能这样做,就会有较深入的研究和较彻底的了解,进行历史评价会较客观准确。

六、 原始史料头等重要

教育史研究不能只凭主观猜测,一定要有史实为依据,凭证据说话,只有这样才能提出自己有力的见解,这是学术界的共识。有的学者更严谨,还主张孤证不立,对只是偶然出现的单一证据,认为其可信程度较差。如果既有实证又有旁证,可信程度就较高。如果有多个证据,并连成证据链,可信程度就更高。反之,没有掌握史料证据,或是史料证据不全,那就缺乏说服力,所提的主张或所作的结论必然令人产生怀疑。

作为研究生的导师,大家都知道掌握原始的第一手材料对教育史研究具有头等重要性,会要求学生把时间和精力重点放在阅读经典、名著、历史文献等第一手材料上,要求他们自己去理解、思考、领会,形成自主的见解。有的研究者虽然也知道掌握原始的史料证据的重要性,但未认真执行,为图方便省力,就轻易引用第二手材料。第二手材料是经别人诠释过的,按自己的需要而利用,可能按主观的想法加以猜测,不能正确理解原意而造成曲解。如果图方便而相信第二手材料,就会被牵着鼻子走。如果引用的是第三手材料,那就更不可靠,应当尽力避免。

现在有些作者或编者忽视历史材料的证据,没有充分掌握原始的第一手材料,就凭手边的参考书放手写作或编书,不免有违背史实的编造。有一工具书,就存在此类毛病。该书收《开蒙要训》为词条,撰稿人写了说明,为读者介绍一些信息。现查明介绍有缺失,不妨比较其差别。词条的说明:"《开蒙要训》,蒙学课本。作者不详。一卷。每句三、四、五字不等,叶韵。对幼童进行品德教育。现仅于《贞松堂藏西陲秘籍丛残》中存手抄残片。"这个说明与现在查核的信息有五方面差别:

五方面信息比较	词条的介绍	核查的信息
作者	不详	马仁寿
时代	不详	晋南北朝
卷数	存残片	存整卷
内容	品德教育	还有自然与社会常识
句式	三、四、五字为句	全部四字为句

可能撰稿者较忙,没有直接去查原著,也未了解前人已有的研究成果,只以旧书为参考依据,对此蒙学课本的内容与形式都没有弄清楚,才会把全书用四字为句的形式说成"每句三、四、五字不等",造成明显的失误。这提醒我们,要做教育史的研究,就一定要去读原著,掌握原始的第一手材料。原始史料确实头等重要。

以上几点粗浅的认识,未敢自以为是,写下来,请同志们批评指正。

教育史评论

《中国教育史》第一版前言

作为一名当代中国的教育工作者，不但要有献身社会主义教育事业的高度热情，还应当掌握教育科学的基本理论知识和方法，才能自觉地做好教书育人的本职工作，这是大家的共识。今天的教育科学不是个别人的发明创造，而是古今中外教育实践经验的总结和许多先行者教育理论思维的结晶。教育科学是在教育历史发展过程中形成和完善的，教育历史是教育科学的重要源泉，如果没有人类几万年教育实践经验的不断积累，没有教育家几千年教育理论思维的丰富材料，要创造高水平的教育科学是难以想象的。中国有悠久的历史、灿烂的文化，历来重视教育，形成优良的传统。历史上成功的经验、失败的教训、辩证的教育教学思想、持久的尊师重教传统，虽经数千年岁月的磨砺、风雨的冲刷，仍然给进入社会主义现时代的教育留下深刻的影响，这是不可忽视的现实。作为中国的教育工作者，只有学习和总结中国的教育历史，了解中国教育的昨天和前天，才能更深刻地认识中国教育的今天，这将为发展社会主义教育事业、建设有中国特色的教育科学提供有益的历史经验。

中国教育史是教育科学的重要分支学科。它运用历史唯物主义的观点方法，研究中国自古至今教育制度和教育思想发生、发展、演变的过程，总结不同历史阶段教育的经验、教训及其特点，做出科学的评价，探求教育发展的客观规律。学习中国教育史，了解教育制度和教育思想的源流，将有助于树立唯物辩证的教育发展观，扩大教育知识眼界，激励献身教育事业的精神。批判教育历史上封建专制落后黑暗的一面，发扬民主科学进步光辉的一面，也将增强中华民族的自尊心，鼓舞人们发展社会主义教育事业、创建有中国特色的教育科学的自信心。

现在全国高等师范学校教育专业都将中国教育史作为必修的基础课程，但没有统一的教学大纲。为了提高教学质量，大家深感有编写中国教育史教材的迫切需要。本教材就是为了适应这种需要而编写的，并被国家教委推荐为全国高等学校文科教材。我们根据中国教育史课程的教学任务，结合我们对中国教育史的认识，以及多年从事这门课程教学实践的体会，来构思教材的体系和内容。

本书在编写过程中，着重注意了以下几点。第一，坚持以历史唯物主义作为编写教材的指导思想，按各个社会形态的发展阶段分章，把各时代各阶级的教育制度、教育思想都放在一定的社会经济、政治、文化历史条件下进行考察，揭示其内在联系。第二，对教育制度的研究，主要以人才的培养为中心，论述其方针政策、管理措施、教育内容和方法以及经验与教训；对于选拔人才的制度，仅从其与教育发展存在的相互制约关系，略加论述，不作为重点，也不求其系统。第三，对教育思想的研究予以重视，通过对主要代表人物的分析介绍，来反映各历史时期教育思想的发展，以总结教育理论思维的经验。第四，运用辩证方法对教育历史作实事求是的评价，既不美化，也不丑化，区分精华与糟粕，决定吸取或清除,以便古为今用,提供历史借鉴。第五,为反映教育史科学研究的新进展,更新教学内容,本书广泛吸收近年教育史学界科学研究的新成果,也反映教材编写者近年研究的心得。第六,在编写体例方面,为适应教学的需要,每章结尾有概括性的"本章小结",还按章开列若干思考题,以引导读者更好地学习教材内容。书后还附有参考书目,让读者了解本学科应读的基本书籍。

本书的编写以华东师范大学教育系中国教育史教研室为基础,大家分工合作。从原始社会至唐,由孙培青负责;从宋至清(鸦片战争以前),由金林祥负责;从鸦片战争至民主革命胜利,由郑登云负责。参加各章执笔的按章节顺序为:孙培青(第一章、第二章)、杜成宪(第三章、第八章的第五节)、王伦信(第四章、第七章的第七节)、胡金平(第五章)、张建仁(第六章的第一节、第二节、第三节、第五节)、施国恩(第六章的第四节、第六节)、金林祥(第七章、第八章的第一至四节、第九章)、郑登云(第十章、第十一章、第十三章、第十七章、第十八章)、崔运武(第十二章、第十四章、第十五章、第十六章)。全书由孙培青担任主编,负责组织和统稿,金林祥负责各方面的联系工作。华东师范大学出版社的积极支持,编辑的热情帮助,使本书得以出版。本书的撰写对前辈和同行的研究成果多有参考与吸取,在此一并致谢。

由于我们业务水平有限,编写经验不足,缺点乃至谬误在所难免,恳请专家和读者批评指正。

编者

1991 年 6 月

《中国教育史》修订版前言

　　《中国教育史》作为高等学校文科教材,是原国家教委文科教材办公室 1985 年在武汉主持召开教育心理学科教材会议时所确定的任务。编写工作于 1986 年实际启动,经过 5 年的努力,1991 年终于编成交稿,1992 年正式出版发行。

　　由于在确定编写计划时就决定面向教育专业本科学生,再加上参加编写者都有中国教育史的本科教学实践经验,所编写的教材吸收了 20 世纪 80 年代科研的新成果,也融入编写者科研心得和教学体会,因此教材内容的取舍和表现形式的选择都比较适合本科的教学需要。教材出版后,使用范围逐步扩大,全国许多师范大学、教育学院选用了本教材,有的还作为师资培训课程、助教进修课程、硕士学位课程的必读教材。为了满足各方的需要,华东师范大学出版社已印刷了 8 次。本教材曾获 1995 年国家教委优秀教材一等奖,这是对我们工作的肯定。

　　处在 20 世纪 90 年代,我国进一步贯彻改革开放的政策,顺应了时代发展,符合了民众心愿,深化改革扩大开放取得重大成效,使我国社会主义建设事业快速发展,城乡景象日新月异,超乎常人想象。持续的经济增长来之不易,安定宽松的政治环境尤为可贵,为学术界解放思想、实事求是地开展科学研究创设了条件。

时代在前进,教育改革在继续深化,教育价值观念也在转变,我们的思想认识有新的提高。在教学实践中,我们开始感到,当时所编的教材已有些不适应 21 世纪的新形势。教材不能停滞不前,为反映新时期对教育历史的新认识,需要进行一次修订。

修订教材的依据不能单是编写者的主观感受,更重要的应当是来自群众和专家学者客观的意见。我们利用种种机会听取教师和学员的意见,还于 1998 年 5 月组织了一次中国教育史教材讨论会,张瑞璠、李国钧、田正平、丁钢、黄书光等教授对本教材的修订提供了宝贵的意见,给我们的修订工作以很大帮助。关于当代教育史要不要作为本教材的一部分,是讨论会上大家比较关注的问题。考虑到中华人民共和国成立后的当代教育史已专设一门课程,另编有教材,所以本教材为避免重复,还是编写至 1949年为止。

此次修订,分别不同情况作了不同程度的修订。古代部分作了局部的修改,近现代部分作了大的改动,特别是现代部分,原分为五章论述,现调整为三章,重新组织节、目的内容,突出教育思潮流派论述,并根据对这一历史阶段教育发展的新认识作了历史评价。

参加本书第一版撰稿的,原还有郑登云、崔运武两位同志,他们为近现代教育部分各章的内容奠定了基础。对他们的辛勤劳动,我们衷心感激,铭记不忘。他们现因人事变迁,或因退休,或因工作岗位调动,已不在教研室参加教学,所以不再参加本教材的修订工作。他们原来承担的部分改由杜成宪、王伦信两位同志重新撰写。

参加本书各章修订工作的,按章的顺序为:孙培青(第一章、

第二章、第五章、第六章）、杜成宪（第三章）、王伦信（第四章）、金林祥（第七章、第八章、第九章）。重新撰写近现代各章的执笔者是：王伦信（第十章、第十一章、第十二章、第十三章）、杜成宪（第十四章、第十五章、第十六章）。孙培青作为主编，承担全书统稿任务。

本教材的编写，得到教育领导部门的重视和支持。国家教委 1997 年 6 月批准本书为普通高等教育"九五"国家级重点教材立项选题之一，使我们感到肩负责任重大。为此，我们尽力发挥集体智慧，以确保重点教材的质量，努力争取按计划完成编写任务。

华东师范大学出版社对本教材高度重视，实际关心和支持编写工作，责任编辑加强与我们联系协商，共同努力把书稿编写好，也尽力把书出版成为精品。

我们编写者由于水平局限，对中国教育历史经验的认识和总结还有待于进一步深入，因此本书编写和修订中存在的不足之处和不自觉的差错，欢迎大家批评指正。

编者

2000 年 6 月

《中国教育史》第三版前言

进入 21 世纪新时代，我们的祖国继续全面建设和谐的小康社会，深入贯彻落实科学发展观，对发展社会主义先进文化提出了更高要求。特别是中共十七大之后，文化界响应号召，正在兴起社会主义文化建设热潮，激发全民族文化创新的积极性，令我们振奋精神做好本职工作。

教育史学科工作者应该与时俱进，为全面认识祖国传统文化、弘扬中华民族优秀的教育传统做出自己的贡献，努力促进学科体系、学术观点、研究方法的创新。由于近年来学术界涌现一些新的研究成果，我们对一些历史问题也有新的体会，教学工作中又积累了新的经验，所以现在综合吸纳这些新东西，对《中国教育史》教材再作一次修订是适时的。

《中国教育史》是主要面向教育专业本科生的教材。自出版之后，许多师范大学、教育学院以及师资培训、学位课程先后采用本教材。为满足教学需要，第一版印刷 8 次，第二版印刷 19 次，累计印刷 27 次，印数 271 600 册。教材的使用面越广，我们所承担的社会责任越重，这也鞭策我们以精益求精的精神做好修订工作。修订的任务是要系统、全面地认识中国教育的历史经验与教训，弘扬中华民族优秀的教育传统，为现代化的教育改革提供历史借鉴。修订的原则是体现与时俱进的精神。在这次修订中,我们更新了教材的部分内容,补充了近年新的研究成果;调整了一些章节,使主流更为清晰,重点更加明确;精简了次要节、目,以彰显教育史专业性;增设"导读"和图片,使读者容易把握教材的脉络和内容,使教材增添一些直观生动的气息。

参加《中国教育史》第三版编写工作的同志,按章节顺序如下:孙培青(第一章、第二章),杜成宪(第三章),王伦信(第四章),胡金平(第五章),孙培青、张建仁(第六章),金林祥(第七章、第八章、第九章),王伦信(第十章、第十一章、第十二章),杜成宪、蒋纯焦(第十三章、第十四章、第十五章)。参加修订工作的还有李世宏(撰写了部分初稿)、王一倩(搜集资料,整理图表,对数字统计进行核对)、万筱青(搜集参考文献与有关图像,提供使用)、丁志颖(承担文字输入工作,并核对引文)。

本教材经教育部高等教育司审核批准,被列为普通高等教育"十一五"国家级规划教材,华东师范大学出版社为这次修订工作作了积极的努力并给予支持。由于大家的工作繁忙,时间紧张,修订中可能存在疏漏或差错,欢迎大家批评,以利于今后不断完善。

编者

2009 年 4 月

《中国教育史》第四版前言

　　人类教育发展至今，已经形成了一套成熟的制度和相应的理论，这是所有要以教育为职志的人都必须去学习、理解和掌握的，否则将难以胜任教育职业。所有今天我们所享有的教育制度和理论不是某些个别人物的发明创造，而是古往今来一代代教育先行者思想和智慧的结晶。如果没有人类数万年教育实践经验的积累，没有教育家数千年教育理论思维的积淀，要创造出当今所见的这套成熟的制度和理论，那是难以想象的事情。中国有着悠久的历史、灿烂的文化，数千年来自有一套传递文化、化育民众的有效做法，这就是中华民族的教育传统。这些传统既包含着成功的经验，也有失败的教训，虽历经数千年岁月的磨砺、风雨的冲刷，仍然对现时代中国的社会主义教育建设有着深刻的影响。这就告诉我们，想要透彻地读懂当今教育，就须先读懂当今教育是如何来的，即学习过往教育的历史；对过往的教育认识越深入，对当今教育的理解就会越深刻，对未来教育的把握也会越清楚。所以，过去的教育尤其是其中的优良传统，是我们从事当下和未来教育时可以凭借的历史资源和精神财富。

　　中国教育史是教育学科中的一门基础学科，也是一门历史学

教育史评论

科，与其他大多数教育学科的区别在于，它不是以现实中正在发生变化的教育为研究对象的，而是以不再变化、过往年代的教育思想、理论、制度、学校、课程、教学、教材及相关的文化观念和风俗习惯等为研究对象的，研究和总结的是过去的教育问题和经验。由于社会变迁、时代兴革，今非昔比，如果想要从学习教育历史中立竿见影地寻找到解决当下问题的良策，恐怕是一种苛求。作为基础学科和历史学科，中国教育史给予人们的是学科意识的培育、理论的熏陶和使命感的养成；它给予人们一双历史的"慧眼"，帮助人们形成教育专业学习和研究中的历史感，即以发展的观念、过程的意识、联系的方法去认识和把握教育，更聪明地解决教育的实际问题和现实问题。

中国教育史这门课程讲什么？出于不同的课程目标，就会有不同的内容选择。作为教育学类专业基础课程，中国教育史重在讲述中国历史上的教育制度和教育思想，将它们置于一定历史时期的社会经济、政治、文化条件下进行考察，揭示其内在联系，把握其发展脉络。对教育制度的讲述以人才培养为中心，阐述相关的方针政策、课程内容、教学方法、管理措施及其经验得失；其他如家庭教育、社会教育、人才选拔制度等内容，仅述及与学校教育相关涉的部分，不作为重点。对教育思想的讲述重在介绍和分析代表性人物、学派与思潮，反映各个历史时期教育思想的发展及其理论思维的得失。为了能够讲述清楚教育制度与教育思想的发展，需要旁及一些历史和学术史内容，说明教育发展的背景。上述诸项是我们力图体现于本教材中的。据我们的自我反思，本教材有以下特点：知识全面系统、史料翔实、论述深入、观点明晰、信息量大、体例紧扣教学要求、知识性与学术性相结合等，比较适合教育学类本科专业教学。

中国教育史作为师范学校和高等学校的专业课程开设,至今已有 115 年的历史,为配合课程实施而编写的教材也有上百种之多。多年以来,中国教育史课程并没有形成统一的课程大纲,课程内容全凭执教者对本学科性质、功能、内涵的理解,结合时代需要而定,有的进而在此基础上编写成相应的教材。1990 年代初,现代化人才的培养对教学质量提出更高的要求。本教材的编写适应了这一需要,并被国家教委推荐为全国高等学校文科教材,于 1992 年出版第一版。教材出版后,为全国诸多师范大学和教育学院所选用,累计印刷 8 次,并于 1995 年获得国家教委优秀教材一等奖,1997 年还被国家教委批准为普通高等教育"九五"国家级重点教材项目。

为了适应跨世纪的教育改革和发展需要,在听取使用单位和专家意见的基础之上,我们对教材作了修订:局部调整了古代部分,对近现代部分作了较大改动,将近现代教育发展的线索梳理得更加清晰,突出了教育思潮流派,尤其是调整了对现代教育的评价。教材于 2000 年出版,第二版教材的使用范围进一步扩大,先后印刷 19 次。第一、第二版累计印刷达 271 600 册。

教材使用面越广,我们感到的社会责任就越重,这也鞭策着我们以精益求精的精神对待本教材。进入 21 世纪后,随着中国经济的飞速发展,人们对中国道路、中国文化、学习西方等问题有了更多的思考和认识,这促使我们对教材再次进行修订。修订的任务是全面、系统地认识中国教育的历史与经验,为中国教育的现代化建设提供历史资源。为此,我们更新了部分教材内容,补充了近年来新的研究成果;调整了一些章节,使主线更明晰、重点更明确,更加彰显教材的专业性;增设了一些辅助教学的要件(如"导读")和图片等,以帮助读者阅读和理解。本教材被教育部批准为普通高等教育"十一五"国家级规划教材,于 2009 年出版第三版。在各高校纷纷自编教材的竞争形势下,本教材依旧得到了大家的认可,到 2019 年 6 月,已经印刷 29次,印数达 522 800 册。

实现"两个一百年"奋斗目标和"中华民族伟大复兴"的提出,使中国的高等教育进入重要发展机遇期。一方面,建设世界一流大学和一流学科的高等教育发展目标,对学科建设、人才培养提出了更高的要求;另一方面,立德树人成为发展教育事业的根本任务,其重要内涵是坚持以中华优秀传统文化来教育年青一代。于是,我们考虑教材的第四次修订,此次修订的任务是:深入思考与总结中华民族究竟有哪些可以传承的教育传统;反思教材选入的教育人物是否足以表现中国传统教育的发展和现代教育变革。我们事先做了一些理论研究,这是此次修订的依据。近年地下出土简牍材料不断整理出版,有关中国历史与文化的研究成果不断推出,可改变我们对教育历史固有的认识,这些也成为此次修订的依据。

本教材的修订,于 2016 年春先后被立项为华东师范大学教育学高峰学科建设计划"基于学校变革的中国特色理论研究"子项目和华东师范大学精品教材建设项目。

《中国教育史》第四版的编写修订工作承担者仍以华东师范大学教育学部教育学系教师为主,南京师范大学的教师也参与了编写修订。负责各章的编写修订人员如下:孙培青(第一、二、六章),杜成宪(第三、十三、十四章),王伦信(第四、十、十一、十二章),胡金平(第五章),金林祥(第七、八、九章),蒋纯焦(第十五章)。

我们欢迎读者、专家的批评指正,以便于进一步完善本书内容。

编者

2019 年 6 月

《中国教育管理史》第一版前言

为了适应社会主义现代化建设的需要，我国正在有计划、有步骤地进行教育体制改革，逐步建立和完善社会主义教育体系。教育体制改革的关键，在于教育管理制度的改革。要成功地改革和完善我国教育管理制度，我们亟须掌握教育管理历史的基本知识，总结我国历史上的教育管理经验。这种社会现实需要，促使我们把中国教育管理史提上研究日程。

本书以我国历史上教育管理的有关问题作为研究对象，研究自古至中华人民共和国成立前教育管理制度、管理方法发生、发展和变化的历史过程，内容包括教育方针政策、教育行政、学校系统、教育人员的管理、学校内部的管理、教育经费的管理等，总结丰富的历史经验，探索不同历史时期教育管理的特殊规律和一般规律，为现代教育管理改革提供历史借鉴。本书可供高等学校教育管理专业作为基础课教材，还可作为教育行政人员自学进修的学习材料和教育科研人员的参考材料。

编写过程中有以下几个问题，我们特别加以注意或者作了特殊处理。

一、比较注意对各历史阶段文教方针政策的论述。根据历史唯物主义揭示的一般规律，一定的政治经济决定一定的文化教育,以此来认识历史上的教育现象,教育从根本上取决于经济,而在现实中也明显地受政治支配,这种支配首先以制定文教方针政策为杠杆。所以,本书重视文教方针政策对教育管理制度所起的直接作用。

二、比较侧重于对教育管理制度的论述。对教育管理制度的发展过程作了系统的研究和探讨,介绍最基本的史实,这是本书的主要内容;而与教育制度有关的教育管理思想,则根据各个历史时期的不同情况,有的与教育管理制度结合起来论述,有的单独作简要介绍,不刻板地求其划一。

三、为节省篇幅,选举与科举未作为主要考察对象。中国历史上的选举制度与科举制度对于教育管理产生较大影响,选拔人才与教育培养人才关系甚为密切。但选举、科举与教育管理性质有别,毕竟不是属于同一范围的事物。本书只从相关的角度谈到选举、科举,不把它们作为系统考察研究的主要问题,请读者给予理解。

四、提出一些独立研究的见解和论断。我们对教育管理历史的重视和研究开始于 20 世纪 80 年代,经过多年的学习研究和教学实践,共同协作,终于编成本书。对于一些重要问题,我们有自己初步的见解和论断,当然还有待于今后继续深入探讨。近年教育史学界对教育管理史研究发表了不少新成果,我们也在学习中受到教益,有所参考与吸收,在此致以衷心的感谢。

本书是国家教委文科博士点专项科研基金项目,由孙培青主编,参加编写的同志按章节顺序为:杜成宪(第一章、第四章)、王伦信(第二章)、李军(第三章)、孙培青(第五章、第八章、结束语)、刘桂林(第六章)、张建仁(第七章)、李剑萍(第九章)、高敏贵(第十章第一、二节）、徐书业（第十章第三、四、五节）、崔运武（第十一章第一、二、三、四节，第十二章）、陈根芳（第十一章第五节）、郑登云（第十三章）、赵俊杰（第十四章）、胡金平（第十五章）。金林祥、杜成宪协助做了一些组织工作和部分初稿的修改工作。

在本书撰写过程中，始终得到邱瑾、刘立德两位同志的关心和鼓励，并得到人民教育出版社领导吕达等同志的大力支持，使本书能够编成和顺利出版，奉献给读者。

由于我们知识水平有限，研究尚不够深入，肯定存在不少粗疏差错之处，敬请专家和读者给予批评指正。

孙培青

1994 年 6 月 20 日于华东师范大学

《中国教育管理史》第二版前言

　　作为高等学校文科教材,《中国教育管理史》自 1996 年正式出版以来,已经使用了 16 年。本书深受读者欢迎,多次重印,并荣获上海市普通高等学校优秀教材一等奖。跨入 21 世纪以来,这段时间虽然不太长,但我国社会发展很快,变化很大,世人有目共睹。在新的科学发展观的指导下,开展社会主义文化建设,教育事业发展已经取得重大成就,教育科学研究也出现不少创新成果。处在这新的历史阶段,面对实现高等教育大众化的新任务新需求,《中国教育管理史》教材也应与时俱进,适时更新。为更好地服务于教育体制改革,提高教育质量,对《中国教育管理史》教材进行一次必要的修订,成为同仁一致的共识。

　　我们多方面积极听取关于教材内容和组织形式的意见,也全面进行自我检查,发现一些需要调整的问题,审慎确定修订的方案。根据各章不同的实际情况,有的是全章重写,有的是全节重写,有的是部分修改或补充。我们既考虑到课时有限,对教材篇幅进行适当控制,也为有研究兴趣者课外扩大知识面准备一些条件。

　　近年由于教育事业发展的需要,有部分同志工作岗位调动,或因事务过分繁忙,未能继续参加教材的修订撰写,因此要进行一些适当的人员调整。参加第二版修订撰写的同志,按章的顺序为:杜成宪(第一章、第四章)、王伦信(第二章)、胡金平(第三章、第十五章)、孙培青(第五章、第八章、结束语)、文正东(第六章、第十章)、张建仁(第七章)、李剑萍(第九章)、崔运武(第十一章、第十二章)、郑登云(第十三章)、赵俊杰(第十四章)。同志们协力认真工作,完成了第二版的修订撰写。

在本书修订撰写过程中,得到人民教育出版社郭戈、吕达、刘立德、冯卫斌等同志的大力支持,使本书从内容到形式都有所更新,适应新时期的教学要求。

由于我们学识的局限,修订的时间也较匆促,修订工作难以达到完全妥善,肯定还会存在一些差错,敬请读者和专家批评指正。

孙培青

2012 年 12 月 1 日

《中外教育比较史纲》第一卷引言

　　本书作为《中外教育比较史纲》的第一卷，以古代中外教育史为其比较研究范围，时间跨度从原始社会直至封建社会瓦解，历史最长。中外教育实践和教育理论问题涉及的方面很多，内容极为丰富也极为复杂，如要系统地全面地进行比较研究，工作必然相当繁重。我们人员不多，力量有限，持久奋斗，客观上不容许。即使全都进行研究，也不一定每个问题的结果都对现实有意义。如何来反映古代中外的教育，通过比较来认识其特点和共同规律，是我们面临的问题。经过讨论，我们达成比较一致的认识：由于篇幅的限制，要贯彻"有所侧重、不求全备"的原则，选择古代有历史意义和理论意义的问题，用专题的形式进行横向的比较研究。选择古代中外教育比较专题不是随意地以兴趣来取舍，而是根据以下几点考虑：一、属于教育基本问题；二、在历史上有较大影响的教育人物、思想和制度；三、具有理论意义和现实意义的。经过认真反复的酝酿筛选，我们确定了 14 个专题，对这些专题进行开拓性的研究，取得了初步成果。

　　在研究过程中，我们进行调查学习，经过比较分析，取得一些重要认识。古代的东方是世界文化教育的发源地，人类最早的学校产生于东方。世界历史说明，古代的尼罗河流域、幼发拉底河和底格里斯河流域、印度河流域、黄河流域，由于大都处在地球北温带，有河流经过平原沃野，是以农业为主、兼营畜牧业的地区，生产发展的条件最好。居住在这些地区的民族获得较为有利的生活条件，比居住在其他地区的民族较早脱离野蛮状态，跨入文明时代。生产的进步是文化发展的基础，社会交往的需要是文字产生的条件。考古研究表明，古代中国、巴比伦、埃及、印度都较早出现文字，成为社会生活的重要工具。掌握文字工具并非轻而易举，而是需要专门的教学，必须组织专门的机构，这是促使学校产生的社会条件。社会间贫富的分化形成最初的阶级，奴隶主统治奴隶而建立奴隶制国家。这种统治需要培养未来的统治者，学校这种机构和组织形式适应培养未来统治者的需要，并成为他们垄断的特权。世界古代历史事实证明，东方比西方更先建立奴隶制国家，东方奴隶制国家最早产生学校。

世界教育的发展，自古以来就是多元化的。教育的发展受多方面社会条件与文化因素的制约。各国分处不同的地区，地理位置和自然条件各不相同，有的临近海洋，有的居处内陆，有的在平原河滨，有的靠近山地，有的森林覆盖，有的沙漠包围。地理条件是影响经济发展的重要因素，经济发展水平制约社会发展的程度，所以各国经济、政治、文化的发展不均衡。有的发展农业，有的发展畜牧业，有的农牧兼营，有的工商并举；有的国家崇尚文治，有的国家崇尚武功；有的国家以政治支配宗教，有的国家则以宗教支配政治；有的是以贵族文化教育来培养未来统治者，影响社会发展，有的则是以宗教观念控制思想，安定社会秩序。不同的经济、政治、文化因素影响教育，使各自独立发展的教育表现出各自的特色，所以各国的教育可以根据其特色分为各种类型。如果认为只有希腊、罗马一个典型模式,一种类型,其他仅是从属的、派生的,那就是一种不符合历史实际的简单化的设想。不光是就世界来说教育是多元的,就一个民族、一个国家来说也是多元并存的,不过是各元所处地位不同而已。中国是多民族的国家,封建社会的教育由于受不同民族、不同阶级、不同阶层、不同集团、不同宗教信仰、不同学派、不同经济区域、不同文化传统等多种因素的制约,始终呈现多元的特征。但根据各个历史阶段具体社会条件的变化,教育处于不同地位而有主流与非主流之分。依靠武力、行政命令、强暴推行文化专制主义,在古代很少有成功的事例。这种历史经验很值得重视。

世界上每个民族、每个国家,都有适应自己社会条件需要的教育事业,都有关心教育事业、热爱教育事业的教育家。由于不同民族和国家的社会条件不同,这些教育家所处的社会阶级地位不同,各人的经历不同,为解决时代所提出的教育问题而进行创造性思考,因而他们的教育思想理论都有自己的特点,有独特的贡献。但他们也具有一定的共性,表现在以下几方面。一、他们都从事一定的教育实践,除了从他们的前辈那里继承一定的教育遗产外,还从自己的教育实践中积累教育经验,总结成教育理论。他们的教育实践是教育理论的源泉,两者保持着密切的联系。二、他们都重视教育的作用,关心所处时代的教育状况,对教育现状感到不满而要求改革。他们都提出改革教育现状的方案,以求解决教育实际问题。三、他们的教育理论不仅指导他们的教育实践,而且对社会也产生重要的影响,这种影响还扩及后代。他们的理论著作不仅成为民族和国家的教育遗产,也是全人类的教育遗产。

中国是世界文明古国之一，是东方较早建立奴隶制的国家，也是较早产生文字、较早产生学校的国家。中华民族的教育是在自己生息繁衍的地域孕育产生的，是在自己国家社会条件的基础上，在自己民族文化传统的影响下独立发展起来的，形成自己的教育制度，还形成自己的教育传统。与外国教育比较，中国教育在长期发展历史过程中经受历史的检验，形成一些相对稳定的特点，大体有以下一些：

　　一、在教育领域内，儒家的教育思想经过斗争居于主导地位。儒家广泛的社会影响使中国古代教育具有人文精神，重视人生，重视现世，为入世而进行教育，教人如何做一个社会的人。作为群体一分子的人，需处理好人际关系，要相互协调，和睦共处。

　　二、中国古代教育属于德育型，适应宗法制社会的需要，极重视道德教育。在整个教育中，道德教育居于首要地位，相应地强调重视个人道德修养和道德实践。在方法上，特别注重自律、自我克制，以公理制私欲。

　　三、中国古代教育为政治服务是一种公开的方针政策。《学记》中说"建国君民，教学为先"，"化民成俗，其必由学"，就是对教育的社会政治功能的认识。教育与政治保持紧密联系，政治需要往往就是教育的出发点和归宿，人才教育的根本目的就是造就统治人才。

　　四、中国古代教育疏远宗教。教育的目的是培养国家未来统治者，官学网络由国家管理，其内容重儒家的五经及四书，通过经书来灌输儒家的政治理论和以纲常为核心的道德观念。这种教育是世俗的，是非宗教的。与西方有的国家由教会控制学校教育，灌输宗教意识相比，中国古代教育大异其趣。

五、在价值观方面,存在道义派与功利派的长期斗争,道义派略占上风,形成重义轻利的传统。"重义"的价值观激励着历代的志士仁人,"舍生取义"被视为高尚的品德。

六、中国古代教育重视传统文化,而忽视自然哲学和科学技术。中国生产力长期落后,经济不发达,封建教育的偏弊是重要原因。虽然有些进步的教育家提倡经世致用,加强实学,但未获统治集团采纳,未能占据主导地位。

中国古代教育的特点与外国教育比较之后更显突出,有助于我们认识中外古代教育的差异与长短,启发我们在教育的改革和发展中如何选择,如何取舍,如何创新。参与本卷专题研究的都是中外教育史的研究者,我们因认识到中外教育史比较研究的重要意义而进行协作,并取得初步研究成果。我们仅是开始研究,而不是结束研究。我们希望能引起教育科学界的重视和兴趣,有更多的人投入到中外教育史比较研究中来,今后进一步开展更广泛更深入的研究,涌现更多更丰硕的成果,通过学术交流,共同讨论,科学地总结世界性的教育历史经验,促进现代教育科学的发展。

本卷各章执笔人员依序为孙培青(引言)、任钟印(第一、二、三章)、杜成宪(第四、五章)、徐仲林和徐辉(第六、八、九、十四章)、周采(第七章)、黄书光(第十、十一、十三章)、马荣根(第十二章)等。各人学有所长,大家充分发挥主动性和能动性,进行独立的研究分析,各抒所见及心得,统稿时不强求一律,基本上保持个人的学术见解和写作风格。不当之处,恳请专家学者批评指正。

教育思想史所探究和回答的问题[*]

　　改革开放是我国现阶段发展、前进的重要方针，随着这一方针的实行，市场经济的发展引起了令世人瞩目的巨大变化。社会经济的变化也波及文化教育领域，如何适应社会主义市场经济的需要改革文化教育，已引起学术界的思考。20 世纪 80 年代曾开展关于教育思想的全国性讨论，其中心问题是转变与社会主义现代化建设不相适应的教育思想，发表了不少文章，其中包括对陈腐、过时的教育思想进行批评，对从国外引进的教育思想进行鉴别，对本民族教育传统的沦丧表示忧虑，对应树立的新教育观念提出建议。讨论中，大部分人认识到，要树立适应现代化建设需要的具有中国特色的社会主义教育思想，必须重视吸收中国历史上优秀的教育传统。为了了解中国优秀的教育传统，必须研究中国教育思想发展史，这是时代对教育史研究者提出的课题，也是有些老一辈研究者曾提出而未完成的任务。

　　为了认准教育思想史的研究对象，进行较深入的研究，首先应当明确研究范围。否则，在进行中把研究对象泛化，广泛联系，横生枝节，不自觉地扩大范围，就会忘记或淡化基本任务。因此，

---

　　* 本文原为孙培青、李国钧主编《中国教育思想史》(三卷)(华东师范大学出版社 1995 年版)"前言"。标题系收入本书时所加。

重新认识一下什么是教育思想,在历史上它探究和回答哪些方面的问题,是很有必要的。

教育思想是指人们在一定历史时代的社会条件下,在教育实践基础上形成的对教育现象与问题的认识和看法。不同的时代、不同的社会有不同的教育思想。古今中外教育思想的内容虽然各式各样,纷繁复杂,但无一例外地都围绕着培养人这个中心,回答各个时代社会所提出的教育的基本问题。这些基本问题大致包括以下几个方面:(1)人类社会为什么要有教育?(即教育的作用与地位)(2)为了什么目的而教育?(即教育的方针与目的)(3)以什么东西来教育?(即应有几方面的教育内容)(4)怎样进行教育?(即教育教学方法)(5)教育谁?由谁来教育?(即学生与教师)(6)如何领导管理教育?(从微观至宏观的教育管理)由于历史背景不同,所处的社会条件不同,各学派各人对这些基本问题的考察角度不同,存在着多种认识,提出各自的看法。不同教育思想产生并展开论争,教育思想在论争过程中有新的变化和发展。这些都成为教育思想史的基本内容。

教育思想是社会意识的具体形式之一,要对它进行研究,除了明确对象范围之外,还需要把握它的主要特性。根据我们的学习和认识,中国历来的教育思想有以下主要特性。

一、实践性。教育思想是教育现象在人意识中的反映。教育是人类社会特有的一种现象。历史研究早已证明,在人类社会历史发展的一切阶段中都有教育活动。人们在为社会生活需要而进行的教育实践活动过程中,产生对教育的一些感性认识。教育实践经验的不断积累,认识的不断丰富,由浅入深,而达到理性认识,了解教育问题之间的相互关系,逐渐形成教育思想。任何一种教育思想，都是由于教育实践的需要提出的。中国历史上许多教育思想家同时也是教育活动家，比其他人有更丰富的教育实践经验，在教育实践中形成他们的教育思想。同一时代的教育者，教育实践经历不同，积累的教育知识经验有差别，形成的教育思想也各具特色。教育实践是教育思想的本源，也是教育思想发展的基础。离开了教育实践，教育思想也就成为无源之水、无本之木，也就会枯萎，缺乏生气，这也是历史上有些教育思想流派停顿以至消亡的重要原因。教育思想以教育实践为基础，又在不同程度上影响教育实践，为教育实践服务，通过教育实践对社会发展产生作用，这种作用有的是积极的，有的则是消极的。

二、历史性。每一时代的教育，都与该时代整个社会有密切联系，受社会经济、政治、文化条件的制约。教育思想既是人们在一定社会条件下对教育现象和问题的认识和看法，与每一时代的社会历史条件也有极其密切的联系，教育思想的内容由社会历史条件所决定。社会历史条件不同，教育思想也就有别，每一社会都有与其相应的教育思想。社会存在阶级和阶级斗争，教育思想也就代表一定阶级利益而具有阶级性。随着社会经济、政治、文化条件的变化，教育思想也必然或早或迟地发生变化。中国历史上每一时代重大的社会经济、政治、文化的变革，都伴随着教育思想的革新。一定的教育思想是一定的社会经济、政治、文化条件在意识形态上的反映，社会是发展的，教育思想也不能停滞不前，而是相应地发展变化。每一时代有每一时代的教育思想，所以教育思想具有历史性，不存在超历史的、永恒不变的、永远适用的教育思想。我们应当以历史发展的眼光看待中国历史上存在的一切教育思想。

三、继承性。一个时代的教育思想是对这一时代教育实践经验知识进行理论思维的结果。对教育基本问题的认识，有的停留于现象，有的则深入其本质，获得一定的规律性认识。这些教育认识成果，都作为历史思想资料遗留给后代。后继的教育家在认识和解决当代社会的教育问题时，往往需要利用先前的教育家理论思维创造的成果和留传下来的教育思想资料，并结合当代的需要加以改造和发展。所以，新旧教育思想之间存在着一定的共同因素。新时代的教育思想不可能白手起家，在空地上构造，它同先前的旧时代的教育有着继承的关系。肯定对教育思想遗产的继承，并不等于无条件地、原封不动地承袭。正确的态度应该是放弃旧教育思想中不适应新时代需要的那一部分内容，让其归于消灭，有的则肯定其历史地位；对那些合理的、带有规律性的、可以利用的部分，经过分析批判，将其吸收改造成为新教育思想的有机成分。对教育思想遗产摒弃哪些、吸收哪些，如何改造、如何发展，是由所在时代的社会需要和教育家的社会地位所决定的，有的人吸收民主、科学、进步的成分，有的人则相反，吸收专制、迷信、落后的成分。由于教育思想客观上存在着继承性，所以对教育思想遗产不能采取虚无主义态度，也不能采取盲目接受的态度。我们要注意总结教育理论思维经验，取其精华，去其糟粕，利用优秀的教育思想遗产丰富我国的教育科学。

四、民族性。每个民族都有自己生息活动的地域，都有自己的历史文化，都有自己的社会经济和政治制度，形成自己的教育传统和特点。中华民族有悠久的历史、灿烂的文化，其优秀的文化传统在很大程度上是靠教育维系的。中华民族的先哲们较早认识教育的意义，多数从社会群体生活需要来肯定教育的作用，视教育为社会生活实践的重要内容,为政的基本手段之一,重视教育的社会功能。与此相联系,整个社会也就尊重担负教育责任的教师,要求教师扩大教育面,使社会成员都具有道德规范的观念,并根据个性特点来施教以提高教学效果。儒家成为中华民族历代教育的主流,其倡导的重教尊师、有教无类、注重德育、因材施教、教学相长、启发诱导、学思结合等,成为中华民族优良的教育传统,与世界上其他民族比较,显然有自己的特点。民族性的特点随着时代的变化而发展。近现代中外文化交流增加,吸收国外民主、科学的教育思想,与中国的社会实际相结合,形成了一些新的教育思想流派,其理论形式虽已不同,但其中仍体现民族性的特点。我们要注意民族性的教育传统,吸收其中科学的因素,为现代教育科学实践所用。

《中国教育思想史》是在历史唯物主义观点指导下研究中国教育思想发展历史的学术专著,根据以上关于教育思想范围和特性的认识来进行撰写。我们努力让读者了解中国历代教育思想流派发生发展的过程和主要教育家的教育思想主张,并作一定评价,按历史发展顺序分阶段进行介绍,具有一定系统而不面面俱到,求其精要而避免庞杂。本书具有以下特点:(1)着重体现教育思想的历史性。从纵的角度注意考察每一历史时代的教育思潮,论述教育思潮产生的历史背景与社会条件,反映时代要求的具体内容及其发展演变的历程,证明社会存在决定了教育思想,社会教育实践需要是教育思想发展的动力。(2)突出研究教育流派。从横的角度注重同一时代代表不同社会集团利益的教育思想流派之间论争的主要问题,以及它们的社会作用和相互影响,对每一教育思想流派都作了专章论述。对以前未被注意的教育思想流派,如古代三教融合的教育思想、近代早期改良主义教育思想、现代国家主义教育思想等,本书都加以重视,作了专章介绍。(3)注意主要人物的教育思想。分析其理论渊源、理论特色与历史贡献,给主要人物以较多篇幅,作专节介绍,使其能较充分地展开。(4)坚持实事求是精神。在人物思想评价方面,辩证地分析教育思想遗产,指出教育家的思想精华与糟粕,避免片面性的论断。

研究中国教育思想发展的历史,是教育史研究者多年以来的愿望。早在1956年,国家制定了十二年发展教育科学的规划草案,其中提出对中国教育思想史作系统研究并写出中国教育思想史专门著作的任务,受到教育科学界的重视,激发出研究中国教育思想史的热情。但这一历史任务,由于种种特殊的原因,研究工作不能顺利地开展,以至于到了80年代尚难完成。华东师范大学沈灌群教授有志于中国教育思想史的研究,提出了研究课题,并申请立项。当研究工作要开展之时,可惜他在1989年逝世了,遗留的科研任务有待后学们来完成。

我们作为中国教育史的研究者,每当相聚切磋之时,回顾教育史学科的状况,总感到负有一份不可推卸的责任。然而,要对中国教育思想史作比较系统的研究,不能不估量到任务的艰巨,绝非个人的有限力量所能完成。所以,我们注意联合同道,依靠集体力量,分工协作,尤其重视组织中青年力量,群策群力来共同完成此项科研任务。经过多年的共同努力,现在终于完稿,提供一些探索性的研究成果。虽然存在许多不完善的地方,但比较具体地反映了到1993年为止,我们对中国教育思想史探索研究的认识水平。现在交付出版,以就正于教育科学界的同志们。

本书由孙培青、李国钧担任主编，负责全书的组织和统稿工作。全书分为三卷：第一卷从先秦至唐代，孙培青为主编，杜成宪为副主编；第二卷从宋代至清代（鸦片战争前），李国钧为主编，吴宣德为副主编；第三卷从鸦片战争至 1949 年，金林祥为主编。

编者

1993 年 12 月

从先秦到隋唐教育思想的
基本阶段与线索 *

如果把中国教育思想的历史发展比作一条长河，那么它的源头就在先秦。

中华民族的祖先很早就开始了教育实践活动，大约从氏族公社末期起就出现了专门的教育机构，反映在史籍中有学校和氏族首领推行教育的记载。这些教育传说也意味着中国古代教育思想的发端。

发端期的教育思想历经夏、商、西周三代，中国传统教育思想重道德人文的特点基本形成。六艺教育的形成代表着中国古代教育发展的第一个高潮。其间，《易经》对教育提出了全面的纲领性设想，姬旦突出了德教意识，而六艺的确定表达了西周贵族对教育内涵和发展方向的理解。西周教育思想为一个教育思想大发展时代的到来准备了丰富的思想材料。

春秋战国时期，中国社会发生前所未有的全面的社会变革，教育发展出现第二个高潮。与私学发展相表里，学派纷呈，争鸣迭起。

* 本文原为孙培青主编《中国教育思想史》（第一卷）（华东师范大学出版社 1995 年版）"绪论"。标题系收入本书时所加。

重视文教事业并探究其发展道路是儒家之所长。孔丘提出学习—教育—政治的社会实践过程,倡导学习—思索—行动的求知途径,全面奠定了以人文主义、群体意识和实践理性为特征的中国传统教育思想模式。孟轲、荀况发扬儒学宗旨,分别开创义理精神和文献师传两大流变方向,并形成中国教育思想史上内发与外铄两派学说。《大学》《中庸》《学记》《乐记》和《易传》等一批战国后期儒家著作,从各个侧面对先秦儒家教育思想作了概括,为其传播与发展创造了条件。

墨家崛起并与儒家形成对峙,开争鸣风气之先。墨家教育思想以主动和务实为特征,期望通过广泛的教育以实现社会平等。墨家于科学和逻辑学教育卓有成效,超越了六艺教育的范围。墨家思想对社会下层民众教育有一定影响,但未成为主流文化。

道家教育思想以自然主义为特征。老聃、庄周前后相承,主张背离社会发展而顺应人的自然本性。其思维灵活、发散、变逆,独具反传统、反教条意义。道家思想对中国文化发展有隐性影响,尤其对中国知识分子的人格追求有调适作用。

法家教育以法为重,以耕战为务,断然否定以道德熏陶和知识传授为内涵的传统教育,以期统一意志。法家结束了诸子对教育作理想主义理解的思想状况,最先明确教育在专制政治体制中的实际地位。

兵、农、名、杂诸家教育思想因反映不同的社会实践而各具特色。兵家以兵为教和以教治兵的思想,表现了对教育颇为辩证的理解;农家以农为教的思想,与中国农业社会深为契合;名家从正名入手而化成天下的主张,成一家之说;杂家倡导尊师重教,其价值在后来的历史发展中得到证实。诸家思想丰富了教育思想的内涵。

春秋战国时期教育思想的发展与争鸣是中国教育思想史上光彩夺目的一页，为后世中国教育思想的发展奠定了基础。

秦汉是我国统一的封建国家建立与初步发展时期。随着政治上的统一，诸子百家争鸣的思想局面也宣告终结，法家、道家、儒家先后成为社会的主导思潮。

秦统一之初，法家曾吸收儒、道诸家教育思想的某些成分来充实自己的教育思想，以适应法治国家的需要。但随后统治者便视诸子百家思想的存在是政治统一和思想统一的障碍，实行专制主义的文教政策，严禁私学。统治者仅保留诸经博士数十人，让他们在专制政府控制下，在内部享有一定的讲学自由，对法治教育起补充作用。

秦亡汉兴，为诸子思想融合和文教政策的转变创造了条件。以先秦道家思想为核心的"黄老之学"因适应与民休养生息的社会需要而成为汉初政治的指导思想。

"黄老之学"强调顺应自然法则，在教育思想上集中表现为对人性自然价值的尊重，认为教育应建立在人性的自然发展基础上；在教育方法上提倡一种具有隐性教育力量的既成环境、传统或风尚，包括建立在教育者人格魅力基础上的身教与感化。《淮南子》作为汉初道家的理论结晶，既体现了汉初诸子思想融合的倾向，也集中反映了汉代道家教育思想的基本特征。

儒家教育思想以服务于新统治者的姿态活跃起来，陆贾、贾谊、韩婴等代表人物对教育在社会整体中的地位和在人才培养中的作用提出了看法。他们的教育思想是其先教化后刑罚的政治思想的一部分。

汉武帝当政,引起由"无为"的政治向有为的政治转变,他选取儒学为政治指导思想。"独尊儒术"的文教政策确立了儒家教育思想的主导地位。此后,儒学在发展中形成两大流派:在西汉,先是今文经学兴盛并占据统治地位;至西汉末年,古文经学崛起,并成为与今文经学相抗衡的派别。

今文经学教育思想的特点是注重阐发经文的"微言大义",为现实政治需要服务,虽有利于想象力和发散性思维能力的培养,但也容易导致脱离经义与事实,在政治的诱导下走向非理性。

古文经学教育思想的特点是重视文字训诂、名物考据,研究六经本意,倡导实事求是的学风,扬雄、王充是其重要代表。古文经学不强调师法家法,思想比较解放,在教学内容上要求拓宽知识面而不受宗派的局限,在教学方法上更强调理性和主见。

今、古文经学在斗争中相互吸收,最终走向融合。郑玄是最终促进今、古文经学融合的经学大师。今、古文经学在走向融合的过程中,打破了门户之见,人们增强了自身的理论主体意识,促进了汉末批判思潮和儒家教育思想的新发展。

魏晋南北朝是中华民族历史文化更新时期,形成玄学、儒学、宗教三大教育思潮,彼此相反又相成,内容非常丰富,对后世教育的影响颇为深远,是传统教育理论发展中重要的一环。

玄学教育思潮以刘劭、何晏、王弼、嵇康、向秀、郭象等为主要代表。他们对教育的现象进行了探索性的认识。刘劭的《人物志》是中国教育史上第一部人才教育理论专著,他运用辨名析理等逻辑方法系统论述材、性的内容与关系,深入研究个性心理特征,并以之作为人才教育和道德教育的依据,促进了传统教育心理化进程,开玄学教育理论之先河。此后的玄学教育思想家对世俗、传统教育展开批判，从人的自然属性出发，在教育的本质和价值、德育、体育乃至音乐教育方面，提出自然主义观点，部分地揭示教育的自然规律，冲击了当时的教育，促进了教育理论的发展。

儒学教育思潮以傅玄、刘勰、刘昼、颜之推等为主要代表。傅玄在中国教育史上首次较为系统地阐述人才教育规划理论，颇具特色。刘勰的《文心雕龙》提出文学人才教育的主张，对作家才能的培养有特殊要求，强调各种文学体裁不同的教育功能，确立"文以明道"的教育观点，对后世深有影响。刘昼提出以伦理道德为核心的教育理论，其中有以情论性的人的本质论、以学论教的教育本质观和"和性""染化"的教育价值思想。他把学习心理研究作为教学原则的理论基础，使古代教育理论向心理化、科学化前进了一步。颜之推对教育的现实进行批判，较为系统地阐述了儿童教育理论，对学习的本质、价值、态度和方法有深刻见解，对知识习得和能力养成的关系有辩证的认识。

宗教教育思潮包括道、佛两教，分别以葛洪和慧远为主要代表。葛洪提出儒道双修的教育内容，早学与晚播相结合的教育过程，以及立志勤求、循序渐进、因材施教、防微杜渐、改过迁善等修养方法，并对教育与考试的关系发表看法。慧远站在僧侣阶级的立场，根据法性论，提出教育的本质是"得性以体极为宗"，从方内与方外两个层面论述佛教教育在个人修道、社会发展中的价值，并总结了念佛三昧、禅智并重和循序渐进等佛教教育方法。

这一时期，三大教育思潮各有特点。玄学强调自然主义，注重理论的思辨性。儒学强调继承自身的历史传统，注重理论的实用性。宗教强调方内与方外的协调，注重理论的严密性。三者的关系有交融，有对立，有互补。其中，互补主要是以玄、佛、道补儒,而不是以儒补玄、佛、道,儒学教育思潮始终是占主导地位的。正是这三者的异彩纷呈,才构成这一时期教育思想的多样性和丰富性。

隋唐是中国封建社会的鼎盛时期,其政治上统一的中央集权与经济上生产的发展和繁荣在教育思想上都有所反映。

隋唐王朝建立初期,为安定社会,巩固政权,重视思想控制和社会教化,因此注意统治人才教育和社会群众教育。统治阶级内部不同的阶层从他们的地位和利益出发,对教育问题有不同的认识和主张,从而形成了这一时代教育思潮的不同新流派,主要有以下五个流派。

一、王道教育思想是儒家王道政治思想的重要组成部分。它主张政治上采取文治路线,以教育教化作为重要手段去实现王道仁政的理想,由统治阶级中具有远见的思想家和政治家来倡导。这种王道教育思想的特点是,强调在文治路线指导下实行崇儒兴学的文教政策,既主张人才教育,也要求对民众进行教化;以统一的经学作为教育内容,以形成"三纲五常"的封建伦理道德思想;主张尊师,重视教师传道的作用。

二、佛教教育思想是佛学理论的一部分,随着佛教的发展而传播。统治阶级提倡佛教的根本目的在于麻醉民众的心灵。由于隋文帝的提倡,佛教于短期内竟成国教,进入极盛的发展阶段。佛教得到上层统治者的支持,以独立的寺院经济为依托,进行深入的理论研究,寺院成为佛教教育宣传的中心。隋唐时期佛教教育思想的特点是:以佛教心学为理论基础,主张人人具有佛性,有成佛的可能,教人消除对现实的不满,而追求来生幸福;在修养方法上强调认识本心,进行宗教实践。佛教教育思想也吸收儒、道的思想,融进自己的教育理论,使之完善化和中国化。

三、道教教育思想是道教理论的组成部分,它随着道教的发展而扩大其社会影响。唐朝统治者的大力提倡使道教得到空前的发展,并由重金丹发展为重精神修炼,注意理论研究,适应崇玄学、道举制度等道教事业发展的需要。道教教育思想的特点是:主张"道性论",认为人禀受自然的道,能修而得道;强调修道的途径是研习道经和奉守戒律,重视灌输宗教道德作为信徒的行为规范;在修炼方面宣传主静去欲,最终的教育目标是成为神人。

四、复兴儒学的教育思想与唐后期复兴儒学运动密切联系。"安史之乱"是唐朝由盛转衰的重要标志,分裂割据的地方势力与统一的中央集权势力的对抗成为唐后期主要的社会矛盾。统治集团在政治上为维护中央集权,在经济上限制寺院经济的过分发展,世俗地主为保护自己的利益,反对寺院地主广占社会财富,都需要利用儒学作为精神武器。在复兴儒学运动走向高潮的同时,复兴儒学的教育思想也得到发展,其理论特征是:强烈地反对佛、老,尤其是反对出世的佛教;主张封建道德出于人性,提倡仁义之道是思想正统的"道统说";强调教育对于育才和化民都是重要的,要求以六经和古文为教育的基本内容;重视继承传统文化遗产,也注意创新,倡导从师求道、学无常师的新学风。

五、三教调和的教育思想萌芽于南北朝,逐步发展,至唐后期才真正成为一种思潮。统治阶级认为儒、佛、道虽是主张不同的三教,但都为君主专制的国家服务,可以分别用来影响人民的思想。最突出的表现是,每逢国家大典,常召三教代表人物在公开集会上进行讲论。统治者对三教加以利用,并根据当时政策需要来调整,使之维持一定的均衡,受到政府的控制。三教调和的教育思想产生于封建的士大夫之中,这种思潮的特征是:排除宗派门户之见,对三教都予以尊重,但以儒学为主流,在儒学基础上融合佛、道;在教育内容方面主张博通,避免局限,三教的典籍都要读;在方法上侧重于分析共同点,求同会通;重视道德心性的修养。这种思潮反映现实政策,代表了当时文化思想发展的总趋势。

隋唐时期,儒、佛、道的教育思想都是在社会竞争中发展,它们吸收对立方的思想主张,融进自己的教育理论之中,共性在增加,终于走向融合。

陈东原对中国教育史研究的贡献 *

　　《中国古代教育》《中国教育史》两书皆为陈东原所著，是一个写作计划中相连续的两个部分。

　　陈东原（1902—1978），曾用名陈世菜、春野，安徽合肥人。1929 年毕业于国立北京大学教育系。1929 年 9 月—1930 年 1 月任安徽省教育厅督学。1930 年 2 月—1935 年 8 月任安徽省国立图书馆馆长。先后加入中国社会教育社、中国教育学会等学术团体。1935 年 9 月—1937 年 5 月留学美国，获哥伦比亚大学师范学院硕士学位。1937 年 10 月—1938 年 7 月任安徽大学教授。1938 年 6 月—1941 年 12 月任教育部高等教育司科长。1942 年 1 月—12 月任中央政治学校教授兼教务副主任。1943 年 1 月—1948 年 8 月为教育部简任督学。1943 年 8 月—1945 年 7 月兼任国立社会教育学院教授。1948 年 9 月—1949 年 5 月任湖南国立师范学院教授、院长。1949 年 6 月—1950 年 2 月任重庆国立女子师范学院教授兼院长。1951 年任川东教育学院教授。1956 年调西南师范学院教育学系任教授。1978 年因病逝世。

* 本文系孙培青所整理陈东原《中国教育史》（上下）的"特约编辑前言"。标题系收入本书时所加。

陈东原长期从事教育管理工作和教育科学的教学与研究，对于教育统计学、教育心理学、中国教育史、外国教育史、幼稚教育等学科均有钻研，尤其专于中国教育史。其主要著作有《中国妇女生活史》（商务印书馆1928年版）、《中国教育新论》（商务印书馆1928年版）、《郑板桥评传》（商务印书馆1928年版）、《中国科举时代之教育》（商务印书馆1934年版）、《群众心理ABC》（世界书局1929年版）、《中国古代教育》（商务印书馆1931年版）、《中国教育史》（商务印书馆1936年版）。陈东原还与吴保障、蒋元卿主编《教育杂志索引》（第一卷至第二十三卷）（商务印书馆1936年版）。

陈东原在北京大学求学期间，就以教育为其所学的专业，关心当时的教育状况，使他深感中国教育制度纷乱复杂，教育问题很多，都有其历史渊源。为了解决中国教育问题，寻找中国教育出路，他留心教育史，对教育史产生兴趣，进而开始研究教育史。参加工作之后，在任安徽省国立图书馆馆长五年半时间内，他利用馆内藏书丰富的有利条件，搜集有关的教育文献材料，以此为基础，先写成《中国古代教育》。继之又写成续篇《中国教育史》，不仅内容丰富，而且阐发一些经独立研究而得的新见解，自成一家之言。此书是他的代表性著作，在教育学界产生较大影响。

陈东原在投入研究中国教育史时，对于研究教育史的意义和目的经过了一番认真深入的思考。他说："历史的探究，并不是要我们在过去事件中找着今日所需要的答案，而是使我们从过去因变的研究，学习到找寻今日答案的方法。我们今日的需要，乃是一个新时代的创造。我们想实现这新的创造，便不能不对于现在有深切的认识。要想对现在有深切认识，就不能不研究历史。中国教育史之研究,可以使我们知道教育在过去已经尽过了多少责任;可以使我们知道,社会的环境虽已改变,而旧日的思想与方法还有多少存在今日教育之中;可以使我们知道,过去的思想与方法,在当时究竟因什么条件而产生;可以使我们知道,这思想态度与生活方式有没有存在的价值。他还可以使我们知道,现社会的民性,特别是士大夫阶级的习性,究竟是什么东西;以及学校教育施行以来,为什么还没有收着我们从前所盼望的效果。他所说的故事,虽然是旧的,但他的意义却永远是新的。所以你要想解决中国教育问题,找寻中国教育出路,或是想明白中国教育究竟是怎么一回事,你便不能不研究中国教育史。"(《中国教育史》"自序")从他说的这段话可以看出,他对旧教育思想与方法存在的社会影响、士大夫阶级遗留的不良习性、学校教育没有实现期盼的效果深深感到忧虑。他从改变中国教育现状的实际需要出发,感到应该负起改革中国教育的时代使命,自动承担研究中国教育史的任务,从历史经验总结中探究解决中国教育问题的方法,找寻中国教育出路。

陈东原在中国社会发展变革的时代影响下,形成他的教育史观。他认为,人类社会决定人类的教育,社会的发展演变制约着教育的发展演变,教育是为社会生活需要服务的。他说:"教育的基础建筑在社会组织之上。社会组织又建筑在生产方式之上。所以在研究古代教育之时,必须讨论到古代的社会组织和生产方式。"(《中国古代教育》)因此,教育史研究者不能把教育从社会中独立出来,而是要把教育的动态和社会的因变连贯起来。可惜的是,过去一些中国教育史的著作"通常都由于未能把教育的动态和社会的因变连贯起来,遂不能使读者抓着教育问题的核心,而亦没有方法使读者了解教育的出路"(《中国教育史》"自序")。

陈东原身处社会变革的时代,面对新文化与旧文化展开激烈的斗争,他读过严复等人翻译的西方进化论著作和中国学者运用进化论史观所写的一些历史著作,深受影响。他选择接受新文化,以进化论的历史观为指导来研究中国教育史,并把社会进化阶段理论运用于教育史研究。他说:"社会的演进是有几个阶段,最初是射猎,进而到游牧,进而到宗法,进而到封建,进而到军国,再进而到大同,便到了社会进化之最后阶段。"社会进化阶段是社会发展的必由道路,与中国发展的历史有极密切的关系,也与中国教育发展过程有不可分离的关系。

陈东原认为,中国古代一切文化教育制度的成立,周公有极大的关系。在西周初期周公执政的时候,确立了封建制度,由居徙无定的游牧变为土著的封建。农事渐见发达,社会组织渐见严密,一切制度文化才有所遵循,教育也才得有所施。所以,中国古代教育应从周初封建成立时叙起。这是他写中国古代教育史的一个重要观点。

对中国教育史的研究,陈东原所运用的基本研究方法受胡适之影响最大。他自己说:"我对于教育史之研究,胡适之先生给我影响最深。"(《中国教育史》"自序")他的著作中多次引用胡适之的话以及胡适之的事,这种影响不仅在历史观及历史研究方向上,更具体的是研究方法。他把胡适之主张的实证研究方法运用于中国教育史的研究之中,并体现于每章、每节、每个问题的研究与论断。他极重视"无征不信"的基本原则,认为没有可靠的历史文献证据就不能相信,要使人相信就一定要有历史文献证据。所以,他不发没有根据的议论,而是力求摆出系列的证据,在此基础上做出判断，提出主张。他探究古代教育目的，办法就是列举系列的论据。现举两例，便可了解其做法。

清代俞正燮《癸巳类稿》卷三《乡兴贤能论》对古代教育目的说得最透彻："太古至春秋，君所任者，与共开国之人及其子孙也。虑其不能贤，不足共治，则选国子教之。"

春秋以前，一切政治、文化与教育都是君主和贵族阶级包办的，那时受教育的都是贵族子弟。《周礼·地官司徒》说："师氏掌以媺诏王。……掌国中失之事，以教国子弟，凡国之贵游子弟学焉。……保氏掌谏王恶，而养国子以道。"《周礼·春官宗伯》："大司乐掌成均之法，以治建国之学政，而合国之子弟焉。……大胥掌学士之版，以待会诸子。"《大戴礼记·保傅》说："王子年八岁而出就外舍，学小艺焉，履小节焉。王子束发而入大学。"

贵族的子孙因出身不同，分为两等：一是国君的子孙，王子、太子、世子、国子等的教育，其目的在学"如何为君"；二是乡大夫贵族的子孙、嫡子、庶子、诸子等的教育，其目的在学"如何为官"。春秋以前的教育大多是学为君的，本是教育的正统。但后来社会渐见进步，诸侯国之间渐起兼并，政制渐见统一，为君的人日少，为官的人日多，于是学为官的教育渐渐替代学为君的教育而成为正统。所以，后来教育的意义变为"宦就是学，学就是宦"。《礼记·曲礼上》云："宦学事师。"郑玄注："宦，仕也。"《礼记正义》引《左传·宣公二年》服虔注云："宦，学也。谓学仕宦之事。"《说文》亦谓："仕，学也。"章太炎说古时"非仕无学，非学无仕"，"不仕则无所受书"。胡适之谓："古代书册司于官府，故教育之权柄与王官。非仕无所受书，非吏无所得师，此或实有其事。"（《诸子不出于王官论》）足见古代之教育目的，惟在教育人之如何执政了。这种意义到春秋以后复得大加肯定。

由上述一些论据而归结出古代教育目的是教育人如何执政的论断，自然是合理的。

再如汉代太学教官，主要为博士，博士的任用，或由征召，或由荐举，或由选试，或以诸科进，或由他官迁。陈东原引用史书所载的实人实事以为证据：西汉贾谊、公孙臣、公孙弘、疏广、贡禹、龚舍、夏侯胜、东汉卢植、樊英等，皆由征召为博士。西汉施雠、王式，东汉杨伦、周防、张禹等，皆以荐举补博士。西汉张禹，东汉伏恭、李封等，皆经选试为博士。西汉公孙弘以贤良征为博士，平当以明经为博士，师丹以茂才补博士，东汉李法以贤良方正除博士，赵咨以至孝有道除博士，此皆由诸科进。西汉晁错以太子舍人、门大夫迁博士，翼奉以中郎为博士，匡衡以郎中迁博士，翟方进由议郎转博士，欧阳地余以太子中庶子为博士，东汉范升由议郎迁博士。这就证明博士的任用不只是一种途径，而是多种途径，都有实例可以证明。

陈东原对于中国教育史的研究和写作有他个人的计划和安排。他在《中国教育史》"自序"中说："我对于中国教育历史分期意思可分为三大时期：秦及先秦是第一时期，汉至清末是第二时期，清末迄今是第三时期。显然的，这三大时期，都有同等重要的价值。"他的研究本来有一贯的打算，就是要写一部中国教育由古至今的全史，并按三大时期的先后依次序写作。关于第一时期秦及先秦的教育，写成一书，名为《中国古代教育》，1931年由商务印书馆出版。接着写了第二时期汉至清末的教育，成为第二本书，名为《中国教育史》，1936年由商务印书馆出版。原拟接着写第三时期清末至20世纪30年代的教育，因作者到美国留学两年而中辍。这部未完成的著作仍然是 20 世纪有重要学术价值的中国教育史著作,现将两书合印,便于读者研究。

陈东原注意到中国古代教育发展在不同时间都有实际的特殊表现,反映发展的阶段性,从古代教育内容这一重要因素来考察,大体可以分为四个阶段:一、在西周,教育内容只有礼乐,这种教育为执政者所专有。二、在春秋,教育内容发展为礼、乐、《诗》《书》,士阶级已在兴起,教育变为做官的教育。三、在战国,教材方面又加上《易》与《春秋》,成为六艺。士的阶级更为扩大,百家学说益形发达。四、在秦统一全国之后,法家学术定于一尊,立为专官。春秋战国之时百家并起自由讲学、自由办学之风,至秦而灭,民间只能受法令教育,不能再学《诗》、《书》、百家语。他认为古代教育从西周讲起,就分四个阶段。

关于第二时期汉至清末的教育,陈东原概称为"养士教育时期"。他极重视选士对养士直接的重大影响,认为两者联系密切而并行并重,依据选士与养士的内容和形式的发展变化,划分为两汉、魏晋南北朝、隋唐五代、宋辽金元、明、清、清末新教育等七个阶段,加以论述。

陈东原对两书的写作都把握重点,两书的重点显然不同。

《中国古代教育》重点在阐发教育思想,所以陈东原对教育思想的发生特别作了论述。他说:"思想的发生是发生于困难阻碍磨折的。有了困难阻碍,然后方有问题,有问题然后才可以有思想。周时社会既经大乱,政治民生以及社会组织方面,都发生了问题,所以是思想最容易发生的最好时代。"他认为社会现实存在问题是思想发生的原动力,东周的社会状态决定了春秋战国时期思想的活跃。

《中国古代教育》采用专题论述的形式，依历史发展的顺序，归为 18 个专题。其中，9 个专题谈论中国古代社会的发展演变、教育的起源、非正式的教育、早期的正式教育的变化等。另 9 个专题谈论社会变革与教育思想的发生、春秋战国时期四大教育思想流派与代表人物的教育思想。这一部分，从专题数量上看占 1/2，而从篇幅页数上看则占全书的 2/3，由此表现出书中内容重点在春秋战国教育思想的探究。

春秋战国时期思想之所以发生，是由于当时社会紊乱，所以各派思想都趋于一问题："怎样解决这种时代的紊乱？"对这个问题，当时四个主要学派道家、法家、墨家、儒家提出不同的解决方法。

陈东原颂扬道家、法家、墨家对解决时代问题提出推翻社会现状的革命方法。道家对社会问题主张无为而治，小国寡民返于自然。解决问题的方法，在政治方面是无政府主义，在教育方面是自然主义。老子要求绝圣弃智，绝仁弃义，绝巧弃利。他说："我无为而民自化，我好静而民自正，我无事而民自富，我无欲而民自朴。"要实行任民自然的不言之教。"古之为道者，非以明民，将以愚之"，使民众回归无知无识的婴儿状态，这样的社会才是最完善的。法家对社会问题主张政府加强管理，不可放任。解决问题的方法，在政治方面是法治主义，在教育方面是严格的训练主义。除了严格训练之外，还注重教育适合时代需要和实用。陈东原认为，在经济落后、人口过剩、社会紊乱的时代，法家的教育主张是值得研究和发扬的。墨家对社会问题主张发挥没有差等的爱，而达到兴利除害、和平相处之境。解决问题的方法，在政治方面是社会主义，在教育方面是实利主义。实利主义的含义是：能实际应用的知识才是真知识,能谋取实际利益的行为才是应做的行为,能适合所在国家实际需要的主张才是好的主张。

陈东原批判以孔子为代表的儒家对解决时代问题提出复古的改良办法。孔子以继承尧、舜、禹、汤、文、武、周公为己任,他对解决时代问题的方法不是启新而是复古,不是革命而是改良。当封建的社会结构已破坏,他主张加以维持。当宗法的组织已动摇,他要以伦常道德加以巩固。解决社会问题的方法,在政治方面是人治、德治、礼治,在教育方面是伦常道德教育、礼乐文雅教育、复古书本教育。教育目的是教人做官以治国平天下,学习古人之书是求得社会、政治、历史知识的重要来源,教材只有《诗》、《书》、礼、乐而已。其教育学说只有教育方法中的"一以贯之""因材施教"有积极因素,其他的都只有消极因素,妨害社会与经济的发展。自从汉武帝"罢黜百家,尊崇儒术",后世认儒家为教育正统,影响中国两千多年,至今仍然存在。

陈东原对儒家的批判,对道家、法家、墨家的颂扬,是在 20 世纪五四新文化运动之后进行的,时代潮流是对封建政治势力要进行革命,对资本主义经济要促使发展,对旧文化、旧道德要予以破除,所以做出这样的批判或颂扬,都有时代和社会的原因。若处在 21 世纪,运用历史唯物主义对道、法、墨、儒四家的学说进行评价,可能更为客观一些,更为全面一些。

《中国教育史》一书的重点不在教育思想,而在教育实际演变,对教育实际演变尤重视教育政策研究。

《中国教育史》可以说是陈东原有感而作,他在"自序"中说:"对于过去上十种的中国教育史书籍未能满意之处,通常都由于未能把教育的动态和社会的因变连贯起来,遂不能使读者抓着教育问题的核心,而亦没有方法使读者了解教育的出路。……因为我有此观感,且我是渴欲研究中国教育政策的人,所以我就继着过去若干位作家之后,而作中国教育史之探究。""我于这本书,重要在敷陈这一时期的历史事实、社会背景、教育制度、教育实际,可以说想将此二千一百年中的教育因变,给一个明白的交代。"他对为什么要朝着一个方向写作,将会写哪些主要内容,都已有所说明,读者想继续了解的是做得如何。

陈东原确实比别的作者更重视教育政策研究,每个阶段都下功夫加以研究探讨。如西汉文帝时,形成"君主教育思潮"这一特殊现象,贾山、贾谊、晁错等人先后上书,一致主张君主教育重要。贾山建议文帝读书,学先王之道,提倡教化;贾谊建议重视太师、太傅选任,为太子创造优良的教育条件,使太子因得师保之助而贤明,将来便能成为贤明皇帝,国家有好政治。此时是在这种思想指导下使文化教育运行,君主教育就是此时的教育政策。

西汉到武帝时才发生明显的教育政策转变。建元元年(公元前140年),董仲舒在对策时提出:"夫不素养士而欲求贤,譬犹不琢玉而求文采也。故养士之大者,莫大乎太学。太学者,贤士之所关也,教化之本原也。……臣愿陛下兴太学,置明师,以养天下之士。数考问以尽其材,则英俊宜可得矣。"董仲舒主张面对国家的政治形势,需要改良吏治,欲改良吏治则需要一批贤士,欲求贤士则必先养士。所以,他明白建言,国家要采取养士育才的教育政策,教育目的就是造就治术人才,提高其素养,为国家所用。董仲舒的主张也就是国家主办教育的根本理论。理论先行,转变了统治集团上层的思想,而作为教育政策是在元朔五年(公元前124年)由丞相公孙弘制定博士弟子员制度才正式付诸实施。汉武帝时，"罢黜百家，尊崇儒术"，兴办太学，以养贤士。陈东原将其时的教育政策所发挥的作用概括为"统一思想，牢笼俊杰"。

董仲舒提倡学校是培养贤士的关键、教化民众的本源，成为国家教育政策的根本理论，其影响并不限于汉代，实际影响直至明清。朱元璋初建国时要兴办学校，他依据的也是这种思想理论，于洪武二年（1369年）颁谕令："朕惟治国以教化为先，教化以学校为本。京师虽有太学，而天下学校未兴。宜令郡县皆立学校，延师儒，授生徒，讲论圣道，使人日渐月化，以复先王之旧。"清顺治九年（1652年）颁刻新卧碑，碑文申明当时的教育目标："朝廷建立学校，选取生员，免其丁粮，厚以廪膳，设学院、学道、学官以教之，各衙门官以礼相待，全要养成贤才，以供朝廷之用。诸生皆当上报国恩，下立人品。"清代的教育政策就是建立学校，豢养士子，不要犯上作乱，而要安分守己，造就出忠心的佐治官吏，为朝廷效力，使社会安定、政权稳固。

陈东原对于历史上重要的教育变革，颇注意其发生的原因分析，要对两千多年中的教育因变给一个明白的交代。如对汉武帝时确定"独尊儒术"文教政策的原因，他从三个方面来作分析。一、自政治之需要言之，儒术用世，适合于君主专制。儒家主张等级差别，尊卑有序，扶阳抑阴，尊君抑民，于专制政治之驭民最为适合。二、自经济结构言之，儒术出发于农村经济组织的维持，适合于当时需要。儒家主张先富后教，在此基础上，谨庠序之教，申之以孝悌之义，利于农村社会之安定。三、自儒术本身言之，其范围甚广，利于应用而易于依附，故易发达。儒学对既往的典章制度、传统文化可以囊括，对未来的社会政治、思想学术皆能兼容，以维持现有社会秩序为目的，上层社会乐附之，基层农民也感有益而接受。这就是儒术被尊的三大原因。

又如，陈东原认为东汉末形成玄学思潮而大大影响文教，玄学之产生，原因有四端。一、名教之盛的反动。东汉名教最盛，造成思想束缚，脱俗之士欲摆脱约束，出现废弃名教的极端表现。二、政局不安的反动。外戚与宦官互替操纵朝政，交游结纳者骤贵骤灭，祸福无常，产生置身政事之外，爱护生命，享受生活的思想。三、朴学训诂之反动。经学重训诂，陷于烦琐，弃绝微言精义，汩没灵性，学者思变，物极必反。四、时乱人心不安。社会大乱，民不乐生，由厌世而避世，丧失信心，得过且过。这四方面的因素，既是玄学产生的原因，也是玄学扩大传播的条件。

再如，南宋书院发展出现昌盛的局面，也有多方面的原因。一、官学日益败坏。官学追随科举，成为科举预备场所，丧失研究学问、培养人才的职能。洁身自好者另找学习途径，就有自动设学的要求。二、官学经费困难。太学及州县学之廪给全由官家承担，州县经费困难，诸生往往散去。为使诸生另有求学之所，有些学者自己筹建书院。三、崇儒扩大影响。北宋诸儒讲学反对科举，产生深远影响，学生散布各地，其读书、讲学、祀贤之所往往转为书院。四、禁道学的反动。南宋曾禁道学，禁令解除之后，主张讲学者先后建立书院以为讲学之所，出现了书院兴盛景象。陈东原关于教育重大发展变革所作的原因分析，有理有据，具有较强的说服力。

陈东原重视有关教育文献史料的广泛搜集，掌握了充分的文献史料，并加以适当选择运用，使《中国教育史》成为一本内容相当丰富并具有自己特色的专著。

对于重要教育历史文献材料，根据研究的需要，引用能代表其思想主张的语句、段落或规章制度的条文,作为实证性的论据。如果是体现时代教育变革的教育政策、教育条规、教育思潮,则依其重要程度加以引用,直至全文引用。凡是全文引用的,都是各阶段最重要的教育文献。如汉文帝《策贤良文学诏》,是策试的开端;嵇康《难自然好学论》,阐述教育实非人性自然要求,是玄学教育思想的代表作;赵匡《举选议》,是全面论述唐代科举之弊的代表作;王安石《里仁为美》,作为经义式的新文体,是科举改革而试经义的开端;朱熹《白鹿洞书院学规》,是书院学规的典型代表;清顺治九年(1652年)所颁卧碑、康熙四十一年(1702年)所颁《训饬士子文》、雍正二年(1724年)所颁《圣谕广训》,既是办学指导思想、教育政策,又是管理条规。这让读者有机会阅读重要教育历史文献的全文,对于加深理解是很有帮助的。

陈东原在搜集教育历史材料方面有了较大的开拓。以往教育史研究所引用的历史材料限于经书、正史、政书、典志、注疏等类,而不重视笔记。陈东原特别注意笔记,发掘蕴藏在笔记之中的各时代教育史事,选取具体生动的教育史料,收获颇丰。所引如赵璘《因话录》、邵伯温《邵氏闻见录》、王明清《玉照新志》、叶梦得《避暑录话》、项安世《项氏家说》、陈郁《藏一话腴》、顾炎武《日知录》、袁枚《随园诗话》、周玄暐《泾林续记》、李调元《制义科琐记》、林伯桐《公车见闻录》、傅增湘《清代殿试考略》、查慎行《人海记》、徐敬轩《初学玉玲珑》、缪艮《文章游戏》、车万育《声律启蒙》、崔学古《蒙学录》、钱德苍《绘图解人颐》、王筠《教童子法》、胡适之《四十自述》等,过去少被教育史研究者关注,现在有些被引用为基层教育活动的实证,用于说明私学的类型、教学材料的变化、教学活动的多种形式、训育的内容与手段、教师的来源、教师实际生活状态、学风的差别与演变等。笔记中有些是科举考试参与者亲身经历的记录以及对所见所闻的感受,说明士人为做官而热衷于参加科举考试,包括考试的复杂过程、各层考试必经的环节、各种考试的形式变化、考试中的弊端、考试造成的社会后果等。这有助于读者全面认识科举考试,深入理解科举制度的严重危害。

陈东原还从小说中挖掘教育史的材料,这也是大胆开拓的一种尝试。教育史研究重历史事实,而小说不一定是真人真事,可以由作者虚构创作,用以表达作者的思想主张,所以过去的教育史研究不采用小说为教育史材料。但小说也反映一个时代的社会生活,是对来源于社会的真人实事的综合加工,还是能表现社会的一定问题。陈东原引用小说中的一些材料,以说明地方私学的教育活动和科举考试过程中的活动以及心理状态,被引用的如蒲松龄《醒世姻缘传》、吴敬梓《儒林外史》、李宝嘉《官场现形记》等,采摘其中某些反映问题的段落,把它们加以具体展示,形象化表现当事者的思想心态,给人强烈印象,有助于加深对问题的认识。认真选择利用小说资料,这是很有价值的新开拓。

《中国教育史》增加提供图片资料,也是一大特色。此书之前,国内已有近十种中国教育史出版,但基本上都只采用文字论述的形式,偶尔有列表表示,却未用图片。陈东原重视图片资料,在《中国教育史》中配合论述,增加一些相关图片资料。如历史上重要教育人物的图像,古代选用伏生、董仲舒、郑玄、朱熹的画像,清末新教育萌芽尝试阶段则选用容闳、李鸿章、梁启超、张之洞的照片;历史上的教育文物,有汉熹平石经残片、竹简《急就章》、北京国子监、辟雍、北京贡院、乾隆石经、进士题名碑、南京贡院、傅增湘殿试策卷、武举考试的弓刀石、私塾习字教材、书院月课卷等,此外还有南宋太学平面布局图、《南闱放榜图》等。这些对于读者直观形象地感受中国教育历史,增进对相关内容的理解,提高著作的品位,都起了一定的作用。

陈东原的《中国古代教育》与《中国教育史》,在 20 世纪上半期的中国教育界是影响较广的名著,对于促进中国教育史学科研究的发展起了积极作用。现在已进入 21 世纪,从现代教育科学的角度来看这两本著作,还存在一些不足之处:

一、对教育史的理解过于宽泛,使教育史的研究范围过于扩大。中国教育史是一门专史,作为教育科学的分支学科,它有自己的研究对象、研究范围、研究内容、研究任务,应该从内容到形式都体现出教育专业性的特点,以教育为中心主题,其他有关因素都围绕教育来谈。作者对教育史的理解偏于宽泛,研究范围有所扩大。如《中国教育史》,全书 28 章,社会政治论述占 2 章,选举与科举论述占 8 章,统治性学术论述占 1 章,士气士风论述占 2 章,文化条件发展论述占 1 章,这几方面与教育有关的因素合起来就有 14 章,占全书章数 1/2。而教育实际的论述,包括政府办的官学、民间办的私学,只有 14 章,占全书章数 1/2。特别是选举与科举,从汉至清,各段都要论述,很系统,也很全面。先看"元代的科举"一节的分目:统一前的科举、统一后的科举、科举办法(乡试、会试、殿试)、科举规章(试场规则、试场顺序、弥封誊录手续、殿试仪式、及第之后)。再看"清代之科举"一章的分节:清初之科举考试、科举之初步、乡试之种种、会试之种种、殿试之种种、清代之八股与制策。这就将清代科举的发展、科举考试的全过程、各层次科举考试都详细介绍了一遍,所用篇幅 35 页,超过"清代之官学"与"私塾及其教法"两章所用篇幅共 31 页。强调选举、科举,就势必削弱教育实际;突出选举、科举,就势必冲淡教育专史。这虽不是作者的本意,但实际上已造成这样的效果。

二、对教育思想的理论发展演变重视不够,成为《中国教育史》欠缺的一部分。陈东原对教育思想有自己特别的看法,他在"自序"中说:"我是渴欲研究中国教育政策的,……我对于教育思想的看法,也与向来作教育思想史的人看法不同。这本书所已写入的教育思想,都是与教育政策有关,为一代教育形式改变之动力的思想,因为这是帮助我们对于当时之社会与教育之了解的。"这就是作者自己设定的一个选择教育思想的标准,将"与教育政策有关,为一代教育形式改变之动力的思想"写入《中国教育史》,无直接关系的暂且放弃。实际写入《中国教育史》的只有董仲舒、范仲淹、胡瑗、王安石、程端礼、张居正、张之洞等人,王筠因私塾教学法的贡献也被写入,这只是个别幸运的人。而在中国教育历史上能代表时代教育思潮、有理论贡献、有历史影响的人物,如王充、颜之推、韩愈、朱熹、王守仁、颜元、戴震等人,则没有介绍给读者,这成为《中国教育史》一书的重大缺憾。当时作者也声明"这本书对于教育思想一部分写的也不完全,这也就是本书尚未完成的一个因素",并曾承诺"将来作全史时,再作补充"。此后作者因种种原因,再无机遇对教育思想一部分作补充,遗留的缺憾变为长远的缺憾,真是可惜。

三、关于中国的正式教育产生于何时,先后的说法存在矛盾。古代教育的发展,是先有广义的教育,然后从广义教育发展产生正式教育。正式教育产生是进入教育发展新阶段的重要标志,受到研究者的重视。陈东原特别关注此问题,并根据自己的研究做出一定论断。他在《中国古代教育》中论述春秋战国的教育时说:

"中国的正式教育,本来这个时代才有,儒墨之徒属满天下,不用说了。即无为而治的道家,也有不少正式的或私淑的学生。……那时政府也绝未想到要办教育的。所以我说,据中国教育历史而论,广义的教育在正式的教育之前,私人的教育在公家的教育之前。这所谓正式的教育,依后世眼光看,儒家又是正统的教育了。"陈东原后来在《中国教育史》中写汉代教育又论及正式教育,他说:"至于教育由政府来主办,把私学教学的方法改变为官立的学校,承认其受教育的资格,实肇端于汉武帝元朔五年(公元前124年)之立博士弟子制度。自彼之后,中国方有正式教育,国家方有统一的教育制度,方设太学以养士。"又说:"到了武帝这时,因为公孙弘的建议,于是正式制定博士弟子员的制度,便是中国正式教育的开始。"对正式教育问题,先后有两种说法,相互矛盾,教人相信哪一说呢? 这留给后人再加思考。

四、随着时代的发展,研究的深入,有些论断已不符合历史事实而需要修正。陈东原在《中国古代教育》中认为春秋以前的教育内容只有礼乐,他说:"春秋以前的教育,可以说除'礼乐'外便别无所有了。""前已说过,春秋以前教育,惟有礼乐。……那时教育材料除礼乐便他无所有。""总之,春秋以前,礼乐以外无教育,是无疑义的。"他在《中国教育史》开头又说:"古代教育,当西周之世,只有广义的礼乐。"他认为春秋以前的教育只有礼乐,而且是广义的礼乐。他的观点非常确定,而且也比较一贯。后人根据考古发现,结合历史文献,说明西周贵族子弟教育除了礼乐教育之外,还有射、御、书、数,教育内容已有发展,形成六艺教育。两种论断比较,他对西周教育的发展程度是低估了。关于书院创立的年代,陈东原有自己的研究和论断,他认为:"以书院见称,实在宋开国（960 年）十余年后，自公元 976 年至 1009 年三十余年间，方是书院创立时代。"他用实证研究方法，以白鹿洞书院、嵩阳书院等几个著名书院为样本，从几个样本的发展历史得出以上的论断。后来的研究者更广泛搜集书院的资料，从唐诗方面、地方志方面进行发掘，获得的资料足以证明唐代已有一些书院出现。以前的作者由于资料掌握有局限，实证不全面，故对书院创立年代的论定是移后至宋初。现在的研究者因为发掘了新材料，对书院创立年代的论定是推前至唐代。

　　陈东原是一位个性鲜明的作者，他对所处时代教育状况怀着深深的忧虑，自觉负起探究教育改革的历史使命，写作的主体意识较为强烈。他解放思想，从教育历史总结中寻找改革的方法，敢于坦陈己见，勇于提出主张，这些都建立在博学古今与历史实证的基础上。他的学风值得学习，他的著作给人启发。教育史研究"所说的故事，虽然是旧的，但它的意义却永远是新的"，这话让后学者深思，也使后学者受到勉励。

孙培青

2006 年 2 月于华东师大教育学系

《沈灌群教育论稿》编后记

      沈灌群教授是现代著名的中国教育史学家，他辛勤从事教育科学研究五十多年，留下多方面的教育科学论著，贡献给伟大的祖国和人民。为了让后学了解他，受华东师大教育系的委托，我们选编了《沈灌群教育论稿》（以下简称《论稿》）。

      沈灌群教授早年就立志献身于中国的教育事业和教育科学，他进行过多方面的研究工作。他在 30 年代曾把注意力投向普通教育，并以极诚挚的态度，从事教育实验工作，发表多篇实验结果的报告。40 年代前期，他主要研究中等教育问题，探讨了中等教育的历史与现状，以及中等教育与高等教育的关系。40 年代中期，他开始转向比较教育研究，对苏、美、德、英、法以至墨西哥的教育都进行探讨，发表、出版一系列论著，引起国人注意第二次世界大战后各国教育的发展趋向。进入 50 年代，他把研究目标转向祖国光辉的教育历史。他运用历史唯物主义的观点方法，进行开拓性的研究，以新的研究成果为中国教育史课程建设和推动中国教育史的发展做出了重要贡献。即使在遭受不幸的年代，他也没有中断对中国教育史的研究。他一直坚持研究到 1989 年逝世为止，奉献 40 年的心血。沈灌群教育史学之花结出了丰硕之果。因此，教育史的论著自然成为《论稿》的重要组成部分。

为了如实反映沈灌群教授所走的教育科学研究的道路，为了便于读者在一定历史背景下阅读沈灌群教授的教育论稿，我们不按文稿的学科性质来分类编排，而是按写作时间的先后来排列。《论稿》除了作必要的文字校正、统一体例外，基本保持原作的风貌。

由于篇幅字数的限制，能选入《论稿》的只是部分代表性论著。为了使读者对沈灌群教授的学术研究有全面的了解，我们就所能收集到的材料，编成《沈灌群教育论著总目》，作为附录。

沈灌群教授的夫人石淑仪先生多方搜集文稿，誊抄大量手稿，为我们选编《论稿》创造了良好的条件。

《论稿》由毛礼锐教授作序。他是沈灌群教授大学时代的学长，以后成为在学术上相互切磋的知己。在《论稿》编选过程中，得到了瞿葆奎、马骥雄诸位先生热诚的指导和帮助。华东师大出版社对《论稿》的出版给予了大力支持。在此一并致谢。

《论稿》由孙培青、李国钧主编，参加选编工作的还有金林祥、杜成宪、刘琪三位同志，大家都尽心协力，保证了选编工作如期完成。由于我们缺乏经验，选编之中定有失当之处，敬请读者指正。

编者

1990 年 10 月

《孟宪承讲录》整理后记

《孟宪承讲录》(一),是 1956 年 9 月至 1957 年 5 月孟宪承教授为华东师范大学中国教育史研究生班学员讲课的记录。

孟宪承教授按授课计划每周讲两次,都安排在上午。一般都按计划进行,只有遇到校内外有重要会议必须参加,才把讲课顺延。

讲课的内容是中国古代教育史,但从学员的实际情况出发,缺乏的中国古代文化的一些基础知识,也要结合讲课附带补一些。形式上是一个个专题,实际上还是有计划有系统地讲授。

能听孟宪承教授讲课,是极好的学习机会,我们都聚精会神地听、认真地记。我没有受过速记的专门训练,记录跟不上讲话的速度,难于记全,只是努力不要把要点漏掉,课后再把笔记复习一遍,凭记忆印象略作校补。

开始听课,我的注意力都集中于讲课的内容,没有记下讲课的具体日期,后来感到具体的讲课日期不应忽略,每次听课都先记下日期。

1957 年 5 月,因为"整风""反右运动"开始,学员响应号召参加运动,中国教育史的讲课也只好提前告一段落。

现根据笔记整理的《孟宪承讲录》(一),展示孟宪承教授关于中国教育史系列的学术观点，也体现他的学风和教风。

《孟宪承讲录》（二）是孟宪承教授 1961 年至 1964 年在主编《中国古代教育史》与《中国古代教育文选》时，专为参与编写工作的青年教师举行专题讲授的记录。

为了让青年教师加深对理论的掌握，进一步充实基础知识，提高专业素养，以保证编写教材的质量，所以才安排边工作边学习，请孟宪承主编结合编写教材中的有关问题，为青年教师进行几次专题讲授。

讲授的内容由孟宪承教授确定，着重在先秦、两汉有关的学派和争论的问题。地点就在华东师大一村西楼编写组工作室，青年教师边听边记。时间集中在 1961 年下半年的两个月内进行，以后就偶尔需要才举行。这些讲授不论观点和内容都关系到教材的编写。

整理者　孙培青

2007 年 7 月

《孟宪承谈话录》整理后记

1961年春，孟校长受命主编《中国古代教育文选》《中国古代教育史》两本高校文科教材，需要教育学系教育史教研室的教师参与协助。领导调派我为协助人员之一，具体参与《中国古代教育文选》的编纂工作，并要求我在编写组办公室坐班。我就在孟校长直接指导下进行日常工作。孟校长一开出书单，我就到图书馆调书，查阅后进行文献初选，然后由孟校长阅后确定选文。我再接着为入选的文献进行注释。选文最重要，其次是解题，都由孟校长亲自负责。但为了给我锻炼机会，孟校长还指定我草拟几家解题，然后交由他审阅修改确定。此项教材，一个主编，一个助手，工作虽然紧张，但是很有序地进行。从1961年3月启动编写，到1964年向中央文科教材办公室交出《中国古代教育文选》，先后做了初稿、讨论稿、修订稿、定稿等共四稿。

在这三年多编纂工作的过程中，我深深感受到孟校长对编纂文科教材高度负责的精神。他把大部分时间和精力都投入教材编写工作，经常到编写办公室检查工作进度，布置新任务，谈论历代教育学派和教育论著选择的标准与原则，指出对教育问题的论争不要主观武断，而要作客观历史的评价，要求多方联系国内专家，听取不同意见。他这种采纳不同意见的民主精神，研究教育历史问题一贯保持实事求是的科学态度，树立新的学术风范，给我留下深刻的印象，永远值得我学习。

由于工作的关系，孟校长时常在编写组工作室就《中国古代教育文选》涉及的问题谈他的一些看法和主张。他的主张有时也包含一些具体的做法，我必须贯彻执行。为了预防遗忘，我都匆忙随手做了笔记，过后可以翻阅，查对是否已经照办。

1966年"文化大革命"开始时，这些记有孟校长言论的笔记被列入搜查范围，专案组要求上交，来人从我宿舍书架上收走了一本笔记。因我当时在安徽定远县参加"社会主义教育运动"，没有在校内，待我返校时，批斗查抄的狂潮已经过去，斗争的目标暂时转移，没有再来找我追究，余下的笔记逃过了劫难，并保留下来。四十年后，扫去尘封，这些笔记重见天日。从这些纸质粗糙发黄、字迹淡化模糊的笔记里，还能看到孟校长部分的学术主张和他的精神风貌，引发我的回忆和思考，再一次受到教益。

此次整理《孟宪承谈话录》，只是20世纪60年代文科教材编写一段时间内个人所接触到的。考虑到时代的变迁、现实的情况、学科的发展等因素，重点选录其中关于教育问题探讨并具有一定学术价值的内容，其他也就从略。

当时的谈话，有部分是有考虑有准备而谈，有部分是临时提起即兴而发，虽提出问题，有内容，却没有标题。现整理谈话材料，根据对所谈内容的理解进行概括，而加以标题，这是为了提示重点，并不一定准确恰当。

现将《孟宪承谈话录》公之于众，以此纪念敬爱的导师逝世四十周年。

整理者　孙培青

2007年7月

杜成宪著《早期儒家学习范畴研究》序

　　20 世纪 80 年代以来，中国教育历史研究受到学术界一定的重视，出现了一个研究的小高潮，在《中国古代教育史》《中国近代教育史》《中国现代史教育》等教材出版之后，又有《中国教育通史》《中国教育家评传》《中国教育思想史》《中国教育史》《中国教育史纲》《中国教育发展史》等著作先后出版，有断代研究的成果，如《中国教育史研究·先秦分卷》《中国封建社会教育史》《宋代教育》《从鸦片战争到五四运动时期的教育》《中华民国教育史》等，还有专史的研究成果，如《中国教育管理史》《中国教学思想史》《中国德育思想史》《中国高等教育史》《中国学前教育史》《中国科技教育史》等，对著名教育家的研究，从孔丘、董仲舒、朱熹到蔡元培、陶行知，也涌现一批新成果，为现代教育科学提供了宝贵的教育历史资料，为继承中华民族优良的教育传统创造了条件。这些成就是 20 世纪五六十年代所无法想象和比拟的。

　　人们对呈现在面前的中国教育史丰硕的研究成果，感到一定程度的满意，但又感到国家实行经济体制改革之后，现代化的建设加快，中国教育史用传统的方法进行研究，与现代教育科学发展的需要还存在着相当差距，提出了今后研究如何进一步深入发展的问题。有些前辈提出要开拓研究的新领域新途径，要从多角度、多侧面、多层次、多方法来开展研究，寄希望于中青年的参与。有些后起之秀也感历史责任之重，呼吁奋勇开拓，吸收运用现代科学的新方法，使中国教育史的研究有新的面貌，并提高到现代的新水平。这些有益的建议渐为教育史学界所接受，成为新的共识，随后的问题是个人如何去进行实践。有些研究者开始行动，抓紧科学春天的大好时机，投入新的研究尝试。

杜成宪是学习中国教育史的年轻有为之士，他在攻读博士学位期间，积极学习科学理论和方法，并身体力行，应用于中国教育史的研究之中。《早期儒家学习范畴研究》就是他探索尝试获得的有创意的成果。我有机会先读他的书，感到与所见的其他教育史著作颇有不同，具有一些突出的特点。

其一，开拓中国教育史研究的新领域。至今为止，中国教育史学未有进行教育范畴研究的先例，此书开始进行教育范畴及其发展变化的历史研究，有重要意义。通过范畴的研究，将更深入总结教育理论思维的经验教训，有助于认识中国传统教育的特点和发展水平。探索的结果证明，中国教育史学科有自己的范畴，与其他学科的范畴研究绝不雷同。

其二，运用辩证逻辑的方法于教育思想史研究，是研究方法上的一大革新。以往中国教育史研究方法比较局限于形式逻辑，按照认识论的路线来进行，从具体到抽象。本书则进行研究方法的革新，自觉运用辩证逻辑的方法研究教育范畴，遵循由抽象上升到具体的方法，论述由简单而抽象的范畴出发，发展出复杂而具体的范畴体系，同时也依照逻辑与历史统一的原则，揭示教育思想逻辑的发展与历史实际统一，使人们能把教育思想作为一个联系、发展和转化的过程的统一体来认识。

其三，研究的结果提出中国古代教育思想实是一种学习思想。以往研究早期儒家孔、孟、荀、《礼记》的教育思想时，都提到其学习思想，但学习问题归在教学论中，"学"从属于"教"，位置不重，作用不显。此书提出新见解，把学习置于中心地位，认为在早期儒家心目中，学习是教育的前提，是教育的细胞，是教育的基础，是教育的起点，教育的过程是学习的过程，教育的问题通过学习范畴得以表述，教育最终归结为学习。经过全面、系统、深入的研究所作的论证，使人们对早期儒家教育思想的特性有新的认识。沿着这种认识进一步发展，也将引起教育史体系的变化。

其四，为当代的精神文明建设提供一些历史经验。作者提出，早期儒家学习范畴有积极性因素，不仅在历史上起过规范现实的作用，至今仍然有理论意义值得发扬，可以吸收利用其中有益的因素，用于规范当代的现实，如为着自身的完善和社会的完善，人们应当努力学习、奋斗，这就有利于民风、政风、世风的转变，促进现代的精神文明建设。

这本以早期儒家教育思想为研究对象的学术著作，具有一定理论深度，认真读过会有一种全新的感觉，自然会形成一种新看法，即此项开拓性研究成果提出了新颖的看法，促使中国教育史学界对中国古代教育思想有新的认识。

中国教育史的教育范畴研究有了先行者，已贡献了开拓性研究的成果，期望有后继者，进一步提供更为可观的成果，这将有助于把中国教育研究引向深入。

喜闻杜成宪的专著将由文津出版社刊行，公布于世，参加国内外学术交流。应作者之约，述个人一些感受，权充小序。

孙培青

1993 年 12 月

张建仁著《明代教育管理制度研究》序

　　20世纪80年代以来,随着国家现代化建设的发展,对人才的需要日益迫切。人才依靠教育培养,教育是现代化建设的根本,已渐为大家所认识。而提高教育的质量,发挥教育的效益,则在于加强管理。重视教育管理,是80年代中国教育的新思潮,反映在教育事业上,就表现为各种教育干部培训班的开办、高师教育管理专业的创设、教育管理系科的成立,还有教育管理学院的产生。与此同时,教育管理研究受到特别注意,也成为我国教育科学新的分支,学术界思想活跃,讨论教育管理问题的论文纷纷发表,教育管理的专著先后问世,为教育管理工作提供理论指导,使我国的教育管理朝着科学管理的方向前进。

　　创建并发展中国教育管理科学,是提高我国教育管理水平的必要条件。为此,需要总结我国四十多年来特别是改革开放以来教育管理的实践经验,也要借鉴世界各国教育管理的经验和理论,还要总结我国历史上教育管理的经验和理论,才能使我国教育管理科学提高理论水平,为改革和完善我国的教育管理制度创造应有的条件。

　　近年国内有些教育科学工作者开始从事中国教育管理史的研究,既有专题性研究,也有断代研究,还有少数作了系统的研究,已提供了相当可观的成果,但还有进一步深入研究的必要。中国有悠久的历史和丰富的典籍,其中许多史籍记载着中国教育管理制度发展的历程,《尚书·舜典》中就有关于教育管理的最早记载,《周礼》关于教育管理的记载更具体,以后历朝历代的史籍关于教育管理活动的记载更多。面对如此浩繁的史料,要全面系统整理并总结其经验,非个人短期突击进行所能完成,需要花相当时间逐一进行专门研究,在此基础上,才能进行综合性的总结,正确认识中国教育管理的历史内容、优秀的传统和失败的教训,为建设具有中国特色的教育管理学提供历史经验和材料。

张建仁同志是位好学上进的青年,有志于中国教育管理发展史的研究,特别重视明代教育管理制度史的研究,写成《明代教育管理制度研究》一书。他认为,明代教育管理制度是中国封建社会教育管理制度的一个典型代表,比其他朝代的教育管理制度更能全面地体现出中国封建社会教育管理的特点。我读了书稿之后,觉得他的论断是以史实为依据的,从比较研究中得出了非常中肯的结论。

此书对明代教育管理制度作了全面系统的研究,特别是对明代国子监教育管理作了重点探究,尤其深入细致,论述了教学管理、师资管理、学生管理、后勤管理等,使读者获得具体的了解。作者在史料的搜集整理方面下了很大功夫,细大不捐,尽量网罗,引用了以前教育史研究未曾引用的《明实录》及《皇明太学志》,史料丰富翔实。作者在经验总结和理论分析方面也经过一番深入思索,概括出明代教育管理的三种动力、四样手段、六个特点。这些是个人新的学术见解,虽然不是最后结论,还有可以继续讨论的地方,但这种实事求是的治学态度和独立创造的学术精神却是十分宝贵的。我希望教育管理工作者、教育科学工作者和教师，能有更多的人读这本书。由于所处的历史时代不同，我们不能直接取用明代封建教育管理某些具体的做法，而是要批判地吸收合乎教育管理规律性的经验，根据现时代的需要和我国的国情加以改造利用，完善我国教育管理制度和方法。

张建仁同志的著作即将面世，我由衷地感到高兴，应他的要求，写我的感受，且以为序。

孙培青

1992 年 10 月

于华东师范大学

教育史评论

李军著《玄儒佛道教育理论比较研究》序

在中国古代漫长的历史发展过程中，三至六世纪的魏晋南北朝时期是一个曲折多变的发展阶段。在由门阀士族地主统治的 370 年间，中国处于政治分裂状态，经常发生社会动乱和战争。频繁地改朝换代，显示了政治的极端不稳定。战争使黄河中下游的经济区受到毁灭性破坏，促使新经济区的开发和经济重心的南移。此时，阶级矛盾与民族矛盾交错，掀起少数民族迁移的浪潮，带来中华民族新的大融合。政治、经济的大变动引起文化相应的大变化，打破了汉代儒家思想一统的旧局面，形成了中国历史上第二次"百家争鸣"的新局面，多元的思想文化更为丰富多彩。魏晋南北朝时期比之汉代虽然更加曲折多变，但曲折之中有许多新的重大发展，为隋唐时期文化的繁荣昌盛做了准备。

魏晋南北朝时期，以中央官学为核心的旧教育制度和以儒家道德教育为核心的旧教育观念已不能适应新的政治、经济、文化的需要，教育领域发生了重大的变化。

从教育制度方面考察，汉代设立的学校局限于儒学，教学内容也只限于儒家经书。到魏晋南北朝时期，这种一元化的状态被打破了，玄、儒、文、史在官学中并设，标志着教育内容向多元化方向发展。由于官学规模缩小，并经常受到政局波动的影响，师生无心于教学，官学日益衰落。社会人才的培养，主要不靠官学，而依靠私学。教育事业的重心也向私学转移。为避战乱，私学向远离城市的山林或边远地区迁移，逐渐改变这一时期教育的布局。士族为保持他们的特权地位，在一定程度上重视家族或家庭教育，这也是私学的组成部分。

从教育思想方面考察，也发生了重大变革。由于人们的社会立场不同，代表不同阶层、不同集团利益的思想家围绕着人的本质、人才的规格与标准、教育与人才等基本问题，先后提出教育主张，形成这个时代的不同教育思潮及其思想流派。其中，最主要的以玄学教育思想、儒学教育思想、道教教育思想和佛教教育思想等为代表，它们都阐发了对时代教育问题的各自见解。

玄学教育思想以幽深微妙、高远莫测的"道"为理论根据。玄学家批判儒家以伦理名教为中心的教育传统，批判以经书章句为利禄工具的世俗教育。特别注重人的自然性，主张自然主义的教育，是他们的共同特征。不论提倡"名教出于自然"，或"越名教而任自然"，抑或"名教即自然"，都是主张自然本位，要求尊重人的天性，让人的个性得到充分的发展。他们从"道"的本体出发，偏重于理论思辨，构思其教育理论体系。理论虽颇精致，可惜轻视实践经验，脱离社会实际。

儒家教育思想为适应时代发展的需要，在多种教育思想的竞争中，既强调继承注重伦理道德的教育传统，也注意教育理论的更新。儒家学者以尧、舜、文、武、周公、孔子的仁义之道为理论依据，对世俗忽视教育和教育不能适应社会生活变动需要的状况进行揭露和批判。在教育主张上，他们比较注重人的社会性，倾向社会本位,把教育视为改革社会的重要手段,在维持以道德教育为中心的同时,也主张扩大知识范围,除以六经为教育的主要内容之外,还要求包括百家和杂艺的教育内容,使培养的人才更能适应社会生活事务的需要。注意教育的实用性,是此时儒学教育的新特点。

道教教育思想以葛洪为主要代表。他要求出世,却又不能不面对世俗。在教育思想上,他认为,道家所注重的是人生社会、宇宙自然的根本问题,而儒家所注重的是伦理政治、民生日用的实践问题,两方面的问题都需要解决;在两者关系上,应当道、儒结合,道本儒末,以道治身心,以儒应世务。他提出了道、儒双修的道教教育内容,立志勤学、改过迁善等道教修养方法。这是该教育流派区别于其他教育流派的特点。

佛教教育思想以慧远为重要代表。他弃儒从佛,发展佛教"空无"学说,形成"法性论"。他认为,人的形体可以消亡,而精神却可以永远存在。他劝人通过修行,超脱人世一切事物的牵累,如能认识"法性",从精神上达到"涅槃"成佛的境界,就能避免生死轮回,往生西方极乐世界。慧远肯定教育在个人修道和社会安定中的重要价值,总结禅智并重、循序渐进的佛教修养方法,这是其佛教教育的重要特点。

魏晋南北朝时期的教育思想领域出现多元化的状态。各种教育思想流派的斗争,有时颇为激烈,涉及多方面的复杂问题。从历史发展来看,它处于承先启后的地位,与汉代教育思想比较,已有很大的发展,提出和论述了许多新的教育问题,对后世也产生了重大的思想影响。因此,魏晋南北朝时期的教育思想确是中国教育思想发展历程中不可忽视的重要历史环节。

以往的教育史学界比较重视先秦诸子教育思想、宋明理学教育思想、明清启蒙教育思想等方面的探讨，相对忽视对魏晋南北朝这一历史阶段教育思想的研究。即使有些个别研究成果发表，也还留下众多空白的部分，更缺乏全面、系统、深入的断代研究。这是亟待弥补的。

李军是新进的青年学者。他通过博士论文答辩时只有 26 岁。早在大学学习期间，他就对中国传统教育发生了浓厚的兴趣，开始了初步的学术研究，并立志致力于弘扬祖国优秀传统文化。大学毕业后，他刻苦攻读中国教育史专业，先后获得硕士、博士学位，分别在《教育研究》《教育史研究》《世界宗教研究》《中国史研究》《哲学与文化》《孔孟学报》《中国文化月刊》等学术刊物上发表各类专业论文三十余篇。此外，还参与了《中华大典》《中华文化通志》《中国教育大系》等重大科研课题。经过这十多年的艰苦磨炼和辛勤耕耘，他已经发表、出版各类学术成果累计约一百万字，初步展露了这位皖南青年的才华。在学术研究的道路上，李军是一位很有发展潜力的后起新秀。

在学术研究方面，李军既有执着的奋斗目标，又有大胆的开拓精神，还有敏捷的理论目光。他明知魏晋南北朝教育思想比较复杂，研究难度也很大，而以往很少有学者对之进行专门探讨，但还是鼓足勇气，迎难而上，毅然选定这一领域作为自己的研究课题，决心填补其中的空白，加强中国教育史研究的这一薄弱环节。功夫不负有心人，经过五年的不懈努力，他终于完成了专著《玄儒佛道教育理论比较研究》。

我有机会先读其书，感到书中对玄学教育思想、儒学教育思想的研究尤其深入，特别是对主要教育思想家逐一进行单独研究,具体分析,使人能够了解这些代表人物的教育学说体系、思想特点和理论贡献。书中对刘劭从生理和心理方面研究个性差异作为人才教育和德育的根据,嵇康提出自然主义教育思想,傅玄首次提出人才教育规划的理论,刘勰提出文学的教育功能、刘昼提出学习心理及其相应的教学原则,颜之推提出系统的学习理论和儿童教育理论等,都有深刻的论述和独到的见解。

李军近年重视中国传统文化研究,为中国当代文化建设提供宝贵的历史经验。传统教育思想属于传统文化的重要组成部分,是学术界逐渐重视的研究课题。此书堪称这方面研究的一个新成果。它在充分掌握历史材料的基础上,对每一思想流派都着重进行了个案分析、系统分析和比较分析,并对教育理论的历史意义和现实意义作了简要的评价。这将有助于读者具体认识中国传统教育理论,有益于深入总结教育思想遗产,并最终有利于有中国特色的教育理论建设。

此书可以帮助人们深入了解历史上多种教育理论的内容和思维经验,深化体认中华传统文化的丰富内涵和鲜明特点。我深感阅读此书,获益不浅,很值得推荐,故乐为之序。

孙培青

1993 年 12 月于上海

刘桂林著《中国近代职业教育思想研究》序

　　我国自从提出改革开放的政策以来，积极进行教育体制改革，调整了教育结构，使教育事业的发展更加适应于社会主义建设的需要。职业教育是整个教育体系不可缺少的组成部分，它对我国社会主义现代化建设的重要作用已渐为大家所认识，所以现在发展职业教育受到各级领导和广大群众的普遍重视。如何使职业教育健康地发展，适应我国社会主义初级阶段的实际需要，实践中提出不少问题，需要理论上的指导。职业教育理论目前显然有些准备不足，需要教育理论工作者多方努力来加以弥补。研究我国职业教育思想发展的历史，总结一百多年来的历史经验教训，可以为丰富职业教育理论做出一定贡献。

　　"职业教育"是一个历史性的概念。它的产生是与资本主义社会工业生产的发展相联系的，其内容和形式随着社会发展变化而发展变化。18世纪60年代开始于英国的工业革命，使工场手工业生产过渡到采用机器的工业生产，并从纺织业扩展到其他产业部门。在英国之后，法、德、美等国也先后完成了资本主义工业革命，从物质领域到精神领域，都引起了深刻的变化。工业生产制度要求劳动者必须具有一定的文化水平，能了解生产过程和工艺原理,并具有一定的技术能力。适应这种新需要,在中等教育阶段产生了培养工、农、商等方面实用人才的职业学校。从世界范围来考察职业教育的起源和发展,职业教育是在采用机器的工业生产基础上形成的,并随着机器工业生产制度的扩展而推广到其他资本主义国家。职业学校首先产生于欧洲较早发生工业革命的国家,进而盛行于欧洲的其他资本主义国家,再推广到美国,然后传播到东方的亚洲诸国。所以,职业教育并不是限于一个地区、一个国家的教育制度,而是伴随工业生产而来的国际性的教育潮流。

受外来影响的中国职业教育思想和实践,其发展是较为曲折的。西方帝国主义国家为扩展市场,用大炮轰开中国的国门。面临帝国主义侵略瓜分危机,清朝统治集团内部的封建改良派掀起以富国强兵为核心内容的洋务运动,服务于强兵需要而兴建一批工厂,实行引进机器的工业生产制度,它要求的不是限于一般体力劳动的劳工,而是具有一定文化知识和技术的劳动者和管理人员。中国原来是封建农业文明的国家,没有工业生产,也轻视实用科学技术,自然就没有一批能适应工业生产需要的劳动者和管理人员。在国门被迫开放后,随着资本主义商品输入,西学也被引进,国人由惊叹技艺不如人,进而认识到学问研究不如人,在未全面了解世界的情况下,不知比较鉴别,不懂得根据国情需要进行选择,就多方介绍引进。在教育方面,先介绍英、法、德等欧洲列强的教育,后又介绍明治维新后的日本教育,继又介绍美国的教育。职业教育培养工业社会有知识技能的劳动者以解决国民生计。对这个问题,不同的人从不同的角度观察,产生不同的认识,身处不同的时期,用不同的名称表述。光绪初年,曾称"西艺教育",突出各种实用性的知识技能。后来,较具体较集中地宣传培养工、农、商实用人才的实业教育。甲午战争之后,宣传实业教育走向高潮。1904年,清政府颁布《癸卯学制》,实业教育成为新学制的必要组成部分,实施实业教育的机构为初等、中等、高等实业学堂。就在当年,山西农林学堂总办姚文栋把实业教育称为"职业教育"。民国初,教育宗旨规定实利主义教育,实施机构称"甲、乙种实业学校"。陆费逵所写的文章既不提实利主义教育,也不提实业教育,而直接提职业教育。这种看法绝不是个别的,当时就有部分人已认为实业教育具有职业性质。由于实业教育的缺憾,未能解决国民生计问题,1913年,黄炎培强调要采用实用主义。1915年,黄炎培考察了美国教育,受到很大启发,回国后积极宣传提倡职业教育。1917年,他组织中华职业教育社,专事提倡和推广职业教育。从此,"职业教育"成为教育界多数人接受的通用名称。黄炎培预见一战后的教育所注重的是生产教育,而生产力之增进问题是离不开职业教育的。因此,提倡推行生产教育,实质仍是职业教育。总之,近代建立在工业生产基础上,以满足为己谋生、为群服务需要的教育,先后虽有多种名称,而实质乃是职业教育。既然本质存在一致性,那么联系起来进行历史研究,总结其经验教训,可供现在职业教育作为借鉴。

职业教育虽然是民国成立以后才正式提出的,但职业教育的问题与任务早就存在。舒新城在《近代中国教育思想史》一书中论述职业教育思想时,就已指出职业教育与实业教育、实利主义教育实质上是一致的。他说:"职业教育的思想虽然自民国六年黄炎培创中华职业教育社始盛倡于国内,但其来源甚久,清光绪二十九年张之洞奏订学堂章程《学务纲要》中谓'农工商各项实业学堂以学成后各得治生之计为主'，实业学堂设学要旨谓'实业学堂所以振兴农工商各项实业，为富国裕民之本计'，其用意与职业教育无殊，不过不以职业教育为言耳。"又说："民国元年，蔡元培发表新教育意见，其论实利主义一段亦具职业教育性质。"他认为前后名称虽不同，性质却一致，确有事实根据。

职业教育思想的发展也遇到一定的阻力和困难，其过程出现高低起伏。但是，它产生广泛的社会影响，而且是较持久的，不仅影响到抗战之后，还一直影响到现在。在近代各种教育思想中，有些教育思想行时热闹一阵，就再也难以振作；有的影响较为深远，职业教育思想是其中之一。因为职业教育是反映客观的社会需要，不是一种主观设想，所以它的实践经验和职业教育中国化的理论探索总结还是具有重要的现实意义的。

刘桂林的《中国近代职业教育思想研究》是他进行深入专题研究的新成果。该书以近代职业教育思想发生、发展、变化的历程为研究对象，论述前后相续的三次思潮的演变，其时代背景、口号、实际措施虽有所不同，但为国民谋求生计、为国家增进生产力的基本任务是不变的，追求实用的精神也是始终一贯的。书中特别着力向读者展示职业教育思潮与职业教育实践存在密切联系，职业教育思潮的现实目标是促成职业教育制度的建立或修正，推动职业教育实践的发展，检验职业教育实践和修正职业教育思想，推动职业教育思想的深入发展。书中还提出，职业教育的历史实践证明，适合中国国情的职业教育模式是职业学校、职业补习教育、职业指导三者的有机结合。这是本书主要的一些特色。

刘桂林是一位勤奋的青年研究者，以实事求是的科学精神从事中国近代职业教育思想研究。他认真对职业教育理论问题进行较系统的清理,说明主要问题的来龙去脉。我深感阅读该书,对提高职业教育问题的思想认识将有很大帮助,尤其是从事职业教育的工作者,在理论提高方面将会有更大的受益。时代在发展变化,面对新的社会条件、新的形势,职业教育思想也要相应地发展变化,教育工作者自觉转变教育观念,这是与时俱进的客观需要。相信读此书者,会受到一定的启发。

1997 年 5 月

于华东师范大学

教育史评论

李露著《中国近代教育立法研究》序

　　教育的根本特征在于有目的地培养社会时代所需要的人。它是一种极为复杂的社会现象，如：要培养社会合格的成员，须要确定教育的方向和不同层次的教育目标；要适应时代经济、政治的发展，运用可能的手段传授人类至今的文化科技成果，须要制定一定的章程；要教育工作有节奏、有秩序地按一定的轨道运行，须要教育的管理和监督，必须有一定的条规；要使教育工作人员尽责于教育工作，为人师表，提高教育质量，就要有评估标准和奖惩办法，这就需要条例；要使教育有合适的社会环境，不受干扰和侵犯，有相应的设备条件，有必要的物质供应，就要有一定的政治、经济保障制度；个人期盼得到良好教育，为未来的发展创设条件，而家庭、社会团体、阶层、阶级、国家都极为关注教育工作，提出不同的需求，有各自的利益要维护，这就需要有权威的协调。以上所有这一切有关教育的问题，都有待教育立法来加以规范。

　　教育立法是教育事业发展的需要。自从社会产生国家组织机构以来，在各个历史阶段，教育事业的发展都需要一定的教育立法。各历史阶段的社会经济、政治、文化条件不一，对教育立法的需求不同，教育立法制度和所立的教育法律也就存在很大的差别。所以，教育立法具有历史性，它随着社会时代的发展变化而发展变化。不仅一个时代有一个时代的教育立法，一个国家有一个国家的教育立法，而且一个地区也有一个地区的教育立法。这就要求研究者以历史的、唯物的、辩证的态度看待教育立法的问题，才能真正深入地理解。

中国从 1949 年以来，开始了社会主义教育立法的历程，至今已有五十多年。中国教育立法革旧创新的道路虽然曲折，但到现在毕竟建立了自己的教育法律系统，形成了自己的教育立法制度，保障和促进了社会主义教育事业的发展。但是，世界的发展已进入信息时代、知识经济时代，不容许我们停滞，而是迫使我们加速前进，加强教育事业的发展。与时代发展的需要相比较，中国的教育立法还落后于教育发展的现实需要。群众对教育立法还存在一些思想认识问题，概括为一句话就是：关注而不参与，等待而不主动。多数群众都认为教育立法虽关系到老百姓的切身利益，但立法历来是政府领导的事，老百姓的意见无足轻重，期待高层领导的指示以及有关谈话的下达，提出指引方向的政策方针，等候主管部门的通知，规定采取的措施和实行的步骤，以便按章办事。

中国的教育立法还存在一些问题。虽说教育立法一直在进行，各级各类教育都有不少法律法规，看起来已成系统，而实际上教育立法还未构成完备的体系，其中还存在不少空白点，有些法律法规之间还存在一些矛盾和不协调之处。如强调全国性统一的教育立法，却忽略地区性差别的教育立法。基层遇到某些教育问题，要依法办事，可能查来查去没有适用的法律可依，犹疑难决，不得不请示汇报，等待上级决定才能行动。而且，教育立法制度还处在改革过程中，教育立法主体的明确，教育立法权限的划分,教育立法程序的规范,都还有待于进一步完善。"依法治国"是建设有中国特色的社会主义现代化国家的重要国策,此项政策贯彻到教育领域,就表现为"依法治教",应当有成套的教育法规范教育事业的发展。教育立法无疑是社会主义现代化教育事业发展的实际需要。

要加强我国教育立法工作,对未形成完备体系的教育法律,应尽快查明缺漏或陈旧而不适用于现在的部分,加强补缺、拾遗、更新,使教育立法覆盖教育工作的各个方面,为"依法治教"创造条件。同时,也要加强教育立法制度建设,有教育立法权的各层教育行政领导要职责分明,上下相互配合协调,使教育立法达于完善。为做好此项对社会主义现代化教育事业发展至关重要的教育立法建设工作,总结我国近代教育立法的历史经验以供借鉴,学习现代先进国家教育立法的经验以供参考,都是很有必要的。

李露最近完成的新著《中国近代教育立法研究》是她多年发奋攻关的结果。此著作以专题的形式进行了深入研讨,总结了我国近代教育立法的历史经验,为我国当代教育立法的完善、教育立法制度的健全提供了重要的借鉴。她用实际行动表达了书为时代需要而著的强烈意愿。

我得到先读她的新著的机会,发觉她有较广博的社会科学知识,尤其是掌握了历史学的系统知识,功底较为深厚。她重视史料调查,肯下功夫发掘,能以大量原始资料为依据,在历史唯物主义与辩证唯物主义指导下进行分析。所以,她的著作不发空论,不主观武断,而是摆事实,讲道理,让人读来觉得既言之有据,也言之有理。

此书特点显著：从内容来看，明确论述了中国近代教育立法发展的历史过程；从教育立法主体的构成、立法权限的划分、立法程序的设置等几个方面，展示了教育立法制度的建立和实际运行的过程；揭示了近代教育立法的历史作用在于革除传统旧教育而创建近代新教育，实现传统教育向近代教育整体转型；指出近代教育立法取得了两大主要历史成果：建立了比较完整的现代教育法律体系和建立了用法律规定的教育立法制度；选择有代表性的中央和地方教育立法典型进行个案分析，以具体了解和把握教育立法制度和运行机制。作者从总结近代教育立法历史经验中获得启发，联系现实，对当代中国教育立法问题提出了自己的几点建议：以教育立法为动力，促进和保障教育改革与发展；构建完善的当代教育法律体系；提高教育立法专职和兼职人员专业化程度；依法建设合理的教育立法制度；重视加强地方教育立法；教育立法必须与教育执法并重；等等。这些费了不少心血而获得的思想认识，对于加强当代教育立法具有重要的现实意义。

我为李露新著面世而高兴，并希望她发扬开拓创新的精神，继续为教育科学做出新贡献。也希望她所总结的近代教育立法经验和提出的几条建议，能受到有关领导和各级教育立法人员的重视，上下共同努力，健全中国当代教育立法制度，完善中国当代教育法律体系，促进中国现代化教育事业的发展。

孙培青

2001 年 10 月

张伟平著《教育会社与中国教育近代化》序

时光飞逝,转眼之间,已跨入 21 世纪。中国的现代教育事业面临着新形势和新任务。任务艰巨,困难不少,继续深化教育改革的道路如何走,能用哪些办法,可做哪些工作,才能不走弯路、不浪费资源而真正更快地推进现代教育事业的发展,这是热心的教育工作者必然要思考的问题。教育界有识之士倡导,首先要转变教育思想,政府领导要转变,群众也要转变。经过学习和研讨,领导与群众的教育思想已有很大的改变。具有新的教育思想,将成为不可低估的精神力量,使我国教育现代化的改革能不断地与时俱进。为了进行现代化的教育改革,政府要制定新的政策,建立新的制度,采取新的措施,加大对教育的投入。但政府的行政力量不是无限的。在中国的现阶段,政府的行政力量包办不了教育现代化改革中有关的一切问题,还需要争取群众的支持、社会组织力量的配合,才能把现代化教育改革中的有关问题解决得更好一些。

历史的经验值得注意。20 世纪初,中国教育的发展也发生新的大转折。腐败的清政府为形势所迫,实行"新政",把教育改革列为要事,制订并颁布新学制,随后还公布了一些教育立法。新学制和新教育立法的实施，主要是依靠民众组织，尤其是教育会社，对中国教育近代化起着重要的推动作用。教育会社的建立和它积极推进中国教育近代化的活动，是中国近代教育发展的重要组成部分，很值得我们进行历史回顾，总结经验与教训。

对于 20 世纪前 50 年教育会社在中国教育近代化过程中发挥的推动作用，目前国内学术界对其进行研究实在不多，个案研究偶有零星论文发表，从总体上研究教育会社与中国教育近代化的关系，系统论述教育会社在中国教育近代化过程中的作用和历史地位的专著还是空缺。杭州师院教科院张伟平同志选定"教育会社与中国教育近代化"为自己的研究课题，经过多年的努力，现在获得专题研究的硕果。他所研究的是别人未及开拓的方向，他的研究具有创新意义，站到中国近代教育史研究的前沿，其成果填补了中国近代教育研究的薄弱环节。

我有机会先读他的专著《教育会社与中国教育近代化》，感到此书具有一些特点，以下简要说明个人的感受。

坚持历史唯物主义，观点比较一贯。作者力图运用马克思主义的历史唯物主义观点，分析中国近代教育会社产生形成的深层原因，比较具体地体现这种意向。他既从历史角度考察，也从社会现实角度考察；既从内部因素考虑，也从外部因素考虑。因此，他能正确指出，历史传统的浸润、社会实际的需要、新的知识群体的出现、西方民主思想传入的影响，多种因素综合，促成中国近代教育会社的产生。应该说，提出这样的见解，既是全面的，也是较为深刻的。

广泛调查教育会社文献，史料比较充实。作者在课题研究启动之后，费了多年时间，做调查教育会社文献史料工作，下了很大功夫，从近代报章、杂志和文牍、档案中提取大量原始史料，查阅近代以来中外学者研究成果（包括专著与论文）百余种，加以认真梳理，分项归类，为专著奠定扎实的基础，使这一专著史料来源广泛，取材丰富，引证确实可靠。

重点论述教育会社与教育重要方面的关系，以揭示会社的作用和贡献。作者在进行课题研究时，并不企图面面俱到，网罗无遗，形象展示，而是抓准重点，剖析典型，具体深入。所抓的重点是普通教育、职业教育、学制演变三个主要问题，在这三个主要问题范围内各抓几个典型问题，加以深入剖析。如普通教育问题，就以最受社会关注的改良私塾、培训教员、白话教学、教育经费、义务教育等为具体典型，进行深入分析，以揭示教育会社对教育发展的推动作用和重大贡献，在有些省区超过教育行政力量的作用。

对历史事件的评价坚持实事求是的原则。作者在专著中的论述，有史实，有分析，也有评价。所作的评价坚持以客观事实为依据，以实践效果为检验标准，全面辩证、实事求是做出评价。以"壬戌学制"的制订和"壬戌学制"的社会效果为例，作者指出，从学制制订的全过程来看，是教育会社借助其团体的力量，一再多方对学制制订和学制修订施加特别影响，促使政府同意制定"壬戌学制"并颁布施行。"壬戌学制"的制订，克服了以前学制存在的弊端，更有利于小学教育的普及，有利于中学教育的改进，也有利于职业教育的开展，为近代中国教育发展做出了贡献。作者对教育会社本身也作了历史评价，指出由主客观条件所决定，教育会社的活动宣传主张多，具体教育实践少，它们提出各种教育设计，却因时局变化而被搁置，无法实施；而在教育变革舆论动员、新学制实践示范等方面,则对近代教育发展做出了重要贡献。这些评价比较公允,令人信服。

近代教育会社推动教育近代化的历史经验,为今日教育改革提供借鉴。教育改革要依靠先进人士来推动,先进人士要有为改革而奉献的精神。近代教育会社的代表人物和成员绝大多数都出于爱国而热心教育,对近代教育的发展,不仅贡献智慧,还贡献人力与财力,表现出不谋私利的献身精神,这种精神是值得今天学习和发扬的。近代教育会社在教育必须改革的舆论宣传方面做了大量的工作,使民众认识到要改变国弱民贫的状况,需要教育,教育是国家的根本。教育应当适应时代发展的需要,要有新的教育思想、教育理论为指导。教育会社借助团体组织的影响力量,引导社会舆论,为近代教育改革排除思想障碍,发挥了重要的作用。教育会社以发展近代教育为其宗旨,其活动方式依靠的是说理宣传,而不是行政命令,其转变思想、提高觉悟的社会效果远远超越行政命令。这种政治上开放,让教育会社根据自身的特点开展活动,以推进近代教育发展的历史经验,也是值得后人借鉴的。教育会社的成员在所在地区有广泛的社会联系,了解群众的心声与愿望。当政府不可能拿出足够的财力、物力来发展教育时,不能空等政府提高行政效率。教育会社发动和组织社会力量办学,使近代教育立足于依靠群众,获得较大的发展。教育是群众所需的,也是福国利民的事业,按理政府应当负起责任。如果政府负责的范围有限,那就开放其余的部分,让社会力量参加办学,以利于推进近代教育的发展。这种历史经验对现在也有一定的启示作用,要重视社会力量办学。在政府部门监督下,利用社会力量办学,可以促进我国教育事业更快发展。这说明,只要用心去认真总结教育会社与中国教育近代化的历史经验，还是很有现实意义的。

我认为张伟平同志精心写作的专著有自己不少特色，富有理论价值，也很有现实意义，对中国教育史学科建设做出新的贡献，值得出版，奉献给读者，以利于学术交流。

孙培青

2002 年 4 月 6 日

张学强著《拒斥与吸收——教育视域中的理学与佛学关系研究》序

　　近年来,同教育学其他领域中的研究一样,中国教育史的研究也取得了很大的成绩,在中国教育通史、教育断代史、教育专题史、民族教育史、地方教育史、中外教育史比较研究等领域出版或发表了很多具有较高质量的学术专著和论文,在质和量方面较以往都有了较大的突破,这是相当令人欣慰的。同时,在教育改革日益向纵深方面开展的今天,强调要建立有中国特色的社会主义教育体系,中国教育史的研究不仅不能削弱,反而更应该加强。如何进一步加强中国教育史研究的力度,提高研究的质量,使我们能更好地掌握教育发展规律,继承中国教育发展中的优良传统,为当代的教育事业发展服务,是摆在每一位中国教育史研究者面前的重要任务。

　　中国教育史的研究有着非常丰富和重要的研究内容,有着非常重要的理论研究价值和现实意义,有许多的课题需要我们认真去挖掘、去思索。如关于理学教育与佛、道教育的关系问题,就是这样一个值得我们去研究但还有待进一步加强研究的课题。张学强同志的专著《拒斥与吸收——教育视域中的理学与佛学关系研究》,对理学教育思想与佛学教育思想的关系进行了比较系统深入的研究,当属开拓之举。

理学是在受佛教和道教等思想流派影响下出现的,是自魏晋南北朝以来数百年间儒、佛、道三教相互对抗与融合的产物。宋明时期诸大儒如周敦颐、张载、程颢、程颐、朱熹、陆九渊、王守仁等人,几乎都有一段出入佛、道的经历,肯定吸收了佛、道的一些思想,从而完善了理学。对于理学与佛、道的关系,在哲学界曾有一些研究。那么,理学教育与佛、道教育究竟是一种什么关系?理学教育有没有吸收和借鉴佛、道教育? 如果有,究竟是如何借鉴的? 其结果如何? 如何认识理学家对佛、道教育的批判? 如何在儒、佛、道三教既相对抗又相融合的文化发展背景中认识理学教育的性质与作用? 这些问题不仅具有重要的理论研究价值,也有其积极的现实意义,是我们必须加以研究的重要课题。

张学强同志的专著《拒斥与吸收——教育视域中的理学与佛学关系研究》一书,是在其博士论文的基础上经过近三年的反复修改而写成的,加上前期的资料搜集与写作,历时七八年的时间,这是一个充满着艰苦的求知和探索的过程。张学强同志长于思辨,攻读博士学位期间,经过广泛征求意见后,确定了这一比较符合他的研究风格的课题,而从研究的结果来看,达到了预期的研究目的,在研究方法和研究结论等方面都有其创新之处,有许多方面发前人之未发,确能起到抛砖引玉的作用。在研究方法上,他非常明确地坚持辩证的、实事求是的研究指导思想,将个案研究与专题研究紧密地结合起来,用动态的眼光来考察研究问题,不仅为我们勾勒出理学教育思想与佛学教育思想的互动脉络,而且使我们对理学教育思想对佛学教育思想的吸收与批判有一个整体的了解。在研究结论上,他提出的一系列观点,我认为是有分析深度的、切合实际的,如认为理学与佛学互动的核心是教育哲学或为人之道,理学教育思想对佛(及道)学教育思想的吸收是其自身得以发展的重要动因,而对佛学的批判又是保持其儒学属性的重要保证,并对这种吸收与批判进行了全面、细致且深入的分析,对于中国教育史的研究起到一定的推动作用。

张学强同志是从事中国教育史学科研究的年轻有为之士,具有强烈的事业心,专注于学术探索,坚持实事求是的学风。相信他在弘扬中华教育精神、总结继承优良教育传统方面,将继续进行开拓研究,不断做出新的贡献。

孙培青

2002 年 6 月 13 日于上海

王伦信著《清末民国时期中学教育研究》序

　　现代"中学"概念是相对于大学和小学而言的,是指三段式学校制度系统的中间阶段。尽管在中西方各大文明古国的教育发展中,都可以找到程度类似"中学"的教育实体,但是中外古代都没有初等、中等和高等教育的严格区分,因而也就不存在现代意义上的"中学"。在中国传统教育中,早在夏、商、周三代就有"大学"和"小学"的概念。这种划分虽然也顾及年龄和文化程度等因素,但界限并不严格,也没有"中学"的说法。现代"中学"概念产生于资本主义发展最早的欧洲。中国是在被列强采用武力强行打开国门之后,西方资本主义学校制度逐渐被介绍到中国,在维新运动时期才开始出现按照西方三段式学校模式进行办学的实例。直到清末"新政"时期全面引入西方三段式学校系统,中学制度才正式在中国学校系统中确立其地位。

　　从西方中学发展的历程来看,它沿着两条道路前进:一是在大学得到规范化发展之后,为实施大学的预备教育而发展起来的中学实体;一是由小学向上延伸而形成的中学实体。前者属贵族路线,后者属平民路线。现代中学制度是在两条发展道路的沟通中逐渐成形的。在沟通过程中,因各种社会性因素所导致的中学目标、功能、结构上的矛盾，在西方自然发展的中学制度中是逐步得到调整的。我国近代骤然、成套地引进西方的学校制度，所移植的学校制度中包含的中学目标、功能、结构上的意义并不与本国社会发展水平相适应，需要有一个较长时间的调整过程。清末民国时期对中学制度的单轨与多轨、分段制与一贯制、功能综合与功能分散、文理分组与并组，课程设置上的分科与选科、工具类课程与技能类课程的比重等存在长期的争论，都是这种调适的长期性和复杂性的表现。

中国当前的中学教育改革虽面临新的时代任务和现实条件，但许多中学教育的历史问题仍然表现为当代中学教育的问题。总结近代中学制度的历史经验教训，对于认识和解决当代中学教育改革问题具有重要的现实意义。近年来，在教育界有关专家和学者的努力下，关于中国近现代中学教育的研究已经取得了一些可喜的成果。但与一些邻近的领域如高等教育、职业教育等领域的研究相比，中学教育制度的研究还显得较为薄弱。因此，从整体上理清清末民国时期我国中学教育发展的基本脉络，具体探究和总结中学教育存在的基本问题及其表现形式，分析其社会原因和认识上的原因，不仅能够充实中国近现代教育史研究，也利于从历史的角度分析中学教育结构中的矛盾和症结，总结中学教育发展的规律，为当前中学教育改革提供历史借鉴。

王伦信的《清末民国时期中学教育研究》一书是这一领域中具有开拓性的研究成果。该书分别对清末民国时期中学教育制度的建立与演变、课程设置与实施、训育理论与实践以及中学教育的发展状态等进行了系统的考察，并以专题研究的形式展开论述，体现了历史与逻辑相统一的原则。该书内容涵盖了中学教育理论和实践的基本问题,构建了清末民国中学教育研究的一个基本框架。结语部分在总结历史经验和对现实进行思考的基础上,对当前中学教育改革提出了几点建议。

该书与以往相关的研究相比,有不少创新,具有明显的特点:

首先表现在资料的挖掘和整理上。本专题研究资料的发掘和整理具有相当的难度,主要是涉及的书刊面广,散失严重。各收藏机构对于 1949 年以前的书刊通常采取特殊的管理措施,不予外借和复印,造成以往的研究对基本资料的挖掘和整理有很大的局限。该书作者在资料发掘上做了较扎实的功夫。如清末民国时期几份《中等教育》专题期刊,以前研究中很少有人提及,作者尽可能地进行了搜寻查找,整理出不少珍贵的史料。书中引用、列举的各种数据材料,特别是几份大型的表格数据,不是对原有数据表格的转抄,而是在对数十份表格材料的汇集整理、核实统计基础上得出的,量化反映中学教育发展历程,具有重要的参考价值。

其次是采用了一些新的观察角度和研究方法,提出了不少新的见解。例如,在对中学制度的考察中,注重从国际比较的角度分析中国中学制度生成的特点及因此引发的矛盾;提出了大学预科和高等学堂的中学性的观点,并分析了它对清末民国中学教育的深刻影响;对 1922 年综合中学制的评价与流行的观点有所不同,力求全面客观,认为它虽比以前进步,但实践的结果并不完全符合设计的理想;对清末民国中学训育组织结构演变的探讨,其全面性和系统性也超过以往的研究,同时避免了以往研究中的简单化、贴政治标签的弊病,坚持在历史唯物主义观点指导下进行学术探索,力求依据史料做出客观合理的评价。在对中学课程、中学教育发展状态的考察中,尽可能全面地收集了相关数据材料,采用计量分析的方法,使描述更为客观,分析更为细致,达到了量化的水平,得出的结论也更为客观和科学。

当然,作为一项整体性的研究,本书所选取的几个专题还不能包罗中学教育发展的全部,如对教材、教学、中学教育的行政管理及经费保障等方面的考察,对于全面了解当时中学教育的发展也是非常重要的,这些重要问题只好留待以后继续研究。好在王伦信关注中学教育的历史和现实问题,有志于拓展中学教育课题的研究,希望他进一步做好后续的专题研究。

观书可以知作者,是什么类型的作者,就会出相应风格的书。王伦信是一位认真求实的青年研究者,学风踏实,不尚浮华,本书是他在博士学位论文基础上进行适当补充修订撰写而成的,具体体现了他的实事求是的学术风格。

2002 年 3 月

于华东师大

教育史评论

张平海著《现代化视野下的中国教育（1862—1922）》序

现代化是人类社会随着社会生产力不断发展进步，由传统农业社会向现代工业社会整体转变的过程。现代化是人类社会历史发展的必然选择，是世界上各个民族、各个国家在发展过程中或早或迟要走的道路。纵观世界各国，先跨入现代化道路者，发展成为发达国家，后走上现代化道路者，也逐渐成为发展中国家，而未走上现代化道路者则成为贫穷落后的国家。落后就要挨打。是坐而待毙，还是奋起直追？这是每一个落后民族、落后国家不得不思考的问题。

中华民族自 19 世纪中叶被帝国主义侵略的炮声震醒之后，为了民族振兴，追求繁荣富强，也开始起步走向现代化道路。中国是在经历了两千多年封建社会之后沦落为半殖民地半封建社会的。外力的压迫和时代的推动是中国缓慢走向现代化的主要原因。但是，在特殊的历史背景下，中国社会的现代化过程与其他国家相比，显得更加曲折、艰辛和漫长。教育现代化是社会整体现代化的重要组成部分，其发展过程也是曲折、艰辛而漫长的。这中间有许多深刻的经验和教训，值得后人进行研究和总结，为当代教育现代化的建设提供借鉴。

自 20 世纪 80 年代以来,已有不少中国教育史研究者投入中国教育现代化历程的研究,并且取得了不少研究成果,为我国的教育现代化建设提供了有价值的历史参照,同时也吸引了越来越多的研究者参与其中,使中国教育现代化问题成为世纪之交中国教育史研究的热点问题之一。张平海同志作为一位年轻的研究者,其专著《现代化视野下的中国教育(1862—1922)》,就是他近年通过深入系统的研究所取得的这一领域的研究成果。

作者运用现代化理论来研究中国教育现代化的历程,认为中国教育现代化的发展经历了三个阶段,即准备阶段、过渡阶段、基本实现阶段。由于全过程比较漫长,问题纷繁复杂,而且现代化的过程还在继续,所以他选择已有确定历史事实的准备阶段作为自己的研究范围。中国教育现代化的准备阶段,作者称之为中国教育的早期现代化。为了研究的需要,他又以现代化历程中的重大事件为主要标志,把中国教育的早期现代化历程(1862—1922)划分为产生、发展、形成三个时期,扼要地阐述了中国教育早期现代化的基本过程。

值得注意的是作者在专著中研究的重点。他集中探究,深入分析,就中国教育早期现代化的三个主要问题提出了个人的一些学术见解。

其一,关于教育思想。作者提出,中国教育早期现代化,首先是教育思想的现代化。19 世纪中叶,外国资本主义势力入侵,加速了中国封建社会的瓦解,促使中国民族资本主义工商业逐步发展。传统教育思想与已经发展变化了的社会不相适应的矛盾开始凸显,成为社会现代化的障碍之一。一些接触过西方传教士、洋人、洋商的官吏和士绅,以及接触过西方文化的士人,他们的思想首先发生变化。他们认为,欲求中国富强,应该学习西方。在这批先知先觉们的影响下,要求教育改革的呼声逐渐成为时代的新潮流。但是,保守势力为维护传统教育,竭力反对教育改革,为此他们展开了激烈的争论。在争论的过程中,人们对中西关系的认识发生了变化,人们的思维方式也逐渐发生了变化。这些都为教育思想的转变提供了条件。人们从思想封闭状态转变为睁眼看世界,从"悉夷"走向"师夷",进而发展为学习"西学",又进而推崇西学为"新学"。"新学"在书院教育中被作为教学内容加以传授,直接影响到一些人思想观念的解放。有些人通过到西方留学的方式,直接接受西方的思想观念。与此相适应,中国人认识问题、分析问题的思维方式也逐渐发生了转变,从较早的思维方式上的"以古论今"、认识论上的"西学中源",经历了"亦中亦西"和"以西论中"阶段后,演变为"中西会通"的思维方式。教育思想的转变为教育现代化实践活动的开展做了思想上的准备。

其二,关于教育制度。作者提出,中国具有现代意义的教育制度也经过了一个酝酿、产生、发展的过程。从学制方面的变革,就可以比较清楚地看出教育制度现代化的发展过程。

自京师同文馆创立至甲午战争,为现代学制的酝酿阶段。洋务派设立的同文馆,是中国第一所现代形式的学校。同时,西方传教士在中国开办学校,为中国人提供了西方学制的标本,他们对西方学制的译介,促进了中国人对西方学制的理解。欲借鉴西方学制,建立中国资本主义性质的新学制,逐渐形成舆论。1884年郑观应的《盛世危言》明确提出了新学制的方案。

自维新运动至辛亥革命,为现代学制的产生阶段。维新运动之时,关于学制改革的建议越来越多。康有为在《请开学校折》中就提出"请远法德国,近采日本,以定学制"的建议和方案。在维新派的推动下,清皇帝曾下令全国大小书院一律改为中西兼学的各级学校,京师大学堂为最高学府和最高教育行政机关,使全国形成了一个从小学、中学到大学比较完整的学校系统。维新运动虽然失败,但新学制系统的宣传却留下了影响。待到统治阶级集团上层不得不实行新政时,制订新学制就成了新政的要务之一。1902 年公布的"壬寅学制"虽然没有付诸实施,但它却是中国第一个现代意义上的学制。1904 年颁布实施的《癸卯学制》成为了中国第一个在全国实施的法定学校系统。这表明中国已引进西方教育制度,是中国教育早期现代化正式起步的标志。

自 1912 年至 1922 年,为现代学制的发展形成阶段。由于《癸卯学制》是由封建政府的官僚制订的,因此存在不少弊病,影响了教育的发展。辛亥革命后,南京政府成立教育部,开始筹划改革学制。1912—1913 年公布的学校系统、各级各类学校令、学校规程等,合称"壬子·癸丑学制"。这是一个代表民族资产阶级利益的学制,体现了民主平等的教育思想,促进了普通教育的发展。但在实施过程中,该学制也显露出不少弊病。比如,中学阶段的性质、任务不明确,最令人不满意。所以,政府从 1915 年就开始酝酿学制改革。至 1922 年,经过反复讨论修正,学制草案终于获得通过并付诸实施,称为"壬戌学制"。此学制的特点是:根据学龄儿童身心发展的规律来划分教育阶段;学制具有一定灵活性,较适合当时中国经济、文化发展不平衡的国情;中等教育阶段分为两级设置,增加年限,提高程度,增强职业教育,兼顾升学和就业。"壬戌学制"的制订,标志着中国教育制度建设已走上教育现代化的轨道。

作者从学制变革的史实,说明由传统的学制转变为现代化的学制，不是一次学制改革就能完成的。由于是引进西方的学制，又要考虑当时中国政治、经济、文化等国情需要，因此必须不断地进行改革，才能使学制逐渐完善。同样的道理，整个教育制度也必须在不断的改革中才能逐步趋于完善。

其三，关于教育内容。作者提出，中国教育的早期现代化过程中，教育内容也由封建传统教育内容向资本主义现代化教育内容转变，这个过程与学制改革有着较密切的关联，而与社会发展需要的联系更为直接。为适应社会发展需要，学制尚未改变时，教育内容已在改变。教育内容的变革往往要求学制改革，促进学制改革。学制改革时，教育内容也随学制改革而相应地改变。当学制处于稳定阶段，教育内容却不会完全稳定，还会发生或大或小的变化。教育内容早期现代化最根本的问题是对中西文化的认识、选择与结合。略加考察，可以看到教育内容大体的变化趋势，经历了中西结合以中为主、中西结合中西参半、中西结合以西为主的变化过程。中国传统教育的内容是以传授人文社会科学的学科为主，对自然科学知识不重视。教育内容现代化的过程，就是传统教育学科不断减少（有的被取消，有的被改造），用新的分类概念重加整合的过程。现代西学科目不断增多，实际就是增加现代西方自然科学学科和人文社会科学学科。当然，这些学科被引进中国之后，都要经过适合中国国情需要的改造，这在很大程度上弥补了传统教育内容的缺陷，使课程内容结构优化，基本上实现了与西方国家现代化课程的接轨。

作者对中国教育早期现代化的主要问题进行研究之后，进而将中国与日本教育早期现代化的历程进行了比较研究。日本与中国同处东亚，原来社会发展程度相似，也面对着教育早期现代化的问题。日本所采取的政策措施使全国教育早期现代化发展迅速,早于中国取得成功,从而使之处于世界先进行列。因此,在教育早期现代化问题方面,两国有较大的可比性。作者从社会背景、教育基础条件、教育思想、教育内容、教育制度等方面进行了一定的比较,总结出了两者之间的差别,并进行了因果分析,提出了自己的看法。这一相关的附加研究,对于认识中国教育早期现代化历程中的利弊得失,全面总结中国教育早期现代化历程中的经验教训,都是大有助益的。

作者对中国教育早期现代化的研究,其根本目的是为当代中国教育现代化建设提供可资借鉴的历史经验。深思熟虑之后,作者得出了几点结论:强有力的领导是实现教育现代化的重要保证;统筹规划是推进教育现代化的重要条件;教育思想更新是教育现代化顺利实现的前提;教育制度的不断完善是逐步实现教育现代化的保证;正确处理中西文化之间的关系是实现教育内容现代化的重要条件;尊重教育规律、按教育规律办事是实现教育现代化的基本要求。这些来自教育历史实践总结的认识,得之不易,十分可贵,对当代教育现代化建设具有重要现实意义,值得教育工作者关注与学习。

我有机会先读这本专著的书稿,颇有收益。总的说来,这本专著主题明确,条理清晰;探究深入,内容充实;横向比较,深化主题。读后,可以使人增进教育历史知识,吸取教育改革的经验和教训。

应张平海同志之约,写我粗浅感受,草此充序。

孙培青

2006 年 1 月于华东师范大学

李剑萍著《20世纪中国教育问题研究》序

　　刚刚逝去的 20 世纪,是人类社会变动最为剧烈的世纪之一,它虽已成为历史,却必将给后世留下深远的影响。

　　20 世纪是中国现代教育制度确立和发展的时期,与 21 世纪中国教育现代化的路向直接相联系。前事不忘,后事之师。科学总结既往百年中国教育发展的成功经验,认真吸取违背教育规律而曲折起伏的失误教训,为在新世纪深化各级各类学校的教育改革和建立有中国特色的社会主义教育体系提供历史参照,稳步健康地发展现代化的人民教育事业,必然会大有益处。

　　20 世纪,中国社会政治风云急剧变化,社会变革促使教育变革,人们不断用新观念、新办法来解决教育的新矛盾、新问题。百年间,中国经历了三个社会制度不同的朝代,每个阶段的政治、经济对教育现代化都提出一些不同的要求,教育的应对措施虽不能尽如人意,但其客观效果对教育现代化都有不同程度的推进。20世纪初,清皇朝为救亡图存而推行"新政",把教育改革作为"新政"先行的第一要务,改书院,办学堂,中断封建传统教育,采纳资本主义教育制度,在"中学为体,西学为用"的方针指导下,折中新旧,颁行"壬寅·癸卯学制"。这是封建政府开始面对教育现代化的时代发展趋势,设计自己的学校系统,尝试着向现代化教育跨出的第一步。1911年辛亥革命后,中华民国建立,开辟了资产阶级教育发展的新时代。为了适应民主共和的需要,政府多方征求意见,综合整理,重新制订学制和各级各类学校规程。民国政权被北洋军阀据为己有,政局多变,随之而来的是出于政治需要对教育制度的改订。为了反对旧政治、旧文化、旧道德,新文化运动从1915年开始兴起,并受接踵而来的新教育思潮的影响,历经长达八年之久的酝酿、论证,1922年经第八届全国教育会联合会审议整理,形成"六三三"学制,由政府公布施行。这是中国教育现代化进程中的又一次重要改革。1927年南京国民政府成立以后,也曾对学制进行局部修订,但没有根本性的改变。为了加强专制统治,南京国民政府特别从严管理和整顿学校,比较注意教育立法,公布了一系列教育法规。1949年中华人民共和国成立,开辟了人民教育发展的新时代。在中国共产党和人民政府的领导组织下,改革和发展社会主义教育事业,为人民民主专政的政治和社会主义经济建设服务。中华人民共和国五十多年的教育发展历程,客观上可以分为三段:第一阶,国民经济恢复、社会主义改造和社会主义建设时期,奠定了中国社会主义教育的基础;第二段,十年"文化大革命"时期,社会主义教育走过了一段非常曲折的道路;第三段,以经济建设为中心的改革开放时期,教育走上现代化正轨,社会主义教育事业获得很大发展。

以上就是20世纪中国教育现代化进程的极为粗略的轮廓。不同的社会政治、经济制度和文化环境,对教育提出不同的要求,提供不同的条件。教育作为有目的、有计划、有组织地培养人的社会实践活动,旨在培养全面发展的人来服务社会。我们的教育管理者和教育工作者要努力地准确把握教育现代化的新要求、新问题和新趋势，遵循教育规律，正常地发挥教育的职能，推进社会主义教育事业的不断进步。

对 20 世纪中国教育现代化的历史进行回顾与总结，教育学界已有不少相关的研究成果，如《中国近代教育史》《中国现代教育史》《民国教育史》《中华人民共和国教育史》等。这些都是断代的研究，对于全面了解一个时期的教育发展状况，能够提供许多知识，具有直接帮助。但如果主要研究教育现实问题或教育的基本理论问题，主要探索这些问题的历史基础和演变过程，则最好以教育问题为纲目，以历史材料为基础，以时间顺序为线索，研究教育历史的发生状况和发展规律，分析其利害得失，总结其经验教训，最终把多个研究组成系列，汇集一编，是为"教育问题史"。它的优长在于，可以集中研究一个问题作为起点，纵向深入，横向推衍，最终对教育问题的整体形成全面的认识。

国外此类研究的代表作是美国约翰·S. 布鲁柏克所著《教育问题史》，该书已由吴元训先生移译。国内研究中国近现代教育史，尚未见"教育问题史"这一类型的新著作，李剑萍同志的新著《20 世纪中国教育问题研究》可以填补这一方面的空白。教育问题很多，方方面面，大大小小，一个人的研究不可能网罗无遗，面面俱到。此书旨在解释中国现代教育的基本矛盾与各级各类教育的主要矛盾之发展及其原因，选择了 20 世纪中国教育的十五对矛盾关系，基本涵盖了中国现代教育的重要问题。作者坚持搜集真实可靠的史料，在丰富的历史材料基础上，梳理矛盾问题的演变过程，论述不同的问题与认识的实质，说明不同的做法与实践的效果，对于对教育问题感兴趣的读者或研究者都会有大的助益。

作者解放思想，独立思考，不回避争论未决的疑难问题，也不绕开权威下过断言的敏感问题，根据历史实践检验的结果，重新研判教育问题的是非，致力于探寻教育历史与教育现实之间的有效联结，发表自己独到的见解，体现了可贵的学术创新精神。

作者具有较高的理论素养，避免简单片面地、形而上学地看待教育问题，能以辩证的观点、方法分析教育矛盾问题的相互关系。其书的余论部分，以实事求是的态度放开畅谈，进行时代性思考，提供前瞻性建议，闪烁着教育思考的火花。所言皆由衷，出于自己的心得体会，所献尽坦诚，愿与公众共相切磋，能够引发读者对于教育问题的思考，颇具个性特色，很值得一读。

作者经过五年多的不懈努力，持续潜心研究，终于写成这本专著，绝非一般抓住商机突击拼凑的粗陋作品可比，确是积学渐思的结果，为教育科学的发展做出了新贡献。

孙培青

2003 年 5 月 6 日

邓洪波主编《中国书院学规集成》序

　　中国古代教育有重视德行修养和历史文化学习的传统。青少年为了达到成为贤才的目的，或是在家努力自学，或是入学受教。家庭经济及文化条件较好的青少年，先由长辈进行启蒙教育，有了初步文化基础，在确定志向之后，即由家长或师长指导安排读书计划，并选择较清静的合适学习场所，避免外界干扰，专心读书。若是家庭没有自学条件，而青少年却有强烈上进愿望，要求提高文化程度，扩大见识，就要进入学校，绝大部分是民办私学，在这里可以求师交友，请问切磋。私学的主持者为了养成人才，有目的、有计划、有秩序地进行教育活动，一般都会制订一定的学规或学则，规定教育目的、课程内容、教学方法、学习进度，要求学生遵守礼仪规矩，养成文明行为，对学生的学习与生活加以规范。

　　历代的学校，凡要求有秩序进行教学以达到培育人才的目的，就需要有学规，以引导青少年进入成长的正轨。私学都是自主办理的，条件不同，要求不同，分散各地，不可能有统一的学规，而是各有各的学规，体现各自的教育思想主张。随着时代的变迁，为适应社会发展的需要，学规也不断更改，新陈代谢，弃旧图新。岁月沧桑，古代学规流传下来的并不多，现存最早、最完整的学规当推战国时所创制的《弟子职》。郭沫若在《管子集校》中认为它"当是齐稷下学宫之学则"。《弟子职》规定："先生施教,弟子是则。温恭自虚,所受是极。见善从之,闻义则服。温柔孝悌,毋骄恃力。志毋虚邪,行必正直。游居有常,必就有德。颜色整齐,中心必式。夙兴夜寐,衣带必饰。朝益暮习,小心翼翼。一此不懈,是谓学则。"此学则强调对先生要尊敬,注重品德行为,日常生活有规律,仪表要整齐端庄,认真学习,不要松懈。此外,还详列弟子受业、应客、坐立、进退、馔馈、洒扫等行为细则。

书院是中国古代文化教育的一种独特的组织形式。它初创于唐代,发展于五代,繁荣于宋代,延续起伏于元、明、清。书院的出现,是多方面因素共同作用而促成的。

第一,书院是从私人读书场所发展而来的,有私学深厚的历史渊源。私学始于春秋时代,其特征是适应文化下移民间的历史趋势,自由设学、自由讲学、自由求学、自由游学、自由竞争成为社会风气,为满足民众学习文化的需要而发展私学教育组织。私学弥补官学的不足,虽在秦代短期被禁,但汉代恢复后就长期存在,成为教育传统。书院实际上承续这种历史传统。为适应不同历史时期民众的文化教育需要,书院在内容和形式方面都有进一步的发展。

第二,唐承隋制,科举考试选士达到制度化确立阶段,教育培养人才要适应科举选士制度的需要。科举考试向平民开放,可以自由报考,而选士的标准发生大的变化,舍德行而取才艺,以文词的优劣为选拔的主要标准,被录取者获得任官资格,从而提高社会地位。这种制度激发社会功利之心,吸引大批青年走上读书应试、追求官禄的道路,造成社会风气大变化。科举考试项目原本只有策试，后来增加了诗赋、帖经，要求应试者必须博学又善于写作。特别是进士科成为热门，竞争激烈，要求更高，知识不能局限于经学，而是要兼学文史，博通古今，熟识时务，知识结构要变化，只有多读书、广读书，才可能适应。大批要读书、要学写文章的人，需要受教育、受应试的训练，但进不了等级性有限量的官学，只好选择私学，促使有多种职能的书院应时代需求而发展。

第三，唐代经济繁荣，为书院发展提供了物质条件。手工业发达，生产足够的笔墨纸砚，供应当时抄书行业的发展需要。大城市都有书肆出售手抄书籍，为私人购买书籍增加藏书创造条件。人们对书籍的需求不断增加，成为雕版印刷出现的推动力。雕版印刷的逐步推广提高了书籍制作的效率，由印佛像、佛经进而印世俗书籍，由印单册进而印成套经典，私家藏书千卷万卷不断出现，这就更有利于书院开展教学活动，具有吸引力。

以上因素共同作用，促使唐代出现书院。书院有其发展过程，唐代出现的属于早期书院，规模较小，职能也未全备。个别书院也订有学规，但较为简略，可见尚未达到成熟定型的程度。书院在五代继续发展，到了宋代又进一步发展而达到制度化，出现一些较完整的学规，除了读书、教学、治事、藏书之外，为发展文化，为地方教化服务等职能也有所表现。学规的制订，是书院教育制度化最重要的一环，也是其具有特色的明显标志。

在书院繁荣昌盛的宋代，凡书院皆有学规。由于所处地域有区别，现实条件有差异，主持者的教育主张不同，书院学规出现多样化。历史在前进，时代在发展，书院学规多样化的现象延续到近代，其直接表现就是名称繁多，如：学规、教规、院规、洞规、馆规、斋规、训规、程规、条规、课规、会规、章程、规程、规章、规则、规要、规约、规条、规例、教条、学约、训约、条约、会约、约法、约章、约言、约禁、学则、训则、训示、晓示、揭示、榜示、条示、告示、馆例、条例、要领、纲领等。书院学规名称的用词显然有差别，表示各有所侧重，包括的内容甚为广泛：目的的规定、师长的聘请、入学的条件、朔望的礼仪、课程的设置、日程的安排、讲学的程序、日常的作息、德行的项目、德业的考核、经费的筹集、酬金的数目等。一个学规有数项规定，涉及书院的重要问题，是同类就有共同性，概括其共同性，统称为"书院学规"。

　　书院学规之简约者，可作为书院教育的纲领和基本要则；书院学规之详密者，可作为书院教育的实施细则，发挥其规范师生教学活动与生活的作用。在书院研究中，书院学规是最重要的核心文献材料。如南宋朱熹《白鹿洞书院揭示》，是理学书院最具有代表性的学规，提出较为完整的书院教育理论。他声明理学书院的宗旨是"讲明义理以修其身，然后推以及人"，与当代人为准备科举考武"务记览为词章，以钓声名、取利禄"的文学书院宗旨相反。讲明义理的实际内容是传统的伦理道德："父子有亲，君臣有义，夫妇有别，长幼有序，朋友有信。"教者教此而已，学者学此而已。他进而提出为学之序："博学之，审问之，慎思之，明辨之，笃行之。"学、问、思、辨是穷理之事，明理之后，身体力行是笃行之事。朱熹认为知先行后，行重于知，因此他很重视自身的践行。对笃行之事，他又区分为三：修身、处事、接物，还逐项列举必须遵守实行的重要原则。《白鹿洞书院揭示》得到此后理学家的普遍认可，被树为学规典范，作为书院教育的理论指导，也是书院实行组织教育活动的纲领。由此可见，学规对书院教育的重要性。研究中国书院者不能不重视书院学规，这是必须抓住的中心、应该把握的关键,是完成研究任务的有力保证。

邓洪波教授研究书院近三十年,对中国书院史有全面系统的研究,已有多种高水平的研究成果面世,《中国书院史》就是其中之一。他在实证研究的基础上,提出一些独到的学术见解,对书院学的研究起了重要的推进作用。

邓教授深刻理解原始材料对历史研究的重要性,所以对书院文献材料特别用心,千方百计搜集,兼收并蓄,境内境外,尽量网罗,积累十分丰厚,为书院长期研究奠定了坚实基础。他深下功夫,对文献材料进行分类编纂,便于持续、深入、细致研究。更可贵的是,他有高尚的思想境界,不把书院文献视为个人私有财物加以保密垄断,而是乐意出版公开,与学科的同行共同利用。《中国书院学规集成》就是他将要出版贡献于学术界的一种。此书是他长期辛勤劳动、广泛搜集的结果,发掘许多以前难以见到的学规文献材料,汇集在一起,数量颇为可观,内容非常丰富。在编纂的形式上,此书采取以中国现在的行政区(省市县)为序,再以书院设立的先后分别排序,纲目清晰,便于查阅利用。作为附录的境外书院,是历史上中国与邻国友好教育交流的实际事例,便于了解中国书院历史影响扩散的情况,可以有根据地进行比较研究。

《中国书院学规集成》的出版,将使学科同行直接受惠,共享其编纂成果,今后的书院研究将会省时又省费,免除到处求索文献材料的艰苦,也为后来者铺好路,助其快速前进,加入书院史的研究行列,利用学规集成的文献材料,提高工作效率,早出研究成果。

2011 年 5 月于上海华东师大

《中华大典·教育典》序

　　《中华大典》是运用现代科学分类方法编纂的汇集我国历代汉文古籍的特大型类书,《教育典》是其组成部分之一。依据《中华大典》总的规划要求,《教育典》选录上起先秦、下迄清末的有关教育的汉文古籍文献资料,加以分类汇编,以适应学术界和对教育学科感兴趣的读者研究和检索的需要。

　　《中华大典》工委会和编委会领导对《教育典》十分重视,一九九二年四月在上海召开论证会,邀请十多位专家对编纂方案和样稿进行审议。会议最终建议《教育典》设置《教育思想分典》和《教育制度分典》。在明确了编纂方针、规模和体例之后,组成《教育典》编委会。参编同志反复讨论,制定了《教育典》两个分典的编纂细目,并向大典办公室申报。一九九四年秋,经领导审核批准,编纂工作正式启动。

　　工作启动之初,李国钧先生受聘担任《教育典》主编。前期组织论证、调动人员、部署分工、主持拟订方案及细则等,李国钧先生做了许多重要的工作。当第一阶段工作还在进行之中时,李国钧先生不幸于二〇〇一年一月因病逝世。痛失主编,《教育典》全体同仁为之哀悼。为了纪念李国钧先生,大家化悲痛为动力,继续努力完成《教育典》的编纂任务。

教育史评论

729

搜集教育类的历史文献资料，是编纂工作第一阶段的中心任务，对编纂者而言也是一场费时费工、艰巨持久的考验。中国古代长期处在政"教"合一的状态，教育作为政治的工具而被利用，是被政治所包含和控制的部分。人才的培养与民众的教化，既是教育的基本问题，也是政治的重要问题。在社会政治论述中或政府施政的文告中，往往夹杂着有关教育问题的材料，教育始终没有独立，所以很少有专篇和专著的文献材料。中国古代教育与社会多方面存在普遍的联系，它从社会政治需要出发，以哲学和心理学为教育理论基础，以时代的伦理道德和文化发展的成果为教育内容。可以说，凡是人们学习和传承的古籍，都与教育有关。中国古代教育既缺乏专篇、专著，以往也没有大规模集中整理有关教育的文献材料，所以古代教育的资料极度分散。这种客观的实际条件，迫使从事《教育典》编纂的人员从多方面的古籍中去发掘采集，努力做一个开拓者。现存最早的汉文古籍是《易》《书》《诗》《礼》《春秋》等，这些是奴隶制社会的文献资料。中国古代奴隶制社会经历夏、商、周三代，虽有一千多年，但保存下来的古籍文献资料却不多；而中国古代封建社会持续两千多年，汉文古籍保存较多。所以，我们多方面发掘采集的教育文献资料，绝大多数是出自封建时代的汉文古籍，尤其是唐宋至明清时期的教育文献材料，有许多是过去从未在教育史研究中利用过的文献。这些资料的出现，为《教育思想分典》和《教育制度分典》具有充实而丰富的新内容创造了条件。

古代教育文献是对不同历史时期教育实践活动和教育思想认识的记录。春秋战国时期的教育文献资料，不限于某一阶级、某一学派、某一宗教，具有多元化的内容。秦汉以下，同样如此。

自汉武帝采取"独尊儒术"的文教政策,儒学才发展成为指导思想,儒学经典被规定为教学和考试的内容,产生深远的社会影响。历代的统治者也利用道教和佛教,道教和佛教也各有自己的教育主张与教育实践。儒、道、佛三家并存,相互竞争,其地位时有变动起伏。《教育典》客观反映古代的历史事实,收录以儒家为主并兼顾道教、佛教的教育文献。多元化内容的资料体现出中国历代教育的一些重要特征,如治国以教为先,教以德育为重,提倡因材施教,保持尊师传统,政策制约学校发展,官学教育形成系统,私学教育自由设置,人才培养结合选拔等,经过历代传承而不断充实新的内容。这些历史总结成为中国古代优良的教育传统。古代几千年积累的教育文献资料,是中华民族建设新教育学科的重要资源。我们进行教育文献资料的分类整理以供借鉴和利用,是很有现实意义的。

　　《教育典》由教育学科专业人员负责编纂。两个分典具体分工:《教育思想分典》由华东师范大学古籍整理研究所与浙江大学教育系的有关人员参与,《教育制度分典》由华东师范大学教育学系与南京师范大学教育科学学院的有关人员参与。整个编纂工作分为两个阶段进行:第一阶段主要是普查和搜集教育历史文献资料,第二阶段是十五个总部进行专题性教育历史文献资料的编纂。

　　面对数千年积累下来的浩如烟海的历代文献资料,个人很难在有限时间内查阅并网罗,因此必须采取特别的组织措施。经商议,编纂人员达成共识,发扬协作精神,依靠集体力量攻克难关。于是,我们把我国历史划分九个时段,由一人或两人负责一个时段文献资料的搜集、查阅、选录、整理、分类、排序,然后提供给分典各总部主编进行第二阶段专题性的编纂工作。

各时段文献资料的提供者如下：

先秦，杜成宪；

秦汉，王伦信；

魏晋南北朝，蒋纯焦、李军；

隋唐五代，孙培青；

宋，李国钧、顾宏义；

辽金元，胡金平；

明，吴宣德；

清前期，马镛；

清后期，雷尧珠、戚名琇、王伦信。

各位都以高度的责任心参与《教育典》的工作，千方百计查找文献，不辞辛劳抄录史料，为《教育典》的编纂打下了坚实的基础。

《教育典》编纂终于完成，要感谢《中华大典》工委会、编委会各位领导的关怀，华东师范大学社科处、图书馆的全力帮助，上海古籍出版社领导和编辑人员的多方支持。由于我们学识水平的局限，肯定存在不少缺漏与错误，敬请读者赐教，以便将来改正。

孙培青

2008 年 10 月

展示书院文化的佳作 *

　　上海教育出版社出版的朱汉民、邓洪波、陈和主编的《中国书院》，是一部大型的学术性画册。此书甫一出版，即引起社会各界以及国际人士的广泛关注。中国历史上有书院这种独特的教育组织和学术研究机构，至今各地还保存数量不少的由各级政府加以保护的书院文物。改革开放以来，有许多关于书院的科研成果和出版物，但却未曾有介绍书院历史和书院文化功能的专门画册，不免令人有些遗憾。现在，此项空白由印刷精美、装帧典雅的《中国书院》画册来填补，让中国教育研究者感到莫大的欣慰。用图片来反映书院发展的历史过程和书院培养人才、研究学术的文化功能，表现其对中国文化继往开来的贡献，这是一件高难度开拓创新的文化工作。累年的辛劳，换来丰硕的成果。《中国书院》的出版，一次提供实地实物拍摄的数百幅精选的书院图片，并从文化和学术上作了精要的解说，让更多普通读者直观形象地感受书院，了解中国书院文化教育的特色，同时也为利用多媒体进行教学创设了便利条件，促进了中国教育史学科教学方式的改革。《中国书院》的编撰，由五部分组成，主体在中间图文并茂的三部

＊　原载《光明日报》2003 年 6 月 3 日 C2 版。

分。这是精心构思的内容安排，意在通过图片展示，引导读者理解中华优秀教育传统。"学府胜地"给人启示：教育活动需要优美的自然环境。古人营造书院多选择山林胜地、田园风光，如在城中，则要有园林配置，为的是避免外界干扰，藏修息游有合适的场所，面对清新宜人的景色，陶冶心性，利于人才的培育。"斯文圣境"则展示书院讲学、祭祀、藏书三大文化功能，给人更多的启示：书院是一个时代培养人才的中心，在自由讲学、学术创新、百家争鸣、关心时政的人际活动氛围中，有利于人才辈出；庙堂庄严，崇敬圣贤，令人见贤思齐，学习典范，志向高尚，增强责任，是进行人格教育的途径；书院有较丰富的藏书，是为师生教学和学术研究服务。书院既要继承民族文化，更要发展和传播民族文化，自然把编书和出书作为自己的事业。书院的贡献是多方面的。"名院巡礼"则重视介绍现存的有代表性的书院，使读者了解书院各有个性特色，各有辉煌历史，教人对这些文化遗产应珍重保护。《中国书院》是一部精品图书，可以预期，在展示中国文化光辉、弘扬中华教育精神、促进现代教育改革、推动中外文化交流等方面，将会做出重要贡献。

自

述

求学之路多艰辛 *

感谢教育系研究生会为我提供思想交流的机会。

我曾在教育系学习三年，工作四十三年，是教育系的系友，现在是退休教师。我乐意与硕士生、博士生交流，有助于消除暮气，增添朝气。研究生会希望我谈谈求学之路如何走，做学问有什么心得。这对我有点难办，因为我的求学道路平庸无奇，没有成功的经验，而有挫折的教训。

我与在座的同学有些共同点：都先后在华东师大教育系学习，所学的是教育科学，毕业之后要从事教育工作与教育科研，都关注教育改革与教育发展，有共同的话题。我与同学们也有不同点：从年龄来说，你们大部分是"文革"之后出生的，年龄未过三十；而我有较长的一段生活经历，抗日战争时期读小学，解放战争时期读中学，解放之后读大学，"大跃进"时期参加教学工作，不断接受运动考验，"文革"时期接受工农兵再教育，只有到 1978 年以后以经济建设为中心时期，实行改革开放政策，才能比较正常地从事教学和科研。你们所经历的改革开放时期，处在社会主义初级阶段，要奔向小康，建设和谐社会。所处的历史阶段与社会环

自述

* 本文为未刊稿，作于 2001 年。

境都有很大变化。

正因为年龄大些，经历也多一些，学习生活道路起伏曲折多些，挫折、教训也就多些。有部分教训，可供青年同志们参考。

我考虑集中谈三个问题：一、求学之路不平坦（主要谈大学和研究生阶段的学习）；二、工作是学习的继续（主要谈如何对待教学、编写教材、从事教育史科研等）；三、与诸位同学共勉（谈个人的几点心得体会）。

一、 求学之路不平坦

（一）农家子弟实现大学梦

1951年高中毕业，同届的同学绝大多数都要考大学，我也梦想读大学，但农民家庭负担不起大学学费，父亲明确宣告要我就业，我的思想处于矛盾之中。那年恰好对大学实行人民助学金制度，凡大学生都作为未来干部看待，既免学费，又供应集体伙食，这就为我上大学开了方便之门，父亲也不再反对我上大学。

我考入厦门大学教育系，入学初期，学习上最不适应的是有课程无教材，听课要记笔记，课后对笔记；教师开的参考书借不到，要去阅览室看，晚自修要早去抢阅览室的书，还要抢座位。那时大家对学习机会都比较珍惜，学习都比较投入，吃过晚饭马上向阅览室走。解放初，社会运动比较多，镇压反革命、土改运动、抗美援朝、思想改造运动、"三反""五反"运动等，一个接一个，尤其是文科学生都要参与，第一、二年政治学得多，专业学得少。1953年开始第一个五年计划，国家号召向科学进军，学习才转入正规安排。四年大学生活,真正能够定心学习的实际只有两年。大学本科这段学习生活,回想起来还是有收获的:养成一定的学习习惯,学得教育基础知识,进行初步的教学实践,具有初步的教育专题研究能力。

(二)意外被推荐报考研究生

本科毕业的时候,我做好思想准备去当中师教师或中学教师,却意外被推荐报考研究生。当时华东师大由教育部安排聘请了苏联教育专家,来培训教育史的师资,开办研究生班,向全国各高师招生,我是被推荐报考者之一,经考试被录取。这给了我第二次机遇,由福建来到上海,学习任务是成为高师教育史的师资。学员的学习动力很足,当时管得严,配有班主任、辅导员;学得很紧张,每周要作一次学习安排,填入表格,并照此执行,不让时间浪费。教学的方式是,苏联专家讲,俄文教师口译,学员听并记笔记,过后对笔记进行校正。专家的讲稿由专人翻译、打印,过两周甚至一月后才发,这成为学习的标准材料。先学后化,有些也来不及化。当时原著难找,基本上不读原著,而不读原著基础就不牢靠。一年培训结束,可以说煮了夹生饭,都不成熟就去上岗。苏联专家回国,学员也就按教育部的计划被分配到各高师教育系充实教师队伍。

(三)意外选留小班学习

面临工作分配,我的思想准备是到外省去,不论多远。意外的是,学校请孟宪承校长开中国教育史研究生班,他主张小班,不要大班,只限五名。推荐审核后,我很幸运,也在其中。这对我来说是第三次机遇,影响了我今后的专业方向。

孟宪承是国内早已闻名、令人敬仰已久的学者,曾在南京的东南大学、第四中山大学、中央大学,上海的圣约翰大学、光华大学,北京的清华大学、北平师范大学,杭州的浙江大学,湖南的国立师范学院等校任过教授、系主任、院长,又曾是《申报》"教育人生"专栏的主持人之一,是多个学术团体的发起人,参加过各种重要的教育会议和学术活动。在南京国民政府时期,他是部聘教授。中华人民共和国成立后,他是民主人士,任浙大文学院院长、华东军政委员会教育部部长,然后专任华东师大校长,一级教授。他的教学以内容丰富、理论水平高、条理清晰、深入浅出吸引听众。教育史界数中外古今兼通的专家权威,称"南孟北邱",南方是华东师大孟宪承,北方是北师大邱椿。我有幸能成为孟宪承面授的学生,自然要努力勤奋学习。

我们五位学员和几位旁听的助教都怀着敬仰的心情去听课,大家都聚精会神地听和记。

我感到他的教学有如下的特点:

对所讲的课程,经过深思熟虑后,有完整的计划。

每次讲课都有充分准备,要完成的任务非常明确。

全部内容概括在两张稿纸上,成为讲授提纲。

带着怀表计时,十分准时上课,也准时下课,从不拖延。

板书有巧妙设计,所写限于讲授的问题、重要概念、格言、引文,从不杂乱潦草。

课堂语言简练,没有重复,用词准确,没有废话,如能一字不漏记下,即成逻辑严密的一篇文章。

重视文献材料引证,选择能体现重要观点的格言或语句,作极简的解析,让人理解、印象深刻。

注重基础知识,强调读原著,明白学术源流。

不借课堂张扬自己,提倡养成实事求是的学风。

不用考试方式,而采取作业方式来考查学员的学业,学完一阶段,要求写一篇述要(目的是促使阅读原著、独立思考、练习写作)。作业阅后,写了批语发还。

听孟宪承的讲课,严肃而不紧张。他在传授基本知识、基本观点的过程中,让你知道原著和第一手材料的重要性,引发学术研究的兴趣,让学员有切实的收获。《学记》说"道而弗牵,强而弗抑",孟宪承就是这样的导师,把我们引入中国教育史研究之门。这一段学习,使我在正道上跨进一大步,让我下定决心以中国教育史为自己从事的专业。

这次学习本应该很完满,遗憾的是很短暂,1957年的反右运动使学习受冲击而中断。党委把孟宪承视为"资产阶级学术权威",找把柄要把他打成右派,鼓动学生贴大字报批判他关于教学改革的四点建议。他从此靠边,对校务不再发表主张。跟他学习的学员,如没有划清界线,也就被人视为走"白专道路",要作思想检查。

社会变革时代,会带给你一些机遇,需要珍惜这种机遇,抓紧学习,机遇不可能持久;一旦政治风向一转,就时过境迁,学习中断。但导师对我们讲授的学术思想观点已留在我们脑中,他的教学实践,树立一种范例,供我们学习。求学之路不平坦,今后就靠自学而继续前进。

二、 工作是学习的继续

（一）无条件服从分配

1957—1958 学年，反右运动才告一段落，接着而来是"大跃进"运动，中国教育史研究生班两年的培养计划不能实行，专业没有学完，时间已到，还得分配工作。不知道分配计划方案如何，都要做好思想准备，无条件服从分配，最远去新疆也接受。领导最终的决定不是送去最远，而是留在最近，参加华东师大教育系的教学工作。秋季一开学就投入"教育大革命"，学生和老师都可以提教学改革方案，课程随时变动，很不稳定，需要上什么课就让青年教师准备什么课。所以，我做助教的那几年，就讲过"勤工俭学""革命根据地教育经验""批判资产阶级教育思想"等专题，比较正规一些的课则是"外国教育史""马列教育思想""中国古代教育文选"，都被推上讲台去上，还被组织去做教育调查、指导教育实习，还要参加教育资料的编纂、教材的编写，下厂下乡也都要去，不管什么专业、对口不对口，随时听调遣。

这一阶段，新的任务推动新的学习，学习未知的新知识。对于知识，采取功利主义的态度，要啥学啥，急用先学，完全围绕临时的任务，浅尝辄止，不系统，不深入，谈不上专课。

（二）教育文选的编写

"教育大革命"完全打乱了教学秩序，1961 年才转变，实行"调整、巩固、充实、提高"的方针。高校整顿强调提高教学质量,为此提出编写文科教材,由中宣部领导,孟宪承负责两项任务:编写《中国古代教育文选》与《中国古代教育史》教材。领导安排我协助孟宪承编《中国古代教育文选》,这是一项新任务,动员时说是抢救教育遗产,但对我来说,还是一次继续学习的机遇。我是怀着这种心态去做助手的工作。《中国古代教育文选》的编写方针、原则以及选和编,都由孟宪承自己负责,而分配我做查找文献资料、注释、写题解初稿的工作,最后由他审定。此项工作持续三年,他结合教材编写工作,为我们讲了一些课。遇到教材中有重要学术问题,他也进行一些个别谈话,解答一些问题。这些都帮助我提高认识,把专业学习引向深入。

这期间,我作为孟宪承的助手,完全配合他的工作,讲究工作效率,保证按他计划的工作进度完成。为此,我付出三年光阴,做了三稿(初稿、讨论稿、修订稿),近视眼增加300度。第三稿出来后,再听取意见,然后修改、校读完成,1964年向文科教材办交稿。但随着社会主义教育运动的开展,这本教材被冻结,在"文化大革命"中被人点名批判。"文革"之后,急需教材,但原稿丢失,只好拿副本让人教社去排印,被冻结丢失的教材16年后起死回生。全国各个高师,凡有中国古代教育课程,都采用这本教材。这种教材还出了台湾地区版,供台湾地区高师采用。

(三)教育历史再评价

"文革"中,评法批儒,把中国教育史是非搞乱搞颠倒。"文革"之后,拨乱反正,思想解放,尤其是"实践是检验真理的唯一标准"的大讨论,迎来科学的春天。在宽松的政治环境下,我才放胆独立思考,并写文章谈自己的认识和见解。与教育历史再评价问题有关的文章,我先后发表了四篇:(1)《韩愈〈师说〉再评价》(论证韩愈在师道理论上的贡献);(2)《学术自由的稷下学宫》(肯定封建官学在战国时就存在,学术自由是学术繁荣的必要条件,高等教育要依靠大师发挥他们的作用,就要保证给他们一定的生活待遇);(3)《论"焚书坑儒"》(从人民的立场看,"焚书坑儒"是暴政,是历史的倒退);(4)《颜之推的教育思想》(颜之推面对当时的教育现实,发扬批判精神,是南北朝时期进步教育思想的代表)。

我发表这些文章时还准备被人批判,结果没有真正批,而是把我的论点拿去演绎。

(四) 编写《中国教育史》

"文革"后一段时期,华东师大教育史课程只有现代部分有自编教材,古代、近代部分都没有自编教材,而是以北师大教材作为参考教材。北师大教材编在"文革"前,已不能满足"文革"后的教学需要。外界也对华东师大寄予厚望,希望能编出超越北师大的教材,"以一代三",一本教材包括古、近、现。因此,由我组织教研组内同志,集体编写《中国教育史》,前后花了五六年时间。这本教材与当时其他教材比较,有其显著特点:

(1) 坚持以历史唯物主义为指导思想,这是基本原则,要旗帜鲜明。

(2) 突出教育史是专史,教育以培养人为中心,而选拔人才不应当是教育中心。因此,中国教育史应围绕以培养人为中心来论述,我们所编教材与其他人所编教材由此而有重要区别。

（3）重视教育思想研究,是为了弘扬中华优秀教育传统。对教育制度的研究有明确范围,以保证教育史基本知识的获得。

（4）实事求是评价教育历史人物,明确他们的历史地位,关注他们对优秀教育传统的弘扬。

（5）适应教学需要,章节条理清楚,每章有小结,章后有思考题,书后有参考书目。

完成此项任务,对我是一大考验,在做中继续学习,使专业水平有进一步提高。从此,华东师大的本科教材不再依赖别人。

这本教材初版印了 8 次,修订版印了 29 次。除了台湾地区和西藏之外,其他各省市都有人来订购这本教材,采用这本教材的面比较广。在大家的关注下,教材存在的缺点会得到指正,我们准备广泛听取意见后再作修订,以适应社会发展的要求。这本教材的生命力有多长,由社会实践检验。

三、 与诸位同学共勉

我已是八十多岁的人,是退役的老牛老马,在人生道路上,已是黄昏的夕阳,而你们是生力军,是朝阳,是八九点钟的太阳,教育事业与教育科学发展的希望寄托在你们身上。

我们走过曲折的道路,有些教训可以交流,有些心得可以共勉。

（一）立志不懈

立志对我的学习和发展影响很大,这是我的心得,所以要提出这一点。

在市场经济条件下，人各有志，有人想成为白领，有人想发财成为亿万富翁，有人想通过做公务员成为高官，都以高学历为台阶。所以，追求高学历的人思想颇为复杂。

你们是国家高级专业人才，应该有自己的理想与方向。那些有成就、有贡献的前人、古人，都把立志作为首要的事。孔子"十有五而志于学"，志在学仁义之道，行仁义之道。后人评价孔子说，孔子由一位平凡的孤儿而最终成为受人敬仰的"圣人"，"唯志学之异于人"。孟子在回答"士何事？"这一问题时只说了两个字"尚志"，即要有高尚的志向，有志的人像鼓足了气，意气风发；无志的人像泄了气一样，神态颓丧。志是人的精神支柱，所以《学记》说"士先志"。入学的第一课就应该进行立志教育。

立志就有理想，有方向。有了明确的奋斗目标，你的进步就会大不一样。古人说，立志大小与成就大小直接相关，立小志者成小事，立大志者成大事。儒家教人立志成为圣人。

立志要与社会需要相结合，从现实出发，一步步前进，在学时要成为合格的专业人才、优秀的专业人才；到工作岗位要成为专家、行家，最终成为有重大贡献的教育家或教育理论家。

立志要坚定，持久不懈地去努力奋斗，终会有成功的一天。

（二）敬业勤学

有的人选读了一个专业，当时高兴，过后作了横向比较，又产生思想矛盾，认为是走了冷门，以后经济收入不高，怀疑起自己专业的价值。

社会有各种分工，人生在世，作为社会成员，应当有一种职业，尽自己的社会责任。

教育工作是社会所需的工作，是高尚的职业。学教育专业是为将来的教育工作做好准备。敬业就是重视你在学的学业，重视你所从事的工作，加以珍视，努力把它学好、做好。

敬业表现为好学、勤学，知识经验是从无到有，从少到多，聪明的人要学习，不够聪明的人更要加倍学习。前人、古人因勤学而有成就的经验值得重视。唐代文学家韩愈说"诗书勤乃有，不勤腹空虚"，又说"业精于勤"。后人有说"勤能补拙"，有说"勤奋即天才"，还有说"天道酬勤"，这些都值得仔细体会。我的求学道路不靠聪明，最主要就靠敬业勤奋。

（三）重视"三基"

现在多数研究生都能珍惜在学的时光，抓住机遇，勤奋学习，心里都想早日站到学科的前沿，占领高端。有这种上进的愿望，作为努力方向，这是积极的，但也要避免急躁情绪给自己增加过大的压力，能够循序而进更稳当。尤其是硕士生学习专业仍然要注意打实基础，基本知识、基本理论、基本技能有缺欠，都要自觉设法弥补。现代的热点问题、尖端问题，仍然要运用基本知识、基本理论、基本技能去认识、分析、解决。热点问题是短暂的，而基本知识、基本理论发挥作用是长久的。例如造房子，只有基础坚实，楼房才能造得高。从事专业研究的人只有基础扎实，才能有持久的后劲。

（四）虚心求教

知识是大海洋，我们所掌握的仅是大洋中的一滴，远远不能适应时代发展的需要。如果想要学得多一些，学得快一些，《学记》告诉我们要"博学亲师"，就是要亲近老师，向前辈求教，从他们那里学得知识，吸收经验，接受指点，才能少走弯路，更快成长，加速前进。所以，要正确认识和评估自己。《易经》说："满招损，谦受益。"自满的人不能再容受外来的新东西，谦逊的人则能接受新东西而受益。所以，想学习就要虚心、不自满。

在高校或科研部门，导师都是学有所专的教授专家，不可能都是样样通的专家。所以，学习不应局限于一位导师，而要学孔子的"学无常师"，把握机会，向有知识专长的人学习，把众位老师的知识专长学来，这样就能在专业上达到更高的水平，后来者居上。

（五）善思求真

要善于独立思考，以求得真知，求得真理。

虚心学习并非永远停留在前辈的水平上。时代在发展，社会在变革，不少新的问题出现，这就要求我们面对现实去解决问题，学术研究就要创新。为此，就要破除迷信，解放思想。我们做学生时，一般都迷信老师、迷信书本、迷信权威。对此三者，都可以产生怀疑，"疑思问"，由疑而思，你就会去钻研，查明事物的原因，弄清本质，探明结果，得出新的答案，在学术上就会有所发展，有所创新。

　　学习不是为了消遣,而是为了求真知;研究不是为了故意标新立异,而是为了探求真理。我们要脚踏实地学习,不偷懒马虎,不投机取巧;要立足于充分的客观事实,决不弄虚作假,强词夺理。我们要诚实对待教育科学,凡是从教育学系毕业的人,都要共同坚持实事求是的学风。

　　以上五点,是我经历曲折求学道路之后的心得体会,愿与同学们交流与共勉。

自
述

认识学习教育史的意义 *

　　我走上学习教育史的道路，是一个偶然的机遇造成的。被推荐来报考教育史研究生，原先缺乏认识，学习之后经常受社会变化的影响，也几度对自己所学的专业产生疑惑。毕业之后留校参加工作，经过几起几落，才有些粗浅的认识，借此机会谈出来，与大家共同切磋。

一、充实教育知识

　　教育科学知识浩如烟海。它有两大源泉，一是教育实践，二是教育历史。自人类进入阶级社会以来，几千年教育发展积累的知识非常丰富，可以说取之不尽，用之不竭。不学教育史，有些事就不知道，知识方面有缺憾。王充说："知今而不知古，谓之盲瞽。"意思是闭目塞听。学习教育史，可以开阔眼界，充实教育知识。如学习中国奴隶社会教育史，就会知道当时的教育是从属于政治的，学校教育一开始就是不平等的，社会文化条件决定了当时的学习内容只有六艺，贵族子弟的教育是与劳动生产相

＊ 本文为未刊稿，约作于 2005 年至 2010 年间。

脱离的。教师还没有成为独立的社会职业，都是由官员兼任的。社会发展，时代变化，教育也随之演变，没有永恒不变的教育制度。

二、 丰富教育经验

几千年的教育发展史，教育上什么事都发生，什么问题都遇到，古人、前人如何处理这些事，如何解决这些问题，都留有教育经验。教育史是教育经验之宝库，可以提供许多经验，让人少走弯路，获得较好的教育效果。如教育年青一代要注意选择环境，因为人际环境会影响习染，受染之后就难以清除。再如，教育儿童抓早期教育是关键。孔丘说："少成若天性，习惯如自然。"颜之推主张"教子婴孩"。又如，古人主张父不亲教其子，亲教者多数因不能严格要求，知识有局限而难以成为优秀人才。言教不如身教，身教重于言教，所以教师应该以身作则。这些都是来自历史实践的经验，自古流传至今，今天来看还是有其价值。

三、 增进教育智慧

教育的对象是人而不是物，人是活的，有思想感情。进行一样的教育，在不同人身上会产生不同效果，要全面提高教育质量，达到理想的效果，需要有智慧。教育史上有不少处理复杂教育问题体现出来的教育智慧，是值得后人学习的。如孔丘主张"有教无类"，对学生求教，来者不拒。私学里的学生太复杂，他经实践

自述

探索总结出来的办法,就是巧妙地因材施教,让学生各得所欲,各成其才。又如,学生心理特点不一,既有优点也有缺点,对他们就要全面地看,而且要辩证地看,采取的教育对策是因人而异,基本原则是"长其善而救其失",由此而获得教育的成功。"因材施教""长善救失"这类教育格言,就闪耀着教育智慧的光辉。

四、 总结教育规律

教育工作是有规律的,能认识教育规律、利用教育规律,教育工作才有主动性。教育规律会在教育实际中显示,因此要从实践中探索,通过教育实践的历史过程的总结而认识教育规律。古人在这方面已有探索和总结,开始接触到一些教育的共同规律,这些对我们现在总结和认识教育规律是很有帮助的。如关于教育与经济的关系,《管子》一书主张"仓廪实而知礼节,衣食足而知荣辱",孔丘主张"富而后教",认识到教育要以物质生活条件为基础。关于教育与政治的关系,《学记》已提出"建国君民,教学为先""化民成俗,其必由学"的主张,认识到教育有重要功能,可以作为政治手段利用,因此把教育放在极重要的位置。认明这些重要关系,就知道教育不是万能的,也不是无能的。

五、 学习教育精神

古人、前人也有高尚的教育专业精神,他们热爱教育事业的奉献精神激励后世教育工作者,至今仍然让人感动不已。孔丘热爱学生,坚持教育工作,他提出"爱之能勿劳乎,忠焉能勿诲乎",

成为中国历史上"学而不厌,诲人不倦"的典范。这种教育精神得到后世教育工作者的认同,成为教师职业道德,也是中国教育传统之一。墨翟提倡"有道者劝以教人",并且身体力行,上说下教,其兼爱精神是后人所不及的。《吕氏春秋》提出"利人莫大于教",认为对人民群众最有利的事业没有比教育工作更伟大。陶行知提出"捧着一颗心来,不带半根草去"。学习这种对人民教育事业赤诚奉献的精神,就不会害怕教育工作中的困难,也就不会计较个人的利害得失。

人总归是要死的,但高尚的教育精神不会死。

六、 提高个人修养

历史上的教育家都有培养人才的理想,理想中的人格都要求德才兼备,且认为德重于才。成为社会合格的成员应具有什么样道德品质,如何修养来形成这些道德品质,历来是中国教育家特别重视的。儒家更是强调,有许多言论,颇富有哲理。儒家学者认为人非生知,人非圣贤,知识和道德不是天生的,而是后天学习而形成的,因此很重视学习,提倡终身学习。学习的重要内容就是学做人,养成高尚的道德品质。为达到这一目标,他们提出许多修养的办法,如"吾日三省吾身""改过迁善"等。修养自己,不只是"独善其身",还要发挥社会作用,尽可能"兼善天下"。所以,他们主张"修身为本",修身之后进一步治家,以至治国、平天下。这些思想是可以分析的,其中有合理的因素,能学习修养,就会提高自己的道德水平。作为教师,能修养自身,才可能"身正为范"。扬雄提倡:"师者,人之模范也。"立志修养的人会成为人之模范。

七、 增强民族自尊心

中国由于历史的原因，近代经济落后，经济又制约文教科技，使文教科技也落后。有些人的认识存在片面性，以为事事不如人，产生崇洋思想，丧失民族自尊心，对建设现代化的社会主义强国缺乏信心。学习教育史，进行中外比较，你就会认识数千年的文明古国屹立于东方，东方文明领先于世界。中国历史上出现了不少伟大的教育家，中国的教育影响整个东亚。我们应为祖先创造先进的文化教育而自豪，激励自己发愤图强，建设现代化的社会主义强国，使中国重新居于世界先进的行列。

八、 形成新的教育观

教育史的特别之处，就在于要求研究者从历史发展看教育问题，从宏观的全局看教育问题，从时代演变的需要看教育问题，应用唯物辩证法看教育问题。所以，真正深入学习教育史的人不是保守主义者，而必然是教育发展改革的主张者；不是以长官意志为是非标准，而是以历史实践为检验是非的标准。因此，学习教育史，"温故而知新"，有助于教育工作者适应时代发展需要，更新教育观念，形成新的教育观。这种更新是自觉的，不是被动的；是理性的，不是盲从的；是顺应历史发展的行动，不是投机性的更新。

九、 为教改提供借鉴

　　古人也认识到时代变化，社会要改革，教育也会进行改革。但改革不是切断与历史的联系，而是历史合理的发展。改革能借鉴历史经验，对改革是有利的。孔丘虽不是革命派，但他认识到时代变化必然要有损益，也就是革旧创新。他提出"温故而知新"，了解旧时代是为了解决新时代面临的问题。这种借鉴，不是要从过去的历史中寻求现成的改革方案，而是从如何看待教育问题，如何处理教育与其他社会因素的关系中得到一种启迪，使我们更好地解决教育改革中的问题，避免走弯路或出现大的失误。

　　由于认识到教育史对提高教师素养的重要作用，因此有的师范大学正在考虑将教育史作为全校文理科师范生的选修课。

自
述

编后记

　　本卷是《孙培青文集》第七卷，也是最后一卷，收录的是孙老师各种论文、写入教材和专著的章节、未刊讲话稿、人物回忆、前言和后记、所作序言和学术自述。

　　第七卷收入的著述成果有着相对集中的主题，有更多未曾发表的文字，其中不乏真知灼见。文章主题大致偏于教育史学理论，主要包括中国教育的传统、中国教育的历史、教育史学、教育史评论，而以学术自述收官。因此，第七卷的主题拟定为"中国教育的传统、历史与现时代"。主题由我们先予拟出，呈交孙老师，得到他的允准。

　　孙老师平时为人处事认真严谨，说话做事"板板正正"，而本卷中不少文章篇什短小，文字亲切自然，颇有可读性。尤其是自述，让我们了解了一个生长在闽南海边的农家孩子是如何成长为一位著名学者的。

　　十多年前，我曾有泉州之行，来到泉州城北的洛阳江边，这是洛阳江的入海口，向东眺望，远处就是泉州湾。虽然洛阳江淤积严重，但江面依旧宽阔。眼前是座宽大的石板桥，伸向对岸，桥长约二三里。这就是著名的洛阳桥了！走过这漫长的石桥，对岸就是著名的惠安县。泉州湾海边竟然有条洛阳江，有座洛阳桥，江名、桥名竟是取自北方那著名的古都，不禁令人对此地生出几分好奇和亲切感来。孙老师就是惠安人，他就是从这里走过洛阳桥，走到泉州，然后是厦门、福州、上海……一路行来，离家越来越远。

2020年初冬师母黄医生去世后，我每周都会与他一起去到华东师大丽娃学生宿舍区，在丽娃学生餐厅吃一餐晚饭，然后漫步穿过师大一村的楼栋，回到他住的团结楼。从冬到夏，一易寒暑。他在师大一村住过几十年，这里的一水一石、一草一木都留着他的记忆。经过一幢楼栋，路遇一位故人，都会引发他的回忆，说起一段段往事。甚至到家了，老人家还未尽兴，会主动邀请，说：再坐一会儿，聊聊。于是，兴之所至，不知不觉间暮色四合。一次，我说起洛阳桥，他似乎若有所思，但只是淡淡地说了一句：那时在泉州读中学，差不多一两周会回家一次，走路，过了洛阳桥，到家就快了。然后，就不再说话。你能感觉得到，他的思绪已然飞离。

2022年初，先是师大一村因疫情封控一个月。春上，整个上海"静默"。他儿子孙璟医生遵要求必须坚守工作岗位。这几个月里，孙老师只能自己照顾自己，一应食用起居，全靠自力更生。真不知道这些日子他是怎么过来的。虽然他身体一向尚好，但在基本的生活和医疗条件保障都很困难的日子，对任何人都属不易，何况还是望九之龄的老人？大家所能做的就是通过各种办法、各种渠道将食物送到团结楼，接下去就全靠他自行打点解决了。实在难为他！在这段困守"危楼"的日子里，教育学部的青年教师周旭、张礼永，当时已毕业和未毕业的研究生孟祥庚、孙留敏等同学，或给他送去蛋奶菜蔬，或从学校食堂打来饭菜，或设法网购包子等食品，缓解了老人家的生活之难。感谢所有伸出过援手的朋友！

杜成宪

2022 年 12 月补记

图书在版编目（CIP）数据

孙培青文集 / 孙培青著. -- 上海：上海教育出版
社, 2023.10
　ISBN 978-7-5720-2301-9

Ⅰ.①孙… Ⅱ.①孙… Ⅲ.①教育史－中国－文集
Ⅳ.①G529-53

中国国家版本馆CIP数据核字(2023)第178933号

出 版 人　缪宏才
责任编辑　董　洪　袁　彬
　　　　　朱　彦　汪海清　谢冬华
书籍设计　陆　弦
责任校对　马　蕾　丁志洋　方文琳
　　　　　任换迎　何懿璐　宋海云

SUN PEIQING WENJI

孙培青文集

孙培青　著

出版发行　上海教育出版社有限公司
官　　网　www.seph.com.cn
地　　址　上海市闵行区号景路159弄C座
邮　　编　201101
印　　刷　山东韵杰文化科技有限公司
开　　本　890×1240　1/32　印张 182.5　插页 32
字　　数　3940 千字
版　　次　2023年10月第1版
印　　次　2023年10月第1次印刷
书　　号　ISBN 978-7-5720-2301-9/G·2040
定　　价　1980.00 元（全七卷）